David Hume

Ensaios Morais, Políticos & Literários

David Hume

Ensaios Morais, Políticos & Literários

Introdução à edição brasileira
Renato Lessa

Editado por
e com Prefácio e Notas de
Eugene F. Miller

Tradução
Luciano Trigo

Copyright © Liberty Fund, 2004

Editor
José Mario Pereira

Editora assistente
Christine Ajuz

Projeto gráfico e capa
Victor Burton

Revisão
Clara Diament

Índice remissivo
Joubert de Oliveira Brízida

Editoração e fotolitos
Eduardo Santos

Gerente do programa editorial em português do Liberty Fund, Inc.
Leônidas Zelmanovitz

Todos os direitos reservados pela
TOPBOOKS EDITORA E DISTRIBUIDORA DE LIVROS LTDA.
Rua Visconde de Inhaúma, 58 / gr. 203 — Rio de Janeiro — RJ
CEP: 20091-000 Telefax: (21) 2233-8718 e 2283-1039
www.topbooks.com.br / topbooks@topbooks.com.br

Impresso no Brasil

Sumário

Introdução à edição brasileira – Renato Lessa 11
Prefácio de Eugene F. Miller 47
Nota do Editor Americano 57
Nota à Edição Revisada 67
A vida de David Hume, esq., escrita pelo próprio 69
Carta de Adam Smith, LL.D. a William Straham, Esq. 83

Parte I

I – Da delicadeza do gosto e da paixão 95
II – Da liberdade de imprensa 101
III – Que a política pode ser reduzida a uma ciência 107
IV – Dos primeiros princípios de governo 129
V – Da origem do governo 135
VI – Da independência do parlamento 141
VII – Se o governo britânico se inclina mais para a
monarquia absoluta ou para a república 147
VIII – Dos partidos em geral 155
IX – Dos partidos da Grã-Bretanha 167
X – Da superstição e do entusiasmo 179

XI – Da dignidade ou fraqueza da natureza humana 187
XII – Da liberdade civil 195
XIII – Da eloqüência 207
XIV – Da origem e do progresso das artes e das ciências 223
XV – O epicurista 255
XVI – O estóico 265
XVII – O platônico 277
XVIII – O cético 283
XIX – Da poligamia e dos divórcios 311
XX – Da simplicidade e do refinamento na escrita 323
XXI – Do caráter nacional 331
XXII – Da tragédia 355
XXIII – Do padrão do gosto 367

Parte II

I – Do comércio 399
II – Do refinamento nas artes 419
III – Do dinheiro 435
IV – Dos juros 453
V – Da balança comercial 469
VI – Da desconfiança no comércio 493
VII – Da balança de poder 499
VIII – Dos impostos 513
IX – Do crédito público 521
X – De alguns costumes notáveis 543
XI – Da população das nações antigas 557
XII – Do contrato original 661
XIII – Da obediência passiva 691

XIV – Da coalizão dos partidos 697
XV – Da sucessão protestante 709
XVI – Idéia de uma república perfeita 721

Parte III
Ensaios retirados & não-publicados

I – Da escrita de ensaios 745
II – Dos preconceitos morais 751
III – Da estação média da vida 759
IV – Da impudência e da modéstia 767
V – Do amor e do casamento 773
VI – Do estudo da história 781
VII – Da avareza 789
VIII – Um perfil de *Sir* Robert Walpole 795
IX – Do suicídio 799
X – Da imortalidade da alma 815

Índice remissivo 827

Introdução à Edição Brasileira

A condição hum(e)ana e os seus Ensaios

Renato Lessa[1]

> The humean predicament is the human predicament.
> Willard Quine

Quadros e pinturas, por vezes, possuem a força filosófica de proposições. Estabelecem formas de realidade, limites da representação, e exibem de modo inevitável o lugar do observador. Mas, para além desse conjunto básico de atributos, há exemplos na história da pintura nos quais litígios filosóficos são apresentados em seu mais alto grau de radicalidade. Assim, na pintura renascentista de Rafael Sanzio, no século XVI, é possível testemunhar talvez a mais pura expressão de desentendimento filosófico. Uma forma de litígio à qual o cético grego Agripa, no século II antes da Era Comum, aplicou o termo *diaphonía*, um tipo insolúvel de desacordo, posto que não há entre as partes nele envolvidas terreno comum capaz de abrigar qualquer arbitragem.

O exemplar em questão – o afresco *A Escola de Atenas* – exibe uma disputa de tal natureza, a envolver Platão e Aristóteles. Não há

---

[1] Professor titular de Teoria Política do Iuperj e da UFRJ; autor, entre outros livros, de *O Veneno Pirrônico: Ensaios sobre o Ceticismo* (1997) e *Agonia, Aposta e Ceticismo: ensaios de filosofia política* (2003). Desde julho de 2003 é diretor-presidente do Instituto Ciência Hoje.

necessidade de legendas: em meio ao cenário, Platão, com o *Timeu* sob o braço, aponta para os céus; Aristóteles, igualmente munido, com sua *Física*, com a palma da mão estendida está a indicar o chão. Não há, aqui, qualquer intenção de arbitragem: Rafael descreve, eqüidistante, o conflito entre os filósofos; talvez o mais radical de todos, posto que envolve tentativas de resposta à mãe de todas as perguntas: *em que domínio reside a realidade?* Ou nos termos que viriam a ser postos no século XX por Willard Quine: *o que há?*

Dois séculos depois do monumento pictórico de Rafael Sanzio, e sem qualquer paralelo no que se refere à genialidade de seu autor e de seu resultado, encontramos nova "colaboração" entre a pintura e a filosofia. Desta feita, estamos longe da elegante e cética descrição rafaeliana do insolúvel "conflito das filosofias", para usar a concisa e instigante expressão de Oswaldo Porchat Pereira.[2] Trata-se, agora, de um quadro de Sir Joshua Reynolds, pintor que não deve ter concedido à descrença sequer uma só de suas noites, intitulado *O Triunfo da Verdade*. Mais do que um quadro, uma obra de combate, na qual o artista celebra um belicoso livro de James Beattie, definido por Peter Gay como *a meretricious treatise*[3] e cujo título só poderia visar à atemorização dos menos crentes: *On the Nature and Immutability of Truth, in Opposition to Sophistry and Scepticism*, publicado em 1776. Tal livro conferiu a Beattie enorme reputação como defensor da fé e da ortodoxia e protetor da inocência das mentes jovens.[4]

---

[2] Cf. Oswaldo Porchat Pereira, "O conflito das filosofias". In: Bento Prado Jr., Oswaldo Porchat Pereira e Tercio Sampaio Ferraz (Orgs.), *A Filosofia e a Visão Comum do Mundo*, São Paulo: Brasiliense, 1981.

[3] Cf. Peter Gay, *The Enlightenment*, New York: Norton, 1977 (1966).

[4] James Beattie, em outro livro — *An Essay on Truth* —, ataca furiosamente a Hume, em termos pouco sutis: *His philosophy has done great harm*. A avaliação de Hume,

No quadro, Reynolds representa o próprio Beattie com seu livro sob o braço — tal como o Platão na *Escola de Atenas* — a contemplar com ar superior a ação de um anjo vingador em sua ação de expulsar para regiões inferiores demônios, entre os quais é possível identificar o francês François Marie Arouet de Voltaire e o escocês David Hume, *le bon David*, segundo notação de seu grande amigo Adam Smith.

Nada a estranhar com a inclusão do autor das *Cartas Inglesas* e de *O Filósofo Ignorante*, entre os inimigos da boa Verdade, tão cara à dupla Beattie/Reynolds.[5] Afinal, Voltaire não teve qualquer pudor em sustentar a impossibilidade de qualquer conhecimento em assuntos metafísicos. A propósito, em seu *Tratado de Metafísica*, a utilidade da disciplina ali sob análise é assim posta: metade de seus assuntos diz respeito a coisas óbvias, que todos os seres dotados de bom senso podem conhecer; a outra metade trata de assuntos que os mesmos jamais saberão, sem que disto sintam alguma falta. Em carta dirigida a Boswell — genial biógrafo de um único biografado, o Dr. Johnson — Voltaire é ainda mais provocativo: *Você parece apreensivo com relação a essa coisa chamada alma. Devo declarar que nada sei dela; nem se ela existe, nem o que ela é, tampouco o que virá a ser. Jovens sábios e padres sabem tudo isso perfeitamente; de minha parte, não sou mais do que um camarada muito ignorante.*[6]

A tais passagens destrutivas, Voltaire viria ainda a acrescentar verdadeiros monumentos literários, entre os quais o bizarro *Poema*

---

em carta a um amigo, a respeito de seu desafeto não deixa margem a dúvidas: *...that biggoted silly Fellow*. Para Hume, *biggotery* pode ser definido como um dos mais nefastos vícios humanos.

[5] Ambos os textos de Voltaire podem ser encontrados, em excelente tradução de Marilena Chauí, no volume dedicado a Voltaire, por ela organizado, na Coleção Os Pensadores (São Paulo: Editora Abril, 1978).

[6] *Apud* Marilena Chauí, Introdução, op. cit. p. X.

sobre o Desastre de Lisboa, no qual escreve *contra* o terremoto que destruiu parte da capital do então Império português.[7] A legenda de Voltaire, como sabemos, é farta. Dele jamais se dirá o que Heine apresentou como a definição do sujeito dotado de celebridade sem mérito: aquele que *é famoso por sua notoriedade*. Para além de sua potência filosófica, Voltaire aparecerá, ainda, aos pósteros como parte integrante da tradição filosófica que teria preparado o terreno para 1789 ou, como diria Beattie se lá estivesse para ver, para coisa ainda pior (1793), revisionismos à parte.

Mas, o que dizer de David Hume, que jamais esteve associado a qualquer revolução e que não tinha reservas em apresentar o sistema político inglês do século XVIII como civilizado e mais do que defensável? O que dizer de um filósofo, célebre por sua bonomia, por sua falta completa de afetação, e que mereceu de vários de seus críticos algo semelhante ao comentário de John Gregory, um professor da Universidade de Edimburgo, que afirmava detestar a filosofia do autor, mas gostar muito do autor da filosofia? Enfim, que razões justificariam, a seguir a imagem do quadro de Joshua Reynolds, a entrada precoce de Hume nas regiões do inferno?[8]

---

[7] *Lisbonne, qui n'est plus, eut-elle plus de vices/Que Londres, que Paris plongés dans les délices?/Lisbonne est abîmée et l'on danse à Paris,* Poème sur le désastre de Lisbonne, In: Voltaire, *Oeuvres*, XII, 186.

[8] O próprio Reynolds encarregou-se de um retrato de Hume no qual sua fisionomia afasta-se das representações usuais. Ao contrário da bonomia e do ar empático que exalam dos dois quadros de Allan Ramsey – de 1754 e de 1766 – o desenho de Reynolds nos revela um Hume com um ar libertino, perverso e um tanto glutão. Sir Reynolds, apesar de talentoso, deixava-se guiar por suas aversões.

Em termos concisos, pode-se dizer que os motivos básicos da aversão de parte considerável dos contemporâneos à filosofia de David Hume podem ser encontrados no seu *Tratado da Natureza Humana*, obra de juventude e por vezes renegada – em sua forma, mas não em seus sentidos principais – e reescrita sob outros títulos, com adições e supressões. Apesar do mau juízo que sobre ela fez o seu próprio autor, o *Tratado* pode ser considerado, em juízo moderado, como uma das mais geniais e importantes obras filosóficas do século XVIII.[9]

Afirmar que os motivos da aversão dos contemporâneos podem ser encontrados no *Tratado* diz mais dos detratores do que de seu suposto provocador. Mas, ainda assim parece ser útil considerar algumas manifestações de desagrado, pois elas revelam a força de um embate filosófico que desde o século XVII vinha opondo partidários de uma concepção da filosofia que se julga capaz de estabelecer e sustentar certezas e modos de erradicação da dúvida e outra, fundada no revivalismo cético iniciado no século XVI com Michel de Montaigne, caracterizada pela recusa do dogmatismo e pela afirmação da falibilidade do conhecimento humano. Embora no século XVII tenham sido fartas as tentativas de "desconstrução" das certezas do racionalismo, o século XVIII abrigaria considerável quantidade de pensadores e intelectuais para os quais as idéias de Hume aparecem como puro veneno filosófico.[10]

---

[9] David Hume, *A Treatise of Human Nature*, Oxford: The Clarendon Press, 1987 (Ed. Selby-Bigge). Há edição brasileira, graças ao ótimo trabalho de tradução de Débora Danowski: *Tratado da Natureza Humana*, São Paulo: Editora da UNESP, 2002.

[10] Uma amostra do contraste entre a perspectiva humeana e os hábitos intelectuais então predominantes pode ser encontrada em excelente artigo de Richard

Consideremos Samuel Johnson, por exemplo, intelectual e literato inglês de considerável prestígio na segunda metade do século XVIII e, em um certo sentido, típico de uma opinião ilustrada na altura. Mesmo diante do comovido depoimento de Boswell, que viria a ser seu biógrafo, após uma visita ao moribundo Hume, em 1776, Johnson não se deixa impressionar e assim caracteriza o significado da obra humeana: *Hume and other skeptical are vain men, and will gratify themselves at any expense. Truth will not afford sufficient food to their vanity; so they have betaken themselves to error. Truth, Sir, is a cow which will yield such people no more milk, and so they are gone to milk the bull*.[11]

O impacto negativo da filosofia de Hume, evidente na dura, e de gosto duvidoso, avaliação de Johnson, diz algo a respeito da celebridade dessa forma de pensamento ao final dos anos setenta do século XVIII. Celebridade de modo algum prevista pelo próprio Hume ao comentar o impacto, na década de trinta, da publicação do *Tratado*: *Never literary Attemp was more unfortunate... It felt dead-born from the Press*. Na altura, a suspeita de Hume indicava, portanto, indiferença e ausência de impacto público.

Cerca de dez anos após o lançamento dos dois primeiros livros do *Tratado*, a expectativa humeana de indiferença do público foi duramente refutada. No pior dos sentidos, é evidente. Em 1745, Hume

---

Popkin, que compara a concepção de história que Hume desenvolve em sua *History of England* – segundo Popkin uma *história filosófica* – com as orientações seguidas pelos principais *scholars* da época, tais como David Hartley, Stillingfleet e Isaac Newton, marcadas por uma perspectiva de *história profética*. Ver Richard Popkin, "Hume: Philosophical Versus Prophetic Historian". In: Kenneth Merril & Robert Shahan (Eds.), *David Hume: Many-sided Genius*, Norman: The University of Oklahoma Press, 1976.

[11] Apud Peter Gay, op. cit., p. 402.

concorre à cátedra de Ética e Filosofia Pneumática, na Universidade de Edimburgo. O evento – e sua conseqüência – foi registrado pelo próprio Hume: *Um clamor de tal monta foi levantado contra mim em Edimburgo, por conta de Ceticismo, Heterodoxia & outros nomes impróprios... a ponto de meus amigos encontrarem dificuldades em trabalhar por minha cátedra.*[12]

A fama negativa e as dificuldades que dela recorreram foram deflagradas por uma obra que deslumbra, antes de tudo, por sua precocidade. Os dois primeiros livros do *Tratado* – Do Entendimento e Das Paixões – foram publicados em janeiro de 1739. Quase dois anos mais tarde, em novembro de 1740, o terceiro livro – Da Moral – vem a lume. É, portanto, um jovem entre seus 28 e 30 anos que apresenta ao público um experimento radical no campo da filosofia. Mas, a precocidade não está apenas neste fato. Sabemos por Ernest Mossner, seu mais importante biógrafo, que a publicação foi antecedida por etapas rigorosamente demarcadas na biografia de Hume. Sendo assim, o *Tratado* teria sido projetado antes que ele tenha deixado o College (1726); foi planejado antes

---

[12] O insucesso fez de Hume o maior não-professor da Universidade de Edimburgo, seguramente de todos os tempos. No entanto, é forçoso reconhecer que Hume seria um professor de Filosofia Pneumática, no mínimo, heterodoxo. Tal disciplina, na própria Universidade de Edimburgo, procurava cobrir as seguintes questões, segundo levantamento feito pelo mais importante biógrafo de Hume, Ernest Mossner:
   (i) Investigação metafísica sobre substâncias sutis e imateriais e imperceptíveis aos sentidos;
   (ii) Prova da imortalidade da alma;
   (iii) Natureza dos seres imateriais;
   (iv) Teologia Natural, ou a demonstração da existência e dos atributos de Deus.
Cf. Ernest Mossner, *The Life of David Hume*, Oxford: Oxford University Press, 2001 (1a Ed. 1954).

de 1732 e composto antes de 1736. A seqüência teria sido iniciada, portanto, pelo *le bon David* antes de seus quinze anos de idade e concluída aos vinte e cinco.

Uma primeira aproximação com a obra produz uma sensação contraditória: trata-se de uma incomum mescla de forte ambição filosófica com a busca de uma resolução ordinária – isto é, referida à experiência comum dos humanos – dos problemas apresentados. Esse último aspecto esteve presente no comentário famoso de Willard Quine, para quem os problemas e dilemas humeanos são os problemas e dilemas humanos.

Um exemplo basta para comprovar esse juízo. E não se trata de qualquer exemplo, mas de uma referência a um dos principais enunciados da pretensão filosófica humeana, perene em sua obra e já detectável no subtítulo do *Tratado*. Tal pretensão deve ser aqui considerada, pois terá conseqüências em suas obras posteriores – sobretudo a imediatamente posterior ao *Tratado*, os *Ensaios Morais, Políticos e Literários* –, já que declara de saída o programa a ser realizado pela obra: trata-se de *uma tentativa de introduzir o método experimental de raciocínio nos assuntos morais*.

Na linguagem do século, *método experimental* evoca necessariamente a figura de Isaac Newton. Com mais força ainda, o nexo é marca da Universidade de Edimburgo, a segunda a adotar as obras de Newton como parte de seu *corpus*; a primeira sendo, evidentemente, Cambridge. A associação com a perspectiva newtoniana pode dar ensejo à impressão de que o empreendimento humeano visa, na verdade, obter conhecimento preciso e demonstrável dos assuntos humanos e, mais do que isso, pretende revelar tal conhecimento em uma linguagem própria e fria, distinta da fala ordinária dos humanos.

A impressão e a conjectura que se lhe segue são, contudo, erradas. De Newton – mas não apenas dele, como veremos – viriam o elogio do método experimental e a obrigação de analisar os fenômenos nos seus lugares de ocorrência. Aqui, cessam as semelhanças. Se o sábio newtoniano pode, à exaustão, simular repetições de seus experimentos originários e atribuir-lhes uma linguagem matematizada, como condição necessária para a demonstração, o filósofo humeano lida com fenômenos dotados de duas particularidades, que fazem com que sua natureza seja distinta daquela que governa o mundo dos corpos físicos.

Primeiramente, o lugar de ocorrência dos fenômenos que importam a Hume – e que dizem respeito à ação humana – é a história. O método experimental para lidar com os assuntos morais não é outra coisa senão uma proposta de tomar a história humana ordinária como objeto e como lugar de exercício da filosofia. É o que o próprio Hume nos indica já na Introdução do *Tratado*: *...a filosofia moral tem uma desvantagem peculiar, que não se encontra na filosofia da natureza: ela não pode reunir experimentos de maneira deliberada e premeditada, a fim de esclarecer todas as dificuldades particulares que vão surgindo.(...)* Portanto, nessa ciência, devemos reunir nossos experimentos mediante a observação cuidadosa da vida humana, tomando-os tais como aparecem no curso habitual do mundo, no comportamento dos homens em sociedade, em suas ocupações e em seus prazeres [ênfase minha].[13]

Em segundo lugar, os fenômenos *humeanos*, sendo eles todos fenômenos *humanos*, tornam compulsório o reconhecimento de que estamos diante de animais que pensam, que são movidos por im-

---

[13] Cf. David Hume, *Tratado...*, Introdução, p. 23.

pressões, que produzem e associam incessantemente idéias e que, mais do que tudo, crêem e falam. O mergulho na natureza humana, ao contrário dos programas de corte jusnaturalista, remete à vida comum, ao modo pelo qual seres humanos ordinários pensam, agem e sentem. O programa do *Tratado da Natureza Humana*, através dos seus três livros, procurará considerar todas essas dimensões.

Essas duas "correções" da perspectiva newtoniana original, como se verá, são fundamentais para a manufatura intelectual dos *Ensaios Morais, Políticos e Literários*. Neles o leitor encontrará um exercício filosófico de observação de questões que dizem respeito à vida comum.

Mas, é importante sublinhar que a evocação newtoniana não deve obliterar a trajetória pregressa da orientação filosófica assumida por David Hume. Tomar os homens ordinários como objeto, em seus lugares próprios de ocorrência, significa, antes de tudo, a recusa de pensá-los a partir de entes da razão pura, como habitantes originários de estados de natureza, para mencionar a alternativa tão cara aos jusnaturalistas e ao racionalismo do século XVII. Significa levar a sério representações humanas comuns como matéria básica do mundo histórico. Diante dos enunciados proferidos pelos humanos, Hume não argüirá a respeito de sua consistência lógica, ontológica ou epistemológica. Antes, o que lhe interessa é a produtividade desses enunciados e das crenças que os sustentam. Esse modo de lidar com o conhecimento comum, enunciado de forma teórica no *Tratado*, encontrará plena realização na magnífica *História da Inglaterra*, apropriadamente definido por Samuel Beckett como uma *história de representações*,[14] e nos *Ensaios*.

---

[14] Apud Richard Ellman, *James Joyce*, Oxford: Oxford University Press, 1983 (1959).

A origem mais remota dessa perspectiva pode ser encontrada nos antigos céticos gregos e, em particular, nos textos de Sexto Empírico,[15] produzidos por volta do século III da Era Comum.[16] Em suas formulações originárias, o ceticismo grego produz a figura do *historikós*, como atitude observacional própria do cético. Na verdade, um *cronista* que registra os fenômenos tal como eles lhe ocorrem e afasta-se da especulação dogmática dos filósofos que buscam fundamentar seus juízos em domínios não-evidentes ou entes não-observáveis. A orientação de Sexto Empírico recomenda considerar a *bíos* – a vida comum – tanto como lugar de ocorrência dos fenômenos humanos e de inserção existencial quanto como objeto de investigação (*sképsis*). A recusa em buscar fundamentos e explicações causais para a vida comum, em objetos não-evidentes, marca do ceticismo pirrônico,[17] aparece de modo claro na letra humeana:

---

[15] A principal edição moderna do conjunto completo das obras de Sexto Empírico é seguinte: R. Bury (Ed.), *Sextus Empiricus*, London/Boston: Heinemann/Harvard University Press, 1987. Trata-se da edição bilíngüe, em quatro volumes, da coleção Loeb.

[16] Os textos de Sexto Empírico foram reintroduzidos na tradição filosófica ocidental no século XVI, através de tradução dos originais feita por Henri Destiènne e publicada em 1576. Um de seus primeiros leitores foi Michel de Montaigne, que em alguns de seus ensaios – notadamente a Apologia de Raymond Sebond – utiliza de modo farto os argumentos originais do ceticismo. Para a história do reencontro da filosofia ocidental com o ceticismo grego, ver Richard Popkin, *História do Ceticismo de Erasmo a Espinosa*, Rio de Janeiro: Francisco Alves, 2000 e Charles Schmitt, "The Rediscovery of Skepticism in Modern Times". In: Myles Burnyeat, *The Skeptical Tradition*, Berkeley: University of California Press, 1987.

[17] O adjetivo pirrônico deriva da figura histórica de Pirro, considerado o iniciador da modalidade de ceticismo aqui aludida.

> *Creio que um filósofo que se dedicasse (...) a explicar os princípios últimos da alma humana não estaria, na verdade, revelando-se um grande mestre nessa mesma ciência da natureza humana que ele pretende explicar, nem um grande conhecedor daquilo que naturalmente satisfaz à mente humana (...)*
>
> *Caso se considere (a) impossibilidade de se explicarem os princípios últimos como um defeito da ciência do homem, arriscar-me-ei a ponderar que esse defeito é comum a ela e a todas as ciências e todas as artes a que possamos nos aplicar, sejam elas cultivadas nas escolas dos filósofos ou praticadas nas oficinas dos mais humildes artesãos. Nenhum deles pode ir além da experiência ou estabelecer princípios que não estejam fundados sobre essa autoridade.*[18]

A presença do ceticismo na filosofia praticada nos dois séculos que precederam o *Tratado* de Hume não se resumiu à exumação dos textos originais de Sexto Empírico, ou mesmo de Cícero, para incluir aqui uma vertente acadêmica. A partir dos *Ensaios* de Michel de Montaigne – em particular o mais longo de todos eles: a *Apologia de Raymond de Sebond* –, no século XVI, os argumentos céticos são incorporados ao *corpus* da filosofia moderna e ganham renovadas reelaborações. É de um discípulo de Montaigne, Pierre Charron, a marca de ter escrito um dos livros mais lidos na França do século XVII, o *De la Sagesse*, no qual defende a mais radical ortodoxia pirrônica, contra a adesão a qualquer dogma filosófico, e uma defesa da religião como fé não dependente de qualquer suporte na razão. Mais adiante, coube a uma pequena legião de céticos franceses a desconstrução da tentativa cartesiana de derrotar o ceticismo. Com efeito, pensadores tais como Gassendi, Sorbière, Huet e Foucher constituíram-se como contraponto eficaz ao predomínio do racionalismo, em suas diferentes vertentes. São esses os autores que compõem a "máquina de guerra pirrônica", para usar uma

---
[18] Cf. David Hume, *Tratado...*, Introdução, pp. 21-23.

expressão celebrizada por Richard Popkin, o principal estudioso da história do ceticismo moderno.[19]

Gassendi, em particular, foi o autor daquilo que o próprio Descartes denominou *a objeção das objeções* à sua descoberta do *cogito*. Com efeito, Descartes, para derrotar os céticos, adota uma versão hiperbólica e generalizada da dúvida, alcançando uma abrangência e força retórica jamais alcançadas pelos pirrônicos, apenas para sustentar a idéia de que o ato de duvidar supõe a operação de algo que pensa, o que lhe permite demonstrar a existência pré-categorial do *cogito*, lugar a ser habitado por idéias claras e distintas, não-contaminadas por impressões derivadas da ação dos sentidos e da memória. A objeção de Gassendi sustenta que as idéias claras e distintas, que para Descartes são recursos para organizar o conhecimento correto e metódico do mundo exterior, podem ser tão-somente aparências. O que ele exige dos cartesianos é a demonstração de um critério capaz de dizer que tais idéias correspondem a algo que seja em si mesmo claro e distinto.[20]

As objeções de Foucher são ainda mais destrutivas. Para ele, o ritual da dúvida cartesiana visa pôr sob suspeita as então chamadas

---

[19] Cf. Richard Popkin, *História do Ceticismo de Erasmo a Espinosa*, op. cit.. Haveria que acrescentar aos autores mencionados, a importância da chamada Libertinagem Erudita, da qual destaca-se a figura de La Mothe Le Vayer, um cético por vezes mais extremado que o próprio Montaigne. A esse propósito ver o clássico de René Pintard, publicado em 1943 (*Le Libertinage Érudit dans la Première Moitié du XVIIe Siècle*, Géneve: Éditions Slaktine, 2000) e, mais recentemente, o excelente trabalho de Sylvia Giocanti, *Penser l'Irrésolution: Montaigne, Pascal, La Mothe Le Vayer; trois itinéraires sceptiques*, Paris Honoré Champion, 2001.

[20] Sobre Gassendi, além do mencionado livro de Richard Popkin, ver Barry Brundell, *Pierre Gassendi: From Aristotelianism to a New Natural Philosophy*, Dordrecht: D. Riedel Publishing Co., 1987.

qualidades secundárias, aquelas atestadas pelos sentidos humanos, em detrimento do elogio das qualidades primárias, fundadas em um conhecimento racional e imune a qualquer dúvida. As objeções às qualidades secundárias são tradicionais. Por dependerem da operação de nossos sentidos, elas possuem a tintura indelével da subjetividade humana. Não podem, pois, atestar nada de objetivo que exista independentemente das nossas mentes e aparelho perceptual. A isto Foucher acrescenta a suspeita de que também as qualidades primárias são presas da subjetividade: quem pode garantir que não o sejam? A certeza buscada na cidadela das qualidades primárias paga o preço de nada poder dizer com relação ao mundo exterior, já que – sustenta Foucher – idéias não podem ser como objetos: como idéias podem falar a respeito de não-idéias?

Hume recolhe as influências dessa verdadeira obra coletiva anticartesiana, através de um dos principais autores do final do século XVII, a quem fez diversas referências: Pierre Bayle, autor de um gigantesco *Dicionário Histórico e Crítico*, publicado em 1697.[21] Obra obrigatória para a formação intelectual no século XVIII, o *Dicionário* de Bayle estende-se por mais de sete milhões de palavras, e parece não haver medida para a dívida que para com ele têm autores tais como Voltaire e Hume. Em outras palavras, ainda que não tivesse tido acesso direto aos céticos franceses – o que é duvidoso, dado o estágio de Hume em La Fleche, no Colégio dos Jesuítas, dotado de ótima biblioteca –, as suas questões foram trazidas por Bayle, e podem ser resumidas em duas grandes orientações:

---

[21] Sobre Pierre Bayle, ver o monumental e incontornável trabalho de Elizabeth Labrousse, *Pierre Bayle*, La Haye: Martinus Nijhoff, 1964.

(i) a aversão ao que Hume viria a designar como a *falsa filosofia*, aquela que opera como se a vida comum ou ordinária não existisse;
(ii) a *orientação* experimental da atividade filosófica: antes mesmo de Newton, Gassendi e seus aliados do século XVII propugnavam por uma ciência fundada na observação e na experimentação.

* * *

A decisão de tomar a história humana como objeto e como lugar de exercício da filosofia dá, pois, partida ao programa filosófico de David Hume. Se o *Tratado* é o lugar inaugural e nobre de configuração de tal programa, os *Ensaios Morais, Políticos e Literários* não devem ser percebidos como um endereço menor. Na verdade, neles o projeto de uma observação filosófica calcada na experiência e na história, com pouca reverência e paciência para a especulação, realiza-se de modo exemplar.

Na biografia intelectual de Hume, a publicação dos *Ensaios* – em volumes sucessivos – é imediatamente posterior ao fracasso editorial do *Tratado*. Fracasso que pode ser facilmente inferido do desabafo já citado, que Hume incluiu em sua pequena e genial autobiografia: *Never literary Attemp was more unfortunate... It felt dead-born from the Press.* Com efeito, o Livro III do *Tratado* – Da Moral – foi publicado em novembro de 1740, e o primeiro volume dos *Ensaios Morais e Políticos*, vem a público no início de 1741. Já em 1742, na mesma autobiografia, Hume registra, segundo David Mossner, com *evidente satisfação*: *In 1742 I printed at Edinburgh the first part of my Essays: The work was favourably received, and soon made me entirely forget my former Disappointment.*

A obra publicada sem menção a seu autor – o prefácio menciona apenas um *new Author* – representa uma mudança radical de estilo, se considerarmos o estilo da estréia de Hume. Sua avaliação do "fracasso" do *Tratado* responsabilizou a forma e o estilo pela indiferença do público. Neste sentido, a escritura dos *Ensaios* parece, à primeira vista, ser uma adaptação pragmática a uma tradição literária consolidada na Inglaterra do século XVIII por autores tais como Joseph Addison e Richard Steele, marcada por textos leves e por lidar com temas de interesse geral. Com efeito, o leitor dos *Ensaios* de Hume poderá encontrar uma amostra do estilo addisoniano no ensaio "Da escrita de ensaios", julgado frívolo demais pelo seu autor e retirado de edições posteriores.[22]

No entanto, esta parece ser uma interpretação por demais pragmática, ainda que não implausível. Em outros termos, há outros aspectos envolvidos na decisão humeana de escrever ensaios. Em primeiro lugar, há que registrar o juízo do próprio Mossner que, sempre atento às peripécias editoriais de seu biografado, corretamente indica que o experimento literário que conduz Hume à forma-ensaio deve ser percebido como modo de resgate de sua própria filosofia do insucesso do *Tratado*. O próprio júbilo de Hume diante das boas notícias a respeito das vendas do livro em Londres deve-se à descoberta da adaptabilidade da forma-ensaio para lidar com temas e questões filosóficas. Neste sentido, os *Ensaios* não podem ser destacados do conjunto da obra humeana, como uma espécie de faceta "fácil" ou popular. Neles Hume pratica filosofia, em seu sentido mais radicalmente humeano: a observação dos assuntos humanos e a utilização da linguagem ordinária, ainda que culta e referida à *República das Letras*. David Hume, portanto, desta-

---

[22] Como veremos, trata-se de um juízo injusto e enganador.

ca-se da moda setecentista do ensaio e da escolha por uma escritura de entretenimento para pessoas medianamente cultas.

Essa forma de literatura, disseminada no século XVIII inglês, mereceu, já em 1725, o duro comentário – transcrito por Ernest Mossner – do ministro não-conformista Isaac Watts: *Now we deal much in Essays, and most unreasonably despise systematic Learning, whereas our Fathers had a just Value for Regularity and Systems; the Folio's and Quarto's were the fashionable Sizes, and Octavo are now.*[23] A nostalgia por sistemas e regularidades revela o gosto do ministro por regimes intelectuais calcados em grandes metafísicas. A frivolidade dos ensaístas o enojava, por sua superficialidade e por sua dispersão temática e formal. No caso de Hume, será o seu próprio sistema, e não as suas formas eventuais, que produzirá um efeito devastador nas metafísicas preferenciais do ministro Watts.

A fusão entre estilo ensaístico e investigação filosófica não encontra, pois, paralelo no ensaísmo imediatamente anterior a Hume. Se buscarmos um antecedente para o novo empreendimento humeano, este deverá ser buscado em outro expoente moderno do ceticismo, na verdade o seu inaugurador no século XVI: Michel de Montaigne.

Para que tal juízo faça sentido, a seguinte questão deve ser considerada: o que significam *ensaios*? Do que, afinal, se trata? Pierre Villey, um dos principais estudiosos da obra e da fortuna crítica montaigneana, foi enfático ao estabelecer a *novidade do ensaio*:[24] *Cherchez dans toute la tradition littéraire avant Montaigne, nulle part, pas plus chez les Italiens ou les Espagnols que dans l'antiquité, vous ne trouverez des Essais.*[25]

---

[23] Apud Ernest Mossner, op. cit., p. 140.
[24] Cf. Pierre Villey, *Les Essais de Montaigne*, Paris: Librairie Nizet, 1992.
[25] Idem, p. 7.

A originalidade de Montaigne, de acordo com a seminal leitura de Villey, está tanto no emprego da palavra *ensaio* para designar uma forma de escritura como no sentido a ela atribuído. Na apresentação dos seus *Ensaios*, Montaigne é claro: os ensaios são modos autônomos de observação e de exercício do juízo. É como estivesse a dizer: os textos aqui expostos são *ensaios do meu juízo* e, mais do que isso, *ensaios de minha vida*.

O gênero aqui inventado traz consigo uma nova definição da idéia de *autoria*, fortemente centrada em uma experiência pessoal. Ainda que seja possível dissolver tal novidade no amplo panorama de ruptura com as noções tradicionais a respeito da criação literária, nas quais potências sobre-humanas movem o autor de textos, é importante ressaltar a matriz filosófica que, no caso de Montaigne, sustenta seu movimento inovador e que está presente na decisão humeana de escrever ensaios. Tal matriz filosófica, mais uma vez, é a do ceticismo, que aqui se apresenta por meio de duas de suas orientações básicas: a da *observação cética do mundo dos fenômenos* e a do *imperativo de estar no mundo de uma forma circunstanciada*.

A primeira diz respeito ao núcleo mesmo do ceticismo antigo, ao qual tanto Montaigne como Hume tiveram acesso através da leitura de Sexto Empírico. Trata-se da recusa de buscar uma definição real e objetiva do que seriam as coisas nelas mesmas, para além do que nossos sentidos e sensibilidades ordinárias registram, e do reconhecimento, que daí se segue, de que vivemos em meio a fenômenos aos quais atestamos sua positividade. O cético é, pois, um *historikós* — um cronista — que registra suas observações sobre o mundo, tal como este lhe aparece. Ao lidar com essas aparências, o narrador cético não procura revelar a estrutura oculta que daria sentido a seus desordenados modos de ocorrência. Sendo assim, sua arte de ensaiar está circunscrita por suas condições pessoais de observação: não há, em hipótese alguma, lugar para um narrador impessoal e possuidor de uma circunstância universal de observação.[26]

O resultado narrativo dessa postura filosófica encontra-se de modo exemplar em Michel de Montaigne, e pode ser apreendido pela simples leitura dos sumários dos três volumes de seus *Ensaios*. A seqüência dos sumários escapa a qualquer ordenamento ontológico, lógico ou de qualquer outra ordem disciplinar que não a ordem das relevâncias e ênfases estabelecida pelo próprio autor.

A mesma "desordem" habita o sumário dos ensaios de Hume, ainda que o âmbito temático seja menor do que o encontrado na obra de Montaigne. Uma possível razão para a diferença quanto à variedade temática pode ser buscada em uma explicação geracional.[27] É um Montaigne retirado de seus afazeres que se recolhe a sua torre para escrever os ensaios de sua vida. Na verdade, hoje o sabemos, a obra de sua vida. Tem, pois, como recurso uma vida inteira de envolvimento com a vida prática e com a vida filosófica. David Hume publica o primeiro volume dos seus *Ensaios* com 30 anos de idade, precedido "apenas" por seu magistral *Tratado*, e, como sabemos, seria autor, mais tarde, de uma notável obra filosófica.

---

[26] Hugo Friedrich, um dos principais estudiosos de Montaigne, assim definiu o peso do ceticismo na narrativa montaigneana: *Seu famoso ceticismo reencontra o velho sentido do termo: é um olhar atento ante o qual o mundo e os homens, longe de se empobrecerem, se enriquecem, um ceticismo clarividente, que respeita religiosamente a superioridade da pura aparência das coisas sobre a interpretação sempre imperfeita.* Cf. Hugo Friedrich, Montaigne, Paris: Gallimard, 1968 (original alemão, 1949), p. 11.

[27] Não é de se desprezar o fato de que os *Ensaios* de Montaigne compreendam 107 ensaios, enquanto os de Hume "limitem-se" a 49, incluindo os por ele retirados para publicação.

Os *Ensaios* de Hume são, em sua primeira aparição e em sua intenção textual originária, uma obra de meio caminho entre o projeto filosófico original do *Tratado* e outras incursões fundamentais no campo da filosofia moderna. Mas, mesmo assim os quinze ensaios contidos na primeira publicação dos *Ensaios Morais, Políticos e Literários* possuem considerável variedade e desordem temáticas.[28] Ainda que encontremos uma ênfase maior em questões de natureza política – que já indicam a natureza prática de seu empreendimento filosófico –, há lugar para considerações a respeito do gosto, da modéstia, do casamento, do amor, do estudo da história, da superstição e do entusiasmo como matrizes religiosas, entre outras.

Mesmo que derivem de uma mesma matriz filosófica e a ela pertençam, os dois maiores autores de ensaios, no âmbito da filosofia moderna, possuem traços distintivos. Importa aqui assinalar o que seriam as diferenças humeanas fundamentais, na aplicação da arte cética dos ensaios. Creio que duas devem ser destacadas para que disto resulte uma compreensão mais direta das peculiaridades do narrador humeano.

Em primeiro lugar cabe destacar que, se os ensaios montaigneanos foram produzidos em um ambiente pessoal de retiro e de busca de *ataraxia*, o programa dos ensaios de Hume parece indicar direção oposta. Com efeito, em um dos ensaios retirados das edições sucessivas dos *Ensaios Morais, Políticos e Literários* – "Da escrita de ensaios" –,

---

[28] Para uma listagem dos ensaios que compõem a primeira versão dos *Ensaios*, consultar a cuidadosa Apresentação à edição da Liberty Fund, de autoria de Eugene Miller, incluída na presente edição, especialmente na nota 5. As notas de 6 a 9 listam os ensaios publicados nas edições subseqüentes à de 1741.

encontramos uma definição clara e programática dos propósitos da arte de compô-los: a da obrigação (*duty*) de estabelecer *a good Correspondence* entre os domínios do conhecimento e da conversação ordinária. Movido, talvez, pela indiferença do público diante da forma de seu *Tratado*, Hume percebe no ensaio mais do que um artifício retórico ou editorial.

Trata-se de fazer com que o programa de estabelecer uma ciência da natureza humana fundada no método experimental, tal como anunciado na abertura do *Tratado*, assuma uma linguagem capaz de mitigar a distância habitual entre o mundo da filosofia – e o dos filósofos – e o da vida ordinária. Os *Ensaios Morais, Políticos e Literários*, desta forma, podem ser percebidos como *exercícios de filosofia pública*. Nesse novo gênero, o autor não busca descanso ou refúgio meritório, mas o comércio com a vida comum e com os seus assuntos. Este é o sentido da clássica expressão humeana: *the common affairs of life*. Sendo tais *affairs* o objeto de sua filosofia, Hume produz nos seus *Ensaios* uma linguagem que crê ser capaz de torná-la um modo de intervenção – ou, ao menos, de interação – com a vida ordinária.

A disposição de tomar a vida ordinária como objeto e como lugar de exercício da filosofia está associada, em Hume, a um ânimo de combate à superstição, ao excesso, ao fanatismo. Tal ânimo acabou por percorrer toda a sua biografia. Já às vésperas da morte, em 1776, imaginou um diálogo com Caronte, que faria com que a travessia inevitável do Letes pudesse ser temporariamente adiada. Na conversa, Hume solicita mais tempo de vida para combater os sistemas de superstição ainda predominantes, ao que Caronte retruca dizendo que isso exigiria um tempo, se o trocadilho é cabível, inabarcável.²⁹ Mesmo na ironia *ante mortem*, Hume deixa escapar uma concepção da prática da filosofia como um exercício referido ao mundo ordinário e ao que basicamente o constitui: o complexo domínio das crenças e do hábito.

Há, ainda, uma segunda e crucial diferença para com a concepção de autoria presente na obra de Montaigne. Ela pode ser encontrada na definição humeana do *self*, fundamental para o tratamento do tema da identidade pessoal. A suposição, aqui, é a de que a prática humeana da autoria é caudatária da definição humeana de identidade. No caso montaigneano, trata-se de um *moi* constituído por fragmentos de memória, informação histórica, erudição intelectual e experiência direta com os fenômenos. Dois séculos mais tarde, na prática humeana da autoria de ensaios, encontramos um modo de operação da própria idéia desenvolvida por Hume para definir a *mente*. No *Tratado*, há três momentos nos quais os temas do *self* e da mente são considerados:

(i) *...aquilo que chamamos uma* mente *não é senão um feixe ou coleção de diferentes percepções unidas por certas relações, e as quais supomos, embora falsamente, serem dotadas de uma perfeita simplicidade e identidade.*³⁰

(ii) *À parte alguns metafísicos (...), arrisco-me, porém, a afirmar que os demais homens não são senão um feixe ou uma coleção de diferentes percepções, que se sucedem umas às outras com uma rapidez inconcebível, e que estão em perpétuo fluxo e movimento.*³¹

---

²⁹ A disposição de Hume diante da morte iminente foi narrada em bela e emocionada carta de Adam Smith a William Strahan, reproduzida na presente edição. A leitura da carta, creio, é fundamental para que o leitor saiba com que autor está lidando.
³⁰ Cf. David Hume, *Tratado da Natureza Humana*, Livro I, parte IV, Seção II, p. 240.
³¹ Idem, Livro I, Parte IV, Seção VII, p. 285.

(iii) ...*o eu, ou seja, aquela sucessão de idéias e impressões relacionadas, de que temos uma memória e consciência íntima.*[32]

O narrador humeano, ao ensaiar, realiza no plano prático do texto os atributos apresentados de forma teórica e conceitual no *Tratado*. Neste sentido, o estudioso interessado em buscar a definição humeana de mente ou de identidade pessoal, para além das passagens canônicas do *Tratado*, muito teria a ganhar se considerasse o universo dos *Ensaios*. Aqui, de forma direta, o mecanismo da associação de idéias – uma das dimensões centrais do sistema humeano – se apresenta nas múltiplas ênfases e referências cruzadas que povoam cada ensaio.

Se os *Ensaios* de Montaigne são os *ensaios de sua vida*, os de Hume são a aplicação prática de suas premissas filosóficas; são, em suma, os *ensaios de sua filosofia*. Isso diz respeito tanto aos temas e objetos considerados como ao modo de tratá-los e, o que é mais notável, à forma de construção da autoria. Trata-se, ainda, de ceticismo, é certo, mas de uma forma distinta da praticada por Montaigne. Na letra humeana o ceticismo não o desobriga de produzir uma concepção filosófica da história – ou, na expressão de Richard Popkin, uma *história filosófica*. Mais do que suspensão cética do juízo (*epoché*) ou busca de imperturbabilidade (*ataraxia*), marcas originais do ceticismo pirrônico, o que importa é falar da vida como ela é; não perder o registro do humano ordinário. E mais: revelar, a todo momento, o caráter contingente das criações humanas, inapelavelmente finitas e circunscritas pela história e por sua matéria básica, o hábito e as crenças.

---

[32] Idem, Livro II, Parte I, Seção II, p. 311.

É a força gravitacional do hábito, das crenças e das circunstâncias históricas que impede o projeto de uma história contada a partir de uma perspectiva universal. Ainda que nossos juízos possam ter alcance superior ao imediato, isso exige, segundo Hume, severa atenção ao mundo da vida. Assim por exemplo, o tratamento do tema do gosto estético, um dos temas centrais de um conjunto de ensaios – no corpo dos *Ensaios* – que poderíamos identificar como "literários", recusa a possibilidade de um padrão apoiado na natureza e afasta a idéia de verdade do domínio da estética.[33] Os padrões de juízo estético são configurados pela experiência e pela contemplação, abrigando, pois, variedade considerável. Em suma, a crítica do gosto exige uma história do gosto, de seus hábitos e de seus padrões de juízo.

O mesmo procedimento pode ser encontrado nos ensaios "morais". Na verdade, essa classificação é imprecisa e extremamente ampla. O Dr. Johnson em seu *Dictionary*, por exemplo, identificava *moral* como *popular; customary; such as is known or admitted in the general business of life*.[34] Na verdade, o melhor procedimento para encontrar os ensaios "morais" entre os demais seria operar por exclusão: "morais" são todos os ensaios que não os claramente "econômicos", "políticos" – que podem ser com alguma facilidade reconhecidos por seus títulos – ou "literários". Feita a redução, o leitor encontrará, ainda assim, considerável variedade temática. O con-

---

[33] Ainda que a classificação soe um tanto restritiva, podemos classificar como "literários" os seguintes ensaios: "Da escrita de ensaios"; "Da delicadeza do gosto e da paixão"; "Da tragédia"; "Da eloquência"; "Da origem e do processo das artes e das ciências".

[34] Apud John Price, *David Hume*, Boston: Twayne Publishers, 1991, p. 45. Cf. Robert Fogelin, *Hume's Skepticism in the Treatise of Human Nature*, London: Routledge & Kegan Paul, 1985, p. 118.

junto revela a presença de uma perspectiva de tratamento dos assuntos morais marcada pela percepção da diversidade como marca do estar humano no mundo e pelo caráter quimérico – para adotar uma expressão do *Tratado* – de qualquer experimento metafísico devotado à sua supressão. Mais uma vez, o terreno do histórico e do mundano se apresenta como domínio de inscrição.

Entre esses ensaios, é fundamental destacar o mais importante: "O cético". Nele, Hume após ter tratado de três outras *personas* filosóficas – o estóico, o epicurista e o platônico – discorre, muito mais extensamente, sobre a identidade *epistêmica* do cético. O texto é crucial, posto que revela a natureza filosófica do próprio narrador. Robert Fogelin, um dos principais estudiosos do ceticismo humeano, não hesitou em considerar que "O cético" *represents Hume's position in everything but tone and minor detail*.[35] Em outros termos, mais do que a narrativa de uma *persona* filosófica, esse ensaio é uma magnífica introdução ao ceticismo humeano, tão marcado pelo apego aos *common affairs of life*. Se fosse o caso de imaginar um guia de entrada para o futuro leitor dos *Ensaios*, eu não hesitaria em indicar "O cético" como via principal.

No mesmo registro das "vias de entrada", e visando contemplar as direções dos ensaios indicadas em seu título, além de "O cético" e de "Da escrita dos ensaios" – este pela definição dos propósitos da arte de ensaiar –, dois outros ensaios devem ser aqui considerados. No conjunto dos ensaios abertamente políticos, nos quais Hume envolve-se com a dimensão política da vida ordinária, o ensaio "Que a política pode ser reduzida a uma ciência" merece destaque.

---

[35] Cf. Duncan Forbes, *Hume's Philosophical Politics*, Cambridge: Cambridge University Press, 1975, p. 224.

À primeira vista, ao ler o título do ensaio, o leitor familiarizado com as inclinações céticas de Hume poderá sentir a mesma perplexidade de James Joyce diante da *History of England*. Nesse último caso, Joyce indagava como foi possível que um *idealista* escrevesse uma história. No caso ora em questão trata-se de perguntar como um cético justifica uma ciência da política.

A petição científica de Hume está contida na seguinte passagem: *So great is the force of laws, and of particular forms of government, and so little dependence have they on the humours and tempers of men, that consequences almost as general and certain may sometimes be deduced from them, as nay which the mathematical sciences afford us.* No entanto, o contexto dessa afirmativa é marcado pela crítica de Hume a uma concepção típica do humanismo cívico, que ressalta a necessidade da *virtude individual* como condição para a *virtude cívica*. O argumento de Hume sustenta a primazia das instituições, no que se refere ao ordenamento de repúblicas, isto é, sistemas políticos não-tirânicos. Em outros termos, em sistemas tirânicos, nos quais a decisão e a conduta do tirano são o principal móvel do sistema político, a qualidade pessoal do governante é decisiva. Mas, em *repúblicas*, nas quais as regras institucionais estão claramente estabelecidas, tal requisito é secundário. Mais do que ambição matematizante e demonstrativa, Duncan Forbes vê na proposição o que definiu como *the cardinal principle of Hume's Science of politics*. Em outros termos, a importância da constituição e da forma de governo na determinação do comportamento humano e da identidade nacional.[36]

---

[36] Refiro-me aqui ao magistral livro de Karl Polanyi, *A Grande Transformação* (Rio de Janeiro: Campus, 1980), e à sua teoria do "moinho satânico", processo de reconfiguração social fundado na idéia de mercado auto-regulado,

A ciência dessas instituições deve seguir as premissas estabelecidas pelo programa do *Tratado*. Ela é eminentemente experimental. Neste sentido aproxima-se mais da idéia cética clássica da *téchne* do que da ambição de uma *epistéme* apriorística, dedutivista e universal. No primeiro registro, trata-se de um saber de natureza indutiva e, portanto, alimentado pela experiência e pelos depósitos da história ao longo do tempo. A certeza, nesse caso, depende da regularidade dos eventos e da estabilidade das relações causais.

Os *Ensaios* de Hume abrigam, ainda, nove escritos "econômicos", reconhecíveis por seus títulos. Sua visão "econômica" não é de fácil sumarização. Seu tratamento nesse domínio não sugere que este seja destacado do conjunto das ciências morais. Ao contrário, tal como aparece no brilhante ensaio "Do comércio" – que, portanto, compõe o quartto de entrada, aqui sugerido, para o conjunto dos *Ensaios* –, Hume jamais ignora o papel do hábito, das crenças e dos costumes na configuração da vida econômica e em suas transformações. Em sentido estrito, não há em Hume um domínio econômico destacado do conjunto das outras relações sociais. Karl Polanyi poderia ter dito que em Hume a economia permanece embebida ou envolvida pelo social.[37] Da mesma forma,

---

ou em um domínio econômico não-envolvido por relações sociais de natureza não-econômica.

[37] Hume, nas últimas páginas do *Tratado*, enumera um conjunto de graves questões: *Onde estou, o que sou? De que causas derivo a minha existência, e a que condição retornarei? De quem o favor deverei cortejar, a ira de quem devo temer? Que seres me cercam?* No parágrafo seguinte, conclui: *Felizmente ocorre que, sendo a razão incapaz de dissipar essas nuvens, a própria natureza o faz, e me cura dessa melancolia e delírio filosóficos, tornando mais branda essa inclinação da mente, ou então fornecendo-me alguma distração, alguma impressão sensível mais vívida, que apagam todas essas quimeras. Janto, jogo uma partida de gamão, converso e me alegro com meus amigos; após três ou quatro horas de diversão, quando quero*

na avaliação do comportamento individual no campo da economia, Hume não se afasta de suas suposições originais estabelecidas no *Tratado*: na economia, como em todas as outras dimensões sociais, os homens são conduzidos por suas paixões.

O leitor não deve exagerar na crença de que os *Ensaios* de Hume podem ser agrupados tematicamente. Os escritos que compõem a obra são fragmentos de um exercício de filosofia pública. Em termos diretos, neles vemos o *Tratado* em movimento, incidindo sobre assuntos da vida prática ou do mundo do que hoje designaríamos como o da cultura. Neste sentido, creio ser útil ao leitor dos *Ensaios* não um resumo da filosofia humeana do *Tratado*, mas uma referência breve a seus pontos cruciais.

* * *

O programa de trabalho desenvolvido no primeiro livro do *Tratado* – Do Entendimento –, publicado em 1739, visa aplicar o método experimental ao plano do entendimento humano. Sua pergunta básica diz respeito a *como conhecemos e qual a origem de nossas idéias*. Ainda que essas possam ser logicamente derivadas de impressões, que registram de modo não-racional nosso comércio com o mundo exterior, do ponto de vista da dinâmica do entendimento elas têm um papel decisivo e combinado. Com efeito, a natureza humana descrita por Hume revela um agente que gera conhecimento a partir de seus nexos com o mundo da experiência, mas

---

retomar essas especulações, elas me parecem tão frias, forçadas e ridículas, que não me sinto mais disposto a levá-las adiante. Cf. David Hume, *Tratado da Natureza Humana*, Livro I, Parte IV, Seção VII, p. 301.

que constrói significados a partir de diversas formas de associação de idéias. São tais formas que, de fato, organizam e tornam possíveis as próprias experiências.

Em outros termos, embora seja possível simular analiticamente as características desse sujeito, em termos práticos ele só pode ser descrito e circunscrito pelo hábito, a grande âncora da vida humana. Nessa inevitável inscrição mundana opera uma forma precisa de fideísmo: a crença na existência do mundo exterior, das outras mentes e do curso independente e regular da natureza. Tais referências, que podem ser atacadas por dúvidas racionais, são inegociáveis. O homem comum é salvo do ceticismo completo – na verdade a quimera das *Meditações* cartesianas – pela ação da natureza. Na verdade ele é salvo pela natureza e pela vida comum, não apenas de um ceticismo absurdo, mas dos efeitos do exercício autonomizado da filosofia. Este subordina a felicidade à descoberta e à resolução de graves questões metafísicas.

É a recusa desse jogo de busca de verdades em domínios não-ordinários que acaba por concluir o Livro I do *Tratado*. Hume recusa a quimera filosófica do dogmatismo e a melancolia filosófica que se lhe segue e atira os livros à lareira e vai ter com os amigos para jogar gamão.[38] A vitória da natureza sobre o delírio filosófico é simplesmente a vitória da vida comum, capaz de acolher e curar o filósofo acometido de patologias dogmáticas. Em Hume, portanto, o embate entre a razão e a vida comum tem como resolução um cenário amigável, no qual

---

[38] Para uma listagem dos usos em Hume da idéia de hábito, consulte-se o ainda inestimável Index elaborado por Selby-Bigge e aposto à edição inglesa do *Tratado* (Oxford: Clarendon Press, 1978, 1ª ed. 1888, pp. 689-690).

o filósofo acaba como que recolonizado e absorto aos rituais de seus semelhantes ordinários.

O nexo cognitivo dos humanos com o seu mundo não se sustenta sobre bases racionais. Fosse assim, tais bases poderiam ser corroídas pelo ceticismo, e isso tornaria a vida impraticável. Hume, nesse aspecto, é um cético ortodoxo: o ceticismo – tal como a filosofia para Wittgenstein – *deixa a vida como está* e reconhece o mundo dos fenômenos como critério cognitivo e existencial. Mas, se o estar no mundo não se sustenta na razão, em que domínios buscar âncoras para a objetividade da vida? A principal delas provém do *hábito* – o cimento do universo –, que tanto compreende o domínio das operações mentais, tais como a comparação, a indução e a causalidade, como o conjunto de regras que governam a interação dos humanos.[39] Mas, além do hábito há a *crença*, atividade a qual não nos é dado, assim como o ato de respirar, interromper.[40] O primeiro livro do *Tratado* contém, portanto, uma renovada elaboração dos argumentos céticos dirigidos à inevitável paralisia que resulta do embate entre dogmáticos, além de um elogio da vida comum como lugar da história e como sede da observação e da experimentação, sem as quais não há ciência da natureza humana.

O segundo livro – Das Paixões –, também publicado em 1739, mobiliza outra pergunta crucial: *o que nos faz agir?* Da mesma forma que no plano do entendimento, os motivos para agir não têm fun-

---

[39] Idem, pp. 678-679.
[40] *A razão é, e deve ser, apenas a escrava das paixões, e não aspirar outra função além de servir e obedecer a elas.* Cf. David Hume, *Tratado...*, Livro II, Parte III, Seção III, p. 451.

damento na razão. A esse respeito versa talvez a mais famosa proposição do *Tratado*: *a razão é e deve ser escrava das paixões*.[41]

A sentença reúne, na verdade, duas proposições. Uma de corte, digamos, factual, presente na idéia de que *a razão é escrava das paixões*; e outra de estilo normativo: *a razão deve ser escrava das paixões*. As razões da primeira parte da sentença são claras: os motivos da ação humana são passionais e irredutíveis a demonstrações e refutações racionais. As paixões indicam a direção e o motivo; a razão quando muito oferece meios de realização ou modos de acesso. A motivação dos humanos exige a operação das paixões e do sentimento. Quanto ao aspecto normativo, Hume parece nos dizer que *é necessário que a razão seja escrava das paixões*.

Dada a vulnerabilidade da razão a jogos infinitos de refutação racional e diante de seu caráter vazio e desprovido de *feeling*, uma vida por ela governada é inviável. É uma vida sem movimento, sem vontades e sem qualquer forma de decisão. A cláusula normativa é mais um dos argumentos humeanos de defesa da vida ordinária, diante dos perigos de uma atividade filosófica autonomizada e intoxicada pela busca de verdades extraordinárias. Tal defesa baseia-se, entre outros argumentos, na inutilidade prática da razão como critério de escolha e de decisão: já que a razão não pode por si mesma suprir a ação de qualquer motivo, ela não pode opor qualquer motivo a esta mesma ação.

---

[41] Ver volume da coleção Os Economistas, dedicado a Petty, Hume e Quesnay (São Paulo: Editora Abril, 1983). A destacar na edição a competente tradução de Sara Albieri e a qualidade da apresentação aos ensaios de Hume feita por Rolf Kuntz.

Os fundamentos não-racionais do entendimento e das paixões são decisivos para que Hume – no Livro III do *Tratado*, Da Moral (publicado em 1740) – encare suas últimas questões: *quais as fontes da moralidade?* Como sabemos distinguir o que é bom daquilo que não é?

Para Hume, as distinções morais não derivam da razão, mas do sentimento e de um *senso moral*. Já que a moralidade é um dos agentes que constituem nossos motivos para agir e levando em conta que a razão é inerte, logo a moralidade não pode ser percebida como dimensão puramente racional. Nesse particular, Hume mobiliza uma tradição intelectual – a da escola do senso moral – que teve em Francis Hutcheson uma figura exponencial. Conterrâneo de Hume, Hutcheson sustentava possuírem os homens uma natural benevolência, caracterizada por *desire the good for others*. Os seres humanos disporiam, portanto, de um senso moral, tão disseminado entre eles quanto os sentidos físicos.

A influência hutchesoniana aparece em Hume na noção de *virtudes naturais*, entre as quais a *benevolência* parece como aspecto importante. Seu estatuto natural deriva do fato de que se trata de tendência possuída normal e naturalmente por todos os seres humanos. Além disso, parece ser uma virtude diante da qual todos os seres humanos tendem a dar sua aprovação. Em outros termos, trata-se, em linguagem própria da Ilustração escocesa, do tradicional tema da sociabilidade básica dos humanos, sempre reposta desde o mito protagórico do surgimento de *diké* (justiça) e de *aidós* (levar outros humanos em consideração) e da definição aristotélica do *animal político* e do *animal que fala*.

Em Hume, essa virtude aparece como qualidade mental, à qual o mundo histórico e a escrita do hábito acrescentaram formas específicas de juízo moral e critérios para estabelecer a distinção entre o certo e o errado. Nos seus termos próprios, sobre as *virtudes naturais* erguem-se as *virtudes artificiais*. Se as primeiras pertencem ao puro equipamento desse animal que sente, as subseqüentes são sustentadas por sua utilidade. Assim, os mundos da política e da moralidade não passam de artifícios produzidos pelo engenho humano, na história e desde sempre. Não há momento fundacional e originário. O que sustenta a pesada precariedade das formas da história é o princípio hum(e)ano da utilidade. Não há nada, portanto, que não poderia ter sido de outro modo. Não há contexto institucional ou moral que, por mais natural ou inercial que se apresente, não possa ter a sua utilidade posta em questão.

* * *

Livre das quimeras filosóficas e do delírio melancólico, a filosofia de David Hume está firmemente ancorada na vida comum. Hume nos demonstrou que por mais bizarros que sejam os hábitos da história não há lugar exterior a partir do qual eles podem ser descritos e julgados. Não há, aqui, necessariamente conservadorismo: a luta contra o que nos parece ser errado deve ser travada em benefício do que nos parece ser certo, sem supor que alguma metafísica poderá demonstrar as bases corretas da ética e da boa política. A matéria da malignidade, assim como os recursos de combate, é produzida e disposta na e pela história humana.

O apego ao humano e à vida, sem qualquer desespero, esteve presente no teste crucial final ao qual Hume acabou por submeter-se. Leitor de Cícero e de Montaigne, Hume sabia que filosofar é aprender a morrer. Pois bem, diante da morte, Hume revelou extraordinário humor e bonomia. Em emocionada carta, incluída na presente edição, governada por *very melancholy pleasure*, a William Strahan, em novembro de 1776, Adam Smith narra a disposição de espírito de Hume, a poucas horas do fim. Hume comenta que estava particularmente satisfeito com a leitura que havia feito do *Diálogo dos Mortos*, de Luciano, o que lhe permitiu simular alguns diálogos seus com Caronte, na inevitável travessia do rio Letes. Os diálogos, jocosamente apresentados por Hume, não passam de truques para adiar a hora inevitável, sob argumentos tais como a necessidade de rever alguns escritos, ao que Caronte retruca que, em se tratando de Hume, novas correções darão sempre ensejo a novas correções. Por fim, Hume apresenta ao barqueiro o argumento mais forte: precisa de mais tempo para abrir os olhos do público e testemunhar a queda de *alguns dos sistemas de superstição predominantes*. O pedido acaba por eliminar qualquer sinal de condescendência: o implacável barqueiro ordena que Hume suba imediatamente a bordo, pois para que aquilo fosse atendido muitos séculos de vida seriam necessários.

Os séculos de vida solicitados por Hume acabaram por ocorrer. Embora recepcionado no século XIX como um filósofo eminentemente negativo, no século seguinte a obra de Hume acabou por alimentar as mais instigantes e consistentes partes da filosofia contemporânea. São as suas questões e seu apego à vida e à linguagem comuns que fertilizaram autores tais como Ludwig Wittgenstein, Willard Quine, Donald Davidson, Nelson Goodman, entre outros representantes do antidogmatismo no século XX.

* * *

Como conhecemos; o que nos faz agir; quais as fontes da moralidade? São essas as três perguntas que constituem a matéria do *Tratado*. As mesmas questões podem – e devem – ser localizadas na constituição dos *Ensaios*. Com a presente edição, pela primeira vez em língua portuguesa, o leitor brasileiro dispõe do privilégio de observar uma *filosofia em ação*. Com efeito, alguns dos ensaios já haviam sido editados no Brasil, em diferentes iniciativas da Editora Abril. Na primeira delas – na Coleção Os Pensadores, em 1973 – foram reunidos alguns ensaios morais, políticos e literários. Na segunda, na Coleção Os Economistas, em 1983, a recolha incidiu sobre ensaios supostamente econômicos, editados, no mesmo volume, entre obras de Petty e Quesnay e sob o título de *Escritos sobre Economia*.[42]

Ainda que meritória e importante, por representar uma das primeiras traduções de obras de Hume no Brasil,[43] a publicação fragmentada dos ensaios dificulta a visão do conjunto da obra e induz o leitor a especializar a sua leitura. Nesse sentido, em particular a

---

[42] Precedida pela edição brasileira da *Investigação acerca do Entendimento Humano*, São Paulo: Editora da Universidade de São Paulo, 1972 e do *Sumário do Tratado da Natureza Humana*, São Paulo: Companhia Editora Nacional, 1975.

[43] A presente edição foi precedida pela publicação, em Portugal, de edição dos *Ensaios*, sob os competentes tratos de João Paulo Monteiro e com ótimas traduções feitas pelo próprio, e por Sara Albieri e Pedro Galvão. Nesta edição, contudo, não estão incluídos os ensaios retirados por Hume da última edição por ele cuidada. Ver David Hume, *Ensaios Morais, Políticos e Literários*, Lisboa: Imprensa Nacional-Casa da Moeda, 2002. A presente edição acrescenta, ainda, ao texto completo dos *Ensaios*, a primeira tradução em português da autobiografia de Hume e da belíssima carta de Adam Smith a William Strahan, a respeito do estado do filósofo em suas últimas horas de vida.

seleção isolada dos ensaios ditos econômicos faz supor que Hume tivesse desenvolvido uma teoria econômica específica, distinta de suas concepções sobre o entendimento, as paixões e a moralidade.

A presente edição faz completa justiça ao conjunto dos ensaios. Trata-se da primeira edição em língua portuguesa que publica o conjunto completo, incluindo os ensaios que Hume decidiu retirar quando da última edição da qual cuidou. A decisão de mantê-los é oportuna, já que um deles – "Da escrita de ensaios" – foi aqui considerado crucial para o entendimento do projeto filosófico de escrever ensaios.

Cidadão da república das letras – ou *man of letters*, tal como se autodefinia –, Hume fez da escrita o seu principal modo de intervenção nos *common affairs of life*. Sendo assim, os *Ensaios* são uma obra ímpar no conjunto do *corpus* humeano, já que movidos pelo dever de estabelecer nexos entre o *mundo do conhecimento* e o *mundo da conversação*, ou dos nossos ordinários jogos de linguagem.

Os *Ensaios* são uma obra ímpar em outro sentido preciso: ainda que não possa ser considerado como o núcleo da filosofia humeana, o conjunto foi, em termos práticos, a obra da vida de David Hume. Desde sua primeira aparição, em 1742 até o fim de sua vida, em 1776, Hume cuidou da escrita dos seus ensaios. O que equivale a dizer que seu projeto filosófico jamais deixou de contemplar a necessidade de interlocução com o que ele designava como o público. O material, portanto, é inestimável e constitui uma via privilegiada de acesso à filosofia moral e política, à crítica literária, à reflexão econômica e à história, desenvolvidas ao longo do trajeto desse invulgar e genial pensador, que ao longo de sua biografia não fez mais do que praticar sua principal intenção: *Be a philosopher; but amidst all your philosophy, be still a man.*

DAVID HUME

Prefácio

Eugene F. Miller

A grandeza de David Hume foi reconhecida em sua própria época, como é hoje. Mas os textos que tornaram Hume famoso não são, em grande medida, os mesmos que são responsáveis pela sua reputação atual. Deixando de lado suas *Investigações*,[1] que foram amplamente lidas, então como agora, Hume é hoje conhecido principalmente por causa de seu *Tratado da Natureza Humana*[2] e seus *Diálogos sobre a Religião Natural*.[3] Contudo, o *Tratado* foi pouco lido durante a vida de Hume, e os *Diálogos* só foram publicados após sua morte. Por outro lado, a maioria dos leitores de hoje dedica pouca atenção a vários livros e

---

[1] *Investigação acerca do Entendimento Humano* apareceu pela primeira vez com este título na edição de 1758 dos *Ensaios e Tratados sobre Diversos Assuntos*. Anteriormente tinha sido publicado várias vezes, começando em 1748, com o título *Ensaios Filosóficos acerca do Entendimento Humano*. *Uma Investigação sobre os Princípios da Moral* foi originalmente publicado em 1751. Recolhi esta e outras informações sobre as diversas edições dos textos de Hume em duas fontes: T. E. Jessop, *Uma Bibliografia de David Hume e da Filosofia Escocesa* (Nova York, 1966), e William B. Todd, "David Hume. Uma Bibliografia Preliminar", em Todd, ed., *Hume e o Iluminismo* (Austin, Texas, 1974).

[2] Os Livros I e II do *Tratado* foram publicados em 1739; o Livro III, em 1740.

[3] Hume escreveu os *Diálogos* por volta de 1750, mas decidiu adiar a publicação durante toda a sua vida. Quando Adam Smith não se mostrou disposto

ensaios de Hume e à sua *História da Inglaterra*,⁴ obras que foram lidas avidamente por seus contemporâneos. Mas, se alguém desejar formar uma visão equilibrada das idéias de Hume, é necessário estudar os dois conjuntos de textos. Se negligenciarmos os ensaios ou a *História*, então a nossa visão dos objetivos e das conquistas de Hume provavelmente será tão incompleta quanto aquela de seus contemporâneos, que não leram os *Tratados* ou os *Diálogos*.

A preparação e a revisão de seus ensaios ocuparam Hume durante toda a sua vida adulta. No final dos 30 anos, após concluir três volumes do *Tratado*, Hume começou a publicar ensaios sobre temas morais e políticos. Seus *Ensaios Morais e Políticos* vieram a público em 1741, publicados por Alexander Kincaid, o principal editor de Edimburgo.⁵ Um segundo volume de ensai-

---

a assumir a responsabilidade pela publicação póstuma dos *Diálogos*, Hume os confiou ao seu próprio editor, William Strahan, com a condição de que a obra seria entregue ao sobrinho de Hume, David, se Strahan não a publicasse num prazo de dois anos e meio após a morte do filósofo. Quando Strahan declinou da publicação, o sobrinho providenciou que os *Diálogos* fossem publicados em 1779.

⁴ A *História* de Hume foi publicada entre 1754 e 1762 em seis volumes, começando pelos reinados dos Stuart e em seguida voltando aos períodos Tudor e pré-Tudor. Uma "Nova Edição, Corrigida", com os seis volumes dispostos em ordem cronológica, apareceu em 1762 com o título *A História da Inglaterra, da Invasão de Júlio César à Revolução de 1688*.

⁵ Essa edição continha os seguintes ensaios: (1) "Da delicadeza do gosto e da paixão"; (2) "Da liberdade de imprensa; (3) Da impudência e da modéstia"; (4) "Que a política pode ser reduzida a uma ciência"; (5) "Dos primeiros princípios de governo"; (6) "Do amor e do casamento"; (7) "Do estudo da história"; (8) "Da independência do parlamento"; (9) "Se o governo britânico se inclina mais para a monarquia absoluta ou para uma república"; (10) "Dos partidos em geral"; (11) "Dos partidos da Grã-Bretanha"; (12) "Da superstição e do entusiasmo"; (13) "Da avareza";

os apareceu com o mesmo título no início de 1742,⁶ e mais tarde, no mesmo ano, uma "Segunda Edição, Corrigida" do primeiro volume foi publicada. Em 1748, três ensaios adicionais apareceram num pequeno volume publicado em Edimburgo e Londres.⁷ Este volume é digno de nota, por ser a primeira das obras de Hume a trazer seu nome, e também por marcar o início de sua associação com Andrew Millar, seu principal editor em Londres. Esses três ensaios foram incorporados na "Terceira Edição, Corrigida" dos *Ensaios Morais e Políticos*, que Millar e Kincaid publicaram no mesmo ano. Em 1752, Hume reuniu um grande número de ensaios sob o título *Discursos Políticos*, uma obra tão bem-sucedida que uma segunda edição foi lançada no mesmo ano, e uma terceira em 1754.⁸

---

(14) "Da dignidade da natureza humana"; e (15) "Da liberdade e do despotismo". Os ensaios 3, 6 e 7 não foram republicados por Hume depois de 1760, e o ensaio 13 não foi republicado depois de 1768. O título do ensaio 14 foi trocado para "Da dignidade ou miséria da natureza humana" na edição de 1770 de *Ensaios e Tratados sobre Diversos Assuntos*. O título do ensaio 15 foi trocado para "Da liberdade civil" na edição de 1758 dos *Ensaios e Tratados*.

⁶ Essa edição continha os seguintes ensaios: (1) Da escrita de ensaios; (2) "Da eloqüência"; (3) "Dos preconceitos morais"; (4) "Da estação média da vida"; (5) "Da ascensão e do progresso das artes e ciências"; (6) "O epicurista"; (7) "O estóico"; (8) "O platônico"; (9) "O cético"; (10) "Da poligamia e dos divórcios"; (11) "Da simplicidade e do refinamento"; e (12) "Um perfil de *Sir* Robert Walpole". Os ensaios 1, 3 e 4 foram publicados por Hume somente nessa edição. O ensaio 12 foi impresso como uma nota de rodapé a "Que a política pode ser reduzida a uma ciência", nas edições de 1748 a 1768, e suprimidos depois de 1768.

⁷ Essa edição, intitulada *Três Ensaios Morais e Políticos*, continha: (1) "Do caráter nacional"; (2) "Do contrato original"; e (3) "Da obediência passiva".

⁸ Essa edição continha os seguintes ensaios: (1) "Do comércio"; (2) "Do luxo"; (3) "Do dinheiro"; (4) "Dos juros"; (5) "Da balança comercial"; (6)

No começo da década de 1750, Hume reuniu os seus diversos ensaios, bem como outros textos seus, numa coletânea intitulada *Ensaios e Tratados sobre Diversos Assuntos*. O Volume I (1753) dessa coletânea contém os *Ensaios Morais e Políticos*, e o Volume IV (1753-54), os *Discursos Políticos*. As duas *Investigações* foram reeditadas nos Volumes 2 e 3. Hume manteve o título *Ensaios e Tratados sobre Diversos Assuntos* nas edições subseqüentes dessas obras reunidas, mas fez algumas modificações na forma e no conteúdo. Com o mesmo título, apareceu uma nova edição, em um volume, em 1758, e outras edições em quatro volumes em 1760 e 1770. Edições em dois volumes apareceram em 1764, 1767, 1768, 1772 e 1777. A edição de 1758, pela primeira vez, reuniu os ensaios sob o título *Ensaios Morais, Políticos e Literários*, divididos em Parte I e Parte II. Diversos novos ensaios, além de outros textos, foram acrescentados a essa coletânea ao longo do tempo.[9]

Como vemos, os ensaios não eram absolutamente algo de pouco interesse para Hume. Ele trabalhou neles continuamente entre cerca de 1740 e a sua morte, em 1776. Há 39 ensaios na edição

---

"Da balança de poder; (7) "Dos impostos; (8) "Do crédito público"; (9) "De alguns costumes notáveis"; (10) "Da população de nações antigas"; (11) "Da sucessão protestante"; e (12) "Idéia de uma república perfeita". O título do ensaio 2 foi trocado em 1760 para "Do refinamento nas artes".

[9] A edição de 1758 dos *Ensaios e Tratados* incorporou, de uma obra de 1757 intitulada *Quatro Dissertações*, os ensaios "Da tragédia" e "Do padrão do gosto", bem como dois outros textos, *A História Natural da Religião* e *Uma Dissertação sobre as Paixões*. Dois novos ensaios, "Da desconfiança no comércio" e "Da coalizão de partidos", foram acrescentados tardiamente a alguns exemplares da edição de 1758 dos *Ensaios e Tratados*, e então incorporados à edição de 1760. Por fim, Hume preparou ainda outro ensaio, "Da origem do governo", para a edição que seria publicada postumamente em 1777.

póstuma, de 1777, dos *Ensaios Morais, Políticos e Literários* (Volume I de *Ensaios e Tratados sobre Diversos Assuntos*). Dezenove deles datam dos dois primeiros volumes originais dos *Ensaios Morais e Políticos* (1741-2). Em 1777, esses ensaios dos volumes originais já tinham passado por 11 edições. Vinte ensaios foram acrescentados no caminho, oito foram eliminados e dois teriam que esperar a publicação póstuma. Era prática de Hume, ao longo de sua vida, supervisionar cuidadosamente a publicação de seus textos, além de corrigi-los para as novas edições. Embora gravemente doente, em 1776 Hume negociou a publicação póstuma de seus manuscritos, incluindo os ensaios suprimidos "Do Suicídio" e "Da Imortalidade da Alma", além de preparar para o seu editor, William Strahan, as correções para as novas edições tanto de sua *História da Inglaterra* quanto de seus *Ensaios e Tratados sobre Diversos Assuntos*. Quando Adam Smith visitou Hume no dia 8 de agosto de 1776, pouco mais de duas semanas antes da morte do filósofo, em 25 de agosto, encontrou Hume ainda trabalhando nas correções de seus *Ensaios e Tratados*. Hume tinha lido recentemente os *Diálogos dos Mortos*, de Luciano, e especulou em tom jocoso com Smith sobre as desculpas que poderia dar a Caronte para não entrar no seu barco. Uma possibilidade era dizer a ele: "Bom, Caronte, estou corrigindo minhas obras para uma nova edição. Conceda-me um pouco de tempo, para que eu veja como o público receberá as alterações."[10]

Os ensaios de Hume foram recebidos calorosamente na Bretanha, no Continente, onde apareceram numerosas traduções para o francês, o alemão e o italiano, e também na América. Em sua breve au-

---
[10] Ver a carta de Smith a William Strahan, nesta edição.

tobiografia, *Minha Própria Vida*,[11] Hume fala de sua grande satisfação com a recepção do público aos seus ensaios. A resposta favorável ao primeiro volume dos *Ensaios Morais e Políticos* fez com que ele esquecesse completamente sua frustração anterior com a indiferença do público ao seu *Tratado da Natureza Humana*, e ele ficou feliz com a boa acolhida inicial aos *Discursos Políticos*, no seu país e no exterior. Quando Hume acompanhou o Conde de Hertford a Paris, em 1763, para uma estada de 26 meses como secretário da Embaixada britânica e, por fim, como *chargé d'affaires*, descobriu que sua fama lá ultrapassava em muito o que ele imaginava. Hume recebeu homenagens e cumprimentos de "homens e mulheres de todas as classes e idades". A fama não foi o único benefício de que ele desfrutou por causa de suas publicações. Na década de 1760, "o dinheiro das vendas que me foi entregue pelos livreiros superou muito qualquer valor anteriormente conhecido na Inglaterra; eu me tornei não apenas independente, mas também opulento".

Os ensaios de Hume continuaram a ser lidos amplamente durante mais de um século após a sua morte. Jessop lista 16 edições ou reimpressões dos *Ensaios e Tratados sobre Diversos Assuntos*, que apareceram entre 1777 e 1894.[12] (Mais de 50 edições ou reimpressões da *História* são listadas para o mesmo período.) Os *Ensaios Morais, Políticos e Literários* foram incluídos no Volume 3 de uma edição posterior, de T. H. Green e T. H. Grose, também intitulada *As Obras Filosóficas de David Hume* (Londres: Longmans, Green and Co. 1874-75; vol. 3, reimpresso em 1882, 1889, 1898,

---

[11] Reeditado na presente edição.
[12] Ver *Uma Bibliografia de David Hume e da Filosofia Escocesa*, pp. 7-8.

1907 e 1912). Algumas edições separadas dos *Ensaios Morais, Políticos e Literários* foram igualmente publicadas, incluindo aquela da coleção Os Clássicos do Mundo (Londres, 1903, reimpresso em 1904).

Esses detalhes biográficos são importantes porque mostram o apreço que o próprio Hume tinha pelos ensaios, que continuaram a fascinar muitas pessoas até o início do século XX. Nos últimos 70 anos, contudo, os ensaios, da mesma forma que a *História*, foram ofuscados por outros textos de Hume. Embora alguns estudos recentes tenham mais uma vez chamado a atenção para a importância dos *Ensaios Morais, Políticos e Literários*[13] de Hume, a obra em si dificilmente era localizável numa edição adequada. Alguns dos ensaios foram incluídos em várias coletâneas,[14] mas, deixando de lado a presente edição, nenhuma edição completa dos *Ensaios* apareceu desde o início do século, com exceção de uma reimpressão da edição dos Clássicos do Mundo, de 1903,[15] e reproduções caras da edição em quatro volumes das *Obras Filosóficas*, de Green e Grose.

---

[13] Ver John B. Stewart, *A Filosofia Moral e Política de David Hume* (Nova York, 1963); F.A Hayek, *A Filosofia Legal e Política de David Hume*, em V. C. Chappell, ed., *Hume: Uma Coletânea de Ensaios Críticos* (Garden City, NY, 1966); Duncan Forbes, *A Filosofia Política de Hume* (Cambridge, 1975); David Miller, *Filosofia e Ideologia no Pensamento Político de Hume* (Oxford, 1981); e Donald W. Livingston, *A Filosofia da Vida Cotidiana de Hume* (Chicago, 1984).

[14] Ver, por exemplo, *Obras Essenciais de David Hume*, ed. Ralph Cohen (Nova York, 1965); *Do Padrão do Gosto e Outros Ensaios*, ed. John W. Lenz (Indianápolis, 1965); *Textos sobre Economia*, ed. Eugene Rotwein (Madison, 1955); *Ensaios Políticos*, ed. Charles W. Hendel (Indianápolis, 1953); *Teoria Política*, ed. Frederick M. Watkins (Edimburgo, 1951); e *A Filosofia Moral e Política de Hume*, ed. Henry D. Aiken (Nova York, 1948).

[15] Londres: Oxford University Press, 1963.

Ao publicar esta nova edição dos *Ensaios* – além da publicação, em seis volumes da *História da Inglaterra* –[16], o Liberty Fund tornou um lado negligenciado do pensamento de Hume acessível uma vez mais ao leitor moderno.

Muitos anos após a morte do filósofo, seu amigo íntimo John Home escreveu um esboço sobre a personalidade de Hume, no qual observou: "Seus *Ensaios* são ao mesmo tempo populares e filosóficos, e contêm uma união rara e feliz de ciência profunda e estilo refinado."[17] Essa observação indica por que os ensaios de Hume agradavam tanto aos seus contemporâneos, e por que eles continuam atraindo a nossa atenção hoje. Os ensaios são elegantes e agradáveis no estilo, mas inteiramente filosóficos na natureza e no conteúdo. Eles elaboram aquelas ciências – moral, política e crítica – para as quais o *Tratado da Natureza Humana* lançou as bases. Não foi simplesmente um desejo pela fama que levou Hume a abandonar o *Tratado* e a buscar uma audiência mais ampla para o seu pensamento. Ele agiu na crença de que o comércio entre os homens de letras e os homens do mundo trabalhava em benefício dos dois. Hume julgava que a própria filosofia saía perdendo se ficasse confinada nas faculdades e gabinetes, separada do mundo e das boas companhias. Os ensaios de Hume não representam um abandono da filoso-

---

[16] Volumes 1 e 2, Indianápolis: Liberty Classics, 1983; Volumes 3 e 4, 1984; Volumes 5 e 6 em preparação. Essa edição tem um prefácio de William B. Todd.

[17] John Home, *Um Esboço do Perfil do Sr. Hume e Diário de uma Viagem de Morpeth a Bath*, 23 de abril-1 de maio de 1776, ed. David Fate Norton (Edimburgo, Tragara Press, 1976).

fia, como alguns já afirmaram,[18] mas antes uma tentativa de desenvolvê-la, direcionando-a para as questões da vida comum.

1º de outubro de 1984

Eugene F. Miller é professor de Ciências Políticas na Universidade da Geórgia, Athens, Geórgia.

---

[18] T. H. Grose, em observações no Prefácio aos *Ensaios, Morais, Políticos e Literários* de Hume, admite ter ficado surpreso com a "forma repentina como seu trabalho em filosofia terminou" com a publicação do *Tratado* (ver "História das Edições", em *As Obras Filosóficas de David Hume*, ed. T. H. Green e T. H. Grose [Londres, 1889]. Grose sustenta que Hume "carecia da disposição e, provavelmente, da habilidade" para uma filosofia construtiva, depois de completar a tarefa crítica ou negativa do *Tratado*. Embora contrária ao que o próprio Hume dizia sobre seus textos da maturidade, bem como ao que outros intérpretes já disseram sobre os seus talentos, essa opinião era bastante comum na virada do século. Ela ajudou a atrair para o *Tratado* de Hume a atenção que ele merece, mas ao mesmo tempo desestimulou o estudo de outros textos de Hume, particularmente os *Ensaios*, como fontes adequadas de sua filosofia.

Nota do Editor Americano

E. F. M.

Esta nova edição dos *Ensaios Morais Políticos e Literários*, de Hume, se baseia na edição de 1777. A edição de 1777 foi escolhida porque, tendo aparecido postumamente, contém as últimas correções de Hume. Foi o texto usado por T. H. Green e T. H. Grose para a versão dos *Ensaios* incluída em sua edição das *Obras Filosóficas de David Hume*. Por causa das dificuldades iniciais de obter uma fotocópia da edição de 1777, o texto de Green e Grose foi usado pelo editor como base para o corrente projeto. Tanto a cópia do editor quanto as provas de leitura foram então corrigidas após serem cotejadas com uma fotocópia da edição de 1777, obtida na Biblioteca Huntington, em San Marino, Califórnia. A presente edição contém material que não aparecia na edição de 1777 dos *Ensaios*: *Minha própria Vida*, de Hume, a carta de Adam Smith a William Strahan, e os ensaios que ou foram suprimidos por vontade de Hume até a edição de 1777, ou suprimidos por ele ao longo de sua vida. Exceto indicação em contrário, esses materiais são reproduzidos aqui tal como aparecem na edição de Green e Grose e, diferentemente do projeto dos *Ensaios*, não foram cotejados com as edições anteriores adequadas.

A edição de Green e Grose dos *Ensaios* costuma ser considerada a mais precisa à disposição,[1] e portanto se tornou uma fonte habitual para os acadêmicos. Uma comparação detalhada dessa edição com a de 1777 mostra, porém, que ela se afasta bastante dos padrões de rigor que se exigem hoje nas edições críticas.[2] Há centenas de exemplos nos quais ela se afasta, intencionalmente ou não, do texto da edição de 1777. Comparando a "Nova Edição" de Green e Grose na impressão de 1889 com o texto de 1777, encontramos pelo menos cem exemplos de incorreções (palavras que faltam, ou que foram acrescentadas, ou alteradas), 175 exemplos de pontuação errada e 75 erros no uso das maiúsculas. Provavelmente intencionais são as mais de cem mudanças feitas na grafia de Hume, nos símbolos, na justaposição de palavras, na formatação das citações e coisas parecidas. Pelo menos 25 erros tipográficos na edição de 1777 são corrigidos silenciosamente por Green e Grose, que também corrigiram algumas das passagens gregas. As maiores diferenças em relação à edição de 1777 estão nas notas de rodapé de Hume, onde as suas próprias citações são livre-

---

[1] Alguns anos atrás, Roland Hall observou: "Os *Ensaios Morais, Políticos e Literários* de Hume não tiveram uma edição adequada, e o melhor texto ainda parece ser aquele das *Obras Filosóficas*, de Green e Grose." Ver *Cinqüenta Anos de Ensino de Hume: Um Guia Bibliográfico* (Edimburgo, University Press 1978).

[2] Peter H. Nidditch escreve: "Na minha opinião, o padrão de precisão adequado e alcançável no texto (de materiais impressos) por um editor trabalhando sozinho é, na média, na primeira edição, de dois ligeiros erros de grafia e de seis erros de forma para cada 40 mil palavras de texto: na primeira reimpressão, levando-se em conta a revisão (que é um dever obrigatório), essas incorreções devem ser suprimidas. Foi esse o padrão que adotei como Editor Geral de *A Edição Clarendon das Obras de John Locke* (Oxford, 1975, em andamento)". Ver *Um Aparato de Leituras Variantes para o Tratado da Natureza Humana de Hume* (Departamento de Filosofia, Universidade de Sheffield, 1976).

mente alteradas ou ampliadas. Somente perto do final de seu volume, numa nota de rodapé final ao ensaio de Hume "Da População das Nações Antigas", Green e Grose informam ao leitor que tais alterações foram feitas. Os ensaios de Hume contêm muitas notas de rodapé longas, e há pelo menos sete casos em que Green e Grose, sem aviso ou justificativa, não reproduzem a edição de 1777 da nota, mas uma versão diferente da edição anterior, produzindo variações substanciais na grafia e na pontuação, além das já mencionadas acima.

Ao preparar esta nova edição dos *Ensaios Morais, Políticos e Literários*, a fidelidade ao texto da edição de 1777 foi um objetivo supremo. As peculiaridades da grafia, da pontuação e do uso das maiúsculas de Hume foram preservadas, porque elas freqüentemente afetam o sentido do texto.³ O leitor deve ser informado, porém, que existem alguns pequenos casos em que a presente edição difere da de 1777: (1) erros tipográficos da edição de 1777 foram corrigidos silenciosamente; (2) as passagens em grego são reproduzidas

---

³ Na edição de 1777 dos *Ensaios e Tratados sobre Diversos Assuntos*, de Hume, os nomes próprios e os adjetivos deles derivados (por exemplo, "Britânico", "Francês") são grafados inteiramente em letras maiúsculas, sendo a primeira letra mais alta que as restantes. Nomes abstratos são, algumas vezes, grafados da mesma maneira, para enfatizar um argumento (por exemplo, "Força", "Poder", e "Propriedade" em "Dos Primeiros Princípios do Governo"; "Autoridade" e "Liberdade" em "Da Origem do Governo"). Ocasionalmente, contudo, outras palavras aparecem grafadas inteiramente em letras maiúsculas ("DEUS", "JUROS" e "DIREITO" em "Dos primeiros princípios do governo"). Não se sabe até que ponto isso reflete a prática manuscrita de Hume, nem em que medida esta se distingue das convenções dos livros da época, mas, em todo caso, Hume teve a oportunidade de corrigir o que por fim foi impresso. E como essas peculiaridades no uso das maiúsculas podem ser relevantes para a interpretação do texto, elas foram preservadas na presente edição.

tais como aparecem na edição de Green e Grose, com correções e acentos; (3) as notas de rodapé são designadas por números arábicos, e não pelos símbolos de Hume; (4) enquanto as notas de rodapé longas de Hume eram reunidas no final do volume na edição de 1777, a presente edição as coloca na parte inferior da própria página, como era a prática nas edições dos *Ensaios* anteriores a 1770 (com a mudança de lugar, não foi mais necessário usar maiúsculas na primeira palavra dessas notas); (5) enquanto dois tipos de maiúsculas e minúsculas são usadas nos títulos dos ensaios na edição de 1777, aqui os títulos são todos em maiúsculas; o "s longo" foi inteiramente eliminado; o uso das aspas nas citações foi adaptado à prática moderna.

Anotações do texto

Um leitor dos *Ensaios* não pode deixar de se impressionar com a abrangência da erudição de Hume. Nos *Ensaios*, Hume vai muito além das grandes obras filosóficas, incorporando todas as áreas do conhecimento. Encontram-se evidências recorrentes de suas leituras dos clássicos gregos e latinos, bem como de sua familiaridade com as obras literárias de importantes autores ingleses, franceses, italianos e espanhóis. Os ensaios refletem o íntimo conhecimento de Hume não somente da história da Grã-Bretanha, mas também de todo o conjunto da história européia. Ele conhecia os mais importantes tratados das ciências naturais e investigou os textos modernos sobre política econômica.

Hume queria que seus ensaios tivessem uma audiência ampla, mas, como ele pressupunha que seus leitores teriam um amplo conhecimento de literatura, história e assuntos contemporâneos, as suas notas de rodapé são bastante esparsas e vagas para os padrões de hoje. Freqüentemente ele se refere a pessoas e acontecimentos sem explicar de quem ou de que se tratava. Freqüentemente ele cita em outras línguas que não o inglês, e muitas vezes ele não identifica um autor ou uma obra que está citando. Às vezes ele faz citações erradas, ou que induzem ao erro. Sem dúvida o leitor culto do século XVIII podia preencher muitas dessas lacunas, mas tal conhecimento por parte do leitor não pode mais ser pressuposto.

Minhas notas de rodapé e complementos pretendem prover algumas das informações de que o leitor de hoje pode precisar para entender os *Ensaios* de Hume. Como se espera que esta edição seja útil para estudantes e leitores em geral, eu me inclinei a fazer anotações bem completas, mesmo que muito desse material seja bem conhecido dos especialistas em uma ou outra área dos estudos do século XVIII. Primeiro, identifiquei pessoas, lugares e acontecimentos aos quais Hume se refere. Segundo, fiz traduções das passagens em língua estrangeira naqueles casos em que o próprio Hume deixa de fazê-las, ou oferece apenas uma paráfrase aproximada em inglês. Traduções de autores gregos e latinos foram extraídas dos célebres volumes da Biblioteca Clássica Loeb, que são publicados nos Estados Unidos pela Harvard University Press (Cambridge, Mass.), e na Grã-Bretanha por William Heinemann Ltd. (Londres). Terceiro, localizei as fontes das muitas citações e referências que Hume não identifica. Além disso, complementei as esparsas citações de Hume para identificar autores, fornecendo as datas de seu nascimento e morte, bem como datas de publicação de uma obra, além de recuperar os títulos completos das fontes citadas, especificando, tão precisamente quanto possível, sua localização numa obra, quando as citações ou referências puderam ser localizadas. Pelo bem da uniformidade, as citações clássicas se baseiam nas edições Loeb. Como estas freqüentemente dividem ou arrumam os materiais de forma diferente das edições usadas por Hume, as citações da Loeb nem sempre coincidirão com as de Hume. Por fim, acrescentei notas explanatórias fazendo referência a outros textos de Hume, sempre que isso ajudasse a esclarecer o argumento de um ensaio.

Encontra-se um número razoável de palavras nos *Ensaios* de Hume que ou se tornaram de significado obscuro, ou passaram a ter significados bastante diferentes daquele pretendido por Hume. O *Dicionário da Língua Inglesa*, de Samuel Johnson, que foi originalmente publicado em 1755 e revisado freqüentemente desde então, foi imensamente útil na localização dos significados do século XVIII. Usei, especificamente, a décima primeira edição, corrigida e revisada (Londres: 1816; 2 vols.). Naqueles casos em que o *Dicionário* de Johnson se mostrou inadequado, consultei o *Dicionário Oxford de Inglês* (Oxford: Clarendon Press, 1961; 12 vols.)

Como já foi observado, os ensaios de Hume passaram por numerosas edições em sua vida, e Hume trabalhou incansavelmente para preparar os originais. Além de acrescentar muitos novos ensaios e eliminar outros antigos, Hume freqüentemente fazia alterações nos ensaios, em relação às edições anteriores. Algumas mudanças são apenas estilísticas, mas outras refletem alterações substanciais nas idéias de Hume.

Hoje se entende uma edição crítica de um texto como uma edição que coteja o texto original com todas as outras edições, fornecendo um número exaustivo de variantes – formais e materiais –

dos textos. Dois exemplos excelentes são a edição crítica da edição de Peter H. Nidditch do *Ensaio sobre o Entendimento Humano*, de John Locke (Oxford: Clarendon Press, 1975)[4] e a edição de Glasgow da *Investigação sobre a Natureza e as Causas da Riqueza das Nações*, de Adam Smith (Oxford: Clarendon Press, 1979; Indianápolis: Liberty Fund, 1981), cujos editores são R. H. Campbell e A. S. Skinner, e cujo editor de texto é W. B. Todd. Ambas as edições contêm listas exaustivas de leituras variantes.

A preparação de um aparato crítico para os *Ensaios* de Hume exigiria que a edição de 1777 fosse cotejada com cada uma das edições prévias, e que cada variação na grafia, pontuação e uso de maiúsculas fosse registrada. Esta tarefa vai além do alcance da presente edição dos *Ensaios*.

Agradecimentos

Eu me sinto em dívida para com muitas pessoas pela ajuda na preparação desta edição dos *Ensaios Morais, Políticos e Literários* de Hume. Fac-símiles da folha de rosto da edição de 1777 dos *Ensaios* foram reproduzidos com permissão da Biblioteca Huntington, San

---

[4] A Introdução e o Apêndice à edição de Nidditch do *Ensaio* de Locke incluem uma discussão muito útil sobre as técnicas e a terminologia da edição crítica de um texto. O trabalho editorial de Nidditch em alguns dos textos mais importantes de Hume também é notável. Ele fez a revisão e acrescentou notas às edições padrão de Selby-Bigge das *Investigações sobre o Entendimento Humano e Acerca dos Princípios da Moral*, terceira edição (Oxford, 1975) e do *Tratado da Natureza Humana*, segunda edição (Oxford, 1978). Nidditch discute os problemas de se editar Hume, bem como os méritos das diversas edições dos textos de Hume nos ensaios citados acima, bem como em *Um Aparato de Leituras Variantes para o Tratado da Natureza Humana de Hume*.

Marino, Califórnia. A Biblioteca Huntington também forneceu a fotocópia da edição de 1777, que foi usada para corrigir o texto estabelecido por Green e Grose. O sr. Thomas V. Lange, Curador Assistente da Biblioteca Huntington, foi especialmente prestativo, respondendo a diversas dúvidas. Passagens de várias edições da Biblioteca Clássica Loeb foram reproduzidas com autorização da Harvard University Press. Colegas da Universidade da Geórgia que me prestaram ajuda incluem Richard A. LaFleur, James C. Anderson, Edward E. Best, Robert I. Curtis, Timothy N. Gantz e Nancy F. Rubin, do Departamento de Clássicos; Francis Assaf, Vanni Bartolozzi e Maria Cocco, do Departamento de Línguas Românicas; Lee B. Kennett, Linda J. Piper e Kirk Willis, do Departamento de História; e Rodney Baine, do Departamento de Inglês. Os Professores LaFleur, Rubin e Piper me socorreram em diversas ocasiões, em pontos específicos da tradução e de detalhes históricos. Minha pesquisadora assistente, Myrna Nichols, dividiu comigo algumas das tarefas editoriais. Quando julguei necessário consultar acadêmicos de outras universidades, estes me responderam gentilmente: J.W. Johnson, da Universidade de Rochester; David M. Levy da Universidade George Mason; Arthur F. Stocker, da Universidade de Virgínia; William B. Todd, da Universidade do Texas; Frank W. Walbank, da Universidade Cambridge; e Thomas G. West, da Universidade de Dallas. Minha esposa, Eva Miller, foi útil de tantas maneiras que eu mal poderia enumerar. A responsabilidade pelos erros que possam ter escapado ao processo editorial é, naturalmente, só minha, e não de qualquer pessoa que me tenha ajudado.

Num estado adiantado do processo editorial, tornou-se claro que os originais adequados para os ensaios suprimidos de Hume, "Do

Suicídio" e "Da Imortalidade da Alma", teriam que ser as provas desses ensaios, com correções nas margens feitas pela mão do próprio Hume, e que são propriedade da Biblioteca Nacional da Escócia. Sou grato aos Curadores da Biblioteca Nacional da Escócia pela autorização de reproduzir o texto dessas provas, com as correções de Hume, e a Thomas I. Rae, responsável pela guarda dos manuscritos, pela sua oportuna ajuda na obtenção das fotocópias necessárias.

O meu trabalho nesta edição dos *Ensaios* de Hume serviu para lembrar fortemente que um acadêmico necessita do apoio de instituições, bem como de indivíduos. A minha pesquisa sobre Hume foi apoiada e encorajada de diversas maneiras pela Universidade da Geórgia, especialmente por suas bibliotecas, que são dirigidas por David Bishop, pelo Franklin College of Arts and Sciences, cujo Reitor é W. Jackson Payne, e pelo Departamento de Ciências Políticas, que foi dirigido, durante o período de minha pesquisa, por Loren P. Beth e Frank J. Thompson. O Comitê de Pensamento Social da Universidade de Chicago é uma segunda instituição com a qual me sinto profundamente em dívida. Muitos anos atrás, quando eu era doutorando sob a supervisão desse Comitê, estudei pela primeira vez os textos de Hume, numa pesquisa então orientada por Friedrich A. Hayek, Leo Strauss e Joseph Cropsey. O Comitê de Pensamento Social, mais que qualquer outro programa acadêmico que eu conheça, vem se empenhando em resgatar a unidade e a abrangência do conhecimento humano, que se perderam desde a época de Hume, com a divisão do saber em departamentos e disciplinas. Por fim, tenho uma grande dívida para com o Liberty Fund, por sua disposição em patrocinar uma nova edição dos *Ensaios* de Hume e me encarregar de sua preparação. O fundador do

Liberty Fund, Pierre F. Goodrich, afirmava que uma sociedade livre depende da pesquisa livre, e que, por sua vez, a pesquisa livre depende de edições e traduções confiáveis dos grandes livros, entre os quais ele incluía os ensaios de Hume.

Athens, Geórgia

Nota à Edição Revisada

E. F. M.

Este volume foi inteiramente revisado para esta nova edição. Em primeiro lugar, o texto dos *Ensaios Morais, Políticos e Literários* de Hume foi cuidadosamente reexaminado, com o auxílio de fotocópias fornecidas pela Biblioteca Huntington das edições de 1772 e de 1777. Um número razoável de correções foi feito no texto, mas raramente elas alteraram o sentido pretendido por Hume. A edição de 1777 continuou servindo como a cópia-base, mas a comparação com a edição de 1772 foi útil para detectar erros tipográficos na edição de 1777 que poderiam de outra forma passar despercebidos. Uma comparação da edição de 1777 dos *Ensaios Morais, Políticos e Literários* com a de 1772 mostra que Hume trabalhou cuidadosamente na última edição que preparou para impressão, fazendo algumas vezes alterações substanciais.

Segundo, eu cotejei os outros textos reproduzidos neste volume com os originais adequados, encerrando assim qualquer dependência em relação à pouco confiável edição de Green e Grose, salvo pelo uso de seu aparato de leituras variantes. Sou grato à British Library por fornecer fotocópias da edição de 1777 da "Vida" de Hume e da "Carta" de Smith, e à Biblioteca Houghton da Universidade de Harvard por fotocópias dos ensaios suprimidos por Hume, em suas últimas impressões.

Terceiro, eu reformulei e corrigi o Índice da primeira edição. Por fim, fiz pequenas alterações no projeto editorial. Sinto-me em dívida para com as seguintes pessoas, por sugestões que foram úteis na preparação desta edição revisada: John Danford, da Universidade de Houston; Thomas Pangle, da Universidade de Toronto; Samuel Shaffer, de Nashville, Tennessee; e M. A. Stewart, da Universidade de Lancaster.

Outubro de 1986

A vida de David Hume,

Esq., Escrita pelo próprio

Minha própria Vida[1]

É difícil para um homem falar longamente de si mesmo sem vaidade; portanto, serei breve. Pode ser considerado um exemplo de vaidade o simples fato de eu pretender escrever a história da minha vida; mas esta Narrativa conterá pouco mais do que a História dos meus Textos; já que, de fato, quase toda a minha vida foi gasta em pesquisas e ocupações literárias. E o êxito inicial da maioria de meus escritos não era objeto de tal vaidade.

---

[1] Esta autobiografia e a carta seguinte de Adam Smith a William Strahan foram publicadas, em março de 1777, como *A Vida de David Hume, Esq., Escrita pelo próprio* (Londres: impresso por W. Strahan). No período em que a autobiografia foi escrita, a doença que tiraria a vida de Hume no dia 25 de agosto de 1776 já estava bem avançada. A Adam Smith, a quem o filósofo confiou seus manuscritos, Hume escreveu, no dia 3 de maio: "Você encontrará entre meus papéis um texto muito inocente, intitulado *Minha Própria Vida*, que eu escrevi poucos dias antes de deixar Edimburgo, quando eu acreditava, como todos os meus Amigos, que estava desenganado. Não há objeção a que esse texto seja enviado aos Srs. Strahan e Cadell e aos proprietários de minhas outras Obras para que se acerte alguma edição futura." (Em J.Y.T. Greig, *As Cartas de David Hume* [Oxford, 1932].) Preocupado com a possibilidade de Smith adiar a publicação daquele e de outros manuscritos seus, Hume acrescentou um codicilo ao seu testamento, datado de 7 de agosto, confiando todos os seus manuscritos a Strahan e dando orientações claras sobre a sua publicação. Em

Nasci no dia 26 de abril de 1711, no calendário antigo, em Edimburgo. Era de boa família, tanto por parte de pai quanto por parte de mãe: a família de meu pai é um ramo do Conde de Home, ou Hume; e meus ancestrais foram proprietários das terras, que hoje meu irmão possui, por várias gerações. Minha mãe era filha de *Sir* David Falconer, presidente da *College of Justice*. O título de Lorde Halkerton passou, por sucessão, ao irmão dela.

Minha família, contudo, não era rica, e sendo eu um irmão mais novo, o meu patrimônio, segundo os costumes de meu país, era, naturalmente, muito reduzido. Meu pai, que passava por um homem de posses, morreu quando eu era criança, deixando-me, bem como ao meu irmão mais velho e à minha irmã, aos cuidados de nossa mãe, uma mulher de mérito singular, que, embora jovem e bonita, se dedicou inteiramente à criação e à educação de seus filhos. Passei com sucesso pelo ensino fundamental, e fui contagiado muito

---

relação a *Minha Própria Vida*, ele escreveu: "Meu Balanço da minha própria Vida, desejo que seja publicado como prefácio à primeira Edição das minhas Obras publicada após minha Morte, que provavelmente será aquela que está atualmente na Gráfica". (em Greig, 2:453). A edição de 1777 dos *Ensaios e Tratados sobre Diversos Assuntos* não continha a autobiografia, mas esta foi acrescentada à primeira edição póstuma, de 1778, da *História da Inglaterra*.

Ao escrever sua autobiografia, Hume manifestou o cioso desejo de que o seu público soubesse, tendo em vista o seu ceticismo em relação aos apelos da religião revelada, que ele enfrentaria a morte com uma tranquilidade filosófica. Foi no contexto de um animado debate público que se seguiu à morte de Hume que Adam Smith escreveu a sua carta a William Strahan, descrevendo o sereno estado de espírito de Hume durante os seus últimos meses, e testemunhando a sua força de caráter. Com a publicação de sua carta a Strahan, o próprio Smith se tornou alvo de uma grande indignação pelo fato de aprovar a maneira de morrer de Hume. Uma década mais tarde, ele escreveria: "Uma única e, no meu julgamento, totalmente inofensiva Folha de papel que eu escrevi a respeito de nosso falecido amigo, o sr. Hume, atraiu sobre mim dez

cedo pela paixão pela literatura, que foi a paixão norteadora de minha vida, e a minha maior fonte de alegrias. Minha disposição para o estudo, minha sobriedade e meu gosto pelo trabalho sugeriram à minha família que o direito seria uma profissão adequada para mim; mas eu sentia uma aversão insuperável a tudo que não se relacionasse com as pesquisas filosóficas e do conhecimento geral; e, enquanto eles se orgulhavam de que eu estudasse Voet e Vinnius, Cícero e Virgílio eram os autores que eu secretamente devorava.

Minha fortuna muito precária, porém, não sendo adequada a esse plano de vida, e com a saúde um pouco debilitada pela minha aplicação ardente, eu me vi tentado, ou antes forçado, a fazer uma tentativa muito frágil de um ingresso mais ativo na cena da vida. Em 1734, fui a Bristol, com algumas cartas de recomendação para comerciantes eminentes, mas em poucos meses percebi que aquele mundo era totalmente inadequado para mim. Viajei para a França,

---

vezes mais ataques do que a crítica muito violenta que fiz a todo o sistema comercial da Grã-Bretanha" (citado por Ernest Campbell Mossner, *A Vida de David Hume* [Edimburgo, 1954]. Os ataques à *Vida* de Hume e à *Carta* de Smith são discutidos por Mossner, *A Vida de David Hume*, e por T. H. Grose na "História das Edições" que prefacia a edição de Green e Grose dos *Ensaios: Morais, Políticos e Literários* (Londres, 1889), 1:80-84.

Quase todas as impressões da *Vida* de Hume e da *Carta* de Smith, incluindo a de Green e Grose, seguiram a edição de 1777. Uma versão confiável da edição de 1777 pode ser encontrada na "Segunda Edição" de Norman Kemp Smith dos *Diálogos sobre a Religião Natural*, de Hume (Edimburgo, 1947). Eu comparei a versão de Green e Grose com aquela de 1777 e corrigi alguns erros de grafia e pontuação. No caso da *Vida* de Hume, o manuscrito foi preservado; e ele foi reimpresso em Greig, 1:1-7, *Cartas*, e em Mossner, *Vida de David Hume*, pp. 611-15. A primeira versão impressa de *Minha Própria Vida* e as subseqüentes reimpressões baseadas nela diferem bastante da versão manuscrita de Hume, na pontuação, no uso de maiúscula e na ortografia; e também existem algumas diferenças importantes no vocabulário. Hume não teve, é claro, oportunidade de corrigir a versão impressa.

com o plano de prosseguir meus estudos num refúgio no campo; e levei a cabo esse plano, que persegui com empenho e êxito. Decidi viver com rígida frugalidade, para compensar minha fortuna deficiente e preservar a minha independência, e passei a considerar sem importância qualquer atividade que não estivesse relacionada ao desenvolvimento dos meus talentos literários.

Durante a minha estada na França, primeiro em Reims, mas principalmente em La Flèche, em Anjou, escrevi o *Tratado da Natureza Humana*. Depois de passar três anos muito agradáveis naquele país, voltei a Londres em 1737. No final de 1738, publiquei meu *Tratado*, e imediatamente fui visitar minha mãe e meu irmão, que vivia em sua casa de campo e que se dedicava com muito empenho e êxito a aumentar a sua fortuna.

Jamais uma tentativa literária foi mais infeliz do que o meu *Tratado da Natureza Humana*. Ele *nasceu morto da gráfica*, sem alcançar qualquer distinção, sem despertar sequer um murmúrio entre os zelotes. Mas, sendo naturalmente dotado de um temperamento alegre e otimista, recuperei depressa meu ânimo, e dei seqüência com grande ardor aos meus estudos no campo. Em 1742, publiquei em Edimburgo a primeira parte dos meus *Ensaios*: a obra foi recebida favoravelmente, o que logo me fez esquecer completamente a minha frustração anterior. Continuei no campo com minha mãe e meu irmão, e nesse período aprofundei o conhecimento da língua grega, que eu negligenciara demais em minha juventude.

Em 1745, recebi uma carta do Marquês de Annandale, que me convidava para morar com ele na Inglaterra; descobri logo que os amigos e a família daquele jovem nobre queriam colocá-lo sob os meus cuidados e a minha direção, já que o estado de seu espírito e de sua saúde assim o exigia. Vivi com ele durante 12 meses. Os meus compromissos durante esse período representaram uma elevação considerável da minha pequena fortuna. Recebi então um convite do General St. Clair para acompanhá-lo como secretário em sua expedição, que inicialmente tinha como destino o Canadá, mas que acabou se transformando numa incursão à costa da França. No ano seguinte, a saber, 1746, recebi um convite do General para acompanhá-lo, nas mesmas condições, em sua missão militar como Embaixador nas cortes de Viena e Turim. Usei então um uniforme de oficial, sendo apresentado naquelas cortes como um ajudante-de-ordens do general, ao lado de *Sir* Harry Erskine e do Capitão Grant, hoje General Grant. Esses dois anos foram praticamente a única interrupção em meus estudos durante todo o curso de minha vida: eu os passei agradavelmente, e em boa companhia; e meus compromissos, devido à minha frugalidade, me fizeram juntar uma pequena fortuna, que eu dizia ser suficiente apenas para me tornar independente, embora a maioria de meus amigos se inclinasse a sorrir quando eu dizia isso; resumindo, eu tinha agora cerca de mil libras.

Eu sempre tive a impressão de que a minha sede de êxito ao publicar o *Tratado da Natureza Humana* derivava da minha vaidade, e que eu tinha sido culpado de uma certa indiscrição, ao procurar a gráfica cedo demais. Por isso, incluí a primeira parte da obra na *Investigação sobre o Entendimento Humano*, que foi publicado quando eu estava em Turim. Mas, inicialmente, esse trabalho teve um sucesso apenas um pouco maior que o do *Tratado da Natureza Humana*. No meu regresso da Itália, vivi a mortificação de me deparar com toda a Inglaterra em fermentação, por causa da *Investigação Livre* do Dr. Middleton, enquanto a minha própria obra era inteiramente desprezada e negligenciada. Uma nova edição dos meus *Ensaios Morais e Políticos*, que foi publicada em Londres, não teve uma recepção muito melhor.

    Tamanha é a força do temperamento natural, que esses desapontamentos causaram pouca ou nenhuma impressão em mim. Em 1749, voltei a viver, durante dois anos, com meu irmão em sua casa de campo, pois minha mãe já tinha falecido. Lá escrevi a segunda parte dos meus *Ensaios*, que intitulei *Discursos Políticos*, e também a minha *Investigação sobre os Princípios da Moral*, outra parte do meu tratado que reescrevi. Enquanto isso, o meu livreiro, A. Millar, me informou que minhas publicações anteriores (todas menos o infeliz *Tratado*) estavam começando a entrar na pauta de conversações; que a sua venda estava aumentando gradativamente, e que eram necessárias novas edições. Réplicas de certos Reverendos, e dos Reverendos Certos, apareciam na média de duas ou três por ano. E descobri que meus livros estavam começando a desfrutar de boa companhia nas prateleiras, como a do Dr. Warburton. Eu tinha, contudo, tomado a resolução, que mantive de forma inflexível, de nunca responder a texto algum; e, não sendo de temperamento muito irascível, foi fácil me manter à margem de qualquer altercação literária. Esses sinais de uma reputação ascendente me deram estímulo, e eu me mostrava sempre mais disposto a ver o lado favorável que o desfavorável das coisas; uma disposição de espírito que é mais valiosa do que nascer com uma renda de dez mil libras por ano.

    Em 1751, voltei a me mudar do campo para a cidade, que é o verdadeiro cenário para um homem de letras. Em 1752, foram publicados em Edimburgo, onde eu estava vivendo, meus *Discursos Políticos*, minha única obra que foi bem-sucedida em sua primeira publicação. Ela foi bem recebida no meu país e no exterior. No mesmo ano, foi publicada em Londres minha *Investigação sobre os Princípios da Moral*; que, na minha opinião (que não deveria ser levada em conta neste assunto), é, de todos os meus textos, históricos, filosóficos ou literários, incomparavelmente o melhor. Mas ele entrou no mundo totalmente despercebido.

Em 1752, a Congregação de Advogados me escolheu como seu Bibliotecário, um posto do qual eu recebia pouco ou nenhum retorno financeiro, mas que me proporcionava o comando de uma grande biblioteca. Formulei então o plano de escrever a *História da Inglaterra*; mas, receoso diante da perspectiva de escrever uma narrativa que cobriria um período de 1.700 anos, comecei pela ascensão da Casa dos Stuart, uma época em que, julgava eu, as representações falsas das facções começaram a ter lugar no país. Eu estava, reconheço, otimista nas minhas expectativas em relação ao êxito dessa obra. Eu pensava ser o único historiador que tinha deixado de lado o poder, os interesses e a autoridade presentes, bem como a pressão dos preconceitos populares; e, como o tema era adequado a qualquer leitor, eu esperava um aplauso proporcional. Mas minha decepção foi miserável: voltaram-se contra mim críticas, reprovações de todo tipo e mesmo manifestações de ódio; ingleses, escoceses e irlandeses; *Whigs* e *Tories*, membros do clero e do parlamento, livres pensadores e religiosos, patriotas e cortesãos uniram-se na sua raiva contra o homem que tivera a pretensão de derramar uma lágrima generosa pelo destino de Charles I e pelo Conde de Strafford; e, depois que passaram essas primeiras ebulições de fúria, o livro pareceu cair no esquecimento, o que foi ainda mais mortificante. O sr. Millar me disse que, num período de 12 meses, tinha vendido apenas 45 exemplares da obra. De fato, eu mal ouvia falar de qualquer homem, nos três reinos, de situação considerável nas letras, capaz de tolerar meu livro. Devo citar como exceções o primaz da Inglaterra, Dr. Herring, e o primaz da Irlanda, Dr. Stone, e essas parecem ter sido as únicas. Esses dignos prelados me mandaram mensagens em separado, para que eu não desanimasse.

Eu estava, contudo, reconheço, desanimado; e, se nesse período não estivesse eclodindo a guerra entre a França e a Inglaterra, eu teria certamente me retirado para alguma província do primeiro reino, onde mudaria de nome, e jamais regressaria ao meu país nativo. Mas, como esse projeto não era agora viável, e o meu livro subseqüente estava já avançado, resolvi buscar forças para perseverar.

Nesse ínterim, publiquei em Londres minha *História Natural da Religião*, juntamente com outros textos menores: sua acolhida pública foi antes obscura, exceto pelo fato de que o Dr. Hurd escreveu um panfleto contra ela, com toda a petulância, arrogância e indecência antiliberais que distinguem a escola de Warburton. Mas esse panfleto me serviu de algum consolo à recepção indiferente que a obra teve.

Em 1756, dois anos depois de publicar o primeiro volume, foi publicado o segundo volume de minha *História*, abrangendo o período que vai da morte de Charles I até a Revolução. Esse trabalho causou menos desagrado entre os *Whigs*, e teve uma acolhida melhor. O volume não apenas valeu por si mesmo, mas também por reanimar o seu irmão infeliz.

Mas, embora a experiência me tivesse ensinado que o partido Whig estava no controle de todos os postos, tanto no Estado como na literatura, eu estava tão pouco inclinado a ceder aos seus alaridos disparatados que, das cerca de cem correções, que estudos e leituras complementares, além da reflexão, me levaram a fazer nas passagens relativas aos reinados dos dois primeiros Stuarts, todas elas, invariavelmente, eram favoráveis ao partido Tory. É ridículo considerar a constituição inglesa anterior a esse período como um projeto regular de liberdade.

Em 1759, publiquei minha *História da Casa dos Tudor*. O clamor que se levantou contra essa obra foi quase igual ao provocado pela história dos dois primeiros Stuarts. A parte referente ao reinado de Elizabeth foi particularmente detestada. Mas eu estava agora vacinado contra as manifestações da insensatez popular, e continuei muito calma e discretamente em meu retiro em Edimburgo, até concluir, em dois volumes, a primeira parte da história inglesa, que dei a público em 1761, com êxito apenas discreto.

Mas, apesar dessa variação dos ventos e estações, aos quais estiveram expostos os meus textos, ainda assim eles fizeram avanços, de forma que o dinheiro que me foi pago pelos livreiros excedeu muito qualquer cifra anteriormente paga na Inglaterra a um autor; eu me tornara não somente independente, mas opulento. Então me retirei para o meu país nativo, a Escócia, determinado a nunca mais tirar os pés de lá; e levando comigo a satisfação de nunca ter recusado um pedido de um grande homem, e de nunca ter abusado da amizade de qualquer um deles. Como eu agora já tinha passado dos 50 anos, pensei em viver o resto dos meus anos de uma maneira filosófica, até que recebi, em 1763, um convite do Conde de Hertford, com quem eu não tinha familiaridade alguma, para assisti-lo na sua Embaixada em Paris, com a perspectiva de me tornar em breve secretário da Embaixada; e, nesse ínterim, desempenhar já as funções desse posto.

Essa proposta, embora tentadora, inicialmente a recusei, tanto porque eu me sentia relutante em iniciar uma ligação desse porte, como porque eu receava que a vida social e as alegres companhias de Paris fossem desagradáveis para um homem de minha idade e temperamento: mas, quando o convite foi renovado, aceitei. E tenho todos os motivos, ligados tanto ao prazer quanto ao interesse, para me julgar feliz por ter me associado àquele nobre homem, e mais tarde ao seu irmão, o General Conway.

Aqueles que nunca notaram os estranhos efeitos das modas jamais imaginarão a acolhida que tive em Paris, de homens e mulheres de todas as classes e idades. E, quanto mais eu fugia de suas gentilezas excessivas, mais elas me perseguiam. Existe, porém, uma real satisfação por se viver em Paris, devido ao grande número de companhias sensatas, cultas e polidas que abundam nessa cidade mais que em qualquer outro lugar do universo. Cheguei a pensar em fixar residência lá para sempre.

Fui nomeado secretário da Embaixada; e, no verão de 1765, Lorde Hertford me deixou, ao ser nomeado Lorde Tenente na Irlanda. Fui *chargé d'affaires* até a chegada do Duque de Richmond, já no final do ano. Deixei Paris no início de 1766, e no verão seguinte fui para Edimburgo, com a mesma intenção de antes, ou seja, enterrar-me num retiro filosófico. Voltei àquela cidade não exatamente rico, mas com muito mais dinheiro e uma renda muito maior, graças à amizade de Lorde Hertford, do que quando parti; eu estava ansioso para verificar o que uma vida supérflua pode produzir, e já tinha tido uma experiência prévia de viver na abastança. Mas, em 1767, recebi do sr. Conway um convite para ser Subsecretário; e tanto o caráter daquele homem quanto as minhas ligações com Lorde Hertford me impediam de recusar esse convite. Regressei a Edimburgo em 1769, muito opulento (já que tinha uma renda de mil *l.* por ano), bem de saúde, e, embora já em idade avançada, com a perspectiva de gozar um longo descanso, enquanto testemunhava o crescimento de minha reputação.

Na primavera de 1775, tive um problema no intestino, ao qual inicialmente não dei atenção, mas que mais tarde vim a saber ser mortal e incurável. Agora espero uma rápida solução. Esse problema me tem causado muito pouca dor; e, o que é mais estranho, apesar do grande declínio do meu corpo, não senti em momento algum um abatimento do espírito; de maneira que, se eu pudesse escolher um período da minha vida que eu pudesse viver novamente, ficaria tentado a escolher este último. Tenho a mesma vontade de sempre de estudar e desfruto das boas companhias com a mesma alegria. Considero, além disso, que um homem de 65 anos, ao morrer, apenas está cortando alguns anos de enfermidades; e, embora eu veja muitos sinais de que minha reputação literária ganha cada vez mais brilho, eu sabia que só teria mais alguns anos para desfrutá-la. Dificilmente alguém pode se sentir mais desprendido em relação à vida do que eu, atualmente.

Para concluir essa história de minha própria vida, eu sou, ou antes fui (porque esse é o estilo que devo agora empregar ao falar de mim, o que me encoraja a mostrar mais abertamente meus sentimentos); eu fui, eu dizia, um homem de disposições suaves, com desenvolvido autocontrole, de um temperamento afável, sociável e cordial, capaz de se envolver mas pouco suscetível às inimizades, e de grande moderação em todas as minhas paixões. Mesmo o meu amor pela fama literária, minha paixão dominante, nunca azedou meu temperamento, apesar de minhas frustrações freqüentes. Minha companhia não foi desagradável aos jovens e imprudentes, nem tampouco aos estudiosos e literatos; e, como eu sentia um prazer particular na companhia de mulheres modestas, não tenho motivos para me queixar da acolhida que recebi delas. Numa palavra, embora a maioria dos homens minimamente eminentes tenha todos os motivos para se queixar da calúnia, eu nunca foi atingido, nem sequer atacado, pelos seus dentes malignos: e, embora eu tenha me exposto de forma ilimitada ao ódio de facções tanto civis quanto religiosas, elas pareciam se desarmar diante da minha reação à sua fúria costumeira. Meus amigos nunca tiveram necessidade de defender em qualquer circunstância o meu caráter ou a minha conduta; não que os zelotes, podemos supor, não ficassem felizes ao inventar e propagar alguma história desabonadora a meu respeito; mas eles nunca encontraram uma sequer que fosse minimamente verossímil. Não posso dizer que esta oração fúnebre para mim mesmo esteja inteiramente livre de qualquer vaidade. Mas espero que ela não seja despropositada; e esta é uma questão que pode ser facilmente examinada e esclarecida.

18 de abril de 1776.

Carta de Adam Smith, LL.D. a William Strahan, ESQ.***

KIRKALDY, FIFESHIRE, 9 DE NOV. DE 1776.

CARO SENHOR,

É com um real, embora muito melancólico, prazer que eu me sento para lhe fazer um relato sobre a conduta de nosso falecido e excelente amigo, o sr. Hume, durante a última fase de sua doença.

Embora, em seu próprio julgamento, a sua doença fosse mortal e incurável, ainda assim ele se deixou persuadir, pelas súplicas de seus amigos, a fazer um balanço dos efeitos de uma longa jornada. Poucos dias antes de sua partida, ele escreveu aquele resumo de sua própria vida, que, ao lado de seus outros textos, ele deixou aos seus cuidados. O meu relato, portanto, começará onde o dele termina.

Ele partiu para Londres por volta do final de abril, e em Morpeth encontrou-se comigo e com o sr. John Home, que tínhamos vindo ambos de Londres especialmente para vê-lo, esperando encontrá-lo em Edimburgo. O sr. Home regressou com ele, assistindo-o durante toda a sua estada na Inglaterra, com aquele cuidado e aten-

---
* LL.D.: Doutor em leis.
** Esq.: Título sem significação específica, indicativo, na Inglaterra, de um plebeu que ganhou a posição social de um *gentleman*.

ção que se podem esperar de um temperamento tão perfeitamente amigável e afetuoso. E como eu escrevera à minha mãe que ela poderia me esperar na Escócia, era necessário que eu prosseguisse a minha viagem. A sua doença parecia ceder ao exercício e à mudança de ares, e, quando ele chegou em Londres, estava aparentemente em condições de saúde muito melhores do que quando partiu de Edimburgo. Ele foi aconselhado a ir a Bath beber as águas medicinais, que durante algum tempo pareceram exercer um efeito excelente nele, a ponto de ele próprio passar a ter uma opinião melhor sobre a sua saúde, o que não era habitual nele. Contudo os seus sintomas logo voltaram com a violência usual, e a partir desse momento ele abandonou qualquer esperança de recuperação, mas se conformou com a máxima serenidade, e a mais perfeita complacência e resignação. Após o seu regresso a Edimburgo, embora ele se sentisse muito fraco, mas nunca com um estado de espírito abatido, ele continuou a se ocupar, como de hábito, corrigindo as suas próprias obras para uma nova edição, ou lendo livros para entretenimento, ou conversando com os seus amigos; ou, algumas vezes ao entardecer, participando de partidas de *whist*, seu jogo favorito. Sua serenidade era tão grande, e suas conversas e entretenimentos eram tão semelhantes aos de antes, que, apesar de todos os sintomas ruins, muitas pessoas não conseguiam acreditar que ele estava morrendo. "Direi ao seu amigo, o Coronel Edmondstone", disse-lhe um dia o Dr. Dundas, "que o encontrei muito melhor, em pleno processo de recuperação." "Doutor", Hume respondeu, "como acredito que o senhor não diria nada senão a verdade, acho melhor que lhe diga que estou morrendo tão depressa quanto os meus inimigos, se eu tiver algum, podem desejar, e tão calma e serenamente quanto meus melhores amigos podem sonhar."

Pouco depois, o Coronel Edmondstone veio visitá-lo para despedir-se dele; e, no seu caminho para casa, ele não pôde deixar de escrever uma carta dizendo-lhe mais uma vez um eterno *adieu*, e lhe dedicando, como a um homem agonizante, os belos versos franceses nos quais o *Abbé* Chaulieu, na expectativa de sua própria morte, lamenta a separação, cada vez mais próxima, de seu amigo, o Marquês de la Fare. A magnanimidade e a firmeza do sr. Hume eram tamanhas que os seus amigos mais chegados sabiam que não faziam mal em lhe falar ou lhe escrever como a um homem que está morrendo, já que, longe de se magoar com essa franqueza, ele antes se sentia grato e lisonjeado. Entrei no seu quarto quando ele estava lendo aquela carta, que tinha acabado de receber, e que imediatamente me mostrou. Eu lhe disse que, embora soubesse quão enfraquecido ele se encontrava, e embora a situação fosse aparentemente muito ruim em vários aspectos, a sua serenidade era ainda tão grande, o espírito da vida parecia ainda estar tão forte dentro dele, que eu não podia evitar alimentar algumas débeis esperanças. Ele respondeu: "Suas esperanças são sem fundamento. Uma diarréia crônica que dura mais de um ano seria uma doença grave em qualquer idade: na minha idade, é uma doença mortal. Quando vou me deitar, à noite, me sinto mais fraco do que quando despertei, pela manhã; e quando desperto, pela manhã, me sinto mais fraco do que quando me deitei, à noite. Tenho consciência, além disso, de que alguns dos meus órgãos vitais foram afetados, e portanto devo morrer em breve." "Bem", eu disse, "se tem que ser assim, você tem ao menos a satisfação de deixar todos os seus amigos, particularmente a família de seu irmão, em grande prosperidade." Ele disse que sentia essa satisfação com tanta clareza que, quando estava lendo, alguns dias antes, o *Diálogo dos Mortos*, de

Luciano, entre todas as desculpas apresentadas a Caronte para se adiar a entrada em seu barco, não encontrara nenhuma que lhe servisse; ele não tinha uma casa para terminar, nem uma filha para sustentar, nem inimigos dos quais desejasse se vingar. "Não poderia imaginar", disse ele, "que desculpa eu poderia dar a Caronte para obter um pequeno adiamento. Fiz todas as coisas importantes que eu planejava fazer, e não haveria momento para deixar meus amigos e parentes em melhor situação do que este, quando estou prestes a deixá-los; portanto, tenho todos os motivos para morrer feliz." Ele então se divertiu inventando jocosamente diversas desculpas, que ele supostamente poderia apresentar a Caronte, e imaginando as respostas que seguramente se seguiriam, levando em conta o caráter de Caronte. "Depois de refletir um pouco", disse, pensei que deveria lhe dizer: Bom Caronte, eu estou corrigindo minhas obras para uma nova edição. Conceda-me um pouco de tempo, para que eu possa ver como o Público reage às alterações." Mas Caronte responderia: "Quando você tiver visto os efeitos dessas alterações, irá querer fazer outras. Essas desculpas não terão fim; então amigo honesto, por favor entre no barco." Mas eu ainda argumentaria: "Tenha um pouco de paciência, bom Caronte, eu estou me empenhando para abrir os olhos do público. Se eu viver alguns anos mais, poderei ter a satisfação de ver o declínio de alguns sistemas de superstições que hoje vigoram." Mas Caronte perderia então a paciência e a cordialidade. "Seu pândego enganador, isso não acontecerá em muitas centenas de anos. Você acha que eu posso lhe conceder um prazo tão longo? Entre no barco agora mesmo, seu pândego enganador e preguiçoso."

Mas, embora o sr. Hume sempre falasse de sua próxima extinção com grande serenidade, ele nunca afetou qualquer pose de magnanimidade. Ele nunca tocava no assunto, exceto quando a conversa naturalmente levava a ele, e nunca se estendia mais nesse tema do que a conversa exigia: de fato esse era um tema que ocorria com freqüência, em conseqüência das perguntas que os seus amigos, que vinham vê-lo, faziam, naturalmente preocupados com o seu estado de saúde. A conversa que eu mencionei acima, e que aconteceu numa terça-feira, 8 de agosto, foi a penúltima que tive com ele. Ele estava agora tão fraco que mesmo a companhia de seus amigos mais íntimos o deixava fatigado; mas sua cordialidade era ainda tão grande, sua complacência e disposição social estavam ainda tão íntegras, que, quando qualquer amigo estava a seu lado, ele não podia evitar falar mais, e com maior paixão, do que convinha à debilidade de seu corpo. Atendendo à sua própria vontade, portanto, eu deixei Edimburgo, onde eu permanecia em parte em função dele, e retornei para a casa de minha mãe aqui, em Kirkaldy, com a condição de que ele me chamasse a qualquer momento em que quisesse me ver; o médico que o atendia com mais freqüência, Dr. Black, se comprometeu, por sua vez, a me escrever regularmente para me relatar o seu estado de saúde.

No dia 22 de agosto, o médico me escreveu a seguinte carta:

"Desde a minha última carta, o sr. Hume passou seu tempo com serenidade, mas está muito mais fraco. Ele se levanta, desce as escadas uma vez por dia e se distrai com a leitura, mas raramente vê alguém. Ele acha que mesmo as conversas com seus amigos mais íntimos lhe causam fadiga e opressão; e é bom que ele não sinta falta disso, pois assim fica livre de ansiedade, impaciência ou mau humor, e passa o tempo bastante bem com a ajuda de seus livros."

No dia seguinte recebi uma carta do próprio sr. Hume, da qual transcrevo um extrato:

Edimburgo, 23 de agosto de 1776

"Meu querido amigo, sou obrigado a recorrer à mão de meu sobrinho para lhe escrever, pois hoje não me levantei...

"Minha decadência está sendo rápida, e ontem à noite tive uma pequena febre, que tive a esperança de acelerar esta tediosa doença, mas que infelizmente foi quase totalmente embora. Não posso aceitar que venha até aqui somente por minha causa, já que só poderia vê-lo durante um período muito curto do dia, mas o Dr. Black pode informá-lo melhor, e periodicamente, sobre o grau de forças que ainda me resta. *Adieu* &tc.".

Três dias depois, recebi a seguinte carta do Dr. Black.

Edimburgo, Segunda-feira, 26 de agosto de 1776

"Caro senhor, ontem por volta das quatro horas da tarde o sr. Hume faleceu. A proximidade de sua morte se tornou evidente na noite de quinta para sexta-feira, quando a sua doença piorou muito, deixando-o tão fraco que ele não podia mais se levantar de sua cama. Ele continuou perfeitamente consciente até o fim, e livre de dores ou angústias excessivas. Em momento algum, ele manifestou o menor sinal de impaciência; mas, quando tinha oportunidade de falar sobre si com as pessoas, sempre o fazia com afeto e gentileza. Julguei que seria inadequado escrever solicitando a sua presença, especialmente porque soube que ele lhe escreveu uma carta dizendo que não viesse. Quando ele ficou muito fraco, precisava fazer esforço para falar e morreu num estado de espírito tão feliz que nada parecia perturbá-lo."

Assim morreu o nosso amigo mais excelente, e que nunca será esquecido; em relação às suas opiniões filosóficas os homens irão, sem dúvida, fazer diferentes julgamentos, aprovando ou condenando, conforme elas coincidam ou não com as suas próprias; mas em relação ao seu caráter e conduta, dificilmente haverá alguma diferença de opinião. O seu temperamento, de fato, parecia ser equilibrado da forma mais feliz, se posso usar esta expressão, do que o de qualquer outro homem que jamais conheci. Mesmo nos piores momentos da fortuna, a sua frugalidade nunca o impediu de praticar, nas ocasiões oportunas, atos de caridade e generosidade. Era uma frugalidade que se baseava não na avareza, mas no amor pela independência. A extrema cordialidade de sua natureza nunca comprometeu a firmeza de seu espírito, nem a convicção de suas decisões. O seu constante bom humor era a efusão genuína de uma boa natureza, temperada pela delicadeza e pela modéstia, e sem a menor tintura de maldade, que é tão freqüentemente a desagradável fonte daquilo que em outros homens se chama sabedoria. Suas brincadeiras nunca tinham como objetivo humilhar alguém; e, portanto, longe de ofender, dificilmente deixavam de proporcionar prazer e alegria, mesmo para aqueles que eram objeto de suas pilhérias. Aos seus amigos, que freqüentemente o eram, o prazer de sua conversação era provavelmente a maior e mais agradável de suas qualidades. E o temperamento alegre, tão agradável em sociedade, mas que é tão freqüentemente acompanhado de características frívolas e superficiais, nele era seguramente ligado à aplicação mais severa, ao conhecimento mais profundo, ao pensamento mais sagaz, e à enorme capacidade de compreensão, em todos os aspectos. No todo, eu sempre o considerei, tanto na sua vida quanto depois de sua morte, como alguém muito próximo do ideal de um homem sábio e virtuoso, pelo menos tanto quanto a fragilidade da natureza humana pode permitir.

       Sempre seu, caro Senhor,
       Afetuosamente,

ADAM SMITH.

ESSAYS,

MORAL, POLITICAL,

AND

LITERARY.

PART I.*

* Published in 1742.

Vol. I. B

ESSAYS
AND
TREATISES
ON
SEVERAL SUBJECTS.

In TWO VOLUMES.

By DAVID HUME, Esq;

VOL. I.

CONTAINING

ESSAYS, MORAL, POLITICAL, and LITERARY.

A NEW EDITION.

LONDON:
Printed for T. CADELL, in the Strand: and
A. DONALDSON, and W. CREECH, at Edinburgh.
MDCCLXXVII.

Ensaios Morais, Políticos & Literários

Parte I*

* Publicado em 1742.

Ensaio I

Da delicadeza do gosto e da paixão

Algumas Pessoas estão sujeitas a uma certa *delicadeza* da *paixão*,[1] o que as torna extremamente sensíveis a todos os acidentes da vida, e as dota de uma alegria exuberante diante de todo acontecimento feliz, bem como de uma aguda tristeza, quando se deparam com infortúnios e adversidades. Favores e gentilezas conquistam facilmente a sua amizade; enquanto a menor injúria provoca o seu ressentimento. Qualquer honraria

---

[1] No *Tratado da Natureza Humana*, Hume divide as percepções da mente em impressões e idéias. As impressões se dividem em sensações e paixões. Hume fala das paixões como impressões secundárias, visto que elas geralmente derivam de alguma sensação ou idéia precedente. Ele divide as paixões em violentas e calmas. Nos casos em que o termo *paixão* é usado no sentido estrito, como no presente ensaio, é para designar apenas as paixões mais violentas, como amor e ódio, mágoa e alegria, ou orgulho e humildade. Quando Hume fala aqui da "delicadeza de paixão", ele quer dizer a predisposição a ser fortemente afetado por paixões violentas em face da prosperidade ou do infortúnio, dos favores ou ofensas, honrarias ou desfeitas, e outros acidentes da vida que escapam ao nosso controle. O que ele aqui chama de "gosto" — o senso da beleza e da deformidade nas ações e nos objetos — também é uma paixão, no sentido mais amplo, mas normalmente uma paixão calma. A delicadeza de gosto é uma sensibilidade apurada para a beleza e a deformidade nas ações, livros, obras de arte, companhias etc. Essa qualidade da mente é discutida com profundidade por Hume no Ensaio XXIII, "Sobre o padrão do gosto".

ou sinal de distinção as enleva desmedidamente; mas elas são igualmente sensíveis ao desprezo. As vidas das pessoas com esse temperamento são certamente mais animadas, e suas mágoas, mais pungentes que as de homens de temperamento frio e sossegado. Mas acredito que, quando tudo o mais está em equilíbrio, qualquer indivíduo preferiria pertencer à segunda categoria, se pudesse ser o senhor de sua índole. Pois a boa e a má fortuna dependem pouco de nossa vontade: E, quando uma pessoa que apresenta essa sensibilidade de temperamento se depara com qualquer contratempo, a sua tristeza ou ressentimento a possui completamente, privando-a de qualquer satisfação com os acontecimentos comuns da vida; aquele tipo de contentamento que constitui a maior parte de nossa felicidade. Grandes prazeres são muito menos freqüentes que grandes dores; de forma que um temperamento sensível necessariamente se depara muito menos com os primeiros que com as últimas. Isso sem mencionar o fato de que homens com tal índole intensa tendem a ser levados além de todos os limites da prudência e da discrição, e a dar passos em falso na condução de sua vida.

Existe uma *delicadeza* de *gosto*, observável em alguns homens, que se assemelha muito a essa *delicadeza* de *paixão*, e produz a mesma sensibilidade em relação aos diversos tipos de beleza e deformidade que aquela produz em relação à prosperidade e à adversidade, aos favores e às injúrias. Quando você mostra um poema ou uma pintura a um homem dotado desse talento, a delicadeza de seu sentimento faz com que ele seja sensivelmente tocado por cada detalhe; as qualidades da obra não podem ser apreciadas com mais prazer e contentamento, nem com mais desgosto e desconforto os seus eventuais absurdos ou negligências. Uma conversa polida e sensata lhe proporciona enorme entretenimento; enquanto a grosseria e a impertinência funcionam como um grande castigo. Resumindo, a delicadeza de gosto tem o mesmo efeito que a delicadeza de paixão: Ela amplia a esfera tanto de nossa felicidade quanto de nossa miséria, e nos torna sensíveis à dor, bem como ao prazer, de uma forma que escapa ao restante da humanidade.

Acredito, porém, e todos hão de concordar comigo, que, não obstante essa semelhança, a delicadeza de gosto deve ser desejada e cultivada na mesma medida em que a delicadeza de paixão deve ser lamentada, e combatida, se for possível. Pois os acidentes bons ou maus da vida dependem pouco de nós; mas podemos escolher os livros que iremos ler, as diversões de que vamos participar e a companhia de que vamos desfrutar. Os filósofos têm se empenhado em tornar a felicidade algo totalmente independente da realidade exterior. É impossível se *atingir* esse grau de perfeição. Mas todo homem inteligente se esforçará para vincular sua felicidade a objetos que dependam de sua vontade: e *isso* será *atingido*, justamente, pela delicadeza de sentimento,[2] mais que por quaisquer outros meios. Quando um homem é dotado desse talento, ele é mais feliz por aquilo que agrada ao seu gosto do que por aquilo que satisfaz

---

[2] Às vezes Hume usa o termo *sentimento* no sentido amplo, significando a paixão ou o sentimento enquanto tais, mas em outras ocasiões, como nessa passagem, ele o usa como sinônimo de *gosto* para se referir a um sentimento especial de aprovação ou desaprovação que nasce da contemplação de objetos, pessoas ou ações. O gosto, ou o sentimento nesse último sentido, sustenta os julgamentos de beleza ou de valor moral. Em *Investigação sobre o Entendimento Humano*, Hume argumenta que "a moral e a crítica não são objetos do entendimento da mesma forma que o gosto e o sentimento. A beleza, seja ela moral ou natural, é sentida, mais do que propriamente percebida".

seus apetites, e extrai mais prazer de um poema ou de uma conversa do que pode proporcionar o luxo mais dispendioso.

Seja qual for a conexão que possa existir originalmente[3] entre essas duas espécies de delicadeza, estou persuadido de que nada é mais eficaz para nos curar da delicadeza de paixão do que o aprimoramento daqueles gostos mais elevados e refinados, que nos habilitam a julgar o caráter dos homens, a composição do gênio e a produção das artes mais nobres. Um contentamento maior ou menor diante dessas belezas evidentes, que encantam os sentidos, depende inteiramente da maior ou menor sensibilidade do temperamento. Mas, em relação às ciências e às ciências humanas, o bom gosto é sinônimo de um gosto cultivado, ou ao menos depende tanto dele que as duas características são inseparáveis. Para se julgar corretamente a composição do gênio, há tantos aspectos a levar em conta, tantas circunstâncias a serem comparadas, e é necessário um tal conhecimento da natureza humana, que nenhum homem que seja desprovido de bom senso e gosto sólido será capaz de fazer um julgamento crítico minimamente razoável. E essa é uma nova razão para se cultivar o prazer nas ciências humanas. Esse exercício fortalecerá o nosso julgamento: Formaremos noções mais justas da vida; muitas coisas, que agradam ou afligem a outras pessoas, nos parecerão frívolas demais para merecer nossa atenção. E nos libertaremos gradativamente daquela sensibilidade e delicadeza de paixão, que são tão incômodas.

---

[3] Uma conexão "original" está na própria natureza humana. Hume alude aqui ao fato de que o "gosto" é em si uma paixão e tem mais em comum com as outras paixões do que este ensaio pode sugerir. A conexão entre as diversas paixões é discutida por Hume no Livro II do *Tratado* ("Das paixões") e numa revisão do Livro II intitulada "Uma dissertação sobre as paixões".

Mas talvez eu tenha ido longe demais ao dizer que um gosto cultivado pelas grandes artes extingue as paixões, tornando-nos indiferentes a objetos que são perseguidos tão avidamente pelo resto da humanidade. Pensando bem, creio que isso antes aumenta a nossa sensibilidade para todas as paixões ternas e agradáveis; ao mesmo tempo, torna a mente incapaz de quaisquer emoções rudes ou violentas.

Ingenuas didicisse fideliter artes,
Emollit mores, nec sinit esse feros.[4]

Para isso, creio poder listar duas razões muito naturais. Em *primeiro* lugar, nada é tão benéfico ao temperamento quanto o estudo das belezas, seja a poesia, a eloqüência, a música ou a pintura. Estas proporcionam uma certa elegância de sentimento estranha ao resto da humanidade. As emoções que elas excitam são suaves e ternas. Elas libertam a mente das pressões dos negócios e dos interesses; estimulam a reflexão; predispõem o espírito à tranqüilidade; e produzem uma agradável melancolia, que, de todas as disposições da mente, é a mais adequada ao amor e à amizade.

Em *segundo* lugar, uma delicadeza de gosto é favorável ao amor e à amizade por limitar a nossa escolha a menos pessoas, e por nos tornar indiferentes à companhia e à conversação da maior parte dos homens. É raro encontrar aqueles homens que são dotados de bom senso e se destacam pelo caráter, ou apresentam aquelas im-

---

[4] Ovídio (43 a. C. – 18 d.C.?), *Epistulae ex Ponto* ("Cartas de Ponto") 2.9.47-48: "Um estudo fiel das ciências humanas humaniza o caráter e o impede de ser cruel." (Tradução da edição Loeb por A. L. Wheeler.)

perceptíveis diferenças ou gradações que tornam um homem preferível a outro. Qualquer pessoa de juízo razoável será suficiente para o seu entretenimento: Falam a ele sobre seus prazeres e negócios com a mesma franqueza com que conversam entre si; e, por encontrarem muitos homens talhados para ocupar o seu lugar na conversação, nunca sentem que lugar ficou vago, nem lamentam sua ausência. Mas, para fazer alusão a um celebrado autor francês,[5] o julgamento,[6] então, deve ser comparado a um relógio de parede ou pulso, no qual a máquina mais simples basta para dizer as horas; porém só as mais refinadas podem indicar os minutos e os segundos, e distinguir as menores diferenças de tempo. Alguém que tenha digerido bem o seu conhecimento, tanto dos livros quanto dos homens, só encontra alegria verdadeira na companhia de poucas e selecionadas pessoas. Ele sente muito intensamente como o resto da humanidade é indiferente às noções que lhe são importantes. E, ficando suas afeições confinadas a um círculo estreito, não é de se admirar que as leve mais longe do que se elas fossem mais gerais e indiferenciadas. A alegria e a diversão de uma companhia de copo se transformam numa sólida amizade: e os ardores de um apetite juvenil se transformam numa paixão elegante.

---

[5] *Mons.* FONTENELLE, *Pluralité des mondes.* Soir. 6 [Bernard le Bovier de Fontenelle (1657-1757), acadêmico francês, poeta e divulgador da ciência moderna, cujas "Conversações sobre a pluralidade dos mundos" foi publicado em 1686.]

[6] "O juíz" é citado por Hume no *Tratado* como aquela operação da mente através da qual nós fazemos inferências das impressões dos sentidos, como nos julgamentos de causa e efeito. Impressões do sentimento moral também são tratadas, em determinadas ocasiões, mas não sempre, como juíz.

Ensaio II

Da liberdade de imprensa

Nada surpreende mais um estrangeiro que a extrema liberdade, de que desfrutamos neste país, de comunicar o que quisermos ao público, e de criticar abertamente qualquer medida decretada pelo rei ou por seus ministros. Se o governo opta pela guerra, afirma-se que é porque, deliberadamente ou por ignorância, ele interpreta equivocadamente os interesses da nação e que, no presente estado de coisas, a paz seria infinitamente preferível. Se a paixão dos ministros tende para a paz, nossos autores políticos só pregam a guerra e a devastação, classificando como mesquinha e pusilânime a conduta pacífica do governo. Como essa liberdade não é proporcionada por nenhum outro governo, seja republicano ou monárquico;[1] nem na HOLANDA

---

[1] Hume não discute sistematicamente em lugar algum a importante questão de como as várias formas de governo deveriam ser classificadas, mas aborda o tema em vários textos. Este ensaio sugere que os governos devem ser classificados como republicanos, monárquicos ou, como é o caso da Grã-Bretanha, uma mistura de elementos republicanos e monárquicos. A aristocracia e a democracia "pura" seriam, nessa classificação, tipos de governo republicano, da mesma forma que o sistema representativo que Hume descreve em "Idéia de uma república perfeita". No presente ensaio, a distinção entre liberdade e despotismo ou escravidão não é equivalente ou mesmo paralela àquela entre repúblicas e monarquias. Hume sustenta que a liberdade pode prevalecer num governo monárquico, da mesma forma que o despotismo pode prevalecer nas repúblicas.

nem em VENEZA, e tampouco na FRANÇA ou na ESPANHA; isso pode muito bem suscitar a seguinte pergunta: *Como é possível que somente a GRÃ-BRETANHA goze desse privilégio especial?*

Os motivos pelos quais as leis nos permitem tal liberdade parecem resultar de nossa forma mista de governo, que não é nem inteiramente monárquico, nem inteiramente republicano. Deve ser lembrada uma correta observação política, segundo a qual, se não me engano, os dois extremos do governo, a liberdade e a escravidão, freqüentemente se aproximam a ponto de se tocarem; e que, à medida que nos afastamos dos extremos, misturando um pouco de monarquia com a liberdade, o governo se torna sempre mais livre; assim como, em contrapartida, quando se mistura um pouco de liberdade com a monarquia, o jugo sempre se torna mais pesado e intolerável. Num governo absoluto, como o da FRANÇA, onde a lei, o costume e a religião concorrem, todos eles, para deixar as pessoas totalmente satisfeitas com suas condições de vida, o monarca não pode alimentar qualquer *desconfiança* contra seus súditos, e portanto está apto para lhes conceder grandes liberdades, tanto de expressão quanto de ação. Num governo totalmente republicano, como o da HOLANDA, onde nenhum magistrado é eminente o bastante para provocar a desconfiança do Estado, não é perigoso conceder aos magistrados amplos poderes discricionários; e, ainda que desses poderes resultem muitas vantagens para a preservação da paz e da ordem, eles limitam consideravelmente as ações dos homens, fazendo com que todos os cidadãos respeitem fortemente o governo. Portanto, parece evidente que os dois extremos, a monarquia absoluta e a república, se aproximam muito em alguns aspectos essenciais. Na *primeira*, o magistrado não desconfia do povo; na *segunda*, o povo não desconfia do magistrado: nos dois casos, a ausência de desconfiança promove uma grande tranqüilidade, e produz uma espécie de liberdade nas monarquias, e de poder arbitrário nas repúblicas.

Para justificar a segunda parte da observação precedente, a de que em todo governo os extremos estão afastados demais um do outro, e que as misturas de monarquia e liberdade tornam o jogo mais leve ou mais pesado, devo aludir a uma observação de Tácito sobre os Romanos na época dos imperadores, que eram incapazes de suportar fosse a escravidão total, fosse a liberdade total: *Nec totam servitutem, nec totam libertatem pati possunt.*[2] Um celebrado poeta traduziu e aplicou aos Ingleses esse comentário, em sua viva descrição da política e do governo da Rainha Elizabeth.

> *Et fit aimer son joug a l'Anglois indompté,*
> *Qui ne peut ni servir, ni vivre en liberté.*
> Henriade, *liv.* I.[3]

De acordo com essas observações, devemos considerar o governo Romano do período imperial como uma mistura de despotis-

---

[2] Tácito (55 d.C.?-120?) *As Histórias* I.16.28. A citação vem do final de um discurso do imperador Galba a Piso, ao adotar Piso como seu sucessor: "Pois conosco não existe, como entre povos onde existem reis, uma casa de legisladores, enquanto todos os demais são escravos; você irá governar homens que não podem suportar nem a escravidão completa nem a liberdade completa."

[3] François Marie Arouet (1694-1778), que escreveu sob o nome Voltaire, publicou originalmente *La Henriade* em 1723, com um título diferente, e republicou o texto, com alterações, com o presente título, em 1728. Seu herói é Henrique de Navarra, que se tornou o rei Henrique IV da França. A passagem exaltando Elizabeth diz: "E ela fez seu jugo vigorar sobre o indômito inglês, que não podem viver na servidão nem tampouco viver em liberdade."

mo e liberdade, na qual prevaleceu o despotismo; e o governo Inglês como uma mistura do mesmo tipo, na qual a liberdade predomina. As conseqüências refletem os comentários precedentes; e são o que seria de se esperar dessas formas mistas de governo, que geram um temor e uma desconfiança recíprocos. Os imperadores Romanos foram, em muitos casos, os tiranos mais terríveis que já desonraram a natureza humana, e é evidente que a sua crueldade era provocada principalmente pela sua *desconfiança*, e por sua observação de que todos os grandes homens de Roma toleravam com impaciência o domínio de uma família que, não muito tempo antes, de forma alguma era superior à sua. Na Inglaterra, em contrapartida, visto que predomina a parte republicana do governo, apesar de uma grande mistura com a monarquia, o governo é forçado, para sua própria preservação, a nutrir uma *desconfiança* atenta em relação aos magistrados, a extinguir todos os poderes discricionários e a garantir a vida e a fortuna de todos por meio de leis gerais e inflexíveis. Uma ação só pode ser considerada um crime se assim for claramente definida pela lei; nenhum homem pode ser acusado de um crime sem que se apresente aos juízes uma prova legal; e mesmo esses juízes precisam ser seus pares, estando obrigados, em seu próprio interesse, a manter uma vigilância intensa sobre os abusos e as arbitrariedades dos ministros. Resulta dessas causas que existam tanta liberdade, e mesmo, talvez, licenciosidade, na Grã-Bretanha; da mesma forma como existiam, antigamente, a escravidão e a tirania em Roma.

 Esses princípios justificam a grande liberdade de imprensa nesses reinos, mais do que é permitido por qualquer outro governo. Compreende-se que ficaríamos ameaçados pelo poder arbitrário, caso não tivéssemos a precaução de impedir o seu avanço, e se não houvesse um método fácil de espalhar o alarme de uma ponta a outra do reino. Freqüentemente, o entusiasmo do povo precisa ser instigado, para que sejam refreadas as ambições da Corte; e o medo de que esse entusiasmo seja instigado precisa ser usado para prevenir essas ambições. Nada contribui tanto para esse fim como a liberdade de imprensa, graças à qual é possível usar todo o saber, inteligência e gênio da nação em benefício da liberdade, e animar todos a defendê-la. Portanto, enquanto a parte republicana de nosso governo puder conservar sua predominância sobre a monárquica, ela terá naturalmente o cuidado de manter a imprensa livre, pois esta é importante para a sua própria preservação.

Deve-se, contudo, admitir, embora seja difícil, talvez impossível, propor um remédio adequado para a liberdade de imprensa ilimitada, pois este é um dos males a que estão sujeitas aquelas formas mistas de governo.

Ensaio III

Que a política pode ser reduzida a uma ciência

Esta é uma questão para muitos: se existe qualquer diferença essencial entre uma forma de governo e outra; e se qualquer forma pode se tornar boa ou má, conforme seja bem ou mal administrada.[1] Se se chegasse à conclusão de que todos os governos são equivalentes, e que a única diferença entre eles consiste no caráter e na conduta dos governantes, a maioria das disputas políticas terminaria, e todo *Zelo* por uma constituição em detrimento de outra seria considerado simples fanatismo e loucura. Contudo, mesmo sendo amigo da moderação, não posso deixar de condenar esse sentimento, e ficaria triste se pensasse ser impossível, nos assuntos humanos, maior estabilidade do que aquela que advém do temperamento e do caráter casuais de certos homens em particular.

Uma coisa é certa: aqueles que sustentam que a excelência de qualquer governo consiste na excelência da administração podem

---

[1] *For forms of government let fools contest,*
Whate'er is best administer'd is best.
("As formas de governo, que as discutam os tolos,/
A melhor é a mais bem administrada")
ENSAIO sobre o homem, Liv. 3.

[Escrito por Alexander Pope (1688-1744) e publicado em 1732-34.]

citar diversos exemplos históricos concretos em que o mesmo governo, em mãos diferentes, mudou subitamente de um extremo a outro, entre o bom e o mau. Compare o governo FRANCÊS sob HENRIQUE III[2] e sob HENRIQUE IV.[3] Opressão, frivolidade, mentira por parte dos governantes; facção, sedição, traição, revolta, deslealdade por parte dos súditos; estes elementos compõem o caráter da época desgraçada do primeiro. Mas quando o príncipe patriota e heróico que o sucedeu se consolidou firmemente no trono, o governo, o povo, tudo pareceu mudar completamente; e somente em função da diferença de temperamento e conduta dos dois soberanos. Exemplos desse tipo podem se multiplicar, quase interminavelmente, na história antiga e moderna, tanto no exterior quanto na esfera doméstica.

Mas aqui pode ser conveniente fazer uma distinção. Todos os governos absolutos devem depender grandemente da administração; e esse é um dos maiores inconvenientes relativos a essa forma de governo. Mas um governo republicano e livre seria um absurdo evidente, se os seus mecanismos de controle e restrição previstos na constituição não tivessem na realidade influência alguma, e não fizessem que todos, mesmo os homens maus, tivessem interesse em agir pelo bem comum. Tal é o objetivo dessas formas de governo, e tais são as

---

[2] Rei francês cujo reinado (1574-89) foi marcado por lutas civis e religiosas. Ele é lembrado por sua parcialidade, extravagância e preguiça, bem como por ter reprimido os protestantes huguenotes.

[3] Rei da França (1589-1610). Henrique IV conseguiu acalmar a situação religiosa e melhorar as finanças e a administração do reino, refreando as ambições espanholas através de alianças com a Inglaterra e as Províncias Unidas. Obteve a aprovação do Edito de Nantes (1598), que estendia a tolerância religiosa aos huguenotes.

suas conseqüências reais quando são constituídas sabiamente: Mas, em contrapartida, elas se tornam fonte de toda sorte de desordens, e dos crimes mais hediondos, quando faltam habilidade e honestidade em seu plano e em sua instituição originais.

Tão grande é a força das leis, e de determinadas formas de governo, e tão pouco dependentes elas são dos humores e dos temperamentos dos homens, que se podem às vezes deduzir delas conseqüências quase tão certas e gerais quanto aquelas das ciências matemáticas.

A constituição da república ROMANA atribuía ao povo todo o poder legislativo, sem permitir direito de veto nem à nobreza nem aos cônsules. Esse poder ilimitado era detido pelo povo num corpo coletivo, e não representativo. As conseqüências eram: Quando o povo, por meio da prosperidade e de conquistas, se tornava muito numeroso e se espalhava até uma grande distância da capital, as cidades-tribos, mesmo as mais desprezíveis isoladamente, passavam a conter a quase totalidade dos votos: elas eram, portanto, aduladas por todos aqueles que almejavam a popularidade; viviam ociosamente, sustentadas pela distribuição geral de grãos, e por subornos particulares que recebiam de quase todos os candidatos; e assim seus habitantes foram se tornando cada vez mais devassos, e o CAMPUS MARTIUS[4] se transformou num cenário de permanentes tumultos e sedições: escravos armados foram introduzidos entre esses cidadãos aviltados; de forma que o governo como um todo caiu na anarquia, e a maior felicidade a que os ROMANOS podiam aspirar se converteu no

---

[4] Um trecho plano do rio Tibre, em Roma, cujo nome vem do Altar de Marte que existia na região. Era um local para reuniões públicas, negócios e comércio.

poder despótico dos CÉSARES. Tais são os efeitos de uma democracia sem um órgão representativo.

A Nobreza pode deter inteiramente, ou em parte, o poder legislativo de um Estado, de duas formas diferentes. Ou todos os nobres participam do poder como membros do órgão inteiro, ou é este que detém o poder enquanto constituído pelas partes, cada uma delas com poder e autoridade distintos. A aristocracia VENEZIANA é um exemplo do primeiro tipo de governo: o POLONÊS, do segundo. No governo VENEZIANO, é o conjunto da nobreza que detém todo o poder, e nenhum nobre possui qualquer autoridade que não receba do todo. No governo POLONÊS, cada nobre, através de seus feudos, tem uma autoridade hereditária distinta sobre os seus vassalos, e o órgão inteiro não possui poder algum que não receba do concurso de suas partes. As diferenças de funcionamento e tendências dessas duas espécies de governo podem ser explicadas mesmo *a priori*.[5] A nobreza VENEZIANA é preferível à POLONESA, independentemente das maiores variedades de inclinação e educação entre os homens. Uma nobreza que possua seu poder compartilhado será capaz de manter a paz e a ordem, tanto em seu próprio seio quanto entre seus súditos; e nenhum membro isolado pode ter suficiente autoridade para controlar as leis por al-

---

[5] Como Hume usa o termo no *Tratado*, raciocínio *a priori* compara idéias abstraídas de relações com a experiência. Por sua vez, alguns de seus predecessores, como Hobbes, tinham tentado fundar a filosofia moral ou política no "método experimental do raciocínio", introduzido por Francis Bacon e utilizado por Isaac Newton. No entanto, às vezes Hume afirma nos *Ensaios* que princípios políticos podem ser deduzidos *a priori*, isto é, pelo raciocínio em geral, usando idéias e conceitos sobre as coisas em questão, sem qualquer referência a exemplos particulares.

gum período. Os nobres preservarão a sua autoridade sobre o povo, mas sem qualquer tirania opressiva ou violações da propriedade privada, pois um governo assim tirânico não serve aos interesses do conjunto da nobreza, embora possa ser conveniente a alguns de seus membros. Haverá uma distinção hierárquica entre a nobreza e o povo, mas esta será a única distinção do Estado. O conjunto da nobreza formará um corpo, e o conjunto do povo outro, sem que haja feudos privados e animosidades que espalhem a ruína e a desolação por toda parte. É fácil observar as desvantagens de uma nobreza POLONESA em cada um desses aspectos.

É possível, portanto, constituir um governo livre, no qual uma única pessoa, chamada doge, príncipe ou rei, detenha uma grande parcela do poder, estabelecendo um equilíbrio correto com as outras partes do governo. Esse primeiro magistrado pode ser *eletivo* ou *hereditário*; e, embora a olhos superficiais a primeira instituição possa parecer a mais vantajosa, uma inspeção mais acurada descobrirá nela maiores inconvenientes do que na última, inconvenientes esses fundados em causas e princípios eternos e imutáveis. A ocupação do trono, em tal governo, é uma questão de interesse tão grande e geral que divide o povo inteiro em facções: a ponto de se poder recear uma guerra civil quase certa, o que constitui o maior dos males, a cada ocasião em que o trono fica vago. O príncipe eleito precisa ser ou um *Estrangeiro* ou um *Nativo*: O primeiro ignorará o povo que irá governar; desconfiará de seus novos súditos, e será ao mesmo tempo objeto de sua desconfiança; dará toda a sua confiança a estrangeiros, que terão como única preocupação enriquecer o mais depressa possível, enquanto o favor e a autoridade de seu senhor puderem sustentá-los. Por sua vez, um nativo levará para o trono todas as suas animosidades e amizades privadas, e sua ascensão despertará inevitavelmente sentimentos de inveja naqueles que anteriormente o consideravam como um igual. Para não mencionar o fato de que uma coroa é uma recompensa grande demais para ser concedida somente ao mérito, e sempre induzirá os candidatos a usarem a força, o dinheiro ou a intriga para conquistar os votos dos eleitores: De forma que uma tal eleição não proporcionará maiores chances para que haja um mérito superior no príncipe do que se o Estado confiasse apenas no nascimento para determinar quem será seu soberano.

Pode-se, portanto, afirmar como um axioma universal na política, *Que um príncipe hereditário, uma nobreza sem vassalos e um povo que vota em seus representantes formam as melhores* MONARQUIA, ARISTOCRACIA *e* DEMOCRACIA. Mas, para provar mais enfaticamente que a política admite verdades gerais, que não dependem do temperamento ou da educação dos súditos ou do soberano, talvez não seja inoportuno observar alguns outros princípios dessa ciência, que possam merecer essa designação.

Facilmente pode-se observar que os governos livres, mesmo que em geral tenham sido os mais felizes para aqueles que gozam de sua liberdade, são contudo os mais ruinosos e opressivos para as suas províncias: E esta observação, acredito, pode ser apontada como uma máxima do tipo a que nos referíamos aqui. Quando um monarca aumenta os seus domínios através de conquistas, ele logo aprende a considerar em pé de igualdade os seus antigos e seus novos súditos; porque, na realidade, todos são para ele o mesmo, com exceção dos poucos amigos e favoritos que conhece pessoalmente. Não faz, portanto, qualquer distinção entre eles em suas leis *gerais*; e, ao mesmo tempo, toma a precaução de evitar quaisquer atos *particulares* de opressão, contra uns e contra outros. Mas um Estado livre faz necessariamente uma grande distinção, e sempre precisa fazê-la, até que os homens aprendam a amar o próximo como a si mesmos. Os conquistadores, nesse tipo de governo, são todos legisladores, e jamais deixarão, por meio de impostos e restrições ao comércio, de tudo planejar de maneira a tirar de suas conquistas determinadas vantagens particulares, além das públicas. Os governadores das províncias também têm uma chance maior, numa república, de se apropriar dos despojos, por meio da intriga e do suborno; e seus concidadãos, que observam seu próprio Estado enriquecer com os despojos das províncias subordinadas, estarão mais inclinados a tolerar esses abusos. Sem mencionar que é uma precaução necessária, num Estado livre, trocar constantemente os governantes; o que obriga esses tiranos provisórios a serem mais expeditos e gananciosos, para que possam acumular riqueza suficiente antes de darem lugar a seus sucessores. Que tiranos cruéis do mundo foram os ROMANOS, no tempo de sua república! É certo que eles tinham leis para prevenir a opressão dos magistrados provinciais; mas CÍCERO nos informa que a melhor forma de os ROMANOS servirem aos interesses das províncias seria revogarem essas leis. Porque, nesse caso, diz ele, nossos magistrados, gozando de total impunidade, pilhariam apenas o bastante para satisfazer sua própria ganância, ao passo que, atualmente, precisam satisfazer também a de seus juízes, bem como a de todos os grandes homens de ROMA, de cuja proteção precisam.[6] Quem pode

---

[6] Ver Cícero (106-43 a.C.), *In C. Verrem Actio Prima* (Primeira Parte do discurso contra Gaius Verres na primeira audiência) I.14.41.

ler sem horror e espanto o relato das crueldades e tiranias de VERRES? E quem não é tocado pela indignação ao ouvir que, depois de CÍCERO ter atacado esse perverso criminoso com todos os trovões de sua eloqüência, chegando ao ponto de conseguir que o condenassem com o máximo rigor permitido pela lei, apesar disso aquele tirano cruel viveu tranqüilamente até uma idade avançada, com opulência e conforto, sendo proscrito 30 anos depois por MARCO ANTÔNIO, por conta de sua riqueza exorbitante, ao lado do próprio CÍCERO e de todos os homens mais virtuosos de ROMA?[7] Depois da dissolução da república, o jugo romano sobre as províncias se tornou mais leve, como nos informa TÁCITO;[8] e pode-se afirmar que muitos dos piores imperadores, como, por exemplo, DOMICIANO,[9] evitaram cautelosamente toda opressão nas províncias. Na época de TIBÉRIO,[10] a GÁLIA era consi-

---

[7] Verres foi o governador romano na Sicília de 73 a 70 a.C. Ele saqueou as províncias e cometeu muitos atos de extrema crueldade. No final de seu mandato, em 70, ele foi processado diante da Corte de Extorsão do Senado, em Roma, por Cícero, que representou os sicilianos. O processo de Cícero contra Verres foi conduzido de forma tão brilhante que Verres se retirou para um exílio voluntário antes da conclusão do julgamento. Cícero então se estabeleceu como o principal advogado de Roma, substituindo Hortensius, que defendera Verres. Tanto Verres quanto Cícero foram assassinados, bem como centenas de senadores e homens de negócios, por ordem do Triunvirato no poder. (Octaviano, Lepidus, Antônio em 43 a.C.)

[8] Ann. Liv. I, cap. 2. [Tácito, *Anais* I.8., na edição Loeb.]

[9] SUET., in vita DOMIT. [Suetônio (70 d.C.? – 141?), *Vida dos 12 Césares*, na vida de Domiciano, cap. 8. Domiciano foi imperador de 81 a 96 d.C.

[10] *Egregium resumendae libertati tempus, si ipsi florentes, quam inops ITALIA, quam imbellis urbana plebs, nihil validum in exercitibus, nisi quod externum cogitarent.* TÁCITO: Ann. Liv. 3. [Tácito, *Anais*, 3.40: "Foi uma oportunidade inigualável para recuperar sua independência: eles precisavam apenas aplicar seus próprios recursos para mitigar a miséria na Itália, a situação de guerra da população das cidades, a fraqueza dos exércitos e a deserção dos estrangeiros." Tibério foi imperador de 14 a 37 d.C.

derada mais rica que a própria ITÁLIA: E, acredito, durante todo o período da monarquia ROMANA, o império não ficou menos rico ou populoso em nenhuma de suas províncias; embora, certamente, a coragem e a disciplina militar tenham sofrido uma grande decadência. A tirania e a opressão impostas pelos CARTAGINESES aos estados AFRICANOS que dominavam foram tão longe, como nos informa POLÍBIO,[11] que, não contentes em extorquir metade de toda a produção da terra, o que já bastava para constituir uma renda elevadíssima, ainda os sobrecarregaram com muitos outros impostos. Se passarmos da época antiga para a moderna, continuaremos podendo afirmar o mesmo. As províncias das monarquias absolutas são sempre mais bem tratadas do que aquelas dos estados livres. Basta comparar o *Païs conquis* da FRANÇA com a IRLANDA, para se convencer dessa verdade; embora esse último reino, sendo povoado em grande parte pela INGLATERRA, possua tantos direitos e privilégios que poderia, naturalmente, aspirar a um tratamento melhor que o concedido a uma província conquistada. Outro exemplo evidente do mesmo fato é a CÓRSEGA.[12]

Há uma observação em MAQUIAVEL, em relação às conquistas de ALEXANDRE o Grande, que, acredito, pode ser

---

[11] Liv. I. Cap. 72 [Políbio (200? – 120? a.C.). *Histórias* I.72.]

[12] Durante a maior parte do período que vai de meados do século XV até o início do século XVII, a ilha da Córsega foi submetida a uma lei opressiva e corrupta pela república de Gênova. Revoltas freqüentes contra a autoridade genovesa ocorreram em meados do século XVII. Reconhecendo que não poderia subjugar a Córsega e temendo a sua ocupação por um poder hostil, Gênova finalmente cedeu a ilha à França em 1768. Embora a Córsega tenha em alguns momentos desejado o controle francês, uma guerra de conquista em 1768-69 foi necessária para estabelecer a autoridade francesa.

interpretada como uma daquelas verdades políticas eternas, que não será alterada pelo tempo nem por acidentes. Pode parecer estranho, diz o político, que conquistas tão repentinas como as de ALEXANDRE possam ter sido conservadas de forma tão tranqüila por seus sucessores, e que os PERSAS, ao longo de todas as confusões e guerras civis que se verificaram entre os GREGOS, nunca tenham feito o menor esforço para recuperar seu antigo governo independente.[13] Para compreendermos as causas desse acontecimento singular, podemos considerar duas formas diferentes pelas quais um monarca pode governar seus súditos. Ele pode seguir as máximas dos príncipes orientais, levando sua autoridade tão longe a ponto de só permitir que haja entre seus súditos as distinções de posição que ele mesmo determinar, bem como quaisquer privilégios de nascimento, honrarias ou posses hereditárias; em uma palavra, que não haja crédito algum entre o povo, a não ser o que provenha de sua delegação. Ou o monarca pode exercer o seu poder de uma maneira mais suave, como outros príncipes EUROPEUS; e permitir outras fontes de honra, além de seu sorriso e favor; como nascimento, títulos, posses, coragem, integridade, conhecimento, ou grandes e afortunadas conquistas. Na primeira espécie de governo, após uma conquista, jamais será possível escapar do jugo; pois ninguém, no meio do povo, possui o crédito e a autoridade pessoais necessários para dar início a tal em-

---

[13] Ver Nicolau Maquiavel (1469-1527), *O Príncipe*, cap. 4. Alexandre o Grande (356-323 a.C.) estabeleceu um vasto império greco-macedônio, após derrotar as forças do império persa sob o comando de Dario III em 333-330 a.C.

preendimento: Enquanto, o menor infortúnio ou discórdia entre os vencedores bastará para encorajar os vencidos a pegar em armas, pois que possuem chefes preparados para incitá-los e liderá-los em qualquer campanha.[14]

Esse é o raciocínio de MAQUIAVEL, que parece sólido e conclusivo; embora fosse preferível que não misturasse a falsidade com a verdade, ao afirmar que as monarquias governadas

---

[14] Considerei como certo, de acordo com a tese de MAQUIAVEL, que os antigos PERSAS não tinham nobreza, embora haja razões para suspeitar de que o secretário FLORENTINO, que parece ter conhecido melhor os autores ROMANOS que os GREGOS, se tenha equivocado nesse ponto. Os PERSAS mais antigos, cujos costumes são descritos por XENOFONTE, eram um povo livre e tinham nobreza. Seus ὁμότιμοι [principais nobres, pares ver Xenofonte (428?- 354? a.C.) *Ciropédia*, 2.1.9] foram mantidos mesmo depois da ampliação de suas conquistas e da conseqüente mudança de seu governo. ARRIANO os menciona na época de DARIO, *De exped.* ALEX. Liv. ii, 11. [Arriano (96?-180? d.C.), *Expedição de Alexandre*.] Freqüentemente os historiadores também declaram que os detentores do comando eram homens de família. TIGRANES, que foi general dos MEDAS sob o reinado de XERXES, era da família dos ACMENOS, HERÓD. Liv vii, cap. 62. [Heródoto (484? – 420? a.C.), *História*.] ARTAQUÉIAS, que dirigiu a perfuração do canal junto ao nome ao monte ATHOS, pertencia à mesma família. Id. Cap. 117. MEGABÍZIO era um dos sete eminentes PERSAS que conspiravam contra o MAGI. Seu filho, ZOPYRUS, ocupava o mais alto comando sob DARIO, e lhe entregou a BABILÔNIA. Seu neto, MEGABYZUS, comandou o exército derrotado em MARATONA. Seu bisneto, ZOPYRUS, também era eminente e foi desterrado para a PÉRSIA. HERÓD. Liv. III. THUC. Liv. I [Heródoto, *História* 3.160; TUCÍDIDES (472? depois de 400 a.C.), *História da Guerra do Peloponeso* 1.109. ROSACES, que comandou um exército no EGITO sob ARTAXERXES, também descendeu de um dos sete conspiradores, DIOD. SÍC. Liv XVI. [Diodoro Sículo (primeiro século a.C.), *Biblioteca de História* 16.47.] AGESILAUS, em XENOFONTE, HIST. GRAEC. Liv. iv. [Xenofonte, *Helênicas* (História da Grécia) 4.1], desejoso de promover o casamento entre seu aliado, o Rei COTYS, e a filha de ESPITRIDATES, uma PERSA de alta classe que desertara, pergunta antes a

conforme a política oriental, embora mais facilmente conservadas depois de conquistadas, são contudo as mais difíceis de conquistar, uma vez que nelas não pode haver qualquer súdito poderoso cuja insatisfação e revolta possam facilitar os empreendimentos de um inimigo. Pois, além de um governo assim tirânico enfraquecer a coragem dos homens, tornando-os indiferentes à sorte de seu soberano, além disso, afirmo, a experiência nos ensina que mesmo a autoridade delegada e temporária dos generais e magistrados, que em tais governos é tão absoluta em sua esfera como a do próprio príncipe, é capaz de produzir, entre bárbaros acostumados com uma obediência cega, as revo-

---

COTYS a que família pertence ESPITRIDATES. Uma das mais consideráveis da PÉRSIA, diz COTYS. ARIEUS, quando CLEARCO lhe ofereceu a soberania sobre dez mil GREGOS, recusou por considerá-los de classe muito baixa, e disse que tantos PERSAS eminentes jamais suportariam seu jugo. *Id. de exped.* Liv. ii. [Xenofonte, *Anábase*, livro 2.] Algumas das famílias que descendiam dos sete PERSAS anteriormente mencionados sobreviveram a todos os sucessores de ALEXANDRE; e POLÍBIO afirma que MITRIDATES, na época de ANTIÓQUIO, descendia de uma delas, liv. v. cap. 43. ARTABAZUS era considerado, como informa ARRIANO, ἐν τοῖς πρώτοις Περσῶν ["entre os mais elevados dos persas"]. Liv. iii. [23]. E quando ALEXANDRE promoveu um dia o casamento de 80 de seus capitães com mulheres PERSAS, sua intenção era claramente aliar os MACEDÔNIOS com as mais eminentes famílias PERSAS. Id. Liv. vii. [4]. DIODORO SÍCULO afirma que elas eram do mais nobre nascimento, na PÉRSIA, liv. xvii. [107]. O governo da PÉRSIA era despótico e, em muitos aspectos, administrado segundo o modelo oriental, mas não chegou tão longe a ponto de extirpar toda a nobreza e confundir todas as classes e estamentos. Ele concedia alguma independência a homens de prestígio, por si próprios e por suas famílias. E a razão pela qual os MACEDÔNIOS os dominaram tão facilmente estava associada a fatores facilmente identificáveis na história; embora se deva reconhecer que o argumento de MAQUIAVEL é, em si, justo, embora a sua aplicação ao caso presente seja duvidosa.

luções mais perigosas e fatais. De forma que, sob todos os aspectos, deve-se preferir o governo moderado, pois é o que proporciona maior segurança tanto ao soberano quanto aos súditos.

Os legisladores, portanto, não devem confiar totalmente ao acaso o futuro governo de um estado, e sim elaborar um sistema de leis para regular a administração dos assuntos públicos até a mais remota posteridade. Efeitos sempre corresponderão a causas; e uma legislação sábia é, em qualquer nação, a herança mais valiosa que pode ser legada às épocas futuras. Mesmo no mais insignificante tribunal ou repartição pública, observa-se que as normas e os métodos estabelecidos para regulamentar as diversas atividades constituem uma barreira importante contra a depravação natural da humanidade. Por que não poderia acontecer o mesmo com as questões públicas? Será que podemos atribuir a estabilidade e a sabedoria do governo VENEZIANO, ao longo de tantas eras, a algo mais que a forma de governo? E não é fácil apontar quais são os defeitos da constituição original que provocaram as crises dos governos tumultuados de ATENAS e ROMA, culminando finalmente na ruína dessas duas repúblicas célebres? Tão pouca dependência tem essa questão do caráter e da educação dos indivíduos que é possível que uma parte determinada de uma mesma república seja sabiamente governada, e que outra o seja de forma deficiente, pelos mesmos homens, em função simplesmente da diferença das formas e instituições que regulam essas partes. Historiadores nos informam que foi esse, efetivamente, o caso de GÊNOVA. Pois, enquanto o estado era sempre perturbado por revoltas, tumultos e desordens, o banco de ST. GEORGE, que se havia tornado uma parte considerável do povo, foi governado, durante muitas eras, com a maior integridade e sabedoria.[15]

As épocas de maior espírito público nem sempre são aquelas mais eminentes pela virtude privada. Boas leis podem proporcionar a ordem e a moderação no governo, mesmo que os usos e costumes tenham incutido pouca humanidade ou justiça no caráter dos homens. O período mais ilustre da história ROMANA, considerada do ponto de vista político, é o que vai do início da primeira até o final da última guerra PÚNICA; o equilíbrio adequado entre a nobreza e o povo era estabelecido pelos debates entre os tribunos, e ainda não tinha sido comprometido pela extensão das conquistas. Por outro lado, nessa mesma época, a práti-

---

[15] *Essempio veramente raro, & da Filosofi intante loro imaginate & vedute Republiche mai non trovato, vedere dentro ad un medesimo cerchio, fra medesimi citadini, la liberta, & la tirannide, la vita civile & la corotta, la giustitia & la licenza; perche quello ordine solo mantiere quella citta piena di costumi antichi & venerabili. E s'egli auvenisse (che col tempo in ogni modo auverra) que* SAN GIORGIO *tutta quel la citta occupasse, sarrebbe quella una Republica piu dalla* VENETIANA *memorabile.* Della Hist. Florentine, liv. 8. [Nicolau Maquiavel, *A História de Florença* 8.29: "Um exemplo verdadeiramente raro, e que nunca foi encontrado pelos filósofos em todas as suas repúblicas imaginadas ou sonhadas: ver no mesmo círculo, entre os mesmos cidadãos, a liberdade e a tirania, a vida civil e a corrupção, a justiça e a licenciosidade; porque somente aquela ordem mantém em vigor na cidade costumes antigos e veneráveis. E poderia acontecer, e um dia acontecerá, de St. George ocupar toda aquela cidade, tornando-a uma república mais memorável que a veneziana." A república de Gênova, incapaz de pagar seus credores depois da guerra contra Veneza, cedeu a eles a sua renda alfandegária até que a dívida de guerra fosse liquidada. Os credores, que receberam títulos do Banco de St. George, estabeleceram entre eles uma forma de governo, com um conselho e um corpo executivo. Gênova confiou no crédito do banco, oferecendo cidades, castelos e territórios como garantia, de forma que o banco acabou tendo sob a sua administração a maioria das cidades e vilarejos dos domínios de Gênova.

ca terrível do envenenamento era tão comum que, durante parte de uma estação, um *Pretor* condenou mais de três mil[16] pessoas à morte por esse crime numa região da ITÁLIA; e informações sobre casos semelhantes continuavam a se multiplicar. Há um exemplo semelhante, ou talvez ainda pior,[17] nos primeiros tempos da república, tão depravado na vida privada era o povo, que admiramos tanto por sua história. Não duvido de que fossem mais virtuosos na época dos *Triunviratos*, embora estivessem despedaçando sua própria pátria e espalhando o ódio e a devastação por toda a face da terra, por simples decisão dos tiranos.[18]

Aqui verificamos, portanto, incentivo bastante para preservar em todos os estados livres, com o máximo ZELO, aquelas formas

---

[16] T. LIVII, liv. 40. cap. 43. [Lívio (59 a.C.-17 d.C.), *História de Roma* (desde a fundação da cidade) 40.43. As Guerras Púnicas foram travadas entre os romanos e os cartagineses. A primeira começou em 264 a.C. e a terceira e última terminou em 146 a.C., com a destruição de Cartago. Os Tribunos foram eleitos pelo povo (Plebeus) para representar os seus interesses contra a nobreza (Patrícios). Um Pretor era um alto funcionário da justiça ou um governador de província.
[17] *Id.* Liv. 8. cap. 18.
[18] *L'Aigle contre l'Aigle, ROMAINS contre ROMAINS,*
Combatans seulement pour le choix de tyrans.
                            CORNEILLE.
[Esses versos foram adaptados livremente da tragédia *Cinna*, ato I, seç. 3, que foi escrita por Pierre Corneille (1606-84) no final de 1640 ou no início de 1641. No original, "Où l'aigle abattoit l'aigle" é seguido, oito versos depois, por "Romains contre Romains, parents contre parents,/ Combattoient seulement pour le choix des tyrans". Cinna, que tenta restaurar a liberdade de Roma assassinando o imperador Augusto, descreve assim os seus esforços para estimular seus aliados: "Descrevi cenas daquelas guerras terríveis/ quando a selvagem Roma foi levada ao suicídio./ Quando águia combatia águia, de todos os lados/ Legiões em batalha lutavam contra a sua liberdade;/ Quando os melhores soldados e os mais corajosos comandantes/ Lutaram pela honra de

e instituições através das quais a liberdade é garantida, o bem público é satisfeito, e a avareza ou a ambição de determinados homens é restrita e punida. Nada é mais honroso para a natureza humana do que vê-la suscetível a tão nobre paixão; como nada pode indicar com mais clareza a vilania do coração humano do que a ver dela destituído. O homem que só ama a si mesmo, sem preocupação com a amizade ou o merecimento, merece a mais severa reprovação; e o homem que só é suscetível à amizade, sem espírito público ou preocupação com a comunidade, é deficiente na parte mais concreta da virtude.

Mas esse é um tema sobre o qual não é necessário insistir na época atual. Dos dois lados há fanáticos suficientes, que inflamam as paixões de seus partidários e, a pretexto de defenderem o bem público, só visam aos interesses e objetivos da facção a que pertencem. De minha parte, sempre serei mais favorável a promover a moderação que o zelo; embora talvez a maneira mais garantida de fazer surgir a moderação em qualquer partido seja aumentar o nosso zelo pelo público. Procuremos então, se for possível, extrair da precedente doutrina uma lição de moderação em relação aos partidos em que atualmente o nosso país está dividido; ao mesmo tempo, não permitamos

---

se tornar escravos;/ Assegurando assim os seus grilhões vergonhosos/ De forma a prender com suas correntes o mundo inteiro;/ E a honra indigna de lhe dar um senhor,/ Tornando cada abraço um ato de um covarde traidor,/ Romano contra romano, e amigos contra parentes/ Lutavam apenas pelo direito de escolher um tirano." A "época dos Triunviratos" a que Hume se refere vai da formação do chamado Primeiro Triunvirato (Júlio César, Pompeu e Crasso) em 60 a.C até 31 a.C, quando o Segundo Triunvirato (Otaviano, Marco Antônio e Lépidus) foi finalmente desfeito, abrindo caminho para Otaviano se tornar o primeiro imperador romano (Augusto).]

que essa moderação debilite a paixão e a diligência que cada indivíduo tem o dever de colocar a serviço do bem de seu país.[19]

Aqueles que atacam ou defendem um ministro num governo como o nosso,[20] que permite a mais ampla liberdade, sempre levam o caso a extremos, exagerando os méritos ou os defeitos de sua administração. Seus inimigos o acusam das maiores arbitrariedades, tanto na política interna quanto na externa, e não há crueldade ou crime do qual, segundo eles, o ministro não seja capaz. Guerras desnecessárias, tratados escandalosos, desperdício do erário público, impostos opressivos, toda sorte de erros de administração lhe é atribuída. Para agravar a acusação, afirma-se que a sua conduta perniciosa continuará a exercer uma influência maligna na posteridade, solapando a melhor constituição do mundo e desorganizando o sábio sistema de leis, instituições e costumes se-

---

[19] Mais adiante neste ensaio, Hume identifica a divisão dos partidos de seu tempo como sendo entre o partido da corte e o partido do campo. Ver a nota 21 sobre o uso que Bolingbroke faz desses termos. Hume discute os partidos britânicos em diversos ensaios subseqüentes. Ver "Dos partidos da Grã-Bretanha", "Da obediência passiva", "Da coalizão dos partidos" e "Da sucessão protestante".

[20] No que segue, Hume tem em mente o debate que aflorou na época sobre um ministro em particular, *Sir* Robert Walpole (176-1745). Como Primeiro Lorde do Tesouro entre 1721 e 1742, Walpole dominou o Parlamento pelo uso habilidoso do patronato da Coroa para controlar a maioria na Câmara dos Comuns. Walpole é geralmente considerado o primeiro Primeiro-Ministro da Inglaterra, embora esse termo tenha sido aplicado a ele por seus inimigos. Na edição de 1742 dos *Ensaios* de Hume, apareceu um ensaio intitulado "Um perfil de *Sir* Robert Walpole". Nas edições que apareceram entre 1748 e 1768, ele foi publicado como uma nota de rodapé no final do presente ensaio, "Que a política pode ser reduzida a uma ciência". Essa nota de rodapé foi suprimida na edição de 1770 e nas seguintes. O ensaio de Hume sobre Walpole foi incluído no presente volume, nos "Ensaios excluídos e não-publicados".

gundo o qual nossos antepassados foram governados de forma tão correta, durante tantos séculos. Ele não é apenas um mau ministro, ele também conseguiu destruir toda a segurança estabelecida contra os possíveis maus ministros do futuro.

Por outro lado, os partidários do ministro elevam o seu panegírico de forma tão exagerada quanto as acusações de seus detratores, celebrando a sua conduta sábia, firme e moderada em todos os aspectos da sua administração. A honra e os interesses da nação são defendidos no exterior, o crédito público é preservado, as perseguições são restringidas, as facções subjugadas; o mérito de todas essas bênçãos é atribuído com exclusividade ao ministro. Ao mesmo tempo, todos os seus méritos são coroados pelo respeito mais religioso à melhor constituição do mundo, que ele sempre seguiu em todas as suas partes e transmitiu intacta, garantindo assim a felicidade e a segurança mesmo na posteridade mais remota.

Quando essa acusação e esse panegírico são recebidos pelos partidários de cada partido, não é de se admirar que se verifique em ambos os lados uma enorme efervescência, enchendo a nação de violentas animosidades. Mas eu adoraria persuadir esses fanáticos de que existe uma contradição óbvia tanto na acusação quanto no panegírico, e que, se não fosse essa contradição, seria impossível que um e outro lado chegassem a tais extremos. Se a nossa constituição fosse realmente essa *invenção nobre, orgulho da* GRÃ-BRETANHA, *motivo de inveja de nossos vizinhos, erguida pelo labor de tantos séculos, aprimorada à custa de tantos milhões e consolidada por tão grande profusão de sangue;*[21] quero dizer, se a nossa consti-

---

[21] *Dissertação sobre os partidos*, Carta 10. [Escrita por Henry St. John (1678-1751), que se tornou visconde de Bolingbroke, em 1712. Bolingbroke, um aliado do Partido Tory no Parlamento e secretário de Estado de 1710 a 1714,

tuição merecesse em qualquer grau esses louvores, nesse caso ela jamais teria permitido que um ministro fraco e perverso governasse triunfalmente durante duas décadas, enfrentando a oposição dos maiores gênios da nação, que gozavam da mais ampla liberdade de expressão e de imprensa, no parlamento e nos freqüentes apelos que faziam ao povo. Mas, se o ministro é tão fraco e perverso como tão insistentemente se afirma, então a constituição deva estar errada em seus princípios originais, e não se pode fazer uma acusação consistente ao ministro de solapar a melhor forma de governo do mundo. Uma constituição só é boa se ela oferece um remédio contra a má administração; e se a BRITÂNICA, no máximo de seu vigor e depois de ser aprimorada por dois acontecimentos tão notáveis como a *Revolução* e a *Coroação*, devido aos quais a nossa antiga família real por ela se sacrificou;[22] se a nossa constituição, quero dizer, tem tão grandes vantagens e não con-

---

foi exilado em 1715, em seguida à ascensão de George I, depois que moções pedindo o seu impedimento foram apresentadas contra ele na Câmara dos Comuns por Robert Walpole. O seu flerte com James III, o Pretendente, prejudicou a reputação do Partido Tory durante o período de domínio Whig, de 1714 a 1760. Depois de regressar a Londres em 1725, ele escreveu ao longo da década seguinte para *The Craftsman*, um jornal de oposição ao governo *Whig* sob a gestão de Walpole. A *Dissertação sobre os Partidos*, de Bolingbroke, que apareceu em *The Craftsman* em 1733, é um ataque contundente contra Walpole. Bolingbroke argumenta que a base para a antiga divisão entre *Tories* e *Whigs* não mais existe. Ambos agora formam um partido constitucional, ou do campo, que tenta preservar a constituição britânica assegurando a independência do Parlamento contra a nova influência da Coroa. Por outro lado, o partido anticonstitucional de Walpole, ou partido da corte, se esforça para expandir o poder da Coroa e reduzir o Parlamento a uma dependência absoluta.

[22] Hume se refere aqui à Revolução de 1688, que depôs James II, e à ascensão subseqüente de Mary, sua filha, e seu marido, Guilherme de Orange, que era um grande proprietário na Holanda. Guilherme III governou juntamente com

segue oferecer qualquer remédio, então deveríamos antes ficar agradecidos ao ministro que a solapa, já que assim nos oferece uma chance de erigir outra melhor em seu lugar.

Eu usaria os mesmos argumentos para atenuar o zelo daqueles que defendem o ministro. *É a nossa constituição tão excelente?* Então uma troca no ministério não pode ser um acontecimento tão terrível; pois é essencial que, seja qual for o ministro, essa constituição evite ao mesmo tempo que a violem e que haja quaisquer excessos na administração. *É a nossa constituição muito ruim?* Então não existem motivos para tanta desconfiança e apreensão com a possibilidade de uma mudança; e nesse caso não se justifica qualquer ansiedade, como no de um homem que se tenha casado com uma mulher dos bordéis: ele não pode achar que vigiá-la bastará para impedir sua infidelidade. Num governo assim, necessariamente, os negócios públicos irão se desorganizar, sejam quais forem as mãos que os conduzem, e nesse caso a paciência e a humildade dos *filósofos* são muito mais necessárias do que o zelo dos *patriotas*. A virtude e as boas intenções de CATÃO e BRUTUS são admiráveis; mas para que serviu o seu zelo?[23] Apenas para acelerar a queda fatal do go-

---

Mary de 1689 até a morte dela em 1694, e então como único soberano, até 1702. Guilherme foi sucedido por Anne, a segunda filha de James II, e a última dos soberanos Stuart. Pelo Ato de Estabelecimento de 1701, a linhagem real, após a morte de Anne (1714), passou para a casa de Hanover.

[23] A referência é provavelmente a Catão de Utica (95-46 a.C.), bisneto de Catão Censor (234-149 a.C.), o célebre estadista, escritor e orador. O Catão mais jovem era tio de Marcus Junius Brutus (85?-42 a.C). Mais tarde, Brutus se casou com a filha de Catão, Porcia. Catão e Brutus apoiaram Pompeu contra Júlio César na Guerra Civil. Catão cometeu suicídio em 46 a.C., em seguida à derrota dos aliados de Pompeu em Tapso. Brutus foi perdoado por César, mas mais tarde se tornou um líder na conspiração patriótica que levou ao assassinato de César (44 a.C.).

verno ROMANO, tornando ainda mais dolorosas e violentas as convulsões e agonias de sua morte.

Não quero dizer com isso que os negócios públicos não merecem cuidados e atenção. Se os homens fossem moderados e coerentes, suas reclamações seriam aceitáveis; ou ao menos examinadas. O *partido do campo* poderia afirmar que a nossa constituição, embora excelente, admite que haja, até certo ponto, uma má administração; e portanto, se houver um mau ministro, é lícito fazer-lhe oposição com um grau *adequado* de zelo. E, por outro lado, o *partido da corte* pode ser autorizado a defender a administração do ministro, caso ele seja bom, e também com *algum* zelo. Eu gostaria apenas de convencer os homens a não discutirem como se estivessem lutando *pro aris & focis* (por seus altares e seus lares), e a não transformarem uma constituição boa numa ruim, pela violência de suas facções.

Não considerei aqui qualquer aspecto pessoal da atual controvérsia. Na melhor constituição civil, na qual todos os homens são constrangidos pelas mais rígidas leis, é fácil descortinar as boas ou más intenções de um ministro, e julgar se o seu caráter pessoal merece o amor ou o ódio. Mas essas questões têm pouca importância para o público, e sujeitam aqueles que lhes dedicam sua pena a uma justa suspeita de malevolência ou lisonja.

Ensaio IV

Dos primeiros princípios de governo

Nada parece mais surpreendente, para aqueles que consideram as questões humanas com um olhar filosófico, do que a facilidade com que os muitos são governados pelos poucos; e a submissão implícita pela qual os homens abdicam de seus próprios sentimentos e paixões em favor dos de seus governantes. Se pesquisarmos através de que meios se realiza esse prodígio, verificaremos que, como a FORÇA está sempre do lado dos governados, os governantes só podem se apoiar na opinião. Portanto, é unicamente sobre a opinião que se funda o governo; e essa máxima se aplica tanto aos governos mais despóticos e militares quanto aos mais livres e populares. O sultão do EGITO, ou o imperador de ROMA, podiam conduzir seus súditos inermes, como animais, contra seus próprios sentimentos e inclinações; mas ele devia, ao menos, comandar seus *mamelucos*, ou *guardas pretorianos*, como homens, através da sua opinião.

A opinião pode ser de dois tipos, a saber, a opinião de INTERESSE e a opinião de DIREITO. Por opinião de interesse entendo principalmente o sentido dos benefícios gerais que resultam do governo; juntamente com a convicção de que aquele governo, que está estabelecido, é tão vantajoso quanto qualquer outro que pudesse ser facilmente instituído. Quando esta opinião prevalece como dominante no seio de um estado, ou entre aqueles que detêm nas mãos a força, todo governo adquire uma grande segurança.

O direito é de dois tipos, direito ao PODER e direito à PROPRIEDADE. A preponderância, entre os homens de opinião, da primeira espécie é facilmente constatada, observando-se a ligação de todas as nações com seus antigos governos, e mesmo com aqueles nomes que receberam a consagração da antigüidade. A antigüidade sempre origina a opinião; e, por mais negativos que sejam os sentimentos que possamos ter em relação aos homens, a verdade é que eles sempre se mostram prontos a sacrificar o sangue e a fortuna pela manutenção da justiça pública. De fato, não existe caso em que possamos encontrar, à primeira vista, maior contradição do que essa na conformação do espírito humano. Quando um homem age em ligação com um partido, ele é capaz, sem vergonha ou remorso, de desprezar todos os liames da honra e da moral para servir à sua facção; e, no entanto, quando uma facção nasce de uma questão de direito ou princípio, não há outra ocasião que permita tanto aos homens demonstrar maior firmeza e mais sólido senso de justiça e eqüidade. A mesma predisposição social da humanidade é a causa dessas manifestações contraditórias.

Está suficientemente demonstrado que a opinião de direito à propriedade é da maior relevância em todas as questões relacionadas com o governo. Um autor célebre fez da propriedade o fundamento de todos os governos;[1] e a maioria de nossos autores políti-

---

[1] Provavelmente James Harrington (1611-1677), autor de *República de Oceana* (1656), que afirmava que o equilíbrio do poder político depende do equilíbrio da propriedade, especialmente a propriedade de terras.

cos parece inclinada a segui-lo nesse particular. Isso seria levar o assunto longe demais; mas é forçoso reconhecer que a opinião de direito à propriedade exerce grande influência nessa questão.

É, portanto, nessas três opiniões, de *interesse* público, de *direito ao poder* e de *direito à propriedade*, que todos os governos se fundam, bem como toda autoridade de poucos sobre muitos. Certamente existem outros princípios, que conferem ainda maior força a esses, e determinam, limitam ou alteram o seu funcionamento; tais como *interesse pessoal, medo* e *afeição*; podemos todavia afirmar que esses outros princípios não exercem influência isoladamente, e sim pressupõem a influência preexistente daquelas opiniões citadas acima. Devem, assim, ser considerados princípios secundários do governo, e não seus princípios originais.

Porque, *primeiro*, em relação ao *interesse pessoal*, aqui entendido no sentido de uma expectativa de recompensas particulares, o que é diferente da proteção geral que recebemos do governo, é evidente que a autoridade do magistrado precisa ser estabelecida previamente, para que possa surgir essa expectativa. A perspectiva de recompensas pode aumentar a sua autoridade sobre algumas pessoas em particular; mas nunca pode lhe dar origem, em relação ao público. Os homens buscam naturalmente os maiores favores de seus amigos e conhecidos; e, portanto, a esperança de qualquer número considerável de súditos jamais se concentraria num grupo em especial, se os membros desse grupo não possuíssem qualquer qualificação especial à magistratura e outro tipo de influência sobre as opiniões dos homens. A mesma observação pode ser aplicada aos outros dois princípios, de *medo* e *afeição*. Nenhum homem teria motivo para ter *medo* da fúria de um tirano, se a sua autoridade decorresse unicamente do medo; porque, sendo ele um único homem, sua força corporal tem um alcance muito limitado, e todo o poder restante que possui deve assentar em nossa opinião, ou na suposta opinião de outros. E, embora a *afeição* pela sabedoria e virtude de um soberano tenha enorme importância e exerça forte influência, ainda assim é necessário que anteriormente se acredite estar ele investido de uma dignidade pública, caso contrário a estima pública não lhe trará benefício algum, nem tampouco a sua virtude exercerá qualquer influência para além de um círculo bastante limitado.

Um governo pode durar muitas eras, embora a balança do poder e a balança da propriedade nem sempre coincidam. Isso acontece principalmente quando qualquer classe ou ordem do Estado adquiriu uma ampla parcela da propriedade, mas, devido à constituição original do governo, não participa do poder. A que título poderia um indivíduo dessa classe pretender adquirir autoridade nas questões públicas? Em geral, os homens são muito ligados ao seu antigo governo, e portanto não é de se esperar que o povo venha a apoiar tais usurpações. Mas onde a constituição original permite qualquer partilha de poder, mesmo que pequena, com uma classe que possua grandes propriedades, é fácil para eles reforçar gradualmente a sua autoridade, fazendo com que a balança do poder coincida com a balança da propriedade. Esse tem sido o caso da Câmara dos Comuns, na INGLATERRA.

A maioria dos escritores que trataram do governo BRITÂNICO supôs que, como a Câmara Baixa representa todos os comuns da GRÃ-BRETANHA, o seu peso na escala é proporcional à propriedade e ao poder de todos aqueles que representa. Mas esse princípio não deve ser aceito como uma verdade absoluta. Porque, embora o povo possa ter um laço mais forte com a Câmara dos Comuns do que com qualquer outro órgão da constituição, visto que essa Câmara foi escolhida como sua representante e guardiã pública de sua liberdade, ainda assim houve casos em que a Câmara, mesmo quando em oposição à Coroa, não foi apoiada pelo povo; como podemos observar particularmente no caso da Câmara dos Comuns *Tory* do reinado do rei GUILHERME.[2] Fossem os membros da Câmara obrigados a receber instruções de seus constituintes, como os deputados HOLANDESES, o caso seria inteiramente diferente; e se todos os Comuns da GRÃ-BRETANHA tivessem um poder proporcional à sua imensa riqueza, seria difícil acreditar que a Coroa pudesse influenciar essa multidão de pessoas a resistir a esse predomínio da propriedade. Certamente, a Coroa tem grande influência sobre o corpo coletivo na eleição dos membros da Câmara; mas se essa influência, que atualmente se exerce na prática apenas a cada sete anos, fosse empregada para conquistar cada voto do povo, ela se esgotaria rapidamente, e não haveria talento, popularidade ou renda capazes de sustentá-la. Devo, portanto, sustentar a opinião de que uma alteração nesse aspecto representaria uma mudança total no nosso governo, que seria rapi-

---

[2] No período de 1698 a 1701, a Câmara dos Comuns, sob controle *Tory*, se opôs a medidas tomadas por Guilherme III para reforçar a segurança da Europa contra Luís XIV da França. Quando, em 1701, o condado de Kent enviou representantes a Londres com uma petição para repreender a Câmara dos Comuns por desconfiar do rei e por sua demora em votar emendas, os representantes foram presos. A insatisfação pública com o tratamento dispensado aos enviados de Kent foi expressada num panfleto *Whig* intitulado *The Legion Memorial* (1701). A *Petição de Kent* e a *Legion Memorial* demonstram que o sentimento popular estava do lado do rei nessa disputa com os Comuns.

damente transformado numa república pura; e, talvez, numa república bastante conveniente. Pois, embora o povo, quando reunido em corpos como as tribos ROMANAS, se mostre totalmente incapaz de ser governado, quando ele se dispersa em pequenos grupos é mais suscetível tanto à influência da razão quanto da ordem; a força das correntes e marés populares é atenuada em grande medida; e torna-se possível promover o interesse público com algum método e regularidade. Mas é dispensável tecer comentários adicionais sobre uma ordem de governo que provavelmente jamais será instituída na GRÃ-BRETANHA, e que parece não ser o objetivo de qualquer de nossos partidos. Procuremos estimar e aprimorar na medida do possível o nosso antigo governo, sem encorajar uma paixão por essas novidades perigosas.

Ensaio V

Da origem do governo

O HOMEM, nascido numa família, é forçado a viver em sociedade, por necessidade, por inclinação natural e por hábito. A mesma criatura, em sua evolução subseqüente, se empenha em estabelecer a sociedade política, para poder administrar a justiça, sem a qual não pode haver paz entre os homens, nem segurança, nem relações recíprocas. Devemos, portanto, considerar que todo o vasto aparato de nosso governo tem como único objetivo e propósito a distribuição da justiça, ou, em outras palavras, o apoio aos 12 juízes. Reis e parlamentares, exércitos e armadas, funcionários da corte e fiscais de renda, embaixadores, ministros e conselheiros privados estão todos subordinados, em suas metas, a esse aspecto da administração. Até mesmo em relação ao clero, uma vez que seu dever o leva a inculcar a moralidade, pode-se considerar justamente, ao menos em relação a este mundo, que esse é o único objetivo útil de sua instituição.

Todos os homens são sensíveis à necessidade de justiça para se manter a paz e a ordem; e todos os homens são sensíveis à necessidade de paz e de ordem para a manutenção da sociedade. Ainda assim, apesar dessa necessidade forte e evidente, tamanha é a fragilidade da perseverança em nossa natureza, que parece impossível manter os homens na trilha da justiça, de forma fiel e constante. Algumas circunstâncias extraordinárias podem ocorrer, nas quais um homem considere que seus interesses são mais favorecidos pela fraude ou pela pilhagem do que prejudicados pela ofensa feita à união social por uma injustiça que cometa. Mas, muito mais freqüentemente, o homem é distraído de seus interesses principais, mais importantes porém mais remotos, pela sedução de tentações imediatas, ainda que, muitas vezes, totalmente insignificantes. Essa grande fraqueza é incurável na natureza humana.

Os homens devem, portanto, procurar um paliativo para o que não podem curar. Precisam instituir certos cargos, cujos titulares se chamarão magistrados, com a função específica de proferir sentenças imparciais, punir os transgressores, reparar a fraude e a violência e obrigar os homens, mesmo contra a sua vontade, a respeitar os seus próprios interesses reais e permanentes. Em uma palavra, a OBEDIÊNCIA é um novo dever que deve ser inventado para apoiar aquele da JUSTIÇA, e os laços da eqüidade devem ser corroborados pelos da submissão.

Todavia, considerando essas questões de maneira abstrata, pode-se pensar que nada se ganha com essa aliança, e que o dever fictício da obediência, em função de sua própria natureza, exerce tão reduzida influência sobre o espírito humano quanto o dever primitivo e natural da justiça. Os interesses peculiares e as tentações presentes podem sobrepujar um e outro; ambos estão igualmente sujeitos aos mesmos inconvenientes. E o homem inclinado a ser um mau vizinho será forçosamente, guiado pelos mesmos motivos, bem ou mal compreendidos, um mau cidadão e um mau súdito. Para não mencionar a possibilidade de, em muitas ocasiões, o próprio magistrado ser negligente, parcial ou injusto no exercício de suas funções.

A experiência, contudo, demonstra que existe uma grande diferença entre os dois casos. A ordem na sociedade, pensamos, é mantida de forma muito mais eficaz através do governo; e o nosso dever em relação ao magistrado é mais solidamente garantido pelos princípios da natureza humana do que o nosso dever em relação aos outros cidadãos. A paixão do poder é tão forte no coração dos homens que muitos não só se submetem a todos os perigos, como também os procuram, assim como as canseiras e exigências do governo; e, uma vez alcançada essa posição, embora muitas vezes sejam desviados por paixões pessoais, freqüentemente encontram um interesse evidente na administração imparcial da justiça. As pessoas a quem primeiro é conferida essa distinção, pelo consentimento tácito ou expresso do povo, devem demonstrar qualidades pessoais superiores, de valor, força, integridade ou prudência, que atraiam o respeito e a confiança; e, depois que o governo é estabelecido, a consideração pelo nascimento, categoria e situação social exerce uma poderosa influência sobre os homens, o que confere maior autoridade aos decretos do magistrado. O príncipe ou líder se manifesta contra toda desordem que possa perturbar sua sociedade. Ele conclama todos os seus partidários e todos os homens de probidade a ajudá-lo a corrigi-la e regenerá-la: e ele é logo apoiado por todos os homens na execução de suas funções. Ele logo adquire o poder de recompensar esses serviços; e, com o progresso da sociedade, ele designa ministros subordinados e, com freqüência, um aparato militar, que encontra um imediato e visível interesse em apoiar sua autoridade. O hábito logo consolida o que outros princípios da natureza humana haviam criado de forma imperfeita; e os homens, uma vez acostumados à obediência, nunca pensam em abandonar esse caminho, que eles e seus ancestrais constantemente trilharam, e ao qual são guiados por tantos e tão imperiosos e visíveis motivos.

Mas, embora esse progresso dos assuntos humanos possa parecer certo e inevitável, e embora o apoio prestado à justiça pela submissão se baseie em evidentes princípios da natureza humana, não se pode esperar que os homens estejam de antemão preparados para descobrir ou prever os efeitos desse processo. O governo começa de uma forma mais acidental e imperfeita. É provável que tenha sido durante um estado de guerra que, pela primeira vez, um homem tenha ganhado ascendência sobre as multidões; pois é na guerra que se revela de forma mais visível a superioridade da coragem e do gênio, é nela que o consenso e a unanimidade se fazem mais necessários, é nela que os efeitos perniciosos da desordem são sentidos mais fortemente. A permanência continuada desse estado, algo comum entre as tribos selvagens, leva o povo à submissão; e, se por acaso o chefe for tão equânime quanto prudente e corajoso, ele se torna, mesmo em tempo de paz, o árbitro de todas as disputas, e pode gradualmente, com uma mistura de força e consentimento, consolidar a sua autoridade. Os benefícios evidentes que resultam de sua influência o fazem ser amado pelo povo, ou pelo menos pelos homens mais pacíficos e de bom caráter; e, se por acaso seu filho for dotado das mesmas boas qualidades, depressa o governo alcança a maturidade e a perfeição; mas, enquanto novos progressos não derem ao magistrado uma renda que lhe permita distribuir remunerações entre os diversos instrumentos de sua administração e impor castigos aos refratários e desobedientes, ele permanecerá num estado ainda frágil. Antes desse período, cada exercício de sua influência é necessariamente momentâneo, e baseado nas circunstâncias particulares de cada caso. Mais tarde, a submissão deixa de ser uma questão de escolha por parte da massa da comunidade, passando a ser imposta com rigor pela autoridade do magistrado supremo.

Em todos os governos, existe uma perpétua luta intestina, aberta ou secreta entre a AUTORIDADE e a LIBERDADE; e nenhuma das duas pode prevalecer de maneira absoluta nesse conflito. Um grande sacrifício da liberdade deve, necessariamente, ser feito em todos os governos; e, contudo, também a autoridade, que limita a liberdade, não deve tornar-se jamais, em qualquer constituição, completa e incontrolável. O sultão é senhor da vida e da fortuna de qualquer indivíduo; mas não lhe será permitido impor novos impostos aos seus súditos: um monarca francês pode cobrar os impostos que quiser, mas consideraria perigoso atentar contra a vida e as fortunas dos indivíduos. Também a religião, em muitos países, costuma ser um princípio bastante indócil; e outros princípios ou preconceitos freqüentemente resistem a toda autoridade do magistrado civil, cujo poder, estando fundado na opinião, nunca pode subverter outras opiniões, que estejam tão profundamente enraizadas quanto seu título de domínio. O governo que, na linguagem comum, recebe a designação de livre é aquele que permite uma divisão do poder entre vários membros, cuja autoridade unificada não é menor, ou é freqüentemente maior que a de qualquer monarca; mas esses membros, no curso normal da administração, devem agir de acordo com leis gerais e sempre idênticas, que são previamente conhecidas por todos os membros do governo e por todos os súditos. Nesse sentido, é forçoso reconhecer que a liberdade constitui a base da perfeição da sociedade civil; mas, ainda assim, deve-se reconhecer que a autoridade é essencial para a sua própria existência: e, nos conflitos que tão freqüentemente acontecem entre uma e outra, a autoridade pode, por força dessas circunstâncias, merecer a preferência. A não ser, talvez, que se possa dizer (e dizê-lo com uma certa razão) que uma circunstância que é essencial para a existência da sociedade civil deve sempre sustentar a si mesma, não precisando ser salvaguardada tão ciosamente quanto outra, que apenas contribui para a sua perfeição, que a indolência dos homens tende tão facilmente a esquecer, e sua ignorância a desprezar.

Ensaio VI

Da independência do parlamento

Os escritores políticos estabeleceram como uma máxima que, ao se instituir qualquer sistema de governo, e ao se fixarem os diversos mecanismos de freios e controles da constituição, todo homem que não tem outro objetivo em todos os seus atos senão o interesse pessoal deve ser considerado um *velhaco*. Através desse interesse devemos governá-lo, e obrigá-lo, apesar de sua avareza e ambição insaciáveis, a cooperar para o bem comum. Sem isso, dizem, será inútil exaltarmos as vantagens de qualquer constituição; e no final das contas descobriremos que a segurança de nossas liberdades e posses depende apenas da boa vontade dos governantes, como única garantia; ou seja, nós não temos segurança alguma.

É, portanto, uma máxima *política* justa a que diz *que todo homem deve ser considerado um velhaco*; embora, ao mesmo tempo, possa parecer estranho que uma máxima que *de fato* é falsa seja verdadeira *na política*. Mas, para resolver satisfatoriamente essa questão, vale lembrar que geralmente os homens são mais honestos na vida privada do que em suas atividades públicas, e que se mostram capazes de ir mais longe quando servem a um partido do que quando agem apenas em função de seus interesses pessoais. A honra constitui um freio importante nas ações humanas: mas, onde um grupo considerável de homens age em conjunto, esse controle é, em grande medida, removido; pois cada qual está certo de ser aprovado pelo seu próprio partido, em tudo que seja favorável ao interesse comum, e aprende depressa a ignorar os protestos dos adversários. Ao que podemos acrescentar que, em todos os senados ou assembléias, as decisões são tomadas por maioria de votos, e portanto basta que a maioria se deixe levar pelo interesse pessoal (como sempre sucederá) para que todo o senado se deixe arrastar pela sedução desse interesse isolado, e proceda como se nem um sequer de seus membros tivesse o menor respeito pela liberdade e pelo interesse público.

Quando, portanto, qualquer plano de governo, real ou imaginário, no qual o poder seja distribuído entre várias assembléias e cortes, é apresentado a nosso exame e censura, devemos sempre considerar separadamente o interesse de cada assembléia e de cada ordem; e, se verificarmos que, pela hábil divisão do poder, esse interesse terá efeitos necessariamente coincidentes com o interesse público, podemos concluir que se trata de um governo sábio e feliz. Se, ao contrário, o interesse isolado não for freado nem orientado no sentido do bem público, só podemos esperar de semelhante governo discórdia, desordem e tirania. Nessa opinião eu sou justificado pela experiência bem como pela autoridade de todos os filósofos e políticos, antigos e modernos.

Como teriam ficado surpresos, portanto, gênios como CÍCERO ou TÁCITO, se lhes dissessem que numa época futura surgiria um equilibrado sistema de governo *misto*, no qual a autoridade seria distribuída de forma tal que uma das ordens, sempre que lhe aprouvesse, poderia assimilar as demais e assumir o poder integral da constituição! Esse governo, diriam eles, não seria misto. Pois tão grande é a ambição natural dos homens que eles nunca estão satisfeitos com o poder; e se uma ordem de homens, buscando seu próprio interesse, puder usurpar o poder de todas as outras, ela sem dúvida assim fará, assumindo, até onde lhe for possível, a autoridade mais absoluta e incontrolável.

Mas a experiência demonstra que essa opinião seria equivocada. Pois é esse efetivamente o caso da constituição BRITÂNICA. A parcela de poder alocada pela nossa constituição à Câmara dos Comuns é tão grande que ela comanda de forma absoluta todas as outras partes do governo. O poder legislativo do rei não pode controlá-la adequadamente. Pois, embora o rei tenha direito de veto na elaboração das leis, este direito é na prática considerado tão pouco importante que tudo que é votado pelas duas Câmaras é com certeza transformado em lei, sendo o consentimento real pouco mais do que uma formalidade. A principal força da coroa está no poder executivo. Mas, além do fato de que, em qualquer governo, o poder executivo está totalmente subordinado ao legislativo; além disso, repito, o exercício desse poder requer gastos imensos; e os Comuns reservaram exclusivamente para si o direito de distribuir verbas. Portanto, como não seria fácil àquela Câmara subtrair à Coroa todos esses poderes, um após outro, impondo condições em troca de cada liberação de verbas, e escolhendo tão bem as ocasiões que sua recusa somente criasse dificuldades ao governo, sem dar às potências estrangeiras qualquer vantagem sobre nós? Se a Câmara dos Comuns dependesse da mesma maneira do rei e só por sua dádiva os membros da Câmara tivessem qualquer propriedade, acaso não seria ele quem tomaria as decisões, tornando-se, a partir desse momento, um monarca absoluto? Quanto à Câmara dos Lordes, ela constitui um poderoso apoio para a coroa, na medida em que é, por sua vez, apoiada por esta; mas a experiência e a razão demonstram que ela não possui força nem autoridade suficientes para se manter por si só sem o mencionado apoio.

Como, então, poderemos resolver esse paradoxo? E através de que meios esse órgão de nossa constituição é mantido dentro dos devidos limites; quando, segundo a própria constituição, deve necessariamente possuir todo o poder que exigir e só por si mesmo pode ser limitado? Como isso pode ser compatível com a nossa experiência da natureza humana? Eu respondo que, aqui, os interesses da comunidade são refreados por aqueles dos indivíduos. E que a Câmara dos Comuns não amplia os seus poderes, porque essa usurpação seria contrária aos interesses da maioria de seus membros. A coroa tem tantos cargos à sua disposição que, quando ela é apoiada pela parte honesta e desinteressada da Câmara, sempre poderá orientar as decisões do todo, pelo menos num grau suficiente para preservar a antiga constituição de qualquer perigo. Podemos, portanto, dar a essa influência o nome que nos aprouver; podemos chamá-la pelos nomes insidiosos de *corrupção* e dependência; mas um certo grau e uma certa espécie dessa influência são inseparáveis da própria natureza da constituição; e necessários à preservação de nosso governo misto.

Em vez de afirmar,[1] de forma absoluta, que a dependência do parlamento, em qualquer medida, constitui uma violação da li-

---
[1] Ver *Dissertação sobre os Partidos*. [Bolingbroke, *Dissertação sobre os Partidos*. Ver Ensaio III, "Que a política pode ser reduzida a uma ciência", notas 19 e 21. Hume critica aqui o extremo partidarismo de Bolingbroke e defende, implicitamente, o uso que Walpole fez do patronato da Coroa para controlar a Câmara dos Comuns.]

berdade BRITÂNICA, o partido do campo deveria ter feito algumas concessões aos seus adversários, limitando-se a investigar qual seria o grau adequado dessa dependência, além do qual ela se tornaria uma ameaça para a liberdade. Mas tal moderação não é de se esperar em homens de partido de qualquer espécie. Depois de uma concessão dessa natureza, toda moção teria que ser abandonada; e uma investigação tranqüila em relação ao grau adequado de influência da corte e do parlamento poderia ser esperada pelos leitores. E, embora a vantagem nessa controvérsia permanecesse, provavelmente com o *partido do campo*, ainda assim a vitória não seria tão completa quanto ele gostaria, nem um verdadeiro patriota seria capaz de abrir mão de seu zelo, por medo de fazer a balança pender para o extremo oposto, ao diminuir demasiadamente[2] a influência da coroa. Considerou-se melhor, portanto, negar que esse extremo pudesse vir a representar algum perigo para a constituição ou que a coroa visse reduzida demais a sua influência sobre os membros do parlamento.

Todas as questões relativas ao meio-termo justo entre dois extremos são difíceis de resolver; tanto por não ser fácil encontrar as *palavras* adequadas para definir esse meio-termo como porque, nes-

---

[2] Por essa *influência da coroa*, que poderia ser justificada, quero dizer apenas ao que vem dos cargos e honrarias que estão à disposição da coroa. Quanto ao *suborno* privado, pode-se considerá-lo à mesma luz da prática de se empregar espiões, o que dificilmente é justificável para um bom ministro, e é infame num ministro ruim. Mas ser um espião, ou ser corrompido, é sempre infame sob todos os ministros, e deve ser comparado a uma vergonhosa prostituição. POLÍBIO avalia com justiça que a influência pecuniária do senado e dos censores constituía um fator regular e constitucional que ajudou a preservar o equilíbrio do governo ROMANO. Liv. vi. Cap. 15. [Políbio, *Histórias* 6.15.]

ses casos, o bem e o mal se distinguem de forma tão tênue um do outro que chegam a tornar os nossos sentimentos incertos e duvidosos. Mas, no presente caso, há uma dificuldade peculiar adicional, que seria capaz de embaraçar o mais sábio e imparcial dos examinadores. O poder da coroa sempre reside numa única pessoa, seja o rei ou o ministro; e, como essa pessoa pode ter um grau maior ou menor de ambição, capacidade, coragem, popularidade ou fortuna, o mesmo poder que é demasiado numa determinada mão pode ser muito pouco em outra. Em repúblicas puras, onde a autoridade é distribuída entre várias assembléias e senados, os freios e controles constitucionais funcionam de maneira mais uniforme, já que é lícito supor que os membros dessas numerosas assembléias apresentam sempre capacidades e virtudes mais ou menos idênticas, só merecendo ser levados em conta o seu número, a sua riqueza ou a sua autoridade. Mas uma monarquia limitada não admite tal estabilidade; nem é possível atribuir à coroa um grau de poder tão específico que seja capaz de estabelecer adequadamente, em quaisquer mãos, um equilíbrio sólido com as outras partes da constituição. Essa é uma desvantagem inevitável, entre as muitas vantagens proporcionadas por essa forma de governo.

Ensaio VII

Se o governo britânico se inclina mais para a monarquia absoluta ou para a república

Um preconceito violento contra todas as ciências decorre do fato de que nenhum homem prudente, por maiores que sejam as suas convicções, se atreve a fazer profecias sobre qualquer acontecimento ou a prever as conseqüências remotas das coisas. Um médico não se aventura a se pronunciar sobre o estado em que estará seu paciente daí a uma quinzena ou um mês. E um político se atreve ainda menos a predizer a situação das questões públicas com vários anos de antecedência. HARRINGTON se considerava tão certo de seu princípio geral, segundo o *qual a balança do poder depende da balança da propriedade*, que se arriscou a afirmar ser impossível a restauração da monarquia na INGLATERRA: porém, mal seu livro foi publicado, a realeza foi restabelecida; e sabemos que desde então a monarquia subsiste, na mesma situação anterior.[1] Não obstante esse

---

[1] Ver James Harrington, "A Segunda Parte das Preliminares", em *A República de Oceana* (1656). Harrington sugere que a monarquia se tornou insustentável na Inglaterra como conseqüência da emancipação dos vassalos e da ascensão de conquistadores independentes. Esse fenômeno privou a nobreza de sua propriedade e de seu poder. Onde existe igualdade de propriedades, deve existir um equilíbrio de poder; e onde existe equilíbrio de poder, não pode existir monarquia. Harrington também defendeu essa tese em outros textos, entre 1656, quando *Oceana* foi publicado, e 1660, quando a monarquia foi restaurada com Charles II.

exemplo infeliz, vou me arriscar a examinar uma questão importante, a saber: *Se o governo BRITÂNICO se inclina mais para a monarquia absoluta ou para a república; e em qual dessas duas espécies de governo ela provavelmente acabará se fixando?* Como não parece haver risco de uma revolução repentina em qualquer dos dois sentidos, eu ao menos escaparei à vergonha que aguarda minha atitude temerária, se descobrir que estou equivocado.

Aqueles que afirmam que a balança de nosso governo se inclina mais para a monarquia absoluta podem defender sua opinião com os seguintes argumentos. Não se pode negar que a propriedade exerce uma grande influência sobre o poder; mesmo assim a máxima geral segundo a qual *a balança do poder depende da balança da propriedade* precisa ser aceita com uma série de restrições. É evidente que uma propriedade muito menor, concentrada numa só mão, será capaz de contrabalançar uma grande propriedade em várias mãos; não apenas por ser difícil fazer com que muitas pessoas compartilhem as mesmas visões e objetivos, mas também porque a propriedade, quando unificada, causa uma dependência muito maior do que quando ela está dispersa. Cem pessoas, com mil libras anuais cada uma, podem gastar toda a sua renda, e mesmo assim ninguém ficará na dependência delas, a não ser seus criados e artesãos, que, com razão, consideram seus lucros produto de seu próprio trabalho. Mas um homem com uma renda de cem mil libras por ano, se for suficientemente generoso ou habilidoso, pode criar uma grande dependência através de favores, e uma dependência maior ainda pelas expectativas que cria. Portanto, podemos observar que, em todos os governos livres, todo cidadão exorbitantemente rico sempre provoca ciúme e desconfiança, mesmo que a sua riqueza não possa ser comparada à do Estado. A fortuna de CRASSUS,² se bem me recordo, somava apenas cerca de dois milhões e meio em nossa moeda; e mesmo assim sabemos que, embora seu gênio não fosse extraordinário, ele foi capaz, graças unicamente à sua riqueza, de se equiparar, durante toda a sua vida, ao poder de POMPEU e ao de CÉSAR, que veio a tornar-se mais tarde senhor do mundo. A riqueza dos MÉDICI os tornou senhores de FLORENÇA,³ embora, provavelmente, ela não fosse considerável, comparada à propriedade conjunta daquela opulenta república.

Essas considerações devem bastar para formarmos uma idéia grandiosa do espírito e do amor à liberdade BRITÂNICOS; uma vez que fomos capazes de preservar nosso governo livre, durante tantos séculos, contra nossos soberanos, que, além do poder, da dignidade e da majestade de coroa, sempre foram donos de muito mais propriedades do que qualquer cidadão jamais foi, em qualquer república. Mas pode-se dizer que esse espírito, por maior que seja, jamais será capaz de se manter contra o imenso patrimônio que o rei atualmente possui, e que continua a aumentar. Segundo um cálculo moderado, a coroa tem à sua disposição cerca de três milhões de libras por ano. A lista civil soma cerca de um milhão; a cobrança de todos os impostos, outro milhão; e os orçamentos do

---

² Marcus Licinius Crassus (115-53 a.C.) foi um membro do chamado Primeiro Triunvirato, que foi formado em 60 a.C. Sua morte em 53 a.C. deixou Júlio César e Pompeu como rivais pelo poder em Roma.
³ A família Médici, que acumulou uma vasta fortuna graças às suas atividades comerciais e bancárias, estabeleceu um principado não-oficial em Florença em 1434, que, exceto por dois intervalos (1494-1512 e 1527-30), governou Florença por todo o século seguinte. A partir de 1537, os Médici no poder passaram a ostentar o título de Grão-Duques.

exército e da marinha, juntamente com os cargos eclesiásticos, somam um terceiro milhão: Uma soma enorme, que pode ser razoavelmente estimada em pouco mais que a trigésima parte de toda a renda e trabalho do reino. Se acrescentarmos a esse grande patrimônio o luxo crescente da nação, além de nossa tendência para a corrupção, bem como o grande poder e as prerrogativas da coroa, e o comando da força militar, ninguém deve esperar ser capaz, sem extraordinários esforços, de conservar nosso governo livre durante muito tempo, levando em conta todas essas desvantagens.

Por outro lado, os que afirmam que o governo BRITÂNICO se inclina para a república também podem sustentar sua opinião com argumentos plausíveis. Pode-se dizer que, apesar de essa imensa propriedade da coroa se somar à dignidade do primeiro magistrado e a diversos outros poderes e prerrogativas legais, que lhe conferem, naturalmente uma influência ainda maior, ela se torna menos perigosa para a sociedade devido precisamente a essa razão. Se a INGLATERRA fosse uma república, e qualquer indivíduo possuísse uma renda equivalente a um terço, ou mesmo a um décimo da renda da coroa, ele muito justamente despertaria ciúme, já que teria inevitavelmente uma grande autoridade no governo: E uma autoridade tão irregular, não-reconhecida pelas leis, é sempre mais perigosa que a autoridade que deriva delas, por maior que seja. Um homem que seja possuidor de um poder usurpado não pode fixar limites para as suas pretensões: Seus partidários têm motivos para esperar tudo de seu favor: Seus inimigos provocam a sua ambição, fazendo-o temer a violência da sua oposição: E o governo, estando mergulhado na maior agitação, atrai naturalmente todos os indivíduos corruptos do país. Ao contrário, uma autoridade legal, por grande que seja, tem sempre determinados limites, que impedem as ambições e pretensões de seu titular: As leis certamente terão previsto remédios contra seus excessos. Um magistrado eminente tem medo demais e ambição de menos para pensar em usurpações: E, como a sua autoridade legal é reconhecida com tranqüilidade, ele conhece poucas tentações e tem poucas oportunidades de aumentá-la ainda mais. Além disso, ocorre com as aspirações e projetos ambiciosos o mesmo que pode ser observado nas seitas filosóficas e religiosas. Uma seita nova provoca tal ebulição, sendo atacada e defendida com tamanha veemência, que sempre se alastra mais depressa, e seus partidários se multiplicam com maior rapidez, do que no caso de qualquer opinião antiga e estabelecida, recomendada pela sanção das leis e da antigüidade. Tal é a natureza da novidade, que, quando uma coisa agrada, ela se torna duplamente agradável se é nova; mas, se desagrada, ela é duplamente desagradável, pelo mesmo motivo. E, na maioria dos casos, a violência dos inimigos é favorável aos projetos ambiciosos, bem como o zelo dos partidários.

Pode-se também dizer que, embora os homens sejam em grande medida governados pelo interesse, mesmo o próprio interesse, como todos os assuntos humanos, é inteiramente governado pela *opinião*. Ora, houve uma mudança sensível e repentina na opinião dos homens nos últimos 50 anos, graças ao progresso da educação e da liberdade. A maioria das pessoas, nesta ilha, se libertou de qualquer reverência supersticiosa por nomes e pela autoridade: O clero perdeu a maior parte de seu crédito: Suas pretensões e doutrinas foram ridicularizadas; e mesmo a religião mal consegue sustentar-se no mundo. A mera palavra *rei* impõe pouco respeito; e falar de um rei como vigário de DEUS na terra ou dar-lhe qualquer daqueles títulos magníficos que antigamente deslumbravam os homens provocaria apenas o riso de todos. Embora a coroa, graças à sua enorme renda, possa conservar a sua autoridade em tempos de tranqüilidade, por meio da influência e do interesse pessoal; ainda assim o menor choque ou convulsão basta para fazer em pedaços esses interesses, e nesse caso o poder real, deixando de ser sustentado pelos princípios e opiniões dos homens, será imediatamente dissolvido. Tivessem os homens a mesma disposição que têm hoje durante a *revolução*, a monarquia teria corrido o risco de desaparecer completamente desta ilha.

Se eu me aventurasse a expor os meus próprios sentimentos em meio a tantos argumentos contrários, afirmaria que, salvo no caso de qualquer convulsão extraordinária, o poder da coroa, graças à sua grande renda, parece mesmo estar se reforçando; embora eu deva, ao mesmo tempo, admitir que esse progresso parece ser muito lento e quase imperceptível. Durante um longo período, e com alguma rapidez, a maré seguia na direção do governo popular, e ela está apenas começando a mudar de direção, rumo à monarquia.

É bem sabido que todo governo tem que acabar um dia, e que a morte é inevitável para a política da mesma forma que é para o corpo animal. Mas, como é possível preferir um tipo de morte a outro, é lícito perguntar se é mais desejável para a constituição BRITÂNICA terminar por meio de um governo popular ou por meio de uma monarquia absoluta. Aqui declaro francamente que, embora certamente a liberdade seja preferível à escravidão, eu preferiria ver nesta ilha um monarca absoluto a uma república. Pois consideremos que espécie de república nós temos razões para esperar. Não está em questão uma bela república imaginária, cujo plano um homem possa traçar em seu gabinete. É claro que se pode imaginar um governo popular mais perfeito que a monarquia absoluta ou mesmo que a nossa atual constituição. Mas que razões temos para acreditar que um governo assim será um dia estabelecido na GRÃ-BRETANHA, após a destruição da nossa monarquia? Se qualquer pessoa, isoladamente, adquirir poder suficiente para reduzir a pedaços a nossa constituição e reformulá-la inteiramente, na verdade ele será um monarca absoluto, e nós já tivemos um exemplo desse tipo, que foi suficiente para nos convencer de que uma pessoa assim jamais renunciará ao seu poder, nem tampouco instituirá um governo livre.[4] O problema, portanto, deve ser entregue ao seu curso natural; a Câmara dos Comuns, de acordo com a constituição atual, será o único legislativo nesse governo popular. Mas uma situação semelhante acarretaria milhares de inconvenientes. Se, nesse caso, a Câmara dos Comuns for alguma vez dissolvida, o que não é de se esperar, podemos contar com uma guerra civil em cada eleição. Se ela for mantida, sofreremos toda a tirania de uma facção, dividida em novas subfacções. E, como um governo assim violento não pode se sustentar por muito

---

[4] A referência é a Oliver Cromwell (1599-1658). Depois de comandar o exército parlamentar à vitória sobre as forças leais a Charles I, Cromwell governou como Lorde Protetor da Inglaterra, Escócia e Irlanda de 1653 a 1658. Quando o parlamento de 1654-55 quis alterar o Instrumento de Governo, que tinha estabelecido o protetorado, limitando assim os poderes do Protetor, Cromwell dissolveu o parlamento e impôs um governo militar. O título de rei foi oferecido a Cromwell pela Câmara dos Lordes, mas ele o recusou. Em seguida a Câmara dos Lordes aprovou, com o consentimento de Cromwell, um documento constitucional (*The Humble Petition and Advice*) que definia os seus poderes em relação às outras instituições do governo, mas esse documento foi rejeitado pela Câmara dos Comuns.

tempo, acabaremos finalmente, depois de várias convulsões e guerras civis, encontrando repouso na monarquia absoluta, e teria sido muito melhor estabelecê-la pacificamente desde o começo. Portanto, a monarquia absoluta é a morte mais fácil, a verdadeira *Euthanasia* da constituição BRITÂNICA.

Portanto, se existem motivos para termos desconfiança em relação à monarquia, por aparentemente representar o perigo maior, temos também motivos também para desconfiar do governo popular, pois este representa um perigo ainda mais terrível. Isso pode nos dar uma lição de moderação em todas as nossas controvérsias políticas.

Ensaio VIII

Dos partidos em geral

De todos os homens que se distinguiram por conquistas memoráveis, o primeiro lugar de honra parece caber aos LEGISLADORES e fundadores de estados, que transmitem um sistema de leis e instituições para assegurar a paz, a felicidade e a liberdade das futuras gerações. A influência benéfica de invenções úteis nas artes e ciências pode, talvez, ser maior que a das mais sábias leis, cujos efeitos são limitados no tempo e no espaço; mas os benefícios que resultam das primeiras não são tão ponderáveis quanto os que derivam das últimas. As ciências especulativas, de fato, aprimoram a mente; mas desse benefício usufruem apenas as poucas pessoas que dispõem de tempo ocioso para dedicar a elas. E em relação às artes práticas, que ampliam as comodidades e os prazeres da vida, é bem conhecido que a felicidade dos homens consiste não tanto na abundância destas quanto na paz e na segurança necessárias para usufruí-las; e essa bênção só pode provir de um bom governo. Para não mencionar o fato de que a moralidade sã e a virtude geral em um estado, que são tão necessárias à felicidade, jamais podem provir dos mais refinados sistemas filosóficos; nem mesmo das mais severas prescrições religiosas; mas devem provir inteiramente da educação virtuosa da juventude, conseqüência de leis e instituições sábias. Devo, portanto, ousar discordar de Lorde BACON nesse particular, e considerar a antigüidade um pouco injusta em sua distribuição das honras, que transformava em deuses todos os inventores das artes úteis, tais como CERES, BACO e ESCULÁPIO; e concedia aos legisladores, como RÔMULO e TESEU, apenas a dignidade de semideuses e heróis.[1]

Da mesma forma como os legisladores e fundadores de estados devem ser honrados e respeitados pelos homens, devem ser detestados e desprezados os fundadores de seitas e facções; porque a influência da facção é diametralmente oposta à das leis. As facções subvertem o governo, tornam as leis impotentes e provocam a hostilidade mais feroz entre os cidadãos do mesmo país, que deveriam dar uns aos outros proteção e assistência mútua. E o que deve tornar mais odiosos os partidos é a dificuldade de extirpar essas sementes ruins, depois que elas tenham criado raízes num estado. Elas se propagam naturalmente durante séculos, e raramente deixam de provocar a dissolução total do governo em que são semeadas. São, além disso, ervas daninhas que crescem com mais vigor nos solos mais ricos; e, embora os governos absolutos delas não estejam inteiramente livres, é forçoso reconhecer que elas nascem com maior facilidade e se propagam mais depressa nos governos livres, onde invariavelmente contaminam o próprio po-

---

[1] Ver Francis Bacon (1561-1626), *Advancement of Learning*, liv. I. Essa obra foi publicada em 1605. Ceres, Baco e Esculápio foram, respectivamente, as divindades romanas da colheita, do vinho e da cura. Rômulo, o lendário co-fundador de Roma, e Teseu, o herói lendário e rei de Atenas, eram, supostamente, descendentes de deuses.

der legislativo, que seria o único capaz de erradicá-las, através da aplicação firme de recompensas e castigos.

As facções podem ser divididas em PESSOAIS e REAIS; isto é, em facções baseadas na amizade pessoal ou na animosidade entre os membros que integram partidos opostos; e em facções que se baseiam em determinadas diferenças reais de opinião ou de interesse. A razão dessa distinção é óbvia; mas devo reconhecer que raramente se encontra um partido puro e sem mistura, de um tipo ou de outro. Não se vê com freqüência um governo se dividir em facções nas quais não haja diferença alguma entre as opiniões dos homens que as constituem, seja real ou aparente, trivial ou material: e naquelas facções que se baseiam nas diferenças mais reais e essenciais, sempre se verifica uma boa dose de hostilidade ou afeição pessoal. Mas, não obstante a mistura, é possível denominar um partido como pessoal ou real, de acordo com o princípio que for predominante e exercer maior influência.

As facções pessoais aparecem com mais facilidade nas pequenas repúblicas. Qualquer disputa doméstica, aqui, se transforma numa questão de estado. O amor, a vaidade, a emulação, qualquer paixão, bem como a ambição e o ressentimento, podem originar uma divisão pública. Os NERI e os BIANCHI, de FLORENÇA, os FREGOSI e os ADORNI, de GÊNOVA, os COLONESI e os ORSINI, da ROMA moderna, foram partidos desse tipo.[2]

---

[2] Os Neri ("Negros") e os Bianchi ("Brancos") eram facções opostas dentro do partido dos Guelfos, em Florença, e orbitavam em torno das famílias dos Donati e dos Cerchi. Esses nomes começaram a ser usados em 1301, quando os Cerchi intercederam em favor dos "Brancos" na cidade de Pistóia, e os Donati vieram socorrer os "Negros" locais. Os Fregosi e os Adorni estavam

Os homens apresentam uma tal propensão a se dividir em facções pessoais que estas podem surgir da menor manifestação de uma discordância real. O que se pode imaginar de mais trivial que a diferença entre a cor usada nas librés e nas corridas de cavalos? E no entanto essa diferença deu origem às duas facções mais inveteradas do império GREGO, os PRASINI e os VENETI, que jamais puseram fim à sua animosidade recíproca, até que arruinaram aquele infeliz governo.[3]

Encontramos na história ROMANA uma dissensão notável entre duas tribos, PÓLIA e PAPÍRIA, que se prolongou por um período de quase 300 anos, e se manifestava nos votos de cada eleição de magistrados.[4] Essa rivalidade foi tão intensa que conseguiu manter-

---

entre as famílias que disputavam o lugar de doge, na República de Gênova, a partir de 1370, aproximadamente. Na república romana moderna, a partir do início do século XIII, a nobreza se dividiu entre o partido dos Guelfos, comandado pelos Orsini, e o dos Gibelinos, comandado pelos Colona.

[3] No circo de Roma e no hipódromo de Constantinopla, as carruagens (*factio*) profissionais eram distinguidas por cores, sendo verde (*prasini*) e azul (*veneti*) as mais importantes. Esses jogos eram acompanhados com especial fervor em Constantinopla e outras cidades do Império bizantino (ou grego), onde a população se dividia em duas facções, os "Azuis" e os "Verdes", que freqüentemente se envolviam em conflitos sangrentos e destrutivos. As disputas entre as facções são descritas por Montesquieu, contemporâneo de Hume, em *Considerações sobre as Causas da Grandeza e do Declínio dos Romanos* (1734), cap. 20, e por Edward Gibbon em *Declínio e Queda do Império Romano* (1776-88), cap. 40.

[4] Como esse fato não foi muito comentado por especialistas e políticos, vou apresentá-lo com as palavras do historiador ROMANO. *Populus* TUSCULANUS *cum conjugibus ac liberis* ROMAM *venit: Ea multitudo, veste mutata, & specie reorum tribus circuit, genibus se omnium advolvens. Plus itaque misericordia ad poenae veniam impetrandam, quam causa ad crimen purgandum valuit. Tribus omnes praeter* POLLIAM, *antiquarunt legem.* POLLIÆ *sententia fuit, puberes verberatos necari, liberos conjugesque sub corona lege belli venire: Memoriamque ejus iræ* TUSCULANIS *in pœnae*

se durante aquele longo período de tempo, apesar de não se ter alastrado, nem ler levado qualquer outra tribo a participar da disputa. Se a humanidade não tivesse uma forte propensão a tais divisões, a indiferença do resto da nação certamente eliminaria essa animosidade insensata, que tinha como únicos alimentos novos benefícios e injúrias, a simpatia e a antipatia gerais, que nunca falham quando o conjunto do Estado está dividido entre duas facções iguais.

Nada é mais comum do que ver partidos que tiveram origem numa discordância real continuarem mesmo depois que essa discordância desapareceu. Quando os homens estão inscritos em partidos opostos, eles criam laços de afeto com os seus partidários e uma verdadeira hostilidade contra seus opositores: e essas paixões são freqüentemente transmitidas para a posteridade. A diferença real entre os GUELFOS e os GIBELINOS já tinha desaparecido, na ITÁLIA, muito tempo antes da extinção desses partidos. Os GUELFOS aderiram ao papa, e os GIBELINOS, ao imperador;

---

tam atrocis auctores mansisse ad patris ætatem constat; nec quemquam fere ex POLLIA *tribu candidatum* PAPIRAM *ferre solitam*, T. LIVII, liv. 8. [Lívio, *História de Roma* 8.37: "Os cidadãos de Tusculum, com suas mulheres e crianças, vieram a Roma; e a imensa multidão, com roupas sórdidas de réus, entrava nas tribos e se atirava aos joelhos dos cidadãos, em súplica. E o que aconteceu foi que a piedade que despertaram foi mais eficaz para a remissão de seus castigos que os argumentos que usaram para tentar cancelá-los. Todas as tribos rejeitaram a proposta, com exceção dos polianos, que decretaram que os homens adultos deviam ser açoitados e executados, e suas mulheres e filhos vendidos num leilão, conforme as leis da guerra. Parece que o ressentimento engendrado nos tusculanos por uma decisão tão cruel persistiu até a época de nossos pais, e que um candidato da tribo poliana nunca mais recebeu um voto sequer dos papirianos." (Tradução da edição Loeb por B. O. Foster.) Os tusculanos, depois de obter a cidadania romana, foram assimilados pela tribo papiriana, passando a controlar seus votos.] Os CASTELLANI e NICOLLOTI são duas facções de VENEZA que freqüentemente entram em conflitos, para em seguida colocar de lado suas diferenças, como no presente.

contudo, quando a família SFORZA, que tinha uma aliança com o imperador, foi expulsa de MILÃO pelo rei[5] da FRANÇA, com o apoio de JACOMO TRIVULZIO e dos GIBELINOS, o papa colaborou com esses últimos, que fizeram com ele uma aliança contra o imperador.[6]

As guerras civis que irromperam há alguns anos no MARROCOS entre os *negros* e os *brancos*, apenas por causa da sua compleição e da cor de sua pele, tiveram origem numa diferença divertida.[7] Nós rimos deles, mas creio que, se examinarmos as coisas corretamente, oferecemos aos MOUROS muito mais motivos para eles nos ridicularizarem. Pois o que são todas as guerras religiosas que têm prevalecido nesta parte civilizada e culta do mundo? Certamente elas são mais absurdas do que as guerras civis dos MOUROS. A diferença de pele é uma diferença bem real e visível: mas a polêmica sobre um artigo de fé, que aliás é totalmente absurdo e

---

[5] LUÍS XII. [Luís, que reinou de 1498 a 1515, invadiu a Itália em 1499 para reivindicar o Ducado de Milão.]

[6] Durante o Renascimento, as cidades italianas estavam divididas entre partidos alinhados com o Sagrado Imperador Romano (os Gibelinos) e aqueles leais ao Papa (os Guelfos). Hume se refere aqui aos acontecimentos de 1499-1500. Ludovico Sforza, Duque de Milão, formara uma aliança com o imperador Maximiliano I para deter a invasão francesa. As forças francesas eram comandadas por Gian Giacomo Trivulzio, que no passado havia comandado o próprio Ludovico. Ludovico perdeu a cidade, retomou-a e finalmente a perdeu de novo. Foi feito prisioneiro e levado para a França, onde morreu em 1508. O Papa Alexandre VI, que tinha sido um aliado da Casa de Sforza, formou uma aliança com Luís XII em 1498.

[7] Essa referência é provavelmente à Guerra Civil do Marrocos, que irrompeu após a morte do Mulá Ismael em 1727. Hume pode ter lido o relato que John Brathwaite fez desse conflito e de seus aspectos raciais em *A História das Revoluções no Império do Marrocos após a Morte do Falecido Imperador Mulá Ismael* (1729).

ininteligível, se baseia numa diferença que não é de opinião, mas diz respeito apenas a algumas frases e expressões, as quais um dos partidos aceita sem compreender, enquanto o outro as recusa da mesma maneira.

As facções *reais* se dividem entre aquelas de *interesse*, de *princípio* e de *afeição*. De todas as facções, as primeiras são as mais razoáveis e desculpáveis. Onde duas classes de homens, como por exemplo a nobreza e o povo, têm uma autoridade distinta num governo, não muito rigorosamente equilibrado e organizado, é natural que elas defendam interesses distintos; nem seria razoável esperarmos uma conduta diferente, considerando a dose de egoísmo implantada na natureza humana. Um legislador precisa ter grande habilidade para evitar esses partidos; e muitos filósofos acreditam que esse dom secreto, tal como o *grande elixir* ou o *moto-contínuo*, pode divertir os homens na teoria, mas é impossível aplicá-lo na prática.[8] Nos governos despóticos, é verdade, as facções raramente se manifestam; mas nem por isso são menos reais; são até mais reais ou mais perniciosas justamente por isso. As classes distintas de homens, nobreza e povo, soldados e mercadores, têm, todas elas, interesses distintos; mas a mais poderosa oprime a mais fraca impunemente, e sem encontrar resistência; o que gera uma tranqüilidade apenas aparente nesses governos.

Houve uma tentativa na INGLATERRA de divisão entre os *proprietários* e os *comerciantes* da nação, mas sem êxito. Os interesses

---

[8] O grande elixir é um medicamento universal que supostamente pode curar todas as doenças. As teorias do moto-contínuo imaginam uma máquina que, uma vez posta em funcionamento, continuará assim para sempre.

desses dois grupos não são realmente distintos, e jamais serão, enquanto a nossa dívida pública não aumentar a ponto de se tornar totalmente opressiva e intolerável.

Os partidos de *princípio*, sobretudo os baseados em princípios abstratos e especulativos, só apareceram nos tempos modernos e são, talvez, o *fenômeno* mais extraordinário e inexplicável que já surgiu nos assuntos humanos. Quando princípios diferentes dão origem a comportamentos contrários, o que acontece no caso de todos os princípios políticos, a questão pode ser explicada facilmente. Quando alguém considera que o direito legítimo ao governo pertence a um determinado indivíduo ou família, dificilmente entrará em acordo com um concidadão que atribua esse direito a outro indivíduo ou família. Cada qual deseja, naturalmente, que o direito seja respeitado, de acordo com a sua própria concepção do direito. Mas quando a diferença de princípio não é acompanhada por ações contrárias, e cada homem segue o seu caminho sem interferir no do vizinho, como acontece em todas as controvérsias religiosas, qual insensatez, qual fúria pode originar divisões tão infelizes e fatais?

Dois homens viajando numa estrada, um para o leste e outro para o oeste, poderão passar facilmente um pelo outro, se o caminho for largo o bastante: Mas dois homens que argumentam sobre dois princípios religiosos opostos não podem passar tão facilmente pelo mesmo caminho sem se chocar; embora se possa pensar que, também nesse caso, a estrada seria larga o bastante para que cada um pudesse continuar em seu curso sem interrupção. Mas o espírito humano é de natureza tal que ele sempre se agarra a qualquer espírito que dele se aproxime; e, da mesma forma que ele é maravilhosamente fortalecido por uma unanimidade de opiniões, ele também fica chocado e perturbado diante de qualquer contrariedade. Daí a impetuosidade manifestada pela maioria dos homens em qualquer discussão, e daí a sua impaciência quando se depara com qualquer oposição, mesmo em relação às opiniões mais especulativas e indiferentes.

Por frívolo que possa parecer, esse princípio parece ter sido a origem de todas as guerras e dissensões religiosas. Mas, como se trata de um princípio universal na natureza humana, as suas conseqüências não se teriam limitado a uma época e a uma seita religiosa sem o concurso de outras causas mais acidentais, que lhe conferem dimensões capazes de produzir a maior miséria e devastação. A maioria das religiões do mundo antigo nasceu em épocas desconhecidas de governo, quando os homens ainda eram bárbaros e ignorantes, e tanto o príncipe quanto o camponês se dispunham a aceitar, com uma fé cega, qualquer lenda ou ficção religiosa que lhes apresentassem. O magistrado aderia à religião do povo e, apaixonadamente interessado nas questões sagradas, naturalmente adquiria grande autoridade sobre elas, somando o poder eclesiástico ao civil. Mas a religião *Cristã* apareceu, numa época em que na parte civilizada do mundo princípios diretamente opostos a ela estavam firmemente estabelecidos, e se desprezava portanto a nação onde surgira essa novidade; não é de admirar, portanto, que em tais circunstâncias ela tenha sido pouco favorecida pelo magistrado civil e que nessa nova seita o clero tenha podido monopolizar toda a autoridade. O uso que eles fizeram desse poder foi tão ruim, mesmo para uma época tão recuada, que talvez as perseguições primitivas possam ser atribuídas, *em parte*,⁹ à violência por ele incutida em seus seguidores. E, permanecendo os mesmos princípios de governo clerical, depois que o cristianismo passou a ser uma religião estabelecida, deu-se origem assim a um espírito de perseguição que desde então tem sido o veneno da sociedade humana, e fonte das facções mais radicais em todos os governos. Essas divisões, portanto, podem ser, em relação ao povo, consideradas facções de *princípio*; mas, quanto aos sacerdotes, que são os seus principais instigadores, são na verdade facções de *interesse*.

---

⁹ Digo *em parte* porque é um erro vulgar imaginar que os antigos eram tão grandes amigos da tolerância quanto são os INGLESES ou os HOLANDESES no presente. As leis contra a superstição dos estrangeiros, entre os ROMANOS, datavam da época das Doze Tábuas [As Doze Tábuas (451-250 a.C.) codificaram o direito romano]; e os JUDEUS, bem como os CRISTÃOS, foram muitas vezes punidos por elas; embora, geralmente, essas leis não fossem aplicadas com rigor. Imediatamente após a conquista da GÁLIA, todos com exceção dos nativos foram proibidos de se iniciar na religião dos DRUIDAS, o que constituiu uma espécie de perseguição. Cerca de um século após esta conquista, o Imperador CLÁUDIO [que governou de 41 a 54 d.C.] praticamente aboliu aquela superstição por meio de uma lei penal; o que teria resultado numa perseguição muito séria, se a imitação dos costumes ROMANOS não tivesse, anteriormente, afastado os GAULESES de seus antigos preconceitos. SUETÔNIO *in vita* CLAUDII. PLÍNIO atribui a abolição das superstições druidas a TIBÉRIO, provavelmente porque aquele imperador tomou algumas medidas para refreá-las (liv. xxx. Cap. I) [Plínio, o Velho (23-79 d.C.), *História Natural*. O imperador Tibério governou de 14 a 37 d.C. As práticas religiosas dos druidas incluíam o sacrifício humano.] Este é um exemplo da cautela e da moderação habituais dos ROMANOS em casos assim; e muito diferente de seu método violento e sanguinário de tratar os *cristãos*. Podemos deduzir daí a suspeita de que aquelas perseguições furiosas à *Cristandade* se deviam, em alguma medida, ao zelo e à intolerância imprudentes dos primeiros propagadores daquela seita; e a história Eclesiástica nos fornece diversos motivos para confirmar essa suspeita.

Existe outra causa (além da autoridade do clero e da separação entre os poderes eclesiástico e civil) que contribuiu para fazer da CRISTANDADE um cenário de guerras e dissensões religiosas. As religiões que surgem em épocas totalmente ignorantes e bárbaras consistem, basicamente, em lendas e ficções tradicionais, que podem variar conforme as seitas, sem serem contrárias umas às outras; e, mesmo quando são contrárias, cada um adere à tradição de sua própria seita, sem maiores discussões ou disputas. Mas, como a filosofia já estava amplamente disseminada no mundo, na época em que o cristianismo surgiu, os apóstolos da nova seita se viram forçados a criar um sistema de opiniões especulativas; a dividir com certo rigor seus artigos de fé; e a explicar, comentar, refutar e defender, com toda a sutileza da argumentação e da ciência. Daí, naturalmente, decorreu a maior veemência nas discussões, e a religião Cristã veio a partir-se em novas divisões e heresias: E essa veemência ajudou os sacerdotes em sua política, promovendo o ódio e a antipatia recíprocos entre os seus seguidores iludidos. As seitas filosóficas, no mundo antigo, eram mais zelosas que os partidos religiosos; mas nos tempos modernos estes são mais furiosos e raivosos do que as mais cruéis facções que já tiveram origem no interesse ou na ambição.

Eu mencionei os partidos de *afeição* como uma categoria dos partidos *reais*, ao lado dos partidos de *interesse* e de *princípio*. Por partidos de afeição, eu entendo aqueles que se fundam nos laços especiais dos homens com certas famílias e indivíduos, pelos quais desejam ser governados. Essas facções são freqüentemente muito violentas; embora, devo reconhecer, pareça inexplicável que os homens se dediquem com tanta veemência a pessoas que sequer conhecem, que talvez nunca tenham visto e de quem jamais receberam, nem podem esperar receber, favor algum. E, no entanto, nós observamos que isso acontece muitas vezes mesmo com homens que, em outras situações, não dão mostra de grande generosidade de espírito, nem costumam deixar-se arrastar facilmente pela amizade para além de seu interesse pessoal. Temos tendência a julgar que a relação que temos com nosso soberano é muito íntima. O esplendor da majestade e do poder confere importância à fortuna de uma pessoa. E, se a boa natureza de um homem não lhe der esse interesse imaginário, a sua natureza ruim o fará, por meio do rancor e da oposição aos indivíduos cujas opiniões forem diferentes das suas.

Ensaio IX

Dos partidos da Grã-Bretanha

Se o governo BRITÂNICO fosse proposto como tema de especulação, imediatamente se perceberia nele uma fonte de divisões e de partidos que é quase impossível evitar, seja qual for a administração. O justo equilíbrio entre a parte republicana e a parte monárquica da nossa constituição é de fato, em si mesmo, tão extremamente delicado e incerto que, quando se lhes somam as paixões e os preconceitos dos homens, só podem surgir opiniões diferentes a seu respeito, mesmo entre as pessoas mais esclarecidas. Aqueles indivíduos de temperamento moderado, amantes da paz e da ordem e contrários às sedições e às guerras civis, sempre nutrirão sentimentos mais simpáticos à monarquia do que aqueles indivíduos de espírito ousado e generoso, amantes apaixonados da liberdade, para os quais nada existe de pior que a submissão e a escravidão. E, embora todos os homens sensatos geralmente concordem em preservar o nosso governo misto; ainda assim, quando se discutem detalhes, alguns se inclinarão a confiar poderes maiores à coroa, a aumentar a sua influência e precaver-se contra seus eventuais abusos com menos cautela do que outros, que se mostram aterrorizados diante dos mais remotos sinais de tirania e poder despótico. Portanto, dois partidos de PRINCÍPIO estão envolvidos na própria natureza de nossa constituição, e eles podem ser corretamente denominados partido da CORTE e partido do CAMPO. A força e a violência de cada um deles dependerão do caráter da administração. É possível que uma administração seja tão ruim que acabe empurrando a maioria para a oposição; enquanto uma boa administração fará com que se aliem à corte muitos dos mais apaixonados amantes da liberdade. Por mais que a nação flutue entre esses dois partidos, porém, eles sempre subsistirão, enquanto formos governados por uma monarquia limitada.

Mas, além dessa diferença de *Princípio*, aqueles partidos são fortemente fomentados por uma diferença de INTERESSE, sem a qual eles dificilmente seriam perigosos ou violentos. Naturalmente, a coroa dará toda confiança e poder àqueles cujos princípios, reais ou fingidos, forem mais favoráveis ao governo monárquico; e essa tentação, naturalmente, os levará a extremos maiores do que se fossem movidos apenas pelos seus princípios. Seus antagonistas, que se vêem frustrados em suas principais aspirações, abraçam o partido cujas opiniões se inclinem para uma desconfiança maior do poder real, e naturalmente defendem essas opiniões com uma intensidade maior do que seria justificada por uma política consistente. Assim a *Corte* e o *Campo*, que são o genuíno legado do governo BRITÂNICO, constituem uma espécie de partidos mistos, influenciados ao mesmo tempo pelo princípio e pelo interesse. Geralmente, os líderes das facções são guiados sobretudo por esse motivo; e os membros inferiores por aquele.

Quanto aos partidos eclesiásticos, podemos observar que, em todas as épocas do mundo, o clero tem sido inimigo da liberdade; e certamente essa sua conduta constante deve ter se baseado em razões permanentes de interesse e ambição. A liberdade de pensamento, e de expressão dos pensamentos, é sempre fatal ao poder clerical, bem como às piedosas fraudes em que geralmente assenta; e, por meio de uma conexão infalível, que prevalece em todos os tipos de liberdade, esse privilégio só pode ser gozado, ou ao menos até agora só foi gozado sob governos livres. Portanto é inevitável, numa constituição como a da GRÃ-BRETANHA, e enquanto as coisas seguirem o seu curso natural, que o clero oficial pertença sempre ao partido da *Corte*; enquanto, ao contrário, os dissidentes de todos os tipos pertencerão ao partido do *Campo*, pois será apenas por meio de um governo livre que eles conseguirão obter a tolerância de que precisam. Todos os príncipes que almejaram o poder despótico aprenderam como era importante conquistar o clero oficial: E o Clero, por sua vez, sempre aderiu aos desígnios desses príncipes com grande facilidade.[1] GUSTAVUS VAZA foi talvez o único monarca ambicioso que humilhou o clero, ao mesmo tempo em que cerceava a liberdade. Mas o poder exorbitante dos bispos na SUÉCIA, que nessa época ultrapassava o da própria coroa, foi,

---

[1] *Judæ sibi ipsi reges imposuere; qui mobilitate vulgi expulsi, resumpta per arma dominatione; fugas civium, urbium eversiones, fratrum, conjugum, parentum neces, aliaque solita regibus ausi, superstitionem fovebant; quia honor sacerdotii firmamentum potentiæ assumebatur.* TÁCITO. *Hist. liv.* v. [Tácito, *Histórias* 5.8. "Os Judeus [entre a época de Alexandre o Grande e as conquistas romanas] escolhiam seus próprios reis. Estes, a seu tempo, foram expelidos pela massa volúvel; mas, recuperando o trono pela força das armas, eles baniram cidadãos, destruíram cidades, mataram irmãos, esposas e pais, e ousaram ensaiar toda espécie de crime real sem hesitação; mas eles promoveram a superstição nacional, pois eles pediram ao sacerdócio apoio à sua autoridade civil". (Tradução Loeb por Clifford H. Moore.)

juntamente com sua ligação a uma família estrangeira, o motivo da adoção de um sistema político tão incomum.[2]

Essa observação, relativa à propensão do clero ao governo de uma só pessoa, não se aplica somente a uma única seita. O clero *Presbiteriano* e *Calvinista* da HOLANDA era abertamente amigo da família de ORANGE; enquanto os *Arminianos*, que eram considerados hereges, pertenciam à facção LOUVESTEIN, e eram muito ciosos da liberdade.[3] Mas, se um príncipe puder escolher entre os dois, é fácil compreender que ele preferirá a forma episcopal de governo à forma presbiteriana, seja pela maior afinidade que existe entre a monarquia e o episcopado, seja, como veremos, pela facilidade que esse tipo de governo encontra em dirigir o clero, através de seus superiores eclesiásticos.[4]

---

[2] Gustav Eriksson Vasa foi eleito rei da Suécia em 1523, depois de liderar uma guerra de independência contra o rei Cristiano II da Dinamarca e da Noruega. Ele confiscou a maioria das propriedades da Igreja Católica, que apoiava as pretensões do rei dinamarquês, e estabeleceu um Estado clerical, cujas doutrinas eram predominantemente luteranas. Ele transformou a monarquia sueca numa instituição hereditária antes de sua morte, em 1560.

[3] A partir de 1559, os estadistas, ou monarcas constitucionais da república holandesa, vinham da Casa de Orange. Em questões religiosas, a Casa de Orange favorecia os Calvinistas contra os Arminianos, que tinham rompido com o Calvinismo por conta da doutrina da predestinação. Como resultado de uma disputa envolvendo questões tanto políticas quanto religiosas, o Príncipe Maurício, em 1619, decretou a execução do advogado holandês Johan van Oldenbarnevelt e a prisão perpétua de dois outros, incluindo o estadista e jurista Hugo Grotius, no castelo de Louvestein. Depois disso, o partido das províncias que fazia oposição à Casa de Orange ficou conhecido como a Facção Louvestein.

[4] *Populi imperium juxta libertatem: paucorum dominatio regiæ libidini proprior est.* TÁCITO. *An. liv.* vi. [Tácito, *Anais* 6.42. "A supremacia do povo é parente da liberdade; entre a dominação de uma minoria e o capricho de um monarca a distância é pequena." (Tradução da edição Loeb por John Jackson.)

Se considerarmos a origem dos primeiros partidos na INGLA-TERRA, durante a grande rebelião,[5] observaremos que ela decorreu em conformidade com essa teoria geral, e que foi o tipo de governo de então que os fez surgir, por meio de uma influência regular e infalível. A constituição INGLESA, antes desse período, se encontrava numa espécie de confusão; ainda assim, era organizada de maneira a permitir que os súditos possuíssem muitos privilégios, que, embora não fossem rigorosamente definidos e defendidos pela lei, eram universalmente aceitos, devido à longa duração da posse, como a eles pertencentes, por direito de nascimento. Um príncipe ambicioso, ou antes mal-orientado, surgiu, e considerou que todos esses privilégios eram concessões de seus predecessores, e que portanto podia revogá-los livremente; e, de acordo com esse princípio, agiu em aberta violação da liberdade, ao longo de muitos anos. A necessidade, por fim, o obrigou a convocar o parlamento: o espírito da liberdade surgiu e se espalhou: O príncipe, privado de qualquer apoio, se viu forçado a conceder tudo o que lhe foi exigido: E seus inimigos, enciumados e implacáveis, não puseram limites às suas pretensões.[6] Aqui começaram aquelas disputas, e não é de se admirar que os homens daquele tempos tenham se dividido em vários partidos; e mesmo hoje o observa-

---

[5] A "Grande Rebelião" se refere às guerras civis na Inglaterra e na Escócia entre 1642 e 1652, nas quais as forças parlamentares derrotaram as forças monarquistas leais a Charles I. Charles foi executado em 1649, e um novo governo, a *Commonwealth*, foi estabelecido.

[6] Hume se refere aqui a Charles I, que ascendeu ao trono em 1625. Depois de uma controvérsia envolvendo matérias de política clerical e fiscal, Charles dissolveu o parlamento em 1629 e governou sem parlamento durante onze anos. Ele convocou um novo parlamento em 1640, mas o dissolveu três semanas

dor mais imparcial não é capaz de decidir sobre a justiça da contenda. Se as pretensões do parlamento fossem aceitas, o equilíbrio da constituição seria rompido, tornando o Governo quase inteiramente republicano. Se não fossem aceitas, talvez a nação continuasse ameaçada pelo poder absoluto, devido aos príncipes estabelecidos e aos hábitos inveterados do rei, claramente manifestados em todas as concessões que ele foi forçado a fazer ao seu povo. Nessa questão, tão delicada e incerta, os homens se inclinaram, naturalmente, para o lado que mais se harmonizava com seus princípios habituais, e os mais apaixonados partidários da monarquia declararam-se a favor do rei, enquanto os mais zelosos defensores da liberdade apoiaram o parlamento. Como as chances de êxito eram aproximadamente iguais para os dois lados, o *interesse* não teve grande influência nessa disputa: de forma que os CABEÇAS-REDONDAS e os CAVALEIROS foram puramente partidos de princípio;[7] nenhum dos dois repudiou a monarquia ou a liberdade; mas o primeiro partido tendia mais para a parte republicana de nosso governo, e o segundo tendia mais para a parte monárquica. Nesse aspecto, eles podem ser considerados como partidos da corte e do campo, levados a uma guerra civil pelo infeliz concurso das cir-

---

depois porque ele se recusou a apoiá-lo em promover uma guerra contra os escoceses. Mais tarde, no mesmo ano, como o exército escocês invadiu a Inglaterra, Charles foi forçado a convocar outro parlamento (o Longo Parlamento) e a aprovar um grande número de medidas que fortaleciam os poderes do parlamento em relação ao rei. A guerra civil começou na Inglaterra em 1642, depois que Charles reuniu um exército considerável em torno de si para se opor ao parlamento.

[7] Esses nomes entraram em uso em 1641 para denotar, respectivamente, os aliados do partido parlamentar, que usavam um corte de cabelo curto, e os monarquistas, que eram mais arrojados em sua aparência e vestuário.

cunstâncias e pelo espírito turbulento da época. Os republicanos e os partidários do poder absoluto estavam ocultos nos dois partidos, mas só constituíam uma parte ínfima deles.

O clero tinha apoiado os desígnios arbitrários do rei: e, em troca, foi autorizado a perseguir seus adversários, a quem chamava de heréticos e cismáticos. O clero oficial era episcopal; os não-conformistas, presbiterianos; de modo que tudo concorreu para empurrar o primeiro, sem reservas, ao partido do rei, e o último ao do parlamento.

Todos conhecem o desenlace dessa disputa; em primeiro lugar, foi fatal para o rei, em seguida para o parlamento. Depois de muitas confusões e revoluções, a família real foi finalmente restaurada, e o antigo governo restabelecido.[8] CHARLES II não se tornou mais sábio em função do exemplo do pai; tomou as mesmas medidas que ele, embora inicialmente de forma mais velada e cautelosa. Novos partidos surgiram, com as denominações *Whig* e *Tory*, que desde então não mais deixaram de confundir e perturbar o nosso governo.[9] A determinação da natureza desses partidos é talvez um dos problemas mais difíceis que se podem encontrar, constituindo uma prova de que pode haver na história questões tão incertas como as que se encontram nas ciências mais abstratas. Já observamos a conduta dos dois partidos ao longo de 70 anos, numa am-

---

[8] O governo Stuart foi restaurado na Inglaterra em 1660, quando Charles II foi proclamado rei.

[9] Aparentemente, os nomes *whig* e *tory* entraram em uso como designações dos partidos ingleses em 1679. No início eles designavam, respectivamente, membros do partido do campo que pressionaram Charles II a convocar um parlamento em 1680, e os aliados do partido da corte, que abominavam o que eles entendiam ser uma tentativa de violar a prerrogativa real.

pla variedade de circunstâncias, seja no poder ou privados deles, durante a paz e durante a guerra: Pessoas que professam estar de um lado ou de outro se encontram a todo momento na sociedade, em nossos prazeres, em nossas ocupações sérias: Nós próprios somos, de certa forma, obrigados a tomar partido: e, vivendo num país da mais alta liberdade, todos os indivíduos podem declarar abertamente todos os seus sentimentos e opiniões: Mesmo assim, ficamos perdidos quando precisamos definir a natureza, as pretensões e os princípios das diferentes facções.

Quando comparamos os partidos WHIG e TORY com os dos CABEÇAS-REDONDAS e dos CAVALEIROS, a diferença mais evidente que aparece entre eles reside nos princípios de *obediência passiva* e *de direito irrevogável*, dos quais poucas vezes se falava entre os CAVALEIROS, mas que se tornaram a doutrina universal e foram considerados a característica mais autêntica dos TORIES. Quando esses princípios são levados às suas conseqüências mais óbvias, eles implicam uma renúncia formal a todas as nossas liberdades e a defesa da monarquia absoluta, já que não pode existir coisa mais absurda que um poder limitado ao qual não se deva resistir, mesmo quando ele ultrapassa os seus limites. Mas como os princípios mais racionais são, freqüentemente, apenas um fraco contrapeso à paixão, não é de se admirar que esses princípios absurdos se tenham mostrado fracos demais para surtir efeito. Os TORIES, como homens, eram inimigos da opressão; e também como INGLESES eram inimigos do poder arbitrário. O seu zelo pela liberdade era, talvez, menos ardoroso que o de seus antagonistas; mas era suficiente para fazê-los esquecer todos os seus princípios gerais quando se viam abertamente ameaçados por uma subversão do antigo governo. Foi desses sentimentos que surgiu a *Revolução*;[10] um acontecimento de conseqüências poderosas, e o fundamento mais sólido da liberdade BRITÂNICA. O exame da conduta dos TORIES, durante e após esse evento, nos proporciona uma visão clara da natureza desse partido.

Em *primeiro* lugar, eles parecem ter manifestado sentimentos de autênticos BRITÂNICOS em sua dedicação à liberdade e em sua firme resolução de não a sacrificar em nome de um princípio abstrato ou de qualquer direito imaginário dos príncipes. Esse aspecto de seu caráter poderia ser colocado em dúvida antes da *revolução*, em função das tendências óbvias dos princípios que defendiam sua cumplicidade com a corte, que parecia não fazer segredo da arbitrariedade de seus desígnios. A *revolução* serviu para mostrar que, nesse aspecto, eles nada mais foram que um autêntico *partido da corte*, como seria de se esperar num governo BRITÂNICO; Isto é: *Amantes da liberdade, mas amantes ainda maiores da monarquia*. Deve-se, contudo, admitir que eles levaram os seus princípios monárquicos ainda mais longe, na prática e ainda mais na teoria, do que seria adequado, em qualquer grau, a um governo limitado.

Em *segundo* lugar, nenhum de seus princípios ou inclinações contribuiu, em parte ou decisivamente, para o regime imposto pela *revolução*, ou para o governo que desde então tem vigorado. Esse aspecto de seu caráter pode parecer oposto ao anterior, pois qualquer outro regime, nas circunstâncias em que o país se encontrava, teria sido provavelmente perigoso, ou mesmo fatal, para a liberdade. Mas o coração dos homens é feito de forma a reconciliar con-

---
[10] A Revolução de 1688-89.

tradições; e esta contradição não é maior do que a existente entre a *obediência passiva* e a *resistência* empregada na *revolução*. Depois da *revolução*, portanto, um TORY pode ser definido em poucas palavras: como *um amante da monarquia, mas sem abrir mão da liberdade; e como um partidário da família dos* STUART. Enquanto um WHIG pode ser definido como *um amante da liberdade, mas sem abrir mão da monarquia; e um partidário da consolidação da linha* PROTESTANTE.

Essas diferentes opiniões em relação à sucessão da coroa foram conseqüências acidentais, mas naturais, dos princípios dos partidos do *campo* e da *corte*, que representam a divisão mais genuína do governo BRITÂNICO. Um amante apaixonado da monarquia, naturalmente, rejeitará qualquer mudança na sucessão, por aproximar-se demais de uma república: e um amante apaixonado da liberdade estará inclinado a pensar que todas as partes do governo devem se subordinar aos interesses da liberdade.

Algumas pessoas, que não chegam a afirmar que a diferença *real* entre os WHIGS e os TORIES desapareceu com a *revolução*, parecem inclinadas a pensar que essa diferença foi agora abolida, e que a situação voltou a tal ponto ao seu estado natural que, atualmente, os únicos partidos que existem entre nós são os da *corte* e do *campo*; isto é, homens que, por interesse ou por princípio, são aliados da monarquia ou da liberdade. Os TORIES foram obrigados a falar durante tanto tempo num estilo republicano que parecem ter convencido a si mesmos com a sua hipocrisia, e ter aderido às opiniões, assim como à linguagem, de seus adversários. Existem, porém, remanescentes consideráveis desse partido na INGLATERRA, com todos os seus velhos preconceitos; e uma prova de que a *corte* e o *campo* não são os nossos únicos partidos é que quase todos os dissidentes estão do lado da corte, enquanto o baixo clero, ao menos na Igreja da INGLATERRA, está com a oposição. Isso deve nos convencer de que ainda paira sobre a nossa constituição uma certa tendência, um certo peso extrínseco, que a desvia de seu curso natural, e provoca uma confusão nos nossos partidos.[11]

---

[11] Algumas das opiniões apresentadas nestes *Ensaios*, com relação aos eventos políticos do último século, o autor, depois de um exame mais acurado, houve por bem se retratar em sua *História da Inglaterra*. E como ele jamais se escravizaria ao sistema de qualquer partido, nem permitiria que as suas próprias opiniões e princípios preconcebidos afetassem o seu julgamento, o autor não se envergonha de reconhecer os seus erros. E não há dúvida de que, nessa época, tais erros eram quase universais nesse reino.

Ensaio X

Da superstição e do entusiasmo

Que a corrupção das melhores coisas produz as piores é uma máxima que se tornou corrente, e que comumente se prova, entre outros exemplos, através dos efeitos perniciosos da *superstição* e do *entusiasmo*, que são formas corrompidas da verdadeira religião.

Embora ambas sejam perniciosas, essas duas espécies de falsa religião são contudo muito diferentes e mesmo de naturezas contrárias. A mente do homem está sujeita a determinados temores e apreensões incompreensíveis, decorrentes da situação infeliz dos negócios particulares ou públicos, da saúde fraca, de uma predisposição à tristeza e à melancolia ou da conspiração de todas essas circunstâncias. Nesse estado de espírito, receia-se uma infinidade de males desconhecidos, que são atribuídos a agentes desconhecidos; e, quando não existem reais objetos de terror, a alma, movida por seus preconceitos e inclinações predominantes, inventa objetos imaginários, aos quais atribui um poder e uma maldade sem limites. Como esses inimigos são completamente invisíveis e desconhecidos, os métodos empregados para aplacá-los são igualmente incompreensíveis, consistindo em rituais, proibições, mortificações, sacrifícios, oferendas e outras práticas, por mais absurdas e frívolas que pareçam e que tendem a ser sugeridas pela loucura ou pela patifaria que se aproveita de uma credulidade cega e aterrorizada. A fraqueza, o medo e a melancolia são, portanto, ao lado da ignorância, as verdadeiras fontes da SUPERSTIÇÃO.

Mas a mente do homem também está sujeita a uma exaltação e presunção incompreensíveis, que resultam do êxito e da prosperidade, da saúde abundante, do temperamento forte ou de um caráter ousado e confiante. Nesse estado de espírito, a imaginação se deixa levar por concepções grandiosas mas confusas, às quais nenhuma beleza ou prazer intenso pode corresponder. Tudo o que é mortal e perecível se desvanece, como se não fosse digno de receber atenção. E a imaginação age sem freios nas regiões mais ocultas do mundo espiritual, onde a alma dá livre curso às fantasias que melhor corresponderem a seu gosto e disposição momentâneos. Resulta daí uma série de arrebatamentos, de transportes e de vôos surpreendentes da fantasia, sendo tais arrebatamentos ainda amplificados pela confiança e pela presunção; por serem totalmente incompreensíveis e por estarem acima do alcance de nossas faculdades normais, esses fenômenos costumam ser atribuídos à inspiração imediata daquele Ser Divino que é objeto de devoção. Em pouco tempo, o indivíduo inspirado passa a enxergar-se como um favorito eleito pela Divindade e, uma vez consumado esse frenesi que é o ápice do entusiasmo, toda espécie de capricho lhe é consagrada: A razão humana e mesmo a moralidade são rejeitadas como guias falaciosos: E o louco fanático se entrega, cegamente e sem reservas, às supostas inspirações do espírito e à iluminação pelo além. A esperança, o orgulho, a presunção, uma imaginação cálida, ao lado da ignorância, são, portanto, as verdadeiras fontes do ENTUSIASMO.

DAVID HUME

Essas duas espécies de falsa religião podem ensejar diversas especulações; mas eu vou limitar-me, por ora, a algumas reflexões sobre as suas diferentes influências no governo e na sociedade.

Minha primeira reflexão é a seguinte: (a) *Que a superstição é favorável ao poder clerical e que o entusiasmo não lhe é menos contrário, ou antes, o é ainda mais que o são a razão sã e a filosofia.* Como a superstição é fundada no medo, na tristeza e na depressão do espírito, ela representa o homem a ele mesmo em cores tão desprezíveis que ele parece não merecer, a seus próprios olhos, aproximar-se da presença divina, e recorre naturalmente a qualquer outra pessoa, cuja vida parece santa, ou talvez cuja astúcia e impudência fizeram ser considerada como mais favorecida pela divindade. A ela o supersticioso confia suas devoções: A seu cuidado dirige as suas preces, as suas súplicas e os seus sacrifícios, esperando que por esses meios seus apelos sejam ouvidos por sua incensada Divindade. Daí a origem dos PADRES, (b) que podem ser considerados com justiça como uma invenção de uma superstição abjeta e timorata, que nunca confia em si mesma e não ousa oferecer suas próprias devoções, mas, de forma ignorante, julga recomendar-se à Divindade por meio da mediação de seus supostos servos e amigos. Uma vez que a superstição é um componente considerável de quase todas as religiões, até mesmo as mais fanáticas; nada senão a filosofia sendo capaz de dominar totalmente esses terrores incompreensíveis; daqui decorre que, em quase todas as seitas religiosas, se verifica a presença de padres: E, quanto mais forte for a mistura de superstição, mais alta será a autoridade do sacerdócio.

Por outro lado, pode-se observar que todos os entusiastas têm estado livres do jugo dos eclesiásticos, e sempre demonstraram uma grande independência em sua devoção; com desprezo pelos rituais, pelas cerimônias e pelas tradições. Os *quacres*[1] são os mais egrégios, mas, ao mesmo tempo, os mais inocentes entusiastas já vistos; e constituem, talvez, a única seita que nunca admitiu a presença de padres. Os *independentes*[2] são, entre todos os sectários *ingleses*, os que mais se aproximam do *quacres* em matéria de fanatismo e na liberdade da influência sacerdotal. Os *presbiterianos*[3] vêm em seguida, a uma igual distância dos dois primeiros em ambos os aspectos. Resumindo, essa observação se funda na experiência; e sempre se fundará também na razão, se considerarmos que o entusiasmo, já que ele se origina do orgulho, da confiança e da presunção, considera-se suficientemente qualificado para *aproximar-se* da Divindade, sem qualquer mediador humano. Suas devoções arrebatadas são tão fervorosas que ele chega a imaginar que *efetivamente* se *aproxima* dela através da contemplação e do discurso interior; o que o faz negligenci-

---

[1] A Sociedade de Amigos, também conhecida como *Quacres*, foi fundada na Inglaterra em meados do século XVII por George Fox. Seus princípios incluíam a fé na sabedoria interior ou no princípio divino no homem, a renúncia à violência e à guerra, a simplicidade no modo de falar e de vestir, e uma atitude de reverência sem um ministério ordenado.

[2] Os Independentes, ou Congregacionistas, surgiram na Inglaterra no século XVI e conquistaram grande influência no século seguinte, sob a *Commonwealth*. Eles consideravam as congregações locais de crentes como a verdadeira Igreja, e insistiam na independência dessas congregações em relação a todas as outras organizações civis e eclesiásticas.

[3] O Presbiterianismo cresceu graças aos esforços de João Calvino (1509-64), para promover a volta do Cristianismo à sua forma primitiva de governo da Igreja. Na Inglaterra e na Escócia, os Presbiterianos estavam de acordo com os Congregacionistas na rejeição ao episcopado, ou ao governo da Igreja pelos bispos, que deviam sua nomeação à coroa; mas eles julgavam que os ministros e representantes eleitos das congregações locais deviam ser confirmados por assembléias maiores, ou presbitérios.

ar todos aqueles rituais e cerimônias externas, aos quais parece tão indispensável a ajuda dos padres, aos olhos de seus supersticiosos seguidores. O fanático consagra-se a si mesmo, atribuindo à sua fanática pessoa um caráter sagrado muito superior ao que os rituais e instituições cerimoniais podem conferir a qualquer outra.

Minha *segunda* reflexão com respeito a essas espécies de falsa religião é *que as religiões que partilham do entusiasmo são, desde sua origem, mais furiosas e violentas do que aquelas que partilham da superstição; mas em pouco tempo se tornam mais suaves e moderadas.* A violência dessa espécie de religião, quando ela é excitada pela novidade e animada pela oposição que encontra, pode ser verificada em diversos exemplos: os *anabatistas*[4] na ALEMANHA, os *camisards*[5] na FRANÇA, os *niveladores*[6] e outros fanáticos na INGLATERRA, os *conciliadores*[7]

---

[4] O movimento Anabatista, que se originou na Europa durante a Reforma Protestante, rompeu com Lutero na questão do batismo infantil, por insistir que somente adultos arrependidos poderiam ser adequadamente batizados. Por causa de sua insistência veemente na separação completa entre Igreja e Estado e por sua recusa a fazer juramentos civis, os Anabatistas foram selvagemente perseguidos pelas autoridades civis. Na Revolta dos Camponeses de 1528, Anabatistas radicais na Alemanha, sob a liderança de Thomas Münzer, declararam guerra à autoridade civil e tentaram estabelecer pela força uma República cristã na igualdade absoluta e na comunhão de bens.
[5] Os *Camisards* eram Calvinistas franceses que deflagraram uma rebelião em 1703, após a revogação por Luís XIV (em 1685) do Edito de Nantes, que garantia aos Protestantes o direito ao culto público e o direito de serem admitidos em cargos civis.
[6] Os Niveladores era o nome dado a um partido igualitário radical surgido na Inglaterra durante a *Commonwealth*, que se opunha ao regime de Cromwell pelo fato de ele não romper verdadeiramente com a aristocracia.
[7] Em meados do século XVII, o nome Conciliadores foi dado a um partido da Escócia que defendia a forma presbiteriana de governo clerical. Em seguida ao restabelecimento do episcopado em 1662 e à perseguição dos ministros dissidentes, os Conciliadores promoveram uma rebelião armada, que foi esmagada pelo exército do rei.

na ESCÓCIA. Como o entusiasmo se funda na vivacidade do espírito e numa presunçosa ousadia do caráter, ele conduz, naturalmente, às decisões mais extremas; especialmente depois de atingir aquele ponto em que inspira ao fanático iludido a convicção de que recebe iluminações divinas, e também o maior desprezo pelas regras estabelecidas da razão, da moral e da prudência.

É assim que o entusiasmo produz as desordens mais cruéis na sociedade; mas a sua fúria se assemelha à das tempestades e trovoadas, que se exaure em pouco tempo, deixando o ar mais calmo e sereno do que antes. Quando se acaba a primeira chama do entusiasmo, em todas as seitas fanáticas, é natural que os homens caiam no maior desleixo e na maior frieza em relação às questões sagradas, pois não existe entre eles nenhum grupo organizado, dotado de suficiente autoridade, cujo interesse represente a manifestação do espírito religioso: Não há rituais, nem cerimônias, nem proibições sagradas que possam se assimilar ao curso normal da vida cotidiana, preservando os princípios sagrados do esquecimento. A superstição, ao contrário, insinua-se de uma forma gradual e imperceptível; torna os homens mansos e submissos: o magistrado a aceita facilmente, já que ela parece inofensiva para o povo: até que, por fim, o padre, ao ver sua autoridade firmemente estabelecida, transforma-se num tirano perturbador da sociedade humana, por meio de intermináveis discussões, perseguições e guerras religiosas. Quão suavemente a Igreja ROMANA avançou em sua conquista do poder? Mas, por outro lado, em que lúgubres convulsões ela atirou toda a EUROPA, a fim de conservar esse poder? Por sua vez, os nossos sectários, que antes eram beatos tão perigosos, agora se transformaram em pensadores extremamente livres, a ponto de os *quacres* estarem quase se identificando ao único grupo de *deístas*[8] que existe no universo, os *literati*, os discípulos de CONFÚCIO na CHINA.[9]

Minha *terceira* observação a esse respeito é *que a superstição é uma inimiga da liberdade civil e o entusiasmo é seu amigo*. Como a superstição geme sob o jugo dos padres e o entusiasmo é destrutivo para todo poder eclesiástico, está suficientemente esclarecida a presente observação. Para não mencionar que o entusiasmo, sendo a enfermidade dos temperamentos ambiciosos e ousados, é naturalmente acompanhado pelo espírito de liberdade; enquanto a superstição, ao contrário, torna os homens mansos e submissos, mais predispostos à escravidão. Aprendemos com a história da INGLATERRA que, durante as guerras civis, os *independentes* e os *deístas*, embora os separasse uma oposição extrema em relação aos princípios religiosos, estavam no entanto unidos em seus princípios políticos e eram igualmente apaixonados pela república. E, desde a origem dos *Whigs* e *Tories*, os dirigentes dos *Whigs* têm sido sempre ou *deístas* ou *latitudinários* confessos em seus princípios, isto é, partidários da tolerância e indiferentes a toda e qualquer seita particular de *cristãos*: enquanto os sectários, que demonstram sempre uma forte dose de

---

[8] O termo *deísta* era amplamente usado na época de Hume, referindo-se àqueles autores que acreditavam num único deus, mas que baseavam sua crença na razão, mais do que na religião revelada. Os deístas discordavam entre si em questões como o papel moral da divindade, a providência e a vida futura.

[9] Os Literati CHINESES não tinham padres nem estabelecimentos eclesiásticos. [Confúcio (551-479 a.C.) era um professor e pensador cujas idéias sobre a virtude e os relacionamentos humanos influenciaram profundamente a vida e o pensamento chineses tradicionais. Entre os princípios do Confucionismo se inclui a reverência ao Paraíso como um poder espiritual cósmico com significado moral.]

entusiasmo, cooperam sem exceção com aquele partido em defesa da liberdade civil. A semelhança de suas superstições manteve unidos durante um longo período os *Tories* do alto clero e os *católicos romanos*, em defesa do direito de prerrogativa e do poder real; embora a experiência do espírito tolerante dos *Whigs* pareça ultimamente ter reconciliado os católicos com aquele partido.

Os *molinistas* e os *jansenistas*, na FRANÇA, têm entre si mil disputas incompreensíveis,[10] que não são merecedoras da reflexão de pessoas sensatas: mas o que distingue principalmente essas duas seitas e merece unicamente atenção é o diferente espírito de suas religiões. Os *molinistas*, guiados pelos *jesuítas*, são grandes aliados da superstição, observadores rígidos dos rituais e cerimônias exteriores e altamente devotados à autoridade dos padres e à tradição. Os *jansenistas* são entusiastas e promotores zelosos de uma devoção apaixonada e da vida interior; e são pouco influenciados pela autoridade; numa palavra, só são católicos pela metade. As conseqüências estão exatamente em conformidade com a argumentação precedente. Os *jesuítas* são os tiranos do povo e os escravos da corte: e os *jansenistas* mantêm vivas as pequenas centelhas de amor à liberdade que podemos encontrar na nação FRANCESA.

---

[10] Esse conflito interno do Catolicismo no século XVII estava centrado nas questões do livre-arbítrio e da predestinação. Os Jansenistas consideravam que a graça divina, mais do que o bom trabalho, era a base da salvação, enquanto os Molinistas se empenhavam em preservar um papel mais importante para a vontade do homem.

Ensaio XI

Da dignidade ou fraqueza da natureza humana

Existem certas seitas, que se formam secretamente no mundo cultivado, bem como facções na política; que, embora algumas vezes não cheguem a uma ruptura aberta, causam uma mudança na maneira de pensar daqueles que foram seus partidários. As seitas mais notáveis desse tipo são aquelas fundadas nas diferentes opiniões em relação à *dignidade da natureza humana*; que é um ponto que parece ter dividido filósofos e poetas, bem como sacerdotes, desde a criação do mundo até hoje. Alguns exaltam a nossa espécie, elevando-a ao céu, representando o homem como um tipo de semideus, originado do paraíso, que deixou marcas evidentes em sua linhagem e descendência. Outros insistem nos aspectos obscuros da natureza humana e não conseguem achar nada, com exceção da vaidade, em que o homem seja superior aos outros animais, a quem lhes agrada tanto desprezar. Se um autor possui o talento da retórica e da declamação, geralmente ele se alia aos primeiros; se ele se inclina para a ironia e o ridículo, naturalmente ele é atraído pelo extremo oposto.

Estou longe de pensar que todos aqueles que já depreciaram a nossa espécie são inimigos da virtude ou que tenham exposto as fraquezas de seus semelhantes com qualquer má intenção. Ao contrário, entendo que um delicado senso de moralidade, especialmente quando se combina com um temperamento irritável, pode provocar no homem um desgosto em relação ao mundo, fazendo-o considerar o curso normal das questões humanas com demasiada indignação. Devo, porém, manifestar a opinião de que aqueles que estão inclinados a julgar favoravelmente a humanidade favorecem mais a virtude do que os princípios opostos, que nos despertam uma opinião ruim sobre a nossa natureza. Quando um homem tem em alta conta o seu próprio caráter e o seu lugar na criação, ele naturalmente se esforçará para corresponder a essa idéia, evitando fazer qualquer ação torpe ou viciosa, que o deixaria abaixo da imagem que ele construiu em sua própria imaginação. De acordo com isso, observamos que todos os nossos moralistas, polidos e elegantes, insistem nesse tópico, empenhando-se para representar o vício como algo indigno ao homem, além de odioso em si mesmo.

Encontram-se poucas questões que não estejam fundadas em alguma ambigüidade de expressão; e estou convencido de que o presente debate, sobre a dignidade ou a fraqueza da natureza humana, não foge a essa regra mais que qualquer outro. Pode, porém, ser útil verificar o que é real e o que é apenas verbal nessa controvérsia.

Que existe uma diferença entre o mérito e o demérito, a virtude e o vício, a razão e a loucura, nenhum homem sensato pode negar: e no entanto é evidente que, ao adotarmos uma classificação, que denota ou aprovação ou repúdio, em geral somos mais influenciados pela comparação do que por qualquer padrão fixo e inalterável na natureza das coisas. Todos reconhecem como coisas reais, de forma semelhante, a quantidade, a extensão e o volume: mas quando chamamos qualquer animal de *grande* ou *pequeno*, nós sempre fazemos uma comparação secreta entre esse animal e outros da mesma espécie; e é essa comparação que regula o nosso julgamento sobre a sua grandeza. Um cachorro e um cavalo podem ser do mesmo tamanho, mas um será admirado pelo seu enorme volume e o outro por ser pequeno. Portanto, quando participo de qualquer discussão, sempre penso comigo mesmo se o tema da controvérsia constitui ou não uma questão de comparação; e, se for este o caso, se os adversários estão comparando objetos da mesma espécie ou estão falando de coisas que são muito diferentes.

Ao formarmos nossos conceitos sobre a natureza humana, podemos fazer uma comparação entre os homens e os animais, as únicas criaturas dotadas de pensamento que os nossos sentidos conhecem. Certamente essa comparação é favorável à humanidade. De um lado, nós vemos uma criatura cujos pensamentos não são limitados por quaisquer fronteiras estreitas, seja de espaço ou de tempo; que amplia as suas pesquisas até as mais distantes regiões do globo, e mesmo além do globo, até os planetas e corpos celestes; olha para trás especulando sobre a sua origem, para ao menos tentar entender a história da raça humana; projeta o futuro para julgar a influência de suas ações sobre a posteridade, e os julgamentos que farão de seu caráter mil anos depois; uma criatura que interpreta as causas e efeitos com grande profundidade e complexidade; que extrai princípios gerais de acontecimentos particulares; que se aprimora a partir de suas descobertas; corrige seus erros; e até mesmo torna esses erros proveitosos. Do outro lado, apresentam-nos uma criatura inteiramente oposta a isso; limitada, em suas observações e pensamentos, a alguns poucos objetos visíveis que a cercam; sem curiosidade, sem antevisão; guiada cegamente pelo instinto; e atingindo em pouco tempo o limite da sua perfeição, além do qual jamais será capaz de avançar um passo sequer. Que enorme diferença existe entre essas criaturas! E quão elevado deve ser o nosso julgamento da primeira, em comparação com a segunda!

Em geral empregam-se dois meios para destruir essa conclusão: *primeiro*, fazendo uma apresentação distorcida do caso, enfatizando apenas as fraquezas da natureza humana. E, *segundo*, fazendo uma comparação nova e secreta entre o homem e seres da mais perfeita sabedoria. Porque, entre outras excelências do homem, existe a capacidade de imaginar perfeições muito além de sua própria experiência. Ele pode facilmente conceber um grau de conhecimento que, em comparação com o seu próprio, fará com que este pareça bastante desprezível, fazendo, de certa maneira, desaparecer a diferença entre a sua sagacidade e a dos animais. Como este é um ponto no qual o mundo inteiro está de acordo, isto é, que o conhecimento humano está infinitamente distante da perfeição; então deveríamos saber em que circunstâncias se estabelece essa comparação, e que não podemos discutir onde não existe real diferença de opiniões. O homem está tão distante da sabedoria perfeita, e até mesmo de suas próprias idéias de uma sabedoria perfeita quanto o animal está distante do homem; mesmo assim essa última diferença é tão considerável que nada senão uma comparação como a primeira faria com que ela parecesse insignificante em algum momento.

Também é comum comparar-se um homem a outro; e, como encontramos muito poucos que podemos chamar de *sábios* ou *virtuosos*, tendemos a fazer um conceito distorcido da nossa espécie como um todo. Estando conscientes da falácia dessa forma de pensar, podemos verificar que os honoráveis adjetivos "sábio" e "virtuoso" não estão ligados em qualquer grau às qualidades da *sabedoria* e da *virtude*; mas surgem inteiramente da comparação que fazemos entre um e outro homem. Quando encontramos um homem que atingiu um grau muito raro de sabedoria, nós o classificamos de sábio: dessa forma, dizer que existem poucos homens sábios no mundo é na verdade não dizer nada; já que é somente pela sua escassez que eles merecem essa classificação. Fosse o mais baixo indivíduo de nossa espécie sábio como TÚLIO, ou Lorde BACON,[1] ainda assim teríamos motivos para dizer que existem poucos homens sábios. Porque, nesse caso, teríamos que elevar o nosso conceito de sabedoria, sem reconhecer o valor de um só indivíduo que não se distinguisse dos demais por seus talentos. Da mesma forma, tenho ouvido muitas pessoas dizerem que existem poucas mulheres realmente possuidoras de beleza, embora muitos as procurem; nós atribuímos o epíteto de *bela* somente àquelas mulheres que possuem a beleza num grau que as distingue das demais, o que só acontece com poucas. Podemos chamar de deformidade um grau comum de beleza numa mulher, cujo equivalente seria reconhecido como uma real beleza em alguém de nosso sexo.

É normal, ao formarmos um conceito sobre nossa espécie, *compará-la* com outra espécie acima ou abaixo dela ou comparar os indivíduos de nossa espécie entre si; da mesma forma, freqüente-

---

[1] Marco Túlio Cícero é às vezes citado na literatura inglesa como Túlio. Francis Bacon, primeiro barão Verulam e visconde de St. Albans, ocupou diversos cargos oficiais, incluindo o de Lorde Tesoureiro e o de Lorde Chanceler. Hume exalta Bacon na Introdução do *Tratado* como o fundador de um novo "método de reflexão experimental" nas ciências.

mente comparamos os diferentes motivos ou impulsos de atuação da natureza humana, de forma a definir nosso juízo em relação a ela. E, na verdade, é esse o único tipo de comparação que merece a nossa atenção ou que acrescenta algo ao presente debate. Se os nossos impulsos egoístas e viciosos fossem predominantes em relação aos nossos impulsos sociais e virtuosos, como afirmam certos filósofos, isso fatalmente nos levaria a um conceito desprezível da natureza humana.[2]

Boa parte dessa controvérsia não passa de um conflito de palavras. Quando um homem nega a sinceridade de todo espírito público ou qualquer afeição por um país ou comunidade, eu não sei o que pensar sobre ele. Talvez ele nunca tenha experimentado isso, de uma forma clara e intensa o bastante para remover suas dúvidas em relação à força e à realidade desses sentimentos. Mas se ele vai mais longe, rejeitando toda amizade pessoal como sendo movida apenas pelo interesse pessoal e pelo egoísmo; então estou seguro de que ele está fazendo um mau uso das palavras e confundindo as idéias sobre as coisas; pois é impossível para qualquer indivíduo ser tão egoísta ou antes tão estúpido, a ponto de não fazer distinção entre um homem e outro e não dar preferência às qualidades que despertem a sua aprovação e estima. Pergunto se ele é tão insensível ao ódio como finge ser em relação à amizade. Será que a ofensa e o erro não o afetam mais que a bondade e os favores? Impossível: Ele não se conhece: esqueceu os movimentos de seu coração; ou então está fazendo emprego de uma linguagem diferente da do restante de seus conterrâneos, deixando de chamar as

---

[2] Ver *Investigação sobre os Princípios da Moral*, de Hume, especialmente o Apêndice II ("Da Auto-estima"), onde Hobbes e Locke são identificados como defensores modernos de um "sistema moral egoísta".

coisas pelos nomes adequados. O que diz ele da afeição natural?, eu pergunto; é acaso uma espécie de amor-próprio? Sim, ele diria: Tudo é amor-próprio. Então os *seus* filhos são amados apenas porque são *seus*: os *seus* amigos pela mesma razão: e o *seu* país só lhe interessa na medida em que tem alguma conexão com *você*. Fosse essa idéia de individualidade removida, e nada o afetaria: Você seria completamente passivo e insensível: Ora, se você já fez algum movimento na vida, foi apenas por vaidade ou pelo desejo de fama e de reputação de seu eu. Eu gostaria, acrescento, de ouvir a sua interpretação das ações humanas, supondo que você admite os fatos. Você deve reconhecer que essa espécie de amor-próprio, que se manifesta na gentileza com os demais, tem grande influência sobre as ações humanas e até mesmo maior, em muitas ocasiões, que aquela que persiste em sua forma original. Pois quão poucos são os que, tendo família, filhos e relações, não gastam mais com o sustento e a educação destes que com seus próprios prazeres? Isso, de fato, você observa com razão, pode proceder de seu amor-próprio, já que a prosperidade de sua família e de seus amigos é um de seus maiores prazeres, além de lhe proporcionar dignidade pessoal. Se você também for um desses homens egoístas, estará seguro da boa opinião e da boa vontade de todos; ou, para não chocar seus ouvidos com essas expressões, o amor-próprio de todos os homens, aí incluído o meu, nos fará tendermos a servi-lo, e a falar bem de você.

Na minha opinião, duas coisas desencaminharam esses filósofos que insistiram tanto no egoísmo do homem. Em *primeiro* lugar, eles acham que todo ato de virtude ou amizade se faz acompanhar de um prazer secreto; donde eles concluíram que a amizade e a virtude não poderiam ser desinteressadas. Mas a falácia disso é evidente. O sentimento virtuoso ou a paixão produzem o prazer, não nascem dele. Eu sinto prazer ao fazer o bem ao meu amigo, porque eu o amo; mas não o amo visando a este prazer.

Em *segundo* lugar, sempre se acreditou que os virtuosos estão longe de ser indiferentes ao elogio; e portanto eles têm sido representados como um grupo de homens que se vangloriam, que só têm em vista o aplauso dos demais. Mas isso também é uma falácia. É muito injusto, em nosso mundo, quando se encontra uma tintura de vaidade numa ação elogiável, depreciar essa ação em função disso ou reduzi-la inteiramente a esse motivo. O caso não é o mesmo com a vaidade e com outras paixões. Onde a avareza ou a vingança participam de uma ação aparentemente virtuosa, é difícil para nós determinar até que ponto vai a sua participação e é natural pensarmos que na verdade se trata de seu único princípio atuante. Mas a vaidade está tão intimamente ligada à virtude e o amor da fama que trazem as ações louváveis está tão perto do amor às ações louváveis como um fim em si, que essas paixões se revelam mais capazes de se misturar do que qualquer outro tipo de afeto; e é quase impossível ter a segunda sem ter também, em algum grau, a primeira. Da mesma forma, achamos que essa paixão pela glória é sempre pervertida e distorcida de acordo com o gosto ou a predisposição particular do espírito em que ela se manifesta. NERO tinha a mesma vaidade ao guiar uma carruagem que TRAJANO teve ao governar o império com justiça e habilidade.[3] Amar a glória das ações virtuosas é uma prova segura do amor à virtude.

---

[3] Nero foi imperador de Roma de 54 a 68 d.C. Trajano foi imperador de 98 a 117 d.C.

Ensaio XII

Da liberdade civil

Aqueles que põem sua pena a serviço das questões políticas, livres do rancor e dos preconceitos partidários, cultivam uma ciência que contribui, mais do que qualquer outra, para a utilidade pública, e até mesmo para a satisfação pessoal dos que se dedicam ao seu estudo. Creio, contudo, ter motivos para desconfiar de que o mundo é jovem demais para que se possa formular em política um grande número de verdades gerais, que permanecerão verdadeiras até a mais remota posteridade. Ainda não chegamos a três mil anos de existência; assim, não somente a arte de pensar é ainda imperfeita nessa ciência, bem como em todas as demais, pois carecemos até mesmo de material suficiente sobre o qual refletir. Não se sabe inteiramente até que extremos da virtude ou do vício é capaz de chegar a natureza humana, nem o que se poderá esperar da humanidade no caso de uma grande revolução em matéria de educação, costumes ou princípios. MAQUIAVEL era certamente um grande gênio, mas, tendo limitado seus estudos aos governos furiosos e tirânicos dos tempos antigos ou aos pequenos e tumultuados principados da ITÁLIA, os seus argumentos, especialmente sobre o governo monárquico, se revelaram extremamente falhos; e dificilmente se encontra uma máxima em seu *príncipe* que a experiência posterior não tenha refutado completamente. *Um príncipe fraco, ele diz, é incapaz de receber bons conselhos: pois, se o pedir a vários, não será capaz de depois escolher entre os diferentes conselhos. Se ele confiar em apenas um, esse ministro pode, talvez, ter capacidade; mas ele não será ministro por muito tempo: pois certamente virá a depor o seu senhor, colocando a si próprio e à sua família no trono.*[1] Menciono apenas este, entre muitos exemplos de equívocos desse político, que procedem, em grande medida, do fato de ele ter vivido numa época remota demais do mundo para que fosse um bom juiz da verdade política. Quase todos os príncipes da EUROPA são atualmente orientados por seus ministros; e isto já vem ocorrendo há cerca de dois séculos; e, até agora, nenhuma vez ocorreu tal acontecimento, nem é possível que ocorra. SEJANO pôde conceber o plano de destronar os CÉSARES; mas FLEURY,[2] por vicioso que fosse, seria incapaz, desde que estivesse na posse de seus sentidos, de alimentar a menor esperança de depor os BOURBONS.

O comércio nunca foi considerado uma questão de Estado, até o século passado e é raro encontrar qualquer autor político antigo que lhe tenha feito referência.[3] Mesmo os ITALIANOS mantiveram um

---

[1] Ver Maquiavel, *O Príncipe* (1513), cap. 23. Maquiavel fala de um príncipe "imprudente", e não de um príncipe "fraco", como sugere Hume.

[2] Sejano foi prefeito da guarda pretoriana sob o imperador Tibério. Ele governou Roma por um período após o retiro de Tibério a Capri (26 d.C.), porém mais tarde Tibério o prendeu e o condenou à morte (31 d.C.). O Cardeal Fleury foi tutor e em seguida ministro-chefe de Luís XV da França nas décadas que precederam a morte de Fleury em 1743.

[3] XENOFONTE menciona isso; mas não está seguro de que isso seja vantajoso para um Estado. Εἰ δὲ καὶ ἐ μπορια ὠφλει τι πόλιν &c. XEN. HIERO. [Xenofonte, *Hiero* 9.9: "Se o comércio também traz benefícios a uma cidade". (Tradução Loeb por E. C. Marchant.)] PLATÃO exclui isso completamente de sua República imaginária. *De legibus*, liv. iv. [Platão (427-347 a.C.), *Leis*, liv. IV (704 d-705 b).]

profundo silêncio em relação ao tema, embora hoje o comércio atraia a maior atenção tanto dos ministros de Estado quanto dos pensadores especulativos. A grande opulência, a grandeza e as conquistas militares das duas potências marítimas[4] parecem antes ter instruído a humanidade sobre a importância de um comércio extenso.

Pretendendo, portanto, realizar neste ensaio uma comparação exaustiva entre a liberdade civil e o governo absoluto, mostrando as grandes vantagens que a primeira oferece em relação ao segundo, comecei a alimentar a suspeita de que nenhum homem daquela época estava suficientemente qualificado para tal empreendimento; e que é altamente provável que tudo aquilo que qualquer um pudesse adiantar sobre o tema fosse refutado pela experiência subseqüente e rejeitado pela posteridade. Importantes revoluções têm acontecido nos assuntos humanos, e tantos acontecimentos contrariaram as expectativas dos antigos que eles bastam para que se permita esperar que ocorram ainda mais mudanças.

Foi observado pelos antigos que todas as artes e ciências surgiram em nações livres e que os PERSAS e os EGÍPCIOS, não obstante a riqueza, a opulência e o luxo de que desfrutavam, poucos esforços fizeram no sentido de apreciar os prazeres mais requintados; prazeres estes que os GREGOS atingiram e aprimoraram até a perfeição, mesmo em meio a guerras permanentes, vivendo pobremente e com costumes mais simples. Também já se observou que, quando os GREGOS perderam a sua liberdade, embora vissem as suas riquezas aumentar significativamente, graças às con-

---

[4] Hume tem em mente a Holanda e a Inglaterra, como assinala mais tarde neste ensaio.

quistas de ALEXANDRE, a partir desse momento as artes entraram em decadência, e nunca mais foram capazes de progredir naquela região. O saber foi transplantado para ROMA, a única nação livre do universo, na época; e, tendo encontrado um solo tão favorável, realizou avanços prodigiosos durante mais de um século; até que a decadência da liberdade provocou também a decadência das letras, espalhando a mais completa barbárie no mundo inteiro. A partir dessas duas experiências, das quais cada uma foi dupla em seu gênero, mostrando tanto a derrocada do saber nos governos absolutos quanto seu progresso nos governos populares, LONGINO justificou a sua afirmação de que as artes e as ciências só podem florescer num governo livre:[5] E nesta opinião foi seguido por muitos autores eminentes[6] em nosso próprio país, que ou se limitaram a apreciar fatos antigos ou demonstraram uma parcialidade excessiva em favor daquela forma de governo estabelecida entre nós.

Mas o que esses autores diriam dos exemplos da ROMA moderna e de FLORENÇA? Das quais a primeira levou à maior perfeição todas as belas-artes, a escultura, a pintura e a música, bem como a poesia, embora sofresse sob a tirania, e uma tirania de

---

[5] Longino (213?-273 d.C.), *Do Sublime*, seç. 44. De fato o autor lança a hipótese de que escritores e oradores de gênio só se encontram em governos livres ou democráticos, mas vai além, sugerindo, talvez ironicamente, que a corrupção do gênio na época presente não se deve à tirania política, mas à tirania das paixões, especialmente o amor à riqueza e os vícios que dele decorrem.

[6] O Sr. ADDISON e LORDE SHAFTESBURY. [Ver Joseph Addison (1672-1719), *The Tatler*, nº 161 (20 de abril de 1710); e Anthony Ashley Cooper, terceiro Conde de Shaftesbury (1671-1713), *Características* (1711), "Solilóquio", pt. I. seç. 2.

sacerdotes, enquanto a segunda realizou os seus principais progressos nas artes e nas ciências depois que começou a perder a sua liberdade, devido à usurpação da família MEDICI. ARIOSTO, TASSO e GALILEU, bem como RAFAEL e MICHELANGELO, não nasceram em repúblicas.[7] E, embora a escola LOMBARDA tenha sido tão famosa como a ROMANA, mesmo assim os VENEZIANOS foram menos ilustres e parece que possuem um gênio um tanto inferior ao dos outros italianos para as artes e as ciências. RUBENS estabeleceu a sua escola na ANTUÉRPIA, e não em AMSTERDAM; DRESDEN, e não HAMBURGO, é o centro da cultura na ALEMANHA.[8]

Mas o mais eminente exemplo de florescimento do saber em governos absolutos é o da FRANÇA, que raras vezes gozou de uma liberdade duradoura e no entanto levou as artes e as ciências a uma perfeição nunca ultrapassada pelas outras nações. Os INGLESES são, talvez, maiores filósofos; os ITALIANOS, melhores pintores e músicos; os ROMANOS foram grandes oradores; mas os FRANCESES são o único povo, com exceção dos GREGOS, que teve ao mesmo tempo filósofos, poetas, oradores, historiadores, pintores, arquitetos, escultores e músicos. Quanto ao teatro, foram ainda melhores do que os GREGOS, que superaram muito os

---

[7] Os poetas Ariosto (1474-1533) e Tasso (1544-92), o físico Galileu (1564-1642) e os artistas Rafael (1483-1520) e Michelangelo (1475-1564) nasceram em diversos principados italianos.
[8] Durante a vida do pintor Petrus Paulus Rubens (1577-1640), a Antuérpia, no sul da Holanda, era leal ao Catolicismo e ao rei espanhol. No começo do século XVIII, Dresden foi freqüentemente dominada por Frederick Augustus, Eleitor da Saxônia, um Católico Romano. Amsterdam e Hamburgo eram cidades livres e protestantes.

INGLESES. E, na vida cotidiana, eles aperfeiçoaram em grande medida aquela arte que é a mais útil e agradável de todas, *l'Art de Vivre*, a arte da sociedade e da conversação.

Se considerarmos o estado das ciências e das belas-artes em nosso próprio país, veremos que a observação de HORÁCIO em relação aos ROMANOS pode, em grande medida, ser aplicada aos INGLESES.

*— Sed in longum tamen ævum
Manserunt, hodieque manent vestigia ruris.*[9]

A elegância e a propriedade do estilo têm sido por demais negligenciadas entre nós. Não temos um dicionário de nossa língua, e mal possuímos uma gramática aceitável. A primeira prosa culta que tivemos foi escrita por um homem que ainda está vivo.[10] Quando a SPRAT, LOCKE e até mesmo TEMPLE, todos conheciam demasiado mal as regras da arte para serem considerados prosadores elegantes.[11] A prosa de BACON, HARRINGTON e MILTON[12] é extremamente afetada e pedante, embora o seu conteúdo

---

[9] Horácio (65-8 a.C.), *Epístolas* 2.1.160: "Mas por longo tempo duraram/ e ainda perduram traços de nosso passado rústico". (Tradução da edição Loeb por H. Rushton Fairclough.)
[10] Dr. SWIFT [Jonathan Swift (1667-1745) escreveu diversas obras, a mais famosa das quais é a sátira *As Viagens de Gulliver* (1726).
[11] Thomas Sprat (1635-1713) foi o primeiro historiador da Sociedade Real. John Locke (1632-1704) é mais conhecido por *Ensaio Acerca do Entendimento Humano* (1690) e *Dois Tratados sobre o Governo Civil* (1690). *Sir* William Temple (1628-99) foi um importante ensaísta e historiador.
[12] John Milton (1608-74) escreveu diversas obras notáveis de poesia e prosa, incluindo *Areopagítica* (1644) e *Paraíso Perdido* (1667).

seja excelente. Os homens deste país estiveram tão ocupados com os debates sobre *Religião*, *Política* e *Filosofia* que não têm qualquer estima pelas observações aparentemente minuciosas da gramática e da crítica. E, embora esse estilo de pensamento deva ter aprimorado consideravelmente a nossa inteligência e a nossa capacidade de argumentação, deve-se reconhecer que, mesmo nas ciências acima mencionadas, não temos qualquer obra importante que possamos legar à posteridade: E o máximo de que podemos nos vangloriar são algumas iniciativas no sentido de uma filosofia mais justa: o que, de fato, constitui uma promessa valiosa, mas que até agora não atingiu qualquer grau de perfeição.

Passou a ser uma opinião corrente que o comércio jamais poderá florescer num governo livre; e essa opinião parece estar fundada numa experiência mais longa e mais ampla que a anterior, relativa às artes e às ciências. Se traçarmos o progresso do comércio através de TIRO, ATENAS, SIRACUSA, CARTAGO, VENEZA, FLORENÇA, GÊNOVA, ANTUÉRPIA, HOLANDA, INGLATERRA &c., verificaremos em todos os casos que o comércio se encontra nos governos livres. Os três maiores centros comerciais na Europa hoje são LONDRES, AMSTERDAM e HAMBURGO; todas cidades livres, e cidades protestantes; isto é, gozam de uma dupla liberdade. Deve-se, porém, observar que a grande preocupação surgida ultimamente, em relação ao comércio da FRANÇA, parece provar que esta máxima não é mais certa e infalível que a anterior e que os súditos de um príncipe absoluto podem se tornar nossos rivais no comércio, como já o eram no saber.

Ousasse eu dar minha opinião num assunto cercado de tanta incerteza, afirmaria que, apesar dos esforços dos FRANCESES, existe algo de inerente à própria natureza do governo absoluto e dele inseparável, que é prejudicial ao comércio; embora o motivo que eu assinalarei para esta opinião seja bastante diferente daquele em que geralmente se insiste. A propriedade privada me parece estar quase tão segura numa monarquia civilizada EUROPÉIA como numa república; nem tampouco em tal governo a violência do soberano deve fazer recear mais perigos que aqueles geralmente advindos dos trovões e dos terremotos ou de qualquer dos mais incomuns e extraordinários acidentes da natureza. A avareza, o aguilhão da indústria, é uma paixão tão obstinada, e que abre seu caminho em meio a tantos perigos e dificuldades reais, que não seria provável que ela se deixasse assustar por um perigo imaginário, tão pequeno que mal é possível calculá-lo. Portanto o comércio, na minha opinião, poderá declinar nos governos absolutos, mas não porque é menos *seguro*, e sim porque é menos *honroso*. Uma subordinação de classes é totalmente necessária para a manutenção de uma monarquia. O nascimento, os títulos e a posição devem ser honrados acima da indústria e da riqueza. E, enquanto esta opinião prevalecer, todos os comerciantes importantes estarão sujeitos à tentação de abandonar seu comércio, para adquirir qualquer um daqueles empregos que trazem privilégios e honrarias.

Já que estou tratando desse assunto, isto é, das alterações que o tempo produziu ou pode produzir na política, devo observar que todos os tipos de governo, livre ou absoluto, parecem ter sofrido uma grande mudança para melhor, nos tempos modernos, em relação tanto à administração doméstica quanto à das questões externas. A *balança do poder* é um segredo em política, que só na época atual passou a ser plenamente reconhecido; e devo acrescentar que a POLÍCIA interna dos Estados também passou por grandes aprimoramentos ao longo do último século. Somos informados por SALÚSTIO de que o exército de CATILINA aumentou muito com a incorporação de salteadores das proximidades de ROMA;[13] embora eu acredite que todos os homens dessa profissão que hoje estão dispersos pela EUROPA não bastariam para formar um regimento. Nos apelos de CÍCERO em favor de MILO, encontro esse argumento, entre outros usados para provar que o seu cliente não havia assassinado CLÓDIO. Se MILO, afirma, tivesse intenção de matar CLÓDIO, não o teria atacado à luz do dia, nem a uma distância tão grande da cidade: ele o teria atacado à noite, próximo dos subúrbios, onde se poderia supor que ladrões o tivessem assassinado; e a freqüência de tais incidentes teria facilitado essa burla. Essa é uma prova surpreendente da fraqueza da polícia de ROMA, e do número e da força desses ladrões; já que CLÓDIO,[14] naquela ocasião, estava acompanhado de 30 escravos, que estavam fortemente armados e estavam habituados ao sangue e ao perigo, devido aos constantes tumultos causados por aquele tribuno sedicioso.

Mas, embora todos os tipos de governo tenham sido aprimorados nos tempos modernos, mesmo assim é o governo monárquico que parece ter feito os maiores avanços no rumo da perfeição. Posso hoje afirmar, sobre as monarquias civilizadas, aquilo que anteriormente se dizia somente em louvor das repúblicas: *que elas são um*

---

[13] Ver Salústio (86-34? a.C.), *A Conjuração de Catilina*. Amargurado por seu fracasso em conquistar o consulado, Catilina conspirou sem sucesso para capturar o governo de Roma recrutando um exército privado.
[14] *Vide Asc. Ped. in Orat. pro Milone* [O discurso em defesa de Milo].

governo de Leis, e não de Homens. Nelas a propriedade está em ordem, a indústria é fomentada, as artes florescem; e o príncipe vive em segurança no meio de seus súditos, como um pai no meio de seus filhos. Existem na EUROPA, e talvez já existissem há dois séculos, cerca de 200 príncipes absolutos, grandes ou pequenos: e, calculando que cada um deles reinou em média por 20 anos, podemos supor que houve ao todo dois mil monarcas ou tiranos, como lhes teriam chamado os GREGOS. Contudo, entre todos eles não existiu um sequer, nem mesmo FILIPE II da Espanha, que tenha sido tão mau como TIBÉRIO, CALÍGULA, NERO ou DOMICIANO,[15] que foram quatro dos 12 imperadores romanos. Deve-se, porém, admitir que, embora os governos monárquicos tenham se aproximado mais dos governos populares, em termos de brandura e estabilidade, ainda lhes são inferiores. A nossa educação e os nossos costumes modernos instilam maior humanidade e moderação que os antigos; mas ainda não foram capazes de superar inteiramente as desvantagens dessa forma de governo.

Mas devo aqui pedir licença para formular uma hipótese, que parece provável, mas só poderá ser julgada plenamente pela posteridade. Penso que existem nos governos monárquicos uma fonte de aprimoramento e nos governos populares uma fonte de degeneração que, com o passar do tempo, levarão essas duas espécies de política civil ainda mais perto da igualdade. Os grandes abusos que acontecem na FRANÇA, o modelo mais perfeito de

---

[15] Filipe II foi rei da Espanha e do Império espanhol de 1556 a 1598. Tibério foi imperador de Roma de 14 a 37 d.C., Calígula de 37 a 41, Nero de 54 a 68, e Domiciano de 81 a 96.

monarquia pura, procedem não do número e da carga dos impostos, maiores que os que se encontram nos países livres; mas sim do método dispendioso, desigual, arbitrário e complicado de cobrá-los, que desencoraja em grande parte o trabalho dos mais pobres, especialmente dos camponeses e lavradores, tornando a agricultura um trabalho miserável e escravizante. Mas a quem tais abusos tendem a favorecer? Se for à nobreza, eles podem ser considerados inerentes a essa forma de governo, pois a nobreza é o verdadeiro esteio da monarquia e portanto é natural que os seus interesses sejam mais respeitados que os do povo, nessa constituição. Mas é a nobreza, na realidade, a principal prejudicada por essa opressão, pois que ela arruína as suas propriedades e empobrece seus rendeiros. Os únicos beneficiados por ela são os *Financistas*, uma raça de homens odiada pela nobreza e por todo o reino. Portanto, se aparecesse um príncipe ou ministro suficientemente dotado de discernimento para saber reconhecer os seus interesses e os da nação e com suficiente força de vontade para romper com os antigos hábitos, seria lícito esperar ver uma solução para esses abusos; e, nesse caso, a diferença entre o governo absoluto e o nosso governo livre já não pareceria tão considerável quanto hoje em dia.

A fonte de degeneração que pode ser observada nos governos livres consiste na prática de contrair dívidas e hipotecar as rendas públicas, o que com o tempo pode resultar num aumento intolerável dos impostos e toda a propriedade do Estado pode cair nas mãos do povo. Essa prática não é recente. Os ATENIENSES, embora governados por uma república, pagavam cerca de 200% pelas quantias de dinheiro que qualquer emergência os obrigasse a tomar emprestadas; é o que nos informa XENOFONTE.[16] Entre os modernos, os HOLANDESES foram os primeiros a introduzir a prática de tomar emprestadas grandes somas a juros baixos, e por conta disso quase chegaram à ruína. Os príncipes absolutos também têm contraído muitas dívidas; mas, como um príncipe absoluto pode abrir falência quando lhe aprouver, seu povo nunca pode ser oprimido por suas dívidas. Já nos governos populares, como o povo, e principalmente aqueles indivíduos que ocupam cargos elevados, são geralmente os credores públicos, é difícil para o Estado fazer uso desse remédio, que, embora possa ser às vezes necessário, é sempre cruel e bárbaro. Esse parece, portanto, ser um inconveniente que ameaça quase todos os governos livres; especialmente o nosso, na presente conjuntura. E esse é um forte motivo para aumentarmos a nossa parcimônia em relação ao uso do dinheiro público; caso contrário seremos reduzidos, pela multiplicação dos impostos ou, o que é pior, pela nossa incapacidade pública e por nossa inabilidade para a defesa, a amaldiçoar a nossa própria liberdade e aspirarmos ao mesmo estado de servidão em que vivem todas as nações que nos cercam.

---

[16] Κτῆσιν δέ ἀπ᾽ οὐδενὸς ἄν οὕτω καλὴν κτήσαιντο, ὥσπερ ἀφ᾽ οὗ ἄν προτελέσωσιν εἰς τὴν ἀφορμήν–οἱ δέ γε πλεῖστοι Ἀθηναίων πλείονα λήψονται κατ᾽ ἐνιαυτόν ἤ ὅσα ἄν εἰσέγκωσιῦ οἱ γὰρ μνᾶν προτελέσαντες, ἐγγύς δυοῖν μναῖν πρόσοδον ἕξουσι–ὅ δοκεῖ τῶν ἀνθρωπίνων ἀσφαλέστατόν τε καὶ πολυχρονιώτατον εἶναι. [Xenofonte, *Meios e Modos* 3.9-10: "Mas nenhum investimento pode lhes trazer um retorno tão favorável quanto o dinheiro adiantado por eles para formar o fundo de capital... Pois a maioria dos atenienses obterá mais de cem por cento, num ano, já que aqueles que adiantaram uma *mina* receberão uma renda de aproximadamente duas *minae*, garantida pelo Estado, que, para todos os efeitos, é a mais segura e a mais durável das instituições humanas." (Tradução da edição Loeb por E. C. Marchant.)]

Ensaio XIII

Da eloqüência

Aqueles que consideram as diferentes épocas e revoluções da humanidade tais como elas são representadas na história são entretidos por um espetáculo cheio de prazer e diversidade, e observam, com surpresa, como os usos, costumes e opiniões da espécie humana estão sujeitos a mudanças tão prodigiosas em diferentes períodos do tempo. Pode-se, porém, observar que, na história *civil*, encontra-se uma uniformidade muito maior do que na história do saber e da ciência, e que as guerras, as negociações e a política de uma época se assemelham mais do que o gosto, o gênio e os princípios especulativos. O interesse e a ambição, a honra e a vergonha, a amizade e a inimizade, a gratidão e a vingança são os motores primários de todas as transações públicas; e estas paixões são de uma natureza muito teimosa e intratável, em comparação com os sentimentos e o intelecto, que são facilmente moldáveis pela educação e pelo exemplo. Os GODOS eram muito mais inferiores aos ROMANOS no gosto e na ciência do que na coragem e na virtude.

Mas, para não comparar nações tão acentuadamente diferentes, pode-se observar que mesmo esse último período do saber humano é, em vários aspectos, de um caráter oposto ao antigo, e que, se somos superiores em filosofia, continuamos sendo, apesar de todo o nosso refinamento, muito inferiores em eloqüência.

Nos tempos antigos, de nenhuma obra de gênio se exigiam tantas qualidades e capacidade quanto da arte de falar em público; e alguns autores eminentes declararam que mesmo o talento de um grande poeta ou filósofo era de natureza inferior ao necessário para tal empreendimento. GRÉCIA e ROMA produziram, cada uma delas, apenas um orador consumado; e, por mais que outros oradores célebres sejam dignos de elogios, eles ainda são considerados muito inferiores àqueles dois grandes modelos de eloqüência. Pode-se notar que os críticos antigos dificilmente conseguiam encontrar, em qualquer época, dois oradores que merecessem ser considerados exatamente da mesma categoria, e que possuíssem o mesmo grau de mérito. CALVO, CÉLIO, CÚRIO, HORTÊNSIO, CÉSAR sucederam-se uns aos outros:[1] mas mesmo o maior dessa época era inferior a CÍCERO, o mais eloqüente orador que jamais apareceu em ROMA. Aqueles de gosto mais refinado, porém, em sua apreciação do orador ROMANO, bem como do GREGO, declararam que ambos superavam todos os exemplos de eloqüência jamais conhecidos, mas que estavam longe de atingir a perfeição em sua arte, que era infinita; e não apenas estava além do que as forças humanas podiam atingir, como estava também além do alcance do que a própria imaginação podia conceber. O próprio CÍCERO se declara insatisfeito com as suas realizações; e mesmo com aquelas de

---

[1] Todos eram romanos do século I a.C.

DEMÓSTENES. *Ita sunt avidæ & capaces meoe aures*, ele diz, *& semper aliquid immensum, infinitumque desiderant.*²

De todas as nações cultas e civilizadas, apenas a INGLATERRA tem um governo popular ou admite em sua constituição assembléias suficientemente numerosas para que possam cair sob o domínio da eloqüência. Mas que motivo tem a INGLATERRA para se vangloriar nesse aspecto? Ao enumerarmos os grandes homens que honraram o nosso país, nós exaltamos nossos poetas e filósofos; mas onde se faz referência aos oradores? Onde podemos encontrar os monumentos ao seu gênio? Certamente podemos encontrar, na nossa história, os nomes de muitos que guiaram as decisões do parlamento; mas nem eles nem outros jamais se deram o trabalho de preservar seus discursos; e a autoridade que eles possuíam parece ter sido mais tributária de sua experiência, sabedoria ou poder que de seu talento oratório. Atualmente, existe mais de meia dúzia de oradores nas duas Câmaras, que, na avaliação do público, atingiram muito aproximadamente o mesmo nível de eloqüência; e ninguém pretende dar preferência a algum sobre os demais. Isso me parece, de certa forma, constituir uma evidência de que nenhum deles, em sua arte, foi muito além da mediocridade em sua arte, e que o tipo de eloqüência a que eles aspiram não permite o exercício das mais sublimes faculdades do espírito, podendo ser facilmente alcançada por alguém dotado de um talento normal e alguma dedicação. Uma centena de marceneiros em LONDRES pode fabricar igualmente bem uma mesa ou uma cadei-

---

² Cícero, *De oratore* 29.104: "...tão gananciosos e insaciáveis são eles [meus ouvidos], e tão freqüentemente anseiam por algo vasto e sem fronteiras". (Tradução da edição Loeb por H. M. Hubbell.) Demóstenes (384-322 a.C.) foi o maior orador ateniense.

ra, mas nenhum poeta é capaz de escrever versos com um espírito e uma elegância comparáveis aos de POPE.

Dizem que, quando DEMÓSTENES ia discursar, todos os homens cultos acorriam de todas as partes da GRÉCIA para ATENAS, como se fossem assistir ao mais célebre espetáculo do mundo.[3] Em LONDRES, vê-se gente circular pelo tribunal de recursos, ao mesmo tempo em que ocorrem os mais importantes debates nas duas Câmaras;[4] e muitos não sentem que seus tostões são recompensados por toda a eloqüência de nossos mais reputados oradores. A curiosidade de muitos é mais instigada quando o velho CIBBER[5] vai falar do que quando o nosso primeiro-ministro vai defender-se de uma moção propondo a sua demissão ou impedimento.

Mesmo quem não estiver familiarizado com os nobres vestígios dos antigos oradores pode julgar, a partir de alguns poucos exemplos, que o estilo de sua eloqüência era infinitamente mais sublime que aquele a que aspiram os oradores modernos. Como pareceria absurdo se algum de nossos calmos e moderados oradores fizesse

---

[3] *Ne illud quidem intelligunt, non modo ita memoriæ proditum esse, sed ita necesse fuisse, cum* DEMOSTHENES *dicturus esset, ut concursus, audiendi causa, ex tota* GRECIA *fierent. At cum ist* ATTICI *dicunt, non modo a corona (quod est ipsum miserabile) sed etiam ab advocatis relinquuntur.* CICERO *de Claris Oratoribus*. [Cícero, *Brutus* 84.289: "Eles nem sequer percebem não apenas que a história o registra, mas que não podia ser de outro modo, que quando Demóstenes ia falar toda a Grécia se reunia para ouvi-lo. Mas quando esses nossos aticistas falam, são abandonados não somente pela massa curiosa, o que já é bastante humilhante, mas também por seus amigos e aliados de seu cliente."]

[4] As Cortes de Recursos do século XVIII eram tribunais locais criados para a cobrança de pequenas dívidas. As duas casas são as duas divisões do Parlamento, os Lordes e os Comuns.

[5] Colley Cibber (1671-1757), dramaturgo e ator inglês, que se tornou poeta laureado em 1730.

uso de uma *Apóstrofe* como aquela, tão celebrada por QUINTILIANO e LONGINO, com que DEMÓSTENES justificava nobremente a desastrosa batalha de QUERONÉIA, afirmando: *Não, meus concidadãos, não: não haveis falhado. Juro-o pelos nomes daqueles heróis que lutaram pela mesma causa nas planícies de* MARATONA *e* PLATÉIA.⁶ Quem poderia hoje suportar uma figura de linguagem tão ousada e poética quanto a empregada por CÍCERO, após descrever nos termos mais trágicos a crucificação de um cidadão ROMANO? *Descrevesse eu os horrores de tal cena, não a cidadãos* ROMANOS, *não aos aliados do nosso Estado, não àqueles que já ouviram o nome* ROMANO, *e nem mesmo a homens, mas a bestas; ou então, indo mais longe, se na solidão mais desolada eu dirigisse a minha voz aos rochedos e às montanhas, ainda assim certamente eu veria estas partes rudes e inanimadas da natureza tocadas pelo horror e pela indignação diante da narrativa de uma ação tão infame.*⁷ Que auréola de eloqüência não deveria envolver essas frases para torná-las atraentes e impressionar os ouvintes? E que nobre arte e sublime talento são necessários para se chegar, por meio de uma gradação exata, a um sentimento tão ousado e excessivo — para inflamar o auditório a ponto de fazê-lo acompanhar o orador nas suas violentas paixões e concepções elevadas, ocultando, sob uma corrente de eloqüência, o arti-

---

⁶ Demóstenes, *De Corona* (Da coroa) seç. 208. Ver Quintiliano (35?-100? d.C.) *Institutio Oratoria* (A educação de um orador) 9.2.62; e Longino, *Do Sublime*, seç. 16.]

⁷ O original é: *Quod si hæc non ad cives Romanos, non ad aliquos amicos nostræ civitatis, non ad eos qui populi Romani nomen audissent; denique, si non ad homines, verum ad bestias; aut etiam, ut longius progrediar, si in aliqua desertissima solitudine, ad saxa & ad scopulos hæc conqueri & deplorare vellem, tamen omnia muta atque inanima, tanta & tam indigna rerum atrocitate commoverentur.* CIC. In Ver. [*Contra Verres* 2.5.67. Na edição Loeb está *acerbitate* em vez de *atrocitate*.

fício através do qual tudo isso é realizado! Mesmo que esses sentimentos nos pareçam excessivos, e talvez o pareçam com razão, eles servirão ao menos para nos dar uma idéia do estilo da eloqüência antiga, quando as expressões mais empoladas não eram descartadas nem consideradas monstruosas ou hiperbólicas.

Adequada a essa veemência de pensamento e expressão era a veemência da ação, observada nos oradores antigos. O *supplosio pedis*, o bater com os pés, era uma das condutas mais comuns e moderadas de que eles faziam uso,[8] embora hoje seja considerada uma atitude muito agressiva, seja no senado, no tribunal ou no púlpito, sendo admitida apenas no teatro, para acompanhar as paixões mais violentas ali representadas.

É difícil determinar a origem a que se pode atribuir o declínio da eloqüência em épocas posteriores. O gênio da humanidade é talvez igual em todas as épocas: Os modernos se dedicaram, com grande empenho e êxito, a todas as outras artes e ciências: e existe uma nação culta que possui um governo popular, circunstância que parece indispensável para o desenvolvimento pleno desses nobres talentos. Mas, apesar de todas essas vantagens, o nosso progresso em

---

[8] *Ubi dolor? Ubi ardor animi, qui etiam ex infantium ingeniis elicere voces & querelas solet? nulla perturbatio animi, nulla corporis: frons non percussa, non femur; pedis (quod minimum est) nulla suplosio. Itaque tantum abfuit ut inflammares nostros animos; somnum isto loco vix tenebamus.* CICERO *de Claris Oratoribus*. [Cícero, *Brutus* 80.278: "Que vestígio do ódio, ou daquela indignação furiosa, instiga homens bastante incapazes de eloqüência a gritar queixas explosivas contra os erros? Mas não há sinal de agitação em você, nem na mente nem no corpo! Você levantou sua sobrancelha, estapeou sua coxa, ou ao menos bateu seus pés no chão? Não. Na verdade, meus sentidos estavam sendo tão pouco afetados que eu mal consegui evitar dormir em alguns momentos!" (Tradução da edição Loeb por H. M. Hubbell.)

matéria de eloqüência é quase desprezível, em comparação com os avanços que fizemos em todas as outras áreas do conhecimento.

Devemos concluir daí que as tendências da eloqüência antiga são inadequadas para a nossa época e, portanto, não devem ser copiadas pelos oradores modernos? Sejam quais forem os motivos usados para justificar esta tese, estou convencido de que um exame mais acurado mostrará que eles são incorretos e insatisfatórios.

Primeiro, pode-se dizer que, nos tempos antigos, durante o período mais florescente do saber GREGO e ROMANO, as leis municipais, em todos os estados, eram muito poucas e simples, e a decisão sobre as causas jurídicas dependia em grande parte da eqüidade e do senso comum dos juízes. O estudo das leis não era uma ocupação laboriosa, que exigisse a servidão de uma vida inteira para levá-lo a cabo, nem incompatível com qualquer outro estudo ou profissão. Os grandes estadistas e generais entre os ROMANOS eram todos juristas; e CÍCERO declara, para mostrar a facilidade com que se adquiria essa ciência, que em meio a todas as suas ocupações conseguiria ainda, em poucos dias, tornar-se um jurista consumado. Ora, quando um liqüidante se dirige à eqüidade de seus juízes, tem uma chance muito maior de dar livre curso à sua eloqüência do que quando se vê obrigado a tirar os seus argumentos estritamente das leis, estatutos e jurisdições. No primeiro caso, podem ser levadas em conta muitas circunstâncias, tecer-se numerosas considerações de caráter pessoal, e até mesmo as preferências e favoritismos, que cabe ao orador conciliar através de sua arte e eloqüência, podendo disfarçá-los sob a aparência da eqüidade. Mas como seria possível para um jurista moderno encontrar uma oportunidade de deixar os seus laboriosos deveres para ir colher as flores do *Parnaso*?[9] E que ocasião ele terá de usá-las, em meio aos rígidos e sutis argumentos, objeções e respostas que é obrigado a empregar? O maior gênio, o maior orador, que pretendesse advogar perante o *Chanceler*,[10] depois de um mês estudando as leis, conseguiria apenas cobrir-se de ridículo.

Estou pronto a admitir que essa circunstância da multiplicidade e complexidade das leis contribui nos tempos modernos para desestimular a eloqüência, mas afirmo que ela é incapaz de dar conta por inteiro da decadência dessa nobre arte. Pode ter contribuído para banir a oratória do PALÁCIO DE WESTMINSTER,[11] mas não das duas casas do parlamento. Entre os ATENIENSES, os AREOPAGITAS proibiam expressamente todos os fascínios da eloqüência;[12] e houve quem afirmasse que nos discursos GREGOS escritos em forma *jurídica* não se encontra um estilo tão arrojado e retórico como o que aparece nos discursos ROMANOS. Mas a que grau não levavam os ATENIENSES a sua eloqüência no governo *deliberativo*, onde se discutiam as questões de Estado, e onde os temas em debate eram a liberdade, a felicidade e a honra da república? Disputas dessa natureza elevam o gênio da eloqüên-

---

[9] Parnaso é uma montanha na Grécia central, perto de Delfos, que os antigos consideravam sagrada às musas. O nome é empregado de forma alusiva em referência à literatura, especialmente à poesia. Ver Robert Allot, *England's Parnassus: or the choycest Flowers of our modern Poets* (1600). Hume está sugerindo que falta aos advogados modernos a vontade de se educarem na literatura e na poesia.

[10] O Lorde Chanceler era o principal juiz da Corte da Chancelaria, que administrava a justiça segundo o sistema da eqüidade.

[11] O Palácio de Westminster, de Londres, sediava os tribunais de justiça.

[12] Os Areopagitas eram membros do Areópago, a mais elevada Corte judicial de Atenas.

cia acima de qualquer outro, levando-a a atingir sua intensidade máxima – e disputas assim são muito freqüentes nesta nação.

Segundo, pode-se supor que o declínio da eloqüência se deva ao bom senso superior dos modernos, que rejeitam com desdém todos aqueles truques retóricos empregados para seduzir os juízes, recusando-se a admitir tudo o que não seja a mais sólida argumentação em qualquer debate deliberativo. Se um homem é acusado de assassinato, o fato precisa estar apoiado em testemunhos e provas, e a punição do criminoso será posteriormente determinada pelas leis. Seria ridículo descrever em tons carregados o horror e a crueldade da ação ou apresentar a família do morto e, a um sinal, fazê-los jogarem-se aos pés dos juízes, implorando justiça entre lágrimas e lamentos. Ainda mais ridículo seria utilizar um retrato que representasse a ação sanguinária, para comover os juízes com a exibição de um espetáculo tão trágico, embora saibamos que este artifício foi empregado algumas vezes pelos litigantes de outrora.[13] Mas, se o elemento patético for banido dos discursos públicos, os oradores ficarão simplesmente limitados à eloqüência moderna; isto é, ao bom senso, traduzido numa expressão adequada.

Talvez se possa supor que nossos costumes modernos ou nosso bom senso superior, se preferirem, deveriam tornar os nossos oradores mais cautelosos e reservados que os antigos, ao tentarem inflamar as paixões ou despertar a imaginação de sua audiência. Mas não vejo motivo para que isso os leve a abrir mão completamente de ver tal tentativa coroada de êxito. Isso deveria fazer com que redobrassem sua arte e não que a abandonassem completa-

---

[13] QUINTIL. Liv. vi. Cap. I.

mente. Os oradores antigos também parecem ter-se posto em guarda contra essa desconfiança de sua audiência; mas eles optaram por um caminho diferente para superá-la.[14] Eles lançavam sobre os ouvintes uma carga tal de sublime e de patético que não deixavam que seus ouvintes tivessem a chance de perceber o artifício com que eram enganados. Ou melhor, se considerarmos as coisas corretamente, eles não eram enganados por artifício algum. O orador, pela força de seu próprio gênio e eloqüência, era o primeiro a deixar-se inflamar pela raiva, pela indignação, pela piedade e pela tristeza; e só então transmitia esses movimentos impetuosos à sua audiência.

Algum homem pretende ter mais determinação que JÚLIO CÉSAR? E no entanto esse grande conquistador, como sabemos, ficou a tal ponto encantado pelo fascínio da eloqüência de CÍCERO que, de certo modo, viu-se forçado a modificar uma decisão já tomada, absolvendo um criminoso que, antes que aquele orador discursasse, estava determinado a condenar.[15]

Sei que podem ser feitas algumas objeções, não obstante o seu enorme sucesso, a algumas passagens do orador ROMANO. Ele é demasiado florido e retórico: as suas figuras são demasiado evidentes e palpáveis: as divisões de seus discursos são tiradas sobretudo das regras escolares: e nem sempre o seu talento dispensa o artifício de um trocadilho, de uma rima ou de uma aliteração. O

---

[14] LONGINO, cap. 15.

[15] Em 45 a.C., Cícero fez um discurso diante de César em defesa do rei Deiotarus da Galátia, um antigo aliado, que estava sendo acusado de ter conspirado para assassinar César. Em vez de condenar Deiotarus, César adiou sua decisão até que pudesse ir ao Oriente para se informar melhor sobre o episódio no local em que ocorrera.

orador GREGO se dirigia a um público muito menos culto do que os juízes ou senadores ROMANOS. O mais vulgar dos ATENIENSES era o árbitro soberano de sua eloqüência.[16] E, no entanto, o seu estilo era mais casto e austero que o do outro orador. Pudesse este estilo ser copiado, faria um sucesso infalível diante de uma assembléia moderna. É de uma harmonia ágil, exatamente ajustada ao sentido: e de um raciocínio veemente, sem qualquer aparência de artifício: É o desdém, a cólera, a ousadia, a liberdade, tudo envolvido numa corrente contínua de argumentação. E de todas as produções humanas, os discursos de DEMÓSTENES representam o modelo que mais se aproxima da perfeição.

Terceiro, pode-se pretender que as desordens dos governos antigos e os enormes crimes de que os cidadãos eram freqüentemente culpados proporcionavam à eloqüência um material muito mais abundante do que se pode encontrar entre os modernos. Sem VERRES e CATILINA, não teria existido um CÍCERO. Mas, naturalmente, esse motivo não pode ter grande influência. Seria

---

[16] Os oradores formavam o gosto do povo ATENIENSE, e não o contrário. GORGIAS LEONTINUS estava ciente disso, até que o povo se familiarizou com costumes mais refinados. As suas figuras de linguagem, diz DIODORO da SICÍLIA, suas antíteses, suas ιπ οκωλον [sentenças com partes iguais, orações equilibradas], suas πμο ιοτέλευτον [orações com finais iguais], que hoje são desprezadas, tinham um grande efeito sobre a audiência. Liv. xii. página 106. *ex editione* RHOD. [Diodoro da Sicília, *Biblioteca de História* 12.53 na edição Loeb. Górgias (483?-376? a.C.), o principal retórico de seu tempo e o primeiro a estabelecer regras de retórica, estava falando aos atenienses em 427 a.C. como líder da embaixada de Siracusa.] É inútil, portanto, que oradores modernos apontem o gosto de seus ouvintes como uma desculpa para os seus desempenhos medíocres. Seria um preconceito estranho a favor da antigüidade não permitir a um parlamento BRITÂNICO ser naturalmente superior, no julgamento e na delicadeza, a uma multidão ATENIENSE.

fácil encontrar um FILIPE nos tempos modernos;[17] mas onde encontraríamos um DEMÓSTENES?

Que resta, então, senão atribuir à falta de gênio ou de critério de nossos oradores, que ou se julgam incapazes de alcançar o nível da eloqüência antiga ou desdenham tais esforços como inadequados ao espírito das assembléias modernas? Algumas poucas tentativas bem-sucedidas dessa natureza bastariam talvez para despertar o gênio da nação, incentivar a emulação entre os jovens e habituar nossos ouvidos a uma elocução mais sublime e patética do que aquela que nos tem entretido até o momento. Existe certamente algo de acidental na forma como as artes surgem e se desenvolvem em qualquer nação. Duvido que seja possível encontrar uma justificativa satisfatória para o fato de a ROMA antiga, apesar de ter recebido todos os refinamentos da GRÉCIA, ter somente a capacidade de apreciar a escultura, a pintura e a arquitetura, sem chegar à prática destas artes: Enquanto ROMA moderna foi estimulada por meia dúzia de restos encontrados entre as ruínas da antigüidade, mas produziu artistas da maior eminência e distinção. Se tivesse surgido um talento oratório tão consumado como foi o de WALLER para a poesia,[18] durante as guerras civis, quando a liberdade começava a ser instituída de forma plena, e as assembléias populares começavam a participar de todos os aspectos mais fundamentais do governo, estou convencido de que um exemplo tão ilustre teria feito a eloqüência BRITÂNICA seguir um caminho bastante diferente, fazendo-nos alcançar a perfeição do

---

[17] Filipe II, rei da Macedônia de 359 a 336 a.C., criou os alicerces do império macedônio-grego que foi estabelecido por seu filho, Alexandre o Grande.
[18] Edmund Waller (1606-87).

modelo antigo. Os nossos oradores teriam então honrado o seu país, como o fizeram os nossos poetas, geômetras e filósofos, e CÍCEROS BRITÂNICOS teriam surgido, bem como ARQUIMEDES e VIRGÍLIOS.[19]

Raramente ou quase nunca ocorre, quando num povo prevalece um falso gosto em poesia ou eloqüência, que este continue sendo preferido ao verdadeiro, depois de uma comparação e reflexão adequadas. Geralmente tal predomínio se deve apenas à ignorância do verdadeiro è à falta de modelos perfeitos, que permitam aos homens a justa compreensão e uma apreciação mais refinada daqueles produtos do gênio. Quando *estes* aparecem, eles logo aglutinam em seu favor todos os sufrágios e, por seus poderosos encantos naturais, conquistam a preferência e a admiração mesmo dos mais preconceituosos. Os princípios de todos os sentimentos e paixões estão presentes em todos os homens; quando despertados da forma correta, esses princípios adquirem vida e aquecem o coração, produzindo aquela satisfação pela qual se distingue uma obra de gênio das belezas adulteradas que nascem de um espírito fútil e de uma fantasia caprichosa. E, se esta observação é verdadeira em relação a todas as artes liberais, deve ser especialmente verdadeira em relação à eloqüência — pois, destinando-se simplesmente ao público em geral e para os homens do mundo, ela não pode, por pretexto algum, apelar a juízes mais refinados que o povo; e precisa submeter-se ao veredicto público, que se exerce sem qualquer reserva ou limitação. Aquele que, após a comparação, for considerado o

---

[19] Arquimedes (287?-212? a.C.) foi um matemático e inventor grego. O poeta Virgílio (70-19 a.C.) escreveu a *Eneida*, o grande épico de Roma.

maior orador por um auditório comum, sem dúvida deve ser reconhecido como tal pelos homens de ciência e erudição. E, mesmo que um orador mediano consiga triunfar por muito tempo, e ser considerado perfeito pelo vulgo, que se deixa satisfazer por suas realizações e jamais é capaz de enxergar seus defeitos: Mesmo assim, quando um autêntico gênio aparece, *ele* atrai para si a atenção de todos, revelando-se imediatamente superior ao seu rival.

Ora, a julgarmos por essa regra, a eloqüência antiga, isto é, a eloqüência sublime e apaixonada, corresponde a um gosto muito melhor que a moderna, racional e argumentativa; e, se adequadamente empregada, sempre terá sobre os homens maior influência e autoridade. Nós estamos satisfeitos com a nossa mediocridade porque nunca tivemos a experiência de algo melhor: mas os antigos têm as duas experiências e, após compará-las, deram sua preferência àquele tipo de que nos deixaram modelos tão aplaudidos. Pois, se não me engano, a eloqüência moderna é do mesmo estilo ou da mesma espécie daquela que os antigos críticos denominavam eloqüência *ática*; isto é, calma, elegante e sutil, ela instruía a razão mais do que afetava as paixões, e jamais elevava seu tom acima da argumentação e do discurso comum. Tal era a eloqüência de LÍSIAS entre os ATENIENSES, e de CALVO entre os ROMANOS.[20] Estes eram apreciados em seu tempo, mas, quando comparados a DEMÓSTENES e CÍCERO, eram eclipsados como uma vela sob os raios de um sol meridiano. Estes últimos oradores possuíam a mesma elegância, sutileza e capacidade de argumenta-

---

[20] Lísias (450?-380? a.C.) foi orador e escritor de discursos bastante apreciados em Atenas. Calvo era um poeta e orador romano do século I a.C.

ção que os primeiros, mas o que os tornava notáveis acima de tudo era aquele elemento patético e sublime que, nas ocasiões adequadas, introduziam no seu discurso, e através do qual dominavam a opinião de sua audiência.

Dessa espécie de eloqüência nós tivemos raros exemplos na INGLATERRA, pelo menos entre os nossos oradores públicos. Entre nossos escritores, tivemos alguns exemplos que foram muito celebrados, de forma a mostrar aos nossos jovens mais ambiciosos que, se eles tentarem fazer renascer a antiga eloqüência, será possível atingir uma glória igual ou superior. As produções de Lorde BOLINGBROKE, com todos os seus defeitos na argumentação, no método e na exatidão, contêm uma força e uma energia a que os nossos oradores poucas vezes ambicionam; embora seja evidente que esse estilo elevado é muito mais adequado a um orador que a um escritor, ele é propício a obter um êxito rápido e impressionante. Nesse caso a ele se somam os encantos da voz e da ação: os movimentos são mutuamente comunicados entre o orador e a audiência: E a própria visão de uma grande assembléia, atenta ao discurso de um só homem, deve lhe inspirar uma elevação toda especial, suficiente para conferir propriedade às figuras e expressões mais intensas. É certo que existe um grande preconceito contra os *discursos preparados*; e é impossível fugir ao ridículo quando se repete um discurso como um estudante repete a sua lição, sem levar em conta nada que tenha sido acrescentado no curso do debate. Mas qual é a necessidade de cair nesse absurdo? Todo orador público deve conhecer antecipadamente a questão em debate. Ele pode compor todos os argumentos, objeções e respostas, do modo que julgar mais adequado para o seu discurso.[21] Se algo novo ocorrer, ele recorrerá à invenção; e a diferença não será muito aparente entre as suas composições preparadas e os seus improvisos. Naturalmente, o espírito continua com o mesmo *ímpeto* ou *força* que adquiriu em seu movimento, tal como um barco, uma vez impelido pelos remos, continua em seu curso durante algum tempo, depois de suspenso o impulso original.

Vou encerrar o assunto observando que, mesmo que os nossos oradores modernos não quisessem dar mais elevação ao seu estilo, nem aspirassem a uma rivalidade com os antigos, eles poderiam corrigir um defeito capital em seus discursos, sem que se afastassem do ar composto de argumentação e raciocínio a que têm limitado a sua ambição. A sua grande afetação em discursos extemporâneos os levou a rejeitar toda ordem e método, que parecem tão necessários à argumentação e sem os quais parece impossível introduzir inteiramente no espírito uma convicção. Não que sejam recomendáveis muitas divisões num discurso público, a não ser que o tema as imponha com toda a evidência. Mas é fácil, sem essa formalidade, seguir um método e tornar este método evidente para os ouvintes, que ficarão infinitamente encantados ao verem os argumentos brotarem naturalmente uns dos outros e serão persuadidos de um modo muito mais eficaz do que o seriam pelos motivos mais fortes, se estes fossem alinhados de uma maneira confusa.

---

[21] O primeiro dos ATENIENSES a compor e escrever seus discursos foi PÉRICLES, um homem de negócios e de bom senso, se é que já existiu algum. Πρῶτος γραπτὸν λόγον ἐν δικαστηρίῳ εἶπε, τῶν πρὸ αὐτοῦ σχεδιαζόντων. Suidas em Περικλῆς. [*Suidas*, da palavra latina para "fortaleza", era o título de uma enciclopédia histórica e literária que foi compilada no final do século X d.C. O trecho, que diz respeito ao homem de Estado ateniense Péricles (495?-429 aC), diz o seguinte: "...o primeiro homem a pronunciar um discurso escrito na corte, já que os que vieram antes dele falavam extemporaneamente".]

Ensaio XIV

Da origem e do progresso das artes e das ciências

Nada requer maior delicadeza, em nossas pesquisas sobre os assuntos humanos, do que distinguir exatamente o que se deve atribuir ao *acaso* e o que resulta de *causas*; nem haverá um assunto no qual um autor esteja mais sujeito a se enganar com falsas sutilezas e refinamentos. Dizer que qualquer evento deriva do acaso impede qualquer investigação mais profunda sobre o tema, deixando o autor no mesmo estado de ignorância do restante da humanidade. Mas, quando se pressupõe que um evento procede de causas determinadas e estáveis, o escritor pode então revelar seu engenho atribuindo-lhe essas causas; e, como um homem de alguma sutileza nunca pode se perder nesse tema, ele tem aqui uma oportunidade para folhear seus livros e mostrar a profundidade de seu conhecimento, observando aquilo que escapa ao homem vulgar e ignorante.

A distinção entre o acaso e as causas tem de depender da sagacidade particular de cada homem, ao considerar cada incidente particular. Mas, se eu tivesse que propor uma regra geral que nos ajudasse nessa distinção, seria a seguinte: *O que depende de poucas pessoas deve, em grande medida, ser atribuído ao acaso ou a causas secretas e desconhecidas:* O que depende de um grande número, em geral, provém de causas determinadas e conhecidas.

Podem ser apontadas duas razões naturais para essa regra. *Primeira*, se supusermos que uma balança apresenta uma inclinação, ainda que pequena, para um determinado lado, esta inclinação, embora não transpareça nas primeiras oscilações, acabará prevalecendo e fará a balança pender inteiramente para aquele lado. Da mesma forma, quando algumas *causas* promovem uma paixão ou inclinação particular, num certo período e em meio a um povo determinado, embora saibamos que um grande número de pessoas pode escapar ao contágio, sendo dominado por paixões peculiares a elas, ainda assim a multidão será certamente levada pelo sentimento comum, que a governará em todas as suas ações.

Segunda, aqueles princípios ou causas talhados para afetar uma multidão são sempre de natureza mais rude e obstinada, menos sujeitos a mudanças e menos influenciáveis pela fantasia e pela extravagância pessoais do que aqueles que afetam apenas algumas pessoas. Geralmente estes últimos são tão delicados e refinados que o menor incidente na saúde, na educação ou na fortuna de um indivíduo basta para alterar o seu curso e adiar a sua ação; tampouco é possível reduzi-los a umas poucas máximas e observações. A sua influência num determinado período jamais assegura que sua influência será a mesma em outra época, mesmo que todas as circunstâncias gerais sejam as mesmas nos dois casos.

Julgar a partir dessa regra as revoluções domésticas e graduais de um estado deve ser um tema muito mais adequado à observação e à reflexão do que se dedicar às revoluções externas e violentas, que são geralmente provocadas por indivíduos isolados, sendo mais influenciáveis pela teimosia, pela loucura ou pelo capricho do que por paixões e interesses universais. A decadência dos lordes e a ascensão dos comuns na INGLATERRA, após os estatutos de transferência da propriedade e do aumento do comércio e da indústria, são mais facilmente analisadas por meio de princípios gerais do que a crise da monarquia ESPANHOLA ou o florescimento da monarquia FRANCESA depois da morte de CHARLES V.[1] Tivessem HENRIQUE IV, o Cardeal RICHELIEU e LUÍS XIV sido ESPANHÓIS e tivessem FILIPE II, III e IV e CHARLES II sido FRANCESES, a história dessas duas nações teria sido inteiramente inversa.[2]

Pela mesma razão, é mais fácil analisar a origem e o progresso do comércio em qualquer reino que os do saber, e um estado que se tivesse dedicado a estimular o primeiro estaria mais seguro de obter êxito do que outro que cultivasse o segundo. A avareza ou o desejo do ganho é uma paixão universal que age em todos os tempos e lugares e sobre todas as pessoas: Mas a curiosidade ou o amor ao saber tem uma influência muito limitada, que requer juventude, ócio, educação, gênio e exemplo para se apoderar de uma pessoa. Jamais existirão compradores de livros se não existirem livreiros, mas, freqüentemente, podem existir leitores onde não existem autores. Multidões de pessoas, a necessidade e a liberdade

---

[1] Charles V, que em 1516 se tornou Carlos I da Espanha, foi o Sagrado Imperador Romano de 1519 a 1556.

[2] Henrique IV foi rei da França de 1589 a 1610. O Cardeal Richelieu foi o principal ministro de Luís XIII e o real governante da França de 1624 até a sua morte, em 1642. Luís XIV sucedeu seu pai, Luís XIII, e reinou até morrer, em 1715. Em seguida à abdicação de Carlos I em 1556, a Espanha foi governada por Filipe II (1556-98), Filipe III (1598-1621), Filipe IV (1621-65) e Carlos II (1665-1700), sendo todos eles Habsburgos.

comandaram o comércio na HOLANDA, mas o estudo e a aplicação raramente produziram escritores eminentes.

Podemos concluir, portanto, que não existe um assunto no qual se deva proceder com mais cautela do que ao se traçar a história das artes e das ciências, para não assinalarmos causas que nunca existiram, nem reduzir o que é meramente contingente a princípios estáveis e universais. Aqueles que cultivam a ciência são sempre poucos em qualquer estado: a paixão que os governa, limitada; o seu gosto e juízo, delicados e facilmente pervertidos: E a sua aplicação é perturbada pelo menor acidente. O acaso, portanto, ou causas secretas e desconhecidas devem ter uma grande influência na origem e no progresso das artes refinadas.

Mas um motivo me induz a não atribuir a questão inteiramente ao acaso. Embora as pessoas que cultivam a ciência com êxito tão notável a ponto de atrair a atração da posteridade sejam sempre poucas em todas as nações e épocas, ao menos uma parte desse gênio deve existir anteriormente, difuso entre o povo, de onde surgirão esses autores eminentes, de forma a produzir neles, desde a mais tenra infância, o gosto e o discernimento. A massa de onde saem espíritos tão refinados não pode ser completamente insípida. *Existe um Deus dentro de nós*, diz OVÍDIO, *que sopra aquele divino fogo que nos alimenta.*[3] Os poetas, em todas as épocas, atribuíram esse título à inspiração. Não existe, porém, nada de sobrenatural nesse caso. O seu fogo não é aceso no paraíso, ele apenas percorre a terra, passa

---

[3] *Est Deus in nobis; agitante calescimus illo:*
Impetus hic, sacræ semina mentis habet.
                                        OVID. *Fast. Liv. I.*
[Ovídio, *Fasti* (Calendário).]

de um coração a outro e arde mais brilhantemente quando encontra um material mais bem preparado e disposto da forma mais feliz. Portanto, a questão relativa à origem e ao progresso das artes e ciências não diz respeito ao gosto, ao gênio e ao espírito de alguns poucos, mas envolve todo um povo e pode, assim, ser em alguma medida analisada por meio de princípios e causas gerais. Asseguro que alguém que se pusesse a investigar por que um poeta como HOMERO,[4] por exemplo, existiu em tal lugar e tal época, mergulharia logo em fantasias e não poderia tratar tal assunto sem uma infinidade de falsos refinamentos e sutilezas. Ele pode também tentar encontrar uma razão para generais particulares, como FÁBIO e CIPIÃO, terem vivido em ROMA numa determinada época, ou por que FÁBIO veio ao mundo antes de CIPIÃO.[5] Para incidentes assim, só se pode dar razões como a de HORÁCIO:

> *Scit genius, natale comes, qui temperat astrum,*
> *Naturæ Deus humanæ, mortalis in unum —*
> *— Quodque caput, vultu mutabilis, albus & ater.*[6]

---

[4] Poeta grego do século IX a.C., tradicionalmente considerado o autor da *Ilíada* e da *Odisséia*.
[5] Diversos generais romanos tiveram nomes patrícios como Fabius e Scipio. Certamente, Hume se refere aqui a Fabius Cunctator, que foi um general importante na Segunda Guerra Púnica (218-201 a.C.), e Cipião, o Africano, que levou a guerra contra Cartago para a África e derrotou Aníbal em 202 a.C.
[6] *Epístolas* 2.2.187-89: "... somente o Gênio sabe — aquele companheiro que determina a nossa estrela ao nascermos, o deus da natureza humana; por mortal que seja para cada vida isolada, e por mais que mude o seu semblante, do branco ao negro". (Tradução da edição Loeb por H. Rushton Fairclough.)

Mas estou convencido de que, em muitos casos, há boas razões para explicar por que uma nação é mais refinada e culta numa época em particular que as suas vizinhas. Ao menos, trata-se de um assunto tão curioso que seria uma pena abandoná-lo por completo, antes de descobrirmos se ele é suscetível à argumentação e se pode ser reduzido a princípios gerais.

A minha primeira observação nesse ponto é que *É impossível para as artes e as ciências surgirem, inicialmente, num povo, se este não viver a bênção de um governo livre.*

Nos primórdios do mundo, quando os homens ainda eram bárbaros e ignorantes, eles não buscavam outra forma de segurança contra a violência mútua senão a escolha de alguns líderes, poucos ou muitos, nos quais depositavam uma confiança implícita — sem que tivessem qualquer proteção, por leis ou instituições políticas, contra a violência e a injustiça desses líderes. Se a autoridade estiver centrada numa única pessoa, e o povo, seja por meio de conquistas, seja pelo curso normal da reprodução, aumentar muito, tornando-se uma multidão, o monarca, julgando impossível ser ele próprio o executor de todo o trabalho do governo, precisa delegar autoridade a magistrados inferiores, que preservarão a paz e a ordem em seus respectivos distritos. Como a experiência e a educação ainda não refinaram o juízo dos homens num grau considerável, o príncipe, sendo ele próprio refratário a coações, nem sonha em restringir a autoridade de seus ministros; ao contrário, delega a sua inteira autoridade a cada um, para que seja exercida sobre qualquer parte do povo. Todas as leis gerais apresentam inconvenientes quando são aplicadas a casos particulares, e requer grande penetração e experiência tanto perceber que esses inconvenientes são menores que os que resultam dos poderes discricionários de todos aos magistrados quanto discernir quais são as leis gerais que, no final das contas, apresentam menos inconvenientes. Essa é uma questão tão difícil que os homens podem ter feito alguns progressos, mesmo nas artes sublimes da poesia e da eloqüência, em que a agilidade do gênio e da imaginação promove o seu avanço, antes de conseguirem chegar a qualquer aperfeiçoamento relevante nas leis municipais, um terreno onde só a jurisprudência freqüente e a observação diligente podem servir de lição. Não se deve supor, contudo, que um monarca bárbaro, irrefreado e inculto jamais conseguirá chegar a legislar ou tentar reprimir o seu representante em cada província, ou mesmo em cada aldeia. É sabido que o nobre *Czar*,[7] embora agisse com propósitos nobres e nutrisse amor e admiração pelas artes EUROPÉIAS, também manifestava estima pela política TURCA; e aprovava vivamente os julgamentos praticados nessa monarquia bárbara, onde os juízes não se acham cerceados por quaisquer métodos, fórmulas ou leis. Ele não se dava conta de como se tornava danoso tal costume a seus objetivos de educar o povo. Em todos os casos, o poder arbitrário é, de alguma maneira, aviltante e opressivo; mas é, além disso, ruinoso e intolerável quando de pequeno alcance e torna-se ainda pior quando o indivíduo que o detém sabe que o tempo de sua autoridade é limitado e incerto. *Habet subjectos tanquam suos; viles, ut alienos.*[8] Ele governa seus súditos com plena autoridade, como se fossem propriedade sua, e

---

[7] Pedro I (o Grande) foi czar da Rússia de 1689 a 1725.
[8] TÁCITO. Hist. Liv. I. [Tácito, *Histórias* I.37: ".. agora ele nos mantém sob seu jugo como se fôssemos seus escravos, mas nos olha com desprezo porque pertencemos a outrem". (Tradução da edição Loeb por Clifford H. Moore.) A citação de Hume difere do original em latim.]

os súditos alheios com negligência ou tirania. Um povo assim governado é um povo de escravos, no pleno sentido da palavra, e lhe é impossível aspirar a qualquer espécie de refinamento, bom gosto ou sensatez. Ele se arrisca apenas a pretender gozar as necessidades primárias da vida, com abundância e em segurança.

Esperar, então, que as artes e as ciências floresçam numa monarquia é se colocar à espera de uma contradição. Até que ocorram esses aperfeiçoamentos, o monarca será ignorante, sem qualquer instrução; e, por não possuir conhecimentos que o tornem sensível à necessidade de gerir o seu governo por leis gerais, delegará todo o seu poder aos magistrados inferiores. Uma política assim bárbara envilece o povo e impossibilita para sempre qualquer progresso. Caso tenha ocorrido que, antes de a ciência ser conhecida no mundo, um monarca fosse dotado de suficiente sabedoria para ser um legislador e governar o seu povo pela lei, e não pela vontade arbitrária dos súditos seus amigos, então é razoável supor que essa espécie de governo tenha sido o ninho primordial das artes e das ciências. Mas essa hipótese dificilmente pode ser aceita como consistente ou racional.

Pode acontecer que, na sua origem, uma república seja sustentada por tão poucas leis quanto uma monarquia bárbara e delegue uma autoridade ilimitada a seus magistrados ou juízes. Mas, além do fato de que eleições freqüentes pelo voto popular constituem um instrumento considerável de vigilância à autoridade, é quase impossível que, com o passar do tempo, não surja a necessidade de limitar o poder dos magistrados a fim de preservar a liberdade, o que dará origem a leis e estatutos gerais. Os cônsules ROMANOS, durante algum tempo, decidiam tudo, sem a restrição de quaisquer estatutos positivos, até que o povo, após suportar tal jugo com paciência, criou os *decênviros*, que promulgaram as *Doze Tábuas*, um corpo de leis que, embora não fossem, em volume, iguais a uma lei do parlamento INGLÊS, foram, contudo, em grande medida, as leis que regeram a propriedade e as penas durante muitas gerações naquela famosa república. Elas eram suficientes por si sós, e com as formas de um governo livre, para proteger a vida e as propriedades dos cidadãos, para livrar um homem do domínio de outro e para proteger a todos da violência de seus concidadãos. Numa situação assim, as ciências podem despontar e florescer, mas nunca naquele cenário de opressão e escravidão que são as monarquias bárbaras, em que o povo é oprimido pelos magistrados e estes não são cerceados por qualquer lei ou estatuto. Uma vez que se manifesta um despotismo dessa espécie, põe-se definitivamente termo a qualquer progresso e impede-se que os homens cheguem ao saber, o que é um requisito para instruí-los sobre as vantagens decorrentes de uma política melhor e de uma autoridade mais moderada.

Essas são as vantagens do Estado livre. Mesmo que uma república seja bárbara, ela inevitavelmente chegará à LEI, antes ainda de a humanidade realizar progressos em outros saberes. Da lei vem a segurança, da segurança a curiosidade, e da curiosidade o conhecimento. Os últimos degraus dessa evolução podem ser acidentais; os primeiros, porém, são necessários. Uma república desprovida de leis não pode durar. Ao contrário, num governo monárquico, a lei não surge naturalmente das formas de governo. Quando absoluta, a monarquia contém mesmo algo de repugnante à lei. Somente a grande sabedoria e reflexão podem reconciliá-las. Mas não é de se esperar tal grau de sabedoria, antes dos maiores refinamentos e aperfeiçoamentos da razão humana. Estes refinamentos exigem curiosidade, segurança e lei. O *primeiro* florescimento das artes e das ciências, portanto, jamais pode ser esperado em governos despóticos.

Existem outras causas que desencorajam o surgimento das artes refinadas em governos despóticos, embora eu considere como principais a carência de leis e a delegação de plenos poderes a qualquer magistrado insignificante. A eloqüência floresce mais naturalmente dos governos populares; também a emulação em todas as tarefas deve ser ali mais animada e vívida: o gênio e a capacidade encontram um campo mais aberto e maior possibilidade de crescimento. Estas causas tornam os governos livres a única *estufa* adequada para as artes e as ciências.

A próxima observação que farei sobre esse tema é *Que nada é mais favorável ao surgimento da educação e da instrução que a vizinhança de estados independentes ligados pelo comércio e pela política.* A emulação que surge naturalmente entre esses estados vizinhos é uma fonte óbvia de progresso. Mas eu gostaria de insistir especialmente no fato de que tais territórios limítrofes impõem um freio tanto ao *poder* quanto à *autoridade*.

Nos países extensos, em que uma única pessoa exerce grande influência, os governos logo se tornam absolutos, enquanto nos pequenos eles se tornam, naturalmente, repúblicas. Um país extenso está habituado, em graus variáveis, à tirania, uma vez que cada ato de violência é realizado sobre uma parte que, estando longe da maioria, mal é percebida, nem desperta qualquer reação violenta. Além disso, embora a totalidade dos súditos possa estar descontente, é possível a um governo absoluto manter a obediência através de uma pequena habilidade que é o fato de que cada parcela dos súditos, ignorante daquilo que as outras parcelas pensam, sempre terá receio de iniciar sozinha qualquer comoção ou insurreição. Isso para não mencionar a existência de uma reverência supersticiosa pelos príncipes, que a humanidade sempre demonstra quando o soberano não é acessível aos seus súditos, que, não o vendo com freqüência, não o conhecem suficientemente para perceber as suas fraquezas. E como grandes estados podem arcar com grandes despesas, para sustentar a pompa da majestade, esta também é uma maneira de fascinar os homens e que naturalmente contribui para escravizá-los.

Num país pequeno, qualquer ato de opressão é imediatamente conhecido pelo conjunto da comunidade: os murmúrios e descontentamentos que derivam dele são facilmente comunicados: e a indignação atinge seu ápice, porque os súditos não estão em condições de perceber, nesses regimes, que existe uma enorme distância entre eles e seu soberano. "Nenhum homem", disse o príncipe de CONDE, "é um herói para o seu *Valet de Chambre*."[9] É certo que a admiração e a intimidade são totalmente incompatíveis para qualquer criatura mortal. Dormir e amar convenceram até mesmo ALEXANDRE de que ele não era um Deus; mas suponho que aqueles que o rodeavam no cotidiano podiam facilmente dar-lhe provas ainda mais convincentes de sua humanidade, em função das diversas fraquezas a que estava sujeito.

As divisões em pequenos estados são favoráveis à instrução, por interromper o avanço excessivo tanto da *autoridade* quanto do *poder*.

---

[9] Luís II de Bourbon, Príncipe de Conde (1621-86), foi um nobre e general francês. A citação "Nenhum homem é um herói para o seu valete" já foi atribuída a diversas pessoas dessa época.

Freqüentemente a reputação exerce nos homens um fascínio tão grande quanto a soberania e é igualmente destrutiva para a liberdade de pensamento e de crítica. Mas quando certo número de estados vizinhos mantém um forte intercâmbio nas artes e no comércio, a sua desconfiança mútua os impede de aceitar muito apressadamente o modelo do outro nas questões das artes e do saber, o que os leva a examinar cada obra de arte com o maior cuidado e atenção. O contágio da opinião popular não se espalha tão facilmente de um lugar a outro, porque ela logo recebe uma crítica em algum estado onde não se esteja de acordo com os preconceitos em vigor. E somente a natureza e a razão, ou ao menos o que guarde com elas grande semelhança, pode forçar o seu caminho através de todos os obstáculos, unindo as razões mais rivais pela sua estima e admiração.

A GRÉCIA era um enxame de pequenos principados, que logo se tornaram repúblicas; e, estando unidos tanto pela sua vizinhança quanto pelos laços de língua e interesses comuns, eles estabeleceram um forte intercâmbio no comércio e na cultura. Concorreram para isso o bom clima, um solo não-infértil, uma língua harmoniosa e abrangente, de forma que todas as circunstâncias, nesse povo, pareciam favorecer o crescimento das artes e das ciências. Cada cidade produzia seus diversos artistas e filósofos, que rejeitavam as preferências dos das cidades vizinhas: as suas polêmicas e debates aguçaram a inteligência dos homens; uma diversidade de temas se apresentava ao julgamento dos homens e cada um disputava a preferência dos demais; e as ciências, não sendo cerceadas pelas restrições da autoridade, foram capazes de fazer avanços consideráveis, que são, até hoje, objeto de nossa admiração. Depois que a Igreja ROMANA *cristã*, ou *católica*, se espalhou pelo mundo civilizado, afetando toda a cultura da época, e sendo ela própria um Estado unido sob uma única cabeça, a variedade de seitas desapareceu imediatamente, e a filosofia PERIPATÉTICA passou a ser a única admitida em todas as escolas,[10] para a conseqüente depravação de todo tipo de instrução. Mas a humanidade, com o tempo, rejeitou essa afronta e as coisas voltaram à situação anterior; assim a EUROPA é, no presente, uma cópia ampliada do que a GRÉCIA foi no passado, num modelo em miniatura. Vimos as vantagens dessa situação em diversos exemplos. O que deteve a filosofia CARTESIANA,[11] à qual a nação FRANCESA aderiu em tão larga escala no final do século passado, senão a oposição que lhe fizeram as outras nações da EUROPA, que logo descobriram os pontos fracos daquela filosofia? O escrutínio mais severo que sofreu a teoria de NEWTON[12] veio não dos seus conterrâneos, mas de estrangeiros; e, se acaso ela for capaz de superar os obstáculos que se lhe apresentam em todas as partes da EUROPA, provavelmente passará vitoriosa para a posteridade. Os INGLESES se tornaram conscientes da licenciosidade escandalosa de seus palcos olhando o exemplo da moral e da decência FRANCESAS. Já os FRANCESES estão convencidos de que o seu teatro se tornou de algum

---

[10] O termo *peripatético* foi dado à escola aristotélica de filosofia, tanto porque a instrução era efetuada durante caminhadas quanto porque o prédio que sediava a escola continha um *peripatos*, um lugar coberto para passeios.
[11] A filosofia de René Descartes (1596-1650) e seus seguidores.
[12] A revolucionária teoria natural de *Sir* Isaac Newton (1642-1727), que se baseava nas leis do movimento e era apresentada na forma matemática. A teoria física de Newton disputava com a de Descartes a primazia na Europa, em meados do século XVIII.

modo efeminado, por excesso de amor e galanteria, e passaram a aprovar o gosto mais masculino de algumas nações vizinhas.

Na CHINA, parece haver um estoque considerável de polidez e ciência, que, no curso de tantos séculos, geraram naturalmente a expectativa de que estas resultarão em produtos mais perfeitos e bem-acabados do que os conhecidos até o presente. Mas a CHINA é um vasto império, falando uma única língua, governado por uma só lei e compartilhando os mesmos costumes. A autoridade de um mestre como CONFÚCIO se propagou facilmente, de um canto a outro do império. Ninguém tinha coragem de resistir à torrente da opinião popular. E a posteridade não foi ousada o suficiente para contestar o que tinha sido universalmente aceito pelos antepassados. Esta parece ser uma razão natural para as ciências terem progredido tão lentamente naquele poderoso império.[13]

---

[13] Se me perguntarem como é possível reconciliar com esses princípios a felicidade, a riqueza e a boa política dos CHINESES, que sempre foram governados por um único monarca e dificilmente farão idéia do que é um governo livre, responderei que, embora o governo CHINÊS seja uma monarquia pura, esta não é, no sentido estrito, absoluta. Esse detalhe resulta de uma peculiaridade da situação do país: não possui vizinhos, com exceção dos TÁRTAROS, dos quais, aparentemente, está em alguma medida protegido pela célebre muralha e pela superioridade de sua população. Dessa forma, a disciplina militar sempre foi bastante negligenciada entre eles; e as suas forças principais são simples milícias, da pior espécie; e portanto inadequadas para suprimir qualquer insurreição geral num país tão densamente povoado. Pode-se dizer, portanto, que a espada está sempre nas mãos do povo, o que constitui um freio suficiente ao monarca, que o obriga a submeter os seus *mandarins* ou governadores de províncias aos limites de leis gerais, para que se previnam tais insurreições, que, segundo nos ensina a história, foram tão freqüentes e perigosas naquele governo. Talvez uma monarquia pura desse tipo, se ela se adequasse à defesa contra os inimigos externos, seria a melhor de todas as formas de governo, por proporcionar tanto a tranqüilidade em relação ao exercício do poder real quanto a moderação e a liberdade nas assembléias populares.

Se considerarmos a face do globo, a EUROPA, de todas as quatro partes do mundo, é a mais dividida por mares, rios e montanhas; e a GRÉCIA o mais dividido entre todos os países da EUROPA. Assim, essas regiões se dividiam naturalmente em diversos governos distintos. E, dessa forma, as ciências surgiram na GRÉCIA, e a EUROPA vem sendo desde então a sua pátria mais constante.

Algumas vezes estive inclinado a pensar que interrupções ocorridas em certos períodos culturais, desde que não se façam acompanhar pela destruição de livros antigos e registros históricos, poderiam ser favoráveis às artes e às ciências, por quebrarem o avanço da autoridade e destronarem os usurpadores tirânicos da razão humana. Neste particular, elas têm a mesma influência que as interrupções nos governos políticos das sociedades. Se considerarmos a submissão cega dos antigos filósofos aos diversos mestres tradicionais de cada escola, ficaremos convencidos da pouca utilidade que pode ser esperada de cem séculos de uma filosofia assim servil. Até mesmo os ECLÉTICOS,[14] que surgiram na época de AUGUSTO, não obstante professarem a escolha daquilo que lhes agradava em cada seita, assim eram, geralmente, tão escravos e dependentes quanto seus colegas; já que buscavam a verdade não na natureza, mas nas diversas escolas filosóficas, por pensarem que a verdade estava dispersa em várias partes, e não unificada num só corpo. Após a renascença cultural, os ESTÓICOS e EPICURISTAS, os PLATÔNICOS e PITAGÓRICOS[15] nunca

---

[14] O termo *eclético* se aplica a um sistema de filosofia que se empenha para assimilar as verdades de todos os outros sistemas. A escola alexandrina neoplatônica é geralmente conhecida como a escola Eclética.
[15] Essas eram grandes escolas filosóficas na época helenística e durante o império romano. Ver os ensaios de Hume intitulados "O epicurista", "O estóico" e "O platônico".

conseguiram recuperar qualquer crédito ou autoridade; e, ao mesmo tempo, pelo exemplo de sua queda, alertaram os homens contra a submissão cega às novas seitas, que tentavam então ganhar ascendência sobre eles.

A *terceira* observação que farei sobre o surgimento e o progresso das artes e das ciências é *Que, embora a única* Estufa *natural dessas plantas nobres seja um estado livre, mesmo assim elas podem ser transplantadas para qualquer governo; e que uma república é mais favorável ao crescimento das ciências, e uma monarquia civilizada ao progresso das artes.*

Estabelecer em leis gerais um grande estado ou sociedade, seja ele monárquico ou republicano, é trabalho de tanta dificuldade que nenhum gênio humano, por mais hábil, é capaz de levá-lo a cabo por meio somente da ação da razão e da reflexão. Os julgamentos de muitos devem concorrer para tal empreendimento: a experiência deve guiar o seu trabalho: O tempo precisa aperfeiçoá-lo. E a percepção das inconveniências deve corrigir os erros em que inevitavelmente incorrem nos seus primeiros julgamentos e experiências. Daí decorre a impossibilidade de que tal obra comece e continue em qualquer monarquia, pois tal forma de governo, ainda que civilizada, não conhece outro segredo ou política senão o de delegar poderes ilimitados a cada governante ou magistrado e o de subdividir o povo em múltiplas classes e ordens de escravidão. Em tal situação, nada de novo se pode esperar nas ciências, nas artes liberais, nas leis, e muito raramente nas artes manuais e manufaturas. A mesma barbárie e ignorância com que o governo principia projeta-se na autoridade, e não pode acabar simplesmente por meio dos esforços e do engenho de tão infelizes servos.

DAVID HUME

Mas, embora a lei, fonte de segurança e felicidade, desponte tarde em todos os regimes, e seja o resultado lento da ordem e da liberdade, não é preservada com a mesma dificuldade com que surge. Quando ela deita raízes, é uma planta rígida, que dificilmente perecerá na cultura doente dos homens ou pelo rigor das estações. As artes do luxo, e ainda mais as artes liberais, que dependem de gostos e sentimentos refinados, são apreciadas por uma minoria, cujo ócio, fortuna e gênio a qualificam para tais requintes. Mas aquilo que é útil para os mortais comuns, uma vez descoberto, dificilmente passa ao esquecimento, a não ser pela total subversão social ou invasões bárbaras, capazes de obliterar todos os vestígios da civilização e das principais artes. A imitação também é capaz de transportar as artes mais úteis e práticas de um clima a outro e fazer com que os seus progressos sejam anteriores aos das artes superiores, mesmo que o seu início e propagação tenham sido posteriores. Dessas causas procederam monarquias civilizadas e as artes do governo, que foram inicialmente inventadas nos estados livres, são preservadas para benefício mútuo e segurança do soberano e do súdito.

Por mais perfeita que seja, a forma monárquica pode parecer a alguns políticos como devendo toda a sua perfeição à república; nem tampouco será viável que um despotismo puro, estabelecido em meio a um povo bárbaro, por sua força e energia próprias, possa aperfeiçoar-se e elevar-se. Ele precisa copiar suas leis, seus métodos, suas instituições e, conseqüentemente, sua estabilidade e sua ordem, dos governos livres. Tais benefícios somente a república pode produzir. O extenso despotismo de uma monarquia bárbara, ao penetrar em todos os recantos do governo e da administração, impede para sempre que se manifestem tais progressos.

Numa monarquia civilizada, apenas o príncipe é ilimitado no exercício de sua autoridade, apenas ele possui um poder que não é restrito por nada senão o costume, o exemplo e a consciência de seus próprios interesses. Todos os ministros e magistrados, por mais importantes que sejam, são forçados a se submeter a leis gerais, que governam a sociedade como um todo e devem exercer a autoridade que lhes foi delegada conforme estiver previsto nos regulamentos. O povo depende apenas de seu soberano para a defesa de sua propriedade. Este se encontra tão distante e tão imune a ciúmes e interesses pessoais, que essa dependência mal é percebida. É assim que surge uma forma de governo à qual, se quisermos usar um termo político forte, podemos dar o nome *Tirania*, mas que, por meio de uma administração prudente e justa, pode garantir uma segurança tolerável ao povo, e pode mesmo atender à maioria dos objetivos da sociedade política.

Embora numa monarquia civilizada, bem como numa república, o povo tenha segurança no usufruto de sua propriedade, mesmo assim, nessas duas formas de governo, aqueles que ocupam cargos de maior autoridade têm à disposição grandes honrarias e vantagens, que despertam a ambição e a avareza da humanidade. A única diferença é que, numa república, os candidatos aos cargos precisam olhar para baixo, para obter os sufrágios do povo, e, numa monarquia, eles devem mirar sua atenção para cima, para cortejar as boas graças e os favores dos grandes. Para ser bem-sucedido no primeiro caso, é preciso que um homem se faça de alguma forma *útil*, pelo seu trabalho, capacidade, ou saber; para prosperar no segundo caso, é um requisito que ele se torne *agradável*, por seu espírito, afabilidade ou educação. Um gênio forte se realiza melhor nas repúblicas: Um gosto refinado, nas monarquias. E, conseqüentemente, as ciências crescem mais naturalmente nas primeiras; e as belas-artes nas últimas.

Isso para não mencionar que as monarquias, por receberem sua estabilidade principalmente da superstição reverente endereçada aos padres e príncipes, freqüentemente cercearam a liberdade de pensamento no que diz respeito à religião e à política, e, conseqüentemente, à metafísica e à moral. Juntas, elas constituem os ramos mais consideráveis da ciência. Os que restam, a matemática e a filosofia natural, não são nem metade tão valiosos.

Entre as artes da conversação, nenhuma agrada mais que a deferência ou a civilidade mútua, que nos leva a adaptarmos nossas próprias inclinações àquelas de nosso interlocutor e a desprezarmos a presunção e a arrogância que são tão próprias do espírito humano. Um homem de boa índole, que seja bem-educado, pratica essa civilidade com todos os mortais, sem premeditação ou interesse. Mas, para tornar totalmente coletiva essa valiosa qualidade, parece necessário acrescentar à disposição natural alguma motivação geral. Onde o poder se eleva do povo para os grandes, como ocorre em todas as repúblicas, tais refinamentos de civilidade podem não ser muito usados já que todo o estado está aproximadamente no mesmo nível e cada indivíduo se encontra, em grande medida, independente dos demais. O povo leva vantagem pela autoridade de seus votos; os poderosos, pela superioridade de seus cargos. Mas, numa monarquia civilizada, existe uma grande cadeia de dependência, do príncipe ao camponês, que, embora não seja suficientemente forte para tornar a propriedade precária ou esmagar o espírito do povo, é contudo forte o bastante para provocar em todos a inclinação a agradar os seus superiores e a tomá-los como modelos, que são os mais aceitáveis às pessoas de condição e educação. A polidez nas maneiras, portanto, surgirá mais naturalmente nas monarquias e nas cortes, e, onde ela florescer, estaremos certos de que nenhuma das ciências sociais será negligenciada ou desdenhada.

Atualmente, as repúblicas na EUROPA são famosas pela falta de polidez. *As boas maneiras de um SUÍÇO educado na HOLANDA*[16] é uma expressão que denota a rudeza entre os FRANCESES. Os INGLESES, em alguma medida, recebem a mesma censura, não obstante a sua cultura e gênio. E se os VENEZIANOS constituem uma exceção à regra, devem isso, talvez, ao intercâmbio com outros ITALIANOS, cujos governos, em sua maioria, estabelecem uma dependência social mais que suficiente para civilizar suas maneiras.

É difícil emitir qualquer julgamento em relação aos refinamentos das antigas repúblicas nesse aspecto, mas me inclino a suspeitar que as artes da conversação não foram tão aprimoradas quanto as artes da escrita e da composição. A baixeza dos oradores antigos em diversas ocasiões é bastante chocante, ultrapassando toda crença. A vaidade também é agressiva nos autores dessa época;[17] bem

---

[16] C'est la politesse d'um Suisse
Em HOLLANDE civilisé.
                        ROUSSEAU.
[Jean-Baptiste Rousseau (1671-1741), *Poésies Diverses*, "Soneto", em *Oeuvres* (Paris:1820) 2.366.]

[17] É desnecessário citar CÍCERO ou PLÍNIO sobre esse tema; eles já são muito conhecidos; mas ficamos um pouco surpresos quando vemos ARRIANO, um escritor muito grave e judicioso, interromper abruptamente o curso de sua narrativa para dizer aos leitores que ele próprio é tão eminente entre os GREGOS pela eloqüência quanto ALEXANDRE o era pelas armas. Liv. i. [Arriano, *Expedição de Alexandre* 1.12.]

como a licenciosidade e a falta de modéstia comuns ao seu estilo. *Quicunque impudicus, adulter, ganeo, manu, ventre,* pene, *bona patria laceraverat,* diz SALÚSTIO numa das passagens mais graves e moralistas de sua história.[18] *Nam fuit ante Helenam Cunnus teterrima belli Causa* é uma expressão de HORÁCIO, ao traçar a origem da boa e da má moral.[19] OVÍDIO e LUCRÉCIO[20] são quase tão licenciosos em seu estilo como Lorde ROCHESTER;[21] embora os primeiros fossem os cavalheiros autênticos e excelentes escritores, ao passo que ROCHESTER, por viver em meio às corrupções da corte a que pertencia, tenha abandonado qualquer preocupação com a vergonha e a decência. JUVENAL[22] recomenda com grande zelo a modéstia, mas oferece um exemplo muito mau, se considerarmos a impudência de suas expressões.

---

[18] Salust. *A Conjuração de Catilina* 14.2: "Os libertinos, glutões e jogadores desperdiçaram seu patrimônio em festas e devassidão..." (Tradução da edição Loeb por J. C. Rolfe.)

[19] Horácio, *Sátiras* I.3.107: "...antes do tempo de Helena, uma prostituta foi o mais espantoso motivo de uma guerra". (Tradução da edição Loeb por H. Rushton Faiclough.)

[20] Esse poeta (Ver liv. iv.1165.) recomenda uma cura extraordinária para o amor, algo que não se espera encontrar num poema tão elegante e filosófico. Esta parece ter sido a origem de algumas imagens do Dr. SWIFT. Os elegantes CATULO e FEDRO caem na mesma censura. [Lucrécio (94?-55? a.C.), *De Rerum Natura* (Da natureza das coisas) 4.1165. No trecho citado, Lucrécio, um poeta romano e adepto da filosofia epicurista, sugere que um homem pode escapar das armadilhas do amor prestando atenção nos defeitos mentais e físicos de uma mulher, que ela tenta esconder por meio de diversos artifícios, como perfumes que camuflam os odores do corpo. Catulo (84?-54? a.C.) foi um poeta lírico romano. Fedro (15? a.C.-50 d.C.) foi um escritor romano de fábulas.]

[21] John Wilmot, segundo Conde de Rochester (1648-80), um poeta e notório libertino, era um dos favoritos na corte de Charles II.

[22] Juvenal (60? d.C.-depois de 127) foi um dos maiores poetas satíricos romanos.

Também ouso afirmar que, entre os antigos, não havia muita delicadeza e educação ou aquela deferência e respeito polidos que somos obrigados a demonstrar para com as pessoas com quem conversamos. CÍCERO foi certamente um dos mais refinados cavalheiros de seu tempo; e, no entanto, devo confessar que freqüentemente fico boquiaberto com a pobre figura pela qual ele representa o seu amigo ÁTICO, naqueles diálogos onde ele próprio é apresentado como um orador. Aquele ROMANO culto e virtuoso, cuja dignidade, embora ele fosse apenas um simples cidadão, não era inferior à de ninguém em ROMA, está retratado ali sob uma luz mais digna de piedade que o amigo de FILATETO nos nossos diálogos modernos. Ele é um humilde admirador do orador, a quem elogia muito e de quem recebe instruções, com toda a deferência que um discípulo deve a seu mestre.[23] Até mesmo CATÃO é tratado assim de cima nos diálogos *De Finibus*.[24]

Um dos detalhes mais curiosos de um diálogo real que encontramos na antigüidade é relatado por POLÍBIO;[25] é quando FILIPE, rei da MACEDÔNIA, um príncipe de espírito e talento,

---

[23] AT. *Non mihi videtur ad behate vivendum satis esse virtutem.* MAR. AT. *Hercule BRUTO meo videtur; cujus ego judicium, pace tua dixerim, longe antepono tuo.* TUSC. Quæst. Liv. v. [Cícero, *Disputas Tusculanas* 5.5.12: "*Ático*: Não me parece que a virtude seja suficiente para garantir uma vida feliz." *Marcus*: Mas posso lhe garantir que meu amigo Brutus julga que é suficiente, e com sua permissão eu coloco o julgamento dele acima do seu" (tradução da edição Loeb por J. E. King). Em relação à referência de Hume ao "amigo de Filaleto em nosso diálogo moderno", ver Jeremy Collier (1650-1726), *Ensaios* (1697), que contém diálogos entre Filotionus e Filaleto.]
[24] [Ver Cícero, *De Finibus Bonorum et Malorum* (Sobre as finalidades do bem e do mal), onde Catão aparece como o porta-voz da ética estóica.]
[25] Lib. xvii. [Políbio, *As Histórias* 18.4-7.]

encontra TITO FLAMININO, um dos mais educados dos ROMANOS, como nos informa PLUTARCO,²⁶ acompanhado por embaixadores de quase todas as cidades GREGAS. O embaixador da ETÓLIA diz abruptamente ao rei que FLAMININO fala como um tolo ou um louco (ληρεῖν). *É evidente,* responde sua majestade, *mesmo para um cego*; o que era uma pilhéria relativa à cegueira de sua excelência. Mas nada disso ultrapassou os limites, e a conferência decorreu normalmente; e FLAMININO divertiu-se muito com essas manifestações de humor. No final, quando FILIPE pediu um pouco de tempo para conferenciar com seus amigos, que não estavam presentes na reunião, o general ROMANO, também desejoso de dar uma amostra de seu humor, como conta o historiador, diz-lhe *que talvez a razão pela qual nenhum de seus amigos estava ali era que ele tinha assassinado todos*; o que era realmente o caso. Este caso involuntário de rudeza não é condenado pelo historiador; nem causou aborrecimento a FILIPE, que o recebeu com um sorriso SARDÔNICO, ou melhor, um arreganhar de dentes; e não o impediu de continuar a conversa no dia seguinte. PLUTARCO²⁷ também menciona essa ironia entre os ditos espirituosos de FLAMININO.

O Cardeal WOLSEY²⁸ pediu desculpas pela sua famosa insolência ao dizer EGO ET REX MEUS, *eu e meu rei*, observando que

---

²⁶ In vita FLAMIN. [Plutarco (antes de 50 d.C.-depois de 120), *Vidas*, na vida de Tito Flaminino, seç. 2. Flaminino (225?-174 a.C.), general e estadista romano, foi encarregado da condução da guerra contra Filipe V da Macedônia, a quem por fim derrotou.]
²⁷ PLUT. en vita FLAMIN. [seç. 17.]
²⁸ Thomas Wolsey (1471-1530), Cardeal e Lorde Chanceler, acumulou vastos poderes sob Henrique VIII, mas os perdeu como resultado de sua indecisão em relação ao divórcio de Henrique.

tal expressão estava de acordo com o idioma *latino*, e que um RO-MANO sempre se nomeava antes da pessoa de quem ou a quem falava. Mesmo assim este parece ser um exemplo da educação entre tal povo. Os antigos estabeleceram a regra de que a pessoa de maior dignidade deve ser mencionada primeiro no discurso; e assim é, pois sabemos que houve uma disputa entre os ROMANOS e os ETOLIANOS, motivada pelo fato de um poeta, ao celebrar uma vitória dos seus exércitos unidos sobre os MACEDÔNIOS, ter citado os ETOLIANOS antes dos ROMANOS. E LÍVIA aborreceu TIBÉRIO ao colocar seu nome antes do dele numa inscrição.[30]

Nenhuma vantagem neste mundo é pura e sem mistura. Da mesma forma como a polidez moderna, naturalmente tão ornamentada, freqüentemente se transforma em afetação e peraltice, hipocrisia e falsidade, assim a simplicidade dos antigos degenera freqüentemente em rudeza e abuso, aviltamento e obscenidade.

Se uma educação superior pode ser atribuída aos tempos modernos, então a moderna noção de *galanteria*, produto natural das cortes e monarquias, será provavelmente apontada como causa desse refinamento. Ninguém nega que se trata de uma invenção moderna:[31] Mas alguns dos defensores mais zelosos dos antigos a consideram afetada e ridícula e mais digna de censura que de elogios, na época atual.[32] Pode ser adequado examinar essa questão aqui.

---

[29] Ibid. [Plutarco, *Vidas*, na vida de Tito Flaminino, seç. 9.]
[30] TÁCITO. An. Liv. iii. Cap. 64.
[31] No *Autotormento* de TERÊNCIO, CLÍNIAS, sempre que vem à cidade, em vez de esperar sua amante, manda buscá-la. [Terêncio (190?-159? a.C.) foi um dramaturgo cômico romano.]
[32] Lorde SHAFTESBURY, ver seus *Moralistas*. ["Os Moralistas: Uma Rapsódia Filosófica", em *Características*, vol. 2.]

A natureza implantou em todas as criaturas vivas a afeição entre os sexos, que, mesmo nos animais mais ferozes, não fica meramente confinada à satisfação do apetite corporal, mas promove uma amizade e uma simpatia mútuas que acompanham todo o curso de suas vidas. Mesmo naquelas espécies em que a natureza limita esse apetite a uma estação e a um único objeto e forma uma espécie de casamento ou associação entre um único macho e a fêmea, mesmo assim existem a complacência e a benevolência que suavizam e prolongam a afeição recíproca dos dois sexos. No homem, essa afeição não será muito maior, já que a limitação do apetite não é natural, mas um resultado acidental de algum encanto específico do amor ou decorrente da reflexão sobre o dever e a conveniência? Nada, portanto, pode proceder menos da afetação que a paixão da galanteria. Ela é *natural* no mais alto grau. A arte e a educação, nas cortes mais elegantes, não a alteram mais do que a outras paixões igualmente louváveis. Elas apenas dirigem o espírito com mais vigor em sua direção; elas o refinam; aprimoram-no; e lhes dão a graça e a expressão adequadas.

Mas a galanteria é *generosa*, da mesma forma como é *natural*. Para corrigir os vícios que nos levam a ferir os outros existe a moral, que é objeto da educação comum. Onde *esse* objetivo não for atendido, não pode subsistir uma sociedade humana. Mas, para tornar a conversação e o intercâmbio intelectual mais fáceis e agradáveis, foram inventadas as boas maneiras, que levaram adiante esse projeto. Onde quer que a natureza tenha dado ao espírito a propensão para algum vício ou a qualquer paixão desagradável aos outros, o comportamento refinado ensinou os homens a lutarem contra essa propensão e a preservarem em toda a sua conduta a aparência de sentimentos distintos daqueles para os quais se inclinam naturalmente. Assim, como somos comumente egoístas e orgulhosos e tendemos a passar por cima dos outros, um homem polido nos ensinará a nos comportarmos com deferência em relação aos outros e a dissimularmos a superioridade, em todos os casos. Da mesma forma, sempre que uma situação dê margem a uma suspeita sobre uma pessoa, faz parte das boas maneiras evitá-la, demonstrando sentimentos contrários às suspeitas que se possam originar. Assim, os idosos conhecem suas doenças e naturalmente se lamentam com a juventude; por isso, os jovens bem-educados devem redobrar sua deferência em relação aos mais velhos. Os estranhos e estrangeiros não dispõem de muita proteção. Assim, em todos os países educados, eles devem receber as maiores cortesias e desfrutar de privilégios em qualquer reunião. Um homem é senhor em sua própria família e, de certa forma, seus convidados estão sujeitos à sua autoridade: Assim, ele deve atrair sobre si pouca atenção, estando atento aos desejos de todos; atribuindo-se todo o trabalho, de forma a agradar a todos, mas não de maneira demasiado ostensiva a ponto de constranger os convidados.[33] A galanteria não é senão um exemplo dessa mesma atenção generosa. Como a natureza concedeu ao *homem* superioridade sobre a *mulher*, dotando-o de uma força maior no corpo e na mente, cabe a ele atenuar esta superioridade, tanto quanto

---

[33] A menção freqüente, em autores antigos, daquele costume negativo de o chefe da família comer o melhor pão ou beber o melhor vinho à mesa do que o que era oferecido aos seus convidados constitui um sinal do grau de civilidade daquela época. Ver JUVENAL, sat. 5. PLINII liv. xiv. Cap. Xiii. [Plínio o Velho, *História Natural.*] E também PLINII *Epist.* [Plínio o Jovem (61-112? AD), *Cartas.*] *Lucian de mercede conductis, Saturnalia &c.* [Luciano, *Dos Cargos Assalariados nas Grandes Casas, Saturnália,* etc.] Dificilmente existirá na EUROPA atualmente uma região tão pouco civilizada a ponto de admitir semelhante costume.

possível, pela generosidade em seu comportamento e por uma deferência e complacência estudadas em relação a todas as inclinações e opiniões das mulheres. As nações bárbaras ampliam essa superioridade, reduzindo suas mulheres à escravidão mais abjeta, mantendo-as presas, batendo-lhes, vendendo-as ou mesmo as matando. Mas o sexo masculino, numa sociedade civilizada, descobre a sua autoridade numa conduta que, não sendo menos evidente, é mais generosa; pela civilidade, pelo respeito, pela complacência, numa palavra, pela galanteria. Numa boa sociedade não é preciso perguntar: Quem é o dono da festa? Pois é certamente o homem que se sentar no lugar mais humilde e que servir a todos incansavelmente. Devemos condenar todos esses exemplos de generosidade como afetados e hipócritas ou admitir a galanteria entre os restantes. Os antigos MOSCOVITAS desposavam suas mulheres com um chicote, em vez de um anel. O mesmo povo, em suas próprias casas, tomava sempre a primazia sobre os estrangeiros, mesmo[34] que fossem embaixadores estrangeiros. Estes dois exemplos de sua generosidade e delicadeza são do mesmo estofo.

A galanteria não é menos compatível com a *sabedoria* e a *prudência* do que com a *natureza* e a *generosidade*; e, uma vez estando sob regras adequadas, contribui mais que qualquer outra invenção para o *entretenimento* e o *aprimoramento* da juventude, de ambos os sexos. Em

---

[34] Ver *Relatório de Três Embaixadas*, pelo Conde de CARLISLE. [Charles Howard, Primeiro Conde de Carlisle (1629-85), foi embaixador da Inglaterra na Rússia, na Suécia e na Dinamarca na década de 1660. O livro a que Hume se refere, *A Relation of Three Embassies from His Sacred Majestie Charles II to the Great Duke of Moscovie, the King of Sweden and the King of Denmark* (1669), foi escrito não por Carlisle, mas por Guy Miège, que o acompanhou nas embaixadas.]

todas as espécies de animais, a natureza encontrou no amor entre os sexos a sua alegria melhor e mais doce. Mas essa satisfação do apetite corporal não é por si só suficiente para satisfazer o espírito; e mesmo entre criaturas brutas, observamos que elas brincam e folgam, o que, ao lado de outras expressões de felicidade, constitui a maior parte de sua diversão. Nos seres racionais, certamente devemos dar ao espírito um peso considerável. Se roubarmos a festa de toda essa guarnição de razão, discurso, simpatia, amizade e alegria, o que sobrar dificilmente será digno de ser aceito, no julgamento dos que são verdadeiramente elegantes e luxuosos.

Qual outra escola de maneiras é melhor que a companhia das mulheres virtuosas, onde o propósito mútuo de agradar serve para polir imperceptivelmente o espírito, onde o exemplo da suavidade e da modéstia femininas se transmite a seus admiradores, e onde a delicadeza própria daquele sexo põe cada um de sobreaviso, para não ofender de forma alguma a decência?

Entre os antigos, o caráter do sexo frágil era considerado doméstico; tampouco elas eram vistas como parte do mundo polido ou da boa sociedade. Talvez seja esta a razão pela qual os antigos não nos deixaram uma única peça de espírito que seja excelente (a menos que consideremos como exceções o *Banquete* de XENOFONTE e os *Diálogos* de LUCIANO),[35] embora muitas de suas composições sérias sejam inimitáveis. HORÁCIO condena as zombarias grosseiras e os gracejos frios de PLAUTO:[36] Mas,

---

[35] As principais obras do autor grego Luciano (120?-depois de 180 d.C.) são diálogos satíricos.
[36] Ver Horácio, *Ars Poetica* (A arte da poesia), linhas 270-74. Plauto (250?-184? a.C.) foi um dramaturgo cômico romano.

embora seja o escritor mais fácil, agradável e judicioso do mundo, o seu talento para o ridículo seria particularmente notável ou refinado? Este, portanto, é um aperfeiçoamento considerável, que as belas-artes receberam da galanteria e das cortes, onde surgiram originalmente.

Mas, para encerrar esta digressão, enunciarei uma *quarta* observação sobre o tema, a origem e o progresso das artes e das ciências: *Que, quando as artes e as ciências chegam à perfeição em qualquer estado, a partir desse momento naturalmente, ou melhor, necessariamente, entram em decadência e raramente ou nunca voltam a ser o que eram nessa nação onde originalmente floresceram.*

Deve-se admitir que esta máxima, embora conforme à experiência, pode ser considerada, à primeira vista, contrária à razão. Se o gênio natural da humanidade fosse o mesmo em todas as épocas, e em quase todos os países (como parece ser o caso), ajudaria muito ao progresso e aprimoramento desse gênio estabelecer padrões para cada arte, que regulassem o gosto e fixassem os objetos da imitação. Os modelos que nos deixaram os antigos deram origem a todas as artes há cerca de 200 anos e contribuíram poderosamente para o seu progresso em todos os países da EUROPA. Por que não tiveram um efeito semelhante durante o reinado de TRAJANO e seus sucessores, quando esses padrões ainda estavam quase intactos e ainda eram admirados e estudados no mundo inteiro? Ainda na época do imperador JUSTINIANO,[37] os GREGOS se referiam a HOMERO dizendo simplesmente o POETA, e da mesma forma os ROMANOS se referiam a VIRGÍLIO. Ainda existe uma gran-

---

[37] Justiniano foi imperador do império romano oriental de 527 a 565 d.C.

de admiração por esses gênios divinos; mas, ao longo de séculos, nenhum poeta apareceu que pudesse pretender sequer imitá-los.

O gênio de um homem é sempre, no começo da vida, tão desconhecido dele próprio quanto das demais pessoas; e é somente após repetidas tentativas, algumas coroadas de êxito, que ele ousa começar a suspeitar-se semelhante àqueles cujos bem-sucedidos empreendimentos atraíram a admiração da humanidade. E se a sua nação já possuir muitos modelos de eloqüência, ele naturalmente comparará com estes os seus exercícios juvenis; e, sendo sensível à enorme desproporção que existir, pode se desencorajar de novas tentativas, e ele talvez não volte a tentar rivalizar com aqueles autores a quem tanto admira. Uma emulação nobre é a fonte de toda excelência. A admiração e a modéstia eliminam essa emulação. E ninguém é tão propenso à admiração e à modéstia quanto um gênio verdadeiramente grande.

Em seguida à emulação, o maior estímulo vem do elogio e da glória. Um escritor anima-se com um novo vigor quando ouve os aplausos do mundo às suas primeiras obras; e, assim estimulado, atinge um ápice de perfeição que espanta igualmente a ele próprio e a seus leitores. Mas, quando os postos de honra estão todos ocupados, os seus primeiros ensaios são friamente recebidos pelo público, por serem comparados com produções que parecem ser mais excelentes se já contam com a vantagem de uma reputação estabelecida. Se MOLIÈRE[38] e CORNEILLE levassem agora ao palco as suas primeiras peças, que foram tão bem recebidas no passado, o desdém e a indiferença do público desestimulariam os

---

[38] Jean-Baptiste Poquelin, conhecido como Molière (1622-73), foi um importante dramaturgo cômico francês.

jovens poetas. Só a ignorância da idade pode admitir o *Príncipe de
TIRO*; mas é a isto que devemos *O mouro*. Se *Cada homem com seu
humor* tivesse sido rejeitado, jamais teríamos visto VOLPONE.[39]

Talvez não seja vantajoso para qualquer nação importar arte de
seus vizinhos que tenham atingido uma grande perfeição. Isso extingue a emulação e estanca o vigor da juventude. Muitos modelos
que foram trazidos da pintura ITALIANA à INGLATERRA, em
vez de inspirar os nossos artistas, podem ter sido responsáveis pelo
pequeno progresso desta nobre arte entre nós. Foi, talvez, o mesmo caso de ROMA, ao entrar em contato com as artes GREGAS.
A quantidade de produções refinadas em língua FRANCESA, dispersas por toda a ALEMANHA e pelo NORTE, impediu que
essas nações cultivassem o seu próprio idioma, e ainda as mantém
dependentes dos vizinhos em relação a tais belas-artes.

É certo que os antigos nos deixaram modelos em todas as formas literárias, altamente dignos de admiração. Mas, além do fato
de que foram escritos em idiomas só acessíveis aos instruídos; além
disso, dizia eu, não existe comparação ente o espírito daquela época e o moderno. Se WALLER tivesse nascido em ROMA, durante
o reinado de TIBÉRIO, as suas primeiras obras teriam sido desprezadas, ao serem comparadas com as bem-acabadas odes de
HORÁCIO. Mas, nesta ilha, a superioridade do poeta ROMANO não diminuiu em nada por conta da fama do INGLÊS. Nós
nos damos por satisfeitos se o nosso clima e a nossa língua puderem produzir uma cópia tênue de tão excelente original.

---

[39] *Péricles, Príncipe de Tiro* e *Otelo, o Mouro de Veneza* são peças de William Shakespeare (1564-1616). *Cada Homem com Seu Humor* e *Volpone* são peças de Ben Jonson (1572-1637).

Resumindo, as artes e as ciências, como certas plantas, requerem um solo fresco; e, por mais rica que a terra seja, e por mais que se cuide dela com esmero, uma vez exaurida ela nunca mais produzirá nada semelhante em perfeição ou acabamento.

DAVID HUME

Ensaio XV

O epicurista[1]

É uma grande mortificação para a vaidade humana que o melhor de sua arte e esforço jamais pode igualar as mais ínfimas produções da natureza, tanto em beleza quanto em valor. O artista é somente um aprendiz, cuja atividade se limita apenas a acrescentar alguns retoques para embelezar as peças que lhe chegam das mãos do mestre. Parte do desenho do tecido pode ser de sua autoria; mas ele não está autorizado a tocar na figura principal. A arte pode produzir um vestuário completo: mas só a natureza pode produzir um homem.

Mesmo naquelas produções comumente denominadas obras de arte, observamos que os casos mais ilustres devem sua beleza principalmente à força e à influência feliz da natureza. Ao entusiasmo natural dos poetas devemos tudo o que é admirável em suas produções. O maior dos gênios, se a natureza lhe falha em algum momento (pois ela não age de forma igual o tempo todo), atira

---

[1] Ou *O homem da elegância e do prazer*. A intenção deste e dos três ensaios seguintes não é tanto explicar acuradamente as opiniões das antigas seitas filosóficas quanto interpretar as opiniões das seitas que se formam naturalmente no mundo, ensejando diferentes idéias sobre a vida humana e a felicidade. Dei a cada um deles o nome de uma seita filosófica com a qual elas têm maior afinidade.

longe a sua lira, desistindo de alcançar a harmonia divina através das regras da arte. Como são pobres esses cantos, nos quais uma afortunada onda de fantasia não forneceu os materiais para refinar e embelezar a arte!

Mas, de todas as tentativas infrutíferas de arte, nenhuma é tão ridícula quando aquela empreendida por diversos filósofos, a produção de uma *felicidade artificial*, procurando nos proporcionar a satisfação por meio das regras da razão e da reflexão. Por que nenhum deles reclamou a recompensa que XERXES[2] prometeu a quem inventasse um novo prazer? A menos, talvez, que eles tenham inventado tantos prazeres para seu próprio uso que passaram a desprezar a riqueza, não necessitando de qualquer satisfação que as recompensas daquele monarca pudessem proporcionar. Creio poder pensar que eles não quiseram oferecer à corte PERSA um novo prazer, apresentando-o como um original e incomum objeto de ridículo. As suas especulações, quando restritas à teoria, e ensinadas seriamente nas escolas da GRÉCIA, poderiam provocar a admiração de seus pupilos ignorantes, mas a tentativa de reduzir à prática tais princípios logo teria traído o seu absurdo.

Pretendem me fazer feliz pela razão e pelas regras da arte. Devem, então, criar novas regras da arte para mim. Pois da minha constituição e estrutura originais depende a minha felicidade. Mas é preciso ter poder para conseguir isso; e também habilidade, receio: e eu não poderia ter a sabedoria da natureza em menor conta que a de qualquer indivíduo. Que seja ela, portanto, a conduzir a

---

[2] Xerxes, rei da Pérsia de 486 a 465 a.C., é famoso sobretudo pela sua invasão fracassada à Grécia em 480 a.C.

máquina que tão sabiamente construiu. Creio que eu só poderia estragá-la se mexesse nela.

Com que propósito pretenderia eu regular, aperfeiçoar ou revigorar qualquer daquelas engrenagens ou princípios que a natureza implantou em mim? É este o caminho pelo qual posso alcançar a felicidade? Mas a felicidade implica tranqüilidade, alegria, repouso e prazer – e não preocupações, cuidados e fadigas. A saúde do meu corpo consiste na facilidade com que ele desempenha todas as suas funções: o estômago digere os alimentos; o coração faz o sangue circular; o cérebro separa e apura os espíritos. E tudo isso sem que eu me preocupe com qualquer desses assuntos. Quando, pela simples ação da minha vontade, eu puder fazer parar o sangue que corre impetuosamente por seus canais, então poderei ter a esperança de mudar o curso dos meus sentimentos e paixões. Em vão tentaria ampliar as minhas faculdades, esforçando-me para extrair prazer de um objeto que a natureza não moldou de forma a satisfazer os meus sentidos. Posso causar dor a mim mesmo com esses esforços infrutíferos, mas jamais atingirei qualquer prazer.

Fora, portanto, com todas essas vãs pretensões de nos tornarmos felizes dentro de nós mesmos, de festejar os nossos próprios pensamentos, de nos satisfazermos com a consciência do bem-fazer e de desdenharmos qualquer ajuda e assistência dos objetos exteriores. Esta é a voz do ORGULHO, não da NATUREZA. E tudo estaria bem se este orgulho tivesse ao menos a capacidade de sustentar a si mesmo, produzindo um verdadeiro prazer *interior*, ainda que melancólico e severo. Mas esse orgulho arrogante só é capaz de regular o *exterior*; e, com atenção e sofrimentos infinitos, compor a linguagem e as atitudes de forma a criar uma aparência de dignidade filosófica, a fim de iludir o vulgo ignorante. O coração, enquanto isso, fica esvaziado de qualquer prazer; e a mente, sem o apoio dos objetos que lhe são adequados, mergulha na mais profunda tristeza e depressão. Miserável e tolo mortal! Como pode seu espírito ser feliz dentro de si mesmo! De que recursos ele dispõe para preencher um vazio tão imenso, para conseguir ocupar o espaço de todos os sentidos e faculdades do corpo? Pode a sua cabeça sobreviver sem seus outros membros? Numa situação assim,

> *Que triste figura se deve fazer?*
> *Não mais que* dormir *e* sofrer.³

Numa tal letargia ou em tal estado melancólico, deve seu espírito ficar necessariamente mergulhado, quando privado das ocupações e prazeres que lhe vêm de fora.

Portanto, não me imponham por mais tempo essa restrição violenta. Não me confinem dentro de mim mesmo; mas me apontem aqueles objetos e prazeres que maior satisfação puderem me oferecer. Mas por que recorrer a vocês, sábios orgulhosos e ignorantes, para me apontar o caminho da felicidade? Deixem que eu consulte as minhas próprias paixões e inclinações. É nelas que devo ler os ditames da natureza; e não em seus discursos frívolos.

---

³ A fonte e o autor desses versos não puderam ser localizados. A dupla de octassílabos foi amplamente usada no século XVIII, como um estilo de poesia satírica conhecido como Hudibrástico, cujo arquétipo foi a obra *Hudibras*, de Samuel Butler (pt. I, 1663; pt. III, 1678). Ver Richmond P. Bond, *English Burlesque Poetry: 1700-1750* (Cambridge: Harvard University Press, 1932), pp. 145-54.

Mas vejam que, propício aos meus desejos, o divino, o admirável PRAZER,[4] o AMOR supremo dos deuses e homens, avança em minha direção. À sua aproximação, o meu coração bate com intenso ardor e todos os meus sentidos e faculdades se dissolvem em alegria, enquanto ele espalha a meu redor todas as belezas da primavera e todos os tesouros do outono. A melodia de sua voz encanta os meus ouvidos com a música mais suave, convidando-me a partilhar os deliciosos frutos que me oferece, com um sorriso que enche de glória o céu e a terra. Os CUPIDOS brincalhões que o acompanham me refrescam, abanando suas asas perfumadas, ou derramam sobre minha cabeça seus óleos mais fragrantes ou me oferecem em taças de ouro o seu néctar resplandecente. Oh! Para sempre deixem-me esticar meus membros nesse leito de rosas e assim sentir passar os momentos deliciosos, em passos macios e suaves. Mas, sorte cruel! Por que você voa tão depressa? Por que meus desejos ardentes, diante da carga de prazeres que você apresenta, mais apressam do que abrandam o seu passo implacável? Deixe-me gozar esse suave repouso, depois de todas as minhas fadigas em busca da felicidade. Deixe-me ficar saciado com essas delícias, depois dos sofrimentos de uma abstinência tão longa e tão tola.

Mas não pode ser. As rosas já perderam as suas cores, e os frutos, o seu calor. E aquele delicioso vinho, cujas exalações, tão tarde, intoxicaram todos os meus sentidos com tamanho deleite, em vão solicita agora o meu saciado paladar. O *Prazer* sorri de meu langor. Acena à sua irmã, a *Virtude*, para que ela venha em seu auxí-

---

[4] *Dia Voluptas*. LUCRÉCIO ["...divino prazer", Lucrécio, *Da Natureza das Coisas* 2.172].

lio. A alegre, a esfuziante *Virtude* atende ao chamado, trazendo consigo todo o grupo de meus amigos joviais. Bem-vindos, três vezes bem-vindos, meus eternamente queridos companheiros, a este sombrio caramanchão e a este suntuoso repasto. A sua presença restituiu à rosa as suas cores e ao fruto o seu sabor. Os vapores desse caprichoso néctar agora palpitam novamente em torno de meu coração, enquanto vocês compartilham minhas delícias e revelam, com seu aspecto animado, o prazer que recebem da minha felicidade e satisfação. E o mesmo recebo eu da sua felicidade; e, estimulado pela sua presença jovial, volto a retomar o festim com o qual, devido ao excesso de gozo, os meus sentidos estavam bastante saciados, pois o espírito não acompanhava o ritmo do corpo, nem oferecia ajuda a seu sobrecarregado companheiro.

É nas nossas conversas mais animadas e não nos raciocínios formais das escolas, que pode ser encontrada a verdadeira sabedoria. É nas relações entre amigos e não nos debates vazios entre estadistas, que a verdadeira virtude se revela. Esquecidos do passado, seguros em relação ao futuro, aproveitemos o presente; e, enquanto ainda possuímos um ser, procuremos conquistar algum bem permanente, acima dos poderes do destino e da fortuna. O amanhã trará consigo seus próprios prazeres: e, se ele desapontar os nossos desejos, ao menos gozaremos o prazer de refletir sobre os prazeres de hoje.

Não temam, meus amigos, que a dissonância bárbara de BACO[5] e seus foliões venha interromper a nossa diversão, confundindo-nos com seus prazeres turbulentos e clamorosos. As musas esfuzian-

---

[5] Baco era outro nome de Dionísio, o Deus da vegetação e do vinho, cujos seguidores freqüentemente se entregam a emoções incontroláveis.

tes esperam ao nosso redor: e, com sua sinfonia encantadora, suficiente para amansar os lobos e tigres do deserto selvagem, inspiram uma alegria suave em cada coração. A paz, a harmonia e a concórdia reinam neste refúgio; o silêncio só é perturbado pela música de nossas canções, ou pelas inflexões joviais de nossas vozes amigáveis.

Mas escutem! Favorito das musas, o gentil DÂMON[6] toca a sua lira; e, acompanhando suas notas harmoniosas com sua mais harmoniosa canção, ele nos inspira o mesmo feliz desvario da fantasia que transporta a si próprio. "Vocês, jovens felizes", canta ele, "Vocês, favoritos do céu,[7] enquanto a primavera luxuriante espalha sobre suas cabeças todas as suas floridas homenagens, não deixem que a *glória* os seduza com seu fascínio provisório, levando-os a passar entre riscos e perigos esta estação deliciosa, este apogeu da vida. A sabedoria lhes indica a estrada do prazer: a natureza também os incita a segui-la por esta trilha macia e florida. Vocês fecharão os seus ouvidos a esta voz imperiosa? Endurecerão seus corações perante suas suaves tentações? Oh, mortais iludidos, perder assim a sua juventude, deitar fora assim um presente tão valioso, desperdiçar assim uma bênção tão frágil! Contemplem bem essa recompensa. Pesem bem essa glória que tanto alicia os seus cora-

---

[6] Este nome vem talvez das *Éclogas*, de Virgílio, nº 8, onde o pastor Dâmon canta uma canção de amor com um final trágico.
[7] Uma imitação da canção das SEREIAS de TASSO:
"O Giovinetti, mentre APRILE & MAGGIO
V'ammantan di fiorite & verdi spoglie", &c.
La Gerusalemme Liberata, Canto 14.
[Torquato Tasso, *Jerusalém Libertada*, 14.62: "Vocês, jovens felizes, que o fresco abril e maio/ Vestem de um verde florido e vigoroso" etc. Tradução de Edward Fairfax (1600) (Carbondale: Southern Illinois Press, 1962).]

ções orgulhosos, seduzindo-os com seus próprios louvores. É um eco, um sonho, ou melhor, a sombra de um sonho, que será dissipada pelo primeiro vento que vier e perdida por cada sopro contrário da multidão ignorante e maledicente. Não receiem que a própria morte venha arrebatá-la. Mas atenção! Enquanto ainda estiverem vivos, a calúnia dela os priva, a ignorância a despreza, a natureza não a aprecia; somente a fantasia, renunciando a todos os prazeres, recebe esta fútil recompensa, leve e instável como ela própria."

Assim as horas passaram imperceptivelmente, levando em seu cortejo pomposo todos os prazeres dos sentidos e todas as alegrias da harmonia e da amizade. A sorridente *inocência* encerra a procissão; e, enquanto ela se apresenta aos nossos olhos fascinados, embeleza toda a cena, tornando a visão daqueles prazeres tão arrebatadora, depois que eles passaram, como quando ainda estavam se aproximando de nós, com sua atitude risonha.

Mas o sol já mergulhou por trás do horizonte, e a escuridão, nos envolvendo em silêncio, já enterrou numa sombra universal a natureza inteira. "Regozijem-se, meus amigos, continuem o seu repasto ou troquem-no por um repouso suave. Mesmo ausente, continuarão sendo minhas a sua alegria e a sua tranqüilidade." *Mas para onde vai? E que novos prazeres lhe subtrai a nossa companhia? Pode alguma coisa ser agradável sem a presença dos seus amigos? Pode alguma coisa dar prazer, quando não a partilhamos?* "Sim, meus amigos, a alegria que agora possuo não permite a sua participação. Só aqui desejo a sua ausência e só aqui posso encontrar uma suficiente compensação para a privação da sua companhia."

Ainda não avancei muito por entre as sombras do espesso bosque, que espalham ao meu redor uma dupla noite, quando, quase logo, creio avistar na penumbra a deslumbrante CÉLIA, a amada dos meus desejos, que vagueia impaciente pelo bosque e, antecipando-se à hora prevista, censura silenciosamente os meus passos tardios. Mas a alegria que lhe provoca a minha presença é a minha melhor desculpa, e, dissipando qualquer pensamento de ansiedade ou raiva, só deixa espaço para a alegria e o arrebatamento mútuos. Com que palavras, minha bela, eu poderei descrever a minha ternura ou exprimir as emoções que agora aquecem o meu peito em chamas? As palavras são fracas demais para descrever meu amor; e se, por desgraça, você não sentir dentro de si a mesma chama, em vão me esforçarei para lhe transmitir a sua justa concepção. Mas cada uma das suas palavras, cada um dos seus gestos é suficiente para me tirar esta dúvida; e, ao mesmo tempo em que eles exprimem a sua paixão, servem também para incendiar a minha. Como são adoráveis esta escuridão, este silêncio, esta solidão! Nenhum objeto vem perturbar a alma arrebatada. O pensamento, os sentidos, tudo está inteiramente repleto de nossa felicidade mútua, que se apodera completamente do espírito e produz uma satisfação que os mortais iludidos procuram inutilmente nos outros prazeres.

Mas por que o seu peito estremece com esses suspiros, e por que as suas faces luminosas estão banhadas de lágrimas? Por que distrair o seu coração com uma ansiedade tão tola? Por que você me pergunta tantas vezes *Quanto tempo vai durar o meu amor*? Infelizmente, minha CÉLIA, posso eu resolver esta questão? *Sei eu quanto tempo minha vida vai durar*? Mas também isto perturba o seu coração terno? Por acaso a imagem de nossa frágil mortalidade lhe faz constante companhia, para desanimá-la nas horas mais felizes e envenenar até mesmo aquelas alegrias inspiradas pelo amor? Pense que, se a vida é frágil e a juventude é transitória, temos ainda mais motivo para usar bem o momento presente, sem nada perder uma existência assim perecível. Apenas mais um momento e *ela* não existirá mais. Seremos como se jamais tivéssemos sido, na face da Terra não restará uma recordação sequer de nós, e nem as sombras fabulosas do além poderão nos dar guarida. A nossa ansiedade estéril, os nossos projetos vãos, as nossas especulações incertas, tudo será engolido e perdido. As novas dúvidas atuais, sobre a causa original de todas as coisas, jamais serão dissipadas, infelizmente. Só podemos ter certeza de uma única coisa — é que, se existe um espírito supremo que preside os nossos destinos, deve lhe agradar ver-nos realizar a finalidade de nosso ser, gozando aquele prazer para o qual fomos criados. Que os seus ansiosos pensamentos encontrem repouso nesta reflexão, mas sem tornar demasiado sérias as suas alegrias a ponto de você fixar-se nelas para sempre. Basta ter conhecido uma vez esta filosofia para dar livre curso ao amor e à alegria, e dissipar todos os escrúpulos de uma superstição tola. Mas, minha bela, ao mesmo tempo em que a juventude e a paixão satisfazem os nossos ávidos desejos, é preciso encontrar assuntos mais alegres para misturar às nossas carícias amorosas.

DAVID HUME

Ensaio XVI

O estóico[1]

Existe uma diferença evidente e fundamental na conduta da natureza em relação ao homem e aos outros animais, que consiste no fato de ter dotado o primeiro de um espírito celeste sublime, o que lhe confere uma certa afinidade com os seres superiores, e ao mesmo tempo não permitir que essas faculdades nobres fiquem ociosas ou letárgicas – pelo contrário, ela o obriga, pela necessidade, a empregar freqüentemente o máximo de *arte* e de *trabalho*. Muitas das necessidades dos animais são satisfeitas pela natureza, pois esta mãe generosa em todas as coisas lhes deu roupas e recursos de defesa. E, mesmo naqueles casos em que o seu *trabalho* é necessário, a natureza, incutindo instintos, continua a lhes oferecer a *arte*, orientando-os para seu próprio bem, com seus preceitos infalíveis. Mas o homem, nu e inerte, exposto aos rudes elementos, só lentamente vai saindo desta situação indefesa, graças ao cuidado e à vigilância de seus pais. E, mesmo depois de chegar ao máximo de crescimento e perfeição, só tem a capacidade de subsistir graças a seu próprio cuidado e vigilância. Tudo

---
[1] Ou *O homem de ação e virtude*.

é conquistado com esforço e habilidade, e, mesmo quando a natureza fornece os materiais, ainda assim estes são rudes e inacabados, até o momento em que o trabalho, sempre ativo e inteligente, os tira do estado bruto em que se encontram e os adapta ao uso e à conveniência dos homens.

Reconheça, homem, portanto, a generosidade da natureza, pois foi ela que lhe deu sua inteligência, que satisfaz todas as suas necessidades. Mas não deixe que a indolência, sob a falsa aparência da gratidão, o convença a se contentar com as suas dádivas. Quer voltar a ter como alimento a erva crua, como abrigo o céu aberto e como armas de defesa paus e pedras, contra as feras selvagens do deserto? Então volte também aos seus costumes selvagens, à sua superstição timorata, à sua ignorância brutal, e deixe-se cair ainda mais baixo que esses animais, cuja condição você admira, e tanto gostaria de imitar.

Sua generosa mãe, a natureza, além de lhe dar a arte e a inteligência, encheu o globo inteiro com materiais onde empregar estes talentos: Dê ouvidos à sua voz, que diz tão claramente que você também deve se tornar um objeto de seu trabalho, e que somente por meio da arte e do esforço você pode adquirir aquela habilidade que o levará ao lugar que lhe convém no universo. Observe este artesão, que transforma uma rocha rude e sem forma num nobre metal; e moldando este metal com suas mãos habilidosas, cria, como num passe de mágica, todas as armas necessárias à sua defesa, e todos os utensílios necessários à sua conveniência. Ele não ganhou esta habilidade da natureza: foram o uso e a prática que lhe ensinaram; e, se você quiser se equiparar a este sucesso, deve seguir os mesmos passos laboriosos.

DAVID HUME

Mas, enquanto você aspira *ambiciosamente* ao aprimoramento das suas faculdades e poderes corporais, você desprezaria *mesquinhamente* o seu espírito, deixando-o, por uma preguiça despropositada, no mesmo estado rude e inculto com que ele saiu das mãos da natureza? Que esta insanidade e esta loucura estejam distantes de qualquer ser racional. Se a natureza foi frugal em suas dádivas e presentes, este é mais um motivo para que seja necessário que a arte supra suas deficiências. Se ela foi generosa e liberal, saiba que mesmo assim ela espera trabalho e aplicação da sua parte, e é bem capaz de vingar-se proporcionalmente à sua ingratidão e negligência. O gênio mais rico, como o solo mais fértil, fica cheio de ervas daninhas quando não é cultivado; e, em vez de vinhas e olivas para deleite e uso do homem, ele só produz, para o seu preguiçoso dono, uma abundante colheita de venenos.

O grande objetivo de todo trabalho humano é alcançar a felicidade. Para isso as artes foram inventadas, as ciências foram cultivadas, as leis foram decretadas, e as sociedades foram modeladas, através da profunda sabedoria dos patriotas e legisladores. Mesmo o selvagem solitário, que fica exposto à inclemência dos elementos e à fúria das bestas selvagens, não esquece, nem por um momento, esta grande finalidade do seu ser. Ignorante como ele é de toda a arte da vida, mesmo assim ele tem em vista a meta de todas as artes e busca ansiosamente a felicidade em meio àquela escuridão que o cerca. Mas, da mesma forma que o selvagem mais bruto é inferior ao cidadão civilizado, que, sob a proteção das leis, goza de todas as vantagens inventadas pelo trabalho, na mesma medida este cidadão é inferior ao homem de virtude, ao verdadeiro filósofo, que governa seus apetites, controla as suas paixões e aprendeu, pela razão, a atribuir um justo valor a cada objeto de desejo. Pois não existe, para todos os outros objetivos, a necessidade de uma arte e de um aprendizado? E não existirá uma arte, nem regras, nem preceitos capazes de nos orientar nesta questão tão importante? Pode um prazer determinado ser alcançado sem habilidade? E podem todos os prazeres ser regulados sem reflexão nem inteligência, através da orientação cega do apetite e do instinto? Sem dúvida, sendo assim, nunca se cometeriam erros nesse terreno, e todo homem, mesmo aquele mais dissoluto e negligente, procederia à busca da felicidade realizando um movimento tão regular como o dos corpos celestes, que, guiados pela mão do Todo-Poderoso, deslizam pelas planícies etéreas. Mas, se erros são freqüentemente, ou inevitavelmente, cometidos, registremos esses erros; consideremos as suas causas; avaliemos a sua importância; procuremos a sua solução. Quando, a partir daí, tivermos fixado todas as regras de conduta, seremos *filósofos*. Quando tivermos aplicado estas regras à prática, seremos *sábios*.

Como muitos artistas subordinados, empregados para dar forma às diversas rodas e engrenagens de uma máquina: assim são aqueles que se distinguem em qualquer das diversas atividades da vida. *Ele* é o mestre-artesão que junta todas estas partes, movimentando-as conforme uma justa harmonia e proporção; e produzindo a verdadeira felicidade como resultado de sua ordenada articulação.

Enquanto você tem em vista um objeto tão tentador, o trabalho e a concentração necessários para atingir esse fim poderão em algum momento parecer excessivos e intoleráveis. Pois saiba que este mesmo esforço é o principal ingrediente da felicidade a que você aspira, e que todo prazer depressa se torna insípido e desagradável, quando não é adquirido por meio do esforço e do trabalho. Olhe os robustos caçadores que se levantam de suas camas macias, sacodem o sono que ainda pesa em suas pálpebras e, mal a *Aurora* cobriu os céus com seu manto flamejante, já se apressam rumo à floresta. Deixam para trás, nas suas próprias casas e nas planícies vizinhas, animais de toda espécie, cuja carne fornece o mais delicioso alimento e que se oferecem facilmente ao golpe fatal. O homem laborioso despreza uma tarefa tão fácil. O que ele procura é uma presa que se oculte à sua perseguição, que fuja de sua busca ou que se defenda com violência. Somente depois de exercitar na caça todas as paixões do seu espírito e todos os membros de seu corpo, ele encontra enfim as delícias do repouso, comparando alegremente esses prazeres com aqueles de sua árdua tarefa.

E não é certo que o esforço vigoroso pode dar prazer mesmo quando é gasto na perseguição da presa mais insignificante, que muitas vezes nos escapa? Esse mesmo esforço pode tornar o cultivo de nosso espírito, a moderação de nossas paixões, o esclarecimento de nossa razão uma ocupação agradável – quando a cada dia tomamos consciência do nosso progresso, e observamos os nossos traços e atitudes interiores brilharem cada vez mais, com novos encantos. Comece, portanto, curando-se de sua indolência letárgica; a tarefa não é difícil: você só precisa experimentar as delícias do trabalho honesto. Esforce-se para conhecer o justo valor de cada empreendimento; não é preciso muito estudo: compare, ainda que uma só vez, o espírito e o corpo, a virtude e a fortuna, a glória e o prazer. Você perceberá então as vantagens do trabalho; e terá seguramente a sensibilidade para escolher os objetos adequados ao seu empenho.

Em vão você buscará repouso em leitos de rosas, em vão você esperará encontrar satisfação nos vinhos e frutos mais deliciosos. A sua própria indolência se transformará em cansaço: o seu próprio prazer lhe causará desgosto. O espírito, por falta de exercício, passa a achar insípido e detestável qualquer prazer; e também o corpo, cheio de humores nocivos, sente os tormentos de suas diversas doenças. A sua parte mais nobre tem consciência do veneno que a invade e em vão procura aliviar sua ansiedade com prazeres novos, que acabam por agravar ainda mais a enfermidade fatal.

Não preciso lhe dizer que, com essa sôfrega busca do prazer, você se expõe cada vez mais ao azar e aos acidentes, já que liga suas afeições a objetos externos, que o acaso pode lhe arrebatar a qualquer momento. Supondo que, apesar de tudo, as suas estrelas indulgentes o favoreçam com o deleite de suas riquezas e posses, posso lhe provar que, mesmo no meio de seus luxuosos prazeres, você ainda é infeliz; e que, por excesso de indulgência, você se tornou incapaz de gozar o que a próspera fortuna ainda lhe permite possuir.

Mas, certamente, a instabilidade da fortuna é um aspecto que não deve ser negligenciado ou esquecido. A felicidade não pode existir onde não existe segurança: e a segurança não pode existir onde a fortuna exerce qualquer domínio. Mesmo que esta divindade instável não voltasse sua raiva contra você, ainda assim o receio de sua fúria o atormentaria, perturbaria o seu sono, povoaria os seus sonhos e estragaria a alegria dos seus banquetes mais deliciosos.

O templo da sabedoria está fixado num rochedo, acima da fúria dos elementos em luta, e inacessível a toda maldade humana. O trovão retumbante estoura, abaixo; e aqueles instrumentos, ainda mais terríveis, da fúria humana não conseguem atingir alturas tão sublimes. O sábio, respirando esse ar sereno, olha para baixo com um misto de prazer e compaixão, observando os erros dos iludidos mortais, que procuram cegamente o verdadeiro caminho da vida correndo atrás da riqueza, da nobreza, da honra e do poder, e não da genuína felicidade. Ele observa que a maioria é desapontada em suas aspirações mais caras. Alguns lamentam que, tendo uma vez possuído o objeto de seus desejos, este lhes tenha sido arrebatado das mãos pela fortuna invejosa. E todos se queixam de que mesmo a satisfação de suas aspirações não pode lhes trazer a felicidade ou sequer aliviar a ansiedade de seus espíritos conturbados.

Mas o sábio é capaz de se preservar sempre nessa indiferença filosófica e de se contentar com lamentar as misérias da humanidade, sem nunca se esforçar para aliviá-las? Ele cede com freqüência àquela severa sabedoria que, pretendendo elevá-lo acima dos acidentes humanos, na realidade acaba por endurecer seu coração, tornando-o indiferente aos interesses da humanidade e da sociedade? Não; ele sabe que nessa sombria *Apatia* ele não pode encontrar nem a verdadeira sabedoria, nem a verdadeira felicidade. Ele sente com demasiada força o encanto das ações sociais para que possa contrariar uma propensão tão doce, tão natural, tão virtuosa. Mesmo quando, banhado em lágrimas, ele lamenta as misérias da espécie humana, do seu país ou dos seus amigos — e, incapaz de prestar socorro, só pode aliviá-los pela compaixão; mesmo assim ele se regozija com a sua generosa disposição e experimenta uma satisfação superior à de qualquer sentido. Os sentimentos humanitários são a tal ponto intensos que chegam a iluminar a própria face da tristeza e operam como o sol, quando este atravessa com sua luz uma nuvem sombria, ou quando pinta na chuva que cai as cores mais gloriosas que se pode encontrar em todo o ciclo da natureza.

Mas não é somente aqui que as virtudes sociais demonstram sua energia. Não importa o ingrediente que se lhes acrescente, elas sempre prevalecem. Um desgosto é incapaz de sobrepujá-las, nem pode um prazer sensual obscurecê-las. As alegrias do amor, mesmo as mais conturbadas, não destroem os ternos sentimentos da simpatia e da afeição. Estes até encontram sua principal influência naquela paixão generosa; e, quando se apresentam sozinhas, só podem oferecer lassitude e desgosto a um espírito infeliz. Observe esse jovem debochado, que prega o maior desprezo por todos os prazeres, fora os do vinho e da folia; separe-o dessas companhias, como uma centelha de uma fogueira, para cuja chama ele contribuía, e subitamente a sua alacridade se extingue; e, mesmo rodeado de toda sorte de objetos prazerosos, ele passa a abominar o banquete suntuoso e prefere a esses prazeres, por mais agradáveis e divertidos, até mesmo o estudo e a especulação mais abstratos.

Mas as paixões sociais nunca proporcionam prazeres tão exaltados, nem fazem uma aparição tão gloriosa aos olhos de DEUS e do homem, como quando, libertando-se de toda mistura terrena, associam-se aos sentimentos da virtude, impelindo-nos para a prática de atos meritórios e louváveis. Da mesma forma como as cores harmoniosas dão e recebem lustro de sua amigável união, assim também ocorre com esses sentimentos nobres do espírito humano. Veja o triunfo da natureza na afeição paterna! Que paixão egoísta! Que prazer sensual pode se lhe comparar, quando um homem exulta com a prosperidade e a virtude de seus filhos ou quando corre em seu auxílio, enfrentando os perigos mais ameaçadores?

Continue ainda a purificar essa paixão generosa e suas refulgentes glórias parecerão ainda mais admiráveis. Que encantos se encontram na harmonia dos espíritos e numa amizade que se baseia na estima e na gratidão mútuas! Que satisfação em aliviar os aflitos, em reconfortar os infelizes, em levantar os caídos e em deter a carreira da cruel fortuna ou do homem ainda mais cruel, em seus insultos aos bons e virtuosos! Mas que alegria mais suprema é possível, nas vitórias sobre o vício e a miséria, do que quando, pelo exemplo virtuoso ou pela exortação sábia, os nossos semelhantes aprendem a dominar suas paixões, a renunciar a seus vícios, a subjugar seus piores inimigos, que moram dentro de seu próprio peito?

Mas esses objetos ainda são limitados demais para o espírito humano, que, sendo de origem celestial, se expande com as maiores e mais divinas afeições e, voltando sua afeição para além dos parentes e conhecidos, estende os seus desejos benevolentes à posteridade mais remota. Ele encara a liberdade e as leis como fontes da felicidade humana e se dedica com o maior entusiasmo à sua guarda e proteção. Sacrifícios, perigos, a própria morte têm seus encantos, quando os enfrentamos pelo bem público, enobrecendo aquele ser que generosamente sacrificamos aos interesses de nosso país. Feliz do homem a quem a indulgente fortuna permite pagar à virtude o que ele deve à natureza, transformando num generoso presente aquilo que, de qualquer forma, lhe deve ser arrebatado pela cruel necessidade!

No verdadeiro sábio e patriota, está presente tudo o que distingue a natureza humana, ou eleva o ser mortal à semelhança com a divindade. A benevolência mais suave, a resolução mais indômita, os sentimentos mais ternos, o amor mais sublime pela virtude, tudo isso vai animando sucessivamente o seu coração. Que satisfação, quando ele olha para dentro de si mesmo e enxerga as paixões mais turbulentas harmonizadas numa justa concórdia e vê todo som dissonante ser eliminado dessa música encantadora! Se a contemplação, mesmo da beleza inanimada, é tão prazerosa; se ela contagia os sentidos, mesmo quando a forma bela nos é estranha: Quais devem ser os efeitos da beleza moral? E que influência ela deve exercer, quando embeleza o nosso próprio espírito, em conseqüência de nossa própria reflexão e trabalho?

Mas onde está a recompensa da virtude? E que recompensa a natureza provê para sacrifícios tão importantes quanto o da vida e o da fortuna, que freqüentemente devemos fazer-lhe? Oh, filhos da terra! Serão vocês ignorantes do valor dessa amante celestial? Serão capazes de questionar mesquinhamente o que lhes cabe, enquanto observam os seus encantos genuínos? Mas saibam que a natureza foi indulgente com a fraqueza humana e não deixou o seu filho predileto nu e indefeso. Ela dotou a virtude do mais rico dos dotes; mas cuidou de evitar que os atrativos do interesse cultivassem pretendentes tais que fossem insensíveis ao valor natural de uma beleza tão divina e, sabiamente, fez com que esse dote só tivesse encantos aos olhos daqueles que já estivessem transportados pelo amor da virtude. A GLÓRIA é o prêmio da virtude, a doce recompensa de esforços honrosos, a coroa triunfante que cobre a cabeça pensativa do patriota desprendido, ou a fronte empoeirada do guerreiro virtuoso. Elevado por um prêmio tão sublime, o homem virtuoso contempla com desdém todas as ilusões do prazer e todas as ameaças do perigo. A própria morte perde o seu terror, quando ele considera que seu domínio só alcança uma parte sua; e que, apesar da morte e do tempo, da fúria dos elementos e das vicissitudes intermináveis dos assuntos humanos, uma fama imorredoura entre os filhos dos homens já lhe está assegurada.

Certamente existe um ser que preside todo o universo; e que, com sabedoria e poder infinitos, impõe aos elementos dissonantes uma ordem e uma proporção justas. Deixem os pensadores especulativos discutirem até que ponto vai a proteção desse ser beneficente ou se ele prolonga a nossa existência além do túmulo, para poder atribuir à virtude a sua justa recompensa e garantir o seu completo triunfo. O homem de moral, sem nada decidir sobre uma questão tão duvidosa, satisfaz-se com a sorte que lhe foi reservada pelo ordenador supremo de todas as coisas. Ele aceita com gratidão aquela recompensa suplementar que lhe é oferecida; mas, quando desapontado, jamais considera a virtude uma palavra vazia. Ao contrário, por considerá-la, com justiça, a sua principal recompensa, reconhece com gratidão a generosidade de seu criador, que, chamando-o à existência, deu-lhe a oportunidade de possuir uma riqueza tão inestimável.

Ensaio XVII

O platônico[1]

Para alguns filósofos, parece ser motivo de surpresa que toda a humanidade, possuindo a mesma natureza e sendo dotada das mesmas faculdades, ainda assim seja tão diferente em seus objetivos e inclinações e que alguns condenem com intransigência o que outros procuram com prazer. Para alguns é motivo de surpresa ainda maior que a mesma pessoa possa diferir de si mesma tão intensamente, em ocasiões diferentes; chegando a rejeitar com desprezo, depois da posse, o que antes era objeto de todos os seus desejos e anseios. Para mim, esta incerteza febril e esta irresolução na conduta humana parecem totalmente inevitáveis: é impossível que uma alma racional, feita para a contemplação do Ser Supremo e de suas obras, consiga alcançar a tranquilidade ou a satisfação enquanto é detida pela procura ignóbil do prazer sensual ou do aplauso popular. A divindade é um oceano sem fronteiras, de glória e bem-aventurança: os espíritos humanos são regatos menores que, tendo a sua origem nesse oceano, ainda procuram, em meio à sua errância, retornar a ele e perder-se na imensidade de sua perfeição. Quando desviados desse curso natural, pelo vício ou pela lou-

---

[1] Ou *O homem de contemplação e devoção filosófica*.

cura, tornam-se furiosos e raivosos; e, transformando-se numa corrente, espalham então o horror e a devastação nas planícies vizinhas.

Em vão, por meio de frases pomposas e expressões apaixonadas, cada um recomenda o seu próprio caminho, convidando ouvintes crédulos a uma imitação de sua vida e de seus costumes. O coração trai essa atitude e sente com mais intensidade, mesmo em meio ao sucesso mais retumbante, o caráter insatisfatório de todos aqueles prazeres que o afastam de seu objetivo verdadeiro. Eu observo o homem voluptuoso antes do prazer: avalio a veemência de seu desejo e a importância de seu objeto; verifico que toda a sua felicidade decorre somente daquela pressa de pensamento que o arranca de si mesmo, desviando sua atenção de sua culpa e sua miséria. Volto a observá-lo um momento depois; ele agora já gozou o prazer que tão ansiosamente buscara. O sentimento de sua culpa e miséria lhe retorna, com uma dupla angústia: seu espírito está atormentado pelo medo e pelo remorso; seu corpo, deprimido pelo desgosto e pela saciedade.

Mas um personagem mais augusto, ou ao menos mais altivo, apresenta-se corajosamente à nossa censura; e, assumindo o título de filósofo e homem de moral, oferece-se para ser submetido ao exame mais rigoroso. Ele desafia, com uma oculta mas visível impaciência, a nossa aprovação e o nosso aplauso; e parece ofendido se hesitamos, mesmo por um momento, em manifestar admiração pela sua virtude. Percebendo esta impaciência, hesito ainda mais: começo a examinar os motivos de sua virtude aparente: mas, atenção! Antes mesmo de eu iniciar esta investigação, ele se afasta de mim; e, dirigindo seu discurso àquela multidão de ouvintes desatentos, incita-os prazerosamente com suas enormes pretensões.

Oh, filósofo! Sua sabedoria é vã e sua virtude é sem proveito. Você busca os aplausos ignorantes dos homens, não as reflexões sólidas de sua própria consciência ou a aprovação mais sólida daquele ser que, com uma só mirada de seu olhar que tudo vê, penetra o universo. Você certamente está ciente do vazio de sua pretensa probidade, pois, ao mesmo tempo em que chama a si mesmo um cidadão, um filho, um amigo, esquece o seu soberano mais sublime, o seu verdadeiro pai, o seu maior benfeitor. Onde está a adoração devida à perfeição infinita, de onde deriva tudo que é bom e valioso? Onde está a gratidão devida ao seu criador, que o tirou do nada para colocá-lo no meio de todas essas relações com as outras criaturas e, ao mesmo tempo em que lhe exige o cumprimento de seu dever em cada relação, proíbe-o de negligenciar o que deve a si próprio, o mais perfeito dos seres, ao qual você se encontra ligado pelo mais estreito dos laços?

Mas é você mesmo o seu próprio ídolo: Você adora as suas perfeições *imaginárias*; ou antes, sensível às suas imperfeições *reais*, busca apenas enganar o mundo e satisfazer seu próprio capricho com a multiplicação de seus admiradores ignorantes. E dessa forma, não lhe bastando desdenhar o que existe de mais excelente no universo, você almeja pôr em seu lugar o que existe de mais vil e desprezível.

Considere todas as obras feitas pela mão do homem; todas as invenções da inteligência humana, sobre as quais você afeta possuir tamanho discernimento: você verá que a produção mais perfeita ainda é aquela que provém do pensamento mais perfeito e que é somente o ESPÍRITO que nós admiramos, quando aplaudimos as graças de uma estátua bem-proporcionada ou a simetria de um nobre pilar. O escultor e o arquiteto continuam visíveis neles, fazendo-nos refletir sobre a beleza de sua arte e inventividade, as quais, de uma massa de matéria informe, conseguem extrair tais expressões e proporções. E essa beleza superior do pensamento e da inteligência você mesmo reconhece, quando nos convida a contemplar, na sua conduta, a harmonia de afeições, a dignidade de sentimentos e todas aquelas graças do espírito que mais merecem a nossa atenção. Mas por que você pára tão depressa? Nada mais lhe parece valioso? Em meio aos seus aplausos inflamados à beleza e à ordem, você continua ignorando onde se pode encontrar a beleza mais consumada, a ordem mais perfeita. Compare as obras de arte com aquelas da natureza. Umas não são mais que imitações das outras. Quanto mais a arte se aproxima da natureza, mais perfeita é considerada. Mas, mesmo assim, como ficam distantes as melhores aproximações e como é enorme o abismo que podemos observar entre elas! A arte copia somente o exterior da natureza, esquecendo-se de suas engrenagens e dos seus mais admiráveis princípios interiores, por superarem o seu poder de imitação e por estarem muito além de sua compreensão. A arte copia somente as produções diminutas da natureza, fracassando em atingir aquela grandeza e magnificência que tanta admiração nos causam as obras magistrais de seu original. Podemos ser tão cegos a ponto de não percebermos uma inteligência e um desígnio no mecanismo prodigioso e sublime do universo? Podemos ser tão estúpidos a ponto de não sentirmos arroubos da admiração e veneração mais ardentes, mediante a contemplação daquele ser inteligente, tão infinitamente bom e sábio?

A felicidade mais perfeita deve derivar, certamente, da contemplação do objeto mais perfeito. Mas existe algum objeto mais perfeito que a beleza e a virtude? E onde se pode encontrar uma beleza igual àquela do universo? Ou uma virtude que possa ser comparada à benevolência e à justiça da Divindade? Se alguma coisa é capaz de diminuir o prazer dessa contemplação, só podem ser as limitações das nossas faculdades, que nos ocultam a parte mais importante dessas belezas e perfeições; ou a brevidade de nossas vidas, que não nos dá tempo suficiente para nos instruirmos com elas. Mas, para nosso alívio, se soubermos usar com merecimento as faculdades que aqui nos foram atribuídas, elas serão ampliadas num outro estado de existência, a fim de nos transformar em adoradores mais adequados de nosso criador: E essa tarefa, que jamais poderá ser concluída no tempo, será levada a cabo numa eternidade.

Ensaio XVIII

O *cético*

Durante muito tempo, nutri uma desconfiança em relação às decisões dos filósofos sobre todos os assuntos e encontrei em mim mesmo uma grande inclinação a contestar as suas conclusões, mais do que a aceitá-las. Existe um erro ao qual todos parecem sujeitos, quase sem exceção: eles limitam em demasia os seus princípios, tornando-se incapazes de dar conta da imensa variedade que a natureza sempre manifesta em suas operações. Uma vez que um filósofo consegue estabelecer um princípio fundamental, capaz talvez de explicar um grande número de fenômenos naturais, ele passa a aplicar o mesmo princípio ao universo inteiro, reduzindo todos os fenômenos a esse princípio, mesmo que seja por meio do raciocínio mais absurdo e violento. Como o nosso espírito é estreito e limitado, não podemos abarcar com o nosso entendimento toda a ampla variedade da natureza; e por isso imaginamos que ela é igualmente limitada em sua operação, como somos em nossa especulação.

Mas, se devemos desconfiar dessa enfermidade dos filósofos em qualquer situação particular, é nos seus raciocínios concernentes à vida humana e aos métodos para conquistar a felicidade. Nesses casos, eles são arrastados não somente pela estreiteza de seu conhecimento, mas também pela estreiteza de suas paixões. Quase todos eles apresentam uma inclinação predominante, à qual submetem seus outros desejos e paixões e que os dirige durante todo o caminho de suas vidas, embora talvez com alguns intervalos. É difícil para eles admitir que coisas que lhes parecem totalmente indiferentes possam constituir fontes de prazer para outras pessoas ou possuam atrativos que escapam inteiramente à sua observação. Na sua opinião, os seus próprios projetos são sempre os mais apaixonantes; os objetos de suas paixões, os mais valiosos; e o caminho que percorrem, o único capaz de conduzir à felicidade.

Mas, se esses pensadores preconceituosos refletissem por um momento, veriam que existem muitos exemplos e argumentos óbvios, suficientes para desiludi-los e fazê-los ampliar as suas máximas e princípios. Eles não vêem a vasta variedade de inclinações e projetos em meio à nossa espécie, na qual cada homem parece plenamente satisfeito com o curso de sua própria vida e consideraria a maior das infelicidades ver-se obrigado a levar a vida de seu vizinho. Eles não sentem, em si mesmos, que aquilo que agrada num determinado momento pode desagradar em outro, devido a uma modificação das preferências; e que está fora das suas possibilidades, mesmo por meio do maior esforço, recuperar aquele gosto ou apetite que anteriormente o encantava e que agora lhe parece indiferente ou desagradável. Portanto, qual é o sentido daquelas preferências gerais pela vida na cidade ou pela vida no campo, por uma vida de ação ou por uma vida de prazer, por uma vida reclusa ou pela vida em sociedade; quando, além das inclinações diferentes de homens diferentes, a experiência de todos pode nos convencer de que cada uma dessas formas de viver pode ser, a seu modo, agradável, e que a sua variedade mesma ou a sua combinação judiciosa estão entre os fatores que mais contribuem para tornar todas elas agradáveis?

Mas pode-se admitir que essa questão seja resolvida de uma maneira aleatória? Cada homem deve ouvir apenas o seu próprio temperamento e suas próprias inclinações, para determinar o curso de sua vida, sem usar a razão para instruí-lo sobre a orientação mais desejável, aquela capaz de conduzi-lo de forma mais segura à felicidade? Quer dizer então que não existe diferença entre a conduta de um homem e a de outro?

Eu respondo que existe, sim, uma grande diferença. Um homem, seguindo sua inclinação, ao traçar o caminho de sua vida, pode empregar meios muito mais seguros de alcançar o êxito do que outro, mesmo que este seja movido pelas mesmas inclinações a seguir o mesmo caminho e a buscar o mesmo fim. *A riqueza é o principal objeto dos seus desejos?* Adquira competência na sua profissão; seja diligente no exercício desta; amplie o círculo de suas amizades e conhecimentos; evite prazeres e despesas excessivas; e nunca seja generoso, a não ser que possa ganhar mais com a generosidade do que aquilo que economizaria com sua frugalidade. *Ambiciona conquistar a estima do público?* Evite igualmente os extremos da arrogância e da humildade. Demonstre que você se dá valor, mas sem desprezar os outros. Se cair em algum extremo, poderá ferir o orgulho dos outros com sua insolência ou poderá encorajá-los a desprezá-lo por seu servilismo e pelo baixo conceito que você aparentar ter de si mesmo.

Essas, você pode dizer, são as máximas da prudência e da discrição mais comuns; aquilo que todo pai inculca em seu filho, e que todo homem sensato segue no estilo de vida que escolheu. – O que mais você deseja, então? Você aborda um filósofo como um *charlatão*, para aprender alguma coisa pela magia ou pela feitiçaria, além do que pode ser aprendido pela prudência e discrição comuns? Sim: viemos procurar um filósofo para sermos instruídos sobre como devemos escolher nossas metas, mais do que os meios para atingir essas metas: Queremos saber que desejos devemos satisfazer, a que paixão devemos nos entregar, a qual apetite devemos ceder. Quanto ao resto, confiamos no senso comum e nas máximas gerais que vigoram no mundo.

Lamento, então, ter pretendido ser um filósofo: Pois observo que as suas perguntas me deixam muito perplexo; e correrei o risco, se minha resposta for rígida ou severa demais, de passar por pedante ou escolástico; ou de ser tomado por um apologista do vício e da imoralidade, se ela for demasiado livre e ligeira. Contudo, para satisfazê-lo, darei a minha opinião sobre o assunto, recomendando apenas que a considerem tão pouco importante quanto eu mesmo a considero. Dessa forma, não a acharão digna de troça, nem de raiva.

Se podemos confiar inteiramente em algum princípio que aprendemos da filosofia, este, acredito, pode ser considerado como certo e inquestionável: Que nada existe que seja, em si, valioso ou desprezível, desejável ou odioso, belo ou disforme; pois esses atributos resultam da estrutura e da constituição peculiares dos afetos e sentimentos humanos. A comida que parece mais deliciosa ao animal parece repulsiva a outro. O que enche de deleite a sensibilidade de um indivíduo pode provocar desagrado em outro. É este reconhecidamente o caso de tudo que diga respeito aos sentidos corporais: E, se examinarmos a questão mais acuradamente, veremos que essa observação continua a ser válida mesmo quando o espírito colabora com o corpo e mistura os seus sentimentos ao apetite exterior.

Se um amante apaixonado quiser representar o caráter de sua amada, ele dirá que lhe faltam palavras para descrever os seus encantos; e lhe perguntará, com a maior sinceridade, se você já encontrou uma deusa ou um anjo. Se você responder que isso nunca lhe aconteceu, ele replicará ser impossível conceber uma beleza tão divina como a da sua amante, ou formas tão perfeitas, ou traços tão bem proporcionados ou um ar tão atraente ou uma tal doçura de caráter ou um temperamento tão alegre. Não obstante, nada se pode concluir desse discurso, a não ser que o pobre homem está apaixonado e que o apetite geral entre os sexos, que a natureza instilou em todos os animais, no seu caso se concentrou num objeto determinado, devido a certas qualidades que lhe proporcionam prazer. Aquela mesma criatura divina parecerá, não apenas a um animal diferente, mas também a um homem diferente, um mero ser mortal e será tratada com a indiferença mais cabal.

A natureza dotou todos os animais de um preconceito semelhante, em favor de sua descendência. Assim que a criança indefesa vê a luz, embora a todos os outros olhos pareça uma criaturinha desprezível e miserável, ela é vista por seu pai orgulhoso com a maior afeição e é preferida a qualquer outro objeto, por mais perfeito e bem-acabado. Somente a paixão, derivada da estrutura e formação originais da natureza humana, atribui valor ao mais insignificante dos objetos.

Podemos levar mais adiante a mesma observação e concluir que, mesmo quando o espírito trabalha sozinho e experimentando o sentimento de censura ou aprovação, considera um objeto disforme ou odioso e outro belo e admirável; afirmo que, mesmo nesse caso, essas qualidades não estão de fato nos objetos, mas pertencem inteiramente ao sentimento daquele espírito que elogia ou reprova. Reconheço que será mais difícil demonstrar o acerto desta proposição e, por assim dizer, sua palpabilidade aos pensadores negligentes; porque a natureza é mais uniforme nos sentimentos do espírito do que na maioria das sensações do corpo, produzindo uma semelhança maior no lado interno que no lado externo do gênero humano. Existe algo que se aproxima da ordem dos princípios no gosto do espírito; e os críticos podem argumentar ou divergir da maneira mais plausível do que os cozinheiros ou os perfumistas. Podemos observar, contudo, que essa uniformidade do gênero humano não impede que exista uma considerável diferença de opiniões em relação à beleza e ao valor, nem que a educação, o costume, os preconceitos ou o capricho e a disposição do momento façam os gostos dessa espécie variar com freqüência. Jamais será possível convencer alguém que não esteja familiarizado com a música ITALIANA e que não tenha um ouvido treinado para acompanhar suas complexidades de que uma melodia ESCOCESA não lhe é preferível. Não existe um único argumento que você possa usar a seu favor, além de seu próprio gosto; e, para o seu antagonista, o seu gosto particular constituirá sempre um argumento mais convincente no sentido contrário. Se os dois forem sensatos, ambos admitirão que o outro pode estar com a razão; e, dispondo de vários outros exemplos dessa diversidade de gostos, ambos reconhecerão que a beleza e o valor são de natureza meramente relativa e consistem num sentimento agradável, produzido por um objeto num determinado espírito, conforme a peculiaridade da estrutura e da constituição desse espírito.

DAVID HUME

Por meio dessa diversidade de sentimentos, a natureza pretendeu talvez tornar-nos sensíveis à sua autoridade, deixando-nos ver as surpreendentes mudanças que ela é capaz de provocar nas paixões e desejos do gênero humano, através simplesmente da alteração de sua estrutura interna, sem qualquer modificação nos objetos. O vulgo poderá até deixar-se convencer por esse argumento – mas os homens habituados a pensar poderão extrair um argumento mais convincente, ou pelo menos mais geral, da própria natureza do problema.

Nas operações do raciocínio, a mente só faz percorrer os seus objetos, tais como supõe que eles sejam na realidade, sem nada lhes acrescentar ou deles subtrair. Se eu examinar os sistemas de PTOLOMEU e de COPÉRNICO,[1] procurarei apenas, na minha investigação, conhecer a situação real dos planetas. Ou seja, em outras palavras, procurarei estabelecer entre eles, na minha concepção, as mesmas relações que eles estabelecem no céu. Portanto, para essas operações do espírito, parece existir sempre um padrão real, ainda que muitas vezes ignorado, na natureza mesma das coisas; a verdade e a falsidade não variam em função das diferentes maneiras de os homens apreenderem a realidade. Mesmo que toda a raça humana conclua definitivamente que o Sol se movimenta enquanto a Terra fica imóvel, todos esses raciocínios não farão com que o Sol se mexa uma só polegada; e tal conclusão será eternamente falsa e errônea.

---

[1] Ptolomeu (século II d.C.) acreditava que a Terra era o centro imóvel do sistema planetário, enquanto o sistema heliocêntrico de Nicolau Copérnico (1473-1543) sustenta que a Terra se move em torno de seu próprio eixo ao longo de um dia, e em torno do Sol ao longo de um ano.

Mas o caso de qualidades como *o belo e o disforme, o desejável e o repulsivo* não é o mesmo que o da verdade e da falsidade. No primeiro caso, o espírito não se limita simplesmente a observar os objetos tais como são em si mesmos; ele também experimenta um sentimento de deleite ou desagrado, de aprovação ou censura, como resultado dessa observação, sentimento este que o leva a empregar os epítetos *belo ou disforme, desejável ou repulsivo*. Ora, é evidente que esse sentimento deve depender da textura ou estrutura peculiar do espírito, que faz com que determinadas formas operem de uma determinada maneira, o que dá origem a uma simpatia ou conformidade entre o espírito e seus objetos. Se a estrutura do espírito ou dos órgãos internos for diferente, o sentimento deixa de ser produzido, mesmo que a forma permaneça a mesma. Como o sentimento é diferente do objeto e como resulta da influência deste sobre os órgãos do espírito, as variações neste último alterarão necessariamente o efeito, de forma que o mesmo objeto, apresentado a um espírito totalmente diferente, não pode produzir o mesmo sentimento.

Cada indivíduo é capaz de chegar sozinho a essa conclusão, sem muita filosofia, quando o sentimento e o objeto diferem de uma forma evidente. Quem não percebe que o poder, a glória e a vingança não são desejáveis em si mesmos, mas extraem todo o seu valor da estrutura das paixões humanas, o que provoca o desejo na direção desses objetivos particulares? Mas em relação à beleza, tanto a natural quanto a moral, supõe-se que o caso é completamente diferente. Acredita-se que a qualidade agradável está no objeto, e não no sentimento; e isso simplesmente porque o sentimento não é suficientemente turbulento e violento para se distinguir, de uma forma evidente, da percepção do objeto.

Mas basta um pouco de reflexão para distingui-los. Um homem pode conhecer exatamente todos os círculos e elipses do sistema de COPÉRNICO e todas as espirais irregulares do sistema de PTOLOMEU, sem se dar conta de que o primeiro é mais belo que o segundo. EUCLIDES[2] explicou plenamente todas as propriedades do círculo, mas não falou uma palavra sequer sobre a sua beleza. A razão disso é evidente: a beleza não é uma qualidade do círculo. Ela não está em parte alguma daquela linha *cujas* partes estão todas eqüidistantes de um centro comum. É somente o efeito que essa figura produz num espírito cuja textura ou estrutura peculiares tornam suscetível a tais sentimentos. Seria inútil tentar encontrar a beleza do círculo ou procurá-la, seja através dos sentidos, seja mediante raciocínios matemáticos, nas propriedades dessa figura.

O matemático, que não extrai mais prazer da leitura de VIRGÍLIO que do estudo da viagem de ENÉIAS através de um mapa, pode compreender perfeitamente o sentido de cada palavra latina empregada por aquele autor divino; e, conseqüentemente, poderia fazer uma idéia distinta da narrativa inteira. Ele teria mesmo uma idéia mais distinta que aquela a que poderia chegar quem não estudou tão acuradamente a geografia daquele poema. Ele saberia, portanto, tudo sobre o poema; mas seria ignorante de sua beleza; porque a beleza, propriamente falando, não reside no poema, mas no sentimento ou no gosto do leitor. E quando um homem não possui a delicadeza de espírito necessária para experi-

---

[2] O matemático grego Euclides, que viveu do final do século IV ao começo do século III a.C., é famoso por seu livro sobre geometria *Os Elementos*.

mentar esse sentimento, ele só pode ignorar a beleza, mesmo que seja possuidor da ciência e do entendimento de um anjo.[3]

A conclusão geral é que não é a partir do valor do objeto visado por um indivíduo que podemos explicar o prazer que ele sente, mas somente a partir da paixão com que o objeto é observado, e do êxito da tentativa de conquistá-lo. Os objetos não possuem nenhum valor em si mesmos, absolutamente; o seu valor resulta exclusivamente da paixão. Se esta for intensa e firme, e obtiver êxito, o indivíduo fica feliz. Não parece haver motivos para duvidar de que uma jovem, ao experimentar um vestido novo para um baile na escola, experimenta uma satisfação tão plena quanto a do maior orador, no momento em que triunfa no esplendor de sua eloqüência, dominando as paixões e opiniões de uma assembléia numerosa.

Portanto, toda a diferença, entre um homem e outro, em relação à vida, consiste ou na *paixão* ou no *deleite*. E essas diferenças são suficientes para produzir os maiores extremos de felicidade e miséria.

---

[3] Se eu não receasse parecer filosófico demais, recordaria ao leitor aquela doutrina célebre, considerada inteiramente comprovada nos tempos modernos: "Que os sabores e as cores, bem como todas as outras qualidades sensíveis, não residem no corpo, mas simplesmente nos sentidos." O mesmo acontece com a beleza e a deformidade, a virtude e o vício. É preciso salientar, contudo, que essa teoria não diminui mais a realidade destas últimas que a das primeiras, sem que haja motivo para despertar o ressentimento dos críticos ou dos moralistas. Reconhecer que as cores residem apenas no olho equivale acaso a ter menos estima e consideração pelos iluminadores ou pelos pintores? Nos sentidos e nos sentimentos dos homens existe uma uniformidade suficiente para transformar todas essas qualidades em objetos da arte e do raciocínio, dotados de uma grande influência sobre a vida e os costumes. E é óbvio que a descoberta da filosofia natural citada acima não leva a qualquer mudança de ação ou de conduta. Por que uma descoberta idêntica na filosofia moral provocaria qualquer mudança?

David Hume

Para ser feliz, a *paixão* não deve ser nem demasiado violenta nem demasiado omissa. No primeiro caso, o espírito vive em permanente agitação e tumulto; no segundo, ele mergulha numa desagradável indolência e letargia.

Para ser feliz, a paixão deve ser generosa e social; não exigente ou feroz. As afeições do último tipo não são nem de perto tão agradáveis ao espírito como as do primeiro. Quem compararia o rancor e a animosidade, a inveja e a vingança, à bondade, à generosidade, à clemência e à gratidão?

Para ser feliz, a paixão deve ser alegre e jovial, não sombria e melancólica. A propensão para a esperança e a alegria é uma verdadeira riqueza; a propensão para o medo e a tristeza, uma verdadeira pobreza.

Algumas paixões ou inclinações, na *fruição* de seus objetos, não são tão firmes ou constantes como outras, nem proporcionam um prazer e uma satisfação tão duradouros. A *devoção filosófica*, por exemplo, como o entusiasmo de um poeta, é o efeito provisório de uma animação intensa, de um grande lazer, de um gênio refinado e do hábito do estudo e da contemplação. Mas, não obstante todas essas circunstâncias, um objeto abstrato e invisível, como aquele que somente a religião *natural* nos pode apresentar, não pode atuar duradouramente sobre o espírito, nem ter qualquer importância na vida, em momento algum. Para dar conteúdo à paixão, é necessário encontrar algum método capaz de afetar os sentidos e a imaginação, e se deve adotar uma concepção da divindade que seja ao mesmo tempo *histórica* e *filosófica*. As superstições e práticas populares podem até ser úteis nesse particular.

Embora os temperamentos dos homens sejam muito diferentes, mesmo assim pode-se afirmar com segurança que, em geral, uma vida de prazer não pode se sustentar durante tanto tempo quanto uma vida de trabalho, pois se encontra muito mais sujeita à saciedade e à indiferença. Os divertimentos mais duradouros são aqueles que levam uma mistura de aplicação e atenção, como por exemplo a caça e o jogo. De uma maneira geral, são o trabalho e a ação que preenchem os grandes vazios da vida humana.

Mas freqüentemente, quando o indivíduo está mais disposto para a *fruição*, o objeto não está presente. Nesse aspecto, as paixões que visam a objetos exteriores não contribuem tanto para a nossa felicidade quanto as que dependem de nós mesmos, já que no primeiro caso nunca estamos tão seguros de conquistar os objetos nem da permanência de sua posse. Em relação à felicidade, a paixão pelo saber é preferível à paixão pela riqueza.

Alguns homens são dotados de uma grande força de espírito; e, mesmo quando perseguem objetos externos, eles não são muito afetados por um desapontamento, mas renovam a sua aplicação e empenho com a maior alegria. Nada contribui mais para a felicidade do que esse tipo de caráter.

Conforme este esboço breve e imperfeito da vida humana, a mais feliz disposição de espírito é a *virtuosa*; ou, em outras palavras, aquela que leva à ação e ao trabalho, nos torna sensíveis às paixões sociais, fortalece o coração contra os assaltos da fortuna, reduz os afetos a uma justa moderação, faz de nossos pensamentos um entretenimento para nós próprios e nos induz mais aos prazeres da sociedade e da conversação do que àqueles dos sentidos. Entretanto, deve ser evidente até mesmo para o pensador mais relapso que nem todas as disposições de espírito são igualmente favoráveis à felicidade, e que uma paixão ou estado de espírito pode ser altamente desejável, enquanto outra é, da mesma maneira, desagradável. E, de fato, todas as diferenças entre as condições da vida dependem do espírito; e nenhum estado de coisas é, em si mesmo, preferível a outro. O bem e o mal, tanto os naturais quanto os morais, são inteiramente relativos aos sentimentos e afeições humanos. Homem algum jamais seria infeliz se pudesse modificar seus sentimentos. Como PROTEU, ele seria capaz de esquivar-se a todos os ataques, pela contínua alteração de sua natureza e sua forma.[4]

Mas desse recurso a natureza nos privou, em grande medida. A estrutura e a constituição de nosso espírito dependem tão pouco de nossa escolha quanto as de nosso corpo. E a maioria dos homens não chega sequer a ter a noção mais ínfima de que qualquer alteração nesse aspecto possa ser desejável. Da mesma forma que um riacho segue necessariamente as diversas inclinações do terreno por onde corre, assim a parcela ignorante e irrefletida da humanidade é guiada por suas propensões naturais. Esses homens ficam efetivamente excluídos de quaisquer pretensões à filosofia, e à tão louvada *medicina do espírito*. Mas, mesmo entre os sábios e cultos, a natureza exerce uma influência prodigiosa, e nem sempre está ao alcance de um homem, por mais engenho e esforço que ele empregue, corrigir a sua personalidade e adquirir o caráter virtuoso a que aspira. O império da filosofia se estende sobre poucos; e, mesmo sobre estes, a sua autoridade é muito fraca e limitada. Os homens podem muito bem ter consciência do valor da virtude e po-

---

[4] Segundo a mitologia grega, o deus do mar Proteu tem o poder de mudar sua forma e de profetizar. Se agarrado firmemente, ele assume sua forma verdadeira e dá respostas às perguntas que lhe fizerem.

dem almejar alcançá-la, mas nem sempre é seguro que eles consigam realizar seus desejos.

Quem considerar, sem preconceito, o curso das ações humanas observará que a humanidade é quase inteiramente guiada por sua constituição e por seu temperamento, e que máximas gerais têm pouca influência ou só a têm na medida em que afetam nosso gosto ou sentimento. Se um homem tem um forte sentido da honra e da virtude e for dotado de paixões moderadas, a sua conduta estará sempre de acordo com as regras da moral; ou então, se delas se afastar, depressa e facilmente a elas voltará. Em contrapartida, se um homem nasce com um espírito tão perverso ou com inclinações tão duras e insensíveis que o impeçam de adquirir qualquer gosto pela virtude ou pela bondade, qualquer simpatia pelos seus semelhantes, qualquer desejo de estima e aplauso; um homem assim deve ser considerado completamente incurável, e para ele não existe remédio na filosofia. Ele só consegue tirar prazer de objetos baixos e sensuais, ou da indulgência de paixões malignas: Nenhum remorso o faz controlar suas inclinações viciosas; ele não tem sequer aquele senso de gosto, que é um requisito para o fazer almejar um caráter superior. De minha parte, não sei como deveria me dirigir a um homem assim, nem através de que argumentos poderia tentar corrigi-lo. Se eu lhe falasse da satisfação interior que resulta das ações louváveis e humanitárias, dos delicados prazeres do amor e da amizade desinteressada, da fruição duradoura de um bom nome ou de um caráter estabelecido, ele ainda poderia replicar que estes talvez sejam prazeres para pessoas a eles suscetíveis, mas que, quanto a ele, sente-se com tendências e disposições inteiramente diversas. Devo repetir: a minha filosofia não pode fornecer remédio num caso assim e eu nada poderia fazer senão lamentar a condição infeliz dessa pessoa. Mas então pergunto se alguma outra filosofia é capaz de oferecer tal remédio ou se é possível, mediante qualquer sistema, tornar a humanidade inteira virtuosa, por mais perversa que possa ser a natureza original de seu espírito. A experiência logo nos convencerá do contrário; e arrisco-me a afirmar que o principal benefício derivado da filosofia surja, talvez, de maneira indireta e resulte mais de sua influência secreta e imperceptível que da sua aplicação imediata.

É certo que uma dedicação séria às ciências e às artes liberais suaviza e humaniza o caráter, alimentando aquelas emoções mais delicadas em que consistem a honra e a virtude verdadeiras. Raramente, muito raramente acontece de um homem de gosto e de cultura não ser, ao menos, um homem honesto, sejam quais forem as suas fraquezas. A propensão de seu espírito para os estudos especulativos deve atenuar nele as paixões do interesse e da ambição, e ao mesmo tempo deve dotá-lo de uma sensibilidade maior a todas as exigências e deveres de uma vida decente. Ele sente mais plenamente uma distinção moral entre os temperamentos e costumes; e este seu senso de distinção, em vez de ser diminuído, é, ao contrário, altamente ampliado pela especulação.

Além dessas mudanças imperceptíveis de temperamento e disposição, é muito provável que outras possam ser produzidas pelo estudo e pela aplicação. Os efeitos prodigiosos da educação podem nos convencer de que o espírito não é inteiramente teimoso e inflexível, admitindo diversas alterações em sua forma e estrutura originais. Deixe um homem propor a si mesmo um modelo de caráter que ele aprova; deixe-o familiarizar-se bem com aqueles aspectos particulares nos quais o seu próprio caráter se desvia de seu modelo; deixe-o vigiar atentamente a si mesmo, levando seu espírito, por meio de um esforço contínuo, do lado dos vícios para o lado das virtudes; e eu estou seguro de que, no tempo certo, ele verificará, no seu caráter, uma mudança para melhor.

O hábito é outro poderoso meio de reformar o espírito, e de nele implantar disposições e inclinações positivas. O homem que segue o curso da sobriedade e da temperança odeia o tumulto e a desordem: se ele se aplica aos negócios ou ao estudo, a indolência parecerá uma punição para ele: Se se força à prática da beneficência e da afabilidade, ele logo abominará qualquer exemplo de orgulho e violência. Quando se está firmemente convencido de que o melhor caminho na vida é o da virtude, e se tem suficiente força de vontade para impor a si mesmo restrições durante algum tempo, não há motivos para desesperar da reforma do espírito. O problema é que essa convicção e essa disposição só podem se manifestar num homem que já seja, de antemão, razoavelmente virtuoso.

Eis aqui, portanto, o principal triunfo da arte e da filosofia: elas apuram imperceptivelmente o caráter, apontando-nos as tendências que devemos nos esforçar para atingir, por meio de uma constante *inflexão* do espírito, e do *hábito* repetido. Para além disso, não posso aceitar que elas exerçam grande influência; e devo alimentar dúvidas em relação a todas essas exortações e consolações que estão tão na moda entre os pensadores especulativos.

Já observamos que nenhum objeto é, em si mesmo, desejável ou repulsivo, valioso ou desprezível; e que eles adquirem essas qualidades da constituição e do caráter particulares do espírito que os contempla. Portanto, para diminuir ou aumentar o valor que uma pessoa atribui a um objeto, para excitar ou moderar as suas paixões, não existem argumentos ou razões diretas que possam ser usados com alguma força ou influência. Se provocar maior prazer, apanhar moscas, como DOMICIANO, é preferível à caça de animais selvagens, como GUILHERME RUFUS, ou a conquista de reinos, como ALEXANDRE.[5]

Mas, embora o valor de cada objeto só possa ser determinado pelo sentimento ou pela paixão de cada indivíduo, podemos observar que a paixão, ao pronunciar o seu veredicto, não encara o seu objeto simplesmente como ele é em si mesmo, mas leva em consideração todas as circunstâncias que o acompanham. Um homem cheio de alegria por possuir um diamante não se limita a considerar a pedra cintilante que tem diante dos olhos: ele também considera a sua raridade, e é esta a principal causa de seu prazer e exultação. Aqui, portanto, o filósofo pode interferir, sugerindo aspectos, circunstâncias e considerações particulares que, de outra maneira, poderiam nos passar despercebidos, conseguindo, por esse meio, excitar ou moderar qualquer paixão particular.

Pode parecer absolutamente não-razoável negar a autoridade da filosofia nesse aspecto; mas deve-se reconhecer que existe um argumento contra ela, a saber, que, se essas considerações forem naturais e evidentes, elas ocorrerão naturalmente, sem a assistência da

---

[5] Suetônio (*Vidas dos 12 Césares*, Domiciano, seç. 3) relata que o imperador Domiciano, no começo de seu reinado, costumava passar horas em reclusão todos os dias, não fazendo nada além de caçar moscas e abri-las com uma faca afiada. Guilherme Rufus, rei da Inglaterra de 1087 a 1100, fez da caça a sua única diversão. Ele foi assassinado acidentalmente pela flecha de um colega caçador (ver Hume, *História da Inglaterra*, cap. 5). Alexandre o Grande conquistou a área que vai da Grécia até a Índia, em direção ao Oriente.

filosofia; se não forem naturais, jamais poderão exercer qualquer influência sobre as afeições. *Estas* são de uma natureza muito delicada e não podem ser forçadas ou constrangidas nem mesmo por meio do maior esforço e habilidade. Uma consideração que buscamos de propósito, que aceitamos com dificuldade e que somos incapazes de guardar sem cuidado e atenção nunca poderá produzir aqueles movimentos genuínos e duradouros da paixão, que são o produto da natureza e da constituição do espírito. Ter a esperança de excitar ou moderar qualquer paixão através dos argumentos artificiais de um SÊNECA ou de EPICTETO[6] seria o mesmo que um homem tentar se curar do amor olhando para a sua amada através de um instrumento *artificial* como um microscópio, contemplando assim a aspereza de sua pele e a desproporção monstruosa das suas formas. A lembrança do aspecto e da situação naturais do objeto irá, nos dois casos, prevalecer. As reflexões da filosofia são demasiado sutis e distantes para que possam ter influência na vida cotidiana ou erradicar qualquer afeição. O ar é rarefeito demais para se respirar quando está acima dos ventos e das nuvens da atmosfera.

Um outro defeito daquelas refinadas reflexões que a filosofia nos sugere é que, geralmente, elas não conseguem diminuir ou eliminar as nossas paixões viciosas, sem ao mesmo tempo diminuir ou eliminar também as virtuosas, tornando o espírito completamente indiferente e passivo. Elas são, em sua maioria, gerais e aplicáveis a todas as nossas afeições. Em vão esperamos direcionar a

---

[6] Lucius Annaeus Sêneca (4? a.C. – 65 d.C.) e Epicteto (55 – 135? d.C.) foram filósofos moralistas estóicos.

sua influência para apenas um lado. Se, através do estudo e da meditação incessantes, nós as tornamos íntimas e presentes, elas continuarão agindo, cobrindo o espírito com uma insensibilidade universal. Quando destruímos os nervos, destruímos no corpo humano o sentido do prazer, juntamente com o da dor.

Apenas com um golpe de vista, é fácil encontrar um ou outro desses defeitos na maioria daquelas reflexões filosóficas que foram tão celebradas tanto nos tempos antigos como nos modernos. *Não permita que as injúrias e a violência dos homens*, dizem os filósofos,[7] *o façam agitar-se pela raiva ou pelo ódio. Você sentiria ódio do macaco por sua malícia, ou do tigre por sua ferocidade?* Esta reflexão nos leva a uma má opinião sobre a natureza humana, tendo como resultado a extinção das afeições sociais. Ela também tende a eliminar todo remorso pelos crimes que um homem praticou. Pois faz pensar que o vício é tão natural no gênero humano como os instintos próprios de cada espécie animal.

Todos os males derivam da ordem do universo, que é absolutamente perfeita. Você ousaria perturbar, por interesse pessoal, uma ordem tão divina? Mas e se os males que sofro não derivarem da maldade ou da opressão? *Mas os vícios e as imperfeições dos homens também estão incluídos na ordem do universo:*

> *Se pragas e terremotos não quebram os desígnios dos céus,*
> *Como o fariam um* BÓRGIA *ou um* CATILINA?[8]

---

[7] PLUT. *de ira cohibenda*. ["Sobre o Controle da Raiva", in *Moralia*, ou nos escritos éticos, de Plutarco.]

[8] Alexander Pope, *An Essay on Man* 1.155-156. No original: "Se pragas ou terremotos..."

Se admitirmos que é assim, os meus próprios vícios passam a fazer parte dessa mesma ordem.

A alguém que disse que só é feliz quem consegue colocar-se acima da opinião pública, um espartano respondeu: *Então só são felizes os patifes e ladrões.*[9]

O homem nasce para ser miserável: por que ele se surpreende com qualquer infortúnio particular? E por que tanta tristeza e lamentação diante de qualquer desastre? Sim: ele lamenta de forma muito razoável ter nascido para ser miserável. A sua consolação oferece cem males em troca de um só, justamente aquele de que você pretende aliviá-lo.

Você deve ter sempre diante dos olhos a morte, a doença, a miséria, a cegueira, o exílio, a calúnia e a infâmia, como doenças que são inerentes à natureza humana. Se algum desses males fizer parte do seu lote, você o suportará melhor se tiver reconhecido isso. Eu respondo que, se nos confinamos a uma reflexão geral e distanciada sobre os males da vida humana, *isto* não pode nos ajudar de forma alguma a nos prepararmos para eles. Se, por meio de uma meditação profunda e intensa os tornamos intimamente presentes, *este* é o verdadeiro segredo que envenena todos os nossos prazeres e nos torna miseráveis para sempre.

A sua lamentação é inútil e não vai mudar o curso do destino. Muito verdadeiro: e por esta mesma razão eu me lamento.

A consolação de *Cícero* para a surdez é bastante curiosa. *Quantas línguas existem*, ele pergunta, *que você não compreende?* O PÚNICO, o ESPANHOL, o GAÉLICO, o EGÍPCIO *&c. Em relação a todas elas, é*

---

[9] PLUT. *Lacon. Apophtheg.* [*Apophthegmata Laconica* (Ditos dos Espartanos), seç. 217, na *Moralia*, de Plutarco.]

como se você fosse surdo, e no entanto isso o deixa indiferente. Seria um infortúnio tão grande ficar surdo para uma língua a mais?[10]

Gosto mais da réplica de ANTÍPATER, o CIRENAICO, no momento em que algumas mulheres o consolavam por sua cegueira: *O quê!*, ele exclama. *Vocês pensam que não existem prazeres nesta treva?*[11]

Nada pode ser mais destrutivo, diz FONTENELLE,[12] *para a ambição e a paixão pela conquista do que o verdadeiro sistema da astronomia. Que coisa mais pobre é o planeta inteiro em comparação com a extensão infinita da natureza!* Esta consideração, evidentemente, é demasiado distante para ter qualquer efeito. E, se tivesse algum, não destruiria o patriotismo e a ambição? O mesmo autor galante acrescenta, com alguma razão, que os olhos brilhantes das damas são os únicos objetos que nada perdem do seu lustro e valor mesmo diante da mais extensa investigação astronômica, constituindo uma prova contra todos os sistemas. Os filósofos nos aconselhariam a limitarmos a elas a nossa afeição?

O exílio, diz PLUTARCO a um amigo banido, *não é um exílio: os matemáticos nos dizem que a terra inteira não passa de um ponto, comparada aos céus: então, mudar um homem de país é pouco mais que passar de uma rua a outra. O homem não é uma planta, enraizada num ponto determinado da terra: todos os solos e todos os climas lhe são igualmente propícios.*[13] Se caíssem apenas nos ouvidos das pessoas banidas, esses tópicos seriam admiráveis. Mas, e se chegarem também ao conhecimento daqueles que se dedicam às questões públicas, destruindo todos os seus vínculos com o país

---

[10] TUSC. *Quest*. Liv. V [Cícero, *Disputas de Tuscubem* 5,40.]
[11] Ibid., 5.38.
[12] Em *Conversas sobre a Pluralidade dos Mundos*, de Fontenelle.
[13] *De exilio*. [Plutarco, *De exilio* (Sobre o exílio), na *Moralia*.]

nativo? Ou funcionariam eles como os remédios dos charlatães, que são igualmente eficazes para o diabetes e a hidropisia?

É certo que, se um ser superior fosse introduzido no corpo humano, o conjunto da vida lhe pareceria tão mesquinho, desprezível e pueril que ele jamais poderia ser induzido a participar de qualquer projeto, e mal daria atenção ao que se passasse ao seu redor. Levá-lo a tamanha condescendência como a de desempenhar até mesmo o papel de um FILIPE com zelo e alacridade seria muito mais difícil que forçar o mesmo FILIPE, depois de ter sido rei e conquistador durante 50 anos, a consertar sapatos velhos com o cuidado e a atenção devidos, ocupação que LUCIANO lhe atribui nas regiões infernais.[14] Ora, todas essas idéias de desdém pelos assuntos humanos, que deveriam ocorrer a esse ser imaginário, ocorrem também ao filósofo; mas sendo, em alguma medida, desproporcionais à capacidade humana, e não sendo fortalecidas pela experiência de uma coisa melhor, não produzem nele uma impressão decisiva. Ele vê, mas não sente suficientemente a sua verdade; e, enquanto não sente necessidade, isto é, enquanto nada o perturba nem desperta as suas paixões, é sempre um filósofo sublime. Quando se trata dos outros, ele se espanta com seu ardor e entusiasmo; mas, quando é ele que está em jogo, em geral é carregado pelas mesmas paixões que tanto condenava quando era um mero espectador.

Existem duas considerações principais, que se encontram nos livros de filosofia, das quais podemos esperar um efeito importante, e isso porque essas considerações são extraídas da vida cotidiana, e se manifestam ao exame mais superficial das questões huma-

---

[14] Ver Luciano, *Menipo, ou a Descida ao Hades*, seç. 17.

nas. Quando refletimos sobre a brevidade e a incerteza da vida, como parecem desprezíveis todas as nossas buscas pela felicidade! E, mesmo quando estendemos nossa preocupação para além de nossa própria vida, como parecem frívolos até mesmo os nossos projetos mais grandiosos e generosos, quando consideramos as mudanças e revoluções incessantes nos assuntos humanos, em função das quais a lei e o saber, os livros e os governos são ultrapassados pelo tempo, como numa torrente veloz, até se perderem no oceano imenso da matéria! É inegável que esta reflexão tende a mortificar todas as nossas paixões: Mas, justamente por isso, ela não irá contrariar o artifício da natureza, que felizmente induziu em nós a opinião de que a vida humana tem alguma importância? E não poderá uma tal reflexão ser utilizada com êxito por pensadores voluptuosos, a fim de nos arrastar dos caminhos da ação e da virtude para os campos floridos da indolência e do prazer?

TUCÍDIDES[15] nos informa que, durante a famosa peste de ATENAS, quando a morte parecia presente para todos, uma dissolução alegre e jovial prevaleceu no povo, e cada um exortava os outros a aproveitarem ao máximo a vida, enquanto durasse. A mesma observação é feita por BOCCACCIO com relação à peste de FLORENÇA.[16] Um princípio semelhante faz os soldados, em tempo de guerra, serem mais propensos a distúrbios e a despesas do que qualquer outra espécie de homens. O prazer momentâneo é sempre importante; e tudo que diminua a importância de todos os outros objetos deve lhes acrescentar influência e valor adicionais.

---

[15] Tucídides, *A Guerra do Peloponeso* 2.53.
[16] Giovanni Boccaccio (1313-75), *Decameron*, "Introdução: Às Damas."

A *segunda* consideração filosófica que pode exercer freqüentemente influência sobre as afeições resulta da comparação de nossa própria condição com a condição dos outros. É uma comparação que fazemos constantemente, mas nossa infelicidade é termos sempre uma tendência maior a comparar a nossa situação com a de nossos superiores que com a de nossos inferiores. Um filósofo pode corrigir essa enfermidade natural, dirigindo o seu olhar para o outro lado, para sentir-se feliz com a situação à qual a fortuna o confinou. Existem poucas pessoas que não são suscetíveis de tirar algum consolo desta reflexão, embora, para um homem de natureza muito boa, a visão das misérias humanas produza mais tristeza que conforto, e acrescente, às lamentações por conta de seu próprio infortúnio, uma profunda compaixão pelo dos outros. Tal é a imperfeição do melhor desses tópicos filosóficos de consolação.[17]

---

[17] O Cético, talvez, leva a questão longe demais quando limita todos os tópicos e reflexões filosóficos a esses dois pontos. Parece haver outros, cuja verdade é inegável, e cuja tendência natural é tranqüilizar e suavizar as paixões. A filosofia se apodera avidamente deles, para estudá-los, avaliá-los, confiá-los à memória e torná-los familiares ao espírito. E a sua influência sobre as personalidades sensatas, gentis e moderadas pode ser considerável. Mas que influência é essa, você dirá, se a personalidade já está de antemão predisposta conforme a maneira que se pretende lhe inculcar? Podem, ao menos, fortalecer esse caráter, e enriquecê-lo com reflexões que irão alimentá-lo e consolá-lo. Eis aqui alguns exemplos de tais reflexões filosóficas:
1. Não é certo que toda condição humana tem males ocultos? Então por que invejar qualquer pessoa?
2. Todos já conheceram a infelicidade; e sempre existe uma compensação. Por que não ficar contente com o presente?
3. O hábito amortece o sentido tanto do bem quanto do mal, nivelando todas as coisas.
4. A saúde e a boa disposição são tudo. O resto é de pouca importância, a não ser que aquelas sejam afetadas.

Vou concluir este tema observando que, embora a virtude seja seguramente a melhor escolha, quando ela é alcançável, mesmo assim são tamanhas a desordem e a confusão dos assuntos humanos que não se pode esperar, nesta vida, uma distribuição perfeita ou regular da felicidade ou da miséria. Não somente os bens da fortuna e os dotes do corpo (ambos são importantes), não apenas essas vantagens, eu dizia, são divididas desigualmente entre os virtuosos e os viciosos, mas até o próprio espírito participa, em certa medida, dessa desordem, e mesmo o caráter mais nobre, pela própria constituição de suas paixões, nem sempre goza da mais elevada felicidade.

Pode-se observar que, embora todas as dores corporais resultem de alguma desordem em uma parte ou órgão do corpo, nem sempre a dor é proporcional à desordem, sendo maior ou menor conforme seja maior ou menor a sensibilidade da região sobre a qual atuam os humores nocivos. Uma *dor de dente* produz convulsões de dor mais violentas do que uma *tísica* ou uma *hidropisia*. Da mesma forma, em relação à economia do espírito, podemos observar que

---

5. Quantas outras coisas boas tenho eu? Então por que sofrer só por causa de uma só infelicidade?

6. Quantos serão felizes na mesma condição da qual me lamento? Quantos me invejarão?

7. Todo bem tem seu preço: O da fortuna é o trabalho, o do favor é a lisonja. Posso eu conservar o dinheiro, e mesmo assim obter a mercadoria?

8. Não espere uma grande felicidade da vida. A natureza humana não a admite.

9. Não se proponha uma felicidade complicada demais. Mas isso depende de mim? Sim: a primeira escolha depende. A vida é como um jogo: Pode-se escolher o jogo: E a paixão gradualmente se apodera do objeto adequado.

10. Antecipe com sua esperança e sua imaginação os consolos futuros, que o tempo traz infalivelmente para todas as aflições.

todos os vícios são de fato perniciosos; mas a perturbação ou a dor não são medidas pela natureza numa proporção exata ao grau do vício, nem o homem de maior virtude, mesmo abstraindo-se os acidentes externos, é sempre o mais feliz. Uma disposição sombria e melancólica é, certamente, *para os nossos sentimentos*, um vício ou imperfeição; mas, como pode ser acompanhada de um elevado sentido da honra e de uma grande integridade, ela pode ser encontrada nos caracteres mais nobres; embora seja suficiente para amargurar a existência e tornar a pessoa afetada completamente miserável. Por outro lado, um vilão egoísta pode possuir um temperamento vivo e alegre, uma certa *jovialidade de coração*, que é de fato uma boa qualidade, mas que é recompensada muito acima de seu mérito, e é capaz, quando acompanhada da sorte, de compensar o desagrado e o remorso que provêm de todos os outros vícios.

Acrescentarei, como uma observação sobre o mesmo tema, que, se um homem tiver propensão para um determinado vício ou imper-

---

11. Eu desejo ser rico. Por quê? Para poder possuir muitos objetos belos; casas, jardins, equipamentos &c. Quantos objetos belos a natureza não oferece a todos, sem despesa? Se forem gozados, são em número bastante. Se não, observe os efeitos do costume e do temperamento, em qual deles privará primeiro os ricos de seus prazeres.

12. Desejo a fama. Que ela aconteça: se agir bem, ganharei a estima de todos os meus conhecidos. E o que vale para mim todo o resto?

Estas reflexões são tão óbvias que é admirável que não ocorram a todos os homens; e tão convincentes que é surpreendente que não convençam todos os homens. Mas talvez elas de fato ocorram e convençam à maioria dos homens, quando estes contemplam a vida com um olhar sereno e panorâmico. Mas, quando acontecem incidentes reais e importantes, quando a paixão é despertada e a imaginação é excitada, o exemplo é determinante, e urge tomar uma decisão: o filósofo está perdido no homem, e é em vão que procura aquela persuasão que antes parecia tão firme e inabalável. Qual é o remédio para este

feição, pode acontecer, freqüentemente, que uma boa qualidade que ele possua o torne mais infeliz do que se ele fosse inteiramente vicioso. Uma pessoa com uma fraqueza de caráter que a faça vergar-se facilmente ao peso de qualquer aflição será ainda mais infeliz se for dotada de um temperamento generoso e amigável, pois este a dota de uma viva preocupação com os outros e a torna mais sujeita a acasos e acidentes. Num caráter imperfeito, o sentido da vergonha é certamente uma virtude; mas produz grande desprazer e remorso, dos quais escapa o vilão que é livremente perverso. Uma compleição muito amorosa, com um coração incapaz de amizade, será mais feliz do que o mesmo excesso, no amor, aliado a um temperamento generoso, que sempre leva a pessoa para além dela mesma, e a transforma num escravo perfeito do objeto de sua paixão.

Numa palavra, a vida humana é mais regida pelo acaso que pela razão; ela deve ser encarada mais como um passatempo enfadonho que como uma ocupação séria; e é mais influenciada pelo temperamento de cada um do que por princípios gerais. Devemos nos empenhar nela com paixão e ansiedade? Não vale a pena tanta preocupação. Devemos ser indiferentes a tudo que acontece? Per-

---

inconveniente? Busque ajuda na consulta freqüente aos moralistas consagrados. Faça uso da sabedoria de PLUTARCO, da imaginação de LUCIANO, da eloqüência de CÍCERO, do espírito de SÊNECA, da jovialidade de MONTAIGNE, da elevação de SHAFTESBURY. Assim semeados, os preceitos morais ganham raízes e fortalecem o espírito contra as ilusões da paixão. Mas não confie demasiadamente na ajuda exterior: Adquira, por meio do hábito e do estudo, aquele caráter filosófico que, ao mesmo tempo, confere força à reflexão e, tornando independente a parcela mais importante da sua felicidade, atenua o gume de todas as paixões desordenadas e tranqüiliza o espírito. Não despreze esses auxílios; mas tampouco confie neles em demasia, a não ser que a natureza tenha sido favorável no temperamento com que o dotou.

demos todo o prazer do jogo por nossa fleuma e desinteresse. Enquanto especulamos a respeito da vida, a vida já passou; e a morte, embora *talvez* eles a recebam de forma diferente, ainda assim trata igualmente os tolos e os filósofos. Reduzir a vida a uma regra e a um método exato é uma ocupação geralmente dolorosa e freqüentemente inútil: e não é esta mais uma prova de que superestimamos o prêmio pelo qual lutamos? Mesmo especular tão cuidadosamente sobre a vida, procurando estabelecer com rigor a justiça de nossas idéias, equivaleria a superestimá-la, se para certos temperamentos essa ocupação não fosse uma das mais divertidas nas quais é possível ocupar a vida.

Ensaio XIX

Da poligamia e dos divórcios

Como o casamento é um compromisso assumido por consentimento mútuo e tem por finalidade a propagação da espécie, é evidente que ele deve ser suscetível a toda a variedade de condições que o consenso estabelece, desde que elas não sejam contrárias àquele fim.

Um homem, ao unir-se a uma mulher, dedica-se a ela segundo os termos desse compromisso: ao gerarem filhos, ele se empenha, por todos os laços da natureza e da humanidade, em prover sua subsistência e educação. Se ele realiza esses dois deveres, ninguém pode reprová-lo por injustiça ou injúria. Mas, como podem ser diversos os termos do seu compromisso, bem como os métodos de sustentar sua descendência, é uma mera superstição imaginar que o casamento pode ser inteiramente uniforme ou que admitirá apenas um modelo ou formato. Se as leis humanas não restringissem a liberdade natural dos homens, cada casamento em particular seria tão diferente dos outros quanto são os contratos ou acordos de qualquer outro tipo ou espécie.

Como as circunstâncias variam e as leis propõem vantagens diferentes, observamos que, em diferentes períodos e lugares, elas impõem condições distintas para esse importante contrato. Em

TONQUIN,¹ é comum entre os marinheiros, quando o barco chega ao porto, casar-se durante uma temporada; e, não obstante a precariedade desse compromisso, eles têm como garantida a fidelidade estrita na cama, bem como no conjunto dos assuntos conjugais, ao lado dessas esposas temporárias.

Não posso, no momento, recordar minhas fontes; mas li em alguma parte que a república de ATENAS, após perder muitos de seus cidadãos por causa da guerra e da praga, permitiu a cada homem desposar duas mulheres, para reparar o mais depressa possível a perda provocada por aquelas calamidades. O poeta EURÍPIDES casou-se com duas ruidosas megeras, que tanto o perturbaram com seus ciúmes e brigas que ele se tornou desde então um assumido *inimigo das mulheres*; e ele é o único teatrólogo, talvez o único poeta, que já manifestou essa aversão pelo sexo oposto.²

Naquele agradável romance intitulado *A História dos SEVARAMBIANOS*,³ no qual muitos homens e algumas mulheres supostamente naufragaram numa costa deserta, o capitão da tropa, para abreviar as querelas intermináveis que surgiram, regulou os seus casamentos conforme a seguinte regra: toma para si uma mulher bonita; designa uma mulher para cada par de oficiais

---

¹ Ou Tongking, a região ao norte da Indochina hoje conhecida como Vietnam.
² Segundo biografias antigas, o autor de tragédias grego Eurípides (480 – 406 a.C.) teve duas esposas, mas uma após a outra. A primeira cometeu adultério com um criado de Eurípides e a segunda também fugiu à moralidade, o que supostamente contribuiu para o seu desprezo pelas mulheres em suas tragédias. Numa comédia de Aristófanes, uma assembléia de mulheres atenienses convoca Eurípides a prestar contas de seus alegados insultos.
³ Denis Vairasse, *The History of the Sevarites of Sevarambi* (Londres, 1675). O resumo de Hume não é inteiramente exato, pois na história cada oficial de alta patente é autorizado a ter uma mulher exclusiva.

inferiores; e outra esposa comum para cada cinco homens de hierarquia mais baixa.

Os antigos BRITÂNICOS tinham um tipo singular de casamento, que não se encontra em nenhum outro povo. Qualquer número deles, como dez ou doze, se reunia numa sociedade, o que era talvez um requisito para sua defesa mútua naqueles tempos bárbaros. Para fortalecer ainda mais o grupo, tomavam um número igual de mulheres, comuns a todos, e consideravam as crianças que nasciam como sendo de todos, e da mesma forma todos contribuíam para o sustento da comunidade inteira.

Entre as criaturas inferiores, a própria natureza, sendo a suprema legisladora, prescreve todas as leis que regulam seus casamentos e varia estas leis de acordo com as circunstâncias diferentes das criaturas. Onde ela fornece, com facilidade, comida e segurança ao animal recém-nascido, a união se desfaz mais facilmente; mas o cuidado com a descendência cabe inteiramente à fêmea. Quando a comida é mais difícil de conseguir, o casamento dura uma estação, até que a prole possa cuidar de si; e então a união se dissolve imediatamente, deixando cada parte livre para estabelecer um novo acasalamento na estação seguinte. Mas, tendo dotado o homem de razão, a natureza não regulou de forma tão exata cada aspecto de seu contrato conjugal, deixando a ele ajustá-lo, por meio de sua própria prudência e conforme sua situação e circunstâncias particulares. Leis municipais são um complemento à sabedoria de cada indivíduo; e, ao mesmo tempo, ao restringir a liberdade natural dos homens, faz o interesse privado se submeter ao interesse coletivo. Portanto, todas as regras em relação a essa questão são igualmente legítimas e igualmente conformes aos princípios da natureza, embora nem todas sejam igualmente convenientes, nem igualmente úteis para a sociedade. As leis podem permitir a poligamia, como entre as nações *orientais*; ou os divórcios voluntários, como entre os GREGOS e os ROMANOS; ou podem confinar o homem a uma única mulher, durante todo o curso de sua vida, como entre os modernos EUROPEUS. Talvez não seja desagradável considerar as vantagens e desvantagens que resultam de cada uma dessas instituições.

Os defensores da poligamia podem recomendá-la como a única solução efetiva para as desordens do amor e o único expediente capaz de libertar os homens daquela escravidão natural às fêmeas, que a violência natural das nossas paixões impôs sobre nós. Somente assim poderemos recuperar nosso direito à soberania; e, saciando o nosso apetite, restabelecer a autoridade da razão em nossos espíritos e, conseqüentemente, a nossa própria autoridade em nossas famílias. O homem, como um soberano fraco, não sendo capaz de se defender contra as vilanias e intrigas de seus súditos, precisa jogar uma facção contra a outra, tornando-se absoluto por meio do ciúme mútuo que despertar entre as mulheres. *Dividir para governar* é uma máxima universal; ao negligenciá-la, os EUROPEUS estabeleceram uma escravidão mais perversa e ignominiosa que a dos TURCOS e dos PERSAS, que de fato se submetem a um soberano, que conserva distância deles, mas, em suas questões domésticas, têm grande poder de decisão.

Por outro lado, pode-se argumentar, com razão, que essa soberania do macho é uma verdadeira usurpação, que destrói a proximidade, para não dizer a igualdade, que a natureza estabeleceu entre os sexos. Nós somos, por natureza, seus amantes, seus amigos, seus patronos; trocaríamos de boa vontade essas agradáveis qualificações pelos títulos bárbaros de senhores e tiranos?

DAVID HUME

Em que categoria seria vantajoso esse procedimento desumano? Como amantes ou como maridos? O *amante* é totalmente aniquilado. E a corte, a cena mais agradável da vida, não pode ter mais lugar, já que as mulheres não têm livre-arbítrio para dispor de si, mas são compradas e vendidas, como o animal mais desprezível. O *marido* ganha pouco com isso, ao descobrir o segredo admirável de extinguir todos os aspectos do amor, com exceção do ciúme. Não há rosas sem espinhos; mas é preciso ser um tolo consumado para jogar fora a flor e ficar somente com o espinho.

Mas os costumes ASIÁTICOS são tão destrutivos para a amizade quanto para o amor. A desconfiança elimina todas as intimidades e qualquer familiaridade entre os homens. Ninguém ousa trazer um amigo para sua casa ou sua mesa, pois este pode se tornar um amante de suas diversas esposas. Daí, no Oriente, cada família ser muito separada da outra, como se constituíssem reinos distintos. Não é de admirar, portanto, que SALOMÃO, vivendo como um príncipe oriental, com suas 700 esposas e 300 concubinas, mas sem um único amigo, escrevesse de forma tão patética sobre a vaidade do mundo.[4] Se ele confiasse em uma esposa ou amante, em alguns amigos ou em suas muitas companhias, ele poderia perceber a vida de um modo mais agradável. Se o amor e a amizade são destruídos, o que resta no mundo que valha a pena?

A má educação das crianças, especialmente das crianças de boa condição social, é outra conseqüência inevitável dessas instituições orientais. Aqueles que passam a primeira parte de suas vidas entre escravos

---

[4] A vaidade do mundo é o tema do *Livro do Eclesiastes*, cuja autoria era tradicionalmente atribuída a Salomão. Salomão foi rei de Israel de 970 a 930 a.C. O fato de ele ter 700 esposas e 300 concubinas é citado em I Reis 11:3.

só estão qualificados para ser, eles próprios, escravos ou tiranos; e, em toda relação futura que estabelecerem, seja com seus inferiores ou com seus superiores, tenderão a esquecer a igualdade natural entre os homens. Que atenção, por outro lado, quando seu harém resulta em 50 filhos, pode um pai dedicar-se a instilar princípios de moralidade ou de ciência em sua descendência, que ele mal conhece, e que ele ama com um afeto tão dividido? Tanto a razão quanto a experiência, portanto, parecem demonstrar que a barbárie é inseparável da poligamia.

Para tornar a poligamia ainda mais odiosa, nem preciso lembrar os terríveis efeitos do ciúme, nem as limitações que ele impõe ao belo sexo em todo o Oriente. Naqueles países não se admite que os homens tenham qualquer contato com as mulheres, nem mesmo os médicos, quando qualquer doença supostamente extingue de seu coração todo desejo e, ao mesmo tempo, faz com que elas deixem de ser objetos adequados à luxúria. TOURNEFORT nos conta que, levado ao harém de um *grand signior* como médico, não foi pequena a sua surpresa quando viu, ao longo de uma comprida galeria, uma enorme quantidade de braços nus que se projetavam de pequenas janelas. Ele não podia imaginar o que isso significava, até ser informado que aqueles braços pertenciam aos corpos que ele precisava curar, e que ele não saberia sobre aquelas mulheres doentes nada além do que pudesse concluir do exame daqueles braços. Ele não estava autorizado a fazer uma pergunta sequer às pacientes, nem mesmo às suas criadas, e muito menos julgar necessários exames mais acurados, de acordo com circunstâncias que a delicadeza da situação naquele harém não lhe permitiu revelar.[5] Daí

---

[5] Joseph Pitton de Tournefort, *Relation d'un Voyage de Levant* (1717). Para o incidente relatado por Hume, ver *A Voyage into the Levant* (Londres, 1741), 2:248-49.

os médicos do Oriente pretenderem identificar todas as doenças através do pulso; da mesma forma que os nossos charlatães na EUROPA pretendem curar um indivíduo simplesmente examinando sua urina. Suponho que, se *Monsieur* TOURNEFORT pertencesse a essa última categoria, ele não seria autorizado pelos ciumentos TURCOS, em CONSTANTINOPLA, a analisar o material necessário para o exercício de sua arte.

Em outro país, onde a poligamia também é consentida, as esposas são aleijadas, e seus pés são inutilizados, para confiná-las às suas casas. Mas parecerá talvez estranho que, num país EUROPEU, o ciúme ainda possa chegar ao ponto de se julgar indecente que uma mulher de classe possa ter pés ou pernas... Observe-se a seguinte história, que ouvimos de uma fonte muito segura.[6] Quando a mãe do falecido rei da ESPANHA estava viajando rumo a MADRI, ela passou por um vilarejo ESPANHOL famoso por sua manufatura de luvas e meias. Os magistrados do lugar julgaram que a melhor maneira de expressar seu contentamento por receberem a nova rainha seria presenteá-la com um conjunto daqueles artigos, único motivo da fama de sua cidade. O *major domo*, que conduzia a princesa, recebeu as luvas muito graciosamente: mas, quando as meias foram presenteadas, ele as atirou longe com grande indignação, e repreendeu severamente os magistrados por esse absurdo gesto de indecência. *Saiba*, ele disse, *que uma rainha da* ESPANHA *não tem pernas*. A jovem rainha, que, na época, entendia a língua de forma imperfeita e que tinha sido freqüentemente ame-

---

[6] *Memoirs de la cour d'* ESPAGNE *par Madame d'* AUNOY [Marie Catherine Jumelle de Berneville, Comtesse d'Aulnoy. *Mémoires de la cour* d'ESPAGNE (Memórias da Corte da Espanha) 1690.]

drontada com histórias sobre o ciúme ESPANHOL, entendeu que estavam planejando amputar suas pernas. Neste momento começou a chorar e ordenou que a conduzissem de volta à ALEMANHA, uma vez que ela não suportaria a operação: e foi somente com muita dificuldade que conseguiram acalmá-la. Diz-se que FILIPE IV nunca riu tanto em sua vida quanto ao lhe relatarem esse episódio.

Tendo rejeitado a poligamia e reservando uma mulher para cada homem no casamento, consideremos agora que duração devemos esperar dessa união e se devemos ou não admitir aqueles divórcios voluntários que eram costumeiros entre os GREGOS e os ROMANOS. Aqueles que defendem essa prática podem recorrer aos seguintes argumentos.

Freqüentemente o desgosto e a aversão se manifestam depois do casamento, por causa dos acidentes mais triviais ou de uma incompatibilidade de gênios; e o tempo, em vez de curar as feridas que decorrem de ofensas mútuas, faz com que elas piorem a cada dia, através de novas brigas e reprovações recíprocas. Separemos então esses corações, que não foram feitos para se reunir. E cada um deles pode, talvez, encontrar outro coração, ao qual se adapte melhor. Por fim, nada pode ser mais cruel que preservar, pela violência, uma união que, originalmente, se fez por amor mútuo e que, agora, efetivamente, está sendo dissolvida pelo ódio mútuo.

Mas a liberdade para os divórcios não é somente um remédio para o ódio e as brigas domésticas: funciona também como um preventivo admirável contra eles, constituindo o único segredo para manter vivo aquele amor que inicialmente uniu o casal. O coração do homem se deleita com a liberdade: a própria imagem do constrangimento lhe faz mal; quando se estabelece pela violência uma situação de confinamento que deveria ter sido um objeto de escolha, a propensão muda imediatamente e o desejo se transforma em aversão. Se o interesse público não nos permite gozar daquela *variedade* da poligamia, que é tão agradável no amor, que ao menos não nos prive daquela liberdade, que é um requisito tão essencial à vida. De nada adianta alegar que eu pude escolher a pessoa à qual iria me ligar: eu fiz a minha escolha, é certo, da minha prisão; mas este é um consolo pequeno, uma vez que ainda se trata de uma prisão.

Tais são os argumentos que podem ser empregados em favor do divórcio. Mas parece haver três objeções inquestionáveis contra eles. *Primeira*, o que deve acontecer com as crianças, depois da separação de seus pais? Devem ser entregues aos cuidados de uma madrasta e receber, em vez da atenção e da preocupação afetuosas de uma mãe, a indiferença ou mesmo o ódio de uma estranha ou inimiga? Esses inconvenientes se fazem notar onde quer que a natureza tenha tornado o divórcio um destino inevitável para todos os mortais. Devemos multiplicar esses inconvenientes, multiplicando os divórcios e atribuindo aos pais o poder de, por um mero capricho, tornar a vida de sua descendência miserável?

Segunda, se é verdade, por um lado, que o coração do homem se deleita naturalmente com a liberdade e odeia tudo aquilo que o confina, também é verdade, por outro lado, que o coração do homem se submete naturalmente à necessidade e abandona uma inclinação tão logo fique clara a impossibilidade absoluta de satisfazê-la.

Esses princípios da natureza humana, pode-se dizer, são contraditórios. Mas o que é o homem senão um conjunto de contradições! É notável, contudo, que, se dois princípios são contraditórios em sua operação, como nesse caso, eles nem sempre se destroem; mas um e outro podem prevalecer em ocasiões particulares, conforme as circunstâncias mais ou menos favoráveis a cada um deles. Por exemplo, o amor é uma paixão impaciente e inconstante, cheia de caprichos e variações, surge num instante de uma imagem, de uma atmosfera, do nada, e subitamente se extingue da mesma maneira. Uma paixão assim requer a liberdade acima de todas as coisas; e portanto HELOÍSA tinha razão quando, para preservar essa paixão, recusou-se a casar com seu amado ABELARDO.

> *Com que freqüência, quando prestes a casar, eu disse*
> *Maldições contra todas as leis exceto aquelas do amor:*
> *O amor, livre como o ar, à visão dos laços humanos*
> *Abre suas asas leves, e num instante alça vôo.*[7]

Mas a *amizade* é uma afeição calma e serena, guiada pela razão e cimentada pelo hábito. Nasce do longo conhecimento e das obrigações mútuas, sem ciúmes ou medos e sem aqueles acessos febris de frio e calor, que provocam um tormento tão agradável na paixão amorosa. Portanto, uma afeição tão sóbria quanto a amizade pode prosperar mesmo sob pressão, como quando qualquer interesse ou necessidade forte une duas pessoas, dando-lhes um objetivo comum. Não devemos, portanto, temer o laço ma-

---

[7] Alexander Pope, "Eloisa to Abelard" (1717), linhas 73-76.

trimonial, que subsiste principalmente pela amizade, a mais íntima possível. Quando é sólida e sensível, a amizade entre duas pessoas favorece aquele laço; e, numa situação vaga e incerta, é ela o melhor remédio. Quantas discussões e aborrecimentos frívolos as pessoas sensatas e prudentes cuidam logo de esquecer, quando vivem a necessidade de passarem juntas as suas vidas; mas que depressa se inflamariam e se transformariam no ódio mais radical, havendo a perspectiva de uma fácil separação?

Em *terceiro* lugar, devemos considerar que nada é mais perigoso que unir duas pessoas tão intimamente em todos os seus interesses e preocupações, como no caso de marido e esposa, sem que a união seja inteira e total. A menor possibilidade de um interesse separado se torna fonte de brigas e suspeitas intermináveis. A esposa, se não estiver segura de sua situação, continuará a nutrir metas e projetos separados; e o egoísmo do marido, acompanhado do maior poder, pode ser ainda mais perigoso.

Se esses argumentos contra os divórcios voluntários forem julgados insuficientes, acredito que ninguém recusará o testemunho da experiência. Na época em que os divórcios foram mais freqüentes entre os ROMANOS, os casamentos eram mais raros; e AUGUSTO se viu obrigado, por leis penais, a forçar os homens solteiros a se casarem: uma circunstância que raramente se encontra em qualquer outra época ou nação. As leis mais antigas de ROMA, que proibiam divórcios, são extremamente exaltadas por DIONÍSIO DE HALICARNASSO.[8] "Maravilhosa era a

---

[8] Liv. ii. [*Romanike Archaeologia* (Arqueologia romana) 2.25. Dionísio de Halicarnasso foi um orador e historiador grego que atuou em Roma de c. 30 a c. 7 a.C.]

harmonia", diz esse historiador, "que a união inseparável de interesses produzia entre pessoas casadas; cada uma delas considerava inevitável a necessidade que os unia, abandonando qualquer perspectiva de outra escolha ou situação."

A exclusão da poligamia e dos divórcios é suficientemente recomendável, portanto, em nossa presente prática EUROPÉIA, em relação ao casamento.

Ensaio XX

Da simplicidade e do refinamento na escrita

A escrita refinada, segundo o sr. ADDISON, consiste em sentimentos que são naturais sem serem óbvios. Não pode existir uma definição mais justa e concisa do que é escrever bem.[1]

Os sentimentos que são meramente naturais não trazem qualquer prazer ao espírito, nem parecem dignos de merecer a nossa atenção. Os gracejos de um barqueiro, as observações de um camponês, a linguagem confusa de um carregador ou de um cocheiro de praça são todos coisas naturais e desagradáveis. Como seria insípida uma comédia que reproduzisse a tagarelice de uma mesa de chá, copiada fielmente e em toda a sua extensão? Nada pode agradar as pessoas de gosto, a não ser a descrição da natureza, com toda a sua graça e todos os seus encantos, *la belle nature*; ou, se tomamos como tema a vida das camadas baixas da sociedade, os conflitos devem ser fortes e interessantes e descritos ao espírito numa imagem viva. A ingenuidade absurda de *Sancho Pança* foi pintada com cores tão inimitáveis por CERVANTES que entre-

---
[1] Joseph Addison, *The Spectator* nº 345 (5 de abril de 1712). Em Donald F. Bond, ed., *The Spectator* (Oxford: Clarendon Press, 1965), 3;284.

tém o leitor tanto quanto o retrato do herói mais magnânimo ou do amante mais terno.²

O caso é o mesmo com oradores, filósofos, críticos ou quaisquer outros autores que falem em seu próprio nome, sem apresentar outros personagens ou atores. Se a sua linguagem não for elegante, se suas observações não forem incomuns, se o seu sentido não for forte e viril, ele exaltará em vão a sua naturalidade e a sua simplicidade. Ele pode estar correto; mas nunca conseguirá ser agradável. A infelicidade de autores assim é que eles nunca são censurados ou criticados. A boa sorte de um livro e a boa sorte de um homem não são a mesma coisa. O curso secreto e decepcionante da vida, do qual fala HORÁCIO, *fallentis semita vitæ*,³ pode representar a felicidade para alguns; mas é talvez o maior infortúnio em que outros podem cair.

Por outro lado, as produções que são apenas surpreendentes, sem serem naturais, não podem proporcionar um interesse definitivo ao espírito. Pintar quimeras não é, propriamente falando, copiar ou imitar. O realismo da representação se perde e o espírito sente uma desagradável impressão ao se deparar com pinturas que não se assemelham a original algum. Tais requintes excessivos não são mais aprazíveis no estilo epistolar ou filosófico que no estilo épico ou trágico. Um excesso de ornamentos constitui sempre um erro em qualquer gênero de produção. Expressões incomuns, tira-

---

² Ver Miguel de Cervantes Saavedra (1547-1616), *El ingenioso hidalgo don Quijote de la Mancha* (O engenhoso cavaleiro Dom Quixote de la Mancha), pt. I, 1605; pt. 2, 1615. Sancho Pança é o camponês ignorante mas leal que Dom Quixote escolhe como seu escudeiro.

³ Horácio, *Epístolas* I.18.103: "...o enganoso caminho da vida". (Tradução da edição Loeb por H. Rushton Fairclough.)

das fortes e engenhosas, analogias agudas e formas epigramáticas, especialmente quando se sucedem com muita freqüência, constituem uma deformação de um mau gosto enorme, mais do que um embelezamento do discurso. Da mesma forma que o olhar, ao contemplar uma construção GÓTICA, um homem se distrai na multiplicidade dos ornamentos e perde a impressão do conjunto por um minuto de atenção aos detalhes; assim o espírito, ao ler com um esforço de atenção, um trabalho sobrecarregado de sabedoria, se cansa e se aborrece com o empenho constante do autor para brilhar e surpreender. Isso acontece quando o escritor quer ostentar erudição e sabedoria, mesmo que estas, em si, sejam justas e agradáveis. Geralmente ocorre a tais autores se preocuparem em recorrer aos seus ornamentos favoritos, mesmo quando o tema não os comporta; dessa forma, eles expõem 20 conceitos insípidos sobre um pensamento que, em si, pode até ser realmente belo.

Não existe matéria mais ampla no estudo da crítica do que a concernente à combinação justa da simplicidade e do refinamento na escrita; e portanto, para não me perder num terreno tão vasto, eu me limitarei a umas poucas observações gerais sobre o assunto:

Observo, em primeiro lugar, *ainda que os excessos nos dois gêneros devam ser evitados, devendo-se procurar um meio-termo em todas as produções, a verdade é que este meio-termo não é rígido, admitindo uma considerável latitude.* Considere-se a distância imensa que, deste ponto de vista, existe entre o sr. POPE e LUCRÉCIO. Ela parece determinar os dois extremos máximos de refinamento e simplicidade que um poeta pode se consentir sem ser culpado de nenhum excesso desagradável. Todo esse intervalo que os separa pode ser preenchido com poetas que, embora diferindo uns dos outros, seriam igualmente admiráveis, cada qual com seu estilo e maneira peculiares. CORNEILLE e CONGREVE,[4] que levam o seu engenho e requinte ainda mais longe que o sr. POPE (se é que se podem comparar poetas de estilos tão diferentes), e SÓFOCLES[5] e TERÊNCIO, que são mais simples que LUCRÉCIO, parecem ter ultrapassado aquele meio-termo no qual se enquadram as produções mais perfeitas e por isso podem ser considerados culpados de alguns excessos nesses dois gêneros opostos. De todos os grandes poetas, VIRGÍLIO e RACINE[6] são, na minha opinião, aqueles que mais se aproximam desse meio-termo e portanto aqueles que mais se distanciam dos dois extremos.

A minha *segunda* observação sobre o tema é *Que é muito difícil, se não impossível, explicar com palavras onde se encontra o meio-termo justo entre os excessos de requinte e de simplicidade ou estabelecer qualquer regra pela qual possamos saber com precisão onde começa o erro e onde acaba a beleza do estilo.* Um crítico não deve se limitar a emitir julgamentos sobre esse ou aquele assunto, sem antes instruir os seus leitores e antes de compreendê-lo perfeitamente. Não existe uma peça de crítica mais sutil que a dissertação sobre as pastorais, de FONTENELLE,[7] na qual, por meio de um certo número de reflexões e raciocínios filosóficos, o autor se força por fixar o justo meio-termo adequado a

---

[4] William Congreve (1670-1729), poeta inglês, conhecido principalmente por suas comédias.
[5] Sófocles (496-406 a.C.), um dos maiores poetas trágicos atenienses, é famoso por peças como *Antígona* e *Édipo Rei*.
[6] Jean Racine (1639-99), dramaturgo francês, é mais conhecido por suas tragédias.
[7] Fontenelle, "Discours sur la Nature de l'Eglogue". In *Oeuvres Complètes* (Paris, 1818), 3:51-69.

essas várias maneiras de escrever. Mas qualquer pessoa que leia as pastorais daquele autor se convencerá de que a sua crítica judiciosa, não obstante a sutileza da argumentação, tem um sabor falso e fixa o ponto correspondente à perfeição muito mais próximo do requinte exagerado do que se pode admitir na poesia pastoril. Os sentimentos de seus pastores se adaptam melhor às *toilettes* de PARIS do que às florestas da ARCÁDIA. Mas é impossível perceber isso por meio da argumentação crítica. FONTENELLE censura todos os exageros de descrição e de ornamento, na mesma medida em que VIRGÍLIO poderia tê-lo feito, se o grande poeta tivesse escrito uma dissertação sobre esse gênero de poesia. Por mais que variem os gostos dos homens, o seu discurso sobre esse tema é geralmente o mesmo. Nenhuma crítica poderá ser construtiva, se não descer aos particulares e não se preocupar em apresentar numerosos exemplos e ilustrações. Sob todos os pontos de vista, admite-se que tanto a beleza quanto a virtude residem sempre num meio-termo; mas localizar este meio-termo constitui um problema sério, que jamais pode ser suficientemente esclarecido através de argumentações de ordem geral.

    Posso afirmar, como uma *terceira* observação sobre este tema, *Que devemos nos precaver mais contra o exagero no requinte do que na simplicidade, porque aquele excesso é ao mesmo tempo menos* belo *e mais* perigoso *que este.*

    É uma regra válida que a sabedoria e a paixão são totalmente incompatíveis. Quando as afeições estão em jogo, não há lugar para a imaginação. Como o espírito do homem é naturalmente limitado, é impossível que todas as suas faculdades operem simultaneamente: e, quanto mais uma delas predomina, menos espaço existe para as outras exercerem o seu vigor. Por essa razão, um grau maior de simplicidade é exigido naquelas composições que retratam as ações e paixões dos homens do que naquelas que consistem em reflexões e observações. E, como a maneira simples de escrever é a mais envolvente e bela, pode-se seguramente, nessa questão, dar preferência ao extremo da simplicidade sobre o extremo do requinte.

Podemos observar também que aquelas composições que lemos com mais freqüência, e que todo homem de bom gosto aprendeu de cor, trazem a recomendação da simplicidade e nada têm de surpreendente ao pensamento, quando despidas daquela elegância de expressão e harmonia de métrica com que se enfeitam. Se o mérito da composição está num ponto de brilho, este pode flamejar logo de início; mas o espírito antecipa o pensamento à segunda leitura, não sendo mais afetado por ele. Quando leio um epigrama de MARCIAL[8] a primeira linha já evoca o todo; e não vejo prazer em repetir para mim mesmo o que eu já sei. Mas cada verso, cada palavra em CATULO têm seu mérito; e a sua releitura nunca me cansa. É suficiente passar os olhos em COWLEY uma vez só;[9] mas PARNELL,[10] mesmo depois de lido 50 vezes, continua novo como da primeira. Além disso, acontece com os livros o mesmo que acontece com as mulheres, nas quais uma certa singeleza nas maneiras e no vestir é mais envolvente que o colorido da maquiagem, das aparências e dos adornos, que podem impressionar o olho, mas não alcançam o afeto. TERÊNCIO é de uma beleza modesta e tímida, à qual tudo permitimos, porque ela nada se

---

[8] Marcial (c. 40 – c.104 d.C.), poeta latino, mais famoso por seus epigramas.
[9] Abraham Cowley (1618-67) foi um escritor inglês, de poesia e prosa.
[10] Thomas Parnell (1679-1718) foi um poeta irlandês.

arroga e porque sua beleza e naturalidade produzem em nós uma impressão duradoura, se bem que não incisiva.

Mas o extremo do refinamento, além de ser o menos *belo*, é também o mais *perigoso* e aquele ao qual somos mais inclinados a ceder. A simplicidade pode passar por estupidez, se não for acompanhada por uma grande elegância e propriedade. Ao contrário, existe algo de espantoso num grande esplendor de sabedoria e concepção. Os leitores comuns se impressionam fortemente com isso e imaginam falsamente que esta é não somente a forma mais difícil, mas também a mais excelente de escrita. SÊNECA incorre em diversos erros agradáveis, diz QUINTILIANO, *abundat dulcibus vitiis*;[11] e por essa razão é o mais perigoso e o mais capaz de perverter o gosto dos jovens e dos irrefletidos.

Posso acrescentar que, na nossa época mais do que nunca, devemos nos defender do excesso de refinamento, porque é nesse extremo que os homens incorrem com mais freqüência, desde que a educação realizou alguns progressos e depois que surgiram escritores eminentes em todos os gêneros de composição. O esforço para agradar pela originalidade afasta os homens da simplicidade e da naturalidade, enchendo os seus textos de afetação e pose. Foi assim que a eloqüência ASIÁTICA degenerou tanto da eloqüência ÁTICA; foi assim que a época de CLÁUDIO e de NERO se tornou tão inferior àquela de AUGUSTO, em gosto e gênio; e talvez existam, no presente, alguns sintomas de uma degenerescência de gosto semelhante, na FRANÇA bem como na INGLATERRA.

---

[11] Quintiliano, *Institutio Oratoria* 10.1.129. Quintiliano observa aqui que o estilo dos textos de Sêneca é demasiado perigoso pela simples razão de que "seus vícios são tantos e tão atraentes". (Tradução da edição Loeb por H. E. Butler.)

Ensaio XXI

Do caráter nacional

O homem comum tende a exacerbar ao extremo todos os *caracteres nacionais*; e, uma vez estabelecido este princípio, de que um povo é desonesto ou covarde ou ignorante, não admitirá qualquer exceção, aplicando a todos os indivíduos a mesma censura. Os homens sensatos condenam esses julgamentos indiscriminados; embora admitam, ao mesmo tempo, que cada nação apresente um conjunto peculiar de costumes e que determinadas qualidades particulares se encontram mais freqüentemente num povo que entre seus vizinhos. A gente simples da SUÍÇA é provavelmente mais honesta que a mesma classe na IRLANDA; e todo homem prudente, com base nessa circunstância, confiará em cada povo de diferentes maneiras. Temos motivos para esperar mais espírito e alegria num FRANCÊS do que num ESPANHOL, embora CERVANTES tenha nascido na ESPANHA. Naturalmente, espera-se mais conhecimento de um INGLÊS que de um DINAMARQUÊS, embora TYCHO BRAHE fosse um nativo da DINAMARCA.[1]

---

[1] Tycho Brahe (1546-1601) foi um astrônomo dinamarquês cujas minuciosas observações contribuíram para a revolução de Copérnico na astronomia.

Apontam-se diferentes motivos para esses diferentes *caracteres nacionais*; alguns o atribuem a causas *morais*, enquanto outros, a causas *físicas*. Por causas *morais*, entendo todas as circunstâncias propensas a agir no espírito como motivos ou razões e que constituem um conjunto de hábitos peculiares, que nos é comum. Desse tipo são a natureza do governo, as revoluções nas questões públicas, a penúria em que vive o povo, a situação da nação em relação aos seus vizinhos e outras circunstâncias similares. Por causas *físicas*, entendo aquelas qualidades do ar e do clima que supostamente atuam imperceptivelmente no temperamento, alterando o ritmo e o biotipo e dando uma compleição particular que, embora a reflexão e a razão possam às vezes superar, ainda assim prevalecerá sobre a maior parte da humanidade, exercendo uma influência decisiva sobre os seus costumes.

Que o caráter de uma nação depende muito das causas *morais* deve ser algo evidente mesmo para o observador mais superficial; pois uma nação não é senão uma soma de indivíduos, e os costumes dos indivíduos são determinados freqüentemente por essas causas. Como a pobreza e o trabalho duro degradam os espíritos da gente comum, tornando-os inadequados para qualquer ciência ou profissão engenhosas, da mesma forma, onde qualquer governo é muito opressivo com seus súditos, ele deve produzir um efeito proporcional em seu temperamento e gênio, banindo a prática de todas as ciências sociais de seu meio.

O mesmo princípio das causas morais estabelece o caráter das diferentes profissões, alterando até mesmo aquela disposição que seus membros particulares receberam das mãos da natureza. Um *soldado* e um *padre* apresentam caracteres diferentes, em todas as nações e todas as épocas; e essa diferença está fundada em circunstâncias cujo funcionamento é eterno e inalterável.

A incerteza de suas vidas torna os soldados pródigos e generosos, além de corajosos: os seus períodos de ócio, ao lado de sua grande sociabilidade, que manifestam nos campos e guarnições, criam neles uma propensão ao prazer e à galanteria: por mudarem constantemente de companhia, adquirem boas maneiras e um comportamento eclético: por entrarem em ação somente contra um inimigo público e aberto, eles se tornam cândidos, honestos e espontâneos; e como fazem mais uso do trabalho do corpo que da mente, são freqüentemente irrefletidos e ignorantes.[2]

É uma máxima banal, mas não inteiramente falsa, afirmar que *os padres são os mesmos em todas as religiões*; e, embora em nem todos os exemplos o caráter da profissão prevaleça sobre o caráter pessoal, é certo que ele predomina na maioria dos casos. Pois, como dizem os químicos a respeito dos gases que, quando submetidos a uma determinada pressão, se tornam idênticos, não importa de que materiais eles sejam emanados; assim aqueles homens, sendo elevados acima da humanidade, adquirem um caráter uniforme, que é inteiramente deles, e que, na minha opinião, geralmente não é dos

---

[2] É um ditado de MENANDRO, Κομψὸ σρατιVτης, οὐδ᾽ ἄν εἰ πλάττει θεὸς Οὐθεὶς γένοιτ ἄν. MEN. Apud. STOBÆUM. [Nos textos de Estobeu, um antologista grego do século V d.C., Menandro (342-292 a.C.) era um poeta cômico grego de cujas obras só eram conhecidos fragmentos, na época de Hume.] *Nem Deus tem o poder de tornar um soldado polido*. A observação contrária, em relação aos costumes dos soldados, é corrente em nossos dias. Isso parece pressupor que os antigos deviam todo seu refinamento e civilidade aos livros e ao estudo; em função do que, de fato, a vida de um soldado não é tão cultivada. O quartel e o mundo são a sua esfera. E se existe alguma polidez a ser aprendida nas companhias, certamente eles a adquirirão em grande medida.

mais amistosos que se podem encontrar na sociedade. Em muitos aspectos, ele é oposto ao caráter dos soldados; bem como o seu estilo de vida, do qual ele deriva.³

---

³ Embora toda a humanidade tenha uma forte propensão à religião em determinados períodos e em certas situações, ainda assim são poucos ou nenhum aqueles que a tenham num grau e constância necessários para o caráter dessa profissão. Deve, portanto, acontecer que os padres, saindo da massa comum da humanidade, como outras pessoas saem para outras profissões, visando ao lucro, a maioria das pessoas, com exceção dos ateus e livres-pensadores, julgará necessário, em ocasiões particulares, fingir uma devoção maior que a que efetivamente possuem e aparentar fervor e seriedade, mesmo quando se enfastiam com os rituais de sua religião ou quando têm o pensamento ocupado pelos assuntos comuns da vida. Eles não podem, como o restante da humanidade, dar vazão aos seus impulsos e sentimentos naturais. Precisam ficar atentos em relação à sua aparência, suas palavras e suas ações: e, para justificar a reverência com que a multidão os trata, eles precisam não somente manter uma reserva notável, como também promover um espírito de superstição, por meio da hipocrisia e da malícia constantes. Essa dissimulação freqüentemente destrói a candura e a ingenuidade de seu temperamento, provocando uma nódoa irreparável no seu caráter.

Se, por acaso, qualquer um deles apresentar um temperamento mais suscetível à devoção que o usual, de forma que lhe seja menos necessário ter que demonstrar hipocrisia no exercício de sua profissão, torna-se tão natural para ele superestimar essa vantagem, considerando-se imune a qualquer violação da moralidade, que freqüentemente ele não é mais virtuoso que o hipócrita. E, embora poucos ousem afirmar abertamente *que tudo o que fazem é em lealdade aos santos e que todas as suas propriedades são assim legitimadas*; ainda assim, podemos observar a presença oculta desses princípios em seus corações, e tal zelo pelo respeito às regras religiosas é tão grande que compensa muitos vícios e enormidades. Essa observação é tão comum que todos os homens prudentes ficam atentos quando se deparam com qualquer manifestação extraordinária de religiosidade; embora eles, ao mesmo tempo, confessem que existem muitas exceções a essas regras gerais, e que a probidade e a superstição, ou mesmo a probidade e o fanatismo, não são sempre e em todos os casos incompatíveis.

A maioria dos homens é ambiciosa; mas a ambição de outros homens, geralmente, pode ser satisfeita sobressaindo-se em sua profissão particular, promovendo assim os interesses da sociedade. Já a ambição do clero, freqüentemente,

Em relação às *causas físicas*, eu me inclino a questionar a sua atuação neste particular; nem acredito que os homens devam qualquer parcela de seu temperamento ou gênio ao ar, à comida ou ao clima. Confesso que a opinião contrária deve parecer, à primeira vista, razoável, já que observamos que aquelas circunstâncias exercem influência sobre todos os outros animais, e que mesmo aquelas criaturas que se adaptam a todos os climas, como cachorros, cavalos &c., não têm o mesmo desempenho em todos eles. A cora-

---

só pode ser satisfeita promovendo-se a ignorância e a superstição, e cometendo-se fraudes em nome da fé e da piedade. E, tendo obtido tudo o que desejava ARQUIMEDES (ou seja, outro mundo, no qual pudesse fazer seus inventos funcionar), não é de se admirar que eles se movimentem neste como lhes aprouver.

A maioria dos homens tem um conceito elevado demais de si mesma; mas *esses* homens apresentam uma tentação peculiar a esse vício, pelo fato de serem vistos com veneração e até mesmo considerados sagrados pela multidão ignorante.

A maioria dos homens costuma nutrir uma estima particular pelos membros de sua própria profissão; mas como um advogado ou um médico ou um comerciante toma conta de seu próprio negócio, os interesses dos homens dessas profissões não estão tão fortemente unidos quanto os interesses dos membros do clero de uma mesma religião; onde a instituição inteira ganha com a veneração que é devotada a cada um de seus representantes, bem como pela supressão de seus antagonistas.

Poucos homens enfrentam a contrariedade com paciência; mas também neste tópico o clero freqüentemente chega a um grau de fúria; porque todo o seu crédito e seu meio de vida dependem da crença em suas opiniões; e somente eles têm a pretensão de uma autoridade divina e sobrenatural, que lhes permite representar os seus antagonistas como ímpios ou profanos. O *Odium Theologicum*, ou Ódio Teológico, se percebe até nos provérbios, e está associado ao grau de rancor mais furioso e implacável.

A vingança é uma paixão natural na humanidade; mas nos padres e nas mulheres ela parece vigorar com particular força. Porque, estando privados do exercício imediato da raiva, na violência e no combate, eles costumam alegar que são imunes àquele sentimento; mas assim o seu orgulho aumenta a uma disposição vingativa.

Assim, muitos dos vícios da natureza humana são, por meio de causas morais fixas, inflamados naquela profissão; e, embora diversos indivíduos esca-

gem dos buldogues e dos galos-de-briga parece peculiar à INGLATERRA. FLANDRES é famosa por seus cavalos grandes e pesados; a ESPANHA, por seus cavalos leves e de bom trote. E qualquer espécime dessas criaturas, se transplantado de um país para outro, prontamente perderá aquelas qualidades que resultavam de seu clima nativo. Pode-se perguntar por que o mesmo não ocorreria com os homens?[4]

---

pem ao contágio, ainda assim todos os governos sábios ficarão em guarda contra o risco de formação, na sociedade, de uma facção que seja movida pela ambição, pelo orgulho, pela vingança e por um espírito de perseguição.

O caráter da religião é grave e sério; e essas são características que se exigem dos padres, o que os confina a regras estritas de decência e geralmente previne qualquer irregularidade ou intemperança entre eles. A alegria não lhes é permitida, muito menos os excessos do prazer; e essa é, talvez, a única virtude que eles devem à sua profissão. De fato, nas religiões fundadas em princípios especulativos, e onde os discursos públicos fazem parte do serviço religioso, pode-se supor também que o clero terá um papel considerável na cultura de seu tempo; embora seguramente o seu gosto pela eloqüência seja sempre maior do que a sua eficiência no raciocínio e na filosofia. Mas quem quer que apresente as nobres virtudes da moderação, da humildade e de um sentimento humanitário, como é o caso, sem dúvida, de muitos deles, é atraído mais pela reflexão do que pelo chamado da vocação.

Não era um expediente ruim entre os ROMANOS, para prevenir efeitos negativos das exigências da profissão, proibir por lei que qualquer indivíduo pudesse se tornar um sacerdote antes dos 50 anos. DION. *Hal.* Liv. I. [Dionísio de Halicarnasso, *Antigüidade Romana.*] As experiência na vida leiga até esta idade, presumia-se, moldariam melhor o seu caráter.

[4] CAESAR (*de Bello* GALLICO, LIV. I. [*A Guerra da Gália*]) diz que os cavalos GÁLICOS eram muito bons; e os ALEMÃES muito ruins. Vemos no liv. vii que ele foi obrigado a completar a cavalaria ALEMÃ com alguns cavalos GÁLICOS. Atualmente, nenhuma parte da EUROPA tem cavalos tão ruins, em todas as raças, quanto a FRANÇA. Na ALEMANHA abundam excelentes cavalos de guerra. Isso pode despertar uma leve suspeita de que nem mesmo os animais dependem do clima, mas das diferentes raças,

Existem poucas questões que sejam mais curiosas do que essa ou que apareçam com mais freqüência em nossas investigações sobre os assuntos humanos; e portanto pode ser conveniente examiná-la por completo.

O espírito humano é de uma natureza muito imitativa; não é possível que qualquer grupo de homens converse freqüentemente sem adquirir uma similitude de maneiras e sem que transmitam uns aos outros seus vícios, bem como suas virtudes. A propensão à companhia e à vida em sociedade é natural em todas as criaturas racionais; e a mesma disposição que nos provoca esta propensão nos torna capazes de entrar profundamente nos sentimentos uns dos outros, despertando, por contágio, paixões e inclinações semelhantes, em todo um grupo de indivíduos. Onde um grupo de homens se une num corpo político, as ocasiões para um intercâmbio mútuo são tão freqüentes, em relação à defesa, ao comércio e ao governo, que, além de um mesmo estilo na linguagem, eles adquirem forçosamente uma semelhança em suas maneiras, exibindo um caráter comum ou nacional, além do caráter pessoal, peculiar a cada indivíduo. Mas, embora a natureza produza todo tipo de temperamento e de entendimento, não decorre daí que ela os pro-

---

e da habilidade e do cuidado na sua criação. O norte da INGLATERRA contém os melhores cavalos, de todas as raças, que existem no mundo inteiro, talvez. Nos condados vizinhos, ao norte de TWEED, não se encontra um cavalo bom sequer. Estrabão [64 ou 63 a.C.-21 d.C.], liv. ii [*Geografia* 2.3.7] rejeita, em grande medida, a influência dos climas sobre os homens. Tudo é costume e educação, ele afirma. Não é por natureza que os ATENIENSES são instruídos, os LACEDEMÔNIOS ignorantes, bem como os TEBANOS, embora estes sejam vizinhos ainda mais próximos dos primeiros. Mesmo as diferenças entre os animais, acrescenta, não dependem do clima.

duza sempre na mesma proporção, nem que em toda sociedade os ingredientes de trabalho e indolência, coragem e covardia, humanidade e brutalidade, razão e loucura se combinem da mesma maneira. Na infância da sociedade, se qualquer dessas disposições existir em quantidade muito maior que as outras, naturalmente ela irá prevalecer na composição do caráter nacional, dando-lhe uma tintura particular. Ou deveríamos afirmar que a nenhuma espécie de temperamento pode ser atribuído, razoavelmente, o predomínio, mesmo nas sociedades mais tacanhas, e que as mesmas proporções serão sempre preservadas na mistura? Nem mesmo dos indivíduos de crédito e autoridade e constituindo um corpo ainda mais limitado se pode esperar que apresentem sempre o mesmo caráter; e a sua influência nas maneiras do povo deve ser considerável, em todas as épocas. Se nos primórdios de uma república for concedida autoridade a um BRUTUS[5] e se ele governar com entusiasmo pela liberdade e pelo bem público, de forma a suplantar todos os condicionamentos da natureza, bem como os interesses privados, tal exemplo ilustre seguramente influenciará a sociedade inteira, despertando a mesma paixão em todos os corações. O que quer que determine as maneiras de uma geração, a seguinte deve apresentar uma dose maior desse elemento, já que os homens são mais suscetíveis a qualquer impressão na infância e retêm estas impressões enquanto permanecem no mundo. Afirmo, então, que todos os caracteres nacionais, quando não dependem de causas *morais* fixas, resultam de acidentes como esse e que as causas físicas não têm qualquer

---

[5] Segundo a tradição, Lucius Junius Brutus estabeleceu a liberdade em Roma ao expulsar o tirano Tarquínio Superbus e fundar a república romana em 509 a.C.

influência aparente sobre o espírito humano. E é uma máxima de toda a filosofia que as causas, quando não aparecem, devem ser consideradas inexistentes.

Se percorrermos o globo ou se revolvermos os anais da história, descobriremos em toda parte sinais de uma simpatia ou de contágio entre as maneiras, nenhuma das quais decorrente da influência do ar ou do clima.

Primeiro. Podemos observar que, onde um governo vasto se prolonga durante séculos, ele dissemina um caráter nacional por todo o império, comunicando a cada região uma similitude de maneiras. Assim os CHINESES apresentam a maior uniformidade de caráter imaginável: embora o ar e o clima, nas diferentes regiões daqueles vastos domínios, admitam variações consideráveis.

Segundo. Em governos pequenos, apesar de contíguos, os povos apresentam caracteres muito diferentes, às vezes tanto quanto diferem as maneiras de nações muito distantes. Pouco mais que um dia de viagem separava ATENAS e TEBAS; mas os ATENIENSES eram notáveis pela engenhosidade, pela polidez e pela alegria, enquanto os TEBANOS o eram pela teimosia, pela rusticidade e pelo temperamento fleumático. Discursando sobre os efeitos do ar nos espíritos dos homens, PLUTARCO observa que os habitantes do PIREU apresentavam temperamentos muito diferentes daqueles da cidade alta em ATENAS, e somente cerca de quatro milhas separavam os dois. E acredito que ninguém atribui a diferença de maneiras em WAPPING e ST. JAMES' a uma diferença de ar ou de clima.[6]

---

[6] O Piraeum, ou Pireu, é o porto de Atenas. Não se sabe a que texto de Plutarco Hume se refere aqui. Wapping era uma área esquálida de Londres, à margem

Terceiro. O mesmo caráter nacional freqüentemente acompanha a autoridade do governo com uma fronteira precisa. De forma que basta atravessar um rio ou passar por uma ponte para encontrar um novo conjunto de hábitos, correspondente a um novo governo. Os LANGUEDOCIANOS e os GASCÕES são os povos mais alegres da FRANÇA; mas basta atravessar os PIRINEUS e você se vê entre ESPANHÓIS. É aceitável que as qualidades do ar mudem exatamente com as fronteiras de um império, já que estas dependem tanto de acidentes como de batalhas, negociações e casamentos?

Quarto. Quando qualquer grupo de homens, espalhados em nações distantes, mantém uma sociedade fechada e uma comunicação constante, eles adquirem uma similitude de maneiras, apresentando pouca coisa em comum com as nações nas quais vivem. Assim os JUDEUS na EUROPA e os ARMÊNIOS no Oriente apresentam um caráter peculiar; e os primeiros são tão conhecidos pela fraude quanto os últimos pela probidade.[7] Os *Jesuítas*, em todos os países *católicos romanos*, também apresentam um caráter peculiar notável.[8]

---

do rio Tâmisa, habitada por marinheiros e fornecedores de materiais navais, onde outrora se executaram piratas. St James' era a área sofisticada em torno do Palácio de St. James, que era a residência do príncipe real em Londres (ou Westminster) depois do período dos Stuarts.

[7] Uma pequena seita ou sociedade em meio a outra maior apresenta geralmente uma moral mais regular; porque eles são mais notados, e as faltas dos indivíduos trazem desonra para a comunidade inteira. A única exceção a essa regra é quando a superstição e os preconceitos da sociedade maior são tão fortes que jogam a menor na infâmia, independentemente de sua moral. Pois nesse caso, não tendo mais uma reputação para cuidar ou preservar, eles se tornam indiferentes à sua conduta, exceto entre eles próprios.

[8] Os Jesuítas, ou Sociedade de Jesus, são uma ordem Católica Romana para homens, fundada por Santo Inácio de Loyola (1491-1556). Ela era famosa pela sua organização centralizada, pela sua disciplina e por sua preocu-

Quinto. Quando um acidente qualquer, como a diferença de linguagem ou religião, separa duas nações, mesmo que elas vivam no mesmo país, impedindo que se misturem, elas preservarão durante séculos conjuntos de hábitos diferentes e até opostos. A integridade, a gravidade e a bravura dos TURCOS formam o oposto exato da falsidade, da leviandade e da covardia dos GREGOS modernos.

Sexto. O mesmo conjunto de hábitos acompanhará uma nação por todo o globo, bem como as mesmas leis e a mesma linguagem. É fácil distinguir umas das outras, mesmo além dos trópicos, as colônias ESPANHOLAS, INGLESAS, FRANCESAS e HOLANDESAS.

Sétimo. Os costumes de um povo mudam consideravelmente de uma época para outra; seja por grandes mudanças em seu governo, pelas misturas com novos povos ou por aquela inconstância à qual estão sujeitos todos os assuntos humanos. A engenhosidade, a operosidade e a atividade dos antigos GREGOS nada têm em comum com a estupidez e a indolência dos atuais habitantes daquelas regiões. A candura, a coragem e o amor à liberdade formavam o caráter dos antigos ROMANOS, da mesma forma que a astúcia, a covardia e uma disposição à submissão são características dos modernos. Os antigos ESPANHÓIS eram incansáveis, turbulentos, e portanto propensos à guerra, e muitos deles se mataram quando

---

pação com a educação. Havia um colégio Jesuíta na pequena cidade francesa de La Flèche, onde Hume morou de 1735 a 1737, enquanto escrevia seu *Tratado.* O filósofo René Descartes foi educado ali, e na década de 1730 o colégio passou a ser um centro do Cartesianismo. Aparentemente, Hume manteve relações cordiais com os Jesuítas locais e usou regularmente a sua biblioteca, que continha cerca de 40 mil volumes. Ver Ernest Campbell Mossner, *Life of David Hume* (Edimburgo: Thomas Nelson and Sons, 1954) pp. 99-104.

foram privados de suas armas pelos ROMANOS.⁹ Atualmente seria bastante difícil (talvez se encontrasse algum 50 anos atrás) levar um ESPANHOL a pegar em armas. Os BATAVOS eram todos soldados da fortuna, que se alistavam nos exércitos ROMANOS. Sua posteridade faz uso de estrangeiros, com o mesmo propósito que os ROMANOS o faziam outrora. Embora alguns aspectos do caráter FRANCÊS sejam idênticos àqueles que CÉSAR atribuiu aos GAULESES, no entanto, não se pode comparar a civilidade, a humanidade e o conhecimento dos modernos habitantes daquele país com a ignorância, a barbárie e a rusticidade dos antigos. Isso sem insistir na grande diferença entre os atuais donos da BRETANHA e aqueles anteriores à conquista ROMANA; podemos observar que nossos ancestrais, alguns séculos atrás, estavam mergulhados na superstição mais abjeta; no século passado, eles se deixaram inflamar pelo mais furioso entusiasmo; e agora se caracterizam pela indiferença mais fria em relação às questões religiosas que se pode encontrar em qualquer nação do mundo.

Oitavo. Onde muitas nações vizinhas mantêm uma comunicação intensa entre si, seja por meio da política, do comércio ou das viagens, elas adquirem costumes semelhantes, proporcionalmente ao grau dessa comunicação. Assim todos os FRANCOS parecem ter um caráter semelhante ao das nações orientais. As diferenças entre eles são como os sotaques peculiares de diferentes províncias, que geralmente escapam aos estrangeiros e só são percebidas por um ouvido acostumado a eles.

---

⁹ TIT. LIVII. Liv. xxxiv. Cap. 17. [Lívio, *História de Roma* 34.17.]

Nono. Podemos observar com freqüência uma mistura maravilhosa de costumes e caracteres numa mesma nação, falando a mesma língua e submetidos ao mesmo governo; e, nesse particular, os INGLESES são talvez o povo mais notável de todos os que já existiram no mundo. Isso não deve ser atribuído à mutabilidade e à incerteza de seu clima, nem a quaisquer outras causas *físicas*; porque todas essas causas também estão presentes num país vizinho, a ESCÓCIA, sem que tenham o mesmo efeito. Quando o governo de uma nação é totalmente republicano, tende a produzir um grupo peculiar de costumes. Quando é totalmente monárquico, o efeito é o mesmo; a imitação dos superiores espalha os costumes nacionais mais rapidamente entre o povo. Se a classe governante de um país consiste inteiramente em comerciantes, como ocorre na HOLANDA, o seu estilo uniforme de vida determinará o seu caráter. Se ela consiste inteiramente em nobres ou em gente educada e ligada à terra, como na ALEMANHA, na FRANÇA e na ESPANHA, segue-se um efeito semelhante. O caráter de uma seita ou religião particular também tende a moldar os costumes de um povo. Mas o governo INGLÊS é uma mistura de monarquia, aristocracia e democracia. As pessoas com autoridade se compõem de uma pequena nobreza e de comerciantes. Entre eles se encontram todas as seitas religiosas. E a grande liberdade e independência de que todo homem goza lhe permitem apresentar diferentes e peculiares maneiras. Daí o INGLÊS, entre todos os povos do universo, ser aquele que apresenta em menor grau um caráter nacional; a não ser que assim se possa considerar a singularidade que acabo de descrever.

Se os caracteres dos homens dependessem do ar e do clima, seria de se esperar que as variações de calor e frio exercessem, naturalmente, uma influência poderosa, uma vez que nada tem efeito maior sobre as plantas e os animais irracionais. E, de fato, existem motivos para crer que todas as nações que vivem em torno dos círculos polares ou entre os trópicos são inferiores ao restante da espécie, e são incapazes das conquistas mais elevadas do espírito humano. A pobreza e a miséria dos habitantes do extremo norte do globo e a indolência dos habitantes do extremo sul podem ser atribuídas, talvez, às suas parcas necessidades, que constituem a sua diferença notável, e isso ainda sem se recorrermos às causas *físicas*. No entanto é certo que os caracteres das nações são muito promíscuos nos climas temperados e que quase todas as observações gerais que já se formularam a respeito dos povos que vivem mais ao norte que os mais ao sul dessas regiões costumam ser suspeitas e falaciosas.[10]

---

[10] Eu me inclino a suspeitar que os negros são naturalmente inferiores aos brancos. Praticamente nunca existiu uma nação civilizada com aquela compleição, nem sequer um indivíduo eminente seja na ação, seja na especulação. Não existem manufaturas engenhosas entre eles, nem artes, nem ciências. Em contrapartida, mesmo os mais rudes e bárbaros dos brancos, como os antigos ALEMÃES ou os TÁRTAROS no presente, apresentam algo de eminente entre eles, em seus valores, em sua forma de governo ou qualquer outro aspecto particular. Semelhante diferença, uniforme e constante, não poderia acontecer em tantos países e épocas se a natureza não tivesse feito uma distinção original entre essas raças de homens. Sem mencionar nossas colônias, existem escravos NEGROS dispersos por toda a EUROPA, e nunca se descobriu em qualquer um deles algum sinal de engenhosidade; enquanto membros brancos da classe baixa, sem educação, são capazes de progredir e se destacar em qualquer profissão. Na JAMAICA, de fato, falam do NEGRO como um homem de mérito e cultura; mas é provável que ele seja admirado por pequenas conquistas, como um papagaio, que é capaz de pronunciar algumas palavras com clareza. [Apesar de sua opinião sobre a inferioridade do Negro, Hume se opunha fortemente à instituição da escravidão (ver a nota 7 do ensaio de Hume "Da população das nações antigas", na Parte II destes *Ensaios*).]

Digamos que a proximidade maior do sol inflama a imaginação dos homens, dando-lhes um espírito e uma vivacidade peculiares. Os FRANCESES, os GREGOS, os EGÍPCIOS e os PERSAS são notáveis pela alegria. Os ESPANHÓIS, os TURCOS e os CHINESES são famosos pela gravidade e pela conduta séria, sem que qualquer diferença de clima possa produzir essa diferença de temperamento.

Os GREGOS e os ROMANOS, que chamaram todas as outras nações de bárbaras, restringiam o gênio e o refinamento do saber aos climas mais ao sul, e julgavam as nações do norte incapazes de qualquer cultura ou civilidade. Mas a nossa ilha já produziu tantos grandes homens, tanto de ação como de reflexão, quanto a ITÁLIA e a GRÉCIA podem alegar ter produzido.

Supõe-se que os sentimentos dos homens se tornam mais delicados à medida que as nações se aproximam do sol; e que o gosto da beleza e da elegância recebe melhorias proporcionais a todas as latitudes; podemos observar isso particularmente em relação às linguagens: as mais ao sul são suaves e melodiosas, e as mais ao norte, ásperas e dissonantes. Mas esta observação não é universal. O ÁRABE é áspero e desagradável; o MOSCOVITA, suave e musical. A energia, a força e a aspereza formam o caráter da língua LATINA: o ITALIANO é a linguagem mais líquida, suave e efeminada que se pode imaginar existir. Toda linguagem dependerá, em alguma medida, dos costumes do povo; mas dependerá mais ainda do repertório original de palavras e sons que ele recebeu de seus ancestrais e que permanecem inalterados, mesmo que os seus costumes tenham sofrido as maiores transformações. Quem pode duvidar que o povo INGLÊS é hoje mais polido e sábio que o povo GREGO tem sido ao longo de séculos, desde o cerco de

TRÓIA? Ainda assim, não há comparação entre a língua de MILTON e aquela de HOMERO. Assim, por maiores que sejam as mudanças e melhorias que afetam os costumes de um povo, muito pouco se pode esperar em relação a transformações na sua linguagem, alguns poucos gênios eminentes e refinados comunicarão o seu gosto e conhecimento a um povo inteiro, produzindo os maiores progressos; assim eles controlam a língua em seus textos, e previnem, em algum grau, mudanças drásticas em seu uso.

Lorde BACON observou que os habitantes do sul são, em geral, mais engenhosos que aqueles do norte; mas que, quando o nativo de um clima frio tem gênio, este atinge um ponto mais alto do que podem alcançar os gênios do sul. Um falecido escritor[11] confirma essa observação, ao comparar os gênios do sul aos pepinos, que são geralmente todos de boa qualidade, mas que são frutos insípidos; enquanto os gênios do norte são como melões, dos quais sequer um em cada 50 é bom; mas, quando é bom, é um verdadeiro tesouro. Acredito que se pode considerar essa observação justa, se a limitarmos às nações européias e à época presente, ou à anterior; mas acho que isso pode ser atribuído a causas morais. Todas as ciências e artes liberais nos foram importadas do sul; e é fácil imaginar que, diante das primeiras excitações dos elogios e da glória, aqueles poucos que se tornaram seus apreciadores mais ferrenhos logo as levariam à maior altura, aplicando cada nervo, cada faculdade, na tarefa de aprimorá-las até atingirem o máximo da perfeição. Ilustres exemplos espalharam o conhecimento por toda

---

[11] Dr. Berkeley: Filósofo Minucioso. [George Berkeley (1685-1753), *Alcífron, ou o Filósofo Minucioso*, 5.26. Nesse diálogo, a observação que Hume parafraseia vagamente é feita por Crito.]

DAVID HUME

parte, obtendo uma estima universal pelas ciências. Após o que não é surpreendente que a operosidade relaxe; enquanto os homens não recebem o encorajamento adequado, nem conseguem atingir tais distinções pelas suas conquistas. Portanto, a difusão universal do saber em um povo e a extinção completa da ignorância e da rusticidade raramente são alcançadas com perfeição nos indivíduos particulares. Parece ser considerado um fato consumado no diálogo *de Oratoribus*[12] que o saber era muito mais comum na época de VESPASIANO que na época de CÍCERO e AUGUSTO. QUINTILIANO também se queixa da profanação do saber pela sua generalização. "Antigamente", diz JUVENAL, "a ciência estava confinada à GRÉCIA e à ITÁLIA. Agora o mundo inteiro imita ATENAS e ROMA. A eloqüente GÁLIA ensinou a BRETANHA a conhecer as leis. Até mesmo TÚLIA pretende contratar grandes retóricos para a sua instrução."[13] Esse estado da educação é notável, já que JUVENAL é ele próprio o último dos escritores ROMANOS que possuíam qualquer grau de gênio. Aqueles que o sucederam só são valorizados pelos fatos históricos

---

[12] Tácito, *Diálogo sobre a Oratória*.
[13] "Sed Cantaber unde
Stoicus? antiqui praesertim ætate Metelli.
Nunc totus GRAIAS, nostrasque habet orbis ATHENAS.
GALLIA causidicos docuit facunda BRITANNOS:
De conducendo loquitur jam rhetore THULE."
Sat. 15

[Juvenal, *Sátiras* 15. 108-10: "...mas como poderia um Cantabriano ser um Estóico, e isso mesmo nos dias do velho Metellus? Hoje o mundo inteiro tem a suaa Atenas gregas e romanas; a eloqüente Gália instruiu os adversários da Bretanha, e a distante Túlia fala em contratar um retórico". (Tradução da edição Loeb por G. G. Ramsay.)]

que nos relatam. Espero que a conversão tardia de MOSCOU ao estudo das ciências não enseje um prognóstico semelhante ao atual período da educação.

O Cardeal BENTIVOGLIO[14] prefere as nações do norte às do sul por conta de sua candura e sinceridade; e menciona, por um lado, os ESPANHÓIS e os ITALIANOS e, por outro, os FLAMENGOS e os ALEMÃES. Mas eu me inclino a pensar que isso aconteceu por acidente. Os antigos ROMANOS parecem ter sido um povo sincero e cândido, como são os TURCOS modernos. Mas, supondo que esse fato decorreu de causas fixas, só podemos concluir daí que todos os extremos tendem a concorrer, e em geral exercem um efeito semelhante, com as mesmas conseqüências. A perfídia usualmente acompanha a ignorância e a barbárie; e, se as nações civilizadas adotam políticas tênues e tortas, pode ser por um excesso de refinamento, que as faz desdenhar o caminho direto e plano para o poder e a glória.

A maioria das conquistas se deu do norte para o sul; e pode-se depreender daí que os povos do norte possuem um grau superior de coragem e valentia. Mas teria sido mais justo dizer que a maioria das conquistas é feita por pobres que almejam a prosperidade e a riqueza. Os SARRACENOS, deixando o deserto da ARÁBIA, orientaram suas conquistas para o norte, rumo às províncias férteis do império

---

[14] Guido Bentivoglio (1579-1644) serviu como núncio papal em Flandres e na França antes de se tornar cardeal, e se tornou famoso por seus textos sobre o governo e a diplomacia daqueles países. Ver *Relazioni in tempo delle sue nunziatore* (1629), traduzido em parte como *Relações Históricas das Províncias Unidas e Flandres* (1652); e *Della guerra di Fiandra* (1632-39), traduzido como *A História Completa das Guerras de Flandres* (1654). Houve também várias edições e traduções de suas cartas.

ROMANO; e, no meio do caminho, encontraram os TURCOS, que estavam descendo para o sul, vindo dos desertos TÁRTAROS.

Um escritor eminente[15] observou que todos os animais corajosos também são carnívoros e que se pode esperar uma coragem maior de um povo como o INGLÊS, cuja alimentação é forte e vigorosa, do que das comunidades semifamintas de outros países. Mas os SUECOS, não obstante as suas desvantagens nesse particular, não são inferiores, em coragem marcial, a qualquer nação que já tenha existido no mundo.

Em geral podemos observar que, de todas as qualidades nacionais, a coragem é a mais precária; porque ela só é exercida com intervalos, e por poucos homens de cada país; enquanto o trabalho, o saber e a civilidade são de uso constante e universal, que, ao longo de muitas épocas, se tornaram habituais ao povo inteiro. Se a coragem é preservada, deve ser através da disciplina, do exemplo e da opinião. A décima legião de CÉSAR e o regimento de PICARDIA, na FRANÇA, foram formados de forma promíscua entre os cidadãos; mas, uma vez estabelecida a convicção de que eram as melhores tropas em serviço, em si mesma esta opinião as tornou assim.[16]

Como uma prova de que a coragem depende da opinião, podemos observar que, das duas principais tribos dos GREGOS, os DÓRIOS e os JÔNIOS, os primeiros eram sempre estimados e

---

[15] O relato de *Sir* WILLIAM TEMPLE sobre a Holanda. [William Temple, *Observações sobre as Províncias Unidas da Holanda* (1673) Cap. 4.]

[16] Júlio César confiava enormemente na Décima Legião, por causa de sua coragem, e lhe concedia favores especiais. Ver *A Guerra da Gália* I.40-42. O Regimento de Picardia era o mais antigo regimento do exército francês, desfrutando de direitos especiais e ocupando uma posição de honra na frente de batalha.

sempre pareciam ser mais bravos e viris que os últimos; embora as colônias das duas tribos se espalhassem e se misturassem ao longo de toda a extensão da GRÉCIA, da ÁSIA INFERIOR, da SICÍLIA, da ITÁLIA e das ilhas do mar EGEU. Os ATENIENSES foram os únicos JÔNIOS que chegaram a ter alguma reputação pela coragem e pelas conquistas militares; embora mesmo eles fossem considerados inferiores aos LACEDEMÔNIOS, os mais corajosos dos DÓRIOS.

Em relação às diferenças entre os homens de diferentes climas, a única observação em que podemos confiar é a concepção popular de que os povos das regiões ao norte têm maior inclinação para bebidas fortes, enquanto os do sul se inclinam mais para o amor e as mulheres. Pode-se apontar uma causa *física* muito provável para essa diferença. O vinho e as bebidas destiladas esquentam o sangue congelado nos climas mais frios e fortalecem os homens contra os rigores do clima. Enquanto o calor genial do sol, nos países expostos aos seus raios, inflama o sangue e exalta a paixão entre os sexos.

Mas talvez esse fato também possa ser atribuído a causas *morais*. Todas as bebidas fortes são mais raras no norte, e conseqüentemente são mais procuradas. DIODORO da SICÍLIA[17] nos conta que os GAULESES de seu tempo eram grandes beberrões e aficionados do vinho; suponho que isso se devia principalmente à raridade e à novidade da bebida. Por outro lado, o calor nos climas do

---

[17] *Lib.* V. [*Biblioteca de História* 5.26.] O mesmo autor atribui um caráter taciturno a esse povo; uma nova evidência de que os caracteres nacionais podem variar bastante. Um caráter nacioinal taciturno implica pequena sociabilidade. Em sua *Política*, livro ii, cap. 9, ARISTÓTELES diz que os GAULESES são o único povo guerreiro que é negligente com as mulheres.

sul, por obrigar homens e mulheres a andar seminus, torna dessa forma o seu constante comércio mais perigoso e inflama a sua mútua paixão. Isso faz com que pais e maridos sejam mais ciumentos e reservados; o que inflama ainda mais as paixões. Sem falar que, como as mulheres amadurecem mais cedo nas regiões do sul, é preciso observar um cuidado e uma vigilância maiores em sua educação; pois é evidente que uma menina de 12 anos não pode possuir a mesma discrição para governar essa paixão que outra, que só sente a sua violência aos 17 ou 18 anos. Nada encoraja tanto a paixão do amor quanto o ócio e o lazer; e nada é mais destrutivo para ela quanto a indústria e o trabalho duro; e como as necessidades dos homens são evidentemente menores nos climas quentes que nos climas frios, essa circunstância, por si só, pode provocar uma enorme diferença entre eles.

Mas talvez seja duvidoso que a natureza tenha, por causas físicas ou morais, distribuído essas diferentes inclinações pelos diferentes climas. Os antigos GREGOS, embora nascidos num clima quente, parecem ter sido grandes entusiastas da garrafa; as festas de prazer entre eles incluíam competições de bebidas entre os homens, que passavam todo o tempo afastados da quermesse. No entanto, quando ALEXANDRE comandou os GREGOS rumo à PÉRSIA, um clima ainda mais ao sul, eles multiplicaram seus excessos desse tipo, imitando os costumes PERSAS.[18] Tão louvável

---

[18] BABYLONII *maxime in vinum, & quae ebrietatem sequuntur, effusi sunt.* QUINT. CUR. Liv. v. Cap. I. [Quintius Curtius Rufus (provavelmente século I d.C.), *Historiae Alexandri Magni Macedonis* (História de Alexandre o Grande da Macedônia) 5.1.37-38: "Os babilônios em particular são prodigamente devotados ao vinho e às qualidades da bebedeira." (Tradução da edição Loeb por John C. Rolfe).]

era o caráter de um beberrão entre os PERSAS, que CIRO o jovem, solicitando aos sóbrios LACEDEMÔNIOS socorro contra seu irmão ARTAXERXES, apela principalmente aos seus dotes superiores e ao fato de serem mais corajosos, mais generosos e melhores bebedores.[19] DARIUS HYSTAPES[20] fez inscreverem em seu túmulo, entre suas outras virtudes e qualidades principescas, que nenhum outro homem poderia ingerir dose maior de álcool. Pode-se obter qualquer coisa dos NEGROS oferecendo-lhes bebida forte; e é fácil convencê-los a vender não somente seus filhos, mas também suas esposas e amantes, por um barril de *brandy*. Na FRANÇA e na ITÁLIA, poucos bebem vinho puro, exceto nos dias mais quentes do verão; e de fato isso é quase necessário, para resgatar as energias evaporadas pelo calor, na mesma forma que na SUÉCIA, durante o inverno, é necessário beber para aquecer os corpos congelados pelo rigor da estação.

Se o ciúme for considerado uma prova de uma disposição amorosa, então não existe povo mais ciumento do que era o MOSCOVITA, antes que o seu contato com a Europa tenha modificado os seus costumes nesse particular.

Mas supondo ser verdade que a natureza, por princípios físicos, distribuiu regularmente essas duas paixões, uma para as regiões do norte, outra para as regiões do sul, só podemos inferir que o clima pode afetar os órgãos mais brutos de nossa estrutura corporal, dos quais dependem as operações do espírito e do entendimento. E

---

[19] PLUT. SYMP. LIV. I. quæst. 4. [Plutarco, *Symposiaca Problemata*, liv. I, quest. 4: "Que tipo de homem deve ser o anfitrião de um banquete?"]
[20] Dario I, rei da Pérsia de 521 a 486 a.C.

isso é agradável à analogia da natureza. As raças de animais nunca degeneram se são cuidadosamente vigiadas; os cavalos, em particular, sempre mostram seu sangue em sua forma, seu espírito e sua agilidade. Mas um sujeito vaidoso pode gerar um filósofo; da mesma forma, um homem virtuoso pode deixar uma prole sem valor.

Concluirei este assunto observando que, embora a paixão pelo álcool seja mais brutal e degradante que o amor, que, quando adequadamente administrado, é a fonte de toda polidez e refinamento, ainda assim, isso não confere uma vantagem tão grande aos climas do sul, como podemos pensar, à primeira vista. Quando o amor ultrapassa um certo nível, ele torna os homens ciumentos e interrompe o livre intercurso entre os sexos, do qual a polidez de uma nação geralmente depende muito. E, se formos mais sutis e refinados quanto a esse ponto, podemos observar que o povo de climas muito temperados é o mais apto a conquistar toda sorte de aprimoramento; pois o seu sangue não é tão inflamado a ponto de torná-los ciumentos, mas é quente o bastante para fazer com que atribuam um justo valor aos encantos e dotes do sexo frágil.

Ensaio XXII

Da tragédia

Aparentemente, é impossível dar conta do prazer que os espectadores de uma tragédia bem-escrita extraem da tristeza, do terror, da ansiedade e de outras paixões que, consideradas em si mesmas, são incômodas e desagradáveis. Quanto mais eles se sentem comovidos e afetados, mais se deleitam com o espetáculo; e, tão logo essas paixões desagradáveis deixam de agir sobre eles, a peça chega ao fim. Uma composição desse gênero pode admitir, no máximo, uma única cena de completa alegria, satisfação e segurança, e quase certamente trata-se sempre da cena final. Se no corpo da peça forem introduzidas outras cenas de contentamento, estas só podem provocar pálidas luzes de prazer, que somente são incluídas a título de vaidade e para mergulhar os atores, em seguida, numa aflição ainda mais profunda, por meio desse contraste e da decepção dele resultante. O poeta usa toda a sua arte para despertar e conservar a compaixão e a indignação, a ansiedade e o ressentimento de sua platéia. Os espectadores sentem prazer na mesma medida em que se afligem, e nunca são tão felizes como quando soltam soluços, lágrimas e gritos, para dar vazão ao seu desgosto e aliviar o seu coração, dilatado pela simpatia e pela piedade mais ternas.

Os raros críticos que possuem algumas luzes em filosofia já observaram a existência desse acontecimento singular, esforçando-se para compreendê-lo.

Em suas reflexões sobre a poesia e a pintura, o Abade DUBOS defende que, de uma forma geral, nada é mais desagradável ao espírito que o estado de indolência lânguido e desinteressado no qual ele se deixa cair quando lhe tiram toda sorte de paixão e ocupação. Para escapar dessa situação aflitiva, ele se atira a qualquer empreendimento ou diversão possíveis: trabalho, jogo, espetáculo, execuções, qualquer coisa capaz de despertar as paixões e afastar de si mesmo a atenção do espírito humano. Qual a paixão, não importa: mesmo que ela seja desagradável, triste, melancólica ou perturbadora, ainda assim ela é melhor que aquele langor insípido que resulta da tranqüilidade e do repouso perfeitos.[1]

É impossível não reconhecer que, ao menos em parte, esta explicação é satisfatória. Quando existem várias mesas de jogo, pode-se observar que todos correm para aquela onde está o jogo mais forte, mesmo que nela não estejam os melhores jogadores. Real ou imaginário, o espetáculo das paixões intensas que decorrem de grandes perdas ou ganhos atrai o espectador por simpatia, proporcionando-lhe o sabor das mesmas paixões e lhe servindo como uma distração momentânea. Ele faz o tempo passar mais facilmente e dá um certo alívio àquela aflição que em geral afeta os homens, quando estes se vêem entregues a seus próprios pensamentos e meditações.

---

[1] Jean-Baptiste Dubos (1670-1742), *Réflexions critiques sur la poésie et la peinture* (1719-33), traduzido como *Critical Reflections on Poetry, Painting and Music* (1748), pt. I, cap. I.

Nos seus relatos, os mentirosos vulgares sempre exageram toda sorte de perigos, dores, aflições, doenças, mortes, crimes e crueldades e da mesma maneira a alegria, a beleza, a jovialidade e a magnificência. É um truque absurdo que eles usam para agradar seus interlocutores, atrair sua atenção e prendê-la com essas narrativas fantasiosas, por meio das paixões e emoções que elas despertam.

Existe, porém, uma certa dificuldade em aplicar esse remédio à presente questão, de uma maneira plena e completa, por mais engenhoso e satisfatório que ele possa parecer. É inquestionável que os mesmos elementos de aflição que nos agradam numa tragédia, se estivessem diante de nós na realidade, produziriam um desagrado indisfarçável – embora, na peça, constituam o remédio mais eficaz para o langor e a indolência. Monsieur FONTENELLE parece ter tido consciência dessa dificuldade e, conseqüentemente, procurou uma outra solução para o fenômeno, ou ao menos apresentou uma contribuição relativamente nova à teoria acima citada.[2]

"O prazer e a dor", diz ele, "que são dois sentimentos tão diferentes em si mesmos, não diferem tanto assim em relação às suas causas. O exemplo das cócegas serve para mostrar que o movimento da dor, quando levemente atenuado, pode produzir prazer. Deriva daí a existência de algo como uma tristeza suave e agradável; ou como uma dor enfraquecida e diminuída. É da natureza do coração gostar de ser comovido e tocado. Por isso, ele aceita bem os elementos melancólicos e até mesmo os desastrosos e lamentáveis, desde que estes sejam suavizados por alguma circunstância. É inegável que, no teatro, a representação tem quase o mesmo efeito

---

[2] *Reflexions sur la poetique*, § 36. [Fontenelle, "Reflexões sobre a Poética", seç. 36, que está incluída em suas *Oeuvres*, 3:34.]

da realidade, e no entanto não chega a ter esse efeito completamente. Por mais arrebatado que um espectador seja pelo espetáculo, por maior que seja o domínio dos sentidos e da imaginação sobre a razão, continua persistindo, no fundo, uma certa impressão de falsidade em relação a tudo o que se vê. Mesmo quando fraca e dissimulada, essa impressão é suficiente para diminuir a dor que sofremos com os infortúnios daqueles que amamos e para reduzir essa aflição a ponto de transformá-la em prazer. Nós choramos pelas desgraças de um herói ao qual estamos afeiçoados; mas, no mesmo instante, nos consolamos ao pensar que se trata apenas de uma ficção. E é precisamente essa mistura de sentimentos que constitui uma tristeza agradável, que provoca lágrimas que nos deliciam. Contudo, como a aflição causada pelos objetos exteriores e sensíveis é mais forte que o consolo que resulta da reflexão interior, os efeitos e sintomas da tristeza devem prevalecer nessa composição."

Por exata e convincente que pareça essa solução, ela talvez ainda precise de uma nova contribuição, que a torne capaz de explicar cabalmente o fenômeno aqui examinado. Todas as paixões despertadas pela eloqüência são agradáveis no mais alto grau, da mesma forma que aquelas provocadas pela pintura e pelo teatro. Sobretudo nesse aspecto, os epílogos de CÍCERO fazem as delícias de todo leitor de bom gosto, a ponto de ser difícil ler qualquer deles sem sentir a maior simpatia ou tristeza. É certo que seu mérito como orador depende, em grande medida, de seu êxito nesse particular. As lágrimas que ele fazia jorrar dos olhos dos juízes e dos auditórios passavam então a constituir o mais saboroso prazer, e exprimiam a sua grande satisfação como orador. Sua descrição patética do massacre dos capitães SICILIANOS[3] por VERRES constitui uma obra-prima do gênero, mas estou seguro de que ninguém poderia encontrar distração alguma no contato direto com uma cena daquela natureza melancólica. E, no discurso, a tristeza não era suavizada pela ficção, porque o público estava convencido da veracidade de todos os pormenores. Nesse caso, o que então é capaz de extrair prazer, por assim dizer, do próprio seio do desagrado, e um prazer que ainda preserva todos os traços exteriores da aflição e da tristeza?

Eu respondo que esse efeito extraordinário é resultado daquela mesma eloqüência com que se representa a cena melancólica. O gênio necessário para se pintar cenas de uma maneira viva, a arte de combinar todas as circunstâncias patéticas, o discernimento usado para dispô-las; e o exercício desses nobres talentos, aliado à força da expressão e à beleza das peças de oratória, desperta no auditório a mais alta satisfação e excita os mais saborosos movimentos. Assim, não apenas o desagrado das paixões melancólicas é superado, e apagado por um elemento mais forte e de natureza oposta, mas todo o impulso dessas paixões é transformado em prazer, aumentando o deleite que a eloqüência produz em nós. A mesma força de oratória, aplicada a um objeto desinteressante, não nos agradaria nem pela metade, ou melhor, pareceria inteiramente ridícula; e o espírito, perdido numa calma e numa indiferença absolutas, não apreciaria qualquer dessas belezas da imaginação ou da expressão que, aliadas à paixão, lhe proporcionavam um lazer

---

[3] Cícero, *Secundae in C. Verrem* (O segundo discurso contra Gaius Verres) 5.118-38).

tão requintado. O impulso e a veemência que resultam da tristeza, da compaixão, da indignação recebem uma nova direção dos sentimentos da beleza. Estes, constituindo a emoção predominante, apoderam-se do espírito e convertem aquelas em si mesmos; ou, pelo menos, as influenciam com tal intensidade que modificam inteiramente a sua natureza. E a alma, ao mesmo tempo despertada pela paixão e fascinada pela eloqüência, sente-se afetada por um movimento altamente prazeroso.

O mesmo princípio também se aplica à tragédia, com um aspecto adicional: a tragédia é uma imitação, e a imitação é sempre agradável em si mesma. Essa circunstância contribui ainda mais para suavizar os movimentos da paixão e transforma todos os sentimentos num prazer uniforme e intenso. Os objetos capazes de inspirar o maior terror e aflição são agradáveis na pintura, mais agradáveis até que os objetos mais belos, que nos parecem passivos e indiferentes.[4] Ao despertar o espírito, a afeição provoca uma sensação intensa e veemente, totalmente transformada em prazer pela força do movimento dominante. Dessa forma, a ficção da tragédia suaviza a paixão, por meio da infusão de um novo sentimento e não somente pelo enfraquecimento ou pela diminuição da tristeza. É possível enfra-

---

[4] Os pintores não têm escrúpulo em representar o sofrimento e a tristeza, nem qualquer outra paixão: mas eles não parecem lidar tão bem com essas afeições melancólicas quanto os poetas, que, embora reproduzam todos os movimentos do coração humano, em geral passam rapidamente pelos sentimentos agradáveis. Um pintor representa apenas um instante; e se este for suficientemente intenso, seguramente agradará e conquistará o espectador. Mas nada pode servir ao poeta uma diversidade maior de cenas, incidentes e sentimentos que o sofrimento, o terror ou a ansiedade. A satisfação e a alegria completas são resultados certos, não deixando mais espaço para qualquer outra ação.

quecer gradualmente uma tristeza verdadeira até fazê-la desaparecer completamente, mas em nenhuma dessas gradações ela produzirá prazer, a não ser talvez por acidente, ao despertar de um estado lânguido um homem mergulhado numa indolência letárgica.

É suficiente, para confirmar essa teoria, apresentar outros exemplos nos quais o movimento subordinado se transforma no dominante, fortalecendo-o, embora seja de natureza diferente ou mesmo oposta.

Tudo que é novo desperta o espírito naturalmente, atraindo a sua atenção, e os movimentos que provoca são sempre transformados numa paixão já pertencente ao objeto, vindo apenas acrescentar-lhe sua força. Não importa se um acontecimento produz alegria ou tristeza, orgulho ou vergonha, raiva ou simpatia; inevitavelmente ele provocará uma afeição intensa, sempre que for novo e incomum. E, embora a novidade seja agradável em si mesma, ela torna mais intensas tanto as paixões dolorosas quanto as agradáveis.

Se pretendermos comover intensamente uma pessoa com a narrativa de um acontecimento qualquer, o melhor método para fazê-lo consiste em retardar habilmente a informação do fato, de modo a excitar a sua curiosidade e impaciência, antes de torná-la ciente do segredo. Este é o artifício usado por IAGO na famosa cena de SHAKESPEARE; e cada espectador está ciente de que o ciúme de OTELO ganha uma força adicional dessa impaciência; ou seja, a paixão subordinada logo se transforma na paixão dominante.[5]

As dificuldades tornam mais intensas todas as espécies de paixão; despertando a nossa atenção, excitando os nossos poderes ativos, elas produzem uma emoção que alimenta a impressão dominante.

---
[5] Shakespeare, *Otelo*, ato 3, seç. 3.

Geralmente, os pais amam mais profundamente aqueles filhos cuja constituição ou cujo corpo frágil e doente deu origem a um maior sofrimento, perturbação ou ansiedade em sua criação. Neste exemplo, o sentimento ou afeição agradável ganha força dos sentimentos desagradáveis.

Nada pode tornar um amigo mais querido para nós do que o desgosto provocado pela sua morte. Nem o prazer de sua companhia possui uma influência tão poderosa.

O ciúme é uma paixão dolorosa, mas, sem uma certa dose dele, a afeição agradável do amor tem dificuldade para se preservar em sua plena força e violência. Entre os amantes, a ausência também é uma grande fonte de lamentações, produzindo neles o maior desagrado. Contudo, nada pode ser mais favorável à sua paixão recíproca do que pequenos intervalos de ausência. E, se os grandes intervalos são muitas vezes fatais, é somente porque, com o tempo, os homens se acostumam com eles a tal ponto que eles deixam de provocar desagrado. No amor, o ciúme e a ausência constituem o *dolce peccante* dos ITALIANOS, que eles consideram tão fundamental para qualquer prazer.

Plínio, o velho, fez uma penetrante observação, que serve de ilustração ao princípio sobre o qual discutimos. *É algo muito notável,* diz ele, *que as últimas obras dos artistas célebres, aquelas que eles deixam inacabadas, são sempre as mais estimadas, tais como a* ÍRIS *de* ARISTIDES, *as* TINDÁRIDAS *de* NICÔMACO, *a* MEDÉIA *de* TIMÔMACO *ou a* VÊNUS *de* APELES. *Tais obras costumam ser mais estimadas que aquelas produções acabadas. As linhas interrompidas da peça e a idéia semiformada do pintor são estudadas cuidadosamente e o próprio desgosto que sentimos por aquela mão inquieta que foi detida pela morte constitui uma contribuição adicional ao nosso prazer.*[6]

Esses exemplos (e poderíamos citar muitos outros) bastam para nos permitir uma certa compreensão da analogia da natureza e para nos mostrar que o prazer provocado pelos poetas, oradores e músicos, ao despertarem em nós o desgosto, a tristeza, a indignação e a compaixão, não é tão extraordinário e paradoxal como pode parecer à primeira vista. A força da imaginação, a energia da expressão, o poder dos números, os encantos da imitação, tudo isso constitui, naturalmente e por si só, um deleite para o espírito. Se o objeto apresentado causa também alguma afeição, o nosso prazer aumenta ainda mais, em função da transformação desse movimento subordinado naquele, que é predominante. É certo que a paixão pode ser, talvez, naturalmente dolorosa, quando excitada pela simples presença de um objeto real. Mas, quando ela é despertada pelas belas-artes, é de tal modo suavizada, atenuada e enfraquecida que acaba por proporcionar a mais elevada forma de entretenimento.

Para confirmar esse argumento, pode-se observar que, quando os movimentos da imaginação não predominam sobre os da paixão, produz-se o efeito contrário. Pois os primeiros, passando agora a ser subordinados, se transformam nos segundos, aumentando ainda mais a dor e a aflição daquele que sofre.

---

[6] *Illud vero perquam rarum ac memoria dignum, etiam suprema opera artificum, imperfectasque tabulas, sicut,* IRIN ARISTIDIS, TYNDARIDAS, NICOMACHI, MEDEAM TIMOMACHI, & *quam diximus* VENEREM APELLIS, *in majori admiratione esse quam perfecta. Qippe in iis lineamenta reliqua, ipsæque cogitationes artificum spectantur, atque in lenocinio commendationis dolor est manus, cum id ageret, extinctæ.* Liv. xxxv, cap. II. [*História Natural*, liv. 35. cap. 40, na edição Loeb.]

Quem seria capaz de encontrar uma boa maneira de confortar um pai inconsolável, enfatizando, com toda a força de sua elocução, a perda irreparável que ele sofreu com a morte de seu filho predileto? Quanto maior for o poder da imaginação e da expressão utilizado, mais aumentarão o desespero e a aflição paternos.

A vergonha, a confusão e o terror de VERRES seguramente aumentaram na proporção da nobre eloqüência e da veemência de CÍCERO: e, do mesmo modo, a sua dor e o seu desagrado. As primeiras paixões eram fortes demais para o prazer que resulta da beleza da elocução e agiram, embora segundo o mesmo princípio, de maneira oposta à simpatia, à compaixão e à indignação do auditório.

Lorde CLARENDON, ao aproximar-se da catástrofe do partido monarquista, considerou que naquele momento a sua narrativa deveria se tornar infinitamente desagradável e passou por cima da morte do rei, sem descrever uma circunstância sequer daquele acontecimento.[7] Isso porque considerou-a uma cena horrível demais para poder ser contemplada com qualquer tipo de satisfação ou até mesmo com a dor e a aversão mais intensas. Ele próprio, do mesmo modo que os leitores daquela época, estava interessado demais nos acontecimentos e sentia dor com episódios que um historiador ou um leitor de outra época consideraria extremamente patéticos e interessantes, e portanto extremamente agradáveis.

É possível que uma ação, representada numa tragédia, seja sangrenta e atroz demais. Pode, assim, provocar tais movimentos de horror a ponto de ser impossível suavizá-los e transformá-los em

---

[7] Edward Hyde, Primeiro Conde de Clarendon (1609-1674), *The True Historical Narrative of the Rebellion and Civil Wars in England* (1702-04). Ver a descrição que Clarendon faz dos acontecimentos de 1649.

prazer; neste caso, a intensa energia expressiva conferida a descrições dessa natureza acaba servindo apenas para aumentar o seu desagrado. É o que ocorre com a ação representada na *Madrasta Ambiciosa*,[8] na qual um homem venerável, levado ao extremo da fúria e do desespero, corre na direção de uma coluna e, batendo nela a sua cabeça, enche-a de miolos e sangue misturados. São demasiado abundantes essas imagens chocantes no teatro inglês.

Até mesmo os sentimentos de compaixão mais vulgares precisam ser suavizados por alguma afeição agradável, para que se proporcione uma satisfação completa ao público. O mero sofrimento da virtude agonizante sob a tirania e a opressão triunfantes do vício constitui um espetáculo desagradável e por isso é cuidadosamente evitado por todos os mestres do palco. Para que o público saia inteiramente contente e satisfeito, é necessário que a virtude se transforme num desespero nobre e corajoso ou que o vício receba o castigo que lhe cabe.

Nesse aspecto, a maior parte dos pintores parece ter sido muito infeliz na escolha de seus temas. Como eles trabalhavam muito para igrejas e conventos, representaram sobretudo cenas horríveis, como martírios e crucificações, nas quais só aparecem torturas, ferimentos, execuções e sofrimento passivo, sem qualquer ação ou afeição. Quando o pincel se afastava dessa mitologia espectral, os pintores recorriam geralmente a OVÍDIO, cujas ficções, embora apaixonadas e agradáveis, mal chegam a ser suficientemente naturais ou verossímeis para serem usadas na pintura.

---

[8] Uma tragédia de Nicholas Rowe (1674-1718), que foi representada e publicada em 1700.

Pode-se observar a mesma inversão daquele princípio de que falamos aqui na vida cotidiana, e não somente nos efeitos da oratória e da poesia. Se a paixão subordinada for intensificada a ponto de se tornar dominante, ela acaba por absorver aquela afeição que antes alimentava e aumentava. O excesso de ciúme leva ao fim do amor, o excesso de dificuldades nos torna indiferentes, e o excesso de doenças e enfermidades causa o desagrado de um pai egoísta e insensível.

Pode existir algo mais desagradável do que as histórias lúgubres, tristes e desastrosas que as pessoas melancólicas contam aos seus companheiros? Como, neste caso, somente a paixão desagradável é despertada, sem que esteja acompanhada de qualquer espécie de vivacidade, gênio ou eloqüência, só se comunica um puro desagrado, que nada pode suavizar nem transformar em prazer e satisfação.

Ensaio XXIII

Do padrão do gosto

A extrema variedade de gostos e de opiniões que existe no mundo é demasiado evidente para deixar de ser notada pela observação de todos.[1] Mesmo aqueles homens de conhecimentos parcos são capazes de observar as diferenças de gosto dentro do estreito círculo de suas relações, inclusive entre pessoas que foram educadas sob o mesmo governo e nas quais foram incutidos os mesmos preconceitos, desde cedo. Mas são aqueles indivíduos capazes de uma visão mais ampla e que conhecem nações distantes e épocas remotas os que se surpreendem ainda mais com essa grande incoerência e contradição. Temos propensão

---

[1] Gosto, segundo Hume, é a fonte dos nossos julgamentos relativos à beleza natural e à moral. Nós confiamos no gosto, e não na razão, quando julgamos que uma obra de arte é bonita ou que uma ação é virtuosa. O gosto "nos dá o sentimento de beleza e deformidade, de vício e virtude" (*Investigação sobre os Princípios da Moral*, Ap. I). Portanto, o gosto é o fundamento tanto da moral quanto da crítica. O projeto inicial de Hume era discutir o gosto moral e o gosto crítico segundo a estrutura do *Tratado*, mas ele abandonou esse plano antes que pudesse ser concluído. A sua *Investigação sobre a Moral* oferece a sua análise mais completa de como o gosto ou o sentimento moral podem servir como fundamentos de uma ciência da moral. O presente ensaio se preocupa principalmente com o gosto crítico e representa a contribuição original de Hume ao que ele chama de "crítica".

a chamar de bárbaro tudo o que se afasta de nosso gosto e de nossas concepções, mas prontamente notamos que este epíteto ou censura também pode ser aplicado a nós. E mesmo o homem mais arrogante e convicto acaba por se sentir abalado ao observar em toda parte uma segurança idêntica, passando a ter escrúpulos, em meio a tal contrariedade de sentimentos, em relação a pronunciar-se positivamente sobre si mesmo.

Se, por um lado, essa variedade de gostos é evidente até mesmo para o observador mais descuidado, por outro uma demonstração atenta evidenciará que ela é ainda maior na realidade que na aparência. Freqüentemente as opiniões dos homens variam quanto à beleza ou à deformidade da espécie, mesmo quando o seu discurso geral é o mesmo. Em todas as línguas existem termos que implicam censura e outros que implicam aprovação e todos os homens que compartilham uma língua devem concordar no uso que fazem desses termos. Todas as vozes se unem na exaltação da elegância, da propriedade, do espírito e da simplicidade no escrever, bem como na censura do estilo bombástico, da afetação, da frieza e do falso brilhantismo. Mas, quando os críticos discutem os casos particulares, essa aparente unanimidade se desvanece e então se descobre que muitos sentidos diferentes eram atribuídos àquelas expressões. Em todas as questões que envolvem a opinião e a ciência, ocorre o contrário: as divergências entre os homens surgem com mais freqüência em relação a generalidades do que a casos particulares, e são mais aparentes do que reais. Geralmente, basta uma explicação dos termos para encerrar a controvérsia e os contendores descobrem, surpresos, que estavam discutindo quando, no fundo, concordavam em suas conclusões.

DAVID HUME

Os indivíduos para quem a moral depende mais do sentimento que da razão tendem a englobar a ética na primeira observação, sustentando que, em todas as questões relativas à conduta e aos costumes, as diferenças entre os homens, na realidade, são maiores do que poderia parecer à primeira vista. É evidente, sem dúvida, que os autores de todas as nações e todas as épocas estão de acordo em aplaudir a justiça, o humanitarismo, a magnanimidade, a prudência e a veracidade e em censurar as qualidades que lhes são contrárias. Mesmo entre os poetas e outros autores cujas composições se destinam principalmente a entreter a imaginação, observa-se, de HOMERO a FÉNELON,[2] a defesa dos mesmos princípios morais e a concessão do aplauso e da censura às mesmas virtudes e vícios. Em geral, atribui-se à simples influência da razão essa unanimidade extrema; em todo caso, a razão inspira aos homens os mesmos sentimentos, evitando as controvérsias a que estão sujeitas as ciências abstratas. Na medida em que essa unanimidade é real, é forçoso considerar satisfatória essa explicação; contudo, é preciso reconhecer que, ao menos em parte, essa harmonia em relação à moral talvez possa ser explicada pela própria natureza da linguagem. A palavra *virtude*, que é equivalente em todas as línguas, implica aprovação, da mesma forma que *vício* implica censura. E ninguém poderia, sem cometer uma impropriedade óbvia e grosseira, ligar a idéia de censura a um termo que é geralmente entendido num sentido positivo ou evocar a idéia de aplauso quando o idio-

---

[2] François de Salignac de la Mothe-Fénelon (1651-1715), *Les Aventures de Télémaque, fils d'Ulysse* (1699), traduzido como *The Adventures of Telemachus the Son of Ulysses* (1699-1700). Ulisses é o nome latino para Odisseu, o herói da *Odisséia* de Homero.

ma exige a de reprovação. Os preceitos gerais de HOMERO, tais como ele os formula, nunca serão objeto de controvérsia, mas é evidente que, quando ele desenha cenas concretas de costumes e representa o heroísmo de AQUILES e a prudência de ULISSES, acrescenta um grau muito maior de ferocidade ao primeiro, e de astúcia e dissimulação ao segundo, do que poderia admitir FÉNELON. Na obra do poeta GREGO, o sábio ULISSES parece deliciar-se com suas mentiras e ficções, usando-as muitas vezes sem necessidade e mesmo sem extrair delas qualquer vantagem. Mas seu filho, mais escrupuloso, na obra do poeta épico FRANCÊS, prefere expor-se aos perigos mais iminentes a desviar-se do caminho da mais rigorosa fidelidade à verdade.

Os admiradores e seguidores do ALCORÃO[3] insistem nos excelentes preceitos morais que se encontram espalhados por essa obra caótica e absurda. Mas deve-se supor que as palavras árabes correspondentes a termos como eqüidade, justiça, temperança, egoísmo, caridade eram sempre tomadas num sentido positivo no uso corrente da língua. E que seria dar mostra de uma enorme ignorância, não da moral, mas da linguagem, usá-las com um significado diferente do elogio e da aprovação. Mas como podemos saber se o pretenso profeta conseguiu efetivamente atingir uma concepção justa da moral? Se nos concentrarmos na sua narrativa, verificaremos que ele aplaude atitudes como a traição, a desumanidade, a crueldade, a vingança e a beatice, que são inteiramente incompatíveis com a sociedade civilizada. Essa obra não parece ter

---

[3] Ou Corão, o livro sagrado do Islã, que os muçulmanos consideram a verdadeira palavra de Deus, tal como foi revelada ao profeta Maomé.

seguido qualquer regra fixa de direito, e cada ação só é condenada ou exaltada na medida em que ela é benéfica ou prejudicial para os crentes autênticos.

O mérito de estabelecer preceitos éticos gerais autênticos é muito pequeno, inegavelmente. Quem recomenda qualquer virtude moral na verdade não faz mais do que aquilo que está implicado nos próprios termos. Os indivíduos que inventaram a palavra *caridade* e a usaram com um sentido positivo contribuíram de uma forma muito mais clara e eficaz para incutir o preceito "seja caridoso" do que qualquer pretenso legislador ou profeta que incluísse essa *máxima* em seus textos. De todas as expressões, são justamente aquelas que implicam, além de seu significado, um determinado grau de censura ou aprovação às que menos estão sujeitas a serem distorcidas ou mal compreendidas.

É natural que se procure encontrar um *Padrão de Gosto*, uma regra capaz de conciliar as diversas opiniões dos homens, um consenso estabelecido que faça com que uma opinião seja aprovada e outra condenada.

Existe um tipo de filosofia que impossibilita qualquer esperança nesse empreendimento, negando que seja possível estabelecer um padrão de gosto qualquer. Ela afirma que há uma diferença muito grande entre o julgamento e o sentimento. O sentimento está sempre certo; porque o referente só tem a si mesmo como referencial e é sempre real, quando se tem consciência dele. Mas nem todas as determinações do conhecimento são certas, porque elas têm como referente alguma coisa além de si mesmas, isto é, os fatos reais, que nem sempre estão de acordo com o seu padrão. Entre mil e uma opiniões que indivíduos diferentes podem ter sobre o mesmo assunto, existe uma e somente uma que é justa e verdadeira; e a única dificuldade é encontrá-la e confirmá-la. Por sua vez, os mil e um sentimentos diferentes despertados pelo mesmo objeto são todos certos, porque nenhum sentimento representa o que realmente está no objeto. Ele se limita a assinalar uma certa conformidade ou relação entre o objeto e os órgãos ou faculdades do espírito, e, se essa conformidade realmente não existisse, o sentimento jamais teria sido despertado. A beleza não é uma qualidade das próprias coisas; ela existe apenas no espírito que as contempla, e cada espírito percebe uma beleza diferente. É possível mesmo que um indivíduo encontre deformidade onde outro só vê beleza, e cada um deve ceder a seu próprio sentimento, sem ter a pretensão de controlar o dos outros. Tentar estabelecer uma beleza real ou uma deformidade real é uma investigação tão infrutífera quanto tentar determinar uma doçura real ou um amargor real. Segundo a disposição dos órgãos corporais, o mesmo objeto tanto pode ser doce como amargo, e o provérbio popular afirma com muita razão que gosto não se discute. É muito natural, e mesmo absolutamente necessário, aplicar este axioma ao gosto espiritual, além do gosto corporal, e dessa forma o senso comum, que diverge com tanta freqüência da filosofia, sobretudo da filosofia cética, pelo menos num caso concorda com ela, proferindo uma decisão idêntica.

Mas, embora esse axioma se tenha transformado num provérbio, e portanto pareça ter recebido a sanção do senso comum, é inegável que existe um tipo de senso comum que lhe é oposto ou pelo menos tem a função de modificá-lo e limitá-lo. Qualquer um que afirmasse a igualdade de gênio e elegância de

OGILBY[4] e MILTON, ou de BUNYAN[5] e ADDISON, não seria considerado menos extravagante que se afirmasse que um monte feito por uma toupeira é mais alto que o rochedo de TENERIFE[6] ou que um charco é maior que o oceano. Embora se possa encontrar indivíduos que preferem os primeiros autores, ninguém dá importância a seu gosto, e não temos escrúpulo algum em afirmar que a opinião desses pretensos críticos é absurda e ridícula. Neste momento se esquece totalmente o princípio da igualdade natural dos gostos, que, embora seja admitido em alguns casos, quando os objetos parecem estar quase em igualdade, assume o aspecto de um paradoxo extravagante ou melhor, de um absurdo evidente, quando se comparam objetos tão desiguais.

É claro que nenhuma regra de composição é estabelecida por um raciocínio *a priori*, nem pode ser confundida com uma conclusão abstrata do entendimento, através da comparação daquelas tendências e relações de idéias que são eternas e imutáveis. O seu fundamento é o mesmo que o de todas as ciências práticas, isto é, a experiência. E elas não passam de observações gerais, relativas ao que universalmente se verificou agradar em todos os países e em todas as épocas. Muitas das belezas da poesia ou mesmo da eloqüência se baseiam na falsidade, na ficção, em hipérboles, em metáforas e no abuso ou na perversão dos termos em relação ao seu significado natural. Eliminar a atuação da imaginação, reduzindo

---

[4] John Ogilby (1600-76) publicou traduções em verso de Homero e Virgílio e das *Fábulas de Esopo*.
[5] John Bunyan (1628-88) foi autor de literatura teológica e de devoção, incluindo *The Pilgrim's Progress from this World to that which is to come* (1678.)
[6] Tenerife, a principal das Ilhas Canárias, é uma formação vulcânica cujo pico excede 3.600 metros acima do nível do mar.

qualquer expressão a uma verdade e a uma exatidão absolutas, seria inteiramente contrário às leis da crítica. Pois o resultado seria a produção do tipo de obra que a experiência universal mostrou ser o mais insípido e desagradável. Contudo, embora a poesia nunca possa ser submetida à verdade exata, ainda assim ela deve ser limitada pelas regras da arte, descobertas pelo autor através de seu gênio ou da observação. Se alguns autores negligentes ou irregulares conseguiram agradar, isto não deve ser atribuído às suas transgressões das regras e da ordem; mas ao fato de que, apesar destas transgressões, as suas obras possuíam outras belezas, que estavam de acordo com a crítica justa. E a força dessas belezas foi capaz de superar a censura, proporcionando ao espírito uma satisfação maior que o desagrado resultante de seus defeitos. Não é por causa de suas ficções monstruosas e improváveis que ARIOSTO nos agrada; nem da mistura bizarra que ele faz entre o estilo cômico e o estilo sério, nem da falta de coerência de suas histórias, nem das interrupções constantes de suas narrativas. Ele nos encanta pela força e clareza de suas expressões, pelo engenho e a variedade de suas invenções, e pela naturalidade com que retrata as paixões, sobretudo as de tipo alegre e amoroso. Por mais que as suas deficiências possam diminuir a nossa satisfação, elas não são capazes de eliminá-la por completo. Mas, se o nosso prazer resultasse realmente daqueles aspectos de seu poema que consideramos defeituosos, isso não constituiria uma objeção à crítica em geral, mas apenas uma objeção contra regras determinadas da crítica que pretendem definir certas características como defeitos, apresentando-as como universalmente condenáveis. Se a observação mostra que elas agradam, então não podem ser defeitos, por mais que o prazer delas resultante pareça inesperado e incompreensível.

Mas, embora todas as regras gerais da arte estejam fundadas na experiência e na observação dos sentimentos comuns da natureza humana, não decorre daí que os homens sentem sempre da mesma maneira e em conformidade com essas regras. As emoções mais sutis do espírito são de natureza extremamente delicada e frágil, necessitando do concurso de um grande número de circunstâncias favoráveis para que funcionem de uma maneira fácil e exata, segundo seus princípios gerais e estabelecidos. O menor dano exterior causado a essas pequenas molas, a menor perturbação interna, é suficiente para desordenar seu movimento, comprometendo a operação do mecanismo inteiro. Se quisermos realizar um procedimento dessa natureza e avaliar a força de qualquer beleza ou deformidade, precisamos escolher cuidadosamente o momento e o local adequados, proporcionando à nossa fantasia a situação e a disposição certas. A serenidade perfeita do espírito, a concentração do pensamento, a atenção devida ao objeto: se qualquer dessas circunstâncias faltar, nosso experimento será enganoso, e seremos incapazes de avaliar a beleza católica e universal. A relação estabelecida pela natureza entre a forma e o sentimento será no mínimo mais obscura, tornando-se necessário um grande discernimento para a sua identificação e análise. Nós seremos capazes de determinar a sua influência, não a partir da atuação de cada beleza em particular, mas a partir da admiração duradoura despertada por aquelas obras que sobreviveram a todos os caprichos da moda e a todos os equívocos da ignorância e da inveja.

O mesmo HOMERO que encantava ATENAS e ROMA dois mil anos atrás ainda é admirado em PARIS e LONDRES. Todas as diferenças de clima, governo, religião e linguagem não foram capazes de obscurecer a sua glória. A autoridade e o preconceito podem dar prestígio temporário a um mau poeta ou orador; mas a sua reputação nunca será duradoura nem geral. Quando as suas obras forem examinadas pela posteridade ou por estrangeiros, seu encanto será dissipado, e suas deficiências aparecerão com suas cores verdadeiras. Ao contrário, no caso de um verdadeiro gênio, quanto mais tempo durarem as suas obras, maior será o seu reconhecimento, e mais sincera a admiração que ele desperta. Num círculo restrito há espaço para a inveja e o ciúme, e até mesmo a familiaridade com o indivíduo pode diminuir o aplauso que suas composições merecem. Quando esses obstáculos desaparecem, as belezas que estão naturalmente destinadas a provocar sentimentos agradáveis manifestarão a sua força imediatamente. E sempre, enquanto o mundo durar, elas conservarão a sua autoridade sobre os espíritos humanos.

Verificamos assim que, em meio a toda a variedade e o capricho dos gostos, existem determinados princípios gerais de aprovação ou censura cuja influência pode ser detectada por um olhar atento em todas as operações do espírito. Existem certas formas ou qualidades que, devido à estrutura original da constituição interna do espírito, estão destinadas a agradar, e outras a desagradar. Se elas deixam de ter efeito em algum caso particular, isto se deve a uma deficiência ou imperfeição evidente do órgão. Um homem com febre não pode esperar que seu paladar diferencie os sabores, e outro

David Hume

com icterícia não pode enunciar um veredicto a respeito das cores. Para todas as criaturas existem um estado saudável e um estado doente, e só do primeiro se pode esperar receber um padrão verdadeiro do gosto e do sentimento. Se no estado saudável do órgão observarmos uma uniformidade completa ou considerável nas opiniões e sentimentos dos homens, podemos deduzir daí uma idéia da beleza perfeita. Da mesma forma, aos olhos das pessoas saudáveis, a aparência dos objetos à luz do dia é considerada sua cor verdadeira e real, mesmo se sabendo que a cor é meramente um fantasma dos sentidos.

São muitas e freqüentes as deficiências dos órgãos internos que anulam ou atenuam a influência daqueles princípios gerais de que depende o nosso sentimento da beleza ou da deformidade. Embora alguns objetos sejam naturalmente destinados a produzir prazer, devido à estrutura do espírito, não é de esperar que em todos os indivíduos o prazer seja sentido da mesma maneira. Podem ocorrer certos incidentes e situações que ou lançam uma falsa luz sobre os objetos ou impedem que a luz verdadeira leve à imaginação o sentimento e a percepção adequados.

Uma razão evidente pela qual muitos indivíduos não experimentam o sentimento de beleza adequado é a ausência daquela *delicadeza* da imaginação necessária para alguém ser sensível às emoções mais sutis. Todos pretendem ser dotados dessa delicadeza, todos falam dela, procurando torná-la o padrão de todos os gostos e sentimentos. Mas, como neste ensaio a nossa intenção é combinar algumas luzes do entendimento com as impressões do sentimento, será oportuno fazer uma definição mais rigorosa da delicadeza do que as apresentadas até aqui. E, para não extrair a nossa filosofia de uma fonte demasiado profunda, recorreremos a um conhecido episódio de DOM QUIXOTE.⁷

"É com razão que pretendo ser um bom conhecedor de vinhos", diz SANCHO ao escudeiro de nariz comprido. "Esta é uma qualidade hereditária em minha família. Dois parentes meus foram certa vez chamados a dar sua opinião sobre um barril de vinho que se supunha ser excelente, pois era velho e de boa colheita. Um deles prova o vinho, avalia-o, e depois de uma madura reflexão declara que o vinho seria bom, se não fosse um ligeiro gosto de couro que encontrava nele. O outro, após adotar precauções semelhantes, também faz um parecer favorável ao vinho, com a única reserva de um sabor a ferro que nele facilmente se podia distinguir. Os dois foram enormemente ridicularizados pelo juízo que emitiram. Mas quem riu por último? Esvaziado o barril, achou-se no fundo uma velha chave com uma correia de couro amarelada."

É fácil entender como a grande semelhança entre o gosto mental e o corporal se aplica a essa história. Embora seja inquestionável que a beleza e a deformidade, mais do que a doçura e o amargor, não são qualidades externas dos objetos, mas pertencem inteiramente ao sentimento, interno ou externo, é forçoso reconhecer que existem nos objetos determinadas qualidades que estão naturalmente destinadas a produzir esses sentimentos peculiares. Ora, uma vez que essas qualidades podem estar presentes num grau pequeno ou podem misturar-se e confundir-se umas com as outras, ocorre que muitas vezes o gosto não chega a ser afetado por essas qualidades diminutas ou é incapaz de distinguir entre os di-

---

⁷ Cervantes, *Dom Quixote*, pt. 2, cap. 13.

versos sabores, em meio à desordem em que eles se apresentam. Quando os órgãos são tão refinados que não deixam passar nada e são suficientemente apurados para não deixar passar nenhum ingrediente de uma composição, dizemos que existe uma delicadeza de gosto, e esta expressão pode ser empregada tanto no sentido literal quando no metafórico. Podemos, portanto, aplicar aqui as regras gerais da beleza, pois elas são tiradas de modelos estabelecidos e da observação daquilo que agrada ou desagrada, quando apresentado isoladamente e num grau elevado. Se, numa composição mista e em menor grau, essas mesmas qualidades não afetam os órgãos com um prazer ou desagrado sensível, essa pessoa não pode ter qualquer pretensão àquela delicadeza. Estabelecer essas regras gerais e padrões reconhecidos da composição é como encontrar a chave com correia de couro que explica o veredicto dos parentes de SANCHO, confundindo os pretensos juízes que os haviam censurado. Mesmo que o barril nunca fosse esvaziado, a delicadeza do gosto dos dois seria a mesma e o gosto dos seus juízes seria igualmente embotado. Mas seria muito mais difícil provar a superioridade daqueles, convencendo todos os presentes. De forma semelhante, mesmo que as belezas literárias nunca tivessem sido reduzidas metodicamente a princípios gerais e nunca tivessem sido definidos determinados modelos de excelência reconhecida, mesmo assim os diferentes graus de gosto continuariam existindo, e o veredicto de uns continuaria sendo preferível ao veredicto de outros. Mas seria muito mais difícil reduzir ao silêncio o mau crítico, já que ele insistiria em sua opinião pessoal, recusando submeter-se à de seu antagonista. Mas, se podemos lhe apresentar um princípio artístico reconhecido, quando ilustramos esse princípio com exemplos cujas operações, segundo seu próprio gosto pessoal, ele reconhece estarem de acordo com aquele princípio, e quando provamos que o mesmo princípio pode ser aplicado ao caso presente, embora ele não tenha conseguido perceber a sua presença ou influência, então ele é forçado a concluir que a falha é dele próprio, pois lhe falta a delicadeza necessária para torná-lo sensível a todas as belezas e deficiências, de qualquer composição ou discurso.

A capacidade de perceber de maneira exata os objetos mais minúsculos, sem deixar que nada escape à atenção e à observação, é reconhecida como sinal de perfeição dos sentidos e faculdades. Quanto menores forem os objetos que o olho puder captar, mais sensível será o órgão e mais elaboradas serão a sua constituição e composição. Não é com sabores fortes que se põe à prova um bom paladar, mas com uma mistura de pequenos ingredientes, procurando decidir se somos sensíveis a cada uma das partes, por mais ínfimas e misturadas com as demais. De uma forma similar, a percepção rápida e aguda da beleza deve ser um sinal da perfeição do nosso gosto mental, e nenhum homem pode ficar satisfeito consigo mesmo se suspeitar que lhe passou despercebida qualquer excelência ou deficiência de um discurso. Nesse caso se observa a união entre a perfeição do homem e a perfeição dos sentidos e dos sentimentos. Em diversas ocasiões, uma delicadeza de paladar desenvolvida pode ser um inconveniente grave tanto para quem a possui quanto para os seus amigos; mas a delicadeza de gosto do espírito pela beleza será sempre uma qualidade desejável, porque ela é a fonte de todos os prazeres mais refinados e puros a que está sujeita a natureza humana. Os sentimentos de todos os homens compartilham essa opinião. Sempre que demonstramos ter uma delicadeza de gosto, somos recebidos com aprovação, e a melhor forma de demonstrá-lo é recorrer aos modelos e princípios estabelecidos pelo consenso e pela experiência uniforme de todas as nações e de todas as épocas.

Embora exista, em relação a essa delicadeza, uma enorme diferença natural entre um indivíduo e outro, nada contribui mais para aumentar e aprimorar esse talento que a *prática* de uma arte e a análise e a contemplação constantes de um determinado tipo de beleza. Quando qualquer objeto se apresenta ao olhar ou à imaginação pela primeira vez, o sentimento que ele provoca é obscuro e confuso, e o espírito se sente em grande medida incapaz de se pronunciar em relação às suas qualidades e defeitos. O gosto não consegue distinguir as várias excelências do objeto, e muito menos identificar o caráter particular de cada excelência, determinando o seu grau e sua qualidade. O máximo que se pode esperar é que declare de uma maneira geral que o conjunto é belo ou disforme, e é natural que até mesmo essa opinião seja formulada por uma pessoa com bastante prática com a maior hesitação ou reserva. Mas se esta pessoa puder adquirir experiência desses objetos, o seu sentimento se tornará mais exato e sutil. Ela não apenas perceberá as belezas e defeitos de cada parte, como também assinalará o caráter distinto de cada qualidade, proferindo a aprovação ou a censura adequadas. Um sentimento claro e distinto acompanha toda a sua contemplação dos objetos, e ela é capaz de distinguir o grau ou o tipo de aprovação ou desprazer que cada parte está naturalmente destinada a provocar. Aquela névoa que antes parecia pairar sobre o objeto se dissipa. O órgão adquire assim uma perfeição maior em suas operações, tornando-se capaz de julgar, sem risco de erro, os méritos de qualquer produção. Resumindo, a prática proporciona à apreciação de qualquer trabalho a mesma competência e destreza que dá à sua execução, pelos mesmos meios.

Tão importante é a prática para o discernimento da beleza que, para sermos capazes de julgar qualquer obra importante, é necessário examinarmos mais de uma vez cada produção individual, estudando os seus diversos aspectos com a máxima atenção e deliberação. A primeira visão de qualquer obra vem sempre acompanhada de uma palpitação ou confusão do pensamento, que interfere no sentimento autêntico da beleza. Não se distingue bem a relação entre as partes, nem se identificam os verdadeiros caracteres do estilo; e os diversos defeitos e imperfeições parecem envolvidos numa espécie de névoa confusa, apresentando-se de uma maneira indistinta à imaginação. E isso sem lembrar que existe um determinado tipo de beleza, florida e superficial, que inicialmente agrada, porém, mais tarde, quando se descobre a sua incompatibilidade com a expressão justa da razão ou da paixão, logo torna o gosto insensível, passando a ser rejeitada com desprezo, ou ao menos passando a ser considerada de um valor muito inferior.

É impossível levar adiante a prática da contemplação de qualquer tipo de beleza sem se ser forçado constantemente a estabelecer comparações entre os diversos tipos ou graus de excelência, calculando a proporção existente entre eles. Quem nunca teve a oportunidade de comparar os diversos tipos de beleza certamente se encontra inteiramente incapacitado para emitir um julgamento sobre qualquer objeto que se lhe apresente. Somente através da comparação podemos determinar os epítetos da aprovação ou da censura, aprendendo a decidir sobre o devido grau de cada um. Mesmo a pintura mais grosseira pode apresentar um determinado brilho nas cores ou uma exatidão na imitação que, numa certa medida, também são belezas capazes de encher de admiração o espírito de um camponês ou de um indígena. Mesmo as baladas mais vulgares não são inteiramente destituídas de uma certa força ou harmonia, e somente quem estiver familiarizado com as belezas superiores poderá considerar o seu ritmo dissonante ou as suas letras desinteressantes. Uma beleza muito inferior causa desagrado nas pessoas familiarizadas com a perfeição mais elevada na mesma razão e por isso é considerada uma deformidade. Do mesmo modo, é natural que nós consideremos o objeto mais bem-acabado que conhecemos como representando o ápice da perfeição, merecendo o aplauso mais entusiasmado. Só quem está acostumado a ver, examinar e ponderar as diferentes produções que foram apreciadas em diferentes épocas e nações pode avaliar os méritos de uma obra submetida a sua apreciação, apontando o seu devido lugar entre as obras de gênio.

Mas o crítico, para poder exercer mais plenamente a sua função, deve conservar o seu espírito acima de todo preconceito, nada levando em consideração senão o próprio objeto submetido à sua apreciação. Para produzir sobre o espírito o efeito devido, toda obra de arte deve ser encarada de um determinado ponto de vista, não podendo ser plenamente apreciada por pessoas cuja situação, real ou imaginária, não seja conforme à exigida pela obra. Um orador que se dirige a um determinado auditório deve levar em conta as inclinações, interesses, opiniões, paixões e preconceitos peculiares de seus ouvintes; do contrário será em vão que ele esperará comandar as suas opiniões e excitar os seus afetos. Mesmo que este público tenha alguma prevenção contra ele, por mais disparatada que seja, ele não deve subestimar essa desvantagem, e antes de entrar no assunto deve se esforçar para cair em suas boas graças e conquistar a sua afeição. O crítico de uma época ou de uma nação diferente que pretenda analisar esse discurso deve levar em consideração todas essas circunstâncias e colocar-se na mesma situação que esse auditório para chegar a um juízo correto sobre a obra. Da mesma forma, quando qualquer obra é apresentada ao público, mesmo que eu sinta amizade ou inimizade pelo autor, convém que eu me distancie dessa situação e, considerando-me a mim mesmo um indivíduo qualquer, fazer o possível para esquecer o que me particulariza e torna as minhas circunstâncias peculiares. Alguém que esteja influenciado por preconceitos não preenche esses requisitos, já que persevera teimosamente na sua posição natural, e é incapaz de colocar-se naquele ponto de vista pressuposto pela obra. Se esta se dirige a um público de uma época ou de uma nação diferentes, o indivíduo preconceituoso deixa de levar em conta as suas concepções e preconceitos particulares para, imbuído dos costumes de sua própria época e seu próprio país, condenar apressadamente aquilo que parecia admirável aos olhos daqueles a quem se destinava o discurso. Se a obra se destinar ao público, esta pessoa nunca conseguirá ampliar suficientemente a sua compreensão, nem deixar de lado o seu interesse como amigo ou inimigo, como rival ou comentador. Dessa forma a sua opinião será pervertida, e as mesmas belezas e defeitos não terão sobre ela o mesmo efeito que se ela tivesse imposto o devido rigor à própria imaginação, esquecendo-se de si mesma durante um momento. É evidente que o seu gosto não está de acordo com o verdadeiro padrão, e conseqüentemente perde todo crédito e autoridade.

David Hume

Sabe-se que, em todas as questões apresentadas ao conhecimento, o preconceito destrói a capacidade de raciocínio e perverte todas as operações das faculdades intelectuais, e não é menor o prejuízo que causa ao bom gosto, nem é menor a sua tendência a corromper o sentimento da beleza. Cabe ao bom senso contrariar a sua influência, e nesse caso, tal como em muitos outros, a razão, se não constitui uma parte fundamental do gosto, é no mínimo necessária para o funcionamento dessa faculdade. Em todas as mais nobres produções do gênio, existe uma relação de reciprocidade e correspondência entre as partes, e nem as belezas nem as deficiências podem ser percebidas por quem não tenha suficiente capacidade de raciocínio para apreender todas essas partes e compará-las umas com as outras, para avaliar a coerência e a uniformidade do todo. Toda obra de arte tem, ainda, um determinado objetivo ou finalidade, para a qual é calculada; e ela deve ser considerada mais ou menos perfeita conforme a sua capacidade de atingir essa finalidade. O objetivo da eloqüência é persuadir, o da história é instruir, o da poesia é agradar, estimulando as paixões e a imaginação. Ao examinarmos qualquer obra, devemos levar sempre em conta esses fins para sermos capazes de julgar em que grau os meios empregados são adequados às suas respectivas finalidades. Além disso, todos os tipos de composição, mesmo a mais poética, não são mais que encadeamentos de proposições e raciocínios; embora nem sempre estes sejam rigorosos e exatos, são sempre plausíveis, mesmo quando disfarçados pelo colorido da imaginação. Os personagens apresentados na tragédia e na poesia épicas devem ser representados raciocinando, pensando, concluindo e agindo em conformidade com o seu caráter e com a situação em que vivem;

sem a capacidade do raciocínio, do gosto e da invenção, o poeta jamais poderá esperar alcançar sucesso num empreendimento tão delicado. E vale lembrar que a mesma excelência das faculdades que contribui para o aperfeiçoamento da razão, a mesma clareza da concepção, a mesma exatidão nas distinções, a mesma vivacidade no entendimento são essenciais para o funcionamento do gosto autêntico; e, portanto, são seus acompanhantes inevitáveis. Um homem sensato, que possua alguma experiência da arte, raramente ou nunca será capaz de julgar sua beleza; ainda mais raro é encontrar uma pessoa de bom gosto que também não seja dotada de um entendimento adequado.

Assim, embora os princípios do gosto sejam universais e, se não inteiramente, aproximadamente os mesmos em todos os homens, ainda assim poucos são capazes de julgar qualquer obra de arte ou de impor o seu próprio sentimento como padrão de beleza. Raramente os órgãos da sensação interna são suficientemente perfeitos para permitir a ação plena dos princípios gerais, produzindo um sentimento correspondente a estes princípios. Ou eles possuem alguma deficiência ou são viciados por alguma perturbação, e conseqüentemente provocam um sentimento que deve ser considerado equivocado. Quando um crítico não possui delicadeza, julga sem qualquer critério, sendo influenciado apenas pelas características mais grosseiras e palpáveis do objeto: as pinceladas mais finas passam despercebidas e são desprezadas. O seu veredicto, quando não é ajudado pela prática, vem acompanhado de confusão e hesitação. Por não efetuar qualquer comparação, as belezas mais frívolas, que antes mereceriam ser julgadas defeitos, se tornam objetos de sua admiração. Por se deixarem dominar por preconceitos, todos os seus sentimentos naturais são pervertidos. Por lhe faltar o bom senso, ele é incapaz de discernir as belezas do discernimento e do raciocínio, que são as mais elevadas se excelentes. A maioria dos homens sofre de uma ou outra dessas imperfeições, e por isso um verdadeiro juiz das belas-artes, mesmo nas épocas mais cultas, é um personagem tão raro. Somente o bom senso, ligado à delicadeza do sentimento, aprimorado pela prática, aperfeiçoado pela comparação e livre de qualquer preconceito, pode conferir aos críticos aquela valiosa personalidade; e o veredicto conjunto daqueles que a possuem, onde quer que se encontrem, constitui o verdadeiro padrão do gosto e da beleza.

Mas onde se podem encontrar tais críticos? Por meio de que sinais podemos reconhecê-los? Como distingui-los dos impostores? Estas são perguntas embaraçosas, que parecem nos empurrar de volta àquela incerteza da qual estamos nos esforçando para escapar ao longo de todo este ensaio.

Mas uma visão correta mostra que se trata aqui de uma questão de fatos e não de sentimentos. Se um determinado indivíduo é ou não dotado de bom senso e delicadeza de imaginação, livre de preconceitos, é coisa que pode freqüentemente suscitar disputas, sujeita a muita investigação e discussão. Mas, quando se trata de uma personalidade valiosa e estimável, é algo que ninguém pode contestar. Quando dúvidas assim aparecem, não se pode fazer mais que em outras questões polêmicas que se apresentam ao entendimento: é necessário apresentar os melhores argumentos que a invenção pode sugerir; é necessário reconhecer que em alguma parte deve existir um padrão verdadeiro e decisivo, a saber, os fatos concretos e a existência real; e é preciso ser indulgente em relação àqueles que divergem de nós mesmos em seus apelos a esse padrão. Para nossos objetivos, é suficiente demonstrar aqui que não é possível pôr no mesmo patamar o gosto de todos os indivíduos, e que geralmente alguns homens, por mais difícil que seja identificá-los com rigor, devem ser reconhecidos pela opinião universal como merecedores de preferência, acima de outros.

Mas, na verdade, a dificuldade de estabelecer um padrão do gosto, mesmo de maneira particular, não é tão grande como se pensa. Embora, em teoria, se possa reconhecer prontamente um certo critério na ciência e, ao mesmo tempo, negá-lo no sentimento, observa-se, na prática, que se trata de uma questão muito mais difícil de decidir no primeiro caso que no último. Durante um período, prevaleceram as teorias filosóficas abstratas e os sistemas de teologia profunda, mas logo todos foram universalmente destruídos. O seu caráter absurdo foi descoberto, e outras teorias e sistemas ocuparam o seu lugar; estes, por sua vez, também foram substituídos por outros. E nada existe de mais sujeito às oscilações do acaso e da moda do que essas pretensas decisões da ciência. Já não é este o caso das belezas da eloqüência e da poesia. É inevitável que as justas expressões da paixão e da natureza conquistem, decorrido algum tempo, o aplauso do público, e que o conservem para sempre. ARISTÓTELES,[8] PLATÃO, EPICURO[9] e DESCARTES puderam ceder o lugar uns aos outros, sucessivamente,

---

[8] Aristóteles (384-322 a.C.), filósofo grego, foi a principal fonte da filosofia escolástica medieval.

[9] Epicuro (341-270 a.C.), filósofo moral grego, professava o hedonismo, ou a visão de que o prazer é o maior bem do homem. Ver o ensaio de Hume intitulado "O epicurista".

mas TERÊNCIO e VIRGÍLIO continuam a exercer um domínio universal e incontestado sobre os espíritos dos homens. A filosofia abstrata de CÍCERO perdeu o seu prestígio, mas a veemência de sua oratória continua sendo objeto da nossa admiração.

Embora os homens de gosto delicado sejam raros, é fácil identificá-los na sociedade, pela solidez de seu entendimento e pela superioridade de suas faculdades sobre as do restante da humanidade. A ascendência que eles adquirem faz predominar aquela viva aprovação com que se recebem as obras de gênio e as torna predominantes. Quando são entregues a si próprios, muitos homens não são capazes de mais que uma percepção tênue e duvidosa da beleza, mas ainda assim eles são capazes de apreciar qualquer obra admirável que lhes seja apontada. Cada um dos que se deixam converter à admiração de um verdadeiro poeta e orador, por sua vez, provocará uma nova conversão. Mesmo que os preconceitos possam dominar durante algum tempo, eles jamais se unem para celebrar qualquer rival do verdadeiro gênio, acabando por ceder à força da natureza e do sentimento justo. Assim, embora uma nação civilizada possa se enganar facilmente na eleição de seu filósofo favorito, jamais ocorreu que alguma errasse na preferência por um determinado autor épico ou trágico.

Não obstante todos os nossos esforços para estabelecer um padrão do gosto e conciliar as concepções divergentes, continuam existindo, contudo, duas fontes de variação que, embora naturalmente não bastem para confundir todos os limites da beleza e da deformidade, freqüentemente resultam numa diferença nos graus de nossa aprovação ou censura. Uma delas reside nas diferenças de temperamento entre os indivíduos, e a outra são os costumes e opiniões peculiares do nosso país e da nossa época. Os princípios gerais do gosto são uniformes na natureza humana. Quando se observa uma variação no juízo dos homens, geralmente se pode notar também alguma deficiência ou perversão das faculdades, resultante dos preconceitos, ou da falta de prática, ou da falta de delicadeza. E existem bons motivos para se aprovar um gosto e reprovar outro. Mas quando existe, na estrutura interna ou no contexto externo, uma diversidade tal que torna impossível condenar qualquer dos dois lados, não havendo como dar preferência a um sobre o outro, neste caso uma certa variação no julgamento é inevitável, e seria tolo procurarmos um padrão que pudesse conciliar as opiniões discordantes.

Um jovem que seja dotado de paixões cálidas será mais sensível às imagens amorosas e ternas que um homem de idade mais avançada, que encontra prazer em reflexões sábias e filosóficas sobre a conduta da vida e a moderação das paixões. Aos 20 anos, pode-se ter OVÍDIO como autor preferido; aos 40, HORÁCIO; e talvez TÁCITO aos 50. Nesses casos seria inútil tentarmos compartilhar os sentimentos alheios, despindo-nos daquelas inclinações naturais em nós. Elegemos nosso autor favorito da mesma forma como escolhemos um amigo, com base numa conformidade de temperamento e de disposição. A alegria ou a paixão, o sentimento ou a reflexão, aquilo que prevalecer em nosso temperamento produzirá em nós uma simpatia peculiar pelo autor que se nos assemelha.

O sublime agrada mais a uma pessoa, a ternura a outra, a ironia a uma terceira. Uma é extremamente sensível às falhas, e estuda com atenção a correção das obras, e outra é mais vivamente sensível às belezas, sendo capaz de perdoar 20 absurdos ou defeitos em troca de uma só passagem inspirada ou poética. O ouvido de uma está inteiramente voltado para a concisão e a força, o de outra se delicia principalmente com uma expressão copiosa, rica e harmoniosa. Uns preferem a simplicidade, outros, os ornamentos. A comédia, a tragédia, a sátira, as odes, cada gênero de escritura tem seus partidários, que o preferem a todos os outros. Seguramente seria um equívoco um crítico limitar sua aprovação a um único gênero ou estilo literário, condenando todos os demais. Mas é quase impossível deixar de sentir uma certa predileção por aquilo que se adapta melhor à nossa disposição e às nossas inclinações pessoais. Estas preferências são inocentes e naturais, e não seria sensato torná-las objetos de polêmica, pois não existe padrão que possa contribuir para se chegar a alguma decisão sobre elas.

É por um motivo semelhante que nos agrada mais encontrar, no curso de uma leitura, cenas e personagens que se assemelhem a objetos de nosso país e de nossa época do que aqueles que descrevem costumes diferentes. Não é sem um certo esforço que conseguimos aceitar a simplicidade dos costumes antigos, e contemplar princesas indo buscar água na fonte, e reis e heróis preparando as suas próprias provisões. Geralmente reconhecemos que a representação desses costumes não constitui um erro do autor nem uma deficiência da obra, mas não lhe somos sensíveis da mesma maneira. É por isso que é difícil transferir a comédia de uma nação para outra. A um FRANCÊS ou a um INGLÊS não agradam a ANDRIA de TERÊNCIO,[10] ou a CLÍTIA de MAQUIAVEL,[11] em que a bela senhora em torno

---

[10] Terêncio, *Andria* (A dama de Andros). Glicérium, a jovem mulher em torno da qual a trama da peça se desenrola, é uma *muta persona*; isto é, ela nada fala no palco.

[11] Em *Clísia*, de Maquiavel, que foi levada ao palco, em 1525, a jovem Clísia não aparece em cena, mas é o centro da ação.

da qual gira toda a peça não aparece uma vez sequer aos espectadores, ficando sempre oculta nos bastidores, em conformidade com o temperamento reservado dos antigos GREGOS e dos ITALIANOS. Um homem culto e inteligente é capaz de aceitar essas peculiaridades de costumes, mas uma platéia normal jamais será capaz de se despir de suas idéias e sentimentos habituais, a ponto de se satisfazer com cenas que de maneira alguma lhe são familiares.

Mas, a esse propósito, cabe aqui uma reflexão que talvez possa ajudar a analisar a controvérsia célebre sobre o saber antigo e o saber moderno, na qual freqüentemente se vê um dos lados desculpar qualquer absurdo aparente dos antigos invocando os costumes da época, enquanto o outro lado rejeita essa desculpa ou só a aceita como uma desculpa para o autor, mas não para a obra. Na minha opinião, poucas vezes os limites dessa questão foram definidos adequadamente pelos participantes da polêmica. Quando se representam inocentes peculiaridades de costumes, como as citadas acima, é inquestionável que elas devem ser aceitas, e quem se mostrar chocado estará dando mostra evidente de falta de delicadeza e refinamento. *O monumento mais duradouro do que o bronze*[12] do poeta cairia por terra inevitavelmente, como se fosse feito de vulgar argila ou tijolo, se os homens não admitissem as contínuas transformações dos usos e costumes, e aceitassem unicamente o que está conforme a moda dominante. Seria sensato jogarmos fora os retratos dos nossos antepassados, por causa de seus rufos e anquinhas? Mas quando as idéias da moral e da decência se modificam de uma época para outra, e quando se descrevem costumes

---

[12] Horácio, *Carmina* (Odes) 3. 30. I.

viciosos, sem que estejam acompanhados dos devidos sinais de censura e desaprovação, deve-se reconhecer que tal fato desfigura o poema e constitui uma autêntica deformidade. Sou incapaz de compartilhar tais sentimentos, e nem seria adequado fazê-lo; mesmo que eu possa desculpar o poeta, levando em conta os costumes de sua época, jamais poderei apreciar a composição. A falta de humanidade e de decência, tão evidente nos personagens criados por vários poetas antigos, ou mesmo por HOMERO e pelos trágicos GREGOS, diminui consideravelmente o mérito de suas nobres obras, conferindo aos autores modernos uma vantagem sobre eles. Nós não nos interessamos pelo destino e pelos sentimentos daqueles rudes heróis, e nos desagrada ver a tal ponto confundidos os limites do vício e da virtude; e, por maior que seja a nossa indulgência em relação ao autor, levando em consideração os seus preconceitos, somos incapazes de impor a nós mesmos compartilhar seus sentimentos, ou sentir alguma simpatia por personagens que são tão claramente condenáveis.

Os princípios morais não estão no mesmo caso dos princípios especulativos de qualquer espécie. Estes últimos estão em constante mudança e transformação. O filho adere a um sistema diferente do de seu pai – e são poucos os homens que podem se gabar de grande constância e uniformidade nesse aspecto. Sejam quais forem os erros especulativos que se possa encontrar nas obras cultas de qualquer época ou qualquer país, eles pouco diminuem o seu valor. É suficiente uma pequena adaptação do pensamento ou da imaginação para podermos compartilhar todas as opiniões que então prevaleciam, e apreciar os sentimentos e conclusões que delas resultam. Mas é necessário um esforço violento para modificarmos o nosso juízo sobre os costumes, bem como para experimentar sentimentos de aprovação ou censura, de amor ou ódio, diferentes daqueles com que nosso espírito está longamente familiarizado. Quando alguém confia na retidão daqueles padrões morais com base nos quais forma seus juízos, tem por eles um zelo compreensível, e não permitirá que os sentimentos de seu coração sejam pervertidos por um momento sequer, por complacência em relação a não importa que autor.

De todos os erros especulativos, os mais desculpáveis nas obras de gênio são os relativos à religião, e nem sempre é legítimo julgar a cultura e o saber de um povo, ou mesmo de um indivíduo, com base na banalidade ou na sutileza de seus princípios teológicos. O bom senso que orienta os homens nas circunstâncias normais da vida não é obedecido nas questões religiosas, já que elas se encontram acima do alcance da razão humana. Nessa ordem de idéias, todos os absurdos do sistema teológico pagão devem ser ignorados pelos críticos que pretendam chegar a uma noção rigorosa da poesia antiga, e por sua vez a nossa posteridade deverá mostrar a mesma indulgência em relação a seus predecessores. Enquanto permanecerem como meros princípios, sem se apoderarem do coração tão fortemente a ponto de merecerem a classificação de *beatice* ou *superstição*, os princípios religiosos nunca podem ser considerados erros dos poetas. Quando isso acontece, eles passam a perturbar os sentimentos morais e a alterar as fronteiras naturais que separam o vício da virtude. Eles devem, portanto, ser considerados eternamente como defeitos, conforme o princípio acima referido, e os preconceitos e falsas opiniões da época são insuficientes para justificá-los.

David Hume

Uma das características essenciais da religião católica ROMANA é que ela precisa inspirar um ódio violento por todas as outras crenças, concebendo todos os pagãos, maometanos e hereges como objetos da cólera e da vingança divinas. Muito embora sejam na realidade altamente condenáveis, tais sentimentos são considerados virtudes pelos fanáticos dessa comunhão e são representados em suas tragédias e poemas épicos como uma espécie de divino heroísmo. Essa beatice teve como conseqüência desfigurar duas das mais belas tragédias do teatro francês, POLIEUCTE e ATALIA,[13] nas quais o zelo mais destemperado por certas formas de culto é apresentado com toda a pompa que se pode imaginar, constituindo o traço dominante da personalidade de seus heróis. "O que é isso?", pergunta o sublime JOAD a JOSABET, ao encontrá-lo conversando com MATHAN, o sacerdote de BAAL. "A filha de DAVI fala com esse traidor? Pois não temeis que a terra se abra, e dela venham chamas que vos devorem a ambos? Ou que estas paredes sagradas desmoronem, enterrando-vos? O que ele pretende? Por que o inimigo de Deus vem a este lugar, envenenar o ar que respiramos com sua presença horrível?" Tais sentimentos são acolhidos com aplausos entusiasmados nos teatros de PARIS, mas em LONDRES os espectadores apreciariam igualmente ouvir AQUILES dizer a AGAMENON que ele é um cão em sua

---

[13] *Polieucte, martyr* (1641-42), tragédia de Corneille, é a história de um nobre armênio cuja conversão ao Cristianismo e cujo martírio levaram à conversão de sua esposa, Pauline, e de seu sogro, Felix, o governador romano que condenou Polieucte à morte, por trair os deuses romanos. *Athalie* (1691), uma tragédia de Racine, se baseia no relato bíblico (2 *Reis* 11 e 2 *Crônicas* 22-23) da vitória do sacerdote de Deus sobre Atalia, rainha de Judá e adoradora do Baal. A cena descrita em seguida por Hume é de Atalia, ato 3, seç. 5.

fronte, e um cervo em seu coração, ou JÚPITER ameaçar JUNO com uma bela surra, se ela não ficar calada.[14]

Os princípios RELIGIOSOS também constituem uma falha, em qualquer obra culta, quando caem no nível da superstição, ou se intrometem em toda sorte de sentimentos, mesmo aqueles que não têm qualquer relação com religião. Não constitui uma desculpa para o poeta que os costumes de seu país tenham sobrecarregado a existência com tal quantidade de rituais e cerimônias religiosas que nenhuma parte dela consiga escapar ao seu jugo. PETRARCA será sempre ridículo, necessariamente, na comparação que faz da sua amante, LAURA, com JESUS CRISTO.[15] Igualmente ridículo é BOCCACIO, esse libertino encantador, quando, com toda a seriedade, dá graças ao DEUS TODO-PODEROSO e às senhoras pelo auxílio que lhe deram, protegendo-o contra os seus inimigos.[16]

---

[14] Ver Homero, *Ilíada* I. 225, para a ofensa de Aquiles a Agamenon, e I. 56-67 para a ameaça de Zeus (ou de Júpiter) a Hera (ou Juno).

[15] Hume provavelmente se refere à coletânea de 366 poemas de Francesco Petrarca (1304-74), que não tem um título definitivo, mas que é conhecida na Itália como *Canzoniere* ou *Rima*. A maioria dos poemas é sobre o amor de Petrarca por Laura, que começou quando ele a viu pela primeira vez na igreja, em 1327, e que continuou mesmo após a sua morte, em 1348. Parece que Laura estava acima do alcance de Petrarca, que a amava de longe. O amor de Petrarca por Laura se tornou um símbolo de sua própria busca pela salvação, enquanto Laura, depois de sua morte física, ressuscita como um ideal sublime com qualidades divinas.

[16] Ver Boccaccio, *Decameron*, Introdução a "O Quarto Dia".

Ensaios Morais, Políticos & Literários

Parte II*

* Publicado em 1752.

ESSAYS,

MORAL, POLITICAL,

AND

LITERARY.

PART II.*

*Published in 1752.

Ensaio I

Do comércio

A maior parte da humanidade pode ser dividida em duas classes; aquela dos pensadores *superficiais*, que ficam aquém da verdade; e aquela dos pensadores *abstrusos*, que vão além dela. A segunda classe é de longe a mais rara: e, posso acrescentar, é de longe a mais útil e valiosa. Eles sugerem problemas, ao menos, e dão início a dificuldades que almejam ter habilidade para superar; as quais podem resultar em refinadas descobertas, nas mãos de homens com um modo adequado de pensar. Na pior das hipóteses, o que eles dizem é incomum; e, se custar algum esforço compreendê-los, ao menos se tem o prazer de ouvir algo novo. Um autor que só nos diz o que podemos ouvir em qualquer conversa de café não tem muito valor.

Todas as pessoas de pensamento *superficial* tendem a execrar aqueles autores de entendimento *sólido*, como os pensadores abstrusos e os metafísicos; e nunca admitirão existir algo que seja justo além dos fracos limites de sua compreensão. Existem casos, asseguro, em que um extraordinário refinamento é tomado por uma forte presunção ou mesmo por falsidade, e nos quais só se levam em conta os raciocínios que são naturais e fáceis. Por isso, quando um homem delibera em relação à sua conduta em qualquer assunto *particular* e concebe sistemas na política, no comércio, na economia ou em qualquer negócio da vida, ele nunca deve usar argumentos refinados demais, ou encadear uma série muito longa de idéias. Pois, seguramente, algo acontecerá que desconcertará o seu raciocínio, produzindo um acontecimento diferente do que ele esperava. Mas, quando raciocinamos a respeito de temas *gerais*, pode-se afirmar que dificilmente as nossas especulações são refinadas demais, se forem justas; e a diferença entre um homem comum e um homem de gênio se percebe principalmente na superficialidade ou profundidade dos princípios segundo os quais eles procedem. Raciocínios gerais parecem intricados, simplesmente porque são gerais; nem é fácil para a média da humanidade distinguir, em meio a um grande número de particulares, a circunstância comum na qual todos concordam, nem identificá-la, pura e sem misturas, das outras circunstâncias supérfluas que a acompanham. Para a maioria das pessoas, todo julgamento ou conclusão é particular. Elas não conseguem ampliar seus horizontes até chegarem àquelas proposições universais, que compreendem um número infinito de indivíduos, e incluem toda uma ciência num só teorema. O seu olhar se confunde ante uma perspectiva muito extensa; e as conclusões que dela derivam, mesmo quando são expressadas com clareza, parecem intricadas e obscuras. Porém, por mais intricadas que possam parecer, é certo que os princípios gerais, se forem justos e sólidos, devem sempre prevalecer no curso geral das coisas, embora possam falhar em determinados casos particulares; e a principal questão dos filósofos é observar o curso geral das coisas. Posso acrescentar que essa também é a questão principal dos políticos; especialmente no governo doméstico do estado, no qual o bem comum é, ou deveria ser, a sua preocupação, e que depende da concorrência de uma diversidade de causas;[1] e não, como a política externa, de acidentes e acasos, e dos caprichos de umas poucas pessoas. Isso, portanto, faz a diferença entre as deliberações *particulares* e os raciocínios *gerais*, tornando a sutileza e o refinamento muito mais adequados a estes que àquelas.

Julguei que esta introdução era necessária antes de começar as discussões seguintes sobre o *comércio*, o *dinheiro*, *juros*, a *balança de pagamentos &c.* nas quais, talvez, aparecerão alguns princípios incomuns, que poderão parecer refinados ou sutis em demasia para assuntos tão vulgares. Se forem falsos, que sejam rejeitados; mas não se deve ter preconceito contra eles simplesmente por escaparem à via comum.

A grandeza de um estado e a felicidade de seus súditos, por mais independentes que sejam em alguns aspectos, costumam ser indissociáveis do comércio; e, na medida em que os homens privados têm maior segurança, no controle de seu comércio e de suas riquezas, o povo se torna mais poderoso em proporção à opulência e ao comércio extenso desses homens. Essa máxima é em geral

---

[1] Nas edições de 1752 a 1768, lê-se "casos", em vez de "causas". Ver Eugene Rotwein, *David Hume: Writings on Economy* (Madison: University of Wisconsin Press, 1955), p. 4. A tese de Hume aqui é de que princípios gerais podem ser estabelecidos em relação à política doméstica e às questões comerciais ou econômicas, porque se encontram regularidades de comportamento nessas áreas da vida. Estas regularidades resultam de duas causas principais: as instituições do governo e as paixões humanas. Como Hume observou anteriormente, pode existir uma ciência da política porque as leis e as formas do governo moldam as ações humanas de um modo uniforme. Além disso, a política doméstica, e o comércio em particular, resultam das paixões mais universais, que tendem a se manifestar "em todas as épocas, em todos os lugares, e sobre todas as pessoas" (p. 113).

verdadeira; embora eu não possa deixar de pensar que ela pode admitir exceções, e que freqüentemente nós confiamos nela com reservas e restrições de menos. Podem existir circunstâncias nas quais o comércio e as riquezas são luxos de indivíduos isolados, que não acrescentam força ao povo e acabam provocando o enfraquecimento de seus exércitos e diminuindo a autoridade do país em relação às nações vizinhas. O homem é um ser muito variável, e suscetível a muitas opiniões, princípios e regras de conduta diferentes. O que pode ser verdadeiro, quando se adota uma forma de pensar, será considerado falso, quando se abraça um conjunto diferente de costumes e opiniões.

O corpo de todo estado pode ser dividido em *agricultores* e *fabricantes*. Os primeiros são empregados no cultivo da terra; os últimos trabalham com os materiais fornecidos pelos primeiros, produzindo todos os artigos que são necessários ou mesmo supérfluos à vida humana. Assim que os homens deixam seu estado selvagem, no qual viviam basicamente da caça e da pesca, eles devem se enquadrar nessas duas classes; embora a atividade da agricultura empregue *inicialmente* a maior parte da sociedade.[2] O tempo e a experi-

---

[2] Mons. MELON, em seu ensaio político sobre o comércio, afirma que mesmo no presente, se a FRANÇA for dividida em 20 partes, 16 serão constituídas de trabalhadores e camponeses; duas partes apenas serão de artesãos; uma pertencerá à lei, à Igreja ou ao exército; e uma será composta de negociantes, financistas ou burgueses. Este cálculo está seguramente equivocado. Na FRANÇA, na INGLATERRA, e na verdade na maior parte da EUROPA, metade dos habitantes vive nas cidades; e, mesmo entre aqueles que vivem no campo, um grande número é de artesãos, talvez mais que um terço. [Jean-François Melon (1675?-1738), *Essai politique sur le commerce* (1734; segunda ed. ampliada, 1736; traduzido como *A Political Essay Upon Commerce* (1738).]

ência aprimoram tanto essas artes que a terra pode manter facilmente um número muito maior de homens que aqueles originalmente empregados no seu cultivo ou aqueles que fornecem os produtos manufaturados mais necessários àqueles aí empregados.

Se essas mãos ociosas forem aplicadas às atividades mais refinadas, que são comumente denominadas as artes da *luxúria*, elas contribuirão para a felicidade do estado, já que proporcionam a muitos a oportunidade de entrar em contato com prazeres que, de outra forma, jamais conheceriam. Mas não seria possível propor outro sistema para o emprego dessas mãos ociosas? Não pode o soberano convocar esses homens para empregá-los nas frotas e exércitos, para ampliar os domínios do estado no exterior e espalhar sua fama até nações distantes? É certo que, quanto menores forem as carências e necessidades dos proprietários e trabalhadores da terra, menos mãos serão necessárias para o trabalho; e, conseqüentemente, a ociosidade da terra, em vez de manter comerciantes e fabricantes, pode servir às frotas e aos exércitos numa extensão muito maior do que onde um grande número de habilidades é requerido para satisfazer o luxo de indivíduos particulares. Aqui, portanto, parece existir uma espécie de oposição entre a grandeza do estado e a felicidade do súdito. Um estado nunca é maior do que quando todas as suas mãos ociosas estão empregadas a serviço do bem público. O conforto e a conveniência de indivíduos particulares requerem que essas mãos sejam empregadas a seu serviço. Eles nunca estão satisfeitos, senão à custa do trabalho alheio. Da mesma forma que a ambição do soberano deve prevalecer sobre a luxúria dos indivíduos; assim a luxúria dos indivíduos deve diminuir sua força, respeitando a ambição do soberano.

Esse raciocínio não é meramente quimérico; ele é fundado na história e na experiência. A república de ESPARTA foi certamente mais poderosa do que qualquer estado, com população semelhante, é hoje no mundo; e isso deve ser atribuído inteiramente à necessidade de comércio e luxo. Os HILOTAS eram os trabalhadores: os ESPARTANOS eram os soldados ou cavalheiros. É evidente que o trabalho dos HILOTAS não poderia sustentar um número tão grande de ESPARTANOS se estes últimos vivessem com conforto e delicadeza e empregassem seu tempo numa grande variedade de comércios e manufaturas. Uma política semelhante pode ser observada em ROMA. E, de fato, ao longo de toda a história antiga, pode-se observar que as menores repúblicas criaram e mantiveram exércitos maiores do que estados com o triplo de habitantes são capazes de sustentar hoje. Calcula-se que hoje, em todas as nações EUROPÉIAS, a proporção entre os soldados e o povo não costuma superar a de um para cem. Mas lemos que só a cidade de ROMA, com seu pequeno território, criou e manteve, em tempos remotos, dez legiões contra os LATINOS.[3] ATENAS, cujos domínios somados não eram mais extensos do que YORKSHIRE, enviou para a campanha contra a SICÍLIA cerca de 40 mil homens.[4] Diz-se que DIONÍSIO, o velho, manteve um exército de 50 mil homens a pé e dez mil a cavalo, além de uma enorme frota com 400 navios;[5] embora os seus territórios não fossem além da

---

[3] Ver Lívio, *História de Roma* 8.25.
[4] TUCÍDIDES, liv. Vii [75.]
[5] DIOD. da SIC. Liv. Vii. Essa análise, a meu ver, é em parte suspeita, para não dizer pior; principalmente porque esse exército não era composto de cidadãos, mas de forças mercenárias.

cidade de SIRACUSA, com um território de cerca de um terço da ilha da SICÍLIA e algumas cidades portuárias e fortificações na costa da ITÁLIA e ILÍRIA.[6] É verdade que os antigos exércitos, em tempo de guerra, sobreviviam com base na pilhagem; mas o inimigo também não pilhava? Esta, é claro, era uma forma mais destrutiva de arrecadar impostos que qualquer outra que se possa imaginar. Resumindo, não se pode apontar nenhuma causa provável para o grande poder dos estados mais antigos em relação aos modernos, além de seu impulso para o comércio e o luxo. Poucos artesãos eram mantidos pelo trabalho dos agricultores, e portanto mais soldados poderiam viver dele. LÍVIO diz que em ROMA, na sua época, seria difícil montar um exército tão grande quanto aquele que, em dias remotos, combateu os GAULESES e LATINOS.[7] No lugar daqueles soldados que lutaram pela liberdade e pelo império na época de CAMILO, havia, nos dias de AUGUSTO, músicos, pintores, cozinheiros, atores e alfaiates. E, se a terra era igualmente cultivada nos dois períodos, ela certamente poderia manter o mesmo número de homens em uma e outra profissão. Eles não acrescentaram nada às necessidades básicas da vida, no último período menos ainda que no primeiro.

É natural perguntar aqui se os soberanos não podem retornar às máximas da política antiga, atendendo aos seus próprios interesses, mais do que à felicidade de seus súditos. Respondo que, para mim,

---

[6] Geralmente Ilíria se refere a uma área ao longo do Mar Adriático, correspondente à Iugoslávia.
[7] TITO LÍVIO, liv. Viii. Cap. 24. *"Adeo in quae laboramus,"*, ele diz, *"sola crevimus, divitias luxuriemque."* [Lívio, *História de Roma* 7. 25: "... o nosso crescimento ficou estritamente limitado às únicas coisas pelas quais nos empenhamos, riqueza e luxo" (tradução da edição Loeb por B. O. Foster). Lívio escreve em Roma em 348 aC., quando Camilo era ditador.]

isso parece quase impossível; e isso porque a política antiga era violenta, e contrária ao curso mais comum e natural das coisas. Sabe-se bem por meio de que leis peculiares ESPARTA era governada, e como todos consideraram aquela cidade um prodígio, comparada com a forma como a natureza humana foi administrada em outras nações e outras épocas. Fosse o testemunho da história menos positivo e circunstancial, tal governo pareceria uma mera ficção ou extravagância filosófica, impossível de ser aplicada à prática. E, embora os ROMANOS e outras repúblicas antigas se apoiassem em princípios de certo modo mais naturais, ainda assim somente uma extraordinária conspiração de circunstâncias podia fazer com que se submetessem a um regime tão severo. Eram estados livres; eram pequenos em território; e, vivendo numa época de guerra, todos os seus vizinhos viviam em armas. A liberdade origina naturalmente um espírito público, especialmente em estados pequenos; e esse espírito público, esse *amor patriæ*, tende a crescer quando o povo está num estado de alarme quase contínuo, e os homens são obrigados, a todo momento, a se expor aos maiores perigos para se defender. Uma sucessão contínua de guerras faz de todo cidadão um soldado. Na sua hora, ele sabe que irá para o campo de batalha; e ele mesmo se sustenta enquanto isso. Esse serviço equivale a um pesado imposto, embora seja menos sentido por um povo acostumado às armas, que luta pela honra e pela vingança mais que por pagamento, e desconhece igualmente o lucro, a indústria e o prazer.[8] Sem falar na gran-

---

[8] Os ROMANOS mais antigos viviam em guerra perpétua com todos os seus vizinhos. E, para os antigos LATINOS, o termo *hostis* expressava tanto o estranho como o inimigo. Isso é notado por CÍCERO; mas ele o atribui ao sentimento humanitário de seus ancestrais, que suavizavam, tanto quanto possível, a de-

de igualdade de fortunas entre os habitantes das antigas repúblicas, onde cada pedaço de terra pertencia a um proprietário diferente e abrigava uma família, o que aumentava consideravelmente o número de cidadãos, mesmo sem comércio e manufaturas.

Mas, embora o impulso para o comércio e as manufaturas, em meio a um povo livre e guerreiro, possa, *algumas vezes*, não ter outro efeito além de tornar o povo mais poderoso, é certo que, no curso comum dos assuntos humanos, ele apresentará uma tendência oposta. Os soberanos devem aceitar a humanidade tal como a encontram, e não podem querer impor qualquer mudança violenta em seus princípios e modos de pensar. Um longo período de tempo, com uma variedade de acidentes e circunstâncias, é um requisito para produzir aquelas grandes revoluções que alteram tão profundamente a face dos assuntos humanos. E, quanto menos natural for um conjunto de princípios que sustenta uma sociedade particular, mais dificuldade terá o legislador para administrá-la. A sua melhor política é ceder à inclinação geral da humanidade e lhe oferecer to-

---

nominação de inimigo, chamando-o pelo mesmo nome com que se referiam a um estranho. *De Off.* liv. ii (1.12 na edição Loeb). Contudo é muito mais provável, a julgar pelos costumes da época, que a ferocidade daqueles povos os fizesse considerar todos os estranhos como inimigos, e chamá-los pelo mesmo nome. Além disso, não combina com as máximas mais comuns da política e da natureza que qualquer estado olhasse seus inimigos públicos com um olhar amigável, ou nutrisse quaisquer sentimentos favoráveis a eles, da forma como o orador ROMANO atribuía aos seus antecessores. Sem falar que os antigos ROMANOS realmente praticavam a pirataria, como indicam os primeiros tratados sobre CARTAGO, preservados por POLÍBIO, liv. iii, e conseqüentemente, como os piratas ARGELINOS, estavam realmente em guerra com a maioria das nações; para eles estranhos e inimigos eram mesmo quase sinônimos. [Os argelinos eram piratas que operavam a partir da costa de Gibraltar, na África do Norte.]

das as melhorias, se ela for suscetível. Mas, conforme o curso mais natural das coisas, a indústria, as atividades econômicas e o comércio aumentam o poder do soberano, bem como a felicidade dos súditos; e uma política violenta pode fortalecer a esfera pública em detrimento da riqueza dos indivíduos. Isso ficará claro após algumas considerações sobre as conseqüências da preguiça e da barbárie.

Quando as manufaturas e as atividades mecânicas não são cultivadas, a massa do povo deve ser empregada na agricultura. E, se a sua habilidade e o seu trabalho aumentarem, devem gerar um grande supérfluo de trabalho, muito além do necessário para mantê-los. Mas eles não se sentem tentados a aumentar a sua habilidade e diligência, já que não podem trocar aquele supérfluo por quaisquer produtos que sirvam ao seu prazer ou vaidade. O costume da indolência prevalece assim naturalmente. A maior parte da terra permanece não-cultivada. E a terra que é cultivada não explora todo o potencial da habilidade e da capacidade dos agricultores. E se, a qualquer momento, as exigências públicas demandarem o trabalho de uma grande parcela da população, o trabalho do povo deixa de gerar aquele supérfluo por meio da qual esse excedente pode ser sustentado. Pois os trabalhadores não podem aumentar de um momento para o outro o seu empenho e habilidade. As terras não-cultivadas não serão lavradas durante alguns anos. Enquanto isso, os exércitos devem fazer conquistas rápidas e violentas, ou se dispersar por motivo de subsistência. Não se deve esperar, portanto, uma capacidade de ataque ou defesa regular de um povo assim, e os seus soldados necessariamente serão tão ignorantes e pouco habilidosos quanto os seus agricultores e artífices.

Tudo no mundo é conquistado através do trabalho; e as nossas paixões são os únicos motores do trabalho. Quando uma nação abunda em manufaturas e atividades mecânicas, os proprietários da terra, bem como os agricultores, estudam a agricultura como uma ciência, e redobram a sua diligência e atenção. O excedente que deriva de seu trabalho não se perde; ele é trocado por produtos com outros fabricantes, produtos que a cobiça humana faz serem agora desejados. Dessa forma, a terra satisfaz a um número muito maior de necessidades da vida do que as que simplesmente afetam aqueles que a cultivam. Em tempos de paz e tranqüilidade, esse excedente garante a subsistência dos artífices e o desenvolvimento das artes liberais. Mas é fácil para o povo converter muitos desses fabricantes em soldados, e mantê-los com aquele excedente que resulta do trabalho dos agricultores. Percebemos, em conformidade com isso, ser esse o caso de todos os governos civilizados. Quando um soberano cria um exército, qual é a conseqüência? Ele cria um imposto. Este imposto obriga todo o povo a economizar até o limite mínimo necessário para a sua subsistência. Aqueles que trabalham como artífices devem engordar as listas das tropas, ou então passar a se dedicar à agricultura, obrigando assim alguns camponeses a se alistar, em busca de trabalho. Assim, considerando a questão de forma abstrata, os artífices só aumentam o poder do estado quando eles produzem estoques suficientemente grandes de produtos que interessem ao povo, de forma que todos vejam satisfeitas as suas necessidades na vida. Assim, quanto mais trabalho for empenhado além da satisfação das necessidades básicas, mais poderoso será qualquer estado; já que as pessoas envolvidas nesse trabalho podem facilmente ser transferidas para o serviço público. Num estado sem manufaturas, mesmo que exista o mesmo número de trabalhadores, a quantidade de trabalho não será a mesma, nem do mesmo tipo. Todo o trabalho é voltado somente para a satisfação das necessidades básicas, gerando pouco ou nenhum excedente.

Dessa forma, a grandeza do soberano e a felicidade do povo estão, em grande medida, unidas em relação ao comércio e às manufaturas. É um método violento e, na maioria dos casos, impraticável obrigar o trabalhador a labutar para extrair da terra mais do que o necessário para mantê-lo e à sua família. Mas se lhe oferecerem em troca de seu trabalho produtos e artigos manufaturados, ele o fará voluntariamente. Então será fácil confiscar parte de seu trabalho excedente para empregá-lo no serviço público, sem qualquer remuneração adicional. Estando acostumado à diligência, ele julgará isso menos perverso do que se, de um momento para o outro, fosse obrigado a trabalhar mais sem qualquer recompensa. O caso é o mesmo em relação a todos os outros membros do estado. Quanto maior for o estoque de trabalho de todos os tipos, maior será a parcela que poderá ser confiscada do montante, sem provocar nele qualquer alteração sensível.

Um celeiro público de grãos, um armazém de tecidos, um depósito de munições: tudo isso aponta para a riqueza e a força reais de um estado. O comércio e a indústria, na realidade, são apenas um estoque de trabalho que, em tempos de paz e tranqüilidade, é empregado para o conforto e a satisfação dos indivíduos; mas que, ante qualquer necessidade do estado, podem ser convertidos num benefício público, e isso de forma a tornar todos os cidadãos predispostos a enfrentar os maiores obstáculos para o bem público;

essas afeições podem, hoje como nos tempos antigos, constituir sozinhas um estímulo suficiente para o trabalho e um suporte para a comunidade. Seria então vantajoso banir, como nos acampamentos, todas as artes e luxos; e, por meio de uma série de restrições e planejamento, fazer as provisões durarem mais do que se o exército incluísse essas atividades supérfluas. Mas, como esses princípios são desinteressados e difíceis de fazer vigorar, é necessário governar os homens por meio de outras paixões, e animá-los com um espírito de avareza e diligência, arte e luxo. Nesse caso, pode-se admitir em qualquer comunidade uma carga supérflua; mas as provisões são produzidas num ritmo proporcionalmente maior, que a compensam. A harmonia do conjunto é preservada; e, como a natural inclinação do espírito é atendida, os indivíduos, isoladamente e em conjunto, observam de bom grado o cumprimento dessas máximas.

O mesmo método de raciocínio nos fará verificar a vantagem do comércio *exterior*, bem como as riquezas e a felicidade que ele produz. Ele aumenta o estoque de trabalho da nação; e o soberano pode converter a parcela que julgar necessária deste trabalho para o serviço do público. Por meio das importações, o comércio exterior fornece materiais para novas manufaturas; e, por meio das exportações, produz trabalho em produtos particulares, que não seriam consumidos internamente. Resumindo, num reino com importações e exportações em larga escala, haverá mais trabalho, e este será mais empregado em luxos e supérfluos que num reino que se contente com os seus produtos nativos. Portanto, esse reino será também mais poderoso, mais rico e mais feliz. Os indivíduos colhem o benefício desses produtos, e ao mesmo tempo satisfazem os seus sentidos e apetites. E o povo também ganha, já que um estoque maior de trabalho é acumulado para atender a qualquer emergência pública; isto é, um número maior de homens laboriosos é mantido, e eles podem ser encaminhados para o serviço público sem comprometer qualquer necessidade básica da vida, ou mesmo qualquer conveniência.

Se consultarmos a história, observaremos que, na maioria das nações, o comércio exterior antecedeu o desenvolvimento das manufaturas domésticas e deu origem aos luxos locais. A tentação para fazer uso de produtos internacionais é maior, já que eles estão prontos para o uso e representam uma novidade completa para nós; algo muito mais simples que fazer melhorias em qualquer produto doméstico, pois estas sempre avançam em passos lentos, e nunca nos afetam pela novidade. O lucro também é bastante grande, pois se exporta o que é supérfluo em casa, mas é valioso para as nações estrangeiras, cujo solo ou clima não são favoráveis a um determinado tipo de produto. Assim os homens se familiarizam com os prazeres do *luxo* e com os *lucros* do comércio; e a sua *sensibilidade e diligência*, uma vez despertadas, os levam a novos aprimoramentos, em todos os ramos do comércio, tanto o doméstico quanto o exterior. E talvez essa seja a principal vantagem que resulta do comércio com estrangeiros. Ele afasta a indolência dos homens; e, ao proporcionar à parcela mais opulenta da população artigos de luxo, com os quais ela nunca tinha sonhado, desperta nela o desejo de um estilo de vida mais esplêndido do que aquele desfrutado por seus ancestrais. E, ao mesmo tempo, os poucos mercadores que detêm o segredo da importação e da exportação obtêm lucros enormes; e, tornando-se rivais em riqueza da antiga nobreza, produzem em outros aventureiros a tentação de se tornarem seus rivais no comércio. A imitação logo propaga todas essas atividades; enquanto os fabricantes domésticos estimulam o desenvolvimento dos estrangeiros, trabalham também com afinco nos artigos domésticos para que eles atinjam a máxima perfeição. Até mesmo o aço e o ferro, em mãos laboriosas, se tornam equivalentes ao ouro e aos rubis das ÍNDIAS.

Quando os assuntos públicos chegaram a essa situação, uma nação pode até mesmo perder parte de seu comércio exterior, e continuar sendo um povo grande e poderoso. Se os estrangeiros não quiserem comprar de nós um artigo determinado, deixaremos de trabalhar nele. As mesmas mãos passarão a ser empregadas na melhoria de outros produtos, que podem ser necessários em casa. E devem sempre existir materiais com os quais elas trabalhem; até que todas as pessoas do estado que possuam riquezas desfrutem de uma diversidade de artigos domésticos, todos produzidos a seu gosto, com a máxima perfeição; o que jamais irá acontecer. A CHINA é considerada um dos impérios mais florescentes do mundo; mas ela mantém um comércio muito reduzido fora de seus territórios.

Espero que não considerem que se trata de uma digressão supérflua se eu observar aqui que, da mesma forma que é vantajosa a multiplicidade de atividades mecânicas, também é vantajoso que os benefícios dessas artes alcancem um grande número de pessoas. Uma desproporção muito grande entre os cidadãos enfraquece qualquer estado. Se fosse possível, toda pessoa deveria usufruir dos frutos de seu trabalho, com a satisfação plena de todas as suas necessidades e de muitas conveniências da vida. Ninguém pode duvidar de que semelhante igualdade é adequada à natureza humana, e que ela acrescenta muito mais à *felicidade* dos pobres do que subtrai da dos ricos. Ela também aumenta o *poder do estado*, fazendo com que qualquer imposto ou taxa extraordinários sejam pagos de bom grado. Quando as riquezas são detidas por poucos, estes precisam contribuir de forma mais intensa para a satisfação das necessidades públicas. Mas, quando a riqueza se distribui entre a multidão, a carga fica mais leve sobre todos os ombros, e os impostos não representam uma mudança significativa no estilo de vida de qualquer um.

Acrescente-se que, quando as riquezas estão concentradas em poucas mãos, estas devem usufruir de todo o poder, e assim tenderão a conspirar para que toda a carga tributária recaia sobre os pobres, o que irá oprimi-los ainda mais, desestimulando o trabalho.

Dessa circunstância consiste a grande vantagem da INGLATERRA sobre qualquer nação, hoje, no mundo, ou mesmo que apareça nos registros da história. É certo que os ingleses têm algumas desvantagens no comércio exterior devido ao alto preço do trabalho, o que resulta em parte da riqueza de seus artesãos, bem como da quantidade de dinheiro em circulação: Mas como o comércio exterior não é a circunstância mais material, ele não deve ser posto em competição com a felicidade de tantos milhões. E, se não houvesse mais nada para granjear sua afeição, o governo livre sob o qual vivem já seria motivo suficiente. A pobreza da gente comum é natural, se não for um efeito infalível da monarquia absoluta; mas, por outro lado, duvido de que seja sempre verdade que as suas riquezas são um resultado infalível da liberdade. A liberdade precisa estar acompanhada de determinados acidentes, e de uma certa maneira de pensar, para produzir tais conseqüências. Lorde BACON, avaliando os grandes benefícios obtidos pelos INGLESES em suas guerras com a FRANÇA, atribui estes benefícios, principalmente, ao conforto e à situação superiores da gente comum na INGLATERRA; embora os governos dos dois reinos fossem, nesse período, bastante parecidos.[9] Quando os trabalhadores e artesãos estão acostumados a trabalhar por baixos salários, retendo apenas uma pequena parcela dos frutos de seu trabalho, é difícil para eles, mesmo num governo livre, melhorar sua condição, ou se unir para reivindicar maiores salários. Mas, mesmo quando eles estão habituados a um estilo de vida mais confortável, é fácil para os ricos, num governo arbitrário, conspirar contra *eles*, jogando toda a carga dos impostos em seus ombros.

Pode parecer uma situação excêntrica que a pobreza da gente comum na FRANÇA, na ITÁLIA e na ESPANHA se deva, em alguma medida, às riquezas superiores do solo e à felicidade do clima; contudo, existem motivos para justificar esse paradoxo. Num solo rico e fértil como o das regiões meridionais, a agricultura é uma atividade fácil; e um homem, com um par de pangarés tristonhos, será capaz de cultivar tanta terra numa estação que o proprietário terá uma renda bastante considerável. Toda a arte que o fazendeiro conhece é deixar a terra descansar por um ano, tão logo ela dê sinais de exaustão; e bastam o calor do sol e a temperatura do clima para enriquecê-la de novo, restaurando a sua fertilidade de antes. Os camponeses pobres, portanto, demandam apenas uma subsistência simples para o seu trabalho. Eles não têm reservas ou riquezas, que os façam exigir mais; e, ao mesmo tempo, eles são para sempre dependentes de seu senhorio, que não faz arrendamentos, nem teme que a sua se estrague por métodos ruins

---

[9] Ver Bacon, *Ensaios*, 29: "Da verdadeira grandeza dos Reinos e Estados".

de cultivo. Na INGLATERRA, a terra é rica, mas dura; exige grandes gastos para ser cultivada; e produz colheitas pequenas, se não houver uma administração cuidadosa, e um método que não vise ao lucro total imediato, mas ao longo de diversos anos. Portanto, na INGLATERRA um fazendeiro precisa ter uma reserva considerável, e fazer arrendamentos a longo prazo, que produzam frutos proporcionais. Os finos vinhedos de CHAMPAGNE e BORGONHA,[10] que freqüentemente rendem ao proprietário cinco libras por acre, são cultivados por camponeses que mal têm pão para comer: a razão é que esses camponeses não precisam de reservas; bastam-lhe seus braços e as ferramentas para o cultivo, que 20 *shillings* bastam para comprar. Os agricultores, por sua vez, se encontram geralmente em circunstâncias pouco melhores nesses países. Mas os agricultores, entre todos aqueles que participam do cultivo da terra, são os que se encontram em situação mais confortável. A razão é a mesma. Os homens precisam ter lucros proporcionais às suas despesas e aos seus riscos. Quando um número considerável de trabalhadores pobres, como os camponeses e agricultores se vê em condições muito baixas de existência, todo o resto da população deve compartilhar essa pobreza, seja o governo dessa nação monárquico ou republicano.

Podemos fazer uma observação semelhante em relação à história geral da humanidade. Qual é a razão para que as pessoas que vivem entre os trópicos não consigam desenvolver qualquer arte ou civilidade, ou aprimorar qualquer política em seu governo, ou qualquer disciplina militar, enquanto poucas nações nos climas temperados se viram privadas desses benefícios? É provável que

---

[10] Províncias francesas famosas por seus vinhos.

uma causa deste fenômeno sejam o calor e a constância do clima na zona tórrida, que tornam menos necessárias para os seus habitantes as roupas e as casas, e assim eliminam, em parte, aquela necessidade que é sempre o maior estímulo ao trabalho e à invenção. *Curis acuens mortalia corda.*[11] Sem falar que, quanto menor for o número de bens e posses de que um povo usufrui, menos disputas surgirão entre eles, e menor será a necessidade de se estabelecer uma política ou uma autoridade regular para proteger e defender os cidadãos uns dos outros ou de inimigos externos.

---

[11] Virgílio, *Geórgicas* I.123: "modelando a sabedoria dos homens com cuidado". (Tradução da edição Loeb por H. Rushton Fairclough.)

Ensaio II

Do refinamento nas artes

Luxo é uma palavra de significação incerta, que pode ser entendida no bom e no mau sentido. Em geral, ela denota um grande refinamento na satisfação dos sentidos; e qualquer grau de luxo pode ser inocente ou censurável, levando-se em conta a época ou o país ou a condição do indivíduo. As fronteiras entre a virtude e o vício não podem ser fixadas com exatidão aqui, como em outras questões morais. Imaginar que a satisfação de qualquer sentido ou que qualquer indulgência na comida, na bebida ou no vestuário constitui por si só um vício jamais entraria na cabeça de quem não estivesse desorientado pelos frenesis do entusiasmo. De fato, ouvi falar em um monge no exterior que, como a janela de sua cela tinha vista para uma bela paisagem, fez *um pacto com seus olhos* para nunca mirar naquela direção, para não receber uma gratificação tão sensual dos sentidos. E para alguns constitui crime beber CHAMPANHE ou BORGONHA, em vez de uma pequena garrafa de cerveja. Mas estas pequenas indulgências só constituem vícios se são feitas em detrimento de alguma virtude, como a liberalidade ou a caridade; ou quando são atos insanos, pelos quais um homem arruína a sua própria fortuna e se reduz à mendicância. Quando elas não afetam virtude alguma, nem invadem o espaço dedicado aos amigos, à família e a todos os objetos adequados de generosidade ou compaixão, são inteiramente inocentes e foram reconhecidas como tal em todas as épocas, por quase todos os moralistas. Ocupar-se inteiramente dos luxos da mesa, por exemplo, ignorando os prazeres da ambição, do estudo ou da conversação, é um sinal de estupidez, incompatível com qualquer temperamento ou gênio vigoroso. Confinar a satisfação dessa maneira, sem ligar para os amigos ou a família, é indicativo de um coração destituído de humanidade ou benevolência. Mas, se um homem reserva tempo suficiente para todos os propósitos generosos, ele está livre de qualquer sombra de censura ou reprovação.

Como o luxo pode ser considerado inocente ou condenável, são bastante surpreendentes algumas opiniões absurdas que se emitiram a seu respeito; enquanto homens de princípios libertinos exaltam até mesmo o luxo vicioso, que representam como altamente vantajoso para a sociedade, por outro lado homens de moral severa condenam até mesmo o luxo mais inocente e o representam como fonte de todas as corrupções, desordens e facções, comuns num governo civil. Devemos nos esforçar aqui para corrigir ambos os extremos, demonstrando, *primeiro*, que os períodos de refinamento são os mais felizes e os mais virtuosos; *segundo*, que, sempre que o luxo deixa de ser inocente, ele também deixa de ser benéfico; e, se for levado muito longe, pode se tornar uma característica perniciosa, embora não a mais perniciosa, para a sociedade política.

Para demonstrar o primeiro ponto, devemos considerar os efeitos do refinamento na vida *privada* e na vida *pública*. A felicidade humana, segundo os conceitos mais correntes, parece consistir em três ingredientes: ação, prazer e indolência. E, embora esses ingredientes devam se misturar em diferentes proporções, segundo a disposição particular de cada indivíduo, nenhum deles deve ficar ausente, sob o risco de destruir o equilíbrio do conjunto da composição. A indolência ou o repouso, de fato, não parecem, por si sós, contribuir decisivamente para a nossa alegria; mas, como o sono, ela constitui uma indulgência indispensável para a fraqueza da natureza humana, que não pode suportar um fluxo ininterrupto de atividade ou prazer. Aquela rápida marcha dos espíritos, que entusiasma um homem e lhe traz satisfação, no fim das contas esgota a mente e requer um intervalo de repouso, que, embora seja agradável por um momento, se for prolongado, transforma-se em langor e letargia, e toda a alegria assim se perde. A educação, o costume e o exemplo exercem uma influência poderosa ao direcionarem o espírito em suas buscas; e deve-se reconhecer que, quando eles promovem o impulso para a ação e o prazer, são favoráveis à felicidade humana. Em períodos de florescimento do trabalho e das artes, os homens estão permanentemente ocupados e desfrutam, como recompensa, dessa ocupação em si, além dos prazeres que são o fruto de seu trabalho. O espírito adquire um novo vigor; aumenta os seus poderes e faculdades; e, pela assiduidade no trabalho honesto, satisfaz seus apetites naturais e previne o crescimento de apetites viciosos, que normalmente florescem num ambiente de ócio e tranqüilidade. Se eliminarmos essas artes da sociedade, privaremos os homens da ação e do prazer; e, como só restará a indolência em seu lugar, será destruído até mesmo o prazer da indolência — que nunca é agradável, mas que é útil quando sucede o trabalho e restaura o espírito esgotado pelo excesso de aplicação e fadiga.

Outra vantagem da diligência e dos refinamentos nas artes mecânicas é que eles geralmente produzem refinamentos também nas artes liberais: uma não pode ser levada à perfeição sem estar acompanhada pela outra. A mesma época que produz grandes filósofos e políticos, renomados generais e poetas, normalmente também é fértil em hábeis tecelões e construtores de navios. Não é razoável esperarmos que alguma arte atinja a perfeição numa nação que seja ignorante da astronomia ou que negligencie a ética. O espírito da época afeta todas as artes; e as mentes dos homens, uma vez afastadas de sua letargia e postas em fermentação, voltam-se para todos os lados, aprimorando todas as artes e ciências. A ignorância profunda é totalmente eliminada e os homens gozam aquele privilégio das criaturas racionais, de unir o pensamento à ação, de cultivar os prazeres do espírito bem como aqueles do corpo.

Quanto mais avançam essas artes refinadas, mais sociáveis se tornam os homens; nem é mais possível que, enriquecidos pela ciência e dotados de um repertório de conversação, eles se contentem com a solidão ou em viver com seus colegas cidadãos daquela maneira distante que é peculiar às nações ignorantes e bárbaras. Eles se reúnem nas cidades; gostam de compartilhar conhecimentos; de mostrar sua sagacidade e educação; o seu bom gosto na conversação e na vida, no vestuário ou na mobília. A curiosidade atrai o sábio; a vaidade, o tolo; e o prazer atrai ambos. Clubes e sociedades particulares se formam em toda parte; os dois sexos se encontram de forma agradável e sociável; e os temperamentos dos homens, bem como o seu comportamento, vão se refinando rapidamente. De forma que, além dos aprimoramentos trazidos pelo conhecimento e pelas belas-artes, eles inevitavelmente refinam ainda mais a sua humanidade pelo simples hábito de conversar, contribuindo para o prazer e o entretenimento mútuos. Assim o *trabalho*, o *conhecimento* e a *humanidade* se unem por um elo indissolúvel e se encontram peculiarmente, por meio da experiência e da razão, entre os indivíduos mais polidos e naquelas épocas que geralmente são consideradas as mais luxuosas.

Tais benefícios não se fazem acompanhar de desvantagens que lhes sejam proporcionais. Quanto mais os homens refinarem o seu prazer, menos eles se permitirão excessos de qualquer tipo; porque nada é mais destrutivo para o verdadeiro prazer do que esses excessos. Pode-se afirmar com segurança que os TÁRTAROS[1] são muitas vezes culpados de uma gula bestial, a ponto de se banquetearem com seus cavalos mortos; muito mais que os cortesãos europeus, com todos os seus refinamentos culinários. E se o amor libertino, ou mesmo a infidelidade ao leito conjugal, é mais freqüente em épocas refinadas, quando ele é quase considerado uma manifestação de galanteria, por outro lado a bebedeira é muito menos aceitável, constituindo um vício mais odioso e mais pernicioso tanto para a mente quanto para o corpo. E, neste ponto, eu recorro não somente a OVÍDIO ou PETRÔNIO,[2] mas também a SÊNECA e CATÃO. Sabemos que CÉSAR, durante a conspiração de CATILINA, vendo-se obrigado a entregar nas mãos de

---

[1] O nome tártaros era aplicado em geral aos nômades das estepes asiáticas, incluindo os mongóis e os turcos.

[2] Petrônio (morto em 65 d.C.), íntimo de Nero e seu "consultor de gosto" oficial, é provavelmente autor do romance satírico conhecido como *Satyricon*, que, em um de seus trechos que sobreviveram, descreve a conduta absurda de um homem livre e rico, Trimalchio, à medida que ele se embebeda num banquete.

CATÃO um *billet-doux*, que revelava uma intriga com SERVÍLIA, que era própria irmã de CATÃO, aquele severo filósofo lhe atirou o papel de volta com indignação; e, na amargura de sua ira, chamou-o de bêbado, pois este era um termo mais ofensivo do que qualquer outro, que talvez fosse mais adequado para reprová-lo.[3]

Mas o trabalho, o conhecimento e o sentimento humanitário não são vantajosos apenas na vida privada. Eles difundem a sua influência benéfica pelo *povo*, engrandecem e tornam florescente o governo, à medida que produzem indivíduos prósperos e felizes. O crescimento do consumo de todos os artigos que servem para o aprimoramento e o prazer da vida é benéfico para a sociedade; porque, ao mesmo tempo em que eles multiplicam essas gratificações inocentes dos indivíduos, constituem uma espécie de *depósitos* de trabalho, que, ante as exigências do estado, podem ser convertidos para o serviço público. Numa nação em que não existe demanda para esses bens supérfluos, os homens mergulham na indolência, perdem toda a alegria de viver e são inúteis para a esfera pública, que não consegue mais sustentar suas frotas e exércitos por meio do trabalho de cidadãos tão preguiçosos.

As fronteiras de todos os reinos EUROPEUS são, no presente, semelhantes ao que eram 200 anos atrás. Mas é enorme a diferença que existe entre o poder e a grandiosidade desses reinos! E isso deve ser atribuído somente ao crescimento da arte e da indústria. Quando CHARLES VIII da FRANÇA invadiu a ITÁLIA, carregou consigo cerca de 20 mil homens: e este exército exauriu tanto

---

[3] Ver Plutarco, *Vidas*, na vida de Catão o Jovem, seç. 24. Catão atirou de volta o bilhete a César, dizendo: "Segure, seu beberrão" (tradução da edição Loeb por Bernadotte Perrin).

a nação, como lemos em GUICCIARDINI, que durante vários anos ela não foi capaz de fazer outro esforço semelhante.[4] O falecido rei da FRANÇA, em tempo de guerra, mantinha uma folha de pagamento de 400 mil homens;[5] e, desde a morte de MAZARINO até a dele próprio, engajou-se numa série de guerras que duraram quase 30 anos.

Esse empenho foi produzido em grande parte pelo conhecimento que é inseparável dos períodos de arte e refinamento; por outro lado, esse conhecimento habilita o governo a fazer o melhor proveito do trabalho de seus súditos. Leis, ordem, polícia, disciplina; estas nunca podem ser aperfeiçoadas a um determinado grau sem que a razão humana se tenha refinado ela própria, pelo exercício e pela aplicação às atividades mais essenciais ou ao menos à do comércio e da manufatura. Podemos esperar que um governo seja bem moldado por um povo que não sabe fabricar uma roda de fiar, ou como usar uma tecelagem? Sem falar que todas as épocas de ignorância são infestadas de superstições, que contaminam o governo de preconceitos e comprometem a busca do homem pelo seu próprio interesse e felicidade.

O conhecimento nas artes do governo gera naturalmente suavidade e moderação, ao instruir os homens nos benefícios

---

[4] Francesco Guicciardini (1483-1540), *Storia d'Italia*, livros 1-3.
[5] A inscrição na PLACE DE VENDOME diz 440 mil. [Hume se refere no texto a Luís XIV, que morreu em 1715. Luís assumira o poder absoluto após a morte de seu ministro, o Cardeal Mazarino, em 1661. Louis-Joseph, duque de Vendôme, era um dos principais generais do rei durante a Guerra da Grande Aliança (1689-97) e nos primeiros anos da Guerra da Sucessão Espanhola (1701-14). A Inglaterra esteve aliada contra a França nas duas guerras.

das máximas humanas do rigor e da severidade, que evitam que os súditos sejam conduzidos à rebelião, tornando impraticável o retorno à submissão, cortando todas as esperanças de perdão. Quando o temperamento dos homens é suavizado e o seu conhecimento aprimorado, essa humanidade parece ainda mais conspícua e é a principal característica que distingue uma época civilizada de períodos de barbárie e ignorância. As facções são então menos radicais, as revoluções menos trágicas, a autoridade menos severa, e as sedições menos freqüentes. Até mesmo as guerras no exterior são menos cruéis; e, depois de voltarem do campo de batalha, onde a honra e o interesse dos homens endurecem a sua compaixão e mesmo o seu medo, os combatentes se despem da brutalidade e reassumem seu lado humano.

Não precisamos temer que os homens, ao perderem a sua ferocidade, perderão o seu espírito marcial ou se tornarão menos indômitos e vigorosos na defesa de seu país ou de sua liberdade. As artes não têm como um de seus efeitos debilitar a mente ou o corpo. Pelo contrário, o trabalho, seu assistente inseparável, fortalece ainda mais os dois. E se a raiva, que costuma ser considerada um estímulo da coragem, perde algo de sua aspereza, pela ação da polidez ou do refinamento, um senso de honra, que é um princípio mais forte, mais constante e mais governável, adquire um novo vigor por meio daquela elevação do gênio que nasce do conhecimento e de uma boa educação. Acrescente-se a isso que a coragem não pode durar muito, nem será útil, se não estiver acompanhada da disciplina e da habilidade marcial, que raramente se encontram em meio a um povo bárbaro. Os antigos observaram que

DATAMES foi o único bárbaro que conhecia a arte da guerra.[6] E PIRRO, vendo os ROMANOS enfileirarem seu exército com arte e engenho, disse com surpresa: *"Esses bárbaros não têm nada de bárbaro em sua disciplina!"*[7] Pode-se observar que, da mesma forma que os antigos ROMANOS, ao se aplicarem exclusivamente à guerra, eram quase o único povo não-civilizado dotado de disciplina militar; assim os ITALIANOS modernos são o único povo civilizado, entre os EUROPEUS, que carecem de coragem e de um espírito marcial. Aqueles que atribuem essa efeminação dos ITALIANOS ao seu luxo ou à sua polidez ou à sua aplicação às artes, só precisam considerar os FRANCESES e os INGLESES, cuja bravura é tão incontestável quanto o seu amor pelas artes e a sua assiduidade no comércio, para mudar de opinião. Os historiadores ITALIANOS nos oferecem um motivo mais satisfatório para essa degeneração de seus camponeses. Eles nos mostraram como a espada foi baixada de uma só vez por todos os soberanos ITALIANOS; enquanto a aristocracia VENEZIANA estava enciumada de seus súditos, a democracia FLORENTINA se aplicava inteiramente ao

---

[6] Datames foi um comandante persa que comandou uma rebelião contra Artaxerxes II por volta de 362 a.C. Ele é exaltado por Cornelius Nepos (100? – 24? a.C.) como o mais corajoso e prudente de todos os comandantes bárbaros, com exceção dos cartagineses Amílcar e Aníbal. Ver *De Viris Illustribus* (*Vidas de homens notáveis*), na vida de Datames.

[7] Pirro, o maior rei de Epirus (região ao norte e a oeste da Grécia, correspondente à Albânia atual), lutou contra os romanos entre 280 e 275 a.C. A declaração citada por Hume foi feita antes da batalha de Heracléia. Ver Plutarco, *Vidas*, na vida de Pirro, seção 16. Depois de vencer a batalha a um custo elevado, Pirro observou: "Se eu obtiver outra vitória assim contra os romanos, não me restará um só soldado para retornar comigo." (Diodoro, *Biblioteca de História* 22.6.2); tradução da edição Loeb por Francis R. Walton.) Daí a expressão "vitória de Pirro".

comércio; ROMA era governada por padres e NÁPOLES, por mulheres. A guerra então se tornou um negócio de soldados mercenários, que poupavam uns aos outros e, para espanto geral, podiam passar um dia inteiro numa suposta batalha e voltar à noite para o seu acampamento sem nenhum derramamento de sangue.

O principal fator que induziu moralistas severos a se manifestar contra o refinamento nas artes foi o exemplo da ROMA antiga, que, somando à pobreza e à rusticidade a virtude e o espírito público, atingiu um grau tão surpreendente de grandeza e liberdade; mas, tendo assimilado, das províncias que conquistou, o luxo ASIÁTICO, deixou-se levar por todo tipo de corrupção; resultando daí a sedição e as guerras civis, acompanhadas, finalmente, da perda total da liberdade. Todos os clássicos LATINOS, que lemos com atenção em nossa infância, estão cheios desses sentimentos e universalmente atribuem a ruína de seu estado às artes e às riquezas importadas do Oriente; De maneira que SALÚSTIO representa o gosto pela pintura como um vício, semelhante à lascívia e à bebida. E tão populares eram esses sentimentos durante os períodos finais da república, que esse autor não poupa elogios à antiga e severa virtude ROMANA, embora fosse ele próprio o exemplo mais egrégio do luxo e da corrupção modernos; ele fala com desprezo da eloqüência GREGA, mesmo sendo o escritor mais elegante do mundo; e emprega digressões e declamações absurdas com esse propósito, embora seja um modelo de correção e bom gosto.[8]

---

[8] Ver Salústio, *A conjuração de Catilina*, seçs. 6-12. Salústio tirou partido da sua posição como governador da província da Nova África para acumular grandes riquezas, escapando da condenação apenas pelo suborno. Depois de se recolher em seus luxuosos jardins em Roma para escrever sua *História*, ele admitiu em suas obras que foi levado ao vício pela ambição.

Mas seria fácil demonstrar que esses autores confundiram as causas da desordem no estado ROMANO, atribuindo ao luxo e às artes o que na verdade procedia de um governo incompetente e da extensão ilimitada de suas conquistas. O refinamento nos prazeres e as conveniências da vida não apresentam uma tendência natural a produzir a venalidade e a corrupção. O valor que todos os homens atribuem a qualquer prazer particular depende da comparação e da experiência; um carregador que gasta com toucinho defumado e conhaque não é menos ganancioso em relação ao dinheiro do que o cortesão que prefere champanhe. As riquezas são valiosas em todas as épocas, e para todos os homens; porque eles sempre buscam prazeres e a satisfação dos desejos, pois estão acostumados a isso. Nada pode restringir ou regular o amor ao dinheiro, a não ser o senso de honra e virtude; que, se não é aproximadamente o mesmo em todas as épocas, será naturalmente maior nos períodos de saber e refinamento.

De todos os reinos EUROPEUS, a POLÔNIA parece ser o mais deficiente nas artes da guerra, bem como nas da paz e nas atividades econômicas; e, no entanto, é lá que a venalidade e a corrupção prevalecem mais. Os nobres parecem ter preservado a instituição da coroa com o único objetivo de vendê-la pelo maior lance. E esta é a única forma de comércio com a qual o povo de lá está familiarizado.

As liberdades da INGLATERRA, tão distante da decadência desde o florescimento das artes, nunca se desenvolveram tanto quanto naquele período. E, embora a corrupção pareça ter aumentado nos últimos anos, isto deve ser atribuído basicamente à nossa liberdade consolidada, diante da qual os príncipes se deparam às vezes com a impossibilidade de governar sem os parlamentares, que se tornaram aterrorizantes devido aos fantasmas de suas prerrogativas.[9] Isso sem falar que a corrupção e a venalidade prevalecem muito mais entre os eleitores que entre os eleitos; e, portanto, não pode ser atribuída com justiça a qualquer refinamento ou luxo.

Se considerarmos a questão do ângulo adequado, verificaremos que um progresso nas artes é antes favorável à liberdade e que ele apresenta uma tendência natural a preservar, ou mesmo a produzir, um governo livre. Em nações rudes e não-polidas, onde as artes são negligenciadas, todo trabalho é aplicado no cultivo do solo; e a sociedade inteira está dividida em duas classes, os proprietários da terra e seus vassalos ou arrendatários. Os últimos são necessariamente dependentes e destinados à escravidão e à sujeição; especialmente quando eles não possuem riquezas, e não são valorizados pelo seu conhecimento da agricultura, como costuma ser o caso sempre que as artes são negligenciadas. Os primeiros se erigem naturalmente em pequenos tiranos; mas também precisam se submeter a um senhor absoluto, para que tenham paz e ordem; ou, se preservarem a sua independência, como os antigos barões, eles criarão feudos e entrarão em conflito uns com os outros, atirando a sociedade inteira numa confusão tal que talvez seja ainda pior que aquela produzida pelo governo mais despótico. Mas onde o luxo estimula o comércio e a indústria, os camponeses, por meio do cultivo adequado da terra, se tornam ricos e independentes; ao mesmo tempo, os comerciantes e mercadores adquirem um pedaço da propriedade, conquistando au-

---

[9] Prerrogativa se refere aos poderes executivos da Coroa e, mais amplamente, ao seu suposto direito até mesmo de desobedecer à lei, se a segurança pública assim o exigir. A prerrogativa real foi colocada sob controle parlamentar por aprimoramentos constitucionais no século XVII.

DAVID HUME

toridade e a consideração daquela categoria média dos homens que constitui a base melhor e mais firme da liberdade pública. Estes não se submetem à escravidão, como os camponeses, para escapar da pobreza de espírito; e, como tampouco têm chances de tiranizar outros homens, como os barões, não se sentem tentados, para terem essa gratificação, a se submeter à tirania de seu soberano. Eles almejam leis igualitárias, que garantam a sua propriedade e os protejam da tirania, seja ela monárquica ou aristocrática.

A câmara baixa é o suporte do nosso governo popular. E todo mundo reconhece que ela deve a sua influência e consideração principalmente ao comércio, que produziu um equilíbrio de propriedades nas mãos dos comuns. É incoerente, portanto, culpar com tanta violência o refinamento nas artes, a ponto de representá-lo como um inimigo da liberdade e do espírito público!

Manifestar-se contra o tempo presente e exaltar a virtude de ancestrais remotos é uma tendência quase inerente à natureza humana: E como somente os sentimentos e as opiniões dos períodos civilizados são transmitidos à posteridade, assim é que nos deparamos com tantos julgamentos severos pronunciados contra o luxo e mesmo contra a ciência; e é por isso que, no presente, nós acolhemos esses julgamentos tão prontamente. Mas a falácia é facilmente percebida quando se comparam diferentes nações que são contemporâneas, situação em podemos julgar de modo mais imparcial, analisando da forma adequada a oposição entre costumes com os quais estamos bastante familiarizados. A perfídia e a crueldade, os mais perniciosos e odiosos de todos os vícios, parecem peculiares a épocas não-civilizadas; e foram atribuídas pelos refinados GREGOS e ROMANOS a todas as nações bárbaras que os cercavam. Eles podem ter presumido, portanto, que os seus próprios ancestrais, tão celebrados, não possuíam virtudes maiores que as suas, sendo tão inferiores à sua posteridade em honra e humanidade quanto em gosto e ciência. Um antigo FRANCÊS ou SAXÃO pode ser altamente louvado. Mas eu acredito que qualquer homem julgaria que sua vida ou sua fortuna estariam muito menos seguras nas mãos de um MOURO ou um TÁRTARO do que nas de um cavalheiro FRANCÊS ou INGLÊS, que são os homens mais civilizados, das nações mais civilizadas.

Chegamos agora à *segunda* posição que propusemos para ilustrar que a finura, como um luxo inocente, ou um refinamento nas artes e conveniências da vida, é vantajosa para o público; assim, onde quer que o luxo deixe de ser inocente ele também deixa de ser benéfico; e, se levado um grau adiante, começa a se tornar uma qualidade perniciosa, embora não talvez a mais perniciosa, para a sociedade política.

Consideremos o que chamamos de luxo vicioso. Nenhuma gratificação, por sensual que seja, pode ser julgada viciosa. Uma gratificação só é viciosa quando absorve todas as energias do homem, não permitindo que ele se dedique a atos de dever e generosidade, que a sua situação e a sua fortuna exigem. Suponhamos que ele corrija seu vício e passe a empregar parte de sua energia na educação de seus filhos; no apoio aos seus amigos; e no alívio dos pobres; resultaria daí algum prejuízo para a sociedade? Ao contrário, tendo empregado a mesma energia, o trabalho que antes só servia para produzir uma pequena satisfação para um único homem passou a satisfazer as necessidades de centenas. O mesmo cuidado e labuta que produzem um prato de ervilhas no NATAL poderiam ser empregados para dar pão a uma família inteira durante seis meses. Dizer que, sem um luxo vicioso, nenhum trabalho teria sido feito é o mesmo que dizer que existe outra deficiência na natureza humana, como a indolência, o egoísmo, a desatenção em relação aos outros, para a qual o luxo constitui, em alguma medida, uma espécie de remédio; da mesma forma que um veneno pode servir de antídoto para outro. Mas a virtude, como a comida saudável, é melhor que os venenos, por adequados que sejam.

Suponha uma população igual à atual da GRÃ-BRETANHA, com o mesmo solo e clima; pergunto se não é mais possível para ela uma felicidade maior, por meio do estilo de vida mais perfeito que se possa imaginar e de uma transformação maior do que a própria Onipotência pudesse operar em seu temperamento e disposição. Afirmar que isso não é possível seria ridículo. Como a terra pode abrigar uma população maior que a atual, eles jamais sentiriam, num semelhante estado UTÓPICO, mal nenhum além dos decorrentes das doenças do corpo; e estes não constituem sequer a metade das misérias humanas. Todos os outros males resultam de algum vício, nosso ou alheio; e até mesmo muitas de nossas doenças têm a mesma origem. Se removermos os vícios, esses males desaparecerão. Então basta remover cuidadosamente todos esses vícios. Se só for removida uma parte deles, o resultado pode ser ainda pior. Se banirmos o luxo *vicioso*, sem curarmos a preguiça e a indiferença pelos outros, apenas diminuiremos o trabalho na sociedade, sem acrescentarmos nada em termos de caridade ou generosidade humana. Contentemo-nos, pois, em afirmar que, num estado, dois vícios opostos coexistindo podem ser melhores que um deles agindo sozinho; nunca diremos, porém, que o vício em si é vantajoso. Não é incoerente um autor afirmar, numa página, que as distinções morais são invenções dos políticos para o bem do interesse público; e, na página seguinte, sugerir que o vício é benéfico para o povo?[10] E na verdade parece, em qualquer sistema de moralidade, pouco mais que uma contradição em termos falar de um vício que geralmente pode ser benéfico para a sociedade.

Julguei este raciocínio necessário para lançar alguma luz sobre uma questão filosófica, que foi tema de muitas controvérsias na INGLATERRA. Eu a considero uma questão *filosófica* e não *política*. Pois qualquer que seja a conseqüência de uma transformação milagrosa da humanidade, que a dotasse de todos os tipos de virtude e a libertasse de todos os tipos de vício, isso não interessaria ao magistrado, que só trabalha com possibilidades. Ele não pode curar todos os vícios colocando virtudes em seu lugar. Muito freqüentemente ele só poderá curar um vício com outro; e, neste caso, ele deve escolher o que for menos pernicioso à sociedade. Quando excessivo, o luxo é fonte de muitos males; mas ele é em geral preferível à preguiça e ao ócio, que naturalmente ocorrem na sua ausência, e que são mais perniciosos tanto para os indivíduos quanto para a massa. Quando reina a preguiça, prevalece um estilo de vida mesquinho e rude entre os indivíduos, sem vida social, sem alegria. E se o soberano, nessa situação, solicita os serviços de seus súditos, o trabalho do estado só é suficiente para fornecer as necessidades básicas dos trabalhadores, não podendo garantir nada àqueles que estão empregados no serviço público.

---

[10] *Fábula das Abelhas*. [Bernard Mandeville (1670-1733), *The Fable of the Bees: or Private Vices, Public Benefits* (1714: edições ampliadas em 1723 e 1728-29). Ver especialmente a seção intitulada "An Enquiry into the Origin of Moral Virtue".]

Ensaio III

Do dinheiro

O dinheiro não é, propriamente falando, um dos objetos do comércio; mas somente o instrumento que os homens criaram para facilitar a troca de um artigo por outro. Ele não constitui uma engrenagem do comércio: é o óleo que torna mais suave e fácil o movimento das engrenagens. Se considerarmos qualquer reino em si, é evidente que o volume maior ou menor de dinheiro não tem grandes conseqüências, pois os preços dos produtos são sempre proporcionais ao volume de dinheiro, e uma coroa no tempo de HENRIQUE VII servia ao mesmo propósito que uma libra nos dias de hoje.[1] É apenas a

---

[1] Henrique VII foi rei da Inglaterra de 1485 a 1509. Para uma análise da teoria monetária que Hume desenvolve neste ensaio e a sua relação com outras visões do período, ver Rotwein, *David Hume: Writings on Economics*, pp. liv-lxvii. O propósito mais amplo de Hume aqui é se opor à visão mercantilista que tendia a identificar a riqueza com o dinheiro e assim estimulava políticas que aumentassem o volume de ouro ou moeda da nação. Hume defende o princípio geral de que um volume abundante de dinheiro não aumenta a felicidade doméstica de um estado, podendo em alguns casos prejudicá-la. Ele tenta conciliar esse princípio com a evidência de que um aumento no volume de dinheiro pode ser um estímulo benéfico para o trabalho em determinados estágios do desenvolvimento econômico, e que uma ampla distribuição de dinheiro é favorável à arrecadação de impostos.

esfera *pública* que tira algum partido do volume maior de dinheiro; e isso somente durante as guerras e negociações com estados estrangeiros. É essa a razão pela qual todos os países ricos e de comércio ativo, de CARTAGO à GRÃ-BRETANHA e à HOLANDA, empregaram tropas de mercenários, contratadas em seus vizinhos mais pobres. Se tivessem que fazer uso de seus súditos nativos, teriam menos benefícios de sua riqueza superior e de seu estoque maior de ouro e prata; já que o pagamento de todos os seus contratados aumentaria proporcionalmente à opulência pública. Nosso pequeno exército de 20 mil homens é mantido com grandes custos, semelhantes aos do exército FRANCÊS, que é duas vezes maior. A frota INGLESA, durante a última guerra,[2] consumiu tantos recursos quanto todas as legiões ROMANAS, que dominaram o mundo inteiro, na época dos imperadores.[3]

---

[2] Hume se refere aqui à Guerra da Sucessão Austríaca (1740-48), na qual a Grã-Bretanha entrou para prevenir a hegemonia francesa na Europa e para proteger o seu império comercial e colonial, estabelecendo uma supremacia naval sobre a França. Em 1746, Hume acompanhou uma força expedicionária comandada pelo general James St. Clair num ataque à costa francesa. Hume descreve a expedição, pela qual recebeu uma comissão como Juiz-Advogado, num manuscrito conhecido como o "Desembarque na Costa da Bretanha". Ver Mossner, *The Life of David Hume* (Edimburgo: Nelson, 1954), pp. 187-204.

[3] Um soldado raso na infantaria ROMANA recebia um *denário* por dia, algo equivalente a oito *pence*. Os imperadores ROMANOS costumavam manter 25 legiões sob pagamento, com uma média de cinco mil homens por legião, totalizando 125 mil. TÁCITO. *Ann.* liv. iv. [5] É certo que também havia auxiliares para as legiões; mas seu número e seu soldo são incertos. Considerando apenas os legionários, o pagamento dos soldados não podia exceder 1.600.000 libras. O parlamento, na última guerra, arrecadou para suas frotas 2.500.000. Sobraram portanto 900 mil para os oficiais e outras despesas das legiões ROMANAS. Parece ter havido poucos oficiais nos exércitos ROMANOS, em comparação ao que existe hoje nas nossas tropas modernas, com

Uma população maior e mais diligente é benéfica em todos os casos; em casa e no estrangeiro, na vida privada e na pública. Mas um volume maior de dinheiro é de utilidade muito limitada, e às vezes pode mesmo representar uma perda para a nação em seu comércio exterior.

Parece existir uma feliz conspiração de motivos nos negócios humanos, que detém o crescimento do comércio e da riqueza e impede que eles sejam dominados por um só povo; o que se poderia inicialmente recear, como conseqüência vantajosa de um comércio bem-estabelecido. Quando uma nação sai na frente de outra no comércio, é muito difícil para esta recuperar o terreno perdido; porque o trabalho e a habilidade superiores da primeira e os maiores estoques que fazem seus comerciantes os habilitam a negociar com menores margens de lucros. Mas estas vantagens são compensadas, em alguma medida, pelo baixo custo do trabalho em toda nação que não desenvolveu um comércio extenso nem possui ouro e prata em grande quantidade. As manufaturas ocupam seu espaço gradualmente, deixando aqueles países e províncias nos quais já enriqueceram e buscando outros, que as atraem pelo baixo custo das provisões e do trabalho; até que enriquecem

---

exceção da SUÍÇA. E esses oficiais recebiam muito pouco. Um centurião, por exemplo, só recebia o dobro que um soldado comum. E, como os soldados tinham que pagar com seu salário (TÁCITO, Ann. liv. i [17]) suas roupas, armas, barracas e equipamento, isso também devia diminuir consideravelmente os outros gastos do exército. Aquele governo tão poderoso era pouco dispendioso e dessa forma impunha facilmente o seu jugo sobre o mundo. E, na verdade, essa é a conclusão mais natural dos cálculos que têm sido feitos. O dinheiro, depois da conquista do EGITO, parece ter tido em ROMA um volume comparável ao que circula hoje no mais rico dos reinos EUROPEUS.

lá também, e de novo saem, pelos mesmos motivos. E podemos observar que, em geral, o alto custo dos artigos que decorre do grande volume de dinheiro é uma desvantagem, que atinge um comércio estabelecido e se expande por outros países, à medida que capacita os estados mais pobres a vender mais barato que os mais ricos, em todos os mercados internacionais.

Isso me criou uma dúvida em relação aos benefícios dos *bancos* e das *letras de crédito*, que costumam ser considerados tão vantajosos em todas as nações. Que as provisões e o trabalho se tornem mais caros com o aumento do comércio e do dinheiro é algo inconveniente em muitos aspectos; mas uma inconveniência inevitável, pois é um efeito da prosperidade e da riqueza pública que constituem a meta de todos os nossos desejos. Ela é compensada pelas vantagens que extraímos da posse dos metais preciosos, e do poder que eles proporcionam à nação em todas as guerras e negociações internacionais. Mas não parece haver razão para ampliar ainda mais essa inconveniência com um dinheiro ilusório que os estrangeiros não aceitarão como forma de pagamento e que qualquer desordem maior no estado reduzirá a nada. É certo que existem muitas pessoas em todos os estados ricos que, possuindo um grande volume de riquezas, prefeririam possuir papéis com segurança garantida; por causa de seu transporte mais fácil e sua custódia mais segura. Se não existir um banco público, os banqueiros privados tirarão partido dessa circunstância; como os ourives fizeram no passado em LONDRES ou como os banqueiros fazem atualmente em DUBLIN. E, portanto, pode-se pensar que é melhor que uma empresa pública cuide dos benefícios desses papéis de crédito, que sempre existirão em qualquer reino opulento. Mas empenhar-se para aumentar artificialmente esse crédito nunca pode atender aos interesses de uma nação comercial; ao contrário, deve trazer desvantagens, fazendo o dinheiro aumentar de forma desproporcional ao trabalho e aos produtos e assim aumentando o seu preço para o comerciante e o fabricante. E, neste sentido, deve-se admitir que nenhum banco poderia ser mais vantajoso que aquele que trancafiasse todo o dinheiro que recebesse[4] e nunca aumentasse o volume da moeda em circulação, como é comum, despejando parte de seu tesouro no comércio. Por meio desse expediente, um banco público pode limitar os negócios de muitos banqueiros e financistas privados; e, embora o estado bancasse os salários dos diretores e funcionários de seu banco (já que, conforme a suposição precedente, ele não tira lucro de suas negociações), a vantagem que resultaria para a nação do baixo preço do trabalho e da diminuição dos papéis de crédito seria uma compensação suficiente. Para não falar que uma quantia tão grande, estando sempre à disposição, seria uma conveniência em períodos de grande perturbação e perigo públicos; e a parcela que fosse utilizada poderia ser reposta com calma, quando a paz e a tranqüilidade da nação fossem restauradas.

Mas agora trataremos mais amplamente desse tema dos papéis de crédito. E eu concluirei este ensaio sobre o dinheiro apresentando e explicando duas observações que podem, talvez, servir de inspiração às idéias dos nossos políticos especulativos.

Foi uma observação sagaz de ANACARSIS,[5] da CÍTIA, que nunca tinha visto dinheiro em seu próprio país, que a única utili-

---

[4] Esse é o caso do Banco de AMSTERDAM.
[5] PLUT. *Quomodo quis suos profectus in virtute sentire possit*. [Plutarco, *Moralia*, "Como um homem pode se tornar ciente de seu Progresso na Virtude", seç. 7.]

dade do ouro e da prata para os gregos, segundo lhe parecia, era auxiliá-los na numeração e na aritmética. De fato é evidente que o dinheiro não é senão a representação do trabalho e dos produtos, e serve somente como um método de ordená-los e avaliá-los. Onde a moeda existe em grande quantidade, será preciso uma necessidade maior de moeda para representar a mesma quantidade de bens; isso não pode ter efeito algum, bom ou ruim, considerando-se a nação em si; ou não teria efeito maior que se o comerciante usasse em seus livros contábeis, em vez do método ARÁBICO de notação, que requer poucos caracteres, o ROMANO, que requer um número maior de caracteres. Mais ainda, uma quantidade maior de dinheiro, como a de caracteres ROMANOS, é antes inconveniente, pois requer mais trabalho para protegê-la e transportá-la. Mas, não obstante esta conclusão, que deve ser reconhecida como acertada, é certo que, desde a descoberta das minas na AMÉRICA, o trabalho aumentou em todas as nações da EUROPA, exceto entre os proprietários dessas minas; e isso pode ser atribuído com justiça, entre outras razões, ao aumento de ouro e prata. Em conformidade com isso, pensamos que, em todos os reinos nos quais o fluxo de dinheiro se torna subitamente maior, tudo assume uma nova face: o trabalho e a diligência ganham vida; o comerciante se torna mais empreendedor, o fabricante, mais diligente e habilidoso; e até mesmo o lavrador usa o seu arado com maior alacridade e atenção. Não é fácil compreender isso, se considerarmos apenas a influência que uma maior abundância de moeda exerce num reino, considerado isoladamente, ao elevar o preço dos produtos e obrigar cada indivíduo a gastar um número maior daquelas cédulas amarelas ou brancas para cada artigo que adquire. E que, em relação ao comércio exterior, essa grande quantidade de dinheiro é antes desvantajosa, por elevar o custo de todo tipo de trabalho.

Portanto, para darmos conta desse fenômeno, devemos considerar que, embora o alto preço dos produtos seja uma conseqüência necessária do aumento do ouro e da prata, ele não ocorre imediatamente após este aumento; algum tempo decorre antes que o dinheiro circule por todo o estado, fazendo com que esse efeito seja sentido por todas as classes sociais. De início, não se percebe alteração alguma; gradualmente, os preços sobem, primeiro de um artigo, depois de outro; até que o conjunto por fim alcance um equilíbrio com o novo volume de espécie que circula no reino. Na minha opinião, é somente nesse intervalo de uma situação intermediária entre a aquisição do dinheiro e o aumento dos preços que a quantidade crescente de ouro e prata é favorável ao trabalho. Quando qualquer volume de dinheiro ingressa numa nação, inicialmente ele não é distribuído para muitas mãos; fica confinado aos cofres de poucas pessoas, que logo procuram tirar proveito dele. Suponhamos um grupo de fabricantes ou mercadores que receberam lucros em ouro e prata por bens que enviaram a CÁDIZ.[6] Eles estão assim habilitados a empregar mais operários do que antes, trabalhadores que sequer sonham em pedir um aumento, ficando felizes por trabalharem para bons pagadores. Se os operários se tornam escassos, o fabricante oferece salários mais altos, não sem

---

[6] Cádiz era o porto espanhol por onde entravam os metais preciosos das Índias Ocidentais.

antes exigir que trabalhem mais; e a isso se submete de boa vontade o artesão, que nunca comeu e bebeu tão bem, para compensar o trabalho adicional e a fadiga. Ele leva o seu dinheiro para o mercado, onde encontra tudo pelo mesmo preço de antes, mas volta para casa com uma maior quantidade de produtos, e de melhor qualidade, para a sua família. O agricultor e o hortelão, julgando que estão se esgotando todos os seus produtos, logo resolvem aumentar a sua produção; e, ao mesmo tempo, podem comprar roupas novas e melhores dos comerciantes, que ainda mantêm o preço de antes, e o seu trabalho só é estimulado pelos novos lucros. É fácil traçar o itinerário do dinheiro por toda a comunidade; e concluiremos que ele primeiro estimula a diligência de cada indivíduo, antes de fazer aumentar o preço do trabalho.

Que o volume de dinheiro pode aumentar num grau considerável antes que este último efeito se faça notar pode ser demonstrado, entre outros exemplos, pelas freqüentes operações financeiras do rei FRANCÊS; pois sempre se verificou que o aumento do dinheiro em circulação não produziu, pelo menos durante algum tempo, um aumento proporcional dos preços. No último ano de LUÍS XIV, o volume de dinheiro aumentou em três sétimos, enquanto os preços só subiram um sétimo. Os grãos na FRANÇA são hoje vendidos pelo mesmo preço, ou pela mesma quantidade de libras que em 1683, embora a prata valesse então 30 libras por marco, e hoje esteja a 50.[7] Sem falar no grande acréscimo de ouro e prata que entrou no reino desde aquele período.

---

[7] Eu relato esses fatos sob a autoridade de Mon. Du TOT, em suas *Reflexões Políticas* [*Réflexions politiques sur les finances et le commerce* (1738), traduzido como *Political Reflections upon the Finances and Commerce of France* (1739)], um autor de reputação. Embora eu deva confessar que os fatos que ele aborda em outras ocasiões são freqüentemente

Dessa linha de raciocínio podemos concluir que, em relação à felicidade doméstica de um estado, não é de grande conseqüência que o dinheiro exista numa quantidade maior ou menor. A boa política do magistrado consiste apenas em garantir, se possível, que ela aumente sempre; porque, assim, ele estimula o espírito do trabalho na nação, aumentando o estoque de trabalho, no qual consistem verdadeiramente todo o poder e a riqueza reais. Uma nação cujo tesouro declina é, nesse momento, mais fraca e miserável que outra que possua a mesma quantidade de dinheiro mas cujo tesouro está aumentando. Isso é facilmente compreendido se considerarmos que as alterações no volume de dinheiro, seja numa direção ou na outra não são seguidas imediatamente de alterações proporcionais no preço dos produtos. Existe sempre um intervalo

---

bastante suspeitos, o que pode comprometer sua autoridade nessa questão. Contudo, a observação geral de que o aumento de dinheiro na FRANÇA não provocou inicialmente um aumento dos preços é certamente justa.

Aliás, essa é uma das melhores razões que podem ser dadas para o aumento gradual e universal do valor nominal do dinheiro, embora isso tenha sido totalmente ignorado em todos aqueles volumes que escreveram sobre o assunto MELON, Du TOT e PARIS de VERNEY [Joseph Paris-Duverney, *Examen du livre intitulé Réflections politiques sur les finances et le commerce, par de Tott* (*Examination of a book entitled Political Reflections upon the Finances and Commerce of France, by Dutot*), 1740]. Por exemplo, se todo o nosso dinheiro fosse cunhado de novo, e o valor de cada *penny* de prata subtraído de um *shilling*, o novo *shilling* provavelmente continuaria comprando tudo o que o antigo comprava; os preços de todas as coisas, portanto, seriam aparentemente os mesmos; mas o comércio exterior seria estimulado; e o trabalho doméstico, pela circulação de um maior número de libras e *shillings*, receberia igualmente um estímulo. Se tal processo fosse executado, seria melhor fazer o novo *shilling* valer 24 *halfpence*, para preservar a ilusão de que seu valor continuava o mesmo. E como uma recunhagem de nossa prata começa a parecer necessária, pelo uso contínuo de nossos *shillings* e *sixpence*, é questionável se devemos seguir o exemplo do reino do rei GUILHERME, quando o novo dinheiro foi cunhado seguindo o padrão antigo.

antes que as coisas se ajustem à nova situação; e este intervalo é pernicioso ao trabalho, quando o ouro e a prata estão diminuindo, da mesma forma que é vantajoso, se o ouro e a prata estão aumentando. O trabalhador não tem o mesmo emprego com o fabricante e o mercador; mas ele paga o mesmo preço por todos os artigos no mercado. O agricultor não pode dispor de seus grãos e seu gado; mas ele deve pagar o mesmo aluguel ao proprietário da terra. A pobreza, a mendicância e a preguiça, que devem resultar daí, são facilmente previstas.

II. A segunda observação que propus fazer em relação ao dinheiro pode ser explicada da seguinte maneira. Em alguns reinos, e em muitas províncias da EUROPA (e todas elas estiveram um dia na mesma condição) onde o dinheiro é tão escasso que o senhor da terra não pode ganhar nada de seus locatários, ele é obrigado a receber seu aluguel em produtos, que ele próprio consome, ou leva para lugares onde possa encontrar um mercado. Naqueles países, o príncipe só pode cobrar poucos impostos, recebendo da mesma maneira. E, como ele recebe poucos lucros do recolhimento de impostos, é evidente que esse reino tem pouca força mesmo dentro de casa; e não pode manter frotas e exércitos na mesma medida em que poderia, se contasse com uma abundância de ouro e prata. Seguramente existe uma desproporção maior entre a força da ALEMANHA, no presente, e o que era três séculos atrás,[8] do que exis-

---

[8] Os ITALIANOS deram ao imperador MAXIMILIANO o apelido de POCCI-DANARI. Nenhum dos empreendimentos desse príncipe deu certo, por falta de dinheiro. [Maximiliano I se tornou Sagrado Imperador Romano, eleito em 1508, mas, por causa da hostilidade veneziana, não conseguiu chegar a Roma para a sua coroação. Maximiliano então se uniu à Fran-

te em relação ao trabalho, ao povo e às manufaturas. Os domínios AUSTRÍACOS no império têm em geral uma população bem-instruída, em toda a sua extensão; mas não têm um peso proporcional na balança do poder na EUROPA; o que decorre, como se supõe geralmente, da escassez de dinheiro. Como todos esses fatores se conciliam com aquele princípio da razão segundo o qual a quantidade de ouro e prata é, por si só, totalmente indiferente? Segundo esse princípio, em toda parte onde um soberano tem muitos súditos, e estes são prósperos, ele deveria ser, é evidente, grande e poderoso, e eles, ricos e felizes, e isso independentemente da maior ou menor abundância dos metais preciosos. Estes admitem divisões e subdivisões em grande medida; e, quando as frações se tornam tão pequenas que correm o risco de se perder, é fácil misturar o ouro e a prata com algum metal de menor valor, como se faz em alguns países da EUROPA, fazendo assim com que as moedas tenham um tamanho mais prático e conveniente. Elas ainda servem ao mesmo propósito de troca, seja qual for o seu número, ou seja qual for a sua cor.

A essas dificuldades respondo que o efeito que aqui se supõe decorrer da escassez de dinheiro na verdade resulta das maneiras e costumes de um povo; e que nós confundimos, como ocorre com freqüência, a causa e o efeito colateral. A contradição é apenas aparente; mas ela requer alguma reflexão para que se descubram os princípios por meio dos quais poderemos reconciliar a *razão* e a *experiência*.

ça, à Espanha e ao Papa na Liga de Cambrai, cujo objetivo era a divisão da república de Veneza. Por falta de dinheiro e de tropas, ele foi considerado um parceiro não-confiável na guerra que se seguiu. *Pochi danari* significa "muito poucos fundos".

Parece ser uma máxima quase auto-evidente que os preços de todas as coisas dependem da proporção entre os produtos e o dinheiro e que qualquer alteração considerável em um dos dois tem o mesmo efeito, seja baixando ou elevando os preços. Aumente a quantidade de produtos e eles ficam mais baratos; aumente o volume de dinheiro e eles aumentam de valor. Da mesma maneira, se diminuirmos a quantidade de produtos e a de dinheiro, a tendência será oposta.

Também é evidente que os preços não dependem tanto da quantidade absoluta de produtos e de dinheiro que existem numa nação quanto da quantidade de produtos que é comercializada nos mercados, e da quantidade de dinheiro que circula. Se o dinheiro ficar trancado em baús, em relação aos preços é como se ele tivesse desaparecido; se os produtos ficarem armazenados em depósitos e celeiros, resulta daí o mesmo efeito. Como, nos dois casos, o dinheiro e os produtos nunca se encontram, não podem se afetar reciprocamente. Se, em qualquer momento, tivermos que fazer conjecturas sobre o preço das provisões, os grãos que o agricultor reservar para a alimentação e o sustento de sua própria família não devem ser levados em consideração. É apenas o excedente, comparado à demanda, que determina o valor.

Para aplicar esses princípios, devemos considerar que, nos períodos iniciais e menos cultivados de qualquer estado, antes que o gosto tenha confundido suas vontades com aquelas da natureza, os homens, satisfeitos com a produção de seus próprios campos, ou com aquelas melhorias rudes que eles próprios puderam desenvolver, têm poucas oportunidades para o comércio, ao menos ao comércio envolvendo dinheiro, que é, por consenso, a medida comum de troca. A lã do rebanho do próprio agricultor, que serve à sua família, é trabalhada por um tecelão vizinho, que recebe como pagamento grãos ou lã, e isso basta para garantir as roupas e a mobília. O carpinteiro, o ferreiro, o pedreiro, o alfaiate são pagos de uma maneira semelhante; e o próprio senhor da terra, morando nas cercanias, fica satisfeito ao receber seu aluguel na forma dos artigos produzidos por seus locatários. E ele consome a maior parte desses produtos em casa, em rústica hospitalidade; e o resto, talvez, ele vende na cidade vizinha, uma vez atendidas as poucas necessidades de seu próprio sustento.

Mas, depois que os homens começam a refinar os seus prazeres, e deixam de passar todo o tempo em casa, nem ficam mais satisfeitos com o que podem obter na vizinhança; aumentam as trocas e o comércio de todos os tipos, e mais dinheiro começa a circular. Os comerciantes deixam de ser pagos em grãos; porque eles também querem adquirir mais do que alimentos. O agricultor sai de sua paróquia em busca dos artigos que deseja, e nem sempre pode carregar os seus produtos para o seu fornecedor. O dono da terra vive na capital ou mesmo num país estrangeiro; e exige receber sua renda em ouro ou prata, que podem ser facilmente transportados. Grandes empreendedores, fabricantes e mercadores surgem para cada produto; e todos só podem negociar de forma conveniente fazendo uso da moeda. Conseqüentemente, nessa situação da sociedade, a moeda passar a fazer parte de todos os contratos, passando a ser muito mais empregada que antes.

O efeito necessário é que, supondo-se que o volume de dinheiro não aumente na nação, tudo deve se tornar muito mais barato em períodos de trabalho e refinamento do que em períodos rústicos e pouco cultivados. É a proporção entre o dinheiro circulante e os produtos no mercado que determina os preços. Os bens que são consumidos em casa ou trocados na vizinhança nunca chegam ao mercado; eles não afetam em nada a moeda em circulação, em relação à qual é como se não existissem; conseqüentemente, esse método de empregá-los altera a proporção no lado dos produtos, elevando os preços. Mas, depois que o dinheiro passa a integrar todos os contratos e vendas, tornando-se em toda parte a medida de troca, o mesmo volume nacional de dinheiro tem uma tarefa muito maior a cumprir; todos os produtos passam a integrar o mercado; a esfera da circulação aumenta; é como se a mesma soma tivesse que servir a um reino muito maior; e, portanto, a proporção seria aqui alterada no lado do dinheiro, e tudo se tornaria mais barato, com os preços caindo gradualmente.

Segundo os cálculos mais exatos que já foram realizados em toda a EUROPA, depois dessas alterações em relação ao valor ou denominação do numerário, os preços de todas as coisas aumentaram três, ou no máximo quatro vezes, desde a descoberta das ÍNDIAS OCIDENTAIS.[9] Mas alguém ousaria dizer que a quantidade de moeda na EUROPA não é maior do que o quádruplo da que existia no século XV e nos séculos precedentes? Os ESPANHÓIS e PORTUGUESES, com suas minas, os INGLESES, FRANCESES e HOLANDESES, com seu comércio AFRICA-

---

[9] Hume usa *Índias Ocidentais* no sentido amplo, para designar a América Central e do Sul. A exploração e a conquista do Novo Mundo depois da descoberta de Cristóvão Colombo das ilhas das Índias Ocidentais na costa do Atlântico na América em 1492 levaram, no século seguinte, a um aumento tremendo no volume de metais preciosos na Europa. A tese de Hume é de que o aumento nos preços não foi proporcional ao aumento da moeda.

NO e com seus postos avançados nas ÍNDIAS OCIDENTAIS, lucram cerca de seis milhões por ano, dos quais nem sequer a terça parte vai para as ÍNDIAS ORIENTAIS. Esta soma sozinha, em dez anos, provavelmente dobraria as reservas de dinheiro na EUROPA. E nenhuma explicação satisfatória pode ser dada para que todos os preços não tenham subido a um grau muito mais exorbitante, a não ser a que se baseia numa mudança nos costumes. Além disso, quanto mais produtos são produzidos pelo trabalho excedente, mais produtos entram no mercado, depois que os homens abandonam a antiga simplicidade de seus costumes. E, embora esse aumento não seja equivalente ao aumento do dinheiro, ainda assim ele é considerável, mantendo a proporção entre a moeda e os produtos em um nível próximo do antigo padrão.

Se propuséssemos a questão: "Qual dos modos de vida do povo, o simples ou o refinado, é o mais vantajoso para o estado e o bem público?" Eu preferiria o último, sem muito escrúpulo, ao menos em relação à política; e consideraria isso como uma razão adicional para o estímulo ao comércio e às manufaturas.

Enquanto os homens vivem da maneira simples e antiga, satisfazendo todas as suas necessidades com o trabalho doméstico da vizinhança, o soberano não pode cobrar impostos em dinheiro de uma parte considerável de seus súditos; e, se ele quiser impor a eles qualquer tributo, terá que receber seu pagamento em produtos, que é a única coisa que eles têm de sobra; um método que apresenta inconveniências tão grandes e óbvias, que logo é posto de lado. Todo o dinheiro que ele planeja arrecadar deve vir das suas cidades principais, o único lugar onde circula; mas estas, é evidente, não podem lhe proporcionar tanto quanto o estado inteiro poderia, se o ouro e a prata circulassem em toda parte. Mas, além dessa óbvia diminuição da renda, existe outra causa para a pobreza do estado numa situação assim. Não apenas o soberano arrecada menos dinheiro, como o dinheiro não chega tão longe quanto em períodos de trabalho e comércio geral. Tudo fica mais caro, em vista da pouca quantidade de ouro e prata; e também porque menos produtos chegam ao mercado, o que afeta a proporção entre a moeda e os produtos que ela pode comprar; e é com base nisso que os preços de todos os produtos são determinados.

Podemos verificar aqui, portanto, a falácia da tese, freqüentemente defendida pelos historiadores, e mesmo na conversação comum, de que qualquer estado particular é fraco, mesmo que seja fértil, populoso e bem-cultivado, meramente porque lhe falta dinheiro. Pois me parece que a necessidade de dinheiro jamais pode debilitar qualquer estado considerado isoladamente: já que os homens e os produtos são a força real de qualquer comunidade. É o simples modo de vida que afeta a esfera pública, por limitar o ouro e a prata a poucas mãos, prevenindo a sua difusão e circulação universais. Ao contrário, o trabalho e os refinamentos de toda espécie ajudam a incorporá-los a todo o estado, por menor que seja o seu volume. Eles os assimilam, por assim dizer, em cada veia; o que faz com que eles participem de todas as transações e contratos. Ninguém fica inteiramente desprovido deles. E, à medida que isso faz todos os preços caírem, o soberano recebe um duplo benefício: ele pode arrecadar dinheiro com impostos em todas as partes do estado; e pode aplicar esse dinheiro em compras e pagamentos nas regiões mais distantes.

Podemos inferir, se fizermos uma comparação de preços, que o dinheiro não é mais abundante hoje na CHINA do que era na

EUROPA de três séculos atrás. E, no entanto, aquele império possui um imenso poder, se julgarmos pelos estabelecimentos civis e militares que ele mantém. POLÍBIO[10] nos conta que, na sua época, as provisões eram tão baratas na ITÁLIA que em algumas hospedarias o preço de uma refeição equivalia a um *semis* por cabeça, pouco mais que um vintém! E, no entanto, o império ROMANO ainda dominava todo o mundo conhecido. Cerca de um século antes, o embaixador de CARTAGO disse, em tom de pilhéria, que nenhum povo vivia de forma mais sociável que os ROMANOS; visto que, em qualquer situação, mesmo que recebessem ministros estrangeiros, serviam à mesa com os mesmos pratos.[11] A quantidade absoluta de metais preciosos é portanto uma questão indiferente. Existem apenas duas circunstâncias importantes, a saber, o seu aumento gradual e a sua plena assimilação e circulação no estado; a influência de ambas essas circunstâncias foi aqui explicada.

No Ensaio seguinte, veremos um exemplo de uma falácia semelhante à mencionada acima, em que se confunde uma causa com um efeito colateral e em que uma conseqüência é atribuída ao volume de dinheiro, quando na verdade ela se deve a uma mudança nas maneiras e costumes do povo.

---

[10] Liv. ii. cap. 15 [*Histories*, 2.15.]
[11] PLIN, liv xxxiii. cap. Ii [Plínio o Velho, *História Natural*, edição Loeb 33.50.]

Ensaio IV

Dos juros

Nada é considerado um sinal mais certo do desenvolvimento de uma nação do que os juros baixos. E com razão, embora eu acredite que a causa é um pouco diferente daquela geralmente considerada. Juros baixos são geralmente atribuídos à abundância de dinheiro.[1] Mas, por mais abundante que seja, o dinheiro, quando imobilizado, não tem outro efeito além de aumentar o preço do trabalho. A prata é mais comum que o ouro; e portanto recebe-se um volume maior dela em troca dos mesmos produtos. Mas pagam-se menos juros por ela? Na BATÁVIA e na JAMAICA, os juros são de dez por cento; em PORTUGAL, de seis; embora estes países, como podemos dedu-

---

[1] Autores mercantilistas sustentavam que uma queda nos juros ou nos preços pagos por recursos ao longo do tempo é um dos benefícios de se aumentar o volume de dinheiro. Hume continua o seu ataque ao mercantilismo negando que as taxas de juros sejam determinadas pela quantidade de dinheiro em circulação. Hume retoma a sua teoria da natureza humana e recorre a exemplos históricos para provar que os juros baixos são produzidos, em última instância, pelo crescimento da indústria e do comércio, que reduz a proporção entre tomadores de empréstimos e emprestadores, já que estes se multiplicam com o aumento das riquezas disponíveis para suprir a demanda por dinheiro. Para uma análise da visão de Hume sobre os juros, ver Rotwein, *David Hume: Writings on Economics*, pp. lxvii-lxii.

zir dos preços dos seus produtos, sejam mais abundantes em ouro e prata que LONDRES ou AMSTERDAM.

Se todo o ouro da INGLATERRA desaparecesse repentinamente, e cada guinéu fosse substituído por 1,20 *shillings*, o dinheiro seria mais abundante, e os juros mais baixos? Seguramente não. Simplesmente usaríamos prata em vez de ouro. Se o ouro se tornasse tão comum quanto a prata, e a prata tão comum quanto o cobre, o dinheiro seria mais abundante, e os juros mais baixos? Podemos dar com segurança a mesma resposta. Nossos *shillings* seriam então amarelos, e nosso *halfpence,* branco; e não teríamos mais guinéus. Não se observaria nenhuma outra diferença; nenhuma alteração no comércio, nas manufaturas, na navegação ou nos juros; a menos que imaginemos que a cor do metal tem alguma conseqüência séria.

O que é visível nessas grandes variações de escassez e abundância dos metais preciosos aparece pouco nas trocas cotidianas. Se multiplicarmos por 15 o volume de ouro e prata, isso não fará diferença alguma, tampouco fará se a dobrarmos ou triplicarmos. Qualquer aumento só terá como efeito elevar o preço do trabalho e dos produtos; e mesmo essa variação é pouco mais que uma mudança de nome. No curso dessas mudanças, o aumento pode ter alguma influência, estimulando o trabalho; mas, quando os preços se estabelecem, em seguida à nova abundância de ouro e prata, ele não exerce mais influência alguma.

Um efeito sempre está em proporção com a sua causa. Os preços aumentaram cerca de quatro vezes desde a descoberta das ÍNDIAS; e é provável que o volume de ouro e prata tenha se multiplicado muito mais. Mas os juros só caíram pela metade. A taxa de juros, portanto, não resulta da quantidade de metais preciosos.

DAVID HUME

Como o dinheiro tem um valor basicamente fictício, o seu volume maior ou menor não tem grandes conseqüências, se considerarmos uma nação isoladamente; e a quantidade de espécie, uma vez fixada, por maior que seja, não tem outro efeito senão obrigar cada indivíduo a contar mais unidades daquelas frações brilhantes de metal, para comprar roupas, mobília ou equipamentos, sem melhorar em nada a qualidade de sua vida. Se um homem toma dinheiro emprestado para construir uma casa, ele pode ter que levar uma quantidade maior de moedas; porque a pedra, a madeira, o vidro etc., além do trabalho dos pedreiros e carpinteiros, correspondem a um volume maior de ouro e prata. Mas, como esses metais são considerados basicamente como representações, não pode surgir alteração alguma de seu volume ou quantidade, de seu peso ou cor, ou mesmo de seu valor real e de seus juros. Os mesmos juros, em todos os casos, mantêm a mesma proporção com o total. E, se você me cedeu tanto trabalho e tantos produtos, ao receber cinco por cento de juros, a proporção destes juros com o trabalho e os produtos será a mesma, seja qual for a sua representação, prata ou ouro, libra ou onça. É inútil, portanto, procurar a causa da alta ou da baixa dos juros no volume maior ou menor de ouro e prata, que é mais ou menos fixo em qualquer nação.

Os juros altos se originam de *três* circunstâncias: uma grande demanda por empréstimos; poucas riquezas para atender à demanda; e grandes lucros resultantes do comércio. E essas circunstâncias são uma prova clara do baixo desenvolvimento do comércio e da indústria e não da escassez de ouro e prata. Por outro lado, os juros baixos decorrem de três circunstâncias de natureza oposta: uma pequena demanda por empréstimos; grande volume de riquezas para satisfazer esta demanda; e lucros baixos resultando do comércio. E essas circunstâncias, que estão conectadas umas às outras, têm origem no desenvolvimento da indústria e do comércio, e não num volume maior de ouro e prata. Vamos nos esforçar para demonstrar esses pontos; e começaremos pelas causas e efeitos de uma demanda grande ou pequena por empréstimos.

Quando um povo só se distanciou um pouco de um estado selvagem e sua população se tornou maior que a original, deve surgir imediatamente uma desigualdade de propriedade; enquanto alguns possuem grandes extensões de terra, outros ficam confinados em limites estreitos; outros, ainda, são inteiramente despossuídos de qualquer terra. Aqueles que possuem mais terras do que podem cultivar empregam aqueles que não possuem terra alguma, recebendo em troca parte de sua produção. Dessa forma, os juros *da terra* são imediatamente estabelecidos; e não existe governo algum, por mais primário, que não regule as coisas assim. Entre os proprietários de terras, logo se percebe que existem diferenças de temperamentos; enquanto um pensa em estocar parte da produção pensando no futuro, outro tem o impulso de consumir imediatamente o que poderia durar vários anos. Mas como gastar uma renda fixa constitui um estilo de vida totalmente desvinculado de qualquer ocupação e como os homens sentem tanta necessidade de se engajar em algo que os ocupe, os prazeres disponíveis se tornarão objeto da busca da maior parte dos proprietários de terras e entre estes os pródigos estarão em maior número que os econômicos. Portanto, num estado onde só existem os juros da terra, como são poucas as frugalidades, os tomadores de empréstimos devem ser numerosos e a taxa de juros deve corresponder à sua quantidade. A diferença depende não da quantidade de dinheiro, mas dos costumes e hábitos que prevalecerem ali. Por si sós, estes determinam o aumento ou a diminuição dos empréstimos. Mesmo que o dinheiro fosse tão abundante que um ovo fosse vendido por seis *pence*, como no estado só existem camponeses e pessoas ligadas à terra, os emprestadores devem ser numerosos e os juros, altos. O aluguel de uma mesma fazenda deve ser mais pesado. Por outro lado, o mesmo ócio do proprietário, com a elevação dos preços dos produtos, teria efeitos semelhantes, produzindo as mesmas necessidades e a mesma demanda por empréstimos.

O caso não é diferente em relação à *segunda* circunstância que apresentamos, qual seja, o maior ou menor volume de riquezas para atender à demanda. Este efeito também depende dos hábitos e do modo de vida do povo, e não da quantidade de ouro e prata. Para que se tenha, em qualquer estado, um grande número de tomadores de empréstimos, não é um requisito nem é suficiente que haja grande abundância dos metais preciosos. O requisito é que o proprietário e administrador desse volume, que é o estado, seja ele grande ou pequeno, o distribua entre indivíduos determinados, para formar riquezas consideráveis, e estabelecendo a taxa de juros. Isso gera um grande número de emprestadores e diminui a taxa de usura; e eu me aventuro a afirmar que isso tampouco depende da quantidade de espécie, mas sim das maneiras e costumes particulares que fazem esta espécie se acumular em riquezas de volumes diferentes mas consideráveis.

Suponhamos que, por um milagre, cada indivíduo na GRÃ-BRETANHA visse aparecer no seu bolso cinco libras, todos na mesma noite; isso mais que dobraria o volume total de dinheiro atualmente existente no reino; ainda assim, nem no dia seguinte, nem durante algum tempo, haveria mais emprestadores no país ou qualquer variação na taxa de juros. E se só existissem proprietários de terra e camponeses no estado, esse dinheiro, por abundante que fosse, jamais geraria riquezas e só serviria para aumentar os preços de todos os produtos, sem maiores conseqüências. O proprietário pródigo dissipa o dinheiro, tão logo o arrecada; e o camponês necessitado não tem meios, nem capacidade, nem ambição para obter mais que um nível básico de subsistência. O excedente de tomadores de empréstimos em relação aos emprestadores continua o mesmo, portanto não haverá redução de juros. Isso está relacionado a outro princípio, devendo proceder de um aumento do trabalho e das frugalidades, das artes e do comércio.

Tudo que é útil à vida do homem vem do solo; mas são poucas as coisas que já surgem numa condição que as torne próprias para o uso. É preciso, portanto, existir entre os camponeses e os proprietários de terras outra classe de homens, que, recebendo dos primeiros materiais brutos, trabalha para adequá-los a uma forma útil, retendo parte deles para o seu próprio uso e subsistência. Na infância da sociedade, esses contratos entre os artesãos e os camponeses e entre as diferentes categorias de artesãos são normalmente estabelecidos de imediato pelos próprios indivíduos, que, sendo vizinhos, logo ficam familiarizados com as necessidades recíprocas e oferecem a sua ajuda para supri-las. Mas, quando o trabalho do homem se torna mais complexo, e seus horizontes se ampliam, observa-se que as partes mais remotas do estado prestam uma assistência mútua semelhante à das partes contíguas e que esse intercâmbio de bons serviços pode se tornar bastante extenso e intricado. Daí a origem dos *comerciantes*, uma das raças mais úteis de homens, que servem como agentes entre aquelas partes do estado que estão totalmente isoladas e ignoram as necessidades umas das outras. Numa cidade existem 50 fabricantes da seda e do linho e mil clientes; e essas duas classes de homens, tão necessárias uma à outra, nunca se encontram da forma adequada, até que alguém monta uma loja, que todos os fabricantes e todos os clientes passam a freqüentar. Em outra província, o pasto é abundante. Os habitantes têm de sobra queijo, manteiga e gado; mas precisam de pão e grãos, que existem em grande abundância numa província vizinha, mais do que seus habitantes podem consumir. Um homem percebe isso. Ele traz grãos de uma província e retorna com gado; e, suprindo as necessidades de ambas, ele é, até aqui, um benfeitor comum. À medida que a população cresce em número e trabalho, a dificuldade para o seu intercurso aumenta. O negócio dos agentes de mercadorias se torna mais intricado; ele se divide, se subdivide e se combina com grande variedade. Em todas essas transações, é necessário e razoável que uma parte considerável dos produtos e do trabalho deva pertencer ao comerciante, para quem, em grande medida, todos estão devendo. Ele pode preservar esses produtos em estoques ou convertê-los em dinheiro, que é a sua representação comum. Se o ouro e a prata de um estado tiverem aumentado juntamente com seu trabalho, será necessário um volume maior desses metais para representar uma grande quantidade de produtos e trabalho. Se somente o trabalho cresceu, os preços dos produtos devem baixar e uma pequena quantidade de espécie bastará como representação.

Não existe desejo ou demanda do espírito humano mais constante e insaciável que a necessidade de exercício e ocupação; e este desejo parece ser o fundamento de todas as nossas paixões e projetos. Prive um homem de todos os seus negócios e ocupações e ele saltará incansavelmente de uma diversão para outra; e o peso da opressão que o ócio provoca nele é tão grande que ele se esquece da ruína que necessariamente decorrerá dessa dissipação. Dê-lhe um modo menos maléfico de empregar sua mente e seu corpo e ele ficará satisfeito, sem sentir mais aquela sede insaciável por prazer. Mas, se o emprego que você lhe der for lucrativo, especialmente se o lucro estiver diretamente relacionado com cada parcela de seu trabalho, ele se sente numa situação tão vantajosa que gradualmente desenvolverá uma paixão por este trabalho, e não conhecerá prazer maior que o de ver o crescimento diário de sua fortuna. E é essa a razão pela qual o comércio estimula a frugalidade e pela qual, entre os comerciantes, existe um excesso de homens econômicos em relação a homens pródigos, ao contrário do que ocorre entre os proprietários de terras.

O comércio estimula o trabalho, contagiando cada membro do estado e não deixando ninguém sucumbir ou tornar-se um inútil. Ele estimula a frugalidade, ao dar uma ocupação aos homens, engajando-os nas atividades lucrativas com as quais logo se envolvem, deixando de lado qualquer inclinação para a dissipação e o desperdício. É uma conseqüência inevitável de todas as profissões gerar a frugalidade e fazer o amor ao lucro prevalecer sobre o amor ao prazer. Entre os advogados e médicos que têm alguma prática, o número dos que vivem de acordo com a sua renda é muito maior do que aqueles que a dissipam. Mas advogados e médicos não geram trabalho; na verdade, eles adquirem suas riquezas a expensas de outros; de forma que eles seguramente diminuem as posses de alguns colegas cidadãos, tão depressa quanto aumentam as suas próprias. Os comerciantes, ao contrário, geram trabalho, servindo como canais para difundi-lo em cada canto do estado. E, ao mesmo tempo, por sua frugalidade, eles adquirem um grande poder sobre aquele trabalho, acumulando propriedades e estocando mercadorias, para cuja produção eles são determinantes. Portanto, não existe outra profissão, além do comércio, que possa tornar os juros do dinheiro consideráveis ou, em outras palavras, que possa estimular o trabalho e, ao estimular também a frugalidade, proporcionar a alguns membros da sociedade o controle desse trabalho. Sem comércio, o estado deve consistir basicamente em proprietários de terras, cuja prodigalidade e dissipação provocam uma necessidade contínua de empréstimos; e em camponeses, que não dispõem de somas suficientes para suprir as suas necessidades. Dessa forma, o dinheiro nunca é acumulado em grandes estoques ou tesouros, que possam ser emprestados com juros. Ele se dispersa em incontáveis mãos, que o esbanjam com ostentação e magnificência, ou o gastam para suprir as necessidades básicas da vida. Somente o comércio promove a acumulação de somas consideráveis; e esse efeito resulta simplesmente do trabalho que ele promove, e da frugalidade que ele inspira, e isso independentemente daquela quantidade particular de metais preciosos que possa circular no estado.

Assim um aumento do comércio tem como conseqüência necessária o surgimento de um grande número de emprestadores, o que acarreta a baixa nos juros. Devemos considerar agora até que ponto esse aumento no comércio diminui os lucros que derivam daquela profissão, dando origem à *terceira* circunstância necessária para promover juros baixos.

Sobre este tema, pode ser conveniente observar que os juros baixos e os lucros baixos do comércio são dois eventos que se reforçam mutuamente, e ambos derivam originalmente daquele comércio extenso que produz comerciantes opulentos, e torna os juros consideráveis. Onde os comerciantes possuem grandes estoques, sejam estes representados por uma pequena ou por uma grande quantidade de moeda, deve acontecer freqüentemente que, quando eles se cansam de seus negócios, ou deixam herdeiros pouco dispostos ou sem vocação para o comércio, uma grande proporção dessas riquezas busca naturalmente uma renda anual e segura. A pletora diminui o preço, fazendo os emprestadores aceitarem juros baixos. Essa consideração obriga muitos a disponibilizarem seu estoque no mercado, por preferirem obter menores lucros a dispor de seu dinheiro a juros baixos. Por outro lado, quando o comércio se torna extenso, empregando grandes estoques, deve surgir uma rivalidade entre os comerciantes, o que diminui os lucros dos negócios, ao mesmo tempo em que os estimula. Os lucros baixos das mercadorias obrigam os comerciantes a aceitar mais prontamente juros baixos, quando eles abandonam seus negócios e começam a se permitir uma vida de conforto e indolência. Não é necessário, portanto, investigar qual dessas circunstâncias, *juros baixos ou lucros baixos*, é a causa, e qual é o efeito. As duas resultam do comércio extenso e se estimulam reciprocamente. Homem algum aceitará lucros baixos onde puder cobrar juros altos; e homem algum aceitará juros baixos onde puder obter grandes lucros. Um comércio extenso, ao produzir grandes estoques, diminui tanto os juros quanto os lucros. E sempre a diminuição de um fator corresponde ao declínio do outro. Posso acrescentar que, se os lucros baixos derivam do aumento do comércio e do trabalho, eles servem, por outro lado, para incrementá-los ainda mais, por tornarem as mercadorias mais baratas, encorajando o consumo e promovendo o trabalho. E assim, se considerarmos o conjunto das conexões entre causas e efeitos, os juros são o barômetro do estado, e uma taxa baixa de juros é sinal quase infalível do progresso de um povo. Ela demonstra o vigor do trabalho e sua difusão por todo o estado. E embora talvez não seja impossível que uma crise súbita no comércio tenha efeitos monetários graves, ao tirar de circulação muitos estoques, esta será necessariamente acompanhada pela miséria e pela ânsia por emprego dos pobres, e, além de durar pouco, não será possível confundir um caso com outro.

Aqueles que afirmaram que a abundância de dinheiro era a causa dos juros baixos parecem ter considerado um efeito colateral como causa; já que o mesmo trabalho que diminui os juros freqüentemente promove o aumento do volume dos metais preciosos. Uma variedade de manufaturas especializadas, com comerciantes empreendedores e vigilantes, logo atrai dinheiro para o estado, se ele estiver disponível em alguma parte do mundo. O mesmo motivo, por multiplicar as conveniências da vida, e promover o trabalho, distribui grandes riquezas entre as mãos dos indivíduos que não são proprietários de terras, promovendo, dessa maneira, a queda na taxa de juros. Mas, embora ambos os efeitos, profusão de dinheiro e juros baixos, derivem naturalmente do comércio e do trabalho, eles são totalmente independentes um do outro. Pois suponhamos que uma nação foi isolada no oceano *Pacífico*, sem qualquer forma de comércio exterior e sem qualquer conhecimento de navegação. Suponhamos que esta nação conserve sempre o mesmo estoque de moeda, mas que sua economia não pare de crescer, na produção e no trabalho. É evidente que o preço de cada produto deverá diminuir gradualmente nesse reino, já que é a proporção entre o dinheiro e qualquer espécie de mercadoria que estabelece o valor destes. E, com base nessa pressuposição, as conveniências da vida se tornam a cada dia mais abundantes, sem qualquer alteração da espécie em circulação. Entre esse povo, portanto, uma menor quantidade de dinheiro bastará para fazer um homem rico, em períodos de trabalho, do que seria necessário em períodos de ignorância e preguiça. Com menos dinheiro se construirá uma casa, se pagará o dote de uma filha, se comprará um terreno, se manterá uma manufatura ou se sustentará uma família e um lar. Esses são os usos para os quais os homens usualmente tomam dinheiro emprestado; e, portanto, a maior ou menor quantidade de dinheiro num estado não exerce influência alguma sobre os juros. Mas é evidente que um estoque maior ou menor de trabalho e de produtos tem necessariamente uma poderosa influência; já que, efetivamente, é isso o que está em jogo quando tomamos dinheiro emprestado a juros. É certo que, quando o comércio se difunde por todo o globo, as nações mais diligentes sempre possuem um volume maior de metais preciosos; de forma que juros baixos e profusão de dinheiro são de fato quase inseparáveis. Mas, ainda assim, é útil conhecer o princípio de onde deriva qualquer fenômeno, e saber distinguir a causa de um efeito concomitante.[2] Além do

---

[2] Hume propõe diversas regras para distinguir causas de circunstâncias acidentais: ver o *Tratado da Natureza Humana* I.3.15.

fato de que a especulação é curiosa, ela pode freqüentemente ser útil na condução dos negócios públicos. Ao menos, deve-se reconhecer que nada pode ser mais útil que aprimorar, pela prática, o método de raciocínio sobre esses temas, que são os mais importantes de todos; embora sejam comumente tratados de uma maneira indiferente ou mesmo com desprezo.

Outra razão para esse equívoco comum a respeito da causa dos juros baixos parece ser demonstrada pelo exemplo de algumas nações; onde, depois de uma repentina aquisição de dinheiro ou de metais preciosos, por meio de conquistas no exterior, os juros caíram, não só internamente, mas em todos os estados vizinhos, tão logo esse dinheiro se espalhou, difundindo-se por todos os cantos. Assim, os juros na ESPANHA caíram quase pela metade depois da descoberta das ÍNDIAS OCIDENTAIS, como nos informa GARCILASO DE LA VEGA:[3] e, desde então, eles vêm caindo gradualmente em todos os reinos da EUROPA. Os juros em ROMA, depois da conquista do EGITO, caíram de seis para quatro por cento, como nos informa DIO(N).[4]

As causas da queda dos juros, em relação a esses eventos, parecem diferentes no país conquistador e nos estados vizinhos; mas em ne-

---

[3] Garcilaso de la Vega, "El Inca" (1539-1616), nasceu no Peru, filho de um conquistador espanhol e de uma princesa indígena, e foi educado naquele país até completar 20 anos. Ele é mais conhecido por uma história em duas partes do Peru: I. *Comentários Reales que tratan del origen de los Yncas* (1608 ou 1609) e II. *Historia general de Peru* (1617); traduzidos como *The Royal Commentaries of Peru, in Two Parts* (1688). Possivelmente, Hume tem em mente os lucros dos arrendamentos em pt. 2, liv. I, cap. 6.

[4] Liv. li. [Dio(n) Cassius (155-235 AD), *História Romana* 51.21.5: "...empréstimos pelos quais os tomadores ficavam satisfeitos em pagar doze por cento agora podiam ser tomados por um terço dessa taxa". (Tradução da edição Loeb por Earnest Cary.)

nhum deles podemos atribuir com justiça tal efeito somente ao aumento do volume de ouro e prata.

É natural imaginar que, no país conquistador, essa nova aquisição de riquezas cairá em poucas mãos, concentrando-se em grandes somas que buscarão uma renda segura, seja pela compra de terras, seja por meio dos juros; e conseqüentemente decorrerá o mesmo, durante um pequeno período, que se tivesse havido um grande desenvolvimento da indústria e do comércio. Como os emprestadores crescem mais que os tomadores de empréstimos, os juros caem; e caem ainda mais depressa se aqueles que adquiriram largas somas não encontram trabalho ou comércio no estado, e nem método de empregarem o seu dinheiro senão o de emprestar a juros. Mas, depois que essa nova massa de ouro e prata for assimilada, tendo circulado por todo o estado, os negócios logo voltarão à situação anterior; enquanto os proprietários de terras e novos detentores de dinheiro, vivendo ociosamente, esbanjarão acima de seus rendimentos; e contraem diariamente novas dívidas, e recorrerão abusivamente aos seus estoques até a sua total exaustão. O volume total do dinheiro pode continuar o mesmo dentro do estado, e se fazer sentir pela elevação dos preços; mas, por não estar agora acumulado em grandes estoques ou fortunas, a desproporção entre os emprestadores e os tomadores de empréstimos volta a ser a mesma de antes; e, conseqüentemente, voltam os juros altos.

De acordo com isso, observamos em ROMA que, numa época tão remota quanto a de TIBÉRIO, os juros já tinham subido novamente a seis por cento,[5] embora nenhum acidente tenha aconteci-

---

[5] COLUMELA, liv. iii. cap. iii. [Columela (século I d.C.), *Rei Rusticae* (Da agricultura) 3.3.9.]

do para drenar o dinheiro do império. Na época de TRAJANO, o dinheiro se escoou para pagar hipotecas na ITÁLIA, a seis por cento;[6] na BITÍNIA, os contratos habitualmente fixavam juros de 12 por cento.[7] E, se os juros na ESPANHA não voltaram ao antigo ápice, isso só pode ser atribuído à permanência da causa que provocou sua queda, a saber, as grandes fortunas feitas continuadamente nas ÍNDIAS, que ingressavam na ESPANHA periodicamente, suprindo a demanda dos tomadores de empréstimos. Por esse motivo acidental e externo, existe mais dinheiro para emprestar na ESPANHA, isto é, mais dinheiro está acumulado em grandes fortunas do que normalmente seria de se esperar num estado onde o comércio e a indústria são tão fracos.

Quanto à redução dos juros, que se seguiu na INGLATERRA, na FRANÇA e em outros reinos da EUROPA, que não possuem minas, ela foi gradual; e não decorreu do aumento do volume de dinheiro, isoladamente; mas do aumento do trabalho, que é um efeito natural desse aumento, naquele intervalo antes que ela faça subirem os preços do trabalho e das provisões. Pois, voltando à suposição precedente: se a indústria da INGLATERRA se desenvolvesse tanto, por outras causas (e este desenvolvimento poderia facilmente ter acontecido, embora o estoque de dinheiro permanecesse o mesmo), não teriam se seguido as mesmas conseqüências que observamos no presente? As mesmas pessoas, nesse caso, viveriam no reino, com os mesmos produtos, a mesma indústria, as mesmas manufaturas e o mesmo comércio; e, conseqüentemente,

---

[6] PLINII. Epist. Liv. vii. Ep. 18. [Plínio o Jovem, *Cartas* 7,18.]
[7] Id. Liv. x. Ep. 62. [*Ibid.* 20.54 na edição Loeb.]

os mesmos comerciantes, com os mesmos estoques, isto é, com o mesmo controle sobre o trabalho e os produtos, que estariam apenas representados por um número menor de peças de ouro ou de prata; o que, sendo uma circunstância menor, só afetaria os tintureiros, os carregadores e pequenos artesãos. Como as manufaturas, as artes, a indústria e a frugalidade floresceriam da mesma forma que no presente, é evidente que os juros também teriam que ser igualmente baixos, o que seria uma conseqüência necessária de todas aquelas circunstâncias, já que são elas que determinam os lucros do comércio e a proporção entre o número de emprestadores e o de tomadores de empréstimos num estado.

Ensaio V

Da balança comercial

É muito comum, em nações ignorantes da natureza do comércio, proibir-se a exportação de produtos, guardando para si tudo o que consideram valioso e útil. Eles não consideram que essa proibição atua contra os seus próprios interesses; e que, quanto mais for exportado de qualquer produto, mais será produzido internamente, sendo as suas próprias necessidades as primeiras a serem atendidas.

É bem conhecido das pessoas instruídas que as antigas leis de ATENAS determinavam que a exportação de figos era um crime; pois esta era considerada uma fruta tão excelente na ÁTICA que os ATENIENSES julgavam que ela era deliciosa demais para o paladar de qualquer estrangeiro. E levavam tão a sério essa proibição ridícula que havia entre eles informantes chamados *sicofantas*, termo que deriva de duas palavras gregas, que significam *figos* e *descobridores*.[1] Existem provas, em muitos decretos antigos do parlamento, de uma ignorância semelhante em relação à natureza do comércio, particularmente durante o reinado de EDUARDO III.[2] E até hoje, na FRANÇA, a exportação de grãos é quase sempre

---

[1] PLUT. *De Curiositate*. [Plutarco, *Moralia*, "Da Curiosidade", seç. 16.
[2] Eduardo III foi rei da Inglaterra de 1327 a 1377.

proibida; segundo dizem, para evitar a fome; embora seja evidente que nada contribui mais para as fomes freqüentes que tanto perturbam aquele fértil país.

A mesma desconfiança temerosa em relação ao dinheiro também prevaleceu em diversas nações; e foram necessárias a razão e a experiência para convencer o povo de que essas proibições não têm como resultado senão prejudicar a própria economia do país, provocando a necessidade de uma exportação ainda maior.[3]

Tais equívocos, pode-se dizer, são grosseiros e palpáveis. Mas ainda persiste, mesmo em nações bem familiarizadas com o comércio, uma forte desconfiança em relação à balança comercial e o medo de que todo o ouro e a prata sejam escoados do país. Esta me parece ser, em quase todos os casos, uma apreensão sem fundamento. Pois deveríamos temer, igualmente, que nossas fontes e rios secassem, se temermos que o dinheiro abandone totalmente um país onde existem povo e trabalho. Se preservarmos cuidadosamente esses dois fatores, jamais precisaremos nos preocupar em ficar sem fundos.

---

[3] Neste ensaio e no seguinte, Hume combate a suspeita, o medo e a "desconfiança" em relação ao livre comércio, que o mercantilismo ajudou a promover. Este ensaio tenta mitigar o medo de que um desequilíbrio entre as importações e as exportações possa esgotar as reservas em ouro e prata de uma nação. Hume desenvolve uma "teoria geral", segundo a qual o dinheiro mantém uma proporção constante com a indústria e os produtos de cada nação. No curso natural das coisas, esse nível se conserva; e as tentativas de uma nação para elevar suas reservas acima desse nível, por meio de barreiras comerciais ou restrições à circulação monetária, são ineficazes ou mesmo, na pior das hipóteses, destrutivas. Embora Hume admita, no final deste ensaio, que as tarifas protecionistas podem ser benéficas em algumas ocasiões, geralmente seus textos condenam as restrições ao mercado doméstico. Ver Rotwein, *David Hume: Writings on Economics*, pp lxxii-lxxxi.

É fácil observar que todos os cálculos relativos à balança comercial se fundam em fatos e suposições muito incertos. Os livros da alfândega podem constituir uma base insuficiente para o raciocínio; tampouco a taxa de câmbio é muito melhor; a menos que a consideremos em todas as nações, e saibamos a proporção exata de todas as somas envolvidas; o que seguramente é impossível. Todo homem que já refletiu sobre esse tema sempre tentou demonstrar a verdade de sua teoria, fosse qual fosse, por meio de fatos e cálculos e através da enumeração de todos os produtos enviados a todos os reinos estrangeiros.

Os textos do Sr. GEE encheram a nação de um pânico universal, quando ficou plenamente demonstrado, pelo detalhamento de casos particulares, que a balança comercial estava negativa por uma soma tão considerável que o país deveria ficar sem um *shilling* sequer num prazo de cinco ou seis anos.[4] Mas, felizmente, 20 anos já se passaram desde então, incluindo uma dispendiosa guerra no exterior; e no entanto se acredita que o dinheiro é hoje mais abundante entre nós hoje que em qualquer outro período da história.

Nada pode ser mais interessante em relação a esse tema que os textos do Dr. SWIFT; um autor tão talentoso em apontar erros e absurdos alheios. Ele diz, em seu *breve exame da situação da* IRLANDA, que o tesouro total daquele reino não passava antigamente de 500 mil libras; mas, a partir de um determinado momento, os IRLANDESES passaram a remeter todo ano para a INGLATER-

---

[4] Joshua Gee, *Considerações sobre o Comércio e a Navegação da Grã-Bretanha* (1729). O subtítulo diz, em parte: "Que o Meio mais seguro para uma Nação aumentar as suas Riquezas é prevenir a Importação de Artigos Estrangeiros que possam ser produzidos em Casa."

RA um milhão de libras líquido, tendo praticamente como única fonte de recursos que pudesse compensá-los um pequeno comércio exterior, por meio do qual importavam vinhos FRANCESES, pelos quais pagavam em dinheiro vivo.[5] A conseqüência dessa situação, que deve ser considerada desvantajosa, foi que, no curso de três anos, o dinheiro em circulação na IRLANDA passou de 500 mil libras para menos de 200 mil. E, no presente, suponho que num prazo de 30 anos ele estará reduzido a absolutamente nada; embora eu não saiba como aquela opinião sobre a progressão das riquezas na IRLANDA, que provocou tanta indignação no Doutor, pareça ainda prevalecer, ganhando terreno entre as pessoas.

Resumindo, essa apreensão em relação a uma balança comercial negativa parece ser de tal natureza que ela sempre aparece quando se está insatisfeito com um ministro, ou de má vontade; e, como ela nunca pode ser refutada por um cálculo detalhado de todas as exportações, que contrabalançam as importações, pode ser adequado desenvolver aqui um argumento geral, que pode provar a impossibilidade desse evento, enquanto preservarmos a nossa população e a nossa indústria.

Suponhamos que quatro quintos de todo o dinheiro da GRÃ-BRETANHA sejam aniquilados numa única noite e que a nação se veja reduzida à mesma situação, em relação ao dinheiro em espécie, dos reinados dos HENRIQUES e dos EDUARDOS;[6] qual seria a conseqüência? Os preços de todo trabalho e de todos os produtos não deveriam cair na mesma proporção e os artigos não

---

[5] Jonathan Swift, *Um Breve Exame da Situação da Irlanda* (1727-28).
[6] O período de 1100 a 1553.

seriam vendidos pelos mesmos preços daqueles dias remotos? Que nação poderia então competir conosco em qualquer mercado estrangeiro ou pretender navegar ou vender manufaturados pelo mesmo preço, que para nós seria suficientemente lucrativo? Em quão pouco tempo, portanto, isso deveria trazer de volta o dinheiro que perdemos, levando-nos ao mesmo nível das nações vizinhas? E, quando chegássemos nesse ponto, perderíamos imediatamente as vantagens do baixo preço do nosso trabalho e dos nossos produtos; e o subseqüente fluxo de dinheiro para o país seria interrompido pela abundância e pelo excesso.

Suponhamos, por outro lado, que todo o dinheiro da GRÃ-BRETANHA fosse multiplicado por cinco numa só noite; não deveria decorrer o efeito contrário? Os preços de todos os produtos e serviços não deveriam subir a um ponto tão exorbitante que nenhuma nação vizinha poderia importar nossos produtos? Enquanto, por outro lado, os seus produtos se tornariam tão baratos que, apesar de todas as leis que poderiam eventualmente ser criadas, eles entrariam maciçamente em nosso país, escoando as nossas reservas; estas cairiam até o nível dos vizinhos, e perderíamos nossa grande superioridade em riquezas, que nos teria trazido tantas dificuldades.

É evidente que, se as mesmas causas que corrigiriam tais desigualdades exorbitantes ocorressem espontaneamente, simplesmente se evitaria o seu surgimento no curso normal da natureza, conservando-se assim para sempre, em todas as nações vizinhas, o dinheiro num nível proporcional à atividade e à produção de cada nação. Quaisquer que sejam os seus canais comunicantes, água permanece sempre no mesmo nível. Se perguntarmos a razão aos físicos e estudiosos da natureza, eles responderão que, se a água ficasse num nível superior em alguma parte, a pressão da gravidade, por não estar equilibrada, exerceria sobre essa parte uma força até encontrar um contrapeso; e que a mesma causa que corrige a desigualdade quando ela ocorre serve para prevenir o seu surgimento, sem qualquer operação externa violenta.[7]

Pode-se imaginar que alguma vez tenha sido possível, por meio de leis, da arte ou do trabalho, conservar na ESPANHA todos os tesouros que os galeões trouxeram das ÍNDIAS? Ou que todos os produtos pudessem ser vendidos na FRANÇA por um décimo do preço fixado para eles no outro lado dos PIRINEUS, sem nenhuma contrapartida, o que escoaria gradualmente todo aquele imenso tesouro? Que outra razão existe, na verdade, para que todas as nações, atualmente, tirem vantagens de seu comércio com a ESPANHA e PORTUGAL, senão o fato de que é impossível manter o dinheiro – mais que o de qualquer outro fluido – acima de seu próprio nível? E os soberanos desses países já demonstraram que não possuiriam inclinação alguma para guardarem para si o ouro e a prata, se isso fosse praticável em alguma medida.

Mas, da mesma forma que qualquer volume de água pode ser elevado acima do nível do elemento circundante, se não existir comunicação entre eles; assim o dinheiro, se a comunicação for cortada por meio de algum impedimento material ou físico (por si sós, as leis seriam ineficazes aqui), pode existir, nesse caso, uma

---

[7] Existe outra causa, embora mais limitada em sua operação, que detém a desigualdade na balança comercial do reino em relação a cada nação particular. Quando importamos mais bens do que exportamos, isso se volta contra nós, tornando-se um estímulo para as exportações; da tal forma que o saldo da balança comercial nunca ultrapasse demais o custo do transporte e do seguro do dinheiro.

grande desigualdade de dinheiro. Daí a imensa distância da CHINA, além de os monopólios das nossas companhias da ÍNDIA, obstruindo a comunicação, conservarem na EUROPA o ouro e a prata, especialmente esta, numa abundância muito maior do que a que se verifica naquele reino.[8] Mas, não obstante essa grande obstrução, a força das causas acima mencionadas continua evidente. A habilidade e a engenhosidade da EUROPA, geralmente, superam talvez as da CHINA, em relação às artes manuais e às manufaturas; e, no entanto, raramente podemos encontrar um comércio exterior mais desvantajoso. E, se não fosse pelos recursos que continuamente recebemos da AMÉRICA, o dinheiro logo seria escoado da EUROPA, aumentando na CHINA até chegar ao mesmo nível nos dois lugares. E nenhum homem sensato pode duvidar de que aquelas nações operosas que estão próximas de nós, como a POLÔNIA ou GIBRALTAR, nos privariam de nosso excedente em dinheiro, atraindo para si uma parcela maior do tesouros das ÍNDIAS OCIDENTAIS. Não precisamos recorrer a uma lei de atração física para explicar a necessidade dessa operação. Existe uma atração moral, que nasce dos interesses e das paixões dos homens, que é igualmente potente e infalível.

Como é mantido o equilíbrio na balança entre as províncias de qualquer reino, senão pela força desse princípio, que torna impos-

---

[8] As Companhias das Índias Orientais inglesas, holandesas, francesas e portuguesas dominavam o comércio entre a Europa e o Oriente. As principais importações eram pimenta e outras especiarias, chá, café, seda e tecidos de algodão. Como a demanda no Oriente por produtos europeus estava longe de ser suficiente para pagar tudo o que os europeus queriam comprar, as moedas de prata e barras de ouro se tornaram os principais produtos de exportação europeu. Essa drenagem de recursos para o Oriente, de que Hume fala acima, era um motivo de preocupação para os estados europeus.

sível para o dinheiro sair de seu nível, aumentando ou diminuindo de acordo com a proporção dos serviços e produtos existentes em cada província? Se a longa experiência já não tivesse tornado as pessoas conscientes disso, um cidadão de YORKSHIRE mergulharia em melancólicos cálculos e reflexões, quando ele calculasse e avaliasse as somas enviadas para LONDRES por meio de impostos, serviços e produtos, verificando, em contrapartida, que os artigos que chegam de lá são tão inferiores. E, seguramente, se a *Heptarquia* continuasse existindo na INGLATERRA,[9] a legislatura de cada estado ficaria continuamente alarmada pelo medo de uma balança desequilibrada; e como é provável que o ódio mútuo entre esses estados fosse extremamente violento por conta de sua vizinhança, eles teriam prejudicado e oprimido todo o comércio, devido a uma cautela desconfiada e desnecessária. Desde que a unificação removeu as barreiras entre a ESCÓCIA e a INGLATERRA, qual destas duas nações leva vantagem sobre a outra em seu comércio livre? Se é verdade que o primeiro reino aumentou as suas riquezas, pode-se atribuir isso razoavelmente a qualquer outro fator senão ao desenvolvimento de sua arte e indústria? Era uma apreensão comum na INGLATERRA, antes da unificação, como nos informa L'ABBÉ DUBOS,[10] que a ESCÓCIA em pouco tempo veria ser drenado todo o seu tesouro, se um livre comércio fosse permitido; e,

---

[9] A Heptarquia é um termo aplicado aos reinos anglo-saxões independentes da Inglaterra, do século V ao século IX.
[10] *Les interets d'ANGLETERRE mal-entendus*. [Jean-Baptiste Dubos, *Les interets d'Angleterre mal-entendus dans la présente guerre* (Os interesses malcompreendidos da Inglaterra na guerra atual), 1703. O rio Tweed forma parte da fronteira entre a Escócia e a Inglaterra.]

por outro lado, uma preocupação contrária afligia os TWEED: e o tempo demonstrou com justiça quem estava certo.

O que acontece em pequenas parcelas da humanidade também deve acontecer nas maiores. As províncias do império ROMANO, sem dúvida, mantinham um equilíbrio entre si, e com a ITÁLIA, independentemente da legislatura; da mesma forma, os diversos condados da GRÃ-BRETANHA ou as diversas paróquias de cada condado. E qualquer homem que viaje pela EUROPA hoje pode observar, pelo preço dos produtos, que o dinheiro, apesar da desconfiança absurda que envolve os príncipes e os estados, aproxima-se de um nivelamento razoável em toda parte; e que a diferença entre um reino e outro não é maior, nesse aspecto, que aquela freqüente entre diferentes províncias de um mesmo reino. Os homens reúnem-se naturalmente nas capitais, nas cidades portuárias ou perto dos rios navegáveis. Lá encontramos mais homens, mais trabalho, mais produtos e, conseqüentemente, mais dinheiro; mas ainda assim as diferenças conservam uma proporção, e o nível geral é mantido.[11]

---

[11] Deve-se observar com cuidado que, ao longo deste texto, sempre que eu falo do nível do dinheiro, estou me referindo ao seu nível proporcional em relação aos produtos, trabalho, indústria e habilidades que há nos vários estados. E afirmo que, quando essas vantagens são duas, três ou quatro vezes maiores num país que em seus estados vizinhos, haverá também, inevitavelmente, duas, três ou quatro vezes mais dinheiro. A única circunstância que pode atrapalhar a exatidão dessas proporções é o custo do transporte das mercadorias de um lugar para outro; e esse custo é às vezes desproporcional. Dessa forma, os grãos, o gado, o queijo, a manteiga de DERBYSHIRE não podem atrair o dinheiro de LONDRES da mesma forma que as manufaturas de LONDRES atraem o dinheiro de DERBYSHIRE. Mas essa objeção é apenas aparente: pois o custo do transporte das mercadorias só é caro na medida em que a comunicação entre as cidades é difícil e imperfeita.

O nosso ciúme e o nosso ódio da FRANÇA não conhecem limites; e ao menos o primeiro sentimento deve ser considerado razoável e bem-fundado. Essas paixões ensejaram incontáveis barreiras e obstáculos para o comércio, e nós somos geralmente acusados de sermos os agressores. Mas o que ganhamos com as restrições comerciais? Perdemos o mercado francês para os nossos fabricantes de tecidos e o comércio de vinhos foi transferido para a ESPANHA e para PORTUGAL, onde compramos bebidas piores por um preço mais elevado. Poucos ingleses não considerariam o seu país totalmente arruinado se os vinhos FRANCESES vendidos na INGLATERRA fossem tão baratos e abundantes a ponto de suplantarem, em alguma medida, toda a cerveja e as bebidas fermentadas fabricadas aqui? Mas, se pusermos de lado o preconceito, não será difícil demonstrar que nada poderia ser mais inofensivo e talvez fosse até vantajoso. Cada novo acre de vinhas plantado na FRANÇA, para superar a INGLATERRA com o vinho, tornaria necessário para os FRANCESES, para poderem suprir a INGLATERRA de vinho, comprar os produtos de um acre INGLÊS, seja de trigo ou cevada, para a sua própria subsistência; e é evidente que nós deveríamos produzir melhores mercadorias.

Existem diversos éditos do rei FRANCÊS que proíbem o plantio de novas vinhas e ordenam que sejam destruídas todas as plantações recentes: isso porque eles estão conscientes, naquele país, do valor superior dos grãos em relação a qualquer outro produto.

O Marechal VAUBAN se queixa freqüentemente, e com razão, das taxas absurdas que pesam sobre a entrada daqueles vinhos de LANGUEDOC, GUIENNE e outras províncias do sul, que são importados pela BRETANHA e pela NORMANDIA.[12] Ele estava seguro de que estas últimas províncias não poderiam manter sua balança, não obstante o livre comércio que recomenda. E é evidente que tais acréscimos de produtos embarcados para a INGLATERRA não fariam diferença; ou, se fizessem, o seu efeito seria semelhante nos dois reinos.

Na verdade existe um expediente pelo qual é possível fazer diminuir e outro pelo qual podemos fazer elevar o nível do dinheiro além de seu nível natural em qualquer reino; mas estes casos, quando examinados, serão abrangidos pela nossa teoria geral, chegando mesmo a lhe conferir uma autoridade adicional.

É difícil apontar qualquer método de fazer o dinheiro cair abaixo de seu nível, a não ser os praticados pelas instituições bancárias, como os fundos e papéis de crédito, que são tão comuns neste reino. Essas instituições tornam o papel equivalente a dinheiro, fazendo-o circular por todo o estado, suprindo as regiões de ouro e prata, e aumentando proporcionalmente os preços dos serviços e dos produtos; e, assim, consomem uma boa parte daqueles metais preciosos e previnem o seu aumento excessivo. O que poderia demonstrar uma visão mais míope do que os nossos raciocínios habituais sobre esse tema? Nós fantasiamos que, como um indivíduo seria muito mais rico se as suas reservas de dinheiro dobrassem, o mesmo efeito positivo decorreria se as reservas de todas as pessoas aumentassem; sem considerar que isso provocaria a elevação dos

---

[12] Sébastien Le Prestre, Seigneur de Vauban (1633-1707), *Projet d'une dixme royale* (1707; traduzido como *A Project for Royal Tythe or General Tax* (1708). Vauban, um grande estrategista militar e marechal da França, também escreveu sobre técnicas de fortificação e ataque e defesa das cidades.

preços de todos os produtos, reduzindo todos os homens, em pouco tempo, à mesma condição de antes. É somente nas nossas negociações e transações públicas com os estrangeiros que um estoque maior de dinheiro é vantajoso; e como o nosso papel é, então, absolutamente insignificante, observamos, então, todos os efeitos negativos que surgem de uma grande abundância de dinheiro, sem colher nenhuma de suas vantagens.[13]

Suponhamos que existem 12 milhões de libras em papel, circulando no reino como dinheiro, e (já que não devemos imaginar que todos os nossos enormes fundos são empregados dessa forma) suponhamos que a reserva total do reino seja de 18 milhões: eis um estado que, como a experiência demonstra, é capaz de manter uma reserva de 30 milhões. Mas, para fazê-lo, ele necessariamente deveria tê-la adquirido em ouro e prata, se a entrada desses metais preciosos não fosse obstruída por essa nova invenção do papel. *De onde, então, essa soma teria sido adquirida?* De todos os reinos do mundo. *Mas por quê?* Porque, se removermos esses 12 milhões, o dinheiro nesse estado ficará abaixo do seu nível, em comparação com os nossos vizinhos; e devemos atraí-lo imediatamente de todos eles, até ficarmos plenos e saturados, por assim dizer, a ponto de não suportar mais nada. Com nossa política atual, nós demonstramos tanta cautela em encher a nação dessa refinada mercadoria

---

[13] Observamos no Ensaio III ["Do dinheiro"] que o dinheiro, quando cresce, estimula a indústria, no intervalo entre esse crescimento e o aumento dos preços. Um efeito positivo desse processo pode decorrer também das letras de crédito; mas é perigoso tirar conclusões precipitadas, sob risco de se perder tudo com o fim desse crédito, como geralmente ocorre quando os negócios públicos são afetados por algum impacto violento.

DAVID HUME

de cédulas bancárias e folhas diversificadas como se temêssemos ficar sobrecarregados de metais preciosos.

Está fora de questão que a abundância de metais na FRANÇA se deve, em grande medida, à ausência de papéis de crédito. Os FRANCESES não têm bancos: as notas dos comerciantes não circulam como entre nós; a usura, os empréstimos e os juros não são livremente autorizados; de forma que muitos possuem grandes fortunas em seus cofres. Enormes quantidades de prata são usadas em casas particulares; e todas as igrejas estão repletas dela. Por tudo isso, as provisões e o trabalho ainda são mais baratos entre eles que em nações que não são nem metade tão ricas em ouro e prata. As vantagens dessa situação, tanto em relação ao comércio quanto às necessidades públicas, são tão evidentes que dispensam discussão.

Poucos anos atrás a mesma moda, que ainda é corrente na INGLATERRA e na HOLANDA, prevaleceu em GÊNOVA: a de usar peças de PORCELANA, em vez de prata. Mas o Senado, prevendo as conseqüências, proibiu o uso desse frágil produto acima de um certo limite; enquanto o uso da prata permaneceu ilimitado. E suponho que, após seus últimos infortúnios, eles sentiram o efeito positivo dessa prática. A nossa taxa sobre a prata é, nesse sentido, um pouco antipolítica.

Antes da introdução do papel-moeda em nossas colônias, elas tinham ouro e prata suficientes para a circulação. Depois da introdução daquele artigo, o menor dos inconvenientes que se seguiram foi a eliminação total dos metais preciosos. E, depois da abolição dos metais na economia, pode-se duvidar de que eles um dia tornem; enquanto essas colônias tiverem manufaturas e produtos, a única coisa valiosa no comércio será o dinheiro.

É uma pena que LICURGO não tenha pensado em papel-moeda, quando ele quis banir o ouro e a prata de ESPARTA! Isso teria servido melhor aos seus propósitos que as peças de ferro que ele usava como dinheiro; e também teria prevenido com mais eficácia todo o comércio com estrangeiros, por seu valor intrínseco e real ser tão pequeno.[14]

É forçoso reconhecer, porém, que, como todas essas questões envolvendo o comércio e o dinheiro são extremamente complicadas, pode-se observar o tema de alguns ângulos que demonstram bem que as vantagens dos papéis de crédito e dos bancos são superiores às suas desvantagens. É seguramente verdade que eles eliminam os metais de um estado; e quem se limitar a considerar essa circunstância faz bem em condená-los; mas isso não traz conseqüências tão graves que não admitam compensação, ou mesmo uma balança positiva, decorrente do aumento do trabalho e do crédito, que pode ser promovida pelo uso correto do papel-moeda. Sabe-se bem como é vantajoso para um comerciante ser capaz de saldar suas dívidas no prazo: e tudo o que facilitar essa espécie de transação é favorável ao comércio geral de um estado. Mas os banqueiros privados podem conceder esse crédito em função do crédito que eles próprios recebem do depósito de dinheiro em suas casas comerciais; e, da mesma maneira, o banco da INGLATERRA o concede em função da liberdade de que dispõe de emitir suas cédulas em todos os pagamentos. Houve uma invenção desse

---

[14] Ver Plutarco, *Vidas*, na vida de Licurgo, seç. 9. Licurgo, o jurista de Esparta, ordenou o uso de moedas de ferro, em vez de ouro e prata, estabelecendo um valor unitário irrisório, de forma a tornar difícil o seu ocultamento.

tipo, introduzida alguns anos atrás pelos banqueiros de EDIMBURGO; e que, como foi uma das idéias mais engenhosas já postas em prática no comércio, foi considerada vantajosa para toda a ESCÓCIA. Lá ela se chamou um CRÉDITO BANCÁRIO, refletindo a sua natureza. Um homem vai ao banco e obtém garantia para uma quantia de, digamos, mil libras. Ele tem a liberdade de sacar este dinheiro ou parte dele em qualquer momento que lhe aprouver, pagando apenas os juros comuns pela quantia, quando fizer uso dela. Quando quiser, ele pode reembolsar qualquer soma, a partir de 20 libras, sendo descontados os juros proporcionais ao reembolso. As vantagens decorrentes dessa operação são muitas. Como um homem tem a garantia de crédito de um valor aproximadamente igual ao que possui e como o seu crédito bancário é equivalente a dinheiro vivo, um comerciante pode comprar casas, mobília e demais produtos contando com o que lhe devem no exterior ou com seus barcos que ainda estão no mar; e, na ocasião adequada, pode empregar o dinheiro que receber para saldar todos os pagamentos, e o crédito funciona assim como a moeda corrente do país. Se um homem tomar emprestadas mil libras de mãos privadas, além do fato de o dinheiro não estar disponível sempre que ele precisar, ele pagará juros, esteja usando o dinheiro ou não; ao passo que o seu crédito bancário só lhe custa algo quando está sendo usado, a seu serviço; e esta circunstância é tão vantajosa como se ele tivesse feito o empréstimo a juros mais baixos. Da mesma maneira, a partir dessa invenção, os comerciantes apóiam-se mutuamente nas questões de crédito, o que constitui uma garantia considerável contra a bancarrota. Quando o seu próprio crédito bancário estiver esgotado, um homem pode recorrer a qualquer de seus vizinhos que não esteja na mesma situação; e consegue assim o dinheiro, que reembolsará quando for conveniente.

Depois que essa prática esteve em uso por alguns anos em EDIMBURGO, diversas companhias de comerciantes em GLASGOW foram ainda mais longe. Eles se associaram a diferentes bancos, e emitiram cédulas de baixo valor, como 10 *shillings*, que usavam para o pagamento de artigos, manufaturas e serviços de todos os tipos; e essas cédulas, emitidas pelos estabelecimentos comerciais, funcionavam como dinheiro em todos os pagamentos, em todo o país. Dessa forma, uma reserva de cinco mil libras podia ter um efeito semelhante a uma de seis ou sete mil; e os comerciantes eram capazes assim de aumentar o volume de seus negócios, necessitando de menos lucros em suas transações. Mas, sejam quais forem as outras vantagens resultantes dessas invenções, ainda se deve reconhecer que, além de oferecerem uma facilidade demasiada ao crédito, o que é perigoso, elas eliminam os metais preciosos; e nada pode constituir uma prova mais evidente disso que uma comparação entre a situação da ESCÓCIA no passado e no presente, nesse aspecto particular. Descobriu-se, após a recunhagem feita depois da unificação, que havia cerca de um milhão em espécie naquele país; e, apesar do grande aumento das riquezas, do comércio e das manufaturas de todos os tipos, pensa-se que, mesmo quando não existe um fluxo extraordinário para a INGLATERRA, a espécie corrente não alcançará hoje um terço dessa soma.

Mas, como a circulação de papel-moeda é quase o único expediente pelo qual podemos fazer o dinheiro cair abaixo de seu valor, da mesma forma, na minha opinião, o único expediente pelo qual podemos fazer aumentar o valor do dinheiro é uma prática que todos deveríamos condenar como destrutiva, qual seja, o acúmulo de grandes somas no tesouro público, trancadas e absolutamente impedidas de circular. Nesse caso, o líquido dinheiro, impedido de se comunicar com o elemento vizinho, pode, por meio de tal artifício, ser valorizado até o nível que desejarmos. Para demonstrá-lo, basta voltarmos à nossa primeira hipótese, a de aniquilar metade de nosso dinheiro, quando concluímos que a conseqüência imediata de um evento assim seria a atração de uma soma semelhante, de todos os reinos vizinhos. Não parece haver, necessariamente, qualquer limite, imposto pela natureza das coisas, a essa prática de estoque. Uma pequena cidade, como GÊNOVA, mantendo essa política por longos períodos, pôde absorver nove décimos do dinheiro da EUROPA. Aparece, de fato, na natureza humana um obstáculo invencível a esse imenso aumento de riquezas. Um estado fraco, com um tesouro enorme, logo se converterá numa presa fácil para os seus vizinhos mais pobres, porém mais poderosos. Um grande estado dissiparia a sua riqueza em projetos arriscados e malplanejados; e provavelmente destruiria, assim, algo muito mais valioso, a sua indústria, o seu moral e a sua densidade populacional. O líquido, nesse caso, elevado a um patamar alto demais, rompe e destrói o recipiente que o contém; mas, misturando-se com os elementos circundantes, logo retorna ao seu nível adequado.

Tão pouca atenção damos normalmente a esse princípio que, embora todos os historiadores estejam de acordo ao relatar uniformemente um evento tão recente quanto o imenso tesouro acumulado por HENRIQUE VII (que eles calculam alcançar cerca de 2.700.000 libras), nós tendemos a rejeitar seu testemunho e a recusar um fato que contraria tão frontalmente nossos preconceitos mais arraigados. É na verdade provável que essa soma represente três quartos de todo o dinheiro da INGLATERRA. Mas onde está a dificuldade em conceber que semelhante quantia fosse acumulada ao longo de 20 anos, por um monarca astuto, ganancioso, econômico e quase absoluto? E não é provável que a diminuição do dinheiro circulante tenha sido percebida pelo povo, ou que lhe tenha causado qualquer prejuízo. A queda dos preços de todas as mercadorias se seguiria imediatamente, dando à INGLATERRA uma vantagem em seu comércio com os reinos vizinhos.

Temos um exemplo disso, na pequena república de ATENAS e seus aliados, que, em cerca de 50 anos, entre as guerras MÉDICAS e do PELOPONESO, acumularam uma soma não muito inferior àquela de HENRIQUE VII. Pois todos os historiadores e oradores GREGOS[15] concordam que ATENAS arrecadou na cidadela mais de dez mil talentos, que mais tarde ela dissipou, para sua própria ruína, em empreendimentos temerários e imprudentes. Mas, quando esse dinheiro começou a circular e a se comunicar com o líquido circundante, qual foi a conseqüência? Ele permaneceu no estado? Não. Pois observamos, no memorável *censo* mencionado por DEMÓSTENES[17] e POLÍBIO,[18] que o volume total, incluindo terras, casas, produtos, escravos e dinheiro, era de menos de seis mil talentos.

---

[15] TUCÍDIDES, liv. ii. [13] e DIOD. SIC. Liv xii. [40].
[16] *Vid.* ÉSQUINO e DEMÓSTENES *Epist.* [Ésquino (397-322 a.C.), *O Discurso da Embaixada*, seç. 175; Demóstenes, *Terceiro Discurso de Olinto*, seç. 24.]
[17] Περὶ Συμμορίας. [Demóstenes, *Da Engenharia Naval*, seç. 19.]
[18] Liv. ii. cap. 62.

Que povo de espírito elevado e ambicioso é este, capaz de arrecadar e guardar no seu tesouro, de olho nas conquistas futuras, uma soma que está, todos os dias, à disposição dos cidadãos, que podem decidir distribuí-la por meio de um único voto, e que multiplicaria por três a riqueza de cada indivíduo! Pois devemos observar que as riquezas privadas dos ATENIENSES, segundo os antigos autores, não era maior no começo da guerra do PELOPONESO do que no começo da guerra da MACEDÔNIA.

O dinheiro era pouco mais abundante na GRÉCIA durante a época de FELIPE e PERSEU do que na INGLATERRA durante o período de HENRIQUE VII: Ainda assim, esses dois monarcas, em 30 anos,[19] arrecadaram no pequeno reino da MACEDÔNIA um tesouro maior do que o do monarca INGLÊS. PAULO EMÍLIO levou para ROMA cerca de 1.700.000 libras *Esterlinas*.[20] Segundo PLÍNIO, foram 2.400.000.[21] E esta era apenas uma parcela do tesouro MACEDÔNIO. O resto foi dissipado na resistência e na fuga de PERSEU.[22]

Podemos ler em STANYAN que o cantão de BERNA tinha um rendimento de 300.000 libras só de juros e contava com um

---

[19] TITI LIVII, liv. xiv, cap. 40. [Filipe V foi rei da Macedônia de 221 a 179 a. C. Perseu, seu sucessor, governou de 179 a 168. Hume se refere aos 30 anos entre o acordo de paz que Filipe estabeleceu com Roma (197 a. C.) e à derrota de Perseu nas mãos de Lúcio Emílio Paulo em 168. Os textos citados nesta nota e nas três seguintes se referem ao enorme tesouro acumulado na campanha triunfal de Paulo, que foi celebrada em 167 a.C., em seguida à sua vitória sobre Perseu.]

[20] VEL. PATERC. Liv. i. cap. 9. [Veleio Patérculo (19? a.C.- depois de 30 d.C.), *Historiae Romanae* (História Romana) 1.9.6.]

[21] Liv. xxxiii. Cap. 3. [Plínio, o Velho, *História Natural* 33.50.]

[22] TITI LIVII, *ibid*. [45.40.]

tesouro cerca de seis vezes maior. Aqui, novamente, é citado um estoque de 1.800.000 libras *Esterlinas*, o que representa pelo menos quatro vezes o que deveria circular num estado tão pequeno; e, no entanto, ninguém que viaje pelo PAÍS DE VAUX ou qualquer região daquele cantão, observa qualquer demanda de dinheiro superior à que se devia esperar num país daquelas dimensões, com aquele solo e naquela situação. Ao contrário, são raras as províncias no interior da FRANÇA ou da ALEMANHA nas quais os habitantes são hoje tão opulentos, embora aquele cantão tenha ampliado fortemente o seu tesouro desde 1714, quando STANYAN escreveu o seu judicioso balanço sobre a SUÍÇA.[23]

O relato oferecido por APIANO[24] sobre o tesouro de PTOLOMEU é tão prodigioso que não se pode aceitá-lo como verdadeiro; e ainda menos porque aquele historiador afirma que os demais sucessores de ALEXANDRE também eram frugais, tendo, muitos deles, tesouros não muito inferiores. Pois essa disposição para o acúmulo dos príncipes vizinhos deve necessariamente ter demonstrado a frugalidade dos monarcas EGÍPCIOS, segundo a teoria precedente. A soma que ele menciona é de 740 mil talentos, ou 191.166.666 libras, 13 *shillings* e 4 *pence*, segundo os cálculos do Dr. ARBUTHNOT. E no entanto APIANO afirma

---

[23] A pobreza de que fala STANYAN só se verifica nos cantões mais montanhosos, onde não há produtos que atraem dinheiro. E mesmo ali as pessoas não são mais pobres que na diocese de SALTZBURGO ou SAVÓIA. [Ver Abraham Stanyan, *Uma Análise da Suíça Escrita no Ano de 1714* (1714).]

[24] *Proem*. [Apiano (século II d.C.). *História Romana*, Prefácio, seç. 10. John Arbuthnot foi autor de *Tabelas dos Pesos, Medidas e Moedas Gregos, Romanos e Judeus* (1705?), uma versão muito maior do que a que apareceu em 1727 com o título *Tabelas de Moedas, Pesos e Medidas Antigos*.]

que baseou seus cálculos nos registros públicos; e era ele próprio um nativo de ALEXANDRIA.

Com base nesses princípios podemos concluir que julgamento devemos fazer daquelas inúmeras barreiras, obstruções e impostos que todas as nações da EUROPA, e nenhuma mais que a INGLATERRA, impuseram ao comércio; resultado de um impulso exorbitante de acumular dinheiro, que nunca se valorizará enquanto estiver circulando; ou de uma malfundada apreensão de perder seu capital, que nunca se desvaloriza. Se algo pudesse dispersar nossas riquezas, seriam essas restrições imprudentes. Mas um efeito negativo geral, contudo, resulta daí: eles privam as nações vizinhas daquela livre comunicação e comércio que o Autor do mundo previra, ao lhes conceder solos, climas e temperamentos tão diferentes uns dos outros.

A nossa política moderna adota como método único dispersar o dinheiro, através do uso de papel-moeda; e rejeita o único método de acumulá-lo, a prática do estoque; adotam-se assim centenas de restrições, que só têm como resultado refrear a indústria, e privar-nos e aos nossos vizinhos dos benefícios comuns do trabalho e da natureza.

Contudo, nem todos os impostos sobre produtos estrangeiros devem ser considerados prejudiciais ou inúteis, mas somente aqueles que estão fundados na desconfiança acima mencionada. Um imposto sobre o linho ALEMÃO encoraja as manufaturas domésticas e assim multiplica a nossa população e a nossa indústria. Um imposto sobre o conhaque aumenta a venda de rum e favorece as nossas colônias do sul. E, como a arrecadação de impostos é necessária para o funcionamento do governo, pode ser mais conveniente concentrá-los nos produtos estrangeiros, que podem ser facilmente controlados nos portos, e submetidos à cobrança. Contudo, devemos sempre lembrar a máxima do Dr. SWIFT, segundo a qual, na aritmética dos costumes, dois e dois não somam quatro, mas freqüentemente somam somente um.[25] Dificilmente se pode questionar isso, mas, se as taxas sobre o vinho fossem reduzidas em dois terços, elas renderiam muito mais ao governo do que no presente: Nosso povo poderia então se conceder beber um vinho melhor e mais caro; e isso não causaria nenhum prejuízo à balança comercial, da qual somos tão ciosos. A fabricação de cerveja excedente é hoje pouco considerável, dando emprego a poucas pessoas. O transporte de vinho e de grãos não seria muito inferior.

Mas pode-se alegar que existem exemplos freqüentes de estados e reinos que foram, no passado, ricos e opulentos, e são hoje pobres e indigentes. O dinheiro que abundava nesses países não os abandonou? Respondo que, se eles perderam seu comércio, sua indústria e mesmo sua população, não podiam esperar conservar seu ouro e sua prata; Pois estes metais preciosos mantêm uma correspondência com as vantagens anteriores. Quando LISBOA e

---

[25] Ver Jonathan Swift, *Uma Resposta a um Panfleto intitulado Um Memorial para os Habitantes Pobres, Comerciantes e Trabalhadores do Reino da Irlanda* (1728): "Mas eu vou lhes contar um segredo, que aprendi muitos anos atrás com os comissários da *Alfândega* em *Londres*: Eles me contaram que, quando qualquer *Produto* parece ter sido taxado acima de um *Nível razoável*, a Conseqüência era cortar pela Metade a Importação daquele Produto; e um daqueles Cavalheiros gentilmente me disse que o Equívoco dos Parlamentos, nessas Ocasiões, se devia ao erro de calcular Dois e Dois como sendo Quatro; ao passo que, num Negócio sujeito a *Imposições pesadas*, Dois e Dois nunca somam mais que Um; o que acontece pelo corte nas Importações e pela grande tentação de produzir os Artigos que pagavam Impostos tão elevados." Em Herbert Davis, ed., *The Prose Works of Jonathan Swift* (Oxford: Blackwell, 1939-68) 12, p. 21.

AMSTERDAM tomaram o comércio com as ÍNDIAS ORIENTAIS de VENEZA e GÊNOVA, tomaram também os lucros e o dinheiro que advinham dali. Quando o centro de governo é transferido, onde exércitos caros são mantidos a distância, quando grandes fundos são possuídos por estrangeiros decorre naturalmente dessas causas uma diminuição do dinheiro. Mas estes, podemos observar, são métodos violentos e enérgicos de dispersar o dinheiro, e são em geral acompanhados pelo êxodo da população e da indústria. Mas onde estas permanecem e o fluxo não é contínuo, o dinheiro sempre encontra o seu caminho de volta, por centenas de canais, dos quais não temos sequer suspeita ou noção. Que tesouros imensos não foram gastos, por tantas nações, em FLANDRES, desde a revolução, no curso de três longas guerras?[26] Talvez mais dinheiro do que metade do total que existe hoje na EUROPA. Mas que fim levou essa soma? Ela permanece nos estreitos limites das províncias AUSTRÍACAS? Seguramente não: em sua maior parte, ele regressou aos diversos países de onde veio, acompanhando o trabalho e a indústria, por meio dos quais ele foi inicialmente adquirido. Por cerca de mil anos, o dinheiro da EUROPA migrou para ROMA, num fluxo aberto e claramente perceptível; mas este

---

[26] A histórica região de Flandres está hoje dividida entre o departamento do norte da França, as províncias belgas de Flandres Oriental e Ocidental e a província holandesa da Zelândia. Durante o século XVII, fez parte dos Países Baixos espanhóis. No período de que fala Hume (1688-1752), a região foi objeto de reivindicações territoriais e guerras sangrentas envolvendo a Inglaterra, a Holanda, a França, a Espanha e o Sagrado Império Romano. As três guerras a que Hume se refere aqui, e os tratados que as encerraram, são discutidos em "Da balança de poder". A maior parte de Flandres estava sob domínio austríaco quando Hume escreveu este ensaio.

foi esvaziado por muitos canais secretos e invisíveis: E a carência de indústria e comércio torna hoje os domínios papais os territórios mais pobres em toda a ITÁLIA.

Resumindo, um governo tem bons motivos para conservar com cuidado a sua população e as suas manufaturas. Com relação ao dinheiro, ele acompanhará com segurança os negócios humanos, se não houver medo nem desconfiança. E, se esta desempenhar algum papel, ela só o fará na medida em que não despertar aquele.

Ensaio VI

Da desconfiança no comércio

Tendo me esforçado para remover uma espécie de desconfiança infundada, que é tão freqüente no comércio entre as nações, não pode ser inoportuno mencionar outra, que parece igualmente sem fundamento.[1] Nada é mais comum, entre estados que fizeram avanços no comércio, do que olhar o progresso de seus vizinhos com suspeita, considerando todos os estados comerciais como seus rivais e supondo que eles só podem

---

[1] No ensaio precedente, Hume argumentava que nenhuma nação deve temer que as suas reservas financeiras sejam esgotadas pelo comércio. Aqui ele aborda outra das "desconfianças" que inibem o livre comércio, qual seja, o medo de que o comércio causa prejuízos a uma nação, na medida em que contribui para o desenvolvimento e a prosperidade dos seus vizinhos. Este ensaio, que apareceu pela primeira vez cerca de oito anos depois dos outros ensaios econômicos do autor, representa o ápice do pensamento de Hume sobre os benefícios mútuos do comércio e da inconveniência de se criar barreiras para proteger mesmo aqueles produtos que são considerados a "base" da economia de uma nação. Segundo Green e Grose, este ensaio apareceu pela primeira vez na edição de 1758 dos *Ensaios e Tratados sobre Diversos Temas*. Greif observa, contudo, que tanto este ensaio quanto aquele intitulado "Da coalizão dos partidos" foram impressos e encadernados separadamente, e agregados a exemplares posteriores à edição de 1758 dos *Ensaios e Tratados*. A data real de sua publicação, portanto, seria o final de 1759 ou o início de 1760. Ver J. T. Y. Greig, ed., *The Letters of David Hume* (Oxford: Clarendon Press, 1932) I:272 e 317.

prosperar em detrimento de sua própria situação. Em oposição a esta opinião maldosa e estreita, ouso afirmar que o crescimento das riquezas e do comércio em qualquer outra nação, em vez de prejudicar, geralmente estimula as riquezas e o comércio de todos os seus vizinhos; e que um estado dificilmente consegue levar muito longe sua indústria e comércio quando todos os estados vizinhos estão atolados na ignorância, na preguiça e na barbárie.

É evidente que a indústria doméstica de um povo não pode ser prejudicada pela prosperidade maior de seus vizinhos; e como esse ramo da economia é certamente o mais importante em qualquer reino extenso, não temos até aqui nenhum motivo para desconfiança. Mas vou mais longe, ao observar que, quando se preserva uma comunicação aberta entre as nações, é impossível que a indústria doméstica de cada uma não receba um estímulo do desenvolvimento das outras. Compare-se a situação da GRÃ-BRETANHA no presente com a de dois séculos atrás. Tanto a agricultura quanto as manufaturas eram então extremamente toscas e imperfeitas. Cada melhoria que fizemos desde aquela época surgiu da nossa imitação dos estrangeiros; e devemos considerar positivo, pelo menos até aqui, que eles tenham realizado avanços prévios e engenhosos em sua economia. Mas esse intercâmbio continua sendo efetuado para nossa grande vantagem: apesar do estado avançado das nossas manufaturas, nós ainda adotamos, cotidianamente, em todas as atividades, as invenções e melhorias de nossos vizinhos. Um produto é inicialmente importado do exterior, para nosso grande descontentamento, já que imaginamos que ele está drenando o nosso dinheiro: Em seguida, a própria atividade é gradualmente importada, para nossa visível vantagem: ainda assim, continuamos a nos queixar de que nossos vizinhos possuam qualquer atividade, indústria ou invenção; esquecendo que, se eles não nos tivessem instruído originalmente, continuaríamos sendo bárbaros no presente; e que, se eles não continuassem a nos instruir, nossas atividades cairiam num estado de marasmo e perderiam o caráter de competição e novidade, que tanto contribui para o progresso.

O aumento da indústria doméstica lança as bases para o comércio exterior. Quando um grande número de artigos é produzido e aprimorado para mercado interno, sempre sobrará um excedente que pode ser vantajosamente exportado. Mas, se os nossos vizinhos não tiverem nenhuma atividade, nenhum refinamento, eles não poderão comprá-los; porque não terão nada para oferecer em troca. Nesse aspecto, os estados vivem a mesma situação que os indivíduos. Um único homem dificilmente será produtivo quando todos os seus amigos são ociosos. As riquezas dos diversos membros de uma comunidade contribuem para aumentar as minhas riquezas, seja qual for a minha profissão. Eles consomem o produto do meu trabalho e me oferecem em troca o produto do trabalho deles.

Nenhum estado deve cultivar a apreensão de que os seus vizinhos se desenvolvam num grau tal em todas as atividades e manufaturas que não precisem mais importar nada. A natureza, ao conceder uma diversidade de temperamentos, climas e solos às diferentes nações, assegurou o intercurso e o comércio mútuos, desde que todos se mostrem trabalhadores e civilizados. Assim, quanto mais as atividades crescerem em qualquer estado, maiores serão as suas necessidades em relação aos seus vizinhos trabalhadores. Os habitantes, tendo se tornado ricos e habilidosos, desejam ter todos os artigos produzidos com perfeição; e, como eles têm diversos produtos para oferecer em troca, fazem grandes importações de todos os países estrangeiros. A indústria das nações de quem eles importam é assim estimulada; e a indústria doméstica também é incentivada, pela venda dos produtos que oferecem em troca.

Mas, e se uma nação tiver um produto de primeira necessidade, como ocorre com a manufatura de lã na INGLATERRA? A interferência de nossos vizinhos não deve provocar uma perda nesta manufatura para nós? Respondo que, quando qualquer produto é considerado a base da economia de um reino, supõe-se que este reino dispõe de algumas vantagens peculiares e naturais para produzir este artigo; e se, apesar dessas vantagens, ele perder sua manufatura, deve culpar sua própria preguiça ou má administração e não o trabalho de seus vizinhos. Também se deve considerar que, devido ao aumento da indústria nas nações vizinhas, o consumo de cada espécie de produto em particular também aumenta; e, embora as manufaturas estrangeiras interfiram no mercado, a demanda por esses produtos pode continuar a mesma, ou até aumentar. E, no caso de ela diminuir, as conseqüências devem ser consideradas tão fatais? Se o espírito de trabalho for preservado, ele pode ser facilmente desviado de um ramo para outro; e as manufaturas de lã, por exemplo, podem passar a ser empregadas na produção de linho, seda, aço, ou quaisquer outros produtos para os quais houver demanda. Não devemos temer que todos os objetos da indústria se esgotem, ou que as nossas manufaturas, enquanto estiverem no mesmo nível das de nossos vizinhos, fiquem em situação de perigo, ou carentes de mercado. A competição entre nações rivais serve antes para estimular a indústria em todas elas: E qualquer povo será mais feliz se possuir uma variedade de manufaturas do que se possuir uma única grande manufatura, que dê emprego a todos. A sua situação é assim menos precária e eles sentirão menos intensamente quaisquer mudanças e incertezas, às quais todo ramo particular de comércio sempre estará exposto.

O único estado comercial que pode ficar apreensivo com o desenvolvimento da indústria de seus vizinhos é a HOLANDA, que, não dispondo de uma grande extensão de terra, nem possuindo uma diversidade de produtos nativos, prosperou somente por atuar como corretores, agentes e transportadores de outros. Nessas circunstâncias, o povo pode naturalmente temer que, tão logo os estados vizinhos conheçam e sigam no encalço de seus lucros, tomarão para si o controle de seus próprios negócios, privando os agentes de seus lucros, que até então eles obtinham daí. Mas, embora essa conseqüência possa, naturalmente, ser encarada com apreensão, passará muito tempo antes que ela ocorra; com habilidade e trabalho, ela poderá ser adiada por muitas gerações ou mesmo totalmente evitada. A vantagem de manter estoques é tão grande que não será facilmente suplantada; e como todas as transações aumentam com o aumento da indústria nos estados vizinhos, mesmo um povo cujo comércio tenha bases precárias pode obter elevados lucros graças à prosperidade de seus vizinhos. Os HOLANDESES, tendo hipotecado todas as suas rendas, já não fazem uma figura tão boa nas transações políticas como antigamente; mas o seu comércio é seguramente igual ao que era em meados do século passado, quando eles eram reconhecidos como uma das grandes potências da EUROPA.

Se a nossa política estreita e perversa fosse bem-sucedida, nós reduziríamos todas as nações vizinhas ao mesmo estado de preguiça e ignorância que prevalece no MARROCOS e na costa de GIBRALTAR. Mas qual seria a conseqüência disso? Essas nações não poderiam nos enviar produtos: Não poderiam tampouco comprar os nossos produtos: o nosso comércio doméstico ia declinar por falta de competição, exemplo e instrução. E nós próprios, em pouco tempo, cairíamos na mesma situação abjeta à qual nós os teríamos reduzido. Ouso, portanto, afirmar que, não apenas como um homem, mas como um súdito BRITÂNICO, rezo pela prosperidade do comércio da ALEMANHA, da ESPANHA, da ITÁLIA e até mesmo da FRANÇA. Estou seguro de que a GRÃ-BRETANHA e todas essas outras nações prosperariam mais ainda se os seus soberanos e ministros adotassem sentimentos benevolentes e esclarecidos uns em relação aos outros.

DAVID HUME

Ensaio VI

Da balança de poder

É uma questão interessante saber se a *idéia* da balança de poder se deve inteiramente à política moderna ou se somente a *expressão* foi inventada em períodos recentes. É certo que XENOFONTE,[1] em sua CIROPÉDIA, sugere que a combinação dos poderes ASIÁTICOS surgiu da desconfiança em relação à força crescente dos MEDAS e dos PERSAS; e, embora essa elegante composição deva ser considerada também um pouco romanesca, esse sentimento, atribuído pelo autor aos príncipes orientais, é ao menos uma prova dos conceitos que prevaleciam nos tempos antigos.

Em todas as políticas da GRÉCIA, a ansiedade em relação à balança de poder é aparente e expressamente assinalada, até mesmo pelos historiadores antigos. TUCÍDIDES[2] apresenta a liga que foi formada contra ATENAS, e que provocou a guerra do PELOPONESO, como inteiramente decorrente desse princípio. E, depois do declínio de ATENAS, quando os TEBANOS e os LACEDEMÔNIOS disputavam a soberania, observamos que os ATENIENSES (bem como muitas outras repúblicas) sempre se

---

[1] Liv. i [*Ciropédia* (A educação de Ciro) I.5.2-3].
[2] Liv. i. [23].

inclinavam a apoiar a parte mais fraca, empenhando-se para equilibrar a balança. Eles apoiaram TEBAS contra ESPARTA, até a grande vitória conquistada por EPAMINONDAS em LEUCTRA; após a qual eles passaram imediatamente a apoiar os vencidos, supostamente por generosidade, mas na realidade movidos pela desconfiança em relação aos conquistadores.[3]

Quem quer que leia a oração de DEMÓSTENES pelos MEGALOPOLITANOS pode observar os maiores refinamentos desse princípio, que jamais passaram pela cabeça de um especulador VENEZIANO ou INGLÊS.[4] E, na época do primeiro crescimento do poder da MACEDÔNIA, esse historiador descobriu imediatamente o perigo, disparou o alarme ao longo de toda a GRÉCIA e por fim reuniu uma confederação sob o brasão de ATENAS, que lutou na grande e decisiva batalha da QUERONÉIA.

É verdades que as guerras GREGAS são vistas pelos historiadores como guerras de emulação, mais que de política; e cada estado

---

[3] XENOF. Hist GRAEC. Liv. vi & vii. [A derrota do exército invasor espartano em Leuctra para as forças tebanas sob o comando de Epaminondas, em 371 a.C., encerrou a supremacia militar de Esparta no Peloponeso. Receosa do poder crescente de Tebas, Atenas concluiu uma aliança formal com sua inimiga de longa data, Esparta, em 369 a.C.]

[4] Após sua vitória em Leuctra, Epaminondas tentou atenuar o poder espartano no Peloponeso ajudando a estabelecer Megalópolis como a nova capital de uma Arcádia unificada. Em 353 a.C., quando houve uma ameaça de guerra entre Megalópolis e Esparta, ambas as cidades enviaram embaixadores a Atenas, em busca de apoio. Demóstenes defendeu sem sucesso o apoio a Megalópolis, argumentando que tal política serviria melhor aos interesses de Atenas por manter um equilíbrio de poder entre Esparta e Tebas. Como Hume sugere mais tarde, Demóstenes promoveu posteriormente uma aliança de Atenas com Tebas e diversos estados do Peloponeso com a intenção de bloquear o poder macedônio. A derrota dessa aliança na Queronéia, em 338 a.C., tornou Filipe II da Macedônia o único senhor da Grécia.

parecia se preocupar mais com a honra de liderar os restantes do que com quaisquer esperanças bem-fundadas de autoridade e dominação. De fato, se considerarmos o pequeno número de habitantes de cada república isoladamente, comparado ao conjunto, a grande dificuldade de se estabelecerem cercos nessa época e a disciplina e a coragem extraordinárias de cada homem livre daquele povo nobre, concluiremos que a balança de poder estava suficientemente assegurada na GRÉCIA e não precisava ser vigiada com tanta cautela quanto era requerido em outras épocas. Mas, se atribuirmos as mudanças de lado em todas as repúblicas GREGAS à *competição desconfiada* ou à *política cautelosa*, os efeitos serão os mesmos, e todo poder que prevalecia tinha que enfrentar a oposição da confederação, e esta era freqüentemente composta por seus antigos amigos e aliados.

O mesmo princípio, seja ele chamado de desconfiança ou prudência, que produziu o *Ostracismo* de ATENAS e o *Petalismo* de SIRACUSA[5] e baniu todo cidadão cuja fama ou poder suplantava os demais; o mesmo princípio, eu digo, se revelou naturalmente na política externa, e logo trouxe inimigos para o estado em sua liderança, por mais moderado que fosse no exercício da autoridade.

---

[5] O Ostracismo foi uma das reformas democráticas introduzidas na Constituição ateniense por Clístenes, no final do século VI a.C., aparentemente como uma salvaguarda contra a restauração da tirania. O procedimento, que foi usado contra diversos homens de Estado proeminentes de Atenas no século V, permitia que uma assembléia consistindo em não menos que seis mil pessoas votasse o exílio de alguns cidadãos por um período de dez anos, após o qual ele poderia requisitar de volta seus direitos e propriedades. O Petalismo, tal como era praticado em Siracusa, era um procedimento semelhante, com a diferença de que os nomes de seus condenados ao exílio eram escritos em folhas de oliva, e não em pedaços de cerâmica quebrada (*ostraka*).

O monarca PERSA era de fato, na sua força, um príncipe menor, se comparado às repúblicas GREGAS; e, portanto, era interessante para ele, do ponto de vista da segurança mais que da competição, estimular os seus conflitos, e apoiar o lado mais fraco em cada disputa. Este foi o conselho dado por ALCIBÍADES a TISSAFERNES,[6] e assim ele conseguiu prolongar por cerca de um século a duração do império PERSA; até que a negligência momentânea desse conselho, após a primeira manifestação do temperamento ambicioso de FILIPE, trouxe abaixo aquele edifício elevado e frágil, com uma rapidez da qual existem poucos exemplos na história da humanidade.

Os sucessores de ALEXANDRE demonstraram uma grande desconfiança em relação à balança de poder; uma desconfiança fundada na verdadeira política e na prudência e que preservou durante eras a divisão feita após a morte daquele famoso conquistador. A fortuna e a ambição de ANTÍGONO[7] voltaram a ameaçá-los com uma monarquia universal; mas a sua união e a sua vitória em IPSO os salvaram. E, em períodos subseqüentes, observamos que, como os príncipes orientais consideravam os GREGOS e os MACEDÔNIOS as únicas forças militares reais, com as quais tinham qualquer tipo de intercurso, eles mantinham sempre um olhar vigilante sobre aquela região do mundo. Os PTOLOMEUS, em particular, primeiro apoiaram

---

[6] TUCID. Liv. viii. [8.46. Alcibíades, que anteriormente tomara o partido de Esparta contra a sua Atenas natal, desertou dos espartanos e se associou ao líder persa Tissafernes em 412 a.C. Alcibíades prestou seus serviços tendo em vista a sua própria eventual restauração em Atenas.]

[7] DIOD. da SIC. Liv. xx. [Depois da morte de Alexandre o Grande, Antígono, um dos generais de Alexandre, tentou restaurar o império sob a sua própria liderança, mas foi derrotado por generais rivais em Ipso, em 301 a.C.]

ARATUS e os AQUEUS, e então CLEÔMENES, rei de ESPARTA, tendo em vista unicamente contrabalançar o poder dos monarcas da MACEDÔNIA. Ao menos esse é o relato que POLÍBIO oferece da política EGÍPCIA.[8]

A razão pela qual se supõe que os antigos eram completamente ignorantes da *balança de poder* parece derivar da história ROMANA, mais que da GREGA; e, como as transações da primeira são geralmente mais familiares a nós, tiramos daí quase todas as nossas conclusões. Deve-se reconhecer que os ROMANOS nunca enfrentaram nenhuma aliança ou confederação geral que se formasse contra eles, como poderia ser naturalmente esperado, tendo em vista a rapidez de suas conquistas e a sua declarada ambição; eles foram, ao contrário, autorizados a subjugar pacificamente os seus vizinhos, um após o outro, até estenderem os seus domínios por todo o mundo conhecido. Isso sem citar a fabulosa história de suas guerras ITÁLICAS; após a invasão de ANÍBAL do estado ROMANO, ocorreu uma crise notável, que deveria ter chamado a atenção de todas as nações civilizadas. Revelou-se, mais tarde (e não seria difícil perceber isso na época),[9] que se tratava de uma disputa pelo império universal; e, no entanto, nenhum príncipe ou estado parece ter ficado ao menos alarmado com essa disputa e a

---

[8] Liv. ii. Cap 51. [Políbio descreve aqui acontecimentos de 225 a.C., quando Antígono III era rei da Macedônia.]

[9] Isso foi observado por alguns, como sugere o discurso de AGELAU de NAUPACTO, no congresso geral da GRÉCIA. Ver POLÍB. Liv. v. cap. 104. [Aníbal invadiu a Itália em 218 a.C. O discurso de Agelau alerta que o vencedor da guerra entre Roma e Cartago se tornará uma ameaça para a Grécia, e aconselha Filipe V da Macedônia a tratar bem os gregos, para que possa mais tarde contar com o seu apoio.]

ameaça que ela representava. FILIPE DA MACEDÔNIA permaneceu neutro, até que ele assistiu às vitórias de ANÍBAL; e então, da forma mais imprudente, fez uma aliança com o conquistador, em termos ainda mais imprudentes. Ficou estipulado que ele ajudaria o estado CARTAGINÊS em sua conquista da ITÁLIA; após a qual se comprometeu a enviar forças para a GRÉCIA, para ajudar na submissão das repúblicas GREGAS.[10]

As repúblicas de RODES e AQUÉIA são muito celebradas pelos antigos historiadores, por sua sabedoria e políticas sólidas; ainda assim ambas ajudaram os ROMANOS em suas guerras contra FILIPE e ANTIÓQUIA. E, o que pode ser considerado uma prova ainda mais forte de que essa máxima não era geralmente conhecida naquele período: nenhum autor antigo observou a imprudência dessas medidas, nem sequer condenou aquele tratado absurdo acima mencionado, feito entre FILIPE e os CARTAGINESES. Príncipes e homens de estado, em todas as eras, podem, de antemão, se mostrar cegos em seus raciocínios sobre os acontecimentos. Mas seria extraordinário que os historiadores, posteriormente, não formassem um julgamento mais sólido sobre eles.

MASSINISSA, ÁTALO e PRÚSIAS, ao satisfazerem suas paixões privadas, foram, todos, instrumentos da grandeza ROMANA; e parece que nunca sequer suspeitaram que estavam forjando os seus próprios grilhões, à medida que apoiavam os avanços de seu aliado.[11]

---

[10] TITI LIVII. Liv. xxiii, cap. 33. [O pacto entre o embaixador de Filipe, Xenofantes e Aníbal foi concluído em 215 a.C.]

[11] Como rei da Numídia (202-148 a.C.) e aliado de Roma, Massinissa adotou uma política agressiva contra a vizinha Cartago. Quando Cartago se viu por fim forçada a atacar Massinissa, Roma declarou guerra contra Cartago. Essa

Um simples tratado e acordo entre a MASSINISSA e os CARTAGINESES, tão requisitado pelo interesse mútuo, bloqueou todas as entradas da ÁFRICA para os ROMANOS, preservando assim a liberdade da humanidade.

O único príncipe com quem nos deparamos na história ROMANA que parece ter compreendido a balança de poder é o rei HIERO, de SIRACUSA. Embora fosse aliado de ROMA, ele ofereceu apoio aos CARTAGINESES, durante a guerra: "É um requisito", diz POLÍBIO,[12] "tanto para conservar os seus domínios na SICÍLIA como para preservar a amizade ROMANA, que CARTAGO esteja em segurança." Ele temia que, com a sua queda, o governo remanescente fosse capaz, sem resistência ou oposição, de executar qualquer propósito ou empreendimento. E aqui ele agiu com grande sabedoria e prudência. Pois em circunstância alguma isso deve ser desprezado; nem tamanho poder deve ser acumulado em uma só mão, a ponto de incapacitar os estados vizinhos de defenderem seus direitos contra quaisquer abusos. Eis aqui o objetivo da política moderna explicitado em termos claros.

Terceira Guerra Púnica (149-146 a.C.) levou à destruição de Cartago e à transformação de seu território numa província romana na África. Um século mais tarde, o território da Numídia foi anexado à província. Átalo I, rei de Pérgamo de 241 a 197 a.C., pediu apoio a Roma para limitar o poder macedônio, mas por fim (133 a.C.) Roma incorporou o reino e o transformou em sua província na Ásia. Prúsias I, rei da Bitínia (230?-182 a.C.), ficou neutro na guerra romana contra Antióquio III. Seu filho, Prúsias II, que foi rei da Bitínia de 182? a 149 a.C., foi leal a Roma até o limite da subserviência. A Bitínia se tornou uma província romana no século I a.C.

[12] Liv. i. cap. 83. Hiero II foi rei de Siracusa de 169 a 215 a.C. Políbio se refere aqui a acontecimentos de 239 a.C.

Resumindo, a máxima de se preservar a balança de poder está tão fundamentada no senso comum e no raciocínio óbvio que é impossível que ela tivesse escapado inteiramente à antigüidade, na qual encontramos, em outros aspectos, tantos sinais de uma profunda penetração e discernimento. Se ela não era tão geralmente conhecida e difundida quanto no presente, exerceu no mínimo alguma influência sobre todos os príncipes e políticos mais sábios e experimentados. E de fato, mesmo no presente, por mais conhecida e difundida que esteja entre os pensadores especulativos, ela não tem, na prática, uma autoridade muito mais extensa entre aqueles que governam o mundo.

Depois da queda do Império ROMANO, a forma de governo estabelecida pelos conquistadores do norte os impossibilitou, em grande medida, de fazer novas conquistas, e durante um longo período cada estado manteve as suas fronteiras. Mas quando a vassalagem e as milícias feudais foram abolidas, a humanidade viu-se novamente alarmada pela ameaça de uma monarquia universal, decorrente da união de tantos reinos e principados na pessoa do imperador CARLOS.[13] Mas o poder da casa da ÁUSTRIA, fundado em domínios extensos mas divididos, e nas suas riquezas, que derivavam principalmente das minas de ouro e prata, provavelmente cairia por si próprio, mais em função de seus defeitos internos do que em função dos ataques lançados contra ele. Em menos de um século, a força daquela raça violenta e altiva foi despedaçada, sua opulência dissipada, seu esplendor eclipsado. Um novo poder

---

[13] Carlos V, rei da Espanha e mais tarde Sagrado Imperador Romano, de 1519 a 1556, lutou para estabelecer um império unificado na Europa.

a sucedeu,[14] mais temerário para as liberdades da EUROPA, desfrutando de todas as vantagens do anterior e trabalhando sem nenhuma de suas fraquezas; com exceção de um pouco daquele espírito de intolerância e perseguição, do qual a casa da ÁUSTRIA esteve durante tanto tempo, e ainda está em grande parte, impregnada.

Nas guerras gerais mantidas contra essa ambiciosa potência, a GRÃ-BRETANHA saiu na frente; e ainda mantém a sua posição. Além das suas riquezas e sua situação vantajosa, o seu povo é dotado de tamanho sentimento nacional e é tão sensível aos benefícios que seu governo lhe proporciona, que podemos esperar que seu vigor nunca decline, ainda mais numa causa tão justa e necessária. Ao contrário, se podemos julgar pelo passado, o seu apaixonado ardor parece mais inclinado a demandar alguma moderação; pois podemos afirmar que eles erraram com mais freqüência devido a um excesso meritório do que a uma vergonhosa passividade.

Em *primeiro* lugar, parecemos estar mais dotados do espírito de emulação dos antigos gregos do que influenciados pelas visões prudentes da política moderna. Nossas guerras com a FRANÇA foram iniciadas com justiça, e até mesmo, talvez, com necessidade; mas elas sempre foram longe demais em decorrência de nossa obstinação e paixão. A mesma paz que foi posteriormente estabelecida em RYSWICK em 1697 tinha sido proposta já em 1692; o acordo celebrado em UTRECHT em 1712 poderia ter sido firmado em boas condições em GERTRUYTENBERG em 1708; e poderíamos ter proposto a FRANKFURT, em 1743, os mesmos termos que aceitamos com satisfação em AIX-LA-CHAPELLE em

---

[14] França é a potência que Hume tem em mente.

1748. Observamos aqui que mais da metade de nossas guerras com a FRANÇA, e todas as nossas dívidas públicas, se devem mais à nossa própria perseverança imprudente do que à ambição de nossos vizinhos.

Em *segundo* lugar, nós manifestamos uma oposição tão clara à potência FRANCESA e somos tão atentos na defesa de nossos aliados, que estes sempre contam com as nossas forças e não só com as deles; e esperando levar adiante uma guerra à nossa custa, rejeitam quaisquer termos razoáveis de conciliação. *Habent subjectos, tanquam suos; viles, ut alienos*.[15] Todo mundo sabe que o voto faccioso da Câmara dos Comuns, no início do último parlamento, conforme a tendência declarada da nação, fez com que a rainha da HUNGRIA fosse inflexível em seus termos, impedindo aquele acordo com a PRÚSSIA, que teria restaurado imediatamente a tranqüilidade geral da EUROPA.[16]

---

[15] "Eles nos tratam como escravos, como se pertencêssemos a eles, mas ao mesmo tempo nos consideram inúteis, como se pertencêssemos a outrem." Hume parafraseia aqui uma passagem de TÁCITO, *As Histórias* I.37, quando Oto, revoltando-se contra o imperador Galba, se queixa do apoio de Tito Vínio a Galba: "....agora ele nos mantém sob seu jugo como se fôssemos seus escravos, mas nos considera inúteis, porque pertencemos a outrem". (Tradução da edição Loeb por Clifford H. Moore.)

[16] Hume parece estar se referindo ao parlamento de 1741-47, e às suas primeiras medidas de apoio a Maria Teresa, rainha da Hungria, contra seu rival, Frederico II da Prússia, na Guerra da Sucessão austríaca. Em 1740, Frederico reivindicara uma parte da Silésia, e, quando esse pedido foi rejeitado pela Corte de Viena, o seu exército invadiu e dominou Silésia. Com seu tesouro vazio, Maria Teresa fez um apelo de ajuda às nações que tinham garantido a sua sucessão hereditária nos domínios austríacos. Em resposta a esse apelo, George II da Inglaterra declarou a sua intenção de preservar a balança de poder na Europa ao fornecer tropas e subsídios para a rainha da Hungria. Inicialmente, essa política teve apoio total do parlamento e do povo, embora envolvesse a

Em *terceiro* lugar, somos combatentes tão autênticos que, uma vez envolvidos, deixamos de lado qualquer preocupação conosco e com a posteridade, e nossa única necessidade é descobrir como causar mais danos ao inimigo. Hipotecar nossas rendas a uma taxa tão elevada, em guerras nas quais nossa presença era apenas acessória, foi certamente o engano mais fatal que uma nação que tivesse qualquer pretensão à política e à prudência poderia cometer. O remédio do financiamento, mesmo que fosse um remédio e não um veneno, deveria, em todas as circunstâncias, ser evitado ao máximo; e nenhuma catástrofe, que não fosse enorme e urgente, deveria jamais nos induzir a adotar um expediente tão perigoso.

Esses excessos, aos quais nos deixamos levar, são prejudiciais; e podem, talvez, no futuro, se tornar ainda mais prejudiciais de outra maneira, gerando, como é comum, o seu extremo oposto e nos tornando totalmente despreocupados e indiferentes com relação ao destino da EUROPA. Os ATENIENSES, um dos povos mais agitados, intrigantes e guerreiros da GRÉCIA, ao perceberem o equívoco que era se atirarem em qualquer conflito, abandonaram inteiramente a preocupação com os assuntos externos; e não tomaram mais parte de qualquer conflito, em parte alguma, e sua única participação passou a ser congratular e bajular os vencedores.

Inglaterra numa guerra dispendiosa no Continente, ao decidir apoiar a resolução de Maria Teresa de não manter a paz cedendo parte da Silésia a Frederico. O "voto faccioso" ao qual Hume se refere ocorreu em dezembro de 1742, quando a Câmara dos Comuns aprovou diversas medidas de guerra, incluindo a solicitação do rei para recrutar 16 mil homens de seu eleitorado em Hanover para as tropas, a soldo britânico, apesar de uma oposição substancial. O entusiasmo inglês em atender aos apelos de Maria Teresa desapareceu completamente em 1748, quando ela finalmente foi forçada, pelo Tratado de Aix-la-Chapelle, a ratificar a anexação da Silésia por Frederico.

Monarquias muito vastas são, provavelmente, prejudiciais à natureza humana, tanto em seu progresso quanto em sua continuidade,[17] e mesmo no seu declínio, que nunca pode estar muito distante do seu estabelecimento. O gênio militar, que engrandeceu a monarquia, logo desaparece da corte, da capital e do centro de um governo assim; enquanto as guerras ocorrem a uma longa distância, e interessam apenas a uma pequena parcela do estado. A antiga nobreza, que era afetivamente ligada ao seu soberano, vive toda na corte; e nunca aceitará compromissos militares que a obriguem a se locomover rumo a fronteiras remotas e bárbaras, onde ela esteja distante tanto de sua fortuna quanto de seus prazeres. As armas do estado devem, portanto, ser confiadas a estrangeiros mercenários, sem prudência, sem laços, sem honra; prontos a se voltarem contra o príncipe em qualquer ocasião, unindo-se a qualquer descontente desesperado que lhes ofereça pagamento e pilhagem. Esta é a evolução necessária dos negócios humanos: assim a natureza humana se revela em sua elevação etérea: assim a ambição trabalha cegamente para a destruição do conquistador, de sua família e de tudo e de todos que lhe sejam caros. Os BOURBONS, confiando no apoio de sua nobreza valente, fiel e afetuosa, consolidaram suas vantagens sem reserva ou limites.[18] Estimulados pela glória e pela competição, eles suportavam a fadiga e os perigos da guerra; mas nunca

---

[17] Se o império ROMANO estava em vantagem, isso decorria somente do fato de que a humanidade se encontrava, em geral, num estado desordenado e incivilizado, antes do estabelecimento do império.

[18] No século XVIII, os governantes da França e da Espanha pertenciam à casa de Bourbon. Com essa referência, Hume deixa claro que as suas observações gerais sobre a decadência inevitável das grandes monarquias são aplicáveis à Europa moderna.

se submeteriam a perecer na defesa da HUNGRIA ou da LITUÂNIA, esquecendo a corte e sacrificando-se às intrigas de qualquer lacaio ou amante que se aproximasse do príncipe. As tropas, assim, recrutavam CROATAS e TÁRTAROS, HUSSARDOS e COSSACOS; que se misturavam, talvez, com alguns poucos soldados mercenários das províncias; e o destino melancólico dos imperadores ROMANOS, em função das mesmas causas, se renovou continuamente, até a dissolução final da monarquia.

Ensaio VIII

Dos impostos

Entre alguns pensadores, prevalece uma máxima segundo a qual *todo novo imposto cria uma nova capacidade nos indivíduos de suportá-lo e que cada aumento dos encargos públicos aumenta proporcionalmente a capacidade de trabalho do povo*. A própria natureza desta máxima faz com que se abuse dela; e isso é tanto mais perigoso na medida em que sua verdade não pode ser inteiramente negada: e deve-se reconhecer que, dentro de certos limites, ela tem algum fundamento na razão e na experiência.[1]

---

[1] A "máxima" que Hume considera aqui era geralmente defendida pelos autores mercantilistas e por outros escritores entre 1660 e 1750. Ver Edwin R. Seligman, *The Shifting and Incidence of Taxation*, 5ª ed. rev. (Nova York, Columbia University Press, 1927), pp 25-30 e 46-62. Hume considera que é em parte correto esperar que os trabalhadores sejam capazes de absorver taxas moderadas nos produtos aumentando o seu trabalho, em vez de diminuírem o consumo ou de receberem aumentos no salário. Como muitas vezes as pessoas se mostram mais operosas e ricas onde existem "desvantagens naturais" de solo e clima a superar, podemos esperar que "ônus artificiais", como taxas judiciosas, serão igualmente favoráveis ao trabalho. Ainda assim Hume faz a ressalva de que os impostos não devem ser aplicados às "necessidades básicas da vida" e alertando que um povo pode ser arruinado por taxas exorbitantes ou inadequadas. Posteriormente, no ensaio, Hume contrapõe a opinião de que todos os impostos recaem sobre a terra, em última instância. John Locke defendia essa tese, e ele pode ser o "celebrado autor" a que Hume se refere em versões anteriores deste ensaio. A teoria de Locke sobre a

Quando um imposto recai sobre produtos que são consumidos pelo povo em geral, a conseqüência necessária parece ser ou que os pobres tenham que fazer cortes no seu orçamento e estilo de vida ou que passem a ganhar mais, de forma que o ônus dos impostos recaia inteiramente sobre os ricos. Mas há uma terceira conseqüência, que freqüentemente decorre da cobrança dos impostos, qual seja, a de que os pobres passam a trabalhar melhor, aumentando a sua produtividade, para manterem o seu padrão de vida, sem que necessariamente trabalhem mais. Quando os impostos são moderados, incidem gradualmente e não afetam as necessidades básicas da vida, essa conseqüência ocorre naturalmente; e é certo que tais dificuldades, muitas vezes, servem para aumentar o trabalho de um povo, que se torna assim mais opulento e laborioso que outros povos, que dispõem de maiores vantagens. Pois podemos observar, como um exemplo paralelo, que as nações mais comerciais nem sempre foram aquelas que possuíam as maiores extensões de terra fértil; ao contrário, muitas vezes, foram nações que enfrentaram muitas desvantagens naturais. TIRO, ATENAS, CARTAGO, RODES, GÊNOVA, VENEZA, HOLANDA são fortes exemplos dessa tese. E, em toda a história, encontramos somente três exemplos de países extensos e férteis que tinham um comércio desenvolvido: PAÍSES BAIXOS, INGLATERRA e FRANÇA. Os dois primeiros parecem ter sido atraídos pelas vantagens da sua situação marítima e pela necessidade

---

transferência dos impostos para a terra foi recuperada no século XVIII pela escola de economistas franceses conhecidos como os "Fisiocratas" (ver Seligman, pp 125-142). Hume debateu esse tema com um dos principais Fisiocratas, Anne-Robert Jacques Turgot, por correspondência, em 1766 e 1767. Para uma interpretação das opiniões de Hume sobre os impostos, ver Rotwein, *David Hume: Writings on Economics*, pp. lxxxi-lxxxiii.]

que tinham de freqüentar portos estrangeiros, para importar produtos aos quais seu clima não era favorável. Em relação à FRANÇA, o comércio se desenvolveu tardiamente neste reino e parece ter sido o efeito da reflexão e da observação de um povo engenhoso, que ficou atento às riquezas adquiridas pelas nações vizinhas que tinham uma navegação e um comércio bem desenvolvidos.

Os lugares mencionados por CÍCERO[2] como detentores do comércio mais ativo da sua época eram ALEXANDRIA, CÓLQUIDA, TIRO, SÍDON, ANDROS, CHIPRE, PANFÍLIA, LÍCIA, RODES, QUIOS, BIZÂNCIO, LESBOS, ESMIRNA, MILETO e CÓS. Todos, com exceção de ALEXANDRIA ou eram pequenas ilhas ou estreitos territórios. E aquela cidade devia seu comércio inteiramente à felicidade de sua situação.

Portanto, já que algumas necessidades ou desvantagens naturais podem ser consideradas favoráveis ao trabalho, por que determinados obstáculos artificiais não poderiam ter o mesmo efeito? *Sir* WILLIAM TEMPLE,[3] podemos observar, atribui a operosidade dos HOLANDESES inteiramente à necessidade decorrente de suas desvantagens naturais; e ilustra a sua doutrina com uma curiosa comparação com a IRLANDA; "onde", diz ele, "pela grandeza e fartura do solo, e escassez de gente, todas as coisas necessárias à vida são tão baratas que um homem laborioso, em dois dias de trabalho, ganha o suficiente para alimentá-lo pelo resto da semana. O que eu considero um fundamento muito sólido para a preguiça atribuída ao povo daquele país. Pois os homens naturalmente preferem o ócio ao trabalho e não farão força se

---

[2] Epist ad ATT. Lib. ix. Ep. II. [*Cartas a Ático* na edição Loeb.]
[3] Relato sobre a HOLANDA, cap. 6.

puderem viver ociosos; ao passo que quando, por necessidade, eles foram acostumados ao trabalho, não conseguem mais viver sem ele, pois se tornou um costume necessário à sua saúde e mesmo ao seu entretenimento. Talvez a mudança do ócio constante para o trabalho não seja mais dura, aliás, que a do trabalho para o ócio". Após o quê, o autor procede defendendo a sua doutrina, enumerando, como citado acima, os lugares onde o comércio mais vicejou, nos tempos antigos e modernos; e observando que, geralmente, em territórios estreitos e limitados, a necessidade promoveu e favoreceu o trabalho.

Os melhores impostos são aqueles que incidem sobre o consumo,[4] especialmente aqueles sobre artigos de luxo; porque esses impostos são menos sentidos pelo povo em geral. Em certa medida, eles parecem voluntários, já que um homem pode escolher com que freqüência usará o artigo taxado: eles são pagos de forma gradual e insensível; eles produzem naturalmente sobriedade e frugalidade, se forem aplicados de forma judiciosa; e, confundindo-se com o preço natural do artigo, eles mal são percebidos pelos consumidores. Sua única desvantagem é que sua aplicação em si é onerosa.

Impostos sobre propriedades são aplicados sem despesas; mas apresentam outras desvantagens. A maioria dos estados, porém, é obrigada a recorrer a eles, para compensar a deficiência do outro tipo de imposto.

Mas os impostos mais perniciosos são aqueles arbitrários.[5] Eles geralmente se convertem em punições para o trabalho; e também

---

[4] Hume tem em mente os impostos sobre os bens de consumo produzidos domesticamente e as taxas alfandegárias sobre os produtos importados.
[5] Ver Adam Smith, *A Riqueza das Nações*, liv. 5, cap. 2, pt. 2: "O imposto que cada indivíduo é forçado a pagar deve ser claro e nunca arbitrário. O prazo de pagamento, a forma de pagamento, o valor a ser pago, tudo deve ser transparente para o contribuinte e para todas as pessoas. Quando não é assim, cada indivíduo

são mais dolorosos por sua inevitável desigualdade do que pelo ônus real que representam. É surpreendente, portanto, verificar sua presença em qualquer povo civilizado.

Geralmente, todos os impostos por cabeça, mesmo quando não são arbitrários, e costumam sê-lo, podem ser considerados perigosos: Pois é tão fácil para o soberano aumentá-los um pouco, e mais um pouco, progressivamente, que tais impostos tendem a se tornar inteiramente opressivos e intoleráveis. Por outro lado, a necessidade de uma contrapartida para o imposto se torna evidente; e um príncipe cedo perceberá que um aumento nos impostos não representa um aumento de sua renda. Portanto, não é fácil nem recomendável arruinar um povo com esse tipo de imposto.

Os historiadores nos informam que uma das causas principais da destruição do estado ROMANO foi a mudança introduzida por CONSTANTINO nas finanças, ao substituir por um imposto individual universal quase todos os dízimos, taxas e impostos que anteriormente constituíam a renda do *império*.[7] Em todas as

---

sujeito ao imposto se vê mais ou menos nas mãos do cobrador, que pode aumentar o imposto de um contribuinte antipático e provocar controvérsias, pelo terror que isso inspira. A incerteza da taxação encoraja a insolência e favorece a corrupção de uma classe de homens que é naturalmente impopular, mesmo quando eles não são insolentes nem corruptos. A certeza em relação ao valor que cada indivíduo deve pagar é uma questão tão importante que eu considero, baseado na experiência de todas as nações, que mesmo um grau muito pequeno de incerteza é mais prejudicial que um grau considerável de desigualdade social."
[6] Um imposto por cabeça (ou capitação ou imposto por indivíduo) era um imposto aplicado a cada cidadão de uma comunidade, independentemente do valor de sua renda ou propriedade.
[7] Constantino ("o Grande") foi imperador de 306 a 337 d.C. Inicialmente ele dividiu o poder, mas após 324 foi o único governante de um império unificado. Em *Declínio e Queda do Império Romano*, cap. 17, Edward Gibbon faz um

províncias o povo foi tão oprimido e explorado pelos cobradores que se entregaram com prazer ao refúgio das armas dos conquistadores bárbaros, cujo domínio, pois que eles eram menos refinados e tinham menos necessidades, era julgado preferível à sofisticada tirania dos ROMANOS.

É uma opinião zelosamente defendida por alguns autores políticos que, já que todos os impostos, como se pretende, incidem em última instância sobre a terra, seria melhor limitá-los a ela, abolindo todos os impostos sobre o consumo. Mas não é certo que todos os impostos incidem em última instância sobre a terra. Se um imposto incide sobre qualquer produto consumido por um artesão, ele tem dois expedientes óbvios para pagá-lo; ele pode cortar uma parcela de suas despesas ou pode aumentar o seu trabalho. Ambos os recursos são mais fáceis e naturais do que elevar os seus ganhos. Observamos que, em anos de escassez, o tecelão ou consome menos ou trabalha mais ou emprega simultaneamente estes dois expedientes, a frugalidade e o labor, por meio dos quais ele consegue subsistir até o final do ano. É justo que esses indivíduos sofram a mesma exploração, se é que se pode usar esta palavra, em nome do bem público, em troca de proteção? Por meio de que artifício ele pode elevar o preço de seu trabalho? O fabricante que o emprega não aumentará o seu salário; nem poderia, porque o comerciante que exporta as roupas tampouco pode aumentar seu preço, estando limitado pelos preços praticados no mercado externo. É certo que todo homem deseja afastar de si o ônus dos im-

---

balanço da política fiscal de Constantino e de suas conseqüências, evocando os historiadores aos quais Hume faz alusão.

postos que é forçado a pagar, transferindo-o para outros. Mas, como todos os homens têm a mesma inclinação, ficando sempre na defensiva; nenhum grupo de homens consegue sobrepujar os demais nessa disputa. E por que o homem da terra deveria ser uma vítima do conjunto da sociedade, sem ter meios para se defender, como todos os demais, é uma questão que não consigo responder. De fato, todos os comerciantes cairiam sobre os homens da terra como aves de rapina, dividindo a pilhagem entre si, se pudessem. Mas eles sempre tiveram essa inclinação, mesmo quando não pagavam impostos; e os mesmos métodos por meio dos quais o homem da terra se defende da imposição dos comerciantes e das taxas servirão mais tarde para fazer com que o ônus seja dividido entre todos. Pois, de fato, devem ser impostos muito pesados e aplicados de forma muito arbitrária, que o artesão não consegue pagar sozinho, por meio da frugalidade e do trabalho, sem elevar o preço de seu produto.

 Concluirei este assunto observando que nós temos, em relação aos impostos, um exemplo de como é freqüente, nas instituições políticas, que as conseqüências das coisas sejam diametralmente opostas às que poderíamos esperar, à primeira vista. É considerada uma máxima fundamental do governo TURCO que o *Grand Signior*, embora senhor absoluto das vidas e das fortunas de cada indivíduo, não tem autoridade para criar um novo imposto; e todo príncipe OTOMANO que tentou fazer isso ou foi obrigado a voltar atrás ou enfrentou os efeitos fatais de sua teimosia. Pode-se imaginar que esse preconceito ou opinião estabelecida constituía a barreira mais firme contra a opressão naquela região do mundo; e no entanto é certo que o seu efeito era oposto. O imperador, não dispondo de um método regular de aumentar sua renda, se vê forçado a permitir que todos os paxás e governantes oprimam e explorem seus súditos: e estes são pressionados de todas as formas pelo governo. Por outro lado, se o imperador pudesse criar um novo imposto, como os nossos príncipes EUROPEUS, os seus interesses seriam tão coincidentes com os do povo que ele sentiria imediatamente os maus efeitos da arrecadação irregular de dinheiro e descobriria que uma libra obtida por meio de uma necessidade geral tem efeitos menos perniciosos do que um *shilling* tomado de forma arbitrária e desigual.

Ensaio IX

Do crédito público

Parece ter sido uma prática comum na antigüidade fazer provisões, em tempos de paz, para suprir as necessidades da guerra e estocar tesouros preventivamente, como um instrumento tanto para a conquista quanto para a defesa; sem que se precisasse depender assim de imposições extraordinárias e muito menos de empréstimos, em períodos de desordem e confusão. Além das imensas somas acima mencionadas,[1] que foram acumuladas por ATENAS, pelos PTOLOMEUS e por outros sucessores de ALEXANDRE, lemos em PLATÃO[2] que os frugais LACEDEMÔNIOS também estocaram um grande tesouro; e ARRIANO[3] e PLUTARCO[4] chamam a atenção para as riquezas que ALEXANDRE acumulou durante a conquista de SUSA e ECBATANA e que estavam guardadas, em parte, desde a época de CIRO. Se me lembro bem, o texto também menciona o tesouro de

---

[1] Ensaio V. ["Da balança comercial".]
[2] ALCIB. I [*Alcibíades* I. 122d-123b.]
[3] Liv. iii. [*Expedição de Alexandre* 3.16 e 19.]
[4] PLUT. *in vita* ALEX. [seçs. 36, 37.] Ele avalia esses tesouros em 80 mil talentos, ou cerca de 15 milhões de esterl. QUINTUS CURTIUS (liv. V. cap. 2.) afirma que ALEXANDRE encontrou em SUSA mais de 50 mil talentos.

EZEQUIEL e dos príncipes JUDEUS;⁵ assim como a história profana se refere aos tesouros de FILIPE e PERSEU, reis da MACEDÔNIA. As antigas repúblicas da GÁLIA costumavam ter grandes somas estocadas.⁶ Todas as pessoas sabem do tesouro acumulado em ROMA por JÚLIO CÉSAR, durante as guerras civis:⁷ e observamos, mais tarde, que os imperadores mais sábios, AUGUSTO, TIBÉRIO, VESPASIANO, SEVERO &c. sempre demonstraram a prudência de economizar grandes somas para o caso de qualquer emergência pública.

Ao contrário, o nosso expediente moderno, que se tornou muito comum, é hipotecar as rendas públicas, contraindo dívidas, e confiar que a posteridade pagará todos os ônus contratados por seus ancestrais: E eles, tendo diante dos olhos um exemplo tão temerário como o de seus sábios pais, têm a mesma confiança imprudente na *sua* posteridade; esta, por sua vez, mais por necessidade que por escolha, é obrigada a depositar a mesma confiança numa nova posteridade. Mas, para não perdermos tempo clamando contra uma prática que parece prejudicial e, acima de toda controvérsia, parece bastante evidente que as antigas máximas são, nesse aspecto, mais prudentes que as modernas; mesmo que estas respeitem limites razoáveis e que nosso país tenha sido sempre capaz, em todos os casos, de demonstrar frugalidade, em

---

⁵ Ver *2 Reis* 18:15; *Crônicas* 32:27-29.
⁶ ESTRABÃO. Liv. iv (I.13 na edição Loeb).
⁷ No começo da Guerra Civil de 49-45 a.C., que terminou com sua vitória total sobre Pompeu e outros inimigos, Júlio César apoderou-se do tesouro de estado de Roma, que consistia em uma enorme soma em barras de ouro e prata e outros metais preciosos. Ver Plutarco, *Vidas*, na vida de César, seç. 35.

tempos de paz, para se desembaraçar das dívidas adquiridas durante uma guerra dispendiosa. Então, por que deveriam ser tão diferentes nesse caso o público e o individual, de forma a adotarmos distintas normas de conduta para um e para outro? Se os fundos do primeiro são maiores, as suas despesas necessárias também são, proporcionalmente, maiores; se seus recursos são mais numerosos, não são infinitos; e, como a sua administração deve ser calculada para um prazo muito maior do que a vida de um indivíduo, ou mesmo de uma família, ele deve adotar máximas amplas, duráveis e generosas, de acordo com a suposta extensão de sua existência. Confiar no acaso e em expedientes temporários é, de fato, algo que a urgência dos assuntos humanos torna freqüentemente inevitável; mas quem quer que adote voluntariamente esses recursos não pode acusar a necessidade, mas apenas a sua própria insensatez, para culpar por suas desgraças, quando elas acontecem.[8]

Se os abusos do tesouro são perigosos, seja por envolverem o estado em empreendimentos duvidosos, seja por fazerem com que

---

[8] As reflexões de Hume neste ensaio devem ser entendidas à luz do contexto da controvérsia do século XVIII em relação aos efeitos positivos e negativos da dívida pública. O economista francês Melon, bem como outros na Inglaterra, argumentava que a dívida nacional era um alimento para o corpo político, ou um tesouro que enriquecia a nação, mas a maioria dos escritores britânicos, incluindo Hume e Adam Smith, ficou alarmada com o crescimento da dívida pública. Ver Shutaro Matsushita, *The Economic Effects of Public Debts* (Nova York: Columbia University Press, 1929), cap. I. Smith desenvolve argumentos muito parecidos com os do ensaio de Hume, mas de forma mais detalhada, em *A Riqueza das Nações*, liv. 5, cap. 3. A posição de Hume em relação à política fiscal está resumida por Rotwein em *David Hume: Escritos sobre Economia*, pp. lxxxiii-lxxxviii.

ele negligencie a disciplina militar, confiando nas suas riquezas, os abusos da hipoteca são ainda mais certos e inevitáveis; pobreza, passividade e submissão às potências estrangeiras.

Como demonstra a política moderna, isso foi freqüentemente acompanhado de diversas circunstâncias destrutivas: perda de homens, aumento de impostos, declínio do comércio, dissipação do dinheiro, devastação por mar e por terra. Por outro lado, de acordo com as antigas máximas, a abertura do tesouro público, por ter produzido uma afluência incomum de ouro e prata, serviu como um encorajamento temporário à indústria, e compensou, até certo ponto, as inevitáveis calamidades da guerra.

É muito tentador para um ministro empregar tal expediente, que o capacita a fazer uma grande figura durante a sua administração, sem sobrecarregar o povo com impostos, nem despertar qualquer clamor imediato contra ele próprio. Portanto, a prática de contrair dívidas quase infalivelmente será abusada, em qualquer governo. Dificilmente seria mais imprudente dar a um filho pródigo um crédito em todas as agências bancárias de Londres do que dotar um homem de Estado do poder de emitir letras, sem limites, comprometendo a posteridade.

Podemos então afirmar um novo paradoxo, o de que os encargos públicos são, em si, vantajosos, independentemente da necessidade de contraí-las, e que qualquer estado, mesmo que não esteja sendo pressionado por um inimigo exterior, não poderia na prática adotar um expediente mais sábio para promover o comércio e as riquezas do que criar fundos, dívidas e impostos, sem qualquer limitação? Raciocínios como este poderiam, naturalmente, ser aprovados pelo engenho dos retóricos, como o panegírico sobre a loucura e a febre que foi aprovado por BUSÍRIS e NERO, se nós não tivéssemos testemunhado a forma como grandes ministros, em parte ainda atuantes entre nós, lidaram com essas máximas.[9]

Examinemos as conseqüências das dívidas públicas, tanto em nossa administração doméstica, por sua influência no comércio e na indústria; e em nossas transações externas, por seus efeitos nas guerras e negociações.

As garantias públicas se tornaram entre nós uma espécie de moeda e são reconhecidas como tendo o mesmo valor que o

---

[9] Essa passagem deve ser entendida basicamente como uma crítica a *Sir* Robert Walpole, que desempenhara um papel de liderança na Câmara dos Comuns desde sua eleição em 1701 até sua renúncia como "Primeiro-Ministro" em 1742, ao lado dos *Whigs* que o apoiavam. A intenção de Hume fica mais clara numa passagem que ele omitiu desta versão do ensaio. A passagem omitida é parafraseada de perto por Adam Smith: "Para fazer cessar o clamor, *Sir* Robert Walpole se empenhou em demonstrar que a dívida pública não representa um inconveniente, embora seja de se supor que um homem com suas qualificações pensasse exatamente o contrário" (*Lectures on Jurisprudence* [Londres: Oxford University Press, 1978; Indianápolis, Liberty Classics, 1982] p. 515). Em 1717, Walpole tinha sido fundamental para o estabelecimento de um fundo de amortização destinado a pagar o principal da dívida nacional e essa política foi ao menos parcialmente bem-sucedida na década que se seguiu. Em 1733, contudo, Walpole insistiu para que o Parlamento sacasse dinheiro daquele fundo para pagar despesas comuns, argumentando que isso seria menos oneroso para o país do que arrecadar os impostos sobre a terra. Essa medida foi rejeitada por aqueles que viam o fundo como uma "bênção sagrada" e "a única esperança da nação". Mas o dinheiro foi regularmente desviado do fundo de amortização nos anos subseqüentes à gestão de Walpole. Ver Norris A. Brisco, *The Economic Policy of Robert Walpole* (Nova York, AHS Press, 1967), cap. 2. Hume está sugerindo nessa passagem que a justificativa de Walpole para continuar a dívida é tão evidentemente falaciosa quanto os discursos que exaltam os tiranos (Busíris, segundo a mitologia grega, era um cruel rei egípcio) ou outras atitudes condenáveis.

ouro ou a prata. Onde quer se se encontre a oportunidade de um empreendimento lucrativo, por mais oneroso que seja, nunca aparecem indivíduos suficientes dispostos a abraçá-lo; mas um comerciante que tenha somas depositadas no tesouro público não precisa ficar apreensivo ao se lançar num negócio de longo prazo; pois ele possui fundos, que estarão disponíveis diante de qualquer exigência súbita que possam fazer dele. Por isso, nenhum comerciante julga ser necessário guardar consigo uma grande quantia. Letras de câmbio, ou bônus da Índia,[10] especialmente os últimos, servem para os mesmos propósitos; porque ele pode dispor deles ou descontá-los num banco num quarto de hora; e, ao mesmo tempo, eles nunca estão imobilizados, mesmo quando estão depositados, pois continuam lhe trazendo uma renda constante. Resumindo, o nosso tesouro nacional oferece aos comerciantes uma espécie de dinheiro que se multiplica continuamente nas suas mãos, produzindo um ganho certo, além dos lucros obtidos com seu negócio. Isso deve capacitá-los a diminuir sua taxa de lucro no comércio. Uma menor taxa de lucro do comerciante torna o produto mais barato, provoca o aumento do consumo, acelera o trabalho da gente comum e estimula o crescimento da indústria e outras atividades por toda a sociedade.

Podemos observar que também existe na INGLATERRA e em todos os estados que têm comércio e dívidas públicas um grupo de homens, que são meio comerciantes, meio especuladores,

---

[10] Presumivelmente, Hume se refere a uma espécie de ações da Companhia Britânica das Índias Orientais.

que se supõe estarem dispostos a fazer comércio por baixos lucros; porque o comércio não é a sua fonte de renda única nem a principal, e as suas rendas com os fundos constituem um recurso seguro para eles e suas famílias. Se não existissem fundos, grandes comerciantes não teriam recurso algum para assegurar parte de seus rendimentos, a não ser comprando terras; e a terra apresenta muitas desvantagens em comparação com os fundos. Exigindo mais cuidados e vigilância, ela consome o tempo e a atenção do comerciante; diante de qualquer oportunidade de negócio ou de um acidente extraordinário no comércio, ela não se converte com facilidade em dinheiro; e como a terra exige muito, tanto pelos muitos prazeres naturais que proporciona quanto pela autoridade que ela dá, logo o cidadão se converte de bom grado em um cavalheiro do campo. Mais homens, portanto, com maiores estoques e rendas, tendem naturalmente a continuar no comércio, onde estão as dívidas públicas; e isso, deve-se reconhecer, é vantajoso para o comércio, por diminuir a taxa de lucros, promover a circulação e estimular a indústria.

Mas, em oposição a essas duas circunstâncias favoráveis, e talvez de importância não muito expressiva, pesam diversas desvantagens que acompanham as nossas dívidas públicas, no conjunto da economia *interna* do estado; mas certamente não se pode comparar o mal e o bem que resultam delas.

Primeira. É certo que as dívidas públicas provocam uma poderosa afluência de pessoas e riquezas para a capital, devido às grandes somas arrecadadas nas províncias para pagar os juros; e talvez, também, pelas vantagens do comércio acima mencionadas, das quais os comerciantes desfrutam mais na capital do que em outras regiões do reino. A questão é saber se, em nosso caso, serve ao interesse público que tantos privilégios se concentrem em LONDRES, que já chegou a um tamanho enorme e continua crescendo. Alguns homens estão apreensivos com as conseqüências deste crescimento. De minha parte, não posso deixar de pensar que, embora a cabeça seja sem dúvida grande demais para o corpo, ainda assim esta grande cidade tem uma situação tão feliz que o seu crescimento excessivo causa menos inconvenientes do que aqueles de uma capital menor para um reino maior. Existe uma diferença maior entre os preços das provisões de PARIS e LANGUEDOC do que entre os preços de LONDRES e YORKSHIRE. De fato, a imensa grandeza de LONDRES, sob um governo que não admite qualquer poder discricionário, torna as pessoas facciosas, amotinadas, sediciosas e talvez até rebeldes. Mas, para este mal, as próprias dívidas nacionais tendem a oferecer um remédio. A primeira erupção visível, ou mesmo o perigo imediato de desordens públicas, alarma imediatamente todos os especuladores, cujas propriedades são as mais precárias de todas; e eles logo correm atrás do apoio do governo, quando se sentem ameaçados seja pela violência jacobita,[11] seja pela exaltação democrática.

Segunda. As reservas públicas, por constituírem uma espécie de papel-moeda apresentam todas as desvantagens que acompanham aquela espécie de dinheiro. Elas abolem o ouro e a prata da maior

---

[11] Os Jacobitas eram os partidários da causa Stuart depois da Revolução de 1688. Houve um levante Jacobita em 1715 em apoio a James Edward Stuart, o "Velho Pretendente", e outro em 1745 em apoio a Charles Edward Stuart, o "Jovem Pretendente". O sentimento Jacobita era particularmente forte nas Terras Altas da Escócia.

parte do comércio considerável do estado, reduzindo-os à circulação comum, e assim tornam todas as provisões e todo o trabalho mais valorizados do que o seriam de outra forma.

Terceira. Os impostos, que são arrecadados para pagar os juros das dívidas, tendem tanto a aumentar o preço do trabalho quanto a oprimir as classes pobres.

Quarta. Como os estrangeiros possuem uma boa parte dos nossos fundos nacionais, o povo se torna de certa forma seu tributário, o que pode ocasionar, em algum momento, a migração de nossas pessoas e de nossa indústria.

Quinta. Como a maior parte das reservas públicas está sempre nas mãos de gente ociosa, que vive de rendas, os nossos fundos, assim, acabam estimulando em grande medida um estilo de vida inútil e inativo.

Mas, embora o mal causado ao comércio e à indústria pelos nossos fundos públicos não pareça pouco considerável, num balanço final ele é trivial em comparação com o preconceito que deriva de se considerar o estado puramente um corpo político, que deve se sustentar na sociedade das nações, e que mantém várias transações com outros estados, em guerras ou negociações. O mal, visto dessa maneira, é puro e sem nuances, sem qualquer circunstância favorável que o atenue; e é um mal de uma natureza intensa e das mais graves.

Na verdade, costuma-se dizer que o povo não se enfraquece em função de suas dívidas, já que a maioria destas ocorre internamente, de forma a representar ganhos e perdas equivalentes. É como passar dinheiro da mão direita para a esquerda, dizem; o que não deixa a pessoa nem mais rica nem mais pobre do que antes.[12] Estes argumentos vagos e comparações enganadoras sempre costumam ser aprovados, quando não se julga com base em princípios sólidos. Pergunto se é possível, na natureza das coisas, sobrecarregar uma nação de impostos, mesmo quando o soberano reside no meio do povo. A própria dúvida parece extravagante; já que é exigido, em toda sociedade, que haja uma determinada proporção entre a parte trabalhadora e a ociosa de uma sociedade. Mas, se todos os nossos impostos atualmente arrecadados forem hipotecados, não teremos que inventar outros novos? E essa prática não pode ser levada a um ponto em que se torne destrutiva e prejudicial?

Em todas as nações, existem sempre métodos de se arrecadar dinheiro que são mais fáceis do que outros e mais de acordo com o modo de vida das pessoas e com os produtos que elas consomem. Na GRÃ-BRETANHA, as taxas sobre o malte e a cerveja garantem um enorme rendimento; porque as operações envolvendo sua fabricação são tediosas e difíceis; e, ao mesmo tempo, esses produtos não são tão absolutamente necessários à vida a ponto de um aumento de seus preços afetar as classes mais pobres. Se essas taxas fossem hipotecadas, seria muito difícil inventar outras, o que constituiria a ruína e a opressão dos mais pobres.

Os impostos sobre o consumo são mais eqüitativos e fáceis do que aqueles sobre a propriedade. Que os primeiros tenham sido

---

[12] Ver Melon, *Essai politique sur le commerce*, cap. 23: "As dívidas de um estado são as dívidas da mão direita com a mão esquerda, que não enfraquecem o corpo de forma alguma, se ele tiver a quantidade necessária de matérias-primas e souber como distribuir essas dívidas." Citado em Matsushita, *The Economic Effects of Public Debts*, p. 20.

exauridos constitui uma desgraça para o povo, pois temos que recorrer aos métodos mais dolorosos para arrecadar impostos!

Se todos os proprietários de terra fossem apenas administradores de um bem público, a necessidade não os obrigaria a praticar todos os meios de opressão usados pelos administradores, da mesma forma que o rigor do proprietário o torna menos vulnerável a acidentes?

Dificilmente se pode dizer que não se deve impor limites à dívida pública; e que o povo não ficaria mais fraco se pagasse 12 ou 15 *shillings* a mais por libra em impostos, hipotecas e taxas. Portanto, existe algo mais, no caso, que a simples transferência da propriedade de uma mão para outra. Em 500 anos, a posteridade provavelmente fará com que troquem de lugar aqueles que estão dirigindo a carruagem e aqueles que estão sendo transportados, sem que o bem público seja afetado por essas revoluções.

Vamos supor que o povo alcançou essa condição, da qual se aproxima com impressionante rapidez; que a terra seja taxada em 18 ou 19 *shillings* por libra, pois que nunca se poderiam taxar todos os 20; que todas as taxas e impostos tenham alcançado o limite máximo que uma nação pode suportar, sem destruir inteiramente o seu comércio e a sua indústria; e que todos os fundos estão hipotecados até a eternidade, e que a imaginação e o engenho de nossos líderes não consigam encontrar um artifício que justifique um novo empréstimo; consideremos então as conseqüências dessa situação. Embora o estado imperfeito do nosso conhecimento político e a estreita capacidade dos homens tornem difícil prever os efeitos que resultariam de qualquer medida inédita, as sementes da ruína encontram-se aqui espalhadas em tal profusão que não podem escapar à vista mesmo do observador mais desatento.

Nesse estado não-natural da sociedade, as únicas pessoas que possuem qualquer renda além dos efeitos imediatos de seu trabalho são os especuladores, que tiram quase todos os seus rendimentos das terras e casas, além do fruto de todos os impostos e taxas. Estes são homens que não têm conexão alguma com o estado e que podem desfrutar de sua renda em qualquer parte do globo onde decidam viver, e que naturalmente se radicarão na capital ou em grandes cidades, onde afundarão na letargia de um luxo estúpido e mimado, sem alma, ambição ou prazer verdadeiros. Adeus a todas as idéias de nobreza, elevação e família. As reservas podem ser transferidas num instante e, apresentando-se nesse estado flutuante, raramente serão transmitidas de pai para filho ao longo de mais que três gerações. Ou, mesmo que permaneçam tanto tempo assim numa mesma família, elas não garantem mais qualquer autoridade hereditária ou crédito ao proprietário; e, dessa forma, as diversas classes de homens, que formam uma espécie de magistratura independente num estado, instituída pela mão da natureza, se perdem inteiramente; e todo homem com autoridade extrai sua influência apenas da confiança do soberano. Não se dispõe de qualquer expediente para prevenir ou suprimir insurreições, além dos exércitos de mercenários: Não resta nenhum expediente para se resistir à tirania: as eleições são dominadas pelo suborno e pela corrupção; E, como o poder intermediário entre o rei e o povo foi totalmente suprimido, passa a prevalecer inevitavelmente um doloroso despotismo. Os proprietários de terras, desprezados por sua decadência e odiados por sua antiga opressão, serão totalmente incapazes de fazer qualquer oposição a esse estado de coisas.

David Hume

Embora os legisladores possam decretar uma resolução impedindo a criação de qualquer imposto que prejudique o comércio e desestimule a indústria, será impossível para os homens, sujeitos a tal situação de delicadeza extrema, raciocinar de forma justa e nunca se equivocar; ou serem dissuadidos de sua resolução, em meio a dificuldades urgentes. As flutuações contínuas no comércio requerem alterações contínuas na natureza dos impostos; o que expõe a todo momento a legislatura ao risco de erro, deliberado ou involuntário. E qualquer grande golpe desferido contra o comércio, seja por taxas arbitrárias, seja por outros fatores, lança imediatamente todo o sistema de governo numa situação confusa.

Mas que expediente pode empregar o governo agora, mesmo supondo que o comércio continue a florescer nas melhores condições, de forma a financiar as suas guerras e empreendimentos externos e a defender os seus próprios interesses e honra ou os de seus aliados? Não pergunto como o governo pode continuar exercendo o poder prodigioso que demonstrou durante as nossas últimas guerras; quando superamos tanto não somente a nossa força natural, mas também aquela dos maiores impérios. Essa extravagância é o abuso que se acusa de ser a fonte de todos os perigos, aos quais estamos presentemente expostos. Mas como ainda podemos supor que o comércio e a opulência continuarão, mesmo depois que todos os fundos estive-

---

[13] Adam Smith descreve os diversos métodos de tomar empréstimos empregados pelo governo britânico no século XVIII. Estes incluíam uma anuidade perpétua equivalente aos juros, que o governo poderia cancelar a qualquer momento, se pagasse de volta o principal da soma emprestada. Essa forma de levantar dinheiro era conhecida como fundo perpétuo, ou mais simplesmente fundo. Outros tipos de anuidade obedeciam a uma taxa fixa, ou valiam enquanto o credor vivesse. Ver *A Riqueza das Nações*, liv. V, cap. 3.

rem hipotecados; estas riquezas deverão ser defendidas por um poder proporcional; e de onde o governo pode extrair os rendimentos necessários para financiar isso? Só pode ser através de uma taxação contínua dos contribuintes ou, o que é a mesma coisa, de novas hipotecas, a juros elevados, de uma certa parcela de suas anuidades;[13] e assim se faz com que contribuam para a sua própria defesa, e para a defesa da nação. Mas as dificuldades que acompanham esse tipo de política logo aparecerão, seja o rei um senhor absoluto, seja ele controlado por conselhos nacionais, nos quais os próprios contribuintes têm poder de decisão.

Se o príncipe se tornou absoluto, como é natural esperar nesse estado de coisas, é fácil para ele aumentar as suas cobranças sobre os contribuintes, que se privam de todo o dinheiro que guardam nas mãos, e logo esse tipo de propriedade perde todo o seu crédito, e toda a renda de cada indivíduo no estado passa a depender inteiramente da boa vontade do soberano: Um grau de despotismo que ainda não foi atingido por nenhuma monarquia oriental. Se, ao contrário, o consentimento dos contribuintes for um requisito para qualquer taxação, eles nunca serão convencidos a contribuir com o suficiente sequer para a manutenção do governo, já que se mostram muito sensíveis a qualquer diminuição da sua renda, ainda mais se esta não se apresentar na forma de um imposto ou taxa, e se não for compartilhada por qualquer outra ordem do estado, que supostamente já foi taxada até o limite. Existem casos, em algumas repúblicas, de um centavo por *penny*, e às vezes dois centavos, que são pagos para sustentar o estado; mas isso ainda é um exercício extraordinário do poder e nunca poderia se tornar o fundamento de uma política nacional permanente. Sempre observamos, quando um governo hipoteca todas as suas rendas, que é inevitável cair num estado de marasmo, inatividade e impotência.

Tais são os inconvenientes, que podem ser facilmente previstos, dessa situação, da qual se aproxima visivelmente a GRÃ-BRETANHA. Para não citar os inúmeros inconvenientes que não podem ser previstos, mas que devem resultar de uma situação tão monstruosa como a de tornar o governo o principal ou o único proprietário de terras, além de investi-lo do poder de criar qualquer imposto ou taxa que a fértil imaginação dos ministros e legisladores for capaz de inventar.

Devo admitir que existe uma estranha passividade, consolidada pelo hábito, que atinge todas as classes de homens, em relação às dívidas públicas, não muito diferente da que os clérigos se queixam com veemência, em relação às suas doutrinas religiosas. Todos sabemos que mesmo a mais viva imaginação não pode esperar que esse ou aquele futuro ministro seja dotado de tal rigidez, equilíbrio e frugalidade a ponto de fazer um progresso considerável no pagamento das nossas dívidas; ou que a situação dos negócios externos proporcionará, por um período suficientemente longo, a tranqüilidade necessária para esse empreendimento. *O que, então, será de nós?* Se fôssemos bons cristãos, resignados com a Providência... Esta, parece-me, é uma questão curiosa, mesmo do ponto de vista puramente especulativo, e talvez não seja totalmente impossível oferecer uma solução conjuntural para ela. Aqui os acontecimentos dependerão pouco das contingências das batalhas, negociações, intrigas e facções. Parece existir um progresso natural das coisas, que pode orientar o nosso pensamento. E teria sido necessária apenas uma dose razoável de prudência antes de iniciarmos essa prática da hipoteca, para se ter previsto, com base na natureza dos homens e dos ministros, que as coisas necessariamente seguiriam esse rumo; então, agora que as coisas já aconteceram, não pode ser difícil adivinhar as suas conseqüências futuras. Estas devem ser as seguintes: ou a nação terá que abolir o crédito público, ou o crédito público destruirá a nação. É impossível que os dois subsistam, com base na maneira pelas quais foram até aqui administrados, neste e em outros países.

Existiu, de fato, um esquema para o pagamento de nossas dívidas, que foi proposto por um excelente cidadão, Sr. HUTCHINSON,[14] mais de 30 anos atrás, e que foi aprovado com louvor por alguns homens sensatos, mas que nunca chegou a ser aplicado na prática. Ele afirmava que era uma falácia imaginar que o governo devia de fato qualquer quantia; pois na verdade cada indivíduo devia uma parcela proporcional da dívida e pagava, com seus impostos, uma parcela proporcional dos juros, além dos impostos arrecadados em si. Não seria melhor, pergunta ele, fazermos uma distribuição da dívida entre nós, de forma que cada um contribuísse com uma soma adequada às suas posses, e dessa forma nos livrarmos de todas as nossas dívidas e hipotecas públicas? Ele parece não ter levado em conta que os trabalhadores pobres pagam uma parte considerável dos impostos por meio de seu consumo anual, mas que jamais poderiam adiantar, de uma vez só, a parte proporcional da dívida que lhes coubesse. Para não mencionar que a propriedade em dinheiro e os estoques no comércio podem ser facilmente ocultados ou disfarçados; e

---

[14] Archibald Hutcheson, *A Collection of Treatises relating to the National Debts and Funds* (1721).

que as propriedades visíveis em terras e imóveis acabariam, por fim, respondendo por todos: um tipo de injustiça e opressão ao qual ninguém se submeteria. Mas, embora seja improvável que esse projeto seja adotado, não é totalmente improvável que, quando a nação adoece gravemente de suas dívidas, e é cruelmente oprimida por elas, algum teórico audacioso possa aparecer com planos visionários para a sua solução. E, como este será um momento em que o crédito público estará se fragilizando, o menor equívoco poderá destruí-lo por completo, como aconteceu na FRANÇA durante a regência;[15] e, dessa maneira, a nação pode *morrer do médico*.

É porém mais provável que a quebra da fé nacional seja o efeito necessário das guerras, derrotas, desgraças, calamidades públicas e mesmo, talvez, das vitórias e conquistas. Devo confessar que, quando vejo príncipes e estados lutando ou polemizando a respeito de suas dívidas, fundos e hipotecas públicas, isto sempre me traz à mente uma briga de porretes. Como se pode esperar que soberanos poupem uma espécie de propriedade que é perniciosa para eles e para o povo, quando eles demonstram tão pouca compaixão em relação às vidas e às propriedades que lhes possam ser úteis? Deixemos chegar o tempo (e ele certamente chegará) em que os novos fundos, criados pelas exigências do ano, não tiverem mais lastro, nem corresponderem mais ao dinheiro projetado. Suponhamos mesmo que o dinheiro líquido da nação seja esgotado; ou que

---

[15] O período de 1643 a 1661, durante o início do reinado de Luís XIV, quando a responsabilidade de governar a França era principalmente do Cardeal Mazarino.

a nossa confiança, que até aqui foi tão ampla, comece a declinar. Suponhamos que, nessa desgraça, a nação seja ameaçada por uma invasão; uma rebelião se prepara ou eclode dentro de casa; uma esquadra não pode ser equipada, por falta de verbas para as provisões e a manutenção; e nem mesmo um empréstimo externo pode ser obtido. O que um príncipe ou ministro deve fazer numa emergência assim? O direito de autopreservação é inalienável em todo indivíduo, e ainda mais em toda comunidade.[16] E a loucura de nossos homens de estado deve então ser maior que a loucura daqueles que primeiro contraíram dívidas, ou, mais grave ainda, daqueles que confiaram ou continuam a confiar na sua segurança, se os homens de estado dispõem de recursos de proteção em suas mãos, e não os empregam. Os fundos, criados e hipotecados, se converterão, então, numa enorme renda anual, suficiente para a

---

[16] Ao falar de um direito inalienável à autopreservação (ver também o *Tratado da Natureza Humana*, 3.2.10), Hume evoca o pensamento político de Thomas Hobbes e John Locke, bem como os princípios posteriores da Declaração de Independência americana. Em geral, contudo, Hume se opõe à tradição hobbesiana, ao negar que o desejo de autopreservação seja a paixão fundamental em relação à qual se devem entender a vida política e a moral do homem. Ele critica explicitamente o "sistema de moral egoísta" de Hobbes e Locke (*Uma Investigação sobre os Princípios da Moral*, Ap. 2) e enfatiza que as paixões desinteressadas freqüentemente se sobrepõem àquelas que se fundam em algum interesse. É verdade que todas as criaturas, incluindo o homem, desempenham desnecessariamente aquelas ações que tendem à autopreservação (*Tratado*, I.3.16), que "o amor à vida" é um dos instintos que estão originalmente implantados em nossa natureza (*Tratado*, 2.3.3) e que temos um natural "horror à morte" (ver "Do suicídio", p. 763). Todavia, Hume só dedica uma breve atenção a esse instinto, sem afirmar que ele domina as outras paixões. Diferentemente de Hobbes, Hume reconhece a nobreza da coragem e do auto-sacrifício pelo bem dos outros. Ele admite o direito ao suicídio quando a vida se torna um fardo (ver "Do suicídio", p. 763).

defesa e a segurança da nação; o dinheiro estará disponível no tesouro, pronto a pagar os juros trimestrais: A necessidade clama, o medo exige, a razão exorta, a compaixão exclama: O dinheiro será imediatamente empregado para as necessidades presentes, sob os protestos mais solenes, talvez, exigindo que seja imediatamente reposto. Mas nada adianta mais. Toda a fábrica, já cambaleando, vem ao chão, e na sua queda enterra milhares. E isto, acredito, pode ser chamado de *morte natural* do crédito público: pois, nessa fase, ele tende tão naturalmente quanto o corpo de um animal à degeneração e à destruição.

Geralmente a maioria da humanidade é tão simplória que, apesar de semelhante impacto violento no crédito público que uma falência voluntária da INGLATERRA provocaria, provavelmente não passaria muito tempo antes que o crédito ressurgisse nas mesmas condições de antes. O atual rei da FRANÇA, durante a última guerra,[17] tomou dinheiro emprestado a juros mais baixos que os obtidos pelo seu avô; e tão baixos quanto os do parlamento BRITÂNICO, comparando-se as taxas naturais de juros nos dois reinos. E, embora os homens sejam em geral mais governados pelo que eles já viram do que pelo que prevêem, por mais certeza que tenham do que vai acontecer, ainda assim as promessas, protestos e as tentações dos juros presentes exercem tamanha influência que poucos lhes são capazes de resistir. A humanidade, em todas as épocas, morde as mesmas iscas; os mesmos truques, repetidos à exaustão, sempre a enganam. A exaltação da popularidade e do patriotismo constitui a estrada comum para o poder e a tirania; a bajulação, para a perfídia; as armas, para o governo arbitrário; e a

---

[17] Luís XV, durante a Guerra da Sucessão Austríaca.

glória de Deus, para os interesses temporais do clero. O medo de uma destruição duradoura do crédito, admitindo-se que seja um mal, é uma espécie de bicho-papão. Um homem prudente, na verdade, antes emprestaria dinheiro ao governo logo depois de haver financiado suas dívidas do que agora; da mesma forma, mesmo que não se possa forçar um velhaco opulento a pagar sua dívida, ele é preferível como devedor a um falido honesto: pois o primeiro, para levar adiante seus negócios, pode julgar interessante pagar suas dívidas, se estas não forem exorbitantes: o que não está ao alcance do segundo. O argumento de TÁCITO,[18] que parece ser eternamente verdadeiro, é bastante aplicável ao caso presente. *Sed vulgus ad magnitudinem beneficiorum aderat: Stultissimus quisque pecuniis mercabatur: Apud sapientes cassa habebantur, quæ neque dari neque accipi, salva republica, poterant.* O governo é um devedor que nenhum homem pode obrigar a pagar. A única vantagem que os credores têm em relação a ele é o seu interesse em preservar o crédito, que pode ser facilmente desequilibrado por uma grande dívida, ou por uma emergência extraordinária e difícil, mesmo supondo que aquele crédito seja irrecuperável. Para não mencionar que a necessidade presente freqüentemente força os estados a tomar medidas que são, estritamente falando, contrárias aos seus interesses.

---

[18] *Hist. Lib.* iii [55: "Mas esse grupo recebia com prazer as grandes indulgências que ele se empenhava em conceder; os cidadãos mais tolos as aceitaram de bom grado, enquanto os sábios as consideravam privilégios sem valor, que não poderiam ser nem recebidos nem garantidos se o estado enfrentasse problemas" (tradução Loeb por Clifford H. Moore). Tácito comenta aqui os esforços do imperador Vitélio, em 69 d.C., para garantir o apoio popular e sua fracassada luta contra Vespasiano. É surpreendente que Hume fale do argumento de Tácito como "eternamente verdadeiro"].

Os dois acontecimentos supostos acima são calamitosos, mas não são os mais calamitosos. Milhares são sacrificados em nome da segurança de milhões. Mas não estamos livres da ameaça de que ocorra o contrário, isto é, que milhões sejam sacrificados em nome da segurança, mesmo temporária, de alguns milhares.[19] Nosso governo popular, talvez, tornará difícil ou perigoso para um ministro se aventurar em expediente tão desesperado, como o da falência voluntária. E embora a Câmara dos Lordes seja totalmente composta por proprietários de terras e a Câmara dos Comuns principalmente por proprietários de terra, conseqüentemente não se pode esperar de nenhuma das duas que tenham grandes propriedades nos fundos. Ainda assim as conexões dos seus membros com os proprietários podem ser tão fortes que os façam apostar mais na tenaz confiança do povo que numa política prudente, que a justiça, estritamente falando, requer. Talvez, também nossos inimigos externos possam ser hábeis o suficiente para descobrir que nossa segurança está fragilizada, e portanto não mostrarão abertamente o perigo, até que ele seja inevitável e iminente. Nossos avós, nossos pais e nós próprios, todos avaliamos que a balança de poder na EUROPA era por demais desigual para poder ser preservada sem o nosso empenho e atenção. Mas os nossos filhos, fatigados pela luta, e

---

[19] Ouvi dizer que calcularam que todos os credores do estado, somando os nacionais e os estrangeiros, chegam apenas a 17 mil. Atualmente eles impressionam por sua renda; mas, no caso de uma falência pública, de um momento para o outro se tornariam as mais baixas e as mais desprezadas das pessoas. A dignidade e a autoridade dos proprietários de terras e da nobreza são muito mais bem enraizadas; o que provocaria uma controvérsia muito maior, se um dia chegássemos àquele extremo. Pode-se imaginar que tal acontecimento está muito próximo, não mais que 50 anos, mas as profecias de nossos pais nesse sentido já se mostraram falaciosas em outras ocasiões, sobretudo em relação à duração de nosso crédito público, que foi muito além de qualquer expectativa

presos por obrigações, podem se sentar com segurança e assistir a seus vizinhos serem oprimidos e conquistados; até que, por fim, eles próprios e os seus credores estejam ambos à mercê do conquistador. A isso se pode chamar adequadamente *morte violenta* de nosso crédito público.

Esses parecem ser os acontecimentos que não estão muito distantes, e que a razão prevê quase tão claramente como pode fazer em relação a todas as coisas do futuro. E embora os antigos tenham sustentado que, para alcançar o dom da profecia, era necessária uma certa fúria ou loucura divina, posso afirmar com segurança que, para fazer profecias como essas, é necessário somente estar na posse de sua razão, e livre da influência da insensatez e da ilusão populares.

---

razoável. Quando os astrólogos da FRANÇA previam todos os anos a morte de HENRIQUE IV, ele dizia: *Esses camaradas devem ter razão, no fim.* Portanto, seremos mais cautelosos antes de prever qualquer data precisa; e nos contentaremos em assinalar a probabilidade de o evento acontecer no futuro.

Ensaio X

De alguns costumes notáveis

Chamarei a atenção para três costumes notáveis em três governos célebres; e concluirei, do conjunto, que todas as máximas gerais em política devem ser estabelecidas com muita cautela; e que as aparências irregulares e extraordinárias freqüentemente se manifestam no mundo moral, bem como no físico. Talvez seja mais fácil dar conta do primeiro, porquanto elas ali decorrem de disposições e princípios dos quais todos têm segurança e convicção extremas, com base em si mesmos ou na observação: Mas, freqüentemente, é impossível para a prudência humana fazer essas previsões.

I. Pode-se julgar essencial, para qualquer assembléia ou conselho supremo que promova debates, que uma total liberdade de expressão seja garantida a cada membro e que todas as moções e argumentos que possam ilustrar o ponto em deliberação sejam bem recebidos. Pode-se concluir, com segurança ainda maior, que, depois que uma moção foi proposta, votada e aprovada por aquela assembléia que seria o poder legislativo, o membro que propôs a moção deve ter imunidade permanente em relação a futuros julgamentos e investigações. Mas nenhuma máxima política pode, à primeira vista, parecer mais indiscutível que aquela que afirma que esse membro deve estar, no mínimo, protegido de qualquer jurisdição inferior e que somente a mesma assembléia legislativa suprema, em suas reuniões subseqüentes, pode responsabilizá-lo por suas moções e discursos, aos quais deram anteriormente sua aprovação. Mas esses axiomas, por irrefutáveis que possam parecer, falharam completamente no governo ATENIENSE e isso em função de causas e princípios que também parecem perfeitamente incontestáveis.

Por meio da γραφὴ παρανόμων, ou *imputação de ilegalidade* (embora isso não tenha sido observado por comentadores e estudiosos da antigüidade), qualquer homem era julgado e punido numa corte comum da magistratura, por qualquer lei que tivesse obtido sua aprovação, na assembléia do povo, no caso de a lei parecer injusta à corte ou prejudicial ao interesse público. Assim DEMÓSTENES, julgando que os impostos navais estavam sendo arrecadados de forma irregular e que os pobres suportavam um ônus igual ao dos ricos para que se equipassem os navios, corrigiu essa desigualdade com uma lei muito útil, que determinou uma equivalência entre o valor da cobrança e a renda de cada indivíduo. Ele propôs esta lei na assembléia: demonstrou as suas vantagens;[1] convenceu o povo, a rigor a única legislatura em ATENAS; a lei foi aprovada e posta em prática: e, ainda assim, ele foi julgado numa corte criminal por causa dessa lei, depois que os ricos se queixaram, ressentidos com a alteração imposta às suas finanças.[2] Mas foi inocentado, depois de provar novamente a utilidade de sua lei.

---

[1] O seu discurso sobre isso ainda sobrevive; περὶ Συμμορίας. [Demóstenes, *Sobre a Marinha*, seçs. 17-22.]

[2] Pro CTESIFONTE. [Demóstenes, *Em Defesa de Ctesifonte* (ou *Sobre a Coroa*), seçs. 102-9.]

CTÉSIFON defendeu na assembléia do povo que se prestasse uma homenagem especial a DEMÓSTENES, como um cidadão empenhado no interesse da república: o povo, convencido desssa verdade, aprovou as homenagens: ainda sim, CTÉSIFON foi julgado pela imputação de ilegalidade. Alegou-se, entre outros tópicos, que DEMÓSTENES não era um bom cidadão, nem útil para a república: E o orador foi convocado a defender o seu amigo e conseqüentemente a si próprio; o que ele fez por meio daquela sublime peça de eloqüência, que desde então vem merecendo a admiração da humanidade.[3]

Depois da batalha de QUERONÉIA, uma lei foi aprovada por moção de HIPÉRIDES, dando liberdade aos escravos para que se alistassem no exército.[4] Por conta dessa lei, o orador foi mais tarde julgado pela indicação acima mencionada e teve que se defender, entre outros tópicos, daquele ataque desferido por PLUTARCO e LONGINO. *Não fui eu*, disse ele, *quem propôs esta lei: foram as necessidades da guerra; foi a batalha de* QUERONÉIA. Os discursos de DEMÓSTENES são ricos em exemplos de julgamentos dessa natureza, demonstrando claramente que essa prática era bastante comum.

A Democracia ATENIENSE era um governo tão tumultuado que mal podemos concebê-lo no estágio atual do mundo. Todo o

---

[3] Hume se refere à defesa de Ctésifon feita por Demóstenes em seu discurso *Sobre a Coroa*.

[4] PLUTARCO *in vita decem oratorum*. [*Moralia*, "Vidas dos Dez Oradores", em "Hypereides", 849a. Filipe da Macedônia derrotou os atenienses e os tebanos em Queronéia, em 338 a.C.] DEMÓSTENES faz uma exposição diferente dessa lei. *Contra* ARISTOGITON, *orat*. II. [803-4.] Ele afirma que o seu sentido era tornar os ἄτιμοι ἐπίτιμοι ["os não-emancipados emancipados"], ou restaurar o privilégio de atribuir funções àqueles declarados incapazes. Talvez sejam duas cláusulas da mesma lei.

corpo coletivo do povo votava em todas as leis, sem qualquer limitação de propriedade, sem qualquer distinção de classe e sem o controle de qualquer magistratura ou senado;[5] e, conseqüentemente, sem preocupação alguma com a ordem, a justiça ou a prudência. Os ATENIENSES logo se deram conta dos malefícios que decorriam dessa constituição: mas, sendo avessos a se submeterem a qualquer regra ou restrição, eles decidiram, ao menos, controlar os seus demagogos e conselheiros, por meio do medo da ameaça de castigos e investigações. Para isso eles instituíram uma lei notável; uma lei considerada tão essencial para a sua forma de governo que ÉSQUINO se refere a ela como uma verdade estabelecida que, se fosse abolida ou negligenciada, tornaria impossível a subsistência da Democracia.[6]

O povo não temia qualquer conseqüência negativa da liberdade por parte da autoridade das cortes criminais; porque estas não eram senão júris muito numerosos, escolhidos por sorteio entre o povo. E eles se consideravam como membros de um estado sob tutelagem perpétua, no qual detinham a autoridade, desde que usassem a razão, não apenas de anular ou reverter qualquer decisão estabelecida, mas até mesmo para punir qualquer orador por medidas que tivessem sido adotadas por causa

---

[5] O senado em questão era apenas uma máfia pouco numerosa, escolhida no meio do povo. E sua autoridade não era grande.

[6] Em CTESISPHONTEM. [Ésquino, *Contra Ctésifon*, seçs. 5-8]. É notável que o primeiro passo tomado após a dissolução da Democracia por CRÍTIAS e os Trinta foi anular o γραφὴ παρανόμων, como lemos em DEMÓSTENES κατὰ Τιμοκ. [*Contra Timarco.*] O orador, nesse discurso, nos dá as palavras da lei, estabelecendo os γραφὴ παρανόμων, pág. 297, *ex. edit.* ALDI. (seç. 33 na edição Loeb). E ele usa como justificativa os mesmos princípios aos quais recorremos.

de seu poder de persuasão. A mesma lei era aplicada em TEBAS;[7] e pelas mesmas razões.

Parece ter sido uma prática comum em ATENAS, quando do estabelecimento de qualquer lei considerada muito útil ou popular, proibir-se para sempre a sua revogação ou anulação. Assim os demagogos, que desviavam todas as rendas públicas para promover espetáculos, cometeram um crime ao propor uma moção contra essa lei.[8] Assim LEPTINO propôs uma lei que não apenas cancelava todas as imunidades até então garantidas, mas também privava o povo da possibilidade de, no futuro, aprovar novas imunidades.[9] Dessa forma, foram proibidas todas as leis que afetassem um único ATENIENSE e que não se estendessem a toda a república. Essas cláusulas abusivas, pelas quais a legislatura tentou em vão garantir-se para sempre, decorriam de uma crença geral do povo em sua própria leviandade e inconstância.

II. Uma roda dentro de outra roda, tal como observamos no império ALEMÃO, é considerada por Lorde SHAFTESBURY[11]

---

[7] PLUT. *in vita* PELOP. [em *A vida de Pelópidas*, seç. 25.]
[8] DEMOST. *Olynth*. I-2. [Hume se refere a Eubulo, um importante político ateniense de meados do século IV a.C. E à sua legislação relativa ao Fundo Teórico (*theorika*). Este fundo foi estabelecido por Péricles para capacitar os cidadãos mais pobres a comparecerem aos festivais públicos. Graças aos esforços de Eubulo, foram aprovadas leis que exigiam que todas as rendas suplementares da cidade fossem destinadas ao Fundo Teórico e, mais ainda, transformavam em ofensa capital a tentativa de rejeitar essa lei financeira, por iniciação de ilegalidade. Na Primeira Oração Olintíaca (seçs. 10-13), apela-se à rejeição das leis que restringem o uso do Fundo Teórico.]
[9] DEMOST. *contra* LEPT. [*Contra Leptino*, seçs. 1-4.]
[10] DEMOST. *contra* ARISTOCRATEM. [*Contra Aristóteles*, seç. 86.]
[11] Ensaio sobre a liberdade da graça e do humor, parte 3. §2. [Este ensaio aparece em *Characteristicks*, de Shaftesbury, vol. I. Na seção citada por Hume, Shaftesbury argumenta que, ao mesmo tempo em que os homens demonstram uma inclina-

como um absurdo na política: mas o que podemos dizer de duas rodas iguais, que governam a mesma máquina política, sem qualquer controle mútuo ou subordinação; e que, no entanto, conservam a maior harmonia e concórdia? Estabelecer duas legislaturas distintas, cada uma delas detendo uma autoridade total em si, sem precisar da aprovação da outra para legitimar seus atos; isso pode parecer, de antemão, totalmente impraticável, na medida em que os homens são movidos pelas paixões da ambição, da competição e da avareza, que até aqui têm sido os seus principais princípios diretores. E, se eu afirmar que o estado que tenho diante dos olhos estava dividido em duas facções distintas, cada uma delas prevalecendo numa legislatura distinta, e que no entanto não se produzia qualquer atrito entre esses dois poderes; tal imagem pode parecer incrível. E se, aumentando o paradoxo, eu afirmar que esse governo desunido e irregular foi o da mais ativa, triunfante e ilustre república que jamais existiu; certamente me dirão que semelhante quimera política é um absurdo, tanto quanto qualquer delírio de padres ou poetas. Mas não é preciso pesquisar muito para demonstrar a realidade das suposições precedentes: Pois este era efetivamente o caso da república ROMANA.

ção natural à associação e à formação de um governo civil, eles tendem à intimidade de pequenas associações a distância das grandes nações. Assim, quando "a sociedade cresce volumosa e vasta", é natural que os homens procurem uma esfera mais estreita, na qual possam exercer seus poderes, seja formando partidos ou facções, seja produzindo cantões, isto é, dividindo-se em associações menores, de um tipo institucional ou territorial. Shaftesbury prossegue: "Assim temos *Rodas dentro de Rodas*. E, em algumas Constituições Nacionais (apesar do absurdo político), temos *um Império dentro de outro*. Hume entende isso como uma referência ao império alemão, com seus estados confederados.

O poder legislativo estava então sediado nas *comitia centuriata* e nas *comitia tributa*.¹² Nas primeiras, como se sabe, o povo votava de acordo com o seu *census*. De forma que, quando a primeira classe era unânime, embora, talvez, ela não representasse nem a centésima parte da república, ela determinava a decisão final: e, com a autoridade do senado, estabelecia a lei. Nas segundas, todos os votos tinham o mesmo peso; e, como a autoridade do senado não era ali determinante, as classes mais baixas prevaleciam sempre, decidindo as leis de todo o estado. Em todas as divisões partidárias, primeiro entre os PATRÍCIOS e os PLEBEUS, mais tarde entre

---

¹² Uma *comitia* era uma assembléia do povo romano que votava nas questões apresentadas pelos magistrados. A *comitia curiata* era a mais antiga dos três tipos de assembléia, mas na extinta república o seu trabalho era altamente limitado pela confirmação formal dos magistrados. A *comitia centuriata* foi supostamente instituída por um dos primeiros reis, Sérvio Túlio, no século VI a.C. A ela cabiam a aprovação das leis, a eleição dos magistrados mais elevados e dos censores, as declarações de guerra e paz e a aplicação da pena de morte por ofensas políticas. A *comitia tributa*, além de aprovar a legislação de praticamente todas as questões relativas aos negócios, elegia os tribunos das plebes e os edis plebeus, além de participar dos julgamentos de ofensas não-capitais. Na *comitia centuriata*, o povo votava por grupos, divididos em cinco categorias principais, segundo a riqueza de cada um. Havia ainda duas categorias adicionais, os *éqüites* (ou cavaleiros) e os plebeus. As duas classes mais ricas, ao lado dos éqüites, detinham uma maioria considerável do número total de votos, muito embora o número de cidadãos fosse muito inferior ao número das outras três classes, para não citar o número dos plebeus. Dessa forma, se os cidadãos mais ricos estavam unidos, era totalmente desnecessário que as outras classes votassem. Na *comitia tributa*, o povo votava por divisões eleitorais ou "tribos", com cada tribo tendo direito a um voto, independentemente do seu número de eleitores. Como apenas quatro das 35 tribos representavam a cidade de Roma, o poder na *comitia tributa* ficava decisivamente nas mãos das tribos do campo e, portanto, da classe média rural. A descrição que Hume faz da eleição na *comitia centuriata* é provavelmente baseada em Lívio, *História de Roma* I.43.

os nobres e o povo, o interesse da Aristocracia era predominante na primeira legislatura; e o da Democracia na segunda: uma podia sempre destruir o que a outra tinha estabelecido: Assim, uma delas, por meio de uma moção repentina e imprevista, podia passar a perna na outra, aniquilando totalmente a sua rival, por meio de um voto que, pela natureza da constituição, tinha poder de lei. Mas semelhantes disputas não se observam na história de ROMA: não se conhece exemplo algum de semelhantes conflitos entre as duas legislaturas; embora tenha havido muitos conflitos entre os partidos que governavam cada uma delas. De onde surgiu essa concórdia, que pode parecer tão extraordinária?

A legislatura estabelecida em ROMA, pela autoridade de SÉRVIO TÚLIO, era a *comitia centuriata*, que, após a expulsão dos reis, tornou o governo, durante algum tempo, muito aristocrático. Mas o povo, tendo a maioria e a força a seu lado, e estando animado por freqüentes conquistas e vitórias em suas guerras no exterior, sempre prevalecia quando era pressionado ao extremo, primeiro exortando do senado os tribunos da magistratura, em seguida o poder legislativo da *comitia tributa*. Nessas instâncias, cabia aos nobres serem mais cautelosos que nunca, para não provocar o povo. Pois, além da força que este último sempre possuíra, ele agora tinha adquirido autoridade legal e podia quebrar em pedaços, num instante, qualquer ordem ou instituição que se opusesse diretamente a ele. Por meio da intriga, da influência, do dinheiro, dos acordos e do respeito demonstrado pelo seu caráter, os nobres podiam prevalecer com freqüência, e administrar toda a máquina do governo: mas, se eles colocassem a sua *comitia centuriata* abertamente em oposição à *tributa*, rapidamente perdiam a sua vantagem naquela instituição, bem como seus cônsules, magistrados e pretores eleitos por ela. Mas a *comitia tributa*, não tendo as mesmas razões para respeitar a *centuriata*, freqüentemente repelia as leis favoráveis à Aristocracia: Ela limitava a autoridade dos nobres, protegia o povo da opressão e controlava as ações do senado e da magistratura. A *centuriata* sempre julgava conveniente se submeter; e, embora com uma autoridade igual, ainda que sendo inferior em poder, nunca se opunha diretamente à outra legislatura, fosse rejeitando as suas leis, fosse estabelecendo outras leis que, previsivelmente, seriam rejeitadas por ela.

Não se observa nenhum exemplo de oposição ou conflito entre essas *comitia*, com exceção de uma ligeira tentativa nesse sentido, mencionada por APIANO no terceiro volume de suas *Guerras Civis*.[13] MARCO ANTÔNIO, decidindo privar DÉCIMO BRUTO do governo da GÁLIA CISALPINA, dirigiu-se ao *Forum* e convocou uma das *comitia*, para evitar uma reunião da outra, que tinha sido ordenada pelo senado. Mas seguiu-se então tamanha confusão e a constituição ROMANA esteve tão próxima de sua dissolução total, que nenhuma inferência se pode fazer de tal expediente. Essa disputa, além do mais, se baseava mais na forma que nos partidos. Foi o senado que determinou que a *comitia tributa* deveria obstruir a reunião da *centuriata*, que, pela constituição, ou ao menos pela prática do governo, era a única a ter jurisdição sobre as províncias.

---

[13] Apiano. *História Romana: As Guerras Civis* 3. 27-30. Décimo Bruto tinha sido nomeado comandante da Gália Cisalpina, no norte da Itália, por Júlio César; ele se recusou, após a morte de César, em 44 a.C., a entregar a província a Marco Antônio.

CÍCERO foi chamado de volta pela *comitia centuriata*, depois de ser banido pela *tributa*, isto é, por um *plebiscitum*. Mas esse exílio, como podemos observar, jamais foi considerado uma medida legal, resultante da livre escolha e da inclinação do povo. Ele foi sempre atribuído unicamente à violência de CLÓDIO e às desordens que ele provocou no governo.

III. O *terceiro* costume que nos propusemos analisar diz respeito à INGLATERRA; e, embora ele não seja tão importante quanto aqueles que apontamos em ATENAS e ROMA, não é menos singular e surpreendente. É uma máxima na política, que prontamente aceitamos como certa e universal, aquela segundo a qual um poder, por maior que seja, quando é entregue pela lei a um magistrado eminente, não é tão perigoso à liberdade quanto uma autoridade, por menos considerável que seja, se ele for adquirido por meio da violência e da usurpação. Porque, além de a lei sempre limitar todo poder que ela sustenta, o próprio fato de este poder ser uma concessão estabelece a autoridade da qual ele é derivado, e preserva a harmonia da constituição. Pelo mesmo direito que uma prerrogativa é adotada sem lei, outra pode ser imposta e mais outra, com facilidade cada vez maior; e, enquanto as primeiras usurpações servem como precedentes para as seguintes, dão força igualmente para mantê-las. Daí o heroísmo da conduta de HAMPDEN,[14] que preferiu suportar toda a violência da perse-

---

[14] Uma das controvérsias entre Charles I e o Parlamento no período que resultou na Guerra Civil envolvia o direito do rei, sem a aprovação parlamentar, de impor um imposto conhecido como "dinheiro dos navios", para equipar a Marinha. John Hampden (1594-1643), um membro da Câmara dos Comuns e primo em primeiro grau de Oliver Cromwell, recusou-se a pagar 20 *shillings*

guição real a pagar um imposto de 20 *shillings*, que não tinha sido determinado pelo parlamento; daí o zelo de todos os patriotas INGLESES em se preservar contra os primeiros abusos da coroa; e daí, e somente daí, a existência, hoje, da liberdade INGLESA.

Houve, contudo, uma ocasião na qual o parlamento se afastou dessa máxima; qual seja, no *recrutamento dos marinheiros*.[15] O exercício de um poder irregular foi aqui tacitamente autorizado pela coroa; e, embora tenha havido muitas deliberações para que esse poder se tornasse legal, e garantido, sob algumas restrições, pelo soberano, nenhum expediente seguro podia ser proposto nessa direção; e a ameaça à liberdade sempre pareceu maior que a de uma usurpação. Enquanto esse poder foi exercido com o único fim de guarnecer a marinha, os homens se submeteram a ele de bom grado, devido ao senso de sua utilidade e necessidade; e é certo que os marinheiros, que eram os únicos afetados por ele, não encontravam nenhum corpo que os apoiasse, na reivindicação de direitos e privilégios que são garantidos pela lei, sem distinção, a todos os súditos INGLESES. Mas se, em qualquer ocasião, esse poder se tornasse um instrumento de

---

cobrados em uma de suas propriedades como "dinheiro dos navios", em 1735. Hampden foi julgado na Corte do Tesouro e, em 1738, foi considerado culpado por sete votos a cinco. Em virtude de seu julgamento, Hampden se tornou um líder parlamentar e um símbolo para aqueles que lutavam para proteger a liberdade e a propriedade, limitando as prerrogativas reais.

[15] Desde os tempos medievais, a Coroa britânica reivindica o direito de alistar compulsoriamente os homens, sem seu consentimento, para servir à Marinha. Partidos navais conhecidos como "gangues de pressão" eram freqüentemente empregados, antes do século IX, para recrutar à força uma determinada cota de marinheiros. A convocação real de súditos britânicos nas colônias foi um dos fatores que levaram à Revolução americana.

uma facção ou da tirania ministerial, a facção oposta e, a rigor, todos os amantes de seu país imediatamente soariam o alarme, para apoiar o partido prejudicado; a liberdade dos INGLESES é então garantida; os tribunais são implacáveis; e as ferramentas da tirania, atuando tanto contra a lei quanto contra a igualdade, recebem a mais severa punição. Por outro lado, se o parlamento garantisse tal autoridade, a conseqüência seria provavelmente um destes dois inconvenientes: ou seriam impostas tantas restrições que ele perderia o seu efeito, ao se submeter à autoridade da coroa; ou essa autoridade se tornaria tão ampla e irrestrita que daria ensejo a muitos abusos, para os quais poderia não haver remédio, no caso. A própria irregularidade dessa prática, no presente, previne esses abusos, e proporciona um fácil remédio contra eles.

Não pretendo, por esse raciocínio, excluir qualquer possibilidade de criar uma organização para os marinheiros, que cuidaria de seus interesses sem representar uma ameaça à liberdade. Observo apenas que nenhum esquema satisfatório dessa natureza foi até aqui proposto. Em vez de adotar qualquer projeto inventado até agora, continuamos uma prática que aparentemente é a mais absurda e injustificável. A autoridade, em tempos de paz e harmonia internas totais, se arma contra a lei. Uma violência continuada é autorizada à coroa, em meio ao clima de maior desconfiança e vigilância entre o povo, o que parece proceder dos seguintes princípios: a liberdade, num país onde se cultiva, justamente, a mais elevada liberdade, é abandonada à própria sorte, sem qualquer recurso ou proteção: O selvagem estado natural é renovado, numa das sociedades mais civilizadas da humanidade:[16] E as maiores violências e desordens são cometidas com impunidade; e, enquanto um partido alega obediência à suprema magistratura, o outro defende a sanção de leis fundamentais.

---

[16] Ao falar aqui de um estado natural, Hume parece estar mais próximo de Hobbes e de Locke do que de sua própria posição em outros textos. No *Tratado da Natureza Humana*, Hume insistira que, uma vez que "o estado e a situação originais do homem podem ser considerados com justiça social", o suposto *"estado natural"* deveria ser considerado "uma mera ficção filosófica, que nunca teve e nunca poderia ter qualquer fundamento na realidade" (3.2.2). Na *Investigação sobre os Princípios da Moral*, ele afirma o seguinte sobre o estado natural: "Mesmo que uma semelhante condição da natureza humana tenha existido, é duvidoso que ela pudesse perdurar tempo suficiente para merecer a designação de *estado*. Os homens nascem necessariamente numa sociedade familiar; e são condicionados por seus pais a respeitarem determinadas regras de conduta e comportamento" (seç. 3. pt. I). Hume rejeita, portanto, o estado natural, concebido como uma condição do homem estritamente solitária e não-social. Todavia, o estado natural pode ser entendido simplesmente como a condição em que estão ausentes a sociedade *civil* e o governo. Até mesmo Hobbes defendeu que a sociedade familiar devia se desenvolver num estado natural. Hume poderia apoiar um "estado natural" assim entendido, pois ele acredita que grandes sociedades podem subsistir por algum tempo sem o estabelecimento de um governo. A sociedade sem governo é "um dos estados mais naturais dos homens, e pode subsistir em conjunção com muitas famílias, durante bastante tempo após a primeira geração" (*Tratado* 3.2.8). Sendo assim, essa passagem parece estar mais próxima da visão de Hobbes e de Locke, segundo a qual o estado natural é renovado na sociedade civil sempre que a vida ou a liberdade de um indivíduo forem ameaçadas por outro, ou mesmo pela autoridade civil.

Ensaio XI

Da população das nações antigas

Tanto a razão quanto a observação oferecem muito pouca base para se supor que o mundo seja eterno ou incorruptível. O movimento rápido e contínuo da matéria, as revoluções violentas que agitam cada partícula, as mudanças observadas nos céus, os traços claros, e confirmados pela tradição, de um dilúvio universal, ou de uma convulsão geral dos elementos; todos esses fatores demonstram fortemente a efemeridade desta fábrica que é o mundo, bem como a sua passagem, pela corrupção ou pela dissolução, de um estado ou ordem para outro. Da mesma forma que os indivíduos que o formam, portanto, o mundo deve ter a sua infância, a sua juventude, a sua maturidade e a sua velhice; e é provável que o homem participe de todas essas variações, bem como todos os animais e vegetais. Quando o mundo está florescendo, é de se esperar que a espécie humana apresente um grande vigor tanto do corpo quanto da mente, além de uma excelente saúde, um espírito elevado, uma vida mais longa e uma disposição e um poder de criação mais intensos. Mas se o sistema geral das coisas – e a sociedade humana, é claro – apresenta quaisquer revoluções graduais, estas são muito lentas para que sejam percebidas naquele curto período que é compreendido pela história e pela tradição. A estatura e a força do corpo, a duração da vida, até mesmo a coragem e a extensão do gênio, parecem até aqui ter sido mais ou menos as mesmas, em todas as épocas. Na verdade, as artes e as ciências prosperaram num determinado período e declinaram em outro: mas podemos observar que, na época em que elas alcançaram a maior perfeição no seio de um povo, eram talvez inteiramente desconhecidas para todas as nações vizinhas; e, embora elas tenham universalmente decaído num período, ainda assim, na geração seguinte, recuperaram sua força e se difundiram mundo afora. Portanto, até onde a observação alcança, não existe diferença universal reconhecível na espécie humana; e, embora se reconhecesse que o universo, como um corpo animal, apresenta um progresso natural da infância à velhice; ainda assim não podemos estar seguros se, no presente, ele está avançando rumo ao seu ponto de perfeição ou se está se afastando dele, decaindo; portanto, não podemos concluir que esteja ocorrendo uma decadência na natureza humana.[1] Afirmar ou concluir, portanto, que a população da antigüidade era superior, o que é muito comum, devido à suposta juventude ou vigor do mundo de então, dificilmente será acei-

---

[1] COLUMELA diz [*Da Agricultura*] liv. Iii. Cap. 8 que no EGITO e na ÁFRICA o nascimento de gêmeos era freqüente, e mesmo rotineiro; *gemini partus familiares, ac pœne solennes sunt*. Se isso é verdade, existe uma diferença física tanto entre os países quanto entre as épocas. Pois os viajantes não fazem esse tipo de observação no presente. Ao contrário, somos inclinados a crer que as nações do norte são mais prolíficas. Como aqueles dois países eram províncias do império ROMANO, é difícil, ou mesmo absurdo, supor que um homem como COLUMELA poderia estar equivocado em relação a eles.

tável para qualquer indivíduo de bom senso. As causas *físicas gerais* deveriam ser inteiramente abolidas dessa questão.²

Na verdade existem algumas causas *físicas particulares* de importância maior. Mencionam-se doenças na antigüidade que são quase desconhecidas pela medicina moderna; e novas doenças surgi-

---

² O ensaio de Hume é voltado contra a suposição comum em sua época de que o mundo antigo era mais populoso do que o mundo moderno. Hume se refere ao ensaio relativo a 1750 e menciona Isaak Vossius (1618-89) e Montesquieu como autores que exageraram a população da antigüidade (ver Greig, *Letters of David Hume*, I, 140). No verão de 1751, Hume leu o manuscrito de um colega, membro da Sociedade Filosófica de Edimburgo, Dr. Robert Wallace, que questionava a maior densidade populacional do mundo antigo. Wallace é o "clérigo eminente" a cujo discurso Hume se refere numa nota de rodapé nas primeiras edições do presente ensaio. Como resultado do comentário de Hume e do interesse criado pela nota de rodapé, Wallace publicou o seu trabalho em 1753, juntamente com um apêndice crítico sobre os argumentos de Hume, com o título *Uma Dissertação sobre os Números da População nos Tempos Antigos e nos Modernos*. Hume reescreveu a nota para edições seguintes, para dar conta da tentativa de refutação de Wallace. Embora Hume reconheça generosamente que Wallace detectou "muitos erros" em seus argumentos e informações, ele só sentiu necessidade de fazer pequenas emendas em seu ensaio. As relações de Hume com Wallace são examinadas em Mossner, *The Life of David Hume*, pp. 260-268. Para uma discussão sobre as teorias da população na época de Hume e a influência de seu ensaio, ver Charles E. Stangeland, *Pre-Malthusian Doctrines of Population* (Nova York: Augustus M. Kelley, 1966; reedição da ed. de 1904); e Joseph J. Spengler, *French Predecessors of Malthus* (Durham, N.C.: Duke University Press, 1942). P. A. Brant, em seu recente estudo sobre a população da antiga Itália, fala sobre o ensaio de Hume como um "divisor de águas" nos estudos demográficos, e observa que, apesar da disponibilidade de melhores técnicas e exposições mais abrangentes dos fatos, o método de Hume de especular a partir de textos literários "ainda deve ser empregado pelo estudioso da população da República Italiana como o único capaz de ao menos nos habilitar a determinar se aquela população atingia 14 milhões ou apenas 7 ou 8" (*Italian Manpower: 225 B.C. – A.D. 14* [Oxford: Clarendon Press, 1971], pp. 11-12).

ram e se propagaram, das quais não havia traço algum na antigüidade. Nesse particular, podemos observar, por comparação, que a desvantagem está claramente do lado dos modernos. Isso para não mencionar outros fatores; a varíola provoca devastações tão grandes que por si sós já justificariam a grande superioridade atribuída aos tempos antigos. A décima ou duodécima parte da humanidade, que é destruída a cada geração, deve fazer uma enorme diferença, pode-se pensar, nos números da população; e quando essas perdas são somadas às doenças venéreas, uma nova praga que se espalha por toda parte, essa doença é talvez equivalente, por sua ação contínua, aos três grandes açoites da humanidade, a guerra, a peste e a fome. Portanto, se fosse certo que os tempos antigos fossem mais populosos que o presente e se não se pudesse atribuir tal mudança a qualquer causa moral, as causas físicas, somente, ao menos na opinião da maioria, seriam suficientes para nos satisfazer neste assunto.

Mas é verdade, como se supõe, que a Antigüidade era mais populosa? São bem conhecidas as extravagâncias de VOSSIUS em relação a este tema.[3] Mas um autor de muito maior gênio e discernimento se aventurou a afirmar que, segundo os registros mais confiáveis que se conhecem, não existe hoje sobre a face da Terra nem um quinto da população que existia na época de JÚLIO CÉSAR.[4] Pode-se verifi-

---

[3] Ver Isaak Vossius, *Variarum Observationum Liber* (1685), pp. 1-68. O ensaio de abertura desse livro discute o tamanho da Roma antiga e de outras cidades e tenta provar que Roma tinha uma população de 14 milhões de habitantes, com uma área 20 vezes maior que a de Paris e Londres juntas.
[4] *Lettres* PERSANES. Ver também *L'Esprit de Lois*, liv. xxiii. Cap. 17, 18, 19. [Charles de Secondat, Baron de La Brède et de Montesquieu (1689-1755), publicou anonimamente as *Cartas Persas* em 1721. As cartas 112-22 afirmam que a população do mundo diminuiu muito desde os tempos antigos, e que esse declínio

car facilmente que a comparação, neste caso, deve estar incorreta, mesmo se nos limitarmos ao cenário da história antiga: a EUROPA e as nações em torno do MEDITERRÂNEO. Não sabemos com precisão qual é a população de qualquer reino EUROPEU ou mesmo de qualquer cidade, no presente: Como podemos pretender calcular a população de cidades e estados antigos, dos quais os historiadores nos deixaram traços tão imperfeitos? De minha parte, a matéria me parece ser tão incerta que, como pretendo fazer algumas reflexões sobre este assunto, irei combinar pesquisas relativas às *causas* com aquelas relativas aos *fatos*; o que não deve ser admitido, sempre que os fatos apresentarem um grau de certeza razoável. *Primeiro*, iremos considerar se é provável, com base naquilo que sabemos sobre as sociedades dos dois períodos, que a antigüidade tenha sido mais populosa; *segundo*, se na realidade isso de fato ocorreu. Se eu conseguir demonstrar que a conclusão não é, tão claramente quanto parece, a favor da antigüidade, ficarei satisfeito.

Em geral, podemos observar que a questão relativa à comparação entre populações de diferentes épocas ou reinos implica conseqüências sérias e normalmente leva a conclusões importantes sobre a sua política, seus costumes e a constituição de seu governo. Pois

---

deve ser explicado em termos morais, mais do que atribuído a causas físicas. O Livro 23 de *O Espírito das Leis* (1748) trata dos determinantes físicos e morais da população e sustenta, nos capítulos citados por Hume, que um despovoamento geral da Europa e da Ásia Menor ocorreu à medida que as pequenas repúblicas dos tempos antigos foram conquistadas pelo império romano. A passagem que Hume parafraseia pode ser encontrada nas *Cartas Persas*, no. 112. (A passagem foi corrigida na edição de 1758 das *Cartas Persas*, substituindo "um décimo" por "um quinze avos".) Para uma comparação do ensaio de Hume com os textos de Montesquieu sobre população, ver Roger B. Oake, "Montesquieu and Hume", *Modern Language Quarterly 2* (março de 1941): 25-41.

como existe em todos os indivíduos, tanto nos homens como nas mulheres, um desejo de poder e de criação mais ativo do que geralmente é reconhecido, as restrições que pesam sobre esse desejo devem proceder de obstáculos para o seu exercício, que cabe a uma legislatura sensata observar e remover com prudência. Quase todo homem que julga poder manter uma família terá uma; e a espécie humana, nesse ritmo de propagação, mais do que dobraria a cada geração. Observe-se a velocidade com que a população se multiplica em qualquer nova colônia ou assentamento; porque lá prover uma família é um problema mais fácil; e lá os homens não se vêem limitados nem confinados, como em governos há muito estabelecidos. A história nos fala constantemente de pragas, que eliminaram a terça ou a quarta parte de um povo: Ainda assim, em uma ou duas gerações, a destruição já não se percebe; e a sociedade recuperou o seu antigo número. As terras foram cultivadas, as casas reconstruídas, os produtos fabricados, as riquezas adquiridas, e tudo isso permitiu aos que sobreviveram que se casassem depressa e constituíssem famílias, que por sua vez ocuparam o lugar daquelas que sucumbiram.[5] E, por uma razão semelhante, todo governo justo, sábio e moderado, e preocupado com o conforto e a segurança de seus súditos, sempre promoverá o crescimento da popula-

---

[5] Essa também é uma boa razão pela qual a varíola não despovoa tanto os países quanto se pode imaginar à primeira vista. Onde há espaço para mais gente, esta sempre aparecerá, até mesmo sem a ajuda de certidões de naturalização. É observado por DON GERONIMO DE USTARIZ que as províncias da ESPANHA, que mandaram muita gente para as ÍNDIAS, são as mais populosas; o que decorre de suas riquezas superiores. [Ver Geronimo de Ustariz, *Theorica y practica de comercio y de marina* (1724, traduzido como *The Theory and Pratice of Commerce and Maritime Affairs* (1751), cap. 12.]

David Hume

ção, bem como o da produção e o das riquezas. De fato, um país cujo solo e clima sejam favoráveis ao cultivo de vinhedos será naturalmente mais populoso do que outro que só produza grãos, e este mais populoso que outro que só sirva para o pasto. Em geral, nos climas quentes, como as necessidades dos habitantes são menores, e a vegetação é mais abundante, é provável que a população seja maior: Mas se todo o resto for semelhante, parece natural esperar que, onde quer que existam uma felicidade e uma virtude maiores, além de instituições mais consolidadas, também haverá uma maior população.[6]

Portanto, a questão relativa à densidade populacional dos tempos antigos e modernos, que se acredita ser de grande importância, exige, se quisermos alcançar conclusões seguras, que se comparem também as situações *doméstica* e *política* desses dois períodos,

---

[6] O princípio que Hume afirma aqui – de que uma população numerosa é sinal de uma nação feliz e virtuosa e de instituições sábias – foi amplamente defendido nos séculos XVII e XVIII, e serve para ligar a questão do tamanho da população com importantes questões da moral e da filosofia política. Por exemplo, o debate sobre a densidade populacional das nações antigas e modernas fazia parte de uma discussão mais ampla sobre o valor comparativo dos modos de vida antigo e moderno. O alegado despovoamento do mundo nos tempos modernos costumava ser considerado uma evidência do fracasso da modernidade. O lado positivo de coisas como o luxo, o comércio e o sistema republicano era freqüentemente julgado em relação com a tendência que esses fatores apresentavam a promover ou retardar o crescimento populacional, dando-se preferência às políticas públicas que estimulassem o crescimento. Essa visão favorável das populações grandes e em crescimento foi posta em questão na virada do século XIX pelos textos de T. R. Malthus (1766-1834), que enfatizam a tendência de o crescimento populacional superar a capacidade de oferta de alimentos. Sobre essa questão geral, ver Ernest Campbell Mossner, "Hume and the Ancient-Modern Controversy, 1725-1752: A Study in Creative Scepticism," *University of Texas Studies in English* 28 (1949): 139-53.

para que se possa julgar os fatos por suas causas morais; que é o primeiro critério que nos propusemos usar para avaliá-los.

A principal diferença entre a economia *doméstica* dos antigos e a dos modernos consiste na prática da escravidão, que prevaleceu entre os primeiros e que foi abolida por alguns séculos na maior parte da EUROPA. Alguns admiradores apaixonados dos antigos e partidários zelosos da liberdade civil (e estes dois sentimentos são geralmente justos e na prática quase indissociáveis) não podem deixar de lamentar a perda daquela instituição; e, embora eles classifiquem qualquer submissão ao governo de um único indivíduo com a áspera denominação de escravidão, reduziriam com prazer a maior parte da humanidade à escravidão e à submissão verdadeiras. Mas alguém que considere o tema friamente terá a impressão de que a natureza humana, em geral, goza de fato de uma maior liberdade no presente, mesmo no governo mais arbitrário da EUROPA, do que jamais desfrutou mesmo no período mais florescente dos tempos antigos. Da mesma forma que a submissão a um príncipe insignificante, cujos domínios não vão além de uma única cidade, é mais deplorável que a obediência a um grande monarca; da mesma forma a escravidão doméstica é mais cruel e opressiva do que qualquer tipo de submissão civil, seja qual for. Quanto mais afastado de nós estiver o senhor, física e hierarquicamente, maior será a liberdade de que desfrutamos; pois nossas ações serão menos inspecionadas e controladas; e mais tênue se torna a comparação entre a nossa própria submissão e a liberdade, ou o domínio de outrem. Os vestígios que se encontram da escravidão doméstica, nas colônias AMERICANAS e em algumas nações EUROPÉIAS, seguramente jamais provocariam o desejo de que ela se tornasse universal. O reduzido sentimento humanitário, geralmente observado em indivíduos acostumados, desde a infância, a exercer tão grande autoridade sobre os seus semelhantes, menosprezando a natureza humana, é suficiente por si só para nos fazer repudiar essa dominação sem limites. E, posso dizer, não pode ser apontado um motivo mais provável que a prática da escravidão doméstica para os costumes bárbaros dos tempos antigos; mecanismo que tornava qualquer homem de boa condição social um pequeno tirano, já que ele era educado em meio à lisonja e ao envilecimento, à degradação e à submissão de seus escravos.[7]

Segundo a prática antiga, todos os tipos de controle eram aplicados ao inferior, para constrangê-lo ao dever da submissão; e nenhum ao superior, para engajá-lo nos deveres recíprocos da bondade e da humanidade. Nos tempos modernos, um criado mau dificilmente encontra um senhor bom, e um senhor mau dificilmente encontra um criado bom; e os controles são mútuos, o que é mais adequado às leis eternas e invioláveis da razão e da eqüidade.

O costume de abandonar numa ilha do TIBRE escravos velhos, doentes ou inúteis, para que morressem de fome, parece ter sido bastante comum em ROMA; e aqueles que conseguissem sobreviver a tão dura prova recuperavam a sua liberdade, por um édito do imperador CLÁUDIO; o mesmo édito proibia que se matasse qualquer escravo simplesmente por doença ou velhice.[8] Mas, su-

---

[7] Esse parágrafo e os seguintes são notáveis pela sua forte condenação da escravidão doméstica como uma condição muito pior do que a submissão mesmo ao mais arbitrário governo civil. Nisso, e na sua insistência em que a escravidão degrada até mesmo os senhores de escravos, ao transformá-los em pequenos tiranos, Hume antecipa os argumentos de muitos na Inglaterra e na América que compartilhavam com ele a oposição à escravidão.
[8] SUETÔNIO in vita CLAUDII. [*Vida dos 12 Césares*, em *A vida de Cláudio*, seç. 25.]

pondo que este édito fosse cumprido à risca, seria ele favorável ao tratamento doméstico dos escravos ou tornaria de fato as suas vidas de alguma maneira mais confortáveis? Podemos imaginar o que outros praticavam, quando CATÃO, o velho, proferiu a máxima de que preferia vender seus escravos por qualquer preço a conservar o que ele considerava um ônus inútil.[9]

As *ergastula*, ou as masmorras onde escravos acorrentados eram forçados a trabalhar, eram muito comuns em toda a ITÁLIA. COLUMELA[10] aconselha que elas sejam sempre construídas no subsolo; e recomenda,[11] como dever de um supervisor prudente, fazer a chamada diária de todos os nomes dos escravos, como nas revistas de um regimento ou da tripulação de um navio, para que se descubra logo se qualquer um deles desertou. O que constitui uma prova da freqüência dessas *ergastula* e do grande número de escravos que geralmente eram nelas confinados.

Usar um escravo acorrentado como porteiro era comum em ROMA, como aparece em OVÍDIO[12] e em outros autores.[13] Se essas pessoas não estivessem inteiramente desprovidas de qualquer sentimento de compaixão em relação à parcela mais infeliz de sua espécie, apresentariam aos amigos tal imagem, à entrada da casa, sinal de tamanha severidade do senhor e de tanta miséria do escravo?

---

[9] PLUT. in vita CATONIS. [Plutarco, *Vidas*, em A vida de Marco Catão, seç. 4.]
[10] Liv. i. cap. 6.
[11] Id. liv. xi. cap. 11.
[12] Amor. liv. i. eleg. 6. [*Amores* I.6.]
[13] SUETON, *de claris rhetor*. [Suetônio, *De Retóricos Ilustres*, seç. 3.] Da mesma forma, o antigo poeta, *Janitoris tintinnire impedimenta audio*. ["Eu ouço o ruído das correntes dos porteiros." Esse fragmento do poeta romano Afranicus Vopisco (século II a.C.) é registrado por Nonius Marcellus, *De compendiosa doctrina* 40 M.]

Nada era mais comum em todos os julgamentos, mesmo de causas civis, que recorrer ao testemunho dos escravos; e este era extraído sempre por meio dos mais requintados tormentos. DEMÓSTENES[14] diz que, onde era possível produzir, para determinado fato, escravos ou homens livres como testemunhas, os juízes sempre preferiam a tortura dos escravos, como uma prova mais confiável.[15]

SÊNECA traça um retrato desse luxo desordenado, que muda do dia para a noite e da noite para o dia e pode subverter em qualquer hora qualquer atividade da vida. Entre outras circunstâncias, tais como a disposição das refeições ou os horários dos banhos, ele menciona que, regularmente, por volta da terceira hora da noite, os vizinhos daquele que se concede esse falso refinamento ouvem o ruído de pancadas e chicotadas; e, após uma investigação, descobrem que ele está avaliando a conduta de seus criados e lhes aplicando a disciplina e as penalidades que julga adequadas. Isso não é citado como um exemplo de crueldade, mas apenas de desordem, que, mesmo nas ações mais comuns e metódicas, muda as horas fixas que o costume estabelecido consagrou.[16]

---

[14] Em *Oniterem orat.* I. [*Contra Onetor* I.37.]

[15] A mesma prática era muito comum em ROMA; mas CÍCERO não parece estar tão convencido dessa evidência quanto os testemunhos dos cidadãos livres. *Pro Cœlio.* [*Um Discurso em Defesa de Marcus Cælius*, seç. 28.]

[16] *Epist.* 122. Os esportes desumanos exibidos em ROMA também podem ser considerados com justiça um efeito do desprezo do povo pelos escravos, além de constituir um dos principais motivos da desumanidade geral de seus príncipes e governantes. Quem é capaz de ler sem terror os relatos dos espetáculos nos anfiteatros? E quem se surpreende com o fato de que os imperadores tratassem aquela gente da mesma forma como o povo tratava os seus inferiores? O desejo bárbaro de CALÍGULA quase passa a fazer sentido: que todo o povo tivesse um pescoço só: Assim um homem ficaria satisfeito por colocar

Mas nosso problema atual é apenas considerar a influência da escravidão na população de um estado. Pretende-se que, neste particular, a prática antiga era infinitamente mais vantajosa, sendo a causa principal daquele alto índice populacional, que se supõe ter havido naquela época. No presente, todos os senhores desencorajam o casamento de seus criados homens e não admitem de forma alguma o casamento das criadas mulheres, por suporem que isso as incapacita para realizar o seu trabalho. Mas onde a propriedade dos criados se concentra nas mãos de um senhor, o casamento deles aumenta a sua riqueza, proporcionando uma sucessão de escravos que ocupa o lugar daqueles incapacitados pela idade ou pela doença. Portanto, ele estimula a sua propagação, da mesma forma que faz com seu gado; cuida dos mais jovens com o mesmo zelo; e conduz sua educação para alguma especialidade que os torne mais úteis ou valiosos para ele. Por essa política, os opulentos ao menos se interessam pela existência, senão pelo bem-estar dos pobres; e se enriquecem, ao aumentar o número e o trabalho daqueles que estão submetidos a eles. Cada homem, sendo um soberano de sua própria família, tem o mesmo interesse em relação a ela que o príncipe em relação ao estado; e não tem, como o príncipe, quaisquer motivos de oposição ou vaidade que possam levá-lo a querer diminuir a população de seu pequeno reino. Todos

---

um fim em tal raça de monstros, com um único golpe. Devem agradecer a Deus, diz o autor citado acima (*epist.* 7), dirigindo-se ao povo ROMANO, por terem um senhor (a saber, o suave e piedoso NERO) que é incapaz de aprender a crueldade com os seus exemplos. Isso foi dito no início de seu reinado: Mais tarde ele se mostrou perfeitamente capaz; e, certamente, contribuiu para isso a visão de coisas bárbaras, às quais ele se acostumara desde a infância.

esses aspectos estão sob sua constante observação; e ele tem tempo livre para inspecionar os mínimos detalhes do casamento e da educação de seus súditos.[17]

Tais são as conseqüências da escravidão doméstica, como sugerem as aparências e os primeiros aspectos das coisas: Mas, se entrarmos no assunto mais profundamente, talvez encontremos motivos para julgar essa conclusão precipitada. A comparação entre a administração de criaturas humanas e de gado é chocante; mas é extremamente adequada para avaliarmos as suas conseqüências. Na capital, perto das grandes cidades e em todas as cidades populosas, ricas e industriais, cria-se pouco gado. As provisões, os alojamentos e o trabalho são mais valorizados; e, quando os homens atingem uma certa idade e querem comprar gado, eles o encontram por um preço mais baixo nos países mais remotos. Estes, portanto, são os países mais propícios para a criação e a compra de gado; e, por uma analogia de motivos, também são mais propícios para a compra de escravos, se estes são equiparados ao gado. Criar uma criança em LONDRES, até a idade em que ela possa ser útil, seria muito mais caro que comprar uma da mesma idade na ESCÓCIA ou na IRLANDA, onde elas foram criadas em cabanas, vivem cobertas de andrajos e se alimentam de aveia e batatas. Portanto, aqueles que tinham escravos, em todos os países mais ricos e populosos, desencorajavam a gravidez das criadas ou chegavam mesmo a provocar abortos. A espécie

---

[17] Podemos observar aqui que, se a escravidão doméstica efetivamente provocasse o aumento populacional, seria uma exceção à regra geral de que, em qualquer sociedade, a felicidade e a população crescem necessariamente juntas. Um proprietário, por interesse ou mau humor, pode tornar seus escravos muito infelizes, ainda que ele trate de aumentar seu número. Mesmo o casamento não é entre eles um ato de escolha, não mais que qualquer outra ação de suas vidas.

humana poderia diminuir naqueles lugares onde isso acontecia, de forma a tornar necessário um recrutamento permanente de gente nas províncias mais desertas. Tal fluxo contínuo tenderia fortemente a diminuir a população do estado, tornando as cidades grandes dez vezes mais destrutivas do que acontece hoje; onde cada homem é senhor de si, e provê os bens necessários aos seus filhos, graças a um poderoso instinto natural, e não por conta de interesses sórdidos. Se, no presente, LONDRES, sem um crescimento muito grande, precisa recrutar anualmente no campo cerca de cinco mil pessoas, como se costuma dizer, o que seria necessário, se a maioria dos comerciantes e da gente comum fosse constituída de escravos, e todos fossem impedidos de procriar pelos seus senhores avarentos?

Todos os autores antigos nos informam que existia um fluxo permanente de escravos, rumo à ITÁLIA, das províncias mais remotas, como a SÍRIA, a CILÍCIA,[18] a CAPADÓCIA, a ÁSIA Menor, a TRÁCIA e o EGITO; e no entanto a população da ITÁLIA não aumentava; e alguns autores se queixam do declínio contínuo da indústria e da agricultura.[19] Onde está então aquela fertilidade extrema dos escravos ROMANOS, da qual tanto se fala? Pois, longe de multiplicar, eles mal podiam conservar o estoque de gente sem grandes recrutamentos. E, embora muitos escravos fossem continuamente alforriados e convertidos em cidadãos

---

[18] Dez mil escravos por dia eram freqüentemente vendidos para uso dos ROMANOS, em DELUS na Cilícia. ESTRABÃO, liv. xiv. [*Geografia* 14.5.2.]
[19] COLUMELA, Liv. i. *proœm.* et cap. 2. et 7. VARRÃO [116-27 a.C. *Rerum Rusticarum* (Da agricultura)] liv. iii. cap. I. HORAT. [Horácio, *Odes*] liv. ii. od. 15. TACIT. *Annal.* Liv. iii. cap. 54. SUETON. *In vita* AUG. [na vida de Augustus] cap. xlii. PLIN. liv. xxxviii. cap. 13. [Plínio o Velho, *História Natural*. A citação apropriada na edição Loeb seria 18.4.]

ROMANOS, o número dèstes tampouco crescia,[20] até que a libertação da cidade fosse comunicada às províncias estrangeiras. O termo para um escravo nascido e criado numa família era *verna*;[21] e estes escravos parecem ter adquirido, pelo costume, alguns privilégios e indulgências em relação aos demais; uma razão suficiente para que os senhores não gostassem de criar muitos escravos desse

---

[20] *Minore indies plebe ingenua*, diz TÁCITO, ann. liv. xxiv. cap. 7. [Tácito, *Anais*: "A população nascida livre definhava a cada dia" (tradução da edição Loeb por John Jackson).

[21] Como *servus* era o nome do gênero, e *verna* da espécie, sem qualquer correlativo, isso leva necessariamente à conclusão de que os últimos eram de longe os menos numerosos. É uma lei universal, que podemos deduzir da linguagem, que quando duas partes relacionadas de um conjunto mantêm qualquer proporção recíproca, em números, classe ou consideração, existem sempre termos correlativos inventados, que correspondem às duas partes e expressam a sua relação mútua. Se eles não mantêm qualquer proporção entre si, só se inventam termos para os menos numerosos, para marcar a sua distinção do conjunto. Assim, *homem* e *mulher*, *senhor* e *servo*, *pai* e *filho*, *príncipe* e *súdito*, *estrangeiro* e *cidadão* são termos correlativos. Mas as palavras *marinheiro*, *carpinteiro*, *ferreiro*, *alfaiate* &c. não têm termos correspondentes, que designem aqueles que não são marinheiros, carpinteiros &c. A linguagem difere bastante em relação a determinadas palavras que apresentam essa distinção; e dessa forma pode suscitar inferências muito fortes, em relação às maneiras e costumes das diferentes nações. O governo militar dos imperadores ROMANOS exaltava mais a vida militar que todas as outras ordens do estado, que apresentavam um equilíbrio: Assim, *miles* e *paganus* eram termos relativos; algo, até então, desconhecido pelas línguas antigas e mesmo por algumas modernas. A superstição moderna exaltou tanto o clero que isso alterou o equilíbrio do estado inteiro: Assim, *clerical* e *laico* são termos opostos em todas as línguas modernas; e somente nelas. Com base nos mesmos princípios, eu infiro que, se o número de escravos levados pelos ROMANOS de países estrangeiros tivesse excedido muito o número daqueles que eles tinham em casa, *verna* teria tido uma palavra correlativa, que designaria a espécie mais antiga de escravos. Mas estes, deve-se concluir, compunham a parte principal do conjunto de escravos, e os demais escravos constituíam somente uma pequena exceção.

tipo.²² Quem quer que esteja familiarizado com **as** máximas de nossos agricultores reconhecerá a justiça desta observação.²³

ÁTICO é muito elogiado pelos historiadores, pelo zelo que demonstrava ao recrutar os escravos nascidos no seio da sua família:²⁴ Podemos inferir daí que esta não era então uma prática muito comum?

Os nomes dos escravos nas comédias GREGAS, SIRUS, MISUS, GETA, TRAX, DAVUS, LIDUS, FRIX &c., levam a crer que, ao menos em ATENAS, a maioria dos escravos era importada de países estrangeiros. Os ATENIENSES, afirma ESTRABÃO,²⁵ davam aos seus escravos os nomes das nações onde eles foram com-

---

²² *Verna* é usado por autores ROMANOS como uma palavra equivalente a *scurra* ["um desocupado famoso na cidade"], referindo-se à petulância e à impudência daqueles escravos. MART. liv. i. ep. 42 [Marcial (40?-104? d.C.), *Epigramas* I.41 na edição Loeb]. HORÁCIO [*Sátiras* 2.6.66] também menciona *vernoe procaces* ["escravos insolentes"]; e PETRÔNIO [*Satyricon*], cap. 24, *vernula urbanitas* [segundo outra leitura do texto, *urbanitatis vernulae* ("da sofisticação do escravo doméstico")]. SÊNECA, *de provid.* cap. I. *vernularum licentia* [*Da Providência*, 1.6; "Garotos escravos para sua solicitude"].

²³ Calcula-se que, nas ÍNDIAS OCIDENTAIS, o estoque de escravos diminua cinco por cento a cada ano, a menos que novos escravos fossem comprados ou recrutados. Eles não são capazes de manter seu número, mesmo naqueles países quentes, onde se obtém tão facilmente roupas e provisões. Até quando isso deve continuar acontecendo nos países EUROPEUS, ou nas grandes cidades e suas cercanias? Acrescentarei que, com base na experiência de nossos agricultores, a escravidão é tão pouco vantajosa para o proprietário quanto para o escravo, quando se podem contratar criados. Um homem é obrigado a vestir e alimentar seu escravo; e não precisa fazê-lo com um criado. Portanto, o preço da primeira aquisição é muito mais alto para ele; sem falar que o medo de punições nunca extrairá tanto trabalho de um escravo quanto o receio de ser demitido e não conseguir outro emprego faz com um homem livre.

²⁴ CORN. NEPOS in vita ATTICI. [*Vidas de Homens Ilustres*, Ático, seç. 13.] Podemos observar que, como as terras de ÁTICO se concentravam em EPIRUS, um local remoto e desolado, era lucrativo para eles manter os escravos lá.

²⁵ Liv. vii. [*Geografia* 7.13.12.]

prados, como LIDUS e SIRUS; ou os nomes que eram mais comuns naquelas nações, como MANES ou MIDAS entre os FRÍGIOS, ou TÍBIAS entre os PAFLAGÔNIOS.

DEMÓSTENES, tendo mencionado uma lei que proibia qualquer homem de espancar um escravo alheio, exalta a humanidade desta lei; e acrescenta que, se os bárbaros de quem os escravos foram comprados viessem a saber que seus camponeses recebiam um tratamento tão suave, desenvolveriam um grande afeto pelos ATENIENSES.[26] ISÓCRATES também insinua que os escravos dos GREGOS eram, geralmente ou freqüentemente, bárbaros. ARISTÓTELES, na sua *Política*, afirma claramente que o escravo é sempre um estrangeiro. Os antigos escritores cômicos representavam os escravos falando uma língua bárbara.[29] Isto era uma imitação da natureza.

É bem conhecido que DEMÓSTENES, na sua juventude, teve uma grande fortuna usurpada por seus tutores, e mais tarde recuperou, por meio de um processo na justiça, o valor de seu patrimônio. Os seus discursos daquela ocasião ainda sobrevivem, e contêm detalhes sobre a importância total deixada pelo seu pai,[30] em dinheiro, mercadorias, casas e escravos, ao lado do valor de cada item. Entre eles havia 52 escravos artesãos, sendo 32 cuteleiros de espadas e 20 fabricantes de móveis;[31] todos homens; nenhuma

---

[26] Em MIDIAM. p. 221, ex. edit. ALDI. [*Contra Meidias*, seçs. 45.50.]
[27] Panegir. [Isócrates (436-338 a.C.), *Panegírico*.]
[28] Liv. vii. cap 10. sub fin.
[29] ARISTOF. Equites I. 17. [Aristófanes (445?-380 a.C.), *Os Cavaleiros*, I. 17.] Os antigos escolásticos chamam a atenção para a frase βαρβαρί ζει ωςδοῦλος [ele fala de forma bárbara, como um escravo].
[30] *In Amphobum orat.* I [*Contra Aphobus*, I.9-11.]
[31] κλινοπιοὶ, fabricantes daquelas camas em que os antigos se deitavam às refeições.

palavra sobre esposas, filhos ou famílias, que eles certamente teriam tido, caso fosse uma prática comum em ATENAS existirem linhagens de escravos: e o valor do conjunto devia depender em grande medida dessa circunstância. Também não são mencionadas escravas mulheres, com exceção de algumas criadas da casa, que pertenciam à sua mãe. Este é um argumento bastante forte, se não chega a ser totalmente conclusivo.

Considere-se esta passagem de PLUTARCO, falando de CATÃO, o Velho. "Ele possuía um grande número de escravos, que tinha o cuidado de comprar nos mercados de prisioneiros de guerra; ele escolhia os jovens, pois estes se acostumariam mais facilmente a qualquer dieta ou a quaisquer condições de vida, além de poderem ser instruídos em qualquer negócio ou trabalho, da mesma forma que é mais fácil aos homens ensinar algo aos cachorros e cavalos jovens. — E, considerando que o amor era a causa principal de todas as desordens, ele permitia aos escravos homens ter um comércio com as mulheres em sua família, desde que pagassem certa soma pelo privilégio: mas ele proibia estritamente quaisquer intrigas fora de sua família." Existem quaisquer sintomas, nesta narrativa, daquele zelo que se espera encontrar nos antigos, em relação ao casamento e à reprodução de seus escravos? Se esta fosse uma prática comum, fundada no interesse geral, certamente seria adotada por CATÃO, que era um grande economista e viveu numa época em que a antiga frugalidade e simplicidade de costumes ainda tinham crédito e reputação.

---

[32] In vita CATONIS [seç. 21.]

É observado com ênfase pelos autores do direito ROMANO que dificilmente alguém compra escravos tendo em vista a sua reprodução.³³

---

³³ *"Non temere ancillae ejus rei causa comparantur ut pariant." Digest* liv. v. tit. 3. *de hoered. petit. lex.* 27. [Hume está citando o compêndio do imperador Justiniano. A primeira citação diz: "Não é um costume que se adquiram escravas mulheres com propósitos de reprodução."] Os textos seguintes são da mesma natureza: *"Spadonem morbosum non esse, neque vitiosum, verius mihi videtur; sed sanum esse, sicuti illum qui unum testiculum habet, qui etiam generare potest." Digest.* liv. ii. tit. I. *de oedilitio edicto, lex* 6 § 2. [A citação deste trecho e dos seguintes está no livro i, título 21: "Creio que um escravo que foi castrado não está doente nem incapacitado, mas sadio; da mesma forma que um escravo que só tenha um testículo, e que ainda é capaz de se reproduzir."] *"Sin autem quis ita spado sit ut tam necessaria pars corporis penitus absit, morbosus est." Id. lex.* 7. ["Porém, quando um escravo foi castrado de forma tal que todas as partes do seu corpo necessárias para o propósito de reprodução estão absolutamente ausentes, ele é considerado doente."] A sua impotência, parece, só era levada em conta na medida em que afetava a sua saúde ou a sua vida. Em outros aspectos, o seu valor era total. O mesmo raciocínio é empregado em relação às mulheres escravas. *"Quaeritur de ea muliere quae semper mortuos parit, na morbosa sit? et ait Sabinus, si vulvae vitio, hoc contingit, morbosam esse. Id. lex* 14. ["Perguntaram se uma escrava estava doente porque seus filhos nasceram mortos. Sabinus diz que, se isso foi causado por uma afecção uterina, ela assim deve ser considerada."] Mas foi um tema de discussão saber se uma mulher grávida era doente ou incapacitada; e se determinou que ela era saudável, não em função do valor de sua descendência, mas porque ter filhos é uma parte natural da ação feminina. *"Si mulier praegnans venerit, inter omnes convenit sanam eam esse. Maximum enim ac praecipuum munus fœminarum accipere ac tueri conceptum. Puerperam quoque sanam esse; si modo nihil extrinsecus accedit, quod corpus ejus in aliquam valetudinem immitteret. De sterili Cœlius distinguere Trebatium dicit, ut si natura sterilis sit, sana sit; si vitio corporis, contra." Id.* ["Quando uma escrava grávida é vendida, as autoridades sustentam que ela é saudável, pois a maior e mais importante função da mulher é conceber e criar uma criança. Uma mulher que acabou de dar à luz também é saudável, desde que nada lhe aconteça que possa causar algum problema corporal. Caelius diz que Trebatius faz uma distinção no caso da esterilidade, porque, se uma mulher é estéril por natureza, ela é saudável, mas se a esterilidade decorre de algum problema com seu corpo, não."]

Os nossos lacaios e criadas, admito, não se prestam muito a multiplicar sua espécie: mas os antigos, além daqueles que cuidavam da sua pessoa, tinham quase todo o seu trabalho e mesmo seus artigos feitos por escravos, muitos dos quais viviam com sua família; e alguns grandes homens chegaram a possuir mais de dez mil. Portanto, se existir qualquer suspeita de que essa instituição era desfavorável à reprodução (e o mesmo argumento vale, ao menos em parte, tanto para os antigos escravos quanto para os criados modernos), quão destrutiva a escravidão demonstrou ser?

A história faz menção a um nobre ROMANO que mantinha 400 escravos sob o mesmo teto que ele: e, tendo sido assassinado pela vingança furiosa de um deles, a lei foi executada com rigor, e todos os 400, sem exceção, foram condenados à morte.[34] Muitos outros nobres ROMANOS mantinham grupos tão ou mais numerosos; e acredito que todos concordarão que isso dificilmente seria praticável se supusermos que todos os escravos eram casados, e todas as mulheres reproduzissem.[35]

Já na época do poeta HESÍODO,[36] escravos casados, fossem homens ou mulheres, eram considerados inconvenientes. Ainda mais quando as famílias tinham crescido de forma tão enorme quanto

---

[34] TÁCIT. *ann.* liv. xiv. cap. 43.

[35] Aos escravos das casas grandes eram reservados poucos cômodos, chamados *cellæ*. Daí o nome "cela" ser transferido para os quartos dos monges num convento. Ver mais sobre este tema em JUST. LIPSIUS, Saturn. I. cap. 14. [Justus Lipsius (1547-1606). Provavelmente, Hume está se referindo a *Saturnalium Sermonum libri duo* (1585), que discute os festivais romanos e as disputas entre gladiadores.] Ali se defendem fortes argumentos contra o casamento e a propagação das famílias de escravos.

[36] *Opera et Dies*, liv. ii. l.24 e também l.220. [Hesíodo (século VIII a.C.), *Os Trabalhos e os Dias*.]

em ROMA, onde a antiga simplicidade de costumes tinha desaparecido em todas as classes sociais.

XENOFONTE, em sua Economia, na qual ele dá instruções sobre como administrar uma fazenda, recomenda que se zele estritamente para manter uma distância entre os escravos homens e mulheres. Ele parece não cogitar da hipótese de que eles sejam casados.[37] Os únicos escravos entre os GREGOS que parecem ter dado continuidade à sua própria linhagem foram os HILOTAS, que tinham casas separadas, e que eram mais escravos públicos que de indivíduos particulares.[38]

O mesmo autor[39] nos informa que o inspetor de NÍCIAS, com o assentimento de seu senhor, era obrigado a lhe pagar um óbolo diário por cada escravo; além de ser seu provedor e conservá-los no mesmo número. Se todos os antigos escravos se reproduzissem, esta última circunstância do contrato teria sido supérflua.

Os antigos falam com tanta freqüência de uma quantidade fixa e determinada de provisões para cada escravo,[40] que somos naturalmente levados a concluir que quase todos os escravos eram solteiros, e que recebiam essas provisões como uma espécie de ordenado.

De fato, a prática do casamento entre escravos parece não ter sido muito comum, mesmo entre os trabalhadores do campo, onde ela seria mais natural. CATÃO,[41] enumerando os escravos requisi-

---

[37] Xenofonte, *Da Administração do Estado* 9.5.
[38] ESTRABÃO, liv. viii. [8.5.4].
[39] *De ratione redituum.* [Xenofonte, *Modos e Meios* 4.14.]
[40] Ver CATÃO *de re rustica*, cap. 56. Donatus in Phormium [o comentário de Aelius Donatus (século IV d.C.) sobre *Phormio*, de Terêncio.], I.I.9. SENECAE epist. 80. [7-8].
[41] *De re rust.* cap. 10, 11.

tados para trabalhar numa vinha de uma centena de acres, chega ao número de 15; o inspetor e sua mulher, *villicus* e *villica*; além de 13 escravos homens; para uma plantação de oliveiras de 240 acres, o inspetor e sua mulher, e 11 escravos homens; e assim, proporcionalmente, em relação ao tamanho maior ou menor de uma plantação ou vinhedo.

VARRÃO,[42] citando esta passagem de CATÃO, reconhece como justa a sua avaliação em todos os aspectos, exceto o último. Pois, como é necessário, ele afirma, ter um inspetor e sua mulher independentemente do tamanho do vinhedo ou da plantação, isso deve alterar o cálculo da proporção. Se a avaliação de CATÃO estivesse equivocada em qualquer outro aspecto, ela certamente teria sido corrigida por VARRÃO, que parece se comprazer ao descobrir um erro muito mais trivial.

O mesmo autor,[43] bem como COLUMELA,[44] recomenda que se dê uma mulher ao inspetor, de forma a ligá-lo mais fortemente ao trabalho e ao seu senhor. Esta era, portanto, uma indulgência peculiar proporcionada a um escravo no qual se depositava grande confiança.

Na mesma passagem, VARRÃO menciona como uma precaução útil não comprar escravos demais de uma mesma nação, para que eles não formem facções e sedições na família:[45] um sinal de que, na ITÁLIA, a maioria dos escravos, mesmo entre os trabalhadores do campo (já que não é de outros que ele fala), foi comprada nas províncias mais remotas. Todo mundo sabe que os escravos das

---

[42] Liv. i. cap. 18.
[43] Liv. i. cap. 17.
[44] Liv. i. cap. 18 [*Da Agricultura* I.8.5.]
[45] [Varão, *Da Agricultura* I.17.]

famílias de ROMA, que eram usados em espetáculos para satisfazer ao luxo de seus proprietários, eram geralmente importados do Oriente. *Hoc profecere,* diz PLÍNIO, comentando o zelo desconfiado dos senhores, *mancipiorum legiones, et in domo turba externa, ac servorum quoque causa nomenclator adhibendus.*[46]

De fato, é recomendado por VARRÃO[47] introduzir jovens pastores na família dos mais velhos. Pois, como as fazendas e vinhedos ficavam geralmente em lugares remotos e baratos, e como cada pastor vivia numa cabana isolada, o seu casamento e procriação não provocavam os mesmos inconvenientes que nos lugares mais valorizados, onde muitos criados viviam junto com a família; o que era sempre o caso nas fazendas ROMANAS que produziam vinhas ou grãos. Se considerarmos essa exceção em relação aos pastores e pesarmos as suas razões, isso servirá como uma forte confirmação de todas as nossas suposições anteriores.[48]

COLUMELA,[49] reconheço, aconselha o senhor a recompensar, ou mesmo libertar uma escrava mulher que lhe tenha dado e educado pelo menos três de seus filhos: Uma prova de que, em algumas ocasiões, os antigos se reproduziam por meio de suas escravas; o que, de fato, não pode ser negado. Se fosse de outra forma, a

---

[46] Liv. xxxiii. cap. I. [Plínio o Velho, *História Natural* 33.6.26 na edição Loeb. O trecho diz: "Este é o progresso alcançado pelas nossas legiões de escravos — uma ralé estrangeira na nossa casa, a ponto de ser necessário um ajudante para pronunciar os nomes das pessoas até mesmo no caso dos escravos" (tradução da edição Loeb por H. Rackham). Da mesma forma, TÁCIT. *Anais.* liv. xiv. cap. 44.
[47] Liv. ii. cap. 10.
[48] *Pastoris duri est hic filius, ille bubulci.* JUVEN. sat. 11.151. [Juvenal, *Sátiras,* 11.151: "Um é filho do pastor valente, outro do pecuarista" (tradução da edição Loeb por G. G. Ramsay).
[49] Liv. i. cap. 8. [19].

prática da escravidão, sendo tão comum na antigüidade, teria sido de tal forma destrutiva que expediente algum poderia repará-la. Tudo o que pretendo demonstrar com esses argumentos é que a escravidão é em geral desvantajosa tanto para a felicidade quanto para o crescimento populacional da humanidade e que em seu lugar funciona muito melhor a prática dos criados contratados.

As leis ou, como as chamam alguns autores, as sedições dos GRACOS foram ocasionadas pelo fato de eles observarem o crescimento do número de escravos ao longo de toda a ITÁLIA e a diminuição do número de cidadãos livres. APIANO[50] atribui esse crescimento à propagação dos escravos; PLUTARCO, à compra de bárbaros, que eram encarcerados e acorrentados. βαρβαρικα δεσμωτηρια.[52] Deve-se presumir que as duas causas atuaram.

---

[50] De bel. civ. liv. i. [Apiano, *História Romana: As Guerras Civis* I.7.]
[51] In vita TIB. & C. GRACCHI [*Vidas*, vida de Tibério Graco 8.3.]
[52] Tem o mesmo propósito essa passagem de SÊNECA, o Velho, *ex controversia* 5, liv. V. *"Arata quondam populis rura, singulorum ergastulorum sunt; latiusque nunc villici, quam olim reges, imperant."* [Sêneca, o Velho (55? a.C.-40 d.C.), *As Controvérsias* 5.5: "É por tudo isso que aquele campo outrora repleto de populações inteiras hoje só tenha fazendas de escravos, onde os intendentes têm mais ascendência que os reis" (tradução da edição Loeb por H. Winterbottom). *"At nunc eadem"*, diz PLÍNIO, *vincti pedes, damnatae manus, inscripti vultus exercent".* liv. xviii. Cap. 3. [Plínio o Velho, *História Natural*: "Mas hoje em dia aquelas operações da agricultura são realizadas por escravos com os tornozelos acorrentados e pelas mãos de malfeitores com os rostos marcados a fogo" (tradução Loeb por H. Rackham). Da mesma forma, MARCIAL.

"*Et sonet innumera compede Thuscus ager.*" Liv. ix. ep. 23.

[Marcial, *Epigrama*: "...e os campos da Toscana se encheram de incontáveis escravos acorrentados". (Tradução da edição Loeb por Walter C. A. Ker).] E Lucano.

"Tum longos jungere fines
Agrorum, et quondam duro sulcata Camilli,
Vomere et antiquas Curiorum passa ligones,
Longa sub ignotis extendere rura colonis". Liv. i.

A SICÍLIA, afirma FLORO,[53] estava cheia de *ergastula*, e era cultivada por trabalhadores acorrentados. EUNUS e ATÊNIO incitaram a rebelião dos servos ao destruir essas prisões monstruosas e dar a liberdade a 60 mil escravos. O jovem POMPEU aumentou o seu exército na ESPANHA fazendo uso do mesmo expediente.[54] Se os trabalhadores do campo, ao longo do império ROMANO, estivessem geralmente nessa situação e se fosse difícil ou impossível encontrar acomodações separadas para as famílias e os servos nas cidades, a instituição da escravidão doméstica deveria ser considerada desfavorável à reprodução, sem falar na questão humanitária.

No presente, CONSTANTINOPLA requer um recrutamento de escravos em todas as províncias semelhante ao que fazia ROMA antigamente; e, conseqüentemente, estas províncias estão longe de ser populosas.

Segundo Mons. MAILLET,[55] o EGITO envia continuamente colônias de escravos negros para outras partes do império TURCO; e recebe uma quantidade equivalente de escravos brancos: os

---

[Lucano, *A Guerra Civil* I. 167-170: "Em seguida eles ampliaram enormemente as fronteiras de suas terras, até que essas terras, outrora dominadas pela mão de ferro de Camilo, e que sentiu a espada de Curius tempos atrás, se transformaram numa vasta terra cultivada por estrangeiros" (tradução da edição Loeb por J. D. Duff).]
"Vincto fossore coluntur
Hesperiae segetes. – "Liv. vii.
[*A Guerra Civil* 7.402: "Os campos cultivados da Itália estão repletos de trabalhadores acorrentados" (tradução da edição Loeb por J. D. Duff).]
[53] Liv. iii.cap. 19. [Florus (século II d.C.), *Epítome de História Romana*.]
[54] Id. Liv. Iv. cap. 8. [*Epítome de História Romana*.]
[55] Benoit de Maillet (1656-1738) escreveu *Description de l'Egypte* (1735) e *Idée du gouvernement ancien et moderne de l'Egypte* (1743).

primeiros são trazidos do interior da ÁFRICA; os outros de MINGRÉLIA, CIRCÁSSIA e TARTÁRIA.

Os nossos claustros modernos são, certamente, instituições ruins: mas há motivos para suspeitar que, antigamente, toda grande família na ITÁLIA, e provavelmente em outras partes do mundo, constituía uma espécie de claustro. E embora tenhamos motivos para condenar todas aquelas instituições papistas como enfermarias da superstição, onerosas para o povo e opressivas para os pobres prisioneiros, tanto os homens quanto as mulheres; ainda assim se pode questionar se elas eram tão negativas para a população de um estado quanto geralmente se imagina. Se a terra que pertence a um convento fosse presenteada a um nobre, ele gastaria a renda que tirasse dela em cães, cavalos, estrebarias, soldados, cozinheiros e criadas; e sua família não alimentaria mais cidadãos do que o convento o faz.

A razão mais comum pela qual um pai confia suas filhas aos conventos é que ele não pode se sobrecarregar com uma família muito numerosa; mas os antigos tinham um método quase tão inocente e mais eficaz para esse propósito, a saber, enjeitar seus filhos na primeira infância. Esta prática era muito comum; mas nenhum autor daquela época fala dela com o horror que merece e raramente[56] ela é mencionada com desaprovação. PLUTARCO, o humanitário e bem-intencionado PLUTARCO,[57] fala com apro-

---

[56] TÁCITO culpa isso. De morib. Germ. [*Alemanha*, seç. 19.]
[57] De fraterno amore. [*Moralia*, "Do Amor Fraterno", seç. 18. O tradutor da edição Loeb (W. C. Helmbold) interpreta o texto como dizendo apenas que Átalo "não estava disposto a reconhecer como seus os filhos que sua esposa tinha gerado", i.e., por meio da cerimônia na qual o pai pega a criança em seus

vação de ÁTALO, rei de PÉRGAMO, que assassinou ou, se preferem assim, que enjeitou todos os seus próprios filhos, de forma a deixar a coroa para o filho de seu irmão, EUMENES, manifestando dessa forma a sua gratidão e o seu afeto por EUMENES, que lhe entregou seu filho como herdeiro. Foi SÓLON, o mais celebrado dos sábios da GRÉCIA, que deu aos pais a permissão legal para assassinar seus filhos.[58]

Devemos então supor que essas duas circunstâncias compensam uma à outra, a saber, os votos monásticos e o abandono dos filhos e que elas são desfavoráveis, na mesma medida, para a propagação da humanidade? Eu me pergunto se, nesse aspecto, a antigüidade levava vantagem. Talvez, por uma estranha conexão de causas, a prática bárbara dos antigos pudesse mesmo fazer com que aquela época fosse mais populosa. Remover os terrores de uma família numerosa demais estimularia muitas pessoas a se casarem; mas tamanha é a força da afeição natural que muito poucos, em comparação, teriam determinação suficiente para pôr em execução as suas intenções iniciais.

A CHINA, o único país onde essa prática de enjeitar crianças persiste até hoje, é o país mais populoso que conhecemos; e todos os homens se casam antes de completar 20 anos. Dificilmente esses casamentos precoces poderiam ser uma regra geral se os homens não tivessem a perspectiva de um método tão fácil de se

---

braços e reconhece sua legitimidade. Segundo essa interpretação, os filhos de Átalo não foram assassinados, mas simplesmente não foram reconhecidos como herdeiros ao trono, ou, o que é pior, foram deserdados.] SÊNECA também aprova a morte de crianças gravemente doentes. *De ira* ["Do ódio"], liv. I. cap. 15.

[58] SEXT. EMP. liv. iii. cap, 24. [Sexto Empírico (século II ou III d.C.), *Esboços de Pirronismo* 3.24).]

livrar de seus filhos. PLUTARCO[59] fala da prática de enjeitar os filhos como uma máxima muito geral dos pobres; e como os ricos eram então avessos ao casamento, em função do assédio que sofriam daqueles que estavam de olho em seu patrimônio, o povo em geral devia ficar numa situação difícil entre esses dois extremos.[60]

De todas as ciências, nenhuma foi tão decepcionante em suas primeiras manifestações quanto a política. Hospitais para crianças enjeitadas parecem favoráveis ao aumento da população; e talvez isso seja certo, desde que funcionem com restrições adequadas. Mas, quando esses hospitais abrem as portas para qualquer um, sem fazer distinção, eles têm provavelmente um efeito contrário, sendo perniciosos para o estado. Calcula-se que uma em cada nove crianças nascidas em PARIS é enviada para um hospital; embora pareça certo, segundo o curso comum dos assuntos humanos, so-

---

[59] *De amore prolis.* [*Moralia*, "On Affection for Offspring", seç. 5. O argumento de Plutarco é que o fracasso dos homens pobres ao educarem seus filhos não é uma exceção à regra geral de que os pais amam naturalmente a sua descendência, pois, embora não possam dar aos filhos uma boa educação, não desejam que eles se tornem viciosos e pobres.]

[60] A prática de deixar grandes somas de dinheiro a amigos, mesmo que tivessem parentes próximos, era comum na GRÉCIA e em ROMA, como podemos deduzir de LUCIANO. Essa prática prevalece muito menos nos tempos modernos; e VOLPONE, de BEN JOHNSON, é portanto quase inteiramente extraído de autores antigos, pois reflete melhor os costumes daquele tempo.

Pode-se pensar com justiça que a liberdade de divórcios em ROMA representava outro desestímulo ao casamento. Tal prática não previne conflitos de *temperamento*, ao contrário, os estimula; e também ocasiona aqueles conflitos baseados no *interesse*, que são muito mais perigosos e destrutivos. Ver mais sobre este tema, Parte I, Ensaio XVIII. [Provavelmente ele se refere ao Ensaio XIX ("Da poligamia e dos divórcios").] Talvez também se deva levar em conta, em algum momento, a luxúria artificial dos antigos. [Hume se refere, nesta sentença final, à prática da homossexualidade.]

mente uma em cada cem crianças tem pais totalmente incapacitados de provê-la e educá-la. A grande diferença, em relação à saúde, ao trabalho e à moral, entre a educação num hospital e numa família privada, deveria nos encorajar a tornar mais difícil o ingresso no primeiro. Matar um filho é chocante por natureza; e portanto não deve ser uma prática comum; mas entregar a educação dos filhos a outrem, virando-lhes as costas, é tentador demais para a natural indolência da humanidade.

Tendo considerado a vida doméstica e os costumes dos antigos, comparados aos dos modernos; e considerando que, em geral, somos bastante superiores, no que concerne às questões já abordadas; agora examinaremos os costumes e as instituições *políticas* dos dois períodos, e avaliaremos a sua influência em retardar ou acelerar o crescimento da humanidade.

Antes do aumento do poder ROMANO, ou melhor, antes de sua total consolidação, quase todas as nações que constituíram o cenário da história antiga estavam divididas em pequenos territórios ou pequenas comunidades, onde prevalecia, naturalmente, uma grande equivalência nas fortunas, e onde o centro do governo estava sempre bastante próximo de suas fronteiras. Este era o estado das coisas não somente na GRÉCIA e na ITÁLIA, mas também na ESPANHA, ITÁLIA, ALEMANHA, ÁFRICA e em boa parte da ÁSIA Menor: e deve-se reconhecer que nenhuma instituição poderia ser mais favorável para a propagação da humanidade. Pois, embora um homem de grande fortuna, não sendo capaz de consumir tudo o que tem, precise dividir sua riqueza com aqueles que o servem e prestigiam, estes, por sua vez, sendo de posses precárias, não encontram estímulo ao casamento, como se cada um deles possuísse uma pequena fortuna que lhes desse segurança e independência. Além disso, cidades muito grandes são prejudiciais à sociedade, pois engendram vícios e desordens de todos os tipos, provocam a fome nas províncias mais distantes e até mesmo dentro da própria cidade, devido aos preços elevados de todas as provisões. Onde cada homem possuía uma pequena casa e um terreno para cultivar; onde cada condado tinha uma capital livre e independente; que situação feliz para os homens! Como isso era favorável à indústria e à agricultura; ao casamento e à reprodução! A virtude prolífica dos homens podia ser exercida em toda a sua extensão, sem as restrições impostas pela pobreza e pela necessidade, e assim a população dobraria a cada geração: e seguramente nada pode proporcionar mais liberdade, bem como tal igualdade de fortuna entre os cidadãos, do que essas pequenas comunidades. Todos os estados pequenos promovem a igualdade de fortunas, porque eles não proporcionam grandes oportunidades para um enriquecimento; e ainda mais as pequenas comunidades, por meio daquela divisão de poder e de autoridade, que lhes é essencial.

Quando XENOFONTE[61] regressou de sua famosa expedição com CIRO, ele, ao lado de seis mil GREGOS, se colocou a serviço de SEUTES, um príncipe da TRÁCIA; e os termos desse acordo eram que cada soldado receberia uma *dárica* por mês, cada capitão duas *dáricas*, enquanto ele, como general, receberia quatro: uma proporção de salários que não causaria pouca surpresa aos nossos oficiais modernos.

DEMÓSTENES e ÉSQUINO, e mais oito, foram enviados como embaixadores para FILIPE da MACEDÔNIA, e seus salários por

---

[61] *De exp.* CYR. liv. vii. [*Anábase (A Expedição de Ciro)* 7.6.]

um período de quatro meses foram de mil *dracmas*, o que significa menos de um *dracma* por dia para cada embaixador.⁶² Mas um *dracma* por dia, ou mesmo dois,⁶³ era o pagamento de um soldado comum.

Um centurião entre os ROMANOS recebia no máximo duas vezes mais que um cidadão comum, na época de POLÍBIO,⁶⁴ e se encontram referências a gratificações, após um triunfo, divididas na mesma proporção.⁶⁵ Mas MARCO ANTÔNIO e o triunvirato davam aos centuriões um valor cinco vezes maior que o dos outros.⁶⁶ De forma que o crescimento da república representou também o crescimento da desigualdade entre os cidadãos.⁶⁷

Deve-se reconhecer que a situação dos negócios nos tempos modernos, em relação à liberdade civil, bem como à igualdade das fortunas, não é nem de perto tão favorável ao crescimento ou à felicidade da humanidade. A EUROPA está quase toda dividida em grandes monarquias; e suas regiões são divididas em pequenos territórios, geralmente governados por príncipes absolutos, que arruínam seu povo imitando a conduta dos monarcas mais importantes, no esplendor de sua corte e no número de suas forças. Somente a SUÍÇA e a HOLANDA lembram as antigas repúblicas; e

---

⁶² DEMOST. *De falsa leg.* ["Da Embaixada", seç. 158.] Ele avalia essa soma como considerável.
⁶³ TUCÍD. liv. iii. [*História da Guerra do Peloponeso* 3.17.]
⁶⁴ Liv. vi. cap. 37. [*Histórias* 6.39 na edição Loeb.]
⁶⁵ TIT. LIV. liv. xli. cap. 7.13 & *alibi passim*. [Lívio, *História de Roma* 41.7, 13, e em outros trechos.]
⁶⁶ APIANO. *De bell. civ.* liv. iv. [120.]
⁶⁷ CÉSAR dava aos centuriões dez vezes mais benefícios que aos soldados comuns, *De bello Gallico*, liv. viii. [*A Guerra da Gália* 8.4]. No cartel do RÓDANO, mencionado mais tarde, não se fazia distinção alguma na remuneração em função da hierarquia no exército.

embora a primeira esteja longe de contar com qualquer vantagem de solo, clima ou comércio, ainda assim o número de pessoas em seu território, apesar de muitas delas partirem para todo tipo de trabalho na EUROPA, demonstra bastante bem as vantagens de suas instituições políticas.

As repúblicas antigas baseavam a sua principal ou única segurança no número de seus cidadãos. Com os TRÁCIOS tendo perdido uma parcela considerável da sua população, os que restaram, em vez de enriquecerem com a herança deixada por seus colegas cidadãos, solicitaram a ESPARTA, a sua metrópole, que enviasse um novo grupo de habitantes. Os ESPARTANOS reuniram imediatamente dez mil homens; com os quais os antigos cidadãos dividiram as terras dos proprietários que tinham perecido.[68]

Depois que TIMOLEONTE baniu DIONÍSIO de SIRACUSA e tratou de resolver a situação da SICÍLIA, quando encontrou as cidades de SIRACUSA e SELINONTE extremamente despovoadas pela tirania, pela guerra e pelo facciosismo, ele convocou da GRÉCIA novos habitantes para repovoá-las.[69] Imediatamente, 40 mil homens (60 mil, segundo PLUTARCO[70]) se ofereceram como voluntários; e foram distribuídos muitos lotes de terra entre eles, para grande satisfação dos antigos habitantes: uma prova clara da eficiência das máximas da política antiga, que afetava a população mais que as riquezas, e dos efeitos positivos dessas máximas, é a elevada população daquele pequeno país, a GRÉCIA, que podia suprir de habitantes uma colônia tão grande. O caso não era muito

---

[68] DIOD. da SIC. liv. xii. [*A Biblioteca de História* 12.59.] TUCÍD. liv. Iii. [92.]
[69] DIOD. da SIC. liv. xvi. [82.]
[70] *In vita* TIMOL. [*Vidas*, na vida de Timoleonte, seç. 23.]

diferente com os ROMANOS nos primeiros tempos. O cidadão que não consegue se contentar com sete acres de terra, diz M. CURIUS, é um cidadão pernicioso.[71] Semelhantes idéias de eqüidade só poderiam produzir uma população numerosa.

Devemos considerar agora em que consistem as desvantagens dos antigos em relação à população, e que controles eram exercidos por meio de suas máximas e instituições políticas. Em geral, existem compensações para toda condição humana: e, embora estas compensações não sejam sempre perfeitamente iguais, ainda assim elas servem para coibir o princípio predominante. Compará-las e avaliar a sua influência é de fato difícil, mesmo quando elas acontecem num mesmo período, e em países vizinhos. Mas onde muitas eras agiram, restando apenas luzes tênues dos antigos autores; o que podemos fazer senão nos entretermos especulando a favor ou contra, num tema tão interessante, e assim corrigirmos todas as determinações precipitadas ou violentas?

Primeiro, podemos observar que as antigas repúblicas estavam quase sempre numa guerra perpétua, um efeito natural de seu espí-

---

[71] PLIN. liv. xviii. cap. 3. [*História Natural.*] O mesmo autor, no cap. 6, diz: *Verumque fatentibus latifundia perdidere* ITALIAM; *jam vero et provincias. Sex domi semissem* AFRICÆ *possidebant cum interfecit eos* NERO *princeps.* ["E se for confessada a verdade, as grandes propriedades representaram a ruína da Itália, e agora estão representando também a ruína das províncias – metade da África era propriedade de seis senhores de terras, quando o Imperador Nero os condenou à morte" (tradução da edição Loeb por H. Rackham). Segundo essa visão, a bárbara carnificina cometida pelos primeiros imperadores ROMANOS não foi, talvez, tão destrutiva para o povo quanto se pode imaginar. Estes não pararam antes de extinguir todas as famílias ilustres que tivessem desfrutado da pilhagem do mundo, durante os últimos períodos da república. Os novos nobres que os substituíram eram menos esplêndidos, como nos informa TÁCITO. *Ann.* liv. iii. cap. 55.

rito marcial, de seu amor pela liberdade, de sua mútua emulação e daquele ódio que geralmente prevalece entre nações que vivem em estreita vizinhança. Agora, a guerra num estado pequeno é muito mais destrutiva do que num grande; tanto porque todos os habitantes, no primeiro caso, são obrigados a servir ao exército, como porque, quando o estado inteiro é fronteiriço, fica totalmente exposto às incursões do inimigo.

As máximas da guerra antiga eram muito mais destrutivas do que as da guerra moderna; principalmente por causa daquela distribuição das pilhagens, que se concedia aos soldados. Os soldados rasos, em nossos exércitos, são de uma classe tão baixa que qualquer abundância que exceda a sua remuneração habitual logo provoca confusão e desordem entre eles, e uma dissolução total da disciplina. A própria mesquinhez e maldade daqueles que se alistam nos exércitos modernos os tornam menos destrutivos aos países que invadem: um exemplo, entre muitos outros, do aspecto ilusório das primeiras aparências em todas as discussões políticas.[72]

As batalhas antigas eram muito mais sangrentas, pela própria natureza das armas que eram empregadas. Os antigos formam seus homens em tropas de 16 ou 20, às vezes 50 fileiras, o que constituía uma frente estreita; e não era difícil encontrar um campo no qual os dois exércitos poderiam se enfileirar e travar combate. Mesmo onde

---

[72] Os antigos soldados, sendo cidadãos livres, acima do nível mais baixo, eram todos casados. Os nossos soldados modernos são forçados a viverem solteiros, ou seus casamentos se tornam cada vez mais raros, alterando pouco o crescimento da humanidade. Uma circunstância que deveria, talvez, ser levada em consideração como sendo favorável aos antigos.

uma parcela das tropas era impedida de avançar por barreiras, outeiros ou depressões no terreno, a batalha não era decidida tão depressa entre os exércitos rivais, dando tempo às tropas para suplantar esses obstáculos e se engajar no combate. E como a totalidade do exército participava da batalha, e cada homem enfrentava de perto seu antagonista, as batalhas eram geralmente muito sangrentas, e uma grande carnificina acontecia nos dois lados, especialmente entre os vencidos. As fileiras longas e estreitas, adequadas às armas de fogo, e a decisão rápida do confronto fazem nossos conflitos modernos embates parciais, permitindo ao general que se encontrar em inferioridade no começo do dia convocar de volta a maior parte de suas tropas, sem maiores prejuízos.

As batalhas da antigüidade, tanto pela sua duração quanto por sua semelhança a simples combates, chegavam a um grau de fúria praticamente desconhecido em épocas posteriores. O principal estímulo aos combatentes era a esperança de lucro, por exemplo, transformando-se os prisioneiros em escravos. Nas guerras civis, como nos conta TÁCITO,[73] as batalhas eram as mais sangrentas, porque os prisioneiros não eram escravizados.

Quando um destino tão duro aguarda os vencidos, é de se esperar uma resistência muito mais acirrada! Onde as máximas da guerra eram, em todos os aspectos, tão sangrentas e severas, o ódio era muito mais inveterado!

Na história antiga, são freqüentes os exemplos de cidades sitiadas, cujos habitantes, em vez de abrirem seus portões, assassinavam suas esposas e filhos, e optavam por uma morte voluntária,

---

[73] Hist. liv. ii. cap. 44.

suavizada talvez pela perspectiva de uma pequena vingança contra o inimigo. Os GREGOS,[74] bem como os BÁRBAROS, atingiram freqüentemente esse grau de fúria. E o mesmo espírito determinado e de crueldade deve, em outros exemplos menos notáveis, ter sido destrutivo para a sociedade humana, naquelas pequenas comunidades, que viviam numa vizinhança próxima, e estavam perpetuamente envolvidas em guerras e confrontos.

Algumas vezes as guerras na GRÉCIA, diz PLUTARCO,[75] eram inteiramente conduzidas na base de incursões, assaltos e piratarias. Semelhante método de guerra deve ser mais destrutivo em estados pequenos do que os sítios e batalhas mais sangrentos.

Pela lei das doze tábuas, a posse durante dois anos constituía uma prescrição para a terra; e um ano para os bens móveis:[76] Uma indicação de que não havia na ITÁLIA, nessa época, muito mais ordem, tranqüilidade e controle policial do que existe atualmente entre os TÁRTAROS.

O único acordo de que me lembro na história antiga é aquele entre DEMÉTRIO POLIORCETA e os RÓDIOS; quando ele foi firmado, cada cidadão livre deveria receber mil *dracmas*, e cada escravo portando armas, 500.[77]

Mas, em segundo lugar, parece que os costumes antigos eram em muitos aspectos mais desfavoráveis que os modernos, não

---

[74] Como em ABIDUS, citado por LÍVIO, liv. xxxi, cap. 17, 18, e POLÍB. liv. xvi. [34.] E também os XANTIANOS, APIANO, *de bell. civil.* liv. Iv. [80.]
[75] *In vita* ARATI. [*Vidas*, na vida de Arato, seç. 6.]
[76] INST. liv. ii. cap. 6.
[77] DIOD. SIC. liv. xx. [84.]

apenas em tempos de guerra, mas também nos períodos de paz; e isso em todos os aspectos, com exceção do amor à liberdade civil e à igualdade, que é, reconheço, sumamente importante. Excluir o facciosismo de um governo livre é muito difícil, se não for totalmente impraticável; mas tal raiva inveterada entre as facções, e tais máximas sangrentas, só são encontradas nos tempos modernos entre os partidos religiosos. Podemos sempre observar, na história antiga, que quando um partido prevalecia, fosse representando os nobres ou o povo (pois não observo nenhuma diferença nesse aspecto),[78] ele massacrava imediatamente todos os membros do partido oposto que caíam nas suas mãos e bania aqueles que tinham a fortuna de escapar da sua fúria. Nenhuma forma de processo, nenhuma lei, nenhum julgamento, nenhum perdão. Um quarto, um terço, talvez metade da cidade era massacrado ou expulso, a cada revolução; e os exilados sempre se juntavam a inimigos externos e conspiravam tanto quanto possível contra seus concidadãos; até que a sorte pusesse em suas mãos uma oportunidade de se vingar, por meio do poder de desencadear uma nova revolução. E, como estas eram freqüentes em meio a governos tão violentos, a desordem, a desconfiança, o ciúme, a inimizade, que necessariamente prevaleciam, são difíceis de imaginar no período da história em que vivemos.

---

[78] LÍSIAS, que era ele próprio da facção popular e escapou por pouco dos 30 tiranos, diz que a Democracia era um sistema de governo tão violento quanto a Oligarquia. *Orat.* 24. *De statu popul.* (Na edição Loeb, Oração 25: *Defesa contra uma Acusação de Subverter a Democracia*, seç. 27.)

Só posso lembrar de duas revoluções na história antiga que transcorreram sem grande severidade e grande derramamento de sangue em massacres e assassinatos, quais sejam, a restauração da Democracia ATENIENSE por TRASÍBULO e a conquista da república ROMANA por CÉSAR. A história antiga nos ensina que TRASÍBULO aprovou uma anistia para todas as ofensas passadas; e introduziu pela primeira vez essa palavra, bem como essa prática, na GRÉCIA.[79] Muitos discursos de LÍSIAS,[80] no entanto, sugerem que o agressor principal, e às vezes alguns subordinados, na tirania precedente, eram julgados e punidos com a pena capital. E, quanto à clemência de CÉSAR, embora muito celebrada, ela não seria muito exaltada nos dias atuais. Ele massacrou, por exemplo, todos os senadores de CATÃO, quando se tornou senhor de UTICA;[81] e temos motivos para crer que não eram os homens menos valorosos do partido. Todos aqueles que tinham levantado armas contra o usurpador foram punidos; e, pela lei de HÍRTIO, impedidos de exercer qualquer atividade pública.

Aquela gente era extremamente zelosa da liberdade; mas parecem não a ter compreendido muito bem. Quando os 30 tiranos estabeleceram pela primeira vez o seu domínio em ATENAS, eles começaram a prender todos os sicofantas e infor-

---

[79] CÍCERO, FILIPE I. [*Filípicas*, I.I. Trasíbulo comandou as forças democráticas que acabaram com o jugo dos 30 tiranos e restauraram a Constituição democrática em Atenas (404-403 a.C.).]

[80] *Orat.* II *contra* ERATOST. *orat* 12. contra AGORAT, *orat.* 15 *pro* MANTITH. [*Contra Eratóstenes, que foi um dos Trinta; Contra Agoratus; Em Defesa de Mantiteus.*]

[81] APIANO, *de bell. civ.* liv. ii. [2.100. Hírtio era um dos oficiais de César.]

mantes, que tantos problemas causaram durante a Democracia, e os condenaram à morte por meio de uma sentença e de execuções arbitrárias. *Todo homem*, dizem SALÚSTIO[82] e LÍSIAS,[83] *se rejubilou com essas punições*; sem considerar que a liberdade estava sendo aniquilada naquele momento.

A máxima energia do estilo nervoso de TUCÍDIDES e a copiosa expressividade da língua GREGA, parecem desaparecer naquele historiador, quando ele tenta descrever as desordens provocadas pelas facções que eclodiram em todas as repúblicas GREGAS. Pode-se imaginar que ele trabalha com pensamentos grandes demais para que possa expressá-los em palavras. E ele conclui sua descrição patética com uma observação que é ao mesmo tempo irônica e dura: "Nessas disputas", ele diz, "aqueles que eram os mais tolos e os mais estúpidos, e que tinham menos visão, geralmente prevaleciam. Pois, estando conscientes dessas fraquezas, e temendo serem sobrepujados por outros de maior penetração, puseram-se em ação impetuosamente, sem premeditação, com a espada e os punhos, e assim saíram na frente de seus antagonistas, que elaboravam projetos e esquemas refinados para a sua destruição."[84]

Isso sem citar DIONÍSIO, o Velho,[85] que se calcula ter massacrado a sangue-frio mais de dez mil de seus concidadãos; ou

---

[82] Ver o discurso de CÉSAR *de bell. Catil.* [Salústio, *A Guerra contra Catilina*, seç. 51.]
[83] *Orat.* 24. E em *orat.* 29. [Contra Nicômaco, seçs. 13-14.] ele menciona o espírito faccioso das assembléias populares como a única causa pela qual essas punições ilegais deveriam provocar desagrado.
[84] Liv. iii. [83.]
[85] PLUT. *De virt & fort.* ALEX. [Plutarco, *Moralia*, "Da Fortuna ou da Virtude de Alexandre". Dionísio I, que foi tirano de Siracusa de 405 a 367 a.C., é citado em 1.9 e 2.1, mas não é totalmente claro por que Hume chama a atenção para esse ensaio.]

AGÁTOCLES,[86] NABIS[87] e outros, ainda mais sanguinários que ele; as transações, nos governos livres, eram extremamente violentas e destrutivas. Em ATENAS, os 30 tiranos e os nobres, em 12 meses, executaram, sem julgamento, cerca de 1.200 cidadãos, e baniram aproximadamente metade da população que sobreviveu.[88] Em ARGOS, mais ou menos na mesma época, o povo matou 1.200 nobres; e, em seguida, os demagogos que se encontravam entre eles próprios, porque se recusaram a levar adiante as execuções.[89] Também em CORCIRA o povo matou 1.500 de seus nobres, e baniu mil.[90] Esses números parecerão ainda mais surpreendentes se considerarmos o reduzido território desses estados. Mas toda a história antiga está repleta de episódios assim.[91]

---

[86] DIOD. SIC. liv. xviii, xix. [Agátocles (361-289 a.C.) foi tirano e rei de Siracusa. Seus feitos são descritos em detalhes no livro 19.]

[87] TIT. LIV. xxxi, xxxiii, xxxiv.

[88] DIOD. SIC. liv. 14. [Ver 14.5. Diodoro não cita um número específico de atenienses assassinados.] ISÓCRATES afirma que somente cinco mil foram exilados, e avalia o número de executados em 1.500. AREOP. [*Aeropagiticus*, seç. 67.] ÉSQUINO contra CTÉSIFON [Ésquino, *Contra Ctésifon*, seç. 235.] indica precisamente o mesmo número. SÊNECA (*de tranq. anim.* cap. 5.) diz que foram 1.300.

[89] DIOD. SIC. liv. xv. [58.]

[90] DIOD. SIC. liv xiii. [48.]

[91] De DIODORO da Sicília citaremos apenas alguns massacres, que ocorreram num período de 60 anos, durante a época mais brilhante da GRÉCIA. Foram banidos da SIBÁRIA 500 nobres e seus partidários; liv. xii. p. 77. *ex edit*. RHODOMANI. De QUIOS, foram banidos 600 cidadãos; liv. xiii. p. 189. Em ÉFESO, 340 foram assassinados, e mil exilados; liv. xiii. p. 223. Dos CIRENAICOS, 500 nobres foram executados, e o restante banido; liv. xiv. p. 263. Os CORÍNTIOS mataram 120 e exilaram 500; liv. xiv. P. 304. FÉBIDAS o ESPARTANO exilou 300 BEÓCIOS; liv. xv. p. 342. Depois da queda dos LACEDEMÔNIOS, as Democracias foram restauradas em diversas cidades,

Quando ALEXANDRE ordenou que todos os exilados voltassem às suas cidades, calculou-se que havia um total de 20 mil homens nessa categoria;[92] sobreviventes, provavelmente, de grandes massacres e carnificinas. Que multidão impressionante possuía um país tão pequeno como a GRÉCIA antiga! Pode-se imaginar a confusão interna, a desconfiança, a parcialidade, a vingança, as intrigas e paixões que incendiavam essas cidades, nas quais as facções atingiam um grau tão elevado de fúria e desespero.

---

e, conforme o costume GREGO, os nobres foram alvo de severas vinganças. Mas a história não termina aí. Pois os nobres banidos, em diversos lugares, mataram seus adversários em FIALE, em CORINTO, em MEGARA, em FILIÁSIA. Nesta última, mataram 300 habitantes; mas estes, revoltando-se, mataram em contrapartida 600 nobres, e baniram o restante; liv. xv. p. 357. Na ARCÁDIA, foram exilados 1.400, e muitos assassinados. Os banidos foram enviados para ESPARTA e PALÂNTIO: muitos foram entregues aos seus antigos servos, e executados; liv. xv. p. 373. Dos banidos de ARGOS e TEBAS, 509 pertenciam ao exército ESPARTANO; id. p. 374. Eis aqui um dos detalhes mais notáveis das crueldades de AGÁTOCLES, segundo o mesmo autor. Antes de sua usurpação, os habitantes tinham mandado para o exílio 600 nobres; liv. xix. p. 655. Posteriormente aquele tirano, em conformidade com a vontade do povo, executou quatro mil nobres, e exilou seis mil; *id.* p. 647. Ele matou quatro mil pessoas em GELA; *id.* p. 741. O irmão de AGÁTOCLES baniu oito mil homens de SIRACUSA; liv. xx. p. 757. Os habitantes de EGESTA, cerca de 40 mil, foram assassinados, incluindo homens, mulheres e crianças; e com torturas, para que entregassem seus bens; *id.* p. 802. Todos os parentes dos soldados LÍBIOS, a saber, pais, irmãos, filhos e avós, foram executados; *id.* p. 803. Ele assassinou sete mil exilados, mesmo após sua capitulação; *id.* p. 816. Deve-se observar que AGÁTOCLES era um homem de grande coragem e bom senso, de quem não se suspeita de qualquer crueldade gratuita, contrariamente às máximas que vigoravam na sua época.

[92] DIOD. da SIC. liv. xviii. [8.]

Seria mais fácil, diz ISÓCRATES a FILIPE, montar um exército com os vagabundos da GRÉCIA do que com os habitantes das cidades.[93]

Mesmo onde as tensões não chegaram a tais extremos (o que não deixou de acontecer em cada cidade duas ou três vezes por século), a propriedade se tornou muito precária, devido às máximas do governo antigo. XENOFONTE, no Banquete de SÓCRATES, nos oferece uma descrição serena e objetiva da tirania sobre o povo de ATENAS. "Na minha pobreza", diz CARMIDES, "eu sou muito mais feliz do que jamais fui quando possuía riquezas; tanto quanto se é mais feliz em segurança do que vivendo com medo, mais feliz livre do que escravo, mais feliz recebendo que fazendo favores, e contando com a confiança, e não com a suspeita alheia. Antes eu era obrigado a agradar cada informante; tal imposição se fazia presente todo o tempo; e eu nunca me permitia viajar, ou estar ausente da cidade. Hoje, que sou pobre, pareço maior, e ameaço outros. Os ricos têm medo de mim, e me tratam com todo tipo de civilidade e respeito; a ponto de eu me ter tornado uma espécie de tirano na cidade."[94]

Num dos discursos de LÍSIAS,[95] o orador fala muito serenamente sobre uma máxima do povo ATENIENSE segundo a qual

---

[93] Isócrates, *A Filipe*, seç. 96: "Além do mais, você terá à disposição tantos soldados quantos desejar, pois a situação atual em Helas é tal que se tornou mais fácil arregimentar um exército maior e mais forte entre aqueles que vagam no exílio do que entre aqueles que vivem sob a política local" (tradução da edição Loeb por George Nolin). Ver também *Panegírico*, seçs. 168 ff. Sobre os males causados pelas facções nas cidades gregas e a esperança de se chegar à paz por meio de uma guerra comum contra a Pérsia.
[94] Pág. 885. *ex edit.* LEUNCLAV. [*Banquete* 4.29-32. Hume faz uma paráfrase vaga do texto.]
[95] *Orat.* 29. *in* NICOM. [Talvez Hume tenha em mente a seção 25 da oração *Contra Nicômaco*, que fala de condenar cidadãos à morte por peculato ou uso fraudulento da propriedade pública.]

se costumava assassinar alguns cidadãos ricos ou estrangeiros sempre que faltava dinheiro, apesar do risco de punição. Ele menciona essa prática sem intenção alguma de condená-la; tampouco pretendia provocar os juízes e a platéia. Fosse esse indivíduo um cidadão ou um estrangeiro em meio àquele povo, parece que era inevitável que ele empobrecesse, ou que fosse empobrecido pelo povo, que talvez chegasse mesmo a matá-lo. O orador que acabamos de citar dá um curioso exemplo do espetáculo oferecido pelo serviço público;[96] isto é, sem falar naqueles espetáculos de raridades ou dançarinos.

---

[96] Para recomendar o seu cliente aos favores do povo, ele enumera todas as somas que gastou. Quando era χορηγος, 30 minas; num coro de homens, 20 minas; εις πνρριχιστὰς, oito minas; ἀνδπάσι χορηγῶν, 50 minas; κυκλιλῶ χορῶ três minas; sete vezes trierarca, ele gastou seis talentos; com impostos, 30 minas numa ocasião, 40 minas em outra; γνμνασιαρχῶν, 12 minas; χορηγὸς παιδικῶ χορῶ; 15 minas; κωμωδοῖς, 18 minas; πνρριχισταῖς αγενείοις, sete minas; τριήρει ἀμιλλ√μένος, 15 minas; ἀρχιθεωρος, 30 minas: no total, 10 talentos e 38 minas. [Os termos gregos se referem aos oficiais no teatro a quem o dinheiro era pago – o líder do coro etc.] Uma soma imensa para uma fortuna ATENIENSE, que sozinha poderia ser avaliada como uma grande riqueza. *Orat.* 20 [21. 1-5.] Certamente, ele diz, a lei não o obrigava absolutamente a fazer tantas despesas, nem mesmo a quarta parte. Mas, sem o favor do povo, não existiria a mesma segurança; e só por meio dele esta poderia ser obtida. Ver ainda, *orat.* 24. *De pop. statu.* Em outro trecho, ele apresenta um orador, que diz ter gasto toda a sua fortuna, que era imensa, cerca de 80 talentos, com o povo. *Orat.* 25. *De prob.* EVANDRI. [Oração 26: *Do Escrutínio de Evandro.*] Os μέτοικοι, ou estrangeiros, consideram que, se não contribuírem muito para a satisfação do povo, terão motivos para se arrepender. *Orat.* 30. contra FIL. [Oração 31: *Contra Fílon.*] Pode-se observar o cuidado com que DEMÓSTENES declara as suas despesas dessa natureza, quando ele reivindica para si *de corona*; e como ele exagera a avareza de MÍDIAS nesse particular, na acusação que faz daquele criminoso. Tudo isso, aliás, é sinal de uma administração iníqua; e contudo os ATENIENSES consideravam ter a administração mais legal e regular entre todos os povos da GRÉCIA.

Não preciso insistir nas tiranias GREGAS, que eram totalmente horríveis. Mesmo as monarquias mistas, pelas quais eram governados quase todos os antigos estados da GRÉCIA, antes da introdução das repúblicas, eram muito instáveis. Raramente uma cidade, com exceção de ATENAS, diz ISÓCRATES, apresentava uma linhagem de reis que durasse quatro ou cinco gerações.[97]

Além de muitas outras razões óbvias para a instabilidade das monarquias antigas, a divisão equânime das propriedades da família entre os irmãos contribui, necessariamente, para perturbar e desestabilizar o estado. A preferência universal dada ao filho mais velho pelas leis modernas, embora estimule a desigualdade de fortunas, tem contudo esse efeito positivo, que é o de acostumar os homens ao mesmo princípio na sucessão pública, eliminando qualquer possibilidade de reivindicação dos mais novos.

A colônia então recém-estabelecida de HERÁCLIA ficou dividida imediatamente por facções em relação a ESPARTA, que enviou HERÍPIDAS com total autoridade para acalmar as dissensões. Sem ser provocado por qualquer oposição, nem inflamado por qualquer rancor partidário, esse homem ignorava expediente melhor do que executar imediatamente cerca de 500 cidadãos.[98] Uma forte evidência de quão profundamente enraizadas estavam aquelas máximas violentas de governo ao longo de toda a GRÉCIA.

Se esta era a disposição de espírito dos homens entre as classes refinadas, o que se poderia esperar de repúblicas como a ITÁLIA, a ÁFRICA, a ESPANHA e a GÁLIA, que eram denominadas bárbaras? Por outro lado, por que os GREGOS valorizavam tanto a

---

[97] Panath. [*Panatenaico*, seç. 126.]
[98] DIOD. SIC. liv. xiv. [38.]

sua própria humanidade, gentileza e moderação, colocando-se acima de todas as outras nações? Esta questão parece ser muito natural. Mas, infelizmente, a história da república ROMANA, em seus primórdios, se dermos crédito aos registros disponíveis, sugere uma conclusão bem diferente. Nenhuma gota de sangue foi derramada em qualquer sedição em ROMA, até o assassinato dos GRACOS. DIONÍSIO DE HALICARNASSO,[99] observando a singular humanidade do povo ROMANO nesse particular, transforma-a em argumento para demonstrar que eles eram de extração originalmente GREGA: donde se pode concluir que as facções e revoluções nas repúblicas bárbaras eram geralmente mais violentas mesmo que as da GRÉCIA, mencionadas acima.

Se os ROMANOS demoravam para chegar às vias de fato, eles compensavam isso amplamente depois de entrarem no cenário sangrento; e a história da guerra civil de APIANO contém os mais terríveis relatos de massacres, proscrições e confiscos jamais ocorridos no mundo. O que mais agrada naquele historiador é que ele parece sentir uma indignação adequada em relação àqueles procedimentos bárbaros, dos quais não fala com aquela frieza e indiferença que o costume produziu em muitos dos historiadores GREGOS.[100]

---

[99] Liv. I. [*A Antigüidade Romana* I.89.]

[100] As autoridades citadas acima são todos historiadores, oradores e filósofos, cujo testemunho é inquestionável. É perigoso confiar em escritores que lidam com o ridículo e com a sátira. Por exemplo, o que a posteridade irá inferir desta passagem do Dr. SWIFT: "Eu lhe disse que no reino na TRÍBNIA (BRETANHA), chamado pelos nativos de LANGDON (LONDRES), onde permaneci algum tempo durante minhas viagens, a maioria da população consiste, de certo modo, em descobridores, testemunhas, informantes, acusadores, promotores, delatores, bem como em seus diversos e subservientes assistentes, todos assumindo a aparência, a conduta e o salário de ministros de estado e seus deputa-

As máximas da política antiga contêm, em geral, tão pouca humanidade e moderação que parece supérfluo atribuir a qualquer razão particular os atos de violência cometidos em um determinado período. Ainda assim não posso deixar de observar que as leis, no último período da república ROMANA, eram maquinadas de forma tão absurda que obrigavam os líderes dos partidos a recorrer a medidas extremas. Todas as punições capitais foram abolidas. Por mais criminoso, ou, pior ainda, por mais perigoso que fosse qualquer cidadão, ele só poderia receber como punição máxima o exílio; e se tornou necessário, nas reformas dos partidos, sacar a espada da vingança pessoal; e não foi fácil, uma vez violadas as leis, impor limites a esses procedimentos sanguinolentos. Se o próprio BRUTUS tivesse triunfado sobre o *triunvirato*, poderia ele, num gesto de prudência, ter deixado vivos OTÁVIO e ANTÔNIO, contentando-se em bani-los para RODES ou MARSELHA, onde eles poderiam tramar novas conspirações e rebeliões? O fato de ele ter executado C. ANTÔNIO, ligado ao *triunvirato*, mostra sua sensibilidade evidente em relação ao assunto. CÍCERO, com a aprovação de todos os sábios e virtuosos de ROMA, não condenou arbitrariamente à morte os cúmplices de CATILINA, contrariamente à lei, e sem qualquer espécie de

---

dos. As rebeliões naquele reino são geralmente de empregados daquelas pessoas", &c. *Viagens de* GULLIVER [parte 3, cap. 6; o segundo anagrama devia ser Langden, para *England*]. Tal representação poderia ser adequada ao governo de ATENAS; mas não ao da INGLATERRA, que é notável, mesmo nos tempos modernos, pela humanidade, justiça e liberdade. Ainda assim, a sátira do Doutor, embora levada a extremos, como é habitual no seu caso, ainda mais do que em outros autores satíricos, não carecia de um alvo específico. O Bispo de ROCHESTER, que era seu amigo, e do mesmo partido, tinha sido enviado ao exílio pouco antes, por decreto, com grande justiça, mas sem provas legais segundo as regras estritas da lei comum.

julgamento ou processo? E se ele mais tarde moderou as suas execuções, será que isto foi conseqüência de seu temperamento clemente ou da conjuntura dos novos tempos? Uma segurança irrisória, num governo que aspira às leis e à liberdade!

Vemos, assim, que um extremo provoca outro. Da mesma forma como a extrema severidade das leis pode gerar um grande relaxamento na sua execução; a sua excessiva indulgência produz naturalmente a crueldade e a barbárie. Em todo caso, é perigoso nos forçarmos a ultrapassar os seus limites.

Uma causa geral das desordens, tão freqüentes em todos os governos antigos, parece ter consistido na enorme dificuldade de se estabelecer qualquer Aristocracia naqueles dias, além das sedições e do descontentamento perpétuo do povo, sempre que alguém, mesmo o indivíduo mais cruel e indigente, fosse excluído da legislatura e das atividades públicas. A própria condição de *homem livre* era tão positiva, comparada à condição do escravo, que parecia qualificar qualquer um a todos os poderes e todos os privilégios da república. As leis de SÓLON[101] não excluíam qualquer homem livre dos votos ou eleições, apenas criavam um *censo* particular composto de alguns magistrados; ainda assim o povo só ficou satisfeito quando essas leis foram abolidas. Por meio do tratado com ANTIPATER,[102] nenhum *ateniense* com *renda* inferior a dois mil *dracmas* (cerca de 60 libras esterlinas) era autorizado a votar. E, embora tal governo nos pareça razoavelmente democrático, o povo ficou tão descontente com ele que mais de dois terços

---

[101] PLUTARCO *in vita* SOLON. [*Vidas*, na vida de Sólon, seç. 18.]
[102] DIOD. da SIC. liv. xviii. [18.18. Hume se refere ao tratado de 322 a.C., no qual o general macedônio Antipater impôs uma Constituição oligárquica a Atenas.]

da população deixaram o país imediatamente.[103] CASSANDRO reduziu aquele *piso* à metade;[104] ainda assim o seu governo foi considerado uma tirania oligárquica, resultante da violência estrangeira.

As leis de SÉRVIO TÚLIO[105] parecem eqüitativas e razoáveis, ao fixarem uma relação entre o poder e a propriedade: E no entanto o povo ROMANO jamais se submeteu a elas de forma serena.

Naqueles dias não havia meio-termo entre uma Aristocracia severa e desconfiada, que impunha suas regras sobre súditos descontentes, e uma Democracia turbulenta, facciosa e tirânica. Atualmente, não existe uma república sequer na EUROPA, de um extremo ao outro do continente, que não seja notável pela justiça, pela indulgência e pela estabilidade, iguais ou mesmo superiores às de MARSELHA e RODES ou às mais celebradas da antigüidade. Quase todas elas são Aristocracias moderadas.

Mas, *em terceiro lugar*, existem muitas outras circunstâncias nas quais as nações antigas parecem inferiores às modernas, tanto na felicidade quanto no crescimento da população. Em épocas passadas, em nenhum lugar o comércio, as manufaturas, as indústrias eram tão florescentes quanto são atualmente na EUROPA. O único traje dos antigos, tanto para os homens quanto para as mulheres, parece ter sido uma espécie de roupa de flanela, que geralmente era usada na cor cinza ou branca, que eles lavavam tão logo ela ficava suja. TIRO, que promoveu adiante, depois de CARTAGO, o comércio mais intenso de qualquer cidade do MEDITERRÂNEO, antes de ser destruída

---

[103] *Id. ibid.*
[104] *Id. ibid.* [18.74. Hume se refere a atos cometidos em 318 a.C. por Cassandro, filho e sucessor de Antipater.]
[105] TIT. LÍV. liv. I. cap. 43.

por ALEXANDRE, não era uma nação poderosa, se dermos crédito ao relato de ARRIANO sobre os seus habitantes.[106] Normalmente se supõe que ATENAS só tinha uma cidade dedicada ao comércio. Mas ela era tão populosa antes das guerras MÉDICAS quanto em qualquer período depois delas, segundo HERÓDOTO;[107] ainda assim, o seu comércio, naquele tempo, era tão insignificante que, como observa o mesmo historiador,[108] até mesmo as costas vizinhas da ÁSIA eram tão pouco freqüentadas pelos GREGOS quanto os pilares de HÉRCULES: Porque, além destes, ele não concebeu nada.

Elevados juros financeiros, e grandes lucros no comércio, são uma indicação infalível de que a indústria e o comércio ainda estão na sua infância. Lemos em LÍSIAS[109] uma menção a um lucro de cem por cento, resultante de uma única carga, enviada de uma distância não maior que a de ATENAS ao ADRIÁTICO: e isso não é citado como um exemplo de um lucro extraordinário. ANTIDORO, diz DEMÓSTENES,[110] cobrou três vezes e meia o valor que pagou por uma casa um ano antes: E o orador culpa os seus próprios tutores por não empregarem o seu dinheiro de forma igualmente lucrativa. Minha fortuna, ele diz, em 11 anos de minoridade, deveria ter sido triplicada. O valor de 20

---

[106] Liv. ii. [*Anabasis de Alexandre* 2.24.]. Houve oito mil execuções durante o sítio; e os prisioneiros chegavam a 30 mil. DIODORO da Sicília, liv. xvii [46], diz que eram apenas 13 mil. Mas ele faz esse cálculo modesto alegando que os TIRIANOS tinham enviado anteriormente suas esposas e filhos para CARTAGO.
[107] Liv. v. [*História* 5.97.] Calcula o número de cidadão como montando a 30 mil.
[108] Ib. v. [*História* 8.132 na edição Loeb].
[109] *Orat.* 33. *advers.* DIAGIT. [Na edição Loeb, Oração 32: *Contra Diogeiton*, seç. 25.]
[110] Contra APHOB. P. 25. *ex edit.* ALDI. [*Contra Aphobus* 1.58.]

escravos deixados por seu pai é calculado em 40 minas, e o lucro anual advindo de seu trabalho é avaliado em 12.[111] O juro[112] mais moderado em ATENAS (e muitas vezes se cobravam juros muito mais elevados) era 12 por cento,[113] e isto mensalmente. Sem insistir nos juros elevados, que resultaram em vastas somas distribuídas durante as eleições em ROMA,[114] observamos que VERRES, depois daquele período de facciosismo, estabeleceu juros de 24 por cento para o dinheiro emprestado: e, embora CÍCERO proteste contra isso, não é por causa da usura extravagante; mas porque nunca tinha sido habitual fixar uma taxa para tais ocasiões.[115] Os juros, na verdade, caíram em ROMA, depois que o império se estabeleceu: mas eles nunca permaneceram baixos por um tempo considerável, como ocorre nos estados comerciais nos tempos modernos.[116]

Entre os inconvenientes criados para os ATENIENSES pela fortificação de DECÉLIA pelos LACEDEMÔNIOS, TUCÍDIDES[117] cita como um dos mais consideráveis o fato de eles não poderem transportar seus grãos da EUBÉIA por terra, passando por OROPUS; mas eram obrigados a embarcá-los e contornar o promontório de SUNIUM. Um exemplo surpreendente da imperfeição da navegação antiga! Pois aqui o transporte pelo mar não chega a ser muito mais longo que por terra.

---

[111] Id. p. 19. [1.9.]
[112] Id. ibid.
[113] Id. ibid. ÉSQUINO contra CTÉSIFON. [*Contra Ctésifon*, seç. 104.]
[114] *Epist. ad* ATTIC. liv. iv. epist. 15. [Cícero, *Cartas a Ático* 4.15.]
[115] *Contra* VERR. orat. 3. [*Contra Verres* 2.3.71 na edição Loeb.]
[116] Ver Ensaio IV. ["Dos juros".]
[117] Liv. vii. [28.]

Não lembro de uma passagem em qualquer autor antigo na qual o crescimento de uma cidade seja atribuído ao estabelecimento de uma manufatura, mas sim ao comércio, que se diz florescer principalmente devido à troca entre produtos adequados à produção em cada solo e clima. A venda de vinho e óleo na ÁFRICA, segundo DIODORO da Sicília,[118] era o fundamento da riqueza de AGRIGENTO. A situação da cidade de SIBÁRIA, segundo o mesmo autor,[119] era a causa de sua imensa população; tendo sido erguida entre dois rios, o CRÁTIO e o SIBÁRIA. Mas podemos observar que estes dois rios não são navegáveis; e só poderiam produzir alguns vales férteis, para a agricultura e o pasto; uma vantagem tão pouco considerável que um autor moderno dificilmente se teria dado conta dela.

A barbárie dos antigos tiranos, juntamente com o extremo amor à liberdade que animava esse período, deve ter espantado a maioria dos comerciantes e artesãos, causando a diminuição da população do estado, cuja subsistência se baseava na indústria e no comércio. Enquanto o cruel e desconfiado DIONÍSIO perpetrava os seus massacres, que nada podia deter nas terras de sua propriedade, quem poderia tentar se estabelecer com base numa habilidade ou negócio e garantir sua subsistência sem se expor a semelhante e implacável barbaridade? As perseguições de FILIPE II, e LUÍS XIV, encheram toda a EUROPA de artesãos que saíram de FLANDRES ou da FRANÇA.

---

[118] Liv xiii. [13.81. Agrigento (ou Acragas) era uma cidade helênica grande e afluente no sudoeste da Sicília.]
[119] Liv. xii. [12.9. Sibaris foi uma cidade helênica poderosa e rica, no sul da Itália, até a sua destruição em 510 a.C.]

Eu considero que a agricultura é a principal atividade econômica necessária para a sobrevivência da população; e é possível que ela floresça mesmo naqueles lugares onde são desconhecidas ou negligenciadas a manufatura e a indústria. A SUÍÇA é um exemplo atual notável; lá encontramos, lado a lado, os mais habilidosos agricultores e os mais incompetentes comerciantes de toda a EUROPA. Temos motivos para crer que a agricultura vicejou na GRÉCIA e na ITÁLIA ou ao menos em algumas de suas regiões e em alguns períodos; embora não se possa afirmar que as artes mecânicas tenham evoluído no mesmo grau, especialmente se considerarmos a enorme quantidade de riquezas nas repúblicas antigas, onde cada família era obrigada a cultivar, com o maior empenho e zelo, o seu próprio pequeno campo, para sua subsistência.

Mas é apenas especulação, pelo fato de a agricultura poder, em alguns casos, florescer sem qualquer traço de manufatura, concluir que, em qualquer grande extensão de um país, e durante qualquer período, ela poderia sobreviver sozinha. A forma mais natural, seguramente, de se encorajar a agricultura é, em primeiro lugar, promover outras atividades, e assim criar para o trabalhador um mercado para os seus produtos, e um retorno em outros produtos que possam contribuir para o seu prazer e conforto. Esse método é infalível e universal; e, como ele prevalece mais nos governos modernos que nos antigos, ela sugere a conclusão de que aqueles devem ser mais populosos.

Qualquer homem, diz XENOFONTE,[120] pode ser um agricultor: Pois essa atividade não requer qualquer habilidade ou talento

---

[120] Oecon. [*Da Administração das Terras* 15.10-11. Para a sugestão de Columela de que as observações de Xenofonte só se aplicam a uma época mais primitiva, ver "Da agricultura" II. 5.]

especial: Ela depende apenas do trabalho, e da atenção em sua execução. Uma forte evidência, como sugere COLUMELA, de que a agricultura era muito pouco conhecida na época de XENOFONTE.

Todos os nossos progressos e desenvolvimentos posteriores não terão feito nada para facilitar a subsistência do homem, e conseqüentemente a sua propagação e crescimento? A nossa habilidade superior na mecânica; a descoberta de novos mundos graças à qual o comércio prosperou tanto; o estabelecimento de colônias; e o uso do papel-moeda: são todos fatores que parecem extremamente úteis ao fortalecimento das artes, da indústria, e ao crescimento da população. Se descartássemos todos eles, que prova daríamos do nosso progresso no trabalho e nos negócios, e quantas famílias não pereceriam imediatamente pela miséria e pela fome? E não parece provável que pudéssemos substituir satisfatoriamente o lugar daquelas novas invenções por quaisquer outras regras ou instituições.

Temos motivos para crer que a política dos antigos estados era mais sábia, se comparada com a política dos estados modernos, ou que os homens daquele período desfrutavam da mesma segurança, em casa ou nas suas jornadas pela terra ou pelo mar? É inquestionável que qualquer observador imparcial nos daria a preferência nesse aspecto particular.[121]

Assim, após uma comparação global, parece impossível assinalar qualquer motivo razoável para que o mundo tenha sido mais populoso nos tempos antigos que nos modernos. A igualdade de propriedade entre os antigos, a liberdade e as pequenas divisões de

---

[121] Ver Parte I, Ensaio XI. [Trata-se provavelmente de uma referência a "Da liberdade civil". Edições anteriores trazem "Ensaio XII".]

seus estados eram de fato circunstâncias favoráveis à propagação da humanidade: Mas as suas guerras eram mais sangrentas e destruidoras, os seus governos mais divididos e instáveis, o seu comércio e suas manufaturas mais frágeis e vulneráveis, e a política em geral mais licenciosa e irregular. Estas últimas desvantagens parecem constituir um contrapeso suficiente para as vantagens citadas acima; e servem para reforçar a opinião contrária àquela que geralmente prevalece em relação a esse assunto.

Mas não existem argumentos, pode-se dizer, contra questões de fato. Se está demonstrado que o mundo era então mais populoso do que no presente, então seguramente nossas conjecturas serão falsas e provavelmente teremos deixado escapar alguma circunstância material relevante em nossa comparação. Pois eu sou o primeiro a reconhecer: todos os nossos argumentos precedentes são bagatelas insignificantes, ou, ao menos, questões frívolas e triviais, bem pouco conclusivas. Mas, infelizmente, a polêmica principal, na qual comparamos fatos, não pode tampouco ser muito mais conclusiva. Os fatos fornecidos pelos autores antigos são tão incertos ou tão imperfeitos que nada nos asseguram de positivo nessa questão. E como poderia ser de outro modo? Os próprios fatos, que deveríamos opor a eles, ao calcularmos a população dos estados modernos, estão longe de ser precisos ou completos. Muitas bases para os cálculos vêm de autores célebres, mas são pouco mais confiáveis que aqueles do imperador HELIOGÁBALO, que fez uma estimativa da grandeza imensa de ROMA, com base nas dez mil libras de teias de aranha que se encontraram naquela cidade.[122]

---

[122] ÆLII LAMPRID. *in vita* HELIOG. cap. 26. [Aelius Lampridius (século IV d.C.), *História Augusta*, na vida de Heliogábalo, seç. 26, Heliogábalo (ou Helagabalus) foi imperador romano de 218 a 222 d.C.]

Deve-se observar que todos os tipos de números e cifras dos manuscritos antigos são incertos, tendo sido sujeitos a muito mais distorções do que o restante de seus textos; e isso por uma razão óbvia. Qualquer alteração, em outras partes, geralmente afeta o sentido da gramática, e é mais prontamente percebida pelo leitor ou por aqueles que transcrevem o texto.

Poucas enumerações de habitantes foram feitas em qualquer extensão de território por um autor antigo de autoridade reconhecida, de forma a nos garantir um ponto de referência confiável para comparação.

É provável que existisse, antigamente, uma boa base para o cálculo do número de cidadãos de qualquer cidade livre; porque uma parcela constante deles entrava para o governo, e havia registros exatos sobre isso. Mas, como o número de escravos raramente é mencionado, isso nos deixa tão pouco seguros quanto antes, em relação à população, mesmo de cidades isoladas.

A primeira página de TUCÍDIDES é, na minha opinião, o começo da história real. Todas as narrativas precedentes estão tão misturadas com a fábula que os filósofos deveriam deixá-las, em grande parte, ao deleite dos poetas e oradores.[123]

---

[123] Em geral os historiadores antigos são mais afetuosos e sinceros, mas menos precisos e cuidadosos, que os modernos. As nossas facções especulativas, especialmente aquelas de religião, envolvem nosso espírito em tamanha confusão que os homens tendem a considerar da mesma forma os seus adversários e os hereges, a fraqueza e o vício. Mas a divulgação do livro, pelas técnicas de impressão, obrigou os historiadores a serem mais cuidadosos, evitando contradições e incongruências. DIODORO da Sicília é um bom escritor, mas constato com pesar que sua narrativa apresenta contradições em tantos aspectos, contrariando as duas obras mais autênticas de toda a história grega, a saber, a expedição de XENOFONTE, e as orações de DEMÓSTENES. PLUTARCO e APIANO parecem sequer ter lido as epístolas de CÍCERO.

Em relação aos tempos antigos, o número de pessoas registrado é muitas vezes ridículo, perdendo qualquer crédito ou autoridade. Os cidadãos livres de SIBÁRIA, capazes de carregar armas, e efetivamente enviados para as batalhas, eram 300 mil. Eles se depararam, em SIAGRA, com 100 mil cidadãos de CROTONA, outra cidade GREGA, contígua a eles; e foram derrotados. Este é o relato de DIODORO da Sicília;[124] e este historiador insiste muito seriamente nesse ponto. ESTRABÃO[125] também menciona o mesmo número de SIBARITAS.

DIODORO da Sicília,[126] enumerando os habitantes de AGRIGENTO, quando a cidade foi destruída pelos CARTAGINESES, diz que eles somavam 20 mil cidadãos, 200 mil estrangeiros, além dos escravos, que, numa cidade que ele representa de forma tão opulenta, seriam no mínimo igualmente numerosos. Devemos observar que as mulheres e crianças não estão incluídas; e que, portanto, no total, aquela cidade deveria ter cerca de dois milhões de habitantes.[127] E qual era a razão de um crescimento tão grande? Eles se empenhavam em cultivar os campos vizinhos, que não excediam um pequeno condado INGLÊS; e eles comerciavam seu vinho e óleo com a ÁFRICA, que, naquela época, não produzia esses artigos.

---

[124] Liv. xii. [9.]
[125] Liv. vi. [*Geografia* 6.1.13.]
[126] Liv. xiii. [13.84. Agrigento foi capturada e pilhada pelos cartagineseses em 406 a.C.]
[127] DIOGENES LAERTIUS (*in vita* EMPEDOCLIS) diz que Agrigento continha apenas 800 mil habitantes. [Diógenes Laércio (século III d.C.?), *Vidas de Filósofos Ilustres*, liv. 8, cap. 2: "Empédocles", seç. 63.]

PTOLOMEU, diz TEÓCRITO,[128] comanda 33.339 cidades. Suponho que a singularidade da cifra era a razão de assinalá-la. DIODORO da Sicília[129] calcula que o EGITO tem três milhões de habitantes, um número modesto: mas então ele calcula o número de suas cidades em 18 mil: Uma contradição evidente.

Ele diz[130] que a população era anteriormente de sete milhões. De forma que os tempos antigos tendem sempre a ser invejados e admirados.

Que o exército de XERXES era extremamente numeroso é fácil de acreditar; tanto pela grande extensão de seu império quanto pela prática, comum nas nações orientais, de ocupar seu território com vastas multidões: Mas algum homem sensato citará as narrativas maravilhosas de HERÓDOTO como uma autoridade? Existe algo de muito racional, reconheço, no argumento de LÍSIAS[131] sobre esse tema. Se o exército de XERXES não fosse incrivelmente numeroso, afirma ele, ele jamais teria construído uma ponte sobre o mar HELESPONTO: teria sido muito mais fácil transportar seus homens por meio das numerosas embarcações de que dispunha, já que era um trecho tão curto.

POLÍBIO[132] diz que os ROMANOS, entre a primeira e a segunda guerras PÚNICAS, ao serem ameaçados por uma invasão

---

[128] Idil. 17. [Teócrito (300?-260? a.C.), *Idílios*, 17: *O Panegírico de Ptolomeu*, seç. 80. "As cidades ali construídas somam trinta e três mil, trezentas e trinta e nove"; em *The Greek Bucolic Poets*, traduzido por J. M. Edmonds (Cambridge: Harvard University Press, 1960).]
[129] Liv. i. [31.]
[130] *Id. ibid.*
[131] *Orat. funebris.* [*Oração Fúnebre*, seçs. 27-28.]
[132] Liv. ii. [24.]

GAULESA, reuniram todas as suas forças, e aquelas de seus aliados, atingindo a soma de 700 mil homens capazes de transportar armas: seguramente um grande número, e que, se for somado ao dos escravos, provavelmente não é inferior, se não for superior, ao que o mesmo território abriga no presente.[133] O cálculo parece ter sido feito com alguma exatidão; e POLÍBIO nos fornece os detalhes do processo. Mas o total não teria sido exagerado, com o objetivo de encorajar o povo?

DIODORO da Sicília[134] aponta como resultado do mesmo cálculo cerca de um milhão de habitantes. Essas variações são suspeitas. Ele também supõe que a ITÁLIA, nessa época, não era tão populosa: outra circunstância suspeita. Pois quem pode acreditar que os habitantes daquele país diminuíram entre o período da primeira guerra PÚNICA e aquele dos *triunviratos*?

Segundo APIANO,[135] JULIO CÉSAR enfrentou quatro milhões de GAULESES, tendo matado um milhão e feito um milhão de prisioneiros.[136] Supondo que o número do exército inimigo e o dos prisioneiros estejam corretamente assinalados, o que não é possível; como se poderia saber com que freqüência um mesmo homem retornou ao exército, e como distinguir os novos dos antigos soldados? Nenhuma atenção deve

---

[133] O território que continha esse número não era maior que um terço da ITÁLIA, *viz.* os domínios do Papa, a TOSCANA e uma parte do reino de NÁPOLES: mas talvez nessa época remota existissem muito poucos escravos, com exceção de ROMA e das grandes cidades.
[134] Liv. ii. [5.]
[135] CELTICA. [*A História da Gália,* seç. 2.]
[136] PLUTARCO (*in vita* CAES. [seç. 15]) avalia o número com que CÉSAR se deparou em três milhões; JULIANO (*in* CAESARIBUS), em dois milhões. [Juliano (331-363 d.C.; imperador romano de 360 a 363), *Os Césares* 321a.]

ser dada a esses cálculos vagos e exagerados; especialmente quando o autor não especifica os meios em que se basearam as suas contas.

PATÉRCULO[137] avalia o número de GAULESES mortos por CÉSAR em 400 mil: um cálculo mais realista, e mais compatível com a história daquelas guerras que o próprio conquistador oferece em seus Comentários.[138] A sua batalha mais sangrenta foi travada contra os HELVÉTICOS e os ALEMÃES.

Pode-se imaginar que cada circunstância da vida e das ações de DIONÍSIO, o velho, deve ser considerada autêntica, livre de todo exagero e de toda fantasia; tanto porque ele viveu numa época em que as cartas proliferavam em ROMA, quanto porque seu principal historiador era FILISTO, um homem de talento reconhecido, membro da corte e ministro daquele príncipe. Mas podemos admitir que ele dispunha de um exército de 50 mil homens, 10 mil cavalos e uma frota de 400 barcos?[139] Estas, podemos observar, eram forças mercenárias, que subsistiam a soldo, como as nossas tropas na EUROPA. Pois os cidadãos eram todos desarmados; e quando, mais tarde, DION invadiu a SICÍLIA e convocou seus concidadãos a defenderem sua liberdade, foi obrigado a trazer ar-

---

[137] Liv ii. cap. 47. [Veleio Patérculo (19? a.C.-depois de 30 d.C.). *História Romana* 2.47.]

[138] PLÍNIO, liv. vii. cap. 25 diz que CÉSAR costumava afirmar que haviam batalhado contra ele um milhão, 192 mil homens, além daqueles que morreram nas guerras civis. Não é provável que o conquistador pretendesse ser preciso nesse cálculo. Mas pode-se admitir como provável que os HELVÉTICOS, os ALEMÃES e os BRETÕES, que ele derrotou, somariam cerca de metade dessa cifra.

[139] DIOD. da SIC. liv. ii. [2.5. A edição Loeb diz 120 mil soldados a pé e 12 mil na cavalaria.]

mas consigo, que distribuiu entre aqueles que arregimentou.[140] Num estado onde somente a agricultura viceja, pode haver muitos habitantes; e, se estes forem todos armados e disciplinados, uma grande força pode ser formada em qualquer ocasião: mas grandes corporações de tropas mercenárias nunca podem ser mantidas por muito tempo sem que haja um grande comércio e numerosas manufaturas, ou extensos domínios de terra. As Províncias Unidas nunca foram donas de uma força tão grande, na terra ou no mar, quanto aquela que se atribuiu a DIONÍSIO; mas elas possuem um território muito vasto, e perfeitamente cultivado, e extraem muitos outros recursos de seu comércio e indústria. DIODORO da Sicília reconhece que, mesmo naquela época, o exército de DIONÍSIO parecia inacreditável; isto é, na minha interpretação, uma ficção completa, um julgamento que surgiu da bajulação exagerada dos cortesãos e talvez da vaidade e da política do próprio tirano.

É uma falácia comum considerar todos os períodos da antigüidade como uma única época e calcular as cifras populacionais das grandes cidades mencionadas por autores antigos como se todas aquelas cidades tivessem sido contemporâneas. As colônias GREGAS progrediram extremamente na SICÍLIA durante o período de ALEXANDRE; Mas na época de AUGUSTO elas ficaram tão decadentes que quase toda a produção daquela ilha fértil era consumida na ITÁLIA.[141]

Examinemos agora as cifras populacionais apontadas em cidades particulares da antigüidade; e, omitindo os números relativos a

---

[140] PLUTARCO *in vita* DIONIS. [*Vidas*, na vida de Dion, seçs. 23-29.]
[141] ESTRABÃO, liv. vi. [6.2.7.]

NÍNIVE, BABILÔNIA e a TEBAS EGÍPCIA, vamos nos limitar à esfera da história real, isto é, aos estados GREGO e ROMANO. Devo admitir que, quanto mais reflito sobre este tema, mais inclinado fico ao ceticismo, em relação à grande população atribuída aos tempos antigos.

PLATÃO[142] diz que ATENAS é uma cidade muito grande; e certamente era a maior de todas as cidades GREGAS[143], com exceção de SIRACUSA, que aparece como sendo quase do mesmo tamanho na época de TUCÍDIDES,[144] tendo-a superado a partir de então. Pois CÍCERO[145] a menciona como a maior de todas as cidades *gregas* do seu tempo; sem incluir nessa classificação, suponho, seja ANTIÓQUIA, seja ALEXANDRIA. ATENEU[146] diz que, pela enumeração de DEMÉTRIO FALEREU, havia em ATENAS 21 mil cidadãos, dez mil estrangeiros e 400 mil escravos. Esse número é muito enfatizado por aqueles cuja opinião eu coloco em questão e é um fator considerado de fundamental importância para o seu propósito: mas, na minha opinião, não existe um ponto mais vulnerável à crítica do que este; ATENEU e

---

[141] ESTRABÃO, liv. vi. [6.2.7.]
[142] *Apolog.* SOCR. [*Apologia de Sócrates* 29d.]
[143] ARCOS também parece ter sido uma grande cidade; pois LÍSIAS se contenta em dizer que ela não superava ATENAS. Orat. 34. ["Contra a Subversão da Constituição Ancestral de Atenas", seç. 34.]
[144] Liv. vi. [33.] Ver também PLUTARCO *in vita* NICIÆ. [*Vidas*, na Vida de Nícias, seç. 17.]
[145] *Orat. contra* VERREM, liv. iv. cap. 52. ESTRABÃO, liv. vi. [6.2.4.] fala de um perímetro de 22 milhas. Mas devemos considerar que ele continha duas baías, uma delas sendo bastante grande, e uma podia ser vista como um tipo de baía.
[146] Liv. vi. cap. 20. [*Deipnosophistaí* (Banquete dos eruditos) 6.272. O Ateneu de Náucratis floresceu c. 200 d.C.]

CTESICLES, que ele cita, estão equivocados; o número de escravos foi aumentado pelo menos dez vezes, pois na realidade não devia ultrapassar os 40 mil.

Primeiro, quando ATENEU diz que o número de cidadãos é de 21 mil,[147] ele só está falando de homens adultos. Pois (1.) HERÓDOTO diz[148] que ARISTÁGORAS, embaixador dos JÔNIOS, achava mais difícil enganar um ESPARTANO que 30 mil ATENIENSES; querendo se referir, de uma forma vaga, ao estado inteiro, que se supunha encontrar numa assembléia popular, excluídas as mulheres e as crianças. (2.) TUCÍDIDES[149] diz que, levando em conta todos os ausentes nos navios, no exército e nas praças fortes, sem falar nos cidadãos envolvidos em negócios privados, a assembléia ATENIENSE nunca chegou a atingir o número de cinco mil. (3.) As forças enumeradas pelo mesmo historiador,[150] sendo todos cidadãos, e com uma infantaria de 13 mil homens bem armados, sugerem o mesmo método de cálculo; bem como o usaram quase todos os historiadores GREGOS, sempre levando em consideração somente os homens adultos, quando se referem à população de qualquer república. Ora, como isso representa apenas um quarto dos habitantes, a ATENAS livre continha provavelmente uma população de 84 mil pessoas; além de 40 mil estrangeiros; quanto aos escravos, calculados por uma perspectiva modesta, e supondo que eles se casavam e procriavam no mesmo ritmo que os homens livres, deviam ser cerca de

---

[147] DEMÓSTENES assinala 20 mil; *contra* ARISTAG. [*Contra Aristogeiton* I.50-51.]
[148] Liv. v. [97.]
[149] Liv. viii. [72.]
[150] Liv ii. [13.] O relato de DIODORO da Sicília está perfeitamente de acordo. liv. xii. [40.]

160 mil; o que dá um total de 284 mil habitantes: Um número seguramente bastante expressivo. Mas a outra cifra, 1.720.000, tornaria ATENAS maior do que LONDRES e PARIS juntas.

Segundo, Existiam apenas dez mil casas em ATENAS.[151]

Terceiro, Apesar da enorme extensão das muralhas, como informa TUCÍDIDES,[152] a saber, 18 milhas ao longo da costa, ainda assim XENOFONTE[153] diz que havia muito solo não-aproveitado dentro dos muros. Na verdade estes pareciam abranger quatro cidades, separadas e distintas.[154]

Quarto, Nenhuma insurreição de escravos ou mesmo uma suspeita de insurreição é mencionada por qualquer historiador; exceto um pequeno conflito com os mineiros.[155]

Quinto, O tratamento dos escravos pelos ATENIENSES, segundo XENOFONTE[156] e DEMÓSTENES,[157] além de PLAUTO,[158] era

---

[151] XENOFON. *Mem.* liv. Ii. [*Memorabilia* 3.6.14 na edição Loeb.]
[152] Liv. ii. [13.]
[153] *De ratione red.* [*Modos e Meios* 2.6.]
[154] Devemos observar que, quando DIONÍSIO DE HALICARNASSO [4.13] diz que, se pensarmos nas antigas muralhas de ROMA, a extensão dessa cidade não parecerá maior que a de ATENAS, ele está se referindo somente à ACRÓPOLE e à cidade alta. Nenhum autor antigo cita PIREU, FALERUS e MUNICHIA como sendo comparáveis a ATENAS. Há menos motivos ainda para se supor que DIONÍSIO continuaria vendo a questão da mesma forma depois que as muralhas de CIMON e PÉRICLES foram destruídas, e ATENAS foi inteiramente separada daquelas cidades. Essa observação destrói todos os argumentos de VOSSIUS, introduzindo o senso comum nesses cálculos.
[155] ATHEN. liv. vi. [272.]
[156] *De rep.* ATHEN. [*A Constituição dos Atenienses*, seçs. 10-12. A autoria dessa obra, atribuída a Xenofonte, é colocada em questão por acadêmicos modernos. Para o texto e um comentário, ver Hartvig Frisch, *A Constituição dos Atenienses* (Copenhague, 1942).]
[157] PHILIP. 3. [*Terceira Filípica*, seç. 3.]
[158] STICHO. [*Stichus*, ato 3, seç. I.]

extremamente suave e indulgente: O que jamais poderia ter sido o caso se a desproporção fosse de 20 para um. A desproporção não atinge essa taxa em qualquer das nossas colônias; e, mesmo assim, somos obrigados a exercer um governo militar rigoroso sobre os negros.

Sexto, Nenhum homem é considerado rico somente por possuir o que é considerado uma parcela eqüitativa da propriedade, em qualquer país ou mesmo que possua três ou quatro vezes esse valor. Dessa forma, considera-se que, em média, qualquer pessoa na INGLATERRA gasta seis *pence* por dia; no entanto, mesmo quem dispõe de cinco vezes essa soma é considerado pobre. Segundo ÉSQUINO,[159] TIMARCO desfrutava de uma situação confortável; mas ele era senhor de apenas dez escravos, empregados nas manufaturas. LÍSIAS e seu irmão, dois estrangeiros, foram proscritos por suas grandes riquezas, embora eles só dispusessem de 60 escravos cada um.[160] DEMÓSTENES recebeu de seu pai uma herança que o deixou rico; e no entanto ele não tinha mais que 52 escravos.[161] A sua oficina, com 20 artesãos, era considerada uma manufatura expressiva.[162]

Sétimo, Durante a guerra DECELIANA, como a chamam os historiadores GREGOS, 20 mil escravos desertaram, causando grandes problemas aos ATENIENSES, como nos informa TUCÍDIDES.[163] Isto não poderia ter acontecido, se eles represen-

---

[159] *Contra* TIMARCH. [*Contra Timarco*, seç. 42.]
[160] *Orat.* II. [Ver Oração 12: *Contra Eratóstenes*, seç. 19.]
[161] *Contra* APHOB. [I. 9.]
[162] *Ibid.*
[163] Liv. vii. [7.27. A deserção dos escravos em Deceléia ocorreu em 413 a.C.]

tassem apenas um vigésimo do total. Os melhores escravos não teriam desertado.

Oitavo, XENOFONTE[164] propõe um esquema para preservar para o serviço público dez mil escravos: E afirma que se pode dispor de um número tão grande, como qualquer um ficará convencido se considerar os números de que se dispunham antes da guerra DECELIANA. Um raciocínio totalmente incompatível com a cifra maior fornecida por ATENEU.

Nono, O censo econômico aponta para o estado inteiro de ATENAS uma cifra inferior a seis mil talentos. E, embora os números, nos manuscritos antigos, sejam freqüentemente colocados em questão pelos críticos, esta não é uma regra sem exceção; tanto porque DEMÓSTENES,[165] que fornece a cifra, também explica os detalhes sobre os quais se baseia; quanto porque POLÍBIO[166] também propõe o mesmo número e o defende com argumentos. Ora, mesmo o mais baixo escravo poderia ganhar com seu trabalho um *óbolo* por dia, além do necessário para a sua sobrevivência, como lemos em XENOFONTE,[167] que diz que o capataz de NÍCIAS lhe pagava muito por seus escravos, para empregá-los nas minas. Quem se der o trabalho de calcular verá que 400 mil escravos, fazendo um *óbolo* por dia durante um período de quatro anos, chegará a uma soma de 12 mil talentos; mesmo que se leve em conta o grande número de feriados em ATENAS. Além disso, muitos escravos conseguiam ganhar uma soma muito maior, se eram especializa-

---

[164] *De rat. red.* [4.13-32.]
[165] *De classibus.* [*Da Construção de Navios*, seç. 19.]
[166] Liv. ii. cap. 62.
[167] *De rat. red.* [*Modos e Meios* 4.14.]

dos. DEMÓSTENES estima que qualquer um dos escravos de seu pai[168] ganhava o dobro. E, com base nessa suposição, é um pouco difícil, reconheço, conciliar até mesmo o número de 40 mil escravos com o *censo* de seis mil talentos.

Décimo, segundo TUCÍDIDES,[169] a ilha de QUIOS continha mais escravos que qualquer cidade GREGA, com exceção de ESPARTA. Nesse período, ESPARTA tinha mais escravos que ATENAS, proporcionalmente ao número de habitantes. Os ESPARTANOS eram nove mil na cidade, e 30 mil no campo.[170] Portanto, os escravos homens adultos deviam somar mais de 780 mil;[171] e o total de habitantes, mais de 3.120.000. Um número impossível de ser alcançado num país estreito e árido, como a LACÔNIA, que não tinha comércio. Se os HILOTAS fossem realmente tão numerosos, o massacre de dois mil deles, citado por TUCÍDIDES,[172] poderia tê-los irritado, mas não os teria enfraquecido.

---

[168] Contra APHOBUM. [I.9.]
[169] Liv. viii. [40.]
[170] PLUTARCO, *in vita* LICURGO. [*Vidas*, na vida de Licurgo, seç. 8.]
[171] A edição de 1777 dos *Ensaios* de Hume diz 78 mil, cifra que Green e Grose, seguindo edições anteriores, alteraram para 780 mil. Esta cifra maior é necessária para os argumentos de Hume. Hume está se contrapondo àqueles que acreditam que Atenas tinha 400 mil escravos homens, como o texto de *Ateneu* sugere. Se este texto estivesse certo, a proporção entre cidadãos e escravos atenienses seria de 1 para 20. A mesma proporção, aplicada a Esparta, que tinha 39 mil cidadãos homens, implicaria mais de 780 mil escravos homens. Como o número de escravos homens em Esparta representava cerca de um quarto do número total de escravos, esse número total de escravos, seguindo a proporção de Ateneu, seria de mais de 3.120.000 – uma cifra que Hume considera impossível.
[172] Liv. iv. [80.]

Além disso, devemos considerar que o número assinalado por ATENEU,[173] seja ele qual for, compreende todos os habitantes da ÁTICA, além dos habitantes de ATENAS. Os ATENIENSES tinham predileção pela vida no campo, como lemos em TUCÍDIDES;[174] e, quando foram todos afugentados para a cidade por causa da invasão de seu território durante a guerra do PELOPONESO, a cidade não foi capaz de absorver todos; e eles se viram obrigados a dormir sob os pórticos, nos templos e até mesmo nas ruas, por falta de alojamento.[175]

A mesma observação deve ser estendida a todas as outras cidades GREGAS; e, quando se menciona o número de seus habitantes, devemos sempre entender que a cifra inclui os habitantes dos campos vizinhos, além dos da própria cidade. Mas, mesmo levando isso em conta, deve-se admitir que a GRÉCIA era um país populoso, que excedia a nossa imaginação em relação a um território tão pequeno e não muito fértil por natureza e que não importava suprimentos de grãos de outros países. Pois, com exceção de ATENAS, que negociava grãos com PONTO, parece que as outras cidades subsistiam principalmente da produção dos territórios vizinhos.[176]

---

[173] O mesmo autor afirma [*Banquete dos Eruditos* 6.272] que CORINTO havia tido 460 mil escravos, e ÉGINA, 470 mil. Mas os argumentos apresentados rejeitam fortemente esses dados, que na verdade são inteiramente absurdos e impossíveis. É notável, contudo, que ATENEU cita uma autoridade tão grande como ARISTÓTELES para apoiar seus dados: E o escolástico PÍNDARO menciona o mesmo número de escravos na ÉGINA.
[174] Liv. ii. [14-16.]
[175] TUCID. liv. ii. [17.]
[176] DEMOST. *contra* LEPT. [Demóstenes, *Contra Leptino*, seçs. 31-33.] Os ATENIENSES traziam anualmente de PONTO 400 mil alqueires de grãos, como registram os livros contábeis. E isso constituía a maior parte de sua

A ilha de RODES é bem conhecida por ter sido uma cidade de comércio intenso e de grande fama e esplendor; no entanto, ela contava com apenas seis mil cidadãos capazes de portar armas, quando foi sitiada por DEMÉTRIO.[177]

TEBAS foi sempre uma das principais cidades da GRÉCIA:[178] Mas o número de seus cidadãos não excedia o de RODES.[179] FILIÁSIA é

---

importação de grãos. Isso aliás é uma forte evidência de que há algum grande equívoco no trecho citado de ATENEU. Pois a própria ÁTICA era tão carente de grãos que não produzia o suficiente nem para alimentar os camponeses. TIT. LIV. liv. xliii. cap. 6. E 400 mil alqueires mal bastariam para alimentar cem mil homens durante um ano inteiro. LUCIANO, em sua *navigium sivevota* [*O Barco ou os Desejos*, seçs. 4-6.], diz que um barco que, pelas dimensões que ele fornece, seria um navio de terceira categoria hoje em dia, carregava grãos suficientes para manter toda a ÁTICA durante um ano. Mas talvez ATENAS estivesse em crise nesse período; além do mais, não é seguro confiar em cálculos vagos e retóricos.

[177] DIOD. SIC. liv. xx. [84.]
[178] ISOCR. *paneg.* [seç. 64.]
[179] DIOD. SIC. liv. xvii. [14.] Quando ALEXANDRE atacou TEBAS, podemos concluir com segurança que quase todos os habitantes estavam presentes. Quem quer que esteja familiarizado com o espírito dos GREGOS, especialmente dos TEBANOS, jamais suspeitará que qualquer deles deixou o país quando este se viu ameaçado por tamanho perigo. Como ALEXANDRE tomou a cidade numa batalha, todos aqueles que portavam armas foram executados sem piedade; e estes somavam cerca de seis mil homens. Entre eles havia alguns estrangeiros e escravos alforriados. Os cativos, consistindo em velhos, mulheres, crianças e escravos, foram vendidos, e eles somavam cerca de 30 mil. Podemos portanto concluir que os cidadãos livres em TEBAS, dos dois sexos e de todas as idades, eram cerca de 24 mil; os estrangeiros e escravos, cerca de 12 mil. Estes últimos, podemos observar, representavam uma proporção menor que em ATENAS; essa circunstância é razoável imaginar, já que ATENAS era uma cidade com maior comércio, o que demandava escravos, e com mais entretenimentos, o que atraía os estrangeiros. Também se deve observar que 36 mil era o número total de habitantes, somando a cidade de TEBAS com seus territórios vizinhos. Um número bastante modesto, deve-se admitir; e esse

considerada uma cidade pequena por XENOFONTE,[180] mas sabemos que ela tinha seis mil habitantes.[181] Não pretendo conciliar esses dois fatos. Talvez XENOFONTE chame FILIÁSIA de uma cidade pequena porque não tinha grande importância na GRÉCIA e mantinha uma aliança apenas de subordinação com ESPARTA; ou talvez o campo, associado a ela, fosse muito grande, fazendo com que a maioria dos cidadãos se empregasse no seu cultivo, e morasse nas cidades vizinhas.

MANTINÉIA era igual a qualquer cidade na ARCÁDIA:[182] Conseqüentemente, era igual a MEGALÓPOLIS, que tinha 50 *stadia*, ou seis milhas e um quarto, de circunferência.[183] Mas MANTINÉIA só tinha três mil cidadãos.[184] Devemos lembrar que as cidades gregas continham freqüentemente campos e jardins, além das casas: e não podemos, portanto, fazer avaliações com base na extensão de seus muros. ATENAS não continha mais que dez mil casas; e, no entanto, seus muros, ao longo da costa, tinham mais de 20 milhas de extensão. SIRACUSA tinha um perímetro de 22 milhas; mas raramente é uma cidade citada pelos

cálculo, por estar baseado em fatos que parecem inquestionáveis, deve ter um grande peso na atual controvérsia. O número citado acima de habitantes do RÓDANO também se referia a todos os habitantes da ilha que eram livres e capazes de portar armas.

[180] Hist. GRAEC. lib. vii. [*Hellenica* 7.2.1.]
[181] Id. liv. vii. [seç. 5.3.1, onde se relata que a cidade de Fliásia tem mais de cinco mil homens. Hume pode estar acrescentando aqueles que estavam exilados naquele tempo.]
[182] POLIB. liv. ii. [56.]
[183] POLIC. liv. ix. cap. 20. [A referência é a Políbio, *Histórias*.] POLIC. É seguramente um erro de impressão. Algumas edições anteriores dos *Ensaios* de Hume trazem POLIB.]
[184] LISIAS, *orat.* 34. [seçs 7-8.]

antigos como sendo mais populosa que ATENAS. BABILÔNIA era um quadrado de 15 milhas por lado, com um perímetro de 60 milhas; mas ela continha vastos campos cultivados e cercados, como lemos em PLÍNIO. Embora a muralha AURELIANA tivessem 50 milhas de perímetro;[185] o perímetro de todas as 13 divisões de ROMA, segundo PÚBLIO VICTOR,[186] não superava 43 milhas. Quando um inimigo invadia o país, todos os habitantes se refugiavam dentro dos muros das cidades antigas, com seu gado e sua mobília, seus instrumentos e seus mantimentos, e a grande altura com que tinham sido construídos os muros permitia que eles fossem defendidos com facilidade por um pequeno número de soldados.

ESPARTA, diz XENOFONTE,[187] é uma das cidades menos populosas da GRÉCIA. E no entanto POLÍBIO informa que ela tinha um perímetro de 48 *stadia*, e que era circular.

---

[185] VOSPICUS *in vita* AUREL. [Hume faz referência a uma coletânea de biografias de governantes romanos de 117 a 284 d.C. Essa coletânea é conhecida, desde o início do século XVII, como a *História Augusta*. Segundo a tradição, essas biografias foram escritas por seis autores diferentes no final do século III ou no início do século IV. *A vida de Aureliano* era tradicionalmente atribuída a Flavius Vopiscus. Houve um debate considerável ao longo do século passado em relação à autoria das biografias e às datas de sua composição. A edição Loeb é: *The Scriptores Historiae Augustae*, 3 vols. Com uma tradução inglesa de David Maggie (Londres: W. Heinemann, 1921-32).]

[186] Publius Victor é o nome usado para a enumeração das principais construções e monumentos da Roma antiga. O título comum da obra, que foi originalmente publicada em 1505, era *De Regionibus Urbis Romae* (Das regiões da cidade de Roma). Para os problemas decorrentes do uso dessa fonte para fazer estimativas populacionais, ver G. Hermansen, "A População da Roma Imperial: Os Regionários", *Historia* 27 (1978); 129-68.

[187] De rep. LACED. [*Constituição dos Lacedemônios* I.I.] Não é fácil conciliar esse trecho com aquele de PLUTARCO citado acima, segundo o qual ESPARTA tinha nove mil cidadãos.

Todos os ETÓLIOS capazes de portar armas no tempo de ANTÍPATER, incluindo as fortificações, não chegavam a dez mil.[189]

POLÍBIO[190] nos conta que a liga AQUÉIA poderia, sem maiores inconvenientes, pôr em marcha 30 mil ou 40 mil homens. E esta avaliação parece razoável, pois aquela liga compreendia a maior parte do PELOPONESO. Ainda assim PAUSÂNIAS,[191] falando do mesmo período, afirma que todos os AQUEUS capazes de portar armas, mesmo quando se juntavam a eles muitos escravos, não chegavam a 15 mil homens.

Os TESSÁLIOS, até que fossem definitivamente conquistados pelos ROMANOS, foram, em todas as épocas, turbulentos, facciosos, sediciosos e desordeiros.[192] Portanto, não é natural supor que essa parte da GRÉCIA fosse muito populosa.

---

[188] POLIB. liv. ix. Cap. 20. [*Histórias.*]
[189] DIOD. da SIC. liv. xviii. [24.]
[190] LEGAT. [O texto de Políbio é completo para os livros 1-5, mas para os outros 34 temos que confiar em várias compilações de fragmentos. Hume se refere aqui a uma das mais importantes dessas compilações, que foi realizada sob a orientação do imperador bizantino Constantino Porfirogenitus (VII). Esta compilação foi organizada em diversos tópicos, um dos quais era *"de legationibus gentium ad Romanos"* (embaixadas de povos estrangeiros aos romanos). É a essa compilação que LEGAT. se refere. Nas edições modernas das *Histórias* de Políbio, o trecho está em 29.24.8, no contexto de um relato que Políbio faz de um discurso que ele mesmo fizera na assembléia aquéia em 170 a.C., solicitando que ela honrasse o pedido dos reis do Egito para que enviassem tropas para apoiá-los em sua guerra contra Antióquio IV da Síria. Os opositores ao pedido alegaram que essas tropas poderiam ser necessárias para apoiar Roma em sua guerra contra Perseu da Macedônia. Políbio replicou que os romanos não precisavam da ajuda dos aqueus, mas que, se a pedissem, uma força de 30 mil ou 40 mil homens poderia ser facilmente arregimentada.
[191] In ACHAICIS. [Pausânias (por volta de 150 d.C.), *Descrição da Grécia*, "Acaia" 15.7.]
[192] TIT. LIV. liv. xxxiv. cap. 51. PLATÃO em CRITÓN. [*Crito* 53d.]

Conforme lemos em TUCÍDIDES,[193] parte do PELOPONE-
SO, somada a PILOS, era deserta e não-cultivada. HERÓDOTO
afirma[194] que a MACEDÔNIA era cheia de leões e touros selvagens; animais que só costumam viver em vastas florestas desabitadas.
Estas eram as duas extremidades da GRÉCIA.

Todos os habitantes de ÉPIRO, em todas as épocas, de todos os
sexos e condições, que foram vendidos por PAULO EMÍLIO, só
atingiam a marca de 150 mil.[195] Ainda assim ÉPIRO tinha talvez
o dobro da extensão de YORKSHIRE.

JUSTINO[196] nos conta que, quando FILIPE DA MACEDÔNIA
foi declarado líder da confederação GREGA, ele convocou um congresso de todos os estados, com exceção dos LACEDEMÔNIOS,
que se recusaram a comparecer; e ele verificou que a força total de que
dispunha era de 200 mil soldados de infantaria e 15 mil da cavalaria.
Essas cifras devem ser entendidas como equivalentes a todos os cidadãos capazes de portar armas. Pois, como as repúblicas GREGAS
não mantinham forças mercenárias, e não tinham uma milícia que se
distinguisse do corpo dos cidadãos, não se pode conceber que outra
base haveria para esse cálculo. Que um exército assim pudesse, a
qualquer momento, ser posto em ação pela GRÉCIA, e ser mantido
na ativa, é algo contrário a toda a história. Com base nessa suposição, podemos então raciocinar. Os GREGOS livres, de todas as
idades e sexos, somavam 860 mil. Os escravos, se estimarmos seu

---

[193] Liv. vii.
[194] Liv. vii.
[195] TIT. lIV. liv xlv. cap. 34.
[196] Liv. ix. cap. 5. [A referência é a Marco Juniano Justino (século III d.C.?) e seu epítomo em latim na *Historiae Philippicae* (História Filípica) de Trogus Pompeio.]

número pela mesma proporção de ATENAS e se considerarmos que eles raramente se casavam ou constituíam família, eram o dobro dos adultos livres, isto é, 430 mil. E todos os habitantes da antiga GRÉCIA, com exceção da LACÔNIA, somavam cerca de 1.290.000 pessoas: Um número que não chega a impressionar, pois não supera a população atual da ESCÓCIA, um país não muito mais extenso, e povoado de forma muito irregular.

Podemos agora considerar o número de habitantes em ROMA e na ITÁLIA, tirando lições de todas as luzes que nos foram deixadas em passagens de antigos autores. Encontraremos, no conjunto, uma grande dificuldade em chegar a qualquer conclusão sobre o assunto; e nenhuma razão para apoiar aqueles cálculos exagerados, em que tanto insistem autores modernos.

DIONÍSIO DE HALICARNASSO[197] diz que os antigos muros de ROMA tinham aproximadamente o mesmo perímetro que os de ATENAS, mas que seus subúrbios se espalhavam numa grande extensão; a ponto de ser difícil dizer onde acabava a cidade e onde começava o campo. Em alguns lugares de ROMA, o mesmo autor,[198] JUVENAL[199] e outros escritores antigos[200] dizem que as

---

[197] Liv. iv. [13.]
[198] Liv. x. [32.]
[199] *Satir*. Iii. 1. 269, 270.
[200] ESTRABÃO liv. 5 [ver 5.3.7.] afirma que o imperador AUGUSTO proibiu que as casas tivessem mais que 70 pés de altura. Em outro trecho, liv. xvi, ele fala das casas de ROMA como sendo notavelmente altas. Ver também VITRUVIUS, liv. ii. cap. 8. [Vitrúvio (século I a.C.), *Da Arquitetura* 2.8.17.]. O sofista ARISTIDES, em sua oração εις Ῥώμην [Publius Aelius Aristides (117-180? d.C), *A Roma*.] diz que ROMA era constituída de cidades no topo de cidades; e que, se elas fossem colocadas lado a lado, cobririam toda a superfície da ITÁLIA. Quando um autor se permite fazer declarações tão extrava-

casas eram altas e que as famílias viviam em cômodos separados um acima do outro: mas é provável que isso ocorresse apenas aos cidadãos mais pobres, e somente em algumas ruas. A julgar pelo relato de PLÍNIO, o jovem,[201] sobre sua própria casa, e pelos planos de BERTOLI[202] para os antigos prédios, os homens de classe tinham palácios muito espaçosos; e seus prédios eram como as casas CHINESAS de hoje, nas quais cada apartamento é separado dos demais, e só têm um andar. E podemos acrescentar que a nobreza ROMANA gostava de exibir pórticos extensos e mesmo pequenos bosques[203] na cidade; podemos talvez admitir que VOSSIUS (embora não haja motivo para isso) leia a famosa pas-

---

gantes, num estilo tão claramente hiperbólico, não se sabe até que ponto podemos confiar nele. Mas esse raciocínio parece natural: Se ROMA foi de fato construída da maneira que sugere DIONÍSIO, invadindo tanto o campo, provavelmente muito poucas ruas tinham casas muito altas. Pois é apenas por falta de espaço que alguém constrói dessa forma tão inconveniente.

[201] Liv. ii. epist. 16. liv. v. epist. 6. [Plínio o Jovem, *Cartas.*] Certamente, PLÍNIO descreve aqui uma casa de campo: Mas como esta era a idéia que os antigos faziam de uma construção conveniente e magnífica, seguramente os grandes homens faziam construções semelhantes nas cidades. "*In laxitatem ruris excurrunt*"["como se fossem casas de campo"] (tradução da edição Loeb por Richard M. Gummere), diz SÊNECA sobre os ricos e voluptuosos, epist. 114. VALERIUS MAXIMUS, liv. iv. cap. 4., falando do campo de quatro acres de CINCINATUS, afirma: "*Auguste se habitare nunc putat, cujus domus tantum patet quantum* CINCINATTI *rura patuerant.*" [Valério Máximo, século I d.C., *Facta et Dicta Memorabilia* (Feitos e ditos memoráveis) 4.4: "Ele considera viver esplendidamente agora, pois sua casa é quase tão grande quanto a da fazenda de Cincinato."] Ver também liv. xxxvi. cap. 15. E liv. xviii. cap. 2.

[202] Pietro Santi Bartoli (c. 1635-1700) foi um célebre gravador e pintor italiano. Ele é conhecido principalmente por suas antigas gravuras artísticas das catacumbas e ruínas de Roma.

[203] VITRUV. liv. v. cap. 11. TACIT. and. liv. xi, cap. 3. SUETON *in vita* TAV. [*Vida dos 12 Césares*, em *O Augusto Deificado*] cap. 72 &c.

sagem de PLÍNIO,[204] o velho, à sua própria maneira, mas sem reconhecer as conclusões extravagantes que ele extrai desta leitura.

---

[204] "MOENIA ejus (ROMÆ) collegere ambitu imperatoribus, censoribusque VESPASIANIS, A U. C. 828. pass. xiii. MCC. complexa montes septem, ipsa dividitur in regiones quatuordecim, compita earum 265. Ejusdem spatii mensura, currente a milliario in capite ROM. Fori statuto, ad singulas portas, quae sunt hodie numero 37, ita ut duodecim portæ semel numerentur, praeteranturque ex veteribus septem, quæ esse desierunt, efficit passuum per directum 30,775. Ad extrema vero tectorum cum castris praetoriis ab eodem Milliario, per vicos omnium viarum, mensura collegit paulo amplius septuaginta millia passuum. Quo si quis altitudinem tectorum addat, dignam profecto, aestimationem concipiat, fateaturque nullius urbis magnitudinem in toto orbe potuisse ei comparari". PLIN. liv. iii. cap. 5. [Plínio, *História Natural* 3.5.66-67: "A área cercada por suas muralhas na época do principado e da censura dos Vespasianos, no ano 826 de sua fundação, media 13 milhas e 200 jardas de circunferência, englobando sete montanhas. Essa área está dividida em 14 regiões, com 265 encruzilhadas vigiadas por guardas. Se uma linha reta for traçada do marco que fica em frente ao Fórum romano a cada um dos portões, que hoje somam 37 (sendo que os Doze Portões são contados separadamente, e não se omitem os sete antigos portões), o resultado é um total de 20 milhas e 765 jardas numa linha contínua. Mas a extensão total de todas as estradas que unem os distritos, partindo do mesmo marco e indo até as construções mais distantes, nos Campos Pretorianos, é de cerca de 60 milhas. Se também levarmos em conta a altura das construções, poderíamos formar uma estimativa razoável, que nos levaria a admitir que nunca existiu no mundo inteiro cidade que se pudesse comparar a Roma em magnitude." O texto latino da edição Loeb diz "20.765 passos", que H. Rackham traduz como 20 milhas e 765 jardas. Hume obviamente segue uma tradição diferente de manuscrito.]

Todos os melhores manuscritos de PLÍNIO citam essa passagem tal como ela é citada aqui, fixando o perímetro das muralhas de ROMA em cerca de 13 milhas. A questão é: o que PLÍNIO quer dizer com 30.775 passos, e como se chegou a este número? A maneira como eu concebo isso é a seguinte. ROMA tinha uma área semicircular de 13 milhas de circunferência. O Fórum, e conseqüentemente o Miliário, como sabemos, estava situado nas margens do TIBRE, e perto do centro do círculo, ou no meio do diâmetro da área semicircular. Embora existissem 37 portões para ROMA, somente 12 deles tinham ruas pavimentadas, que conduziam ao Miliário. PLÍNIO, portanto, tendo estabelecido a circunferência de ROMA, e sabendo que isso, por si só, não era suficiente para nos dar uma justa noção de sua superfície, usa este outro método. Ele imagina que todas as ruas que levam do Miliário aos 12 portões se alinhem numa só, e supõe que vamos percorrer essa linha de forma a contar um portão de cada vez. Nesse caso, ele diz, a linha total tem 30.775 passos; em outras palavras, cada rua, ou cada raio da área semicircular, tem em média duas milhas e meia. E o comprimento total de ROMA é de cinco milhas, e sua largura de cerca da metade disso, sem contar os subúrbios da periferia.

PERE HARDOUIN [Jean Hardouin (1646-1729) publicou em 1685 uma edição da *História Natural* de Plínio, que foi reimpressa em 1723 e mais tarde, com anotações] interpreta essa passagem da mesma maneira, com relação a dispor numa mesma linha as diversas ruas de ROMA, resultando numa extensão de 30.275 passos. Mas então ele supõe que todas as ruas levam do Miliário a cada portão; e que nenhuma rua excede 800 passos de comprimento. Mas (1.) uma área semicircular cujo raio seja de apenas 800 passos jamais poderia resultar numa circunferência de cerca de 13 milhas, que é o perímetro de ROMA apontado por PLÍNIO. Já um raio de duas milhas e meia resulta aproximadamente naquela extensão. (2.) É um pouco absurdo supor que numa cidade assim construída todas as ruas de sua circunferência conduzem ao seu centro. As ruas fazem traçados diferentes à medida que se aproximam. (3.) Isso diminuiria demais a grandeza da ROMA antiga, reduzindo esta cidade a um tamanho menor que o de BRISTOL ou ROTTERDAM.

O sentido que VOSSIUS atribui a essa passagem de PLÍNIO, em suas *Observationes variae* [ver a nota 3 deste ensaio], recai no extremo oposto. Um manuscrito sem qualquer autoridade assinala, em vez de 13 milhas, 30 milhas para o perímetro das muralhas de ROMA. E VOSSIUS afirma que este número se refere apenas à parte curvilínea da circunferência; já que, como o diâmetro era formado pelo TIBRE, não havia muralha daquele lado. Mas (1.) esta leitura é contrária ao que diz a quase totalidade dos manuscritos. (2.) Por que PLÍNIO, um escritor preciso, repetiria em duas sentenças sucessivas o perímetro equivocado de ROMA? (3.) De onde se origina uma variação tão grave? (4.) Qual é o sentido de PLÍNIO mencionar duas vezes o MILIÁRIO, se a linha medida em questão não tinha nenhuma relação com o MILIÁRIO? (5.) Segundo VOPISCO, a muralha de AURELIANO foi desenhada *laxiore ambitu* ["num circuito mais amplo"], abrangendo todas as construções e subúrbios ao norte do TIBRE; ainda assim seu perímetro era de apenas 50 milhas; e mesmo aqui alguns críticos suspeitam de algum erro ou distorção do texto, já que as muralhas que permaneceram, e que se supõe serem as mesmas de AURELIANO, não excedem 12 milhas. Não é provável que ROMA tenha dimi-

O número de cidadãos que se beneficiava da distribuição pública de grãos na época de AUGUSTO era de 200 mil.²⁰⁵ Cálculo que supõe

---

nuído de tamanho entre AUGUSTO e AURELIANO. Pois a cidade continuou sendo a capital do mesmo império; e nenhuma das guerras civis desse longo período, com exceção dos tumultos provocados pela morte de MÁXIMO e BALBINO, chegou a afetar a cidade. Segundo AURELIUS VICTOR [Sextus Aurelius Victor, cuja história dos césares foi publicada por volta de 360 d.C.], CARACALA expandiu ROMA ainda mais. (6.) Não existem vestígios de antigas construções que indiquem tamanha grandeza de ROMA. A réplica de VOSSIUS a essa objeção parece absurda, a de que as ruínas deveriam estar 60 ou 70 pés abaixo do solo. ESPARTIANO (*in vita Severi*) sugere que a rocha de cinco milhas *in via Lavicana* ficava fora da cidade. [Aélio Espartiano era tradicionalmente considerado o autor da vida de Severo na *História Augusta*.] (7.) OLIMPIODORO [380?-425 d.C., autor de 32 livros de história, perdidos mas resumidos por Fótcio] e PÚBLIO VICTOR fixam o número de casas em ROMA entre 40 mil e 50 mil. (8.) A extravagância das conseqüências apontadas por esse crítico, bem como por LÍPSIO [provavelmente em *De Magnitudine Romana Libri quatuor* (Quatro livros sobre o tamanho de Roma), de Lípsio], destrói os próprios fundamentos de sua argumentação: que ROMA continha 14 milhões de habitantes; enquanto o reino inteiro da FRANÇA continha apenas cinco milhões, segundo o seu cálculo, &c.

A única objeção à leitura que fizemos acima do trecho de PLÍNIO parece residir aqui: Que PLÍNIO, depois de mencionar os 37 portões de ROMA, aponta apenas um motivo para suprimir os sete portões antigos, e não diz nada sobre os 18 portões dos quais saíam as ruas que, na minha opinião, terminavam antes de chegar ao Fórum. Mas, como PLÍNIO estava escrevendo aos ROMANOS, que conheciam perfeitamente a disposição das ruas, não seria de se estranhar que ele levasse isso em consideração, ou seja, que fosse uma informação familiar a todos. Além disso, talvez muitos daqueles portões levassem a ancoradouros na margem do rio.

²⁰⁵ *Ex monument Ancyr.* [Hume se refere ao relato do imperador Augusto de seus atos públicos, que foi gravado em 12 tábuas de bronze, fixadas diante do mausoléu do imperador em Roma, bem como nas paredes de muitos templos de Augusto por todo o império. A melhor versão sobrevivente – a Monumentum Ancyranum – estava gravada nos templos de Roma e Ancira. Esse documento é reproduzido na edição Loeb como *Res Gestae Divi Augusti* (Os atos de Augusto), traduzido por Frederick W. Shipley. A passagem citada por Hume está na seção 15 dessa edição).]

uma precisão considerável; e no entanto ele é cercado de circunstâncias tais que somos atirados de volta na dúvida e na incerteza.

Apenas os cidadãos mais pobres recebiam grãos? A distribuição era feita principalmente para favorecê-los, é certo. Mas uma passagem de CÍCERO[206] diz que os ricos também recebiam a sua porção e que não eram reprovados por solicitá-la.

Para quem os grãos eram dados: apenas para os chefes de família, ou para qualquer homem, mulher ou criança? A cota mensal era de cinco *modii* cada (cerca de 5/6 de um alqueire). Isto era muito pouco para uma família, mas era demais para um indivíduo. Um estudioso muito preciso,[208] portanto, infere que os grãos eram dados a todos os homens adultos. Mas a questão ainda não fica clara.

Era estritamente requerido que o beneficiário vivesse dentro dos distritos de ROMA? Ou era suficiente que ele se apresentasse, no dia da distribuição mensal? A última hipótese parece mais provável.[209]

---

[206] *Tusc Quoest.* liv. iii. cap. 48. [*Disputas Tusculanas* 3.20 (48) na edição Loeb.]
[207] *Licinius apud. Sallust. Hist. Frag.* liv. iii [Referência às *Histórias* de Salústio, das quais só restam fragmentos (ver 3.48.19 na edição padrão de Maurenbrecher). O trecho citado por Hume está num discurso demagógico atribuído a C. Licinius Macer, que era tribuno dos plebeus em 73 a.C. Licínio se refere à alocação de cinco *Modie* de grãos por cabeça, e afirma: "Eles avaliaram a sua liberdade em cinco *Modie* cada."]
[208] *Nicolaus Hortensius de re frumentaria Roman.* [Nicolaus Hortensius, "Da provisão de grãos em Roma." Nenhuma informação foi localizada sobre o autor e o livro.]
[209] Para não desviar demais o povo de seus negócios, AUGUSTO ordenou que a distribuição de grãos só fosse feita três vezes por ano: Mas como o povo achava mais conveniente a distribuição mensal (por facilitar, eu suponho, uma economia familiar mais regular), desejava que ela fosse restaurada. SUETON. AUGUST. cap. 40. Se algumas pessoas não tivessem que percorrer uma longa distância para receber seus grãos, a preocupação de AUGUSTO pareceria superficial.

Não se apresentavam falsos beneficiários. Sabemos[210] que CÉSAR puniu 170 mil de uma vez só, por se terem insinuado sem direito a isso e é muito provável que todos os abusos fossem punidos.

Mas, por fim, que proporção de escravos devemos atribuir a esses cidadãos? Esta é a questão mais material; e a mais incerta. É muito duvidoso que se possa estabelecer ATENAS como uma regra para ROMA. Talvez os ATENIENSES tivessem mais escravos, porque eles os empregavam nas manufaturas — para as quais uma capital, como ROMA, não parece apropriada. Talvez, por outro lado, os ROMANOS tivessem mais escravos, por conta de seus luxos e riquezas superiores.

Existem registros exatos sobre a mortalidade em ROMA; mas nenhum autor antigo nos fornece o número de enterros, exceto SUETÔNIO,[211] que afirma que, numa determinada estação, 30 mil nomes foram levados ao templo de LIBITINA. Mas isso ocorreu durante uma praga; e, portanto, não pode servir de base para qualquer conclusão.

Embora fossem distribuídos grãos somente para 200 mil cidadãos, este gasto público afetava consideravelmente toda a agricultura da ITÁLIA,[212] um fato de forma alguma compatível com alguns exageros modernos, em relação ao número de habitantes daquele país.

A melhor base de conjecturas que diz respeito à grandeza da antiga ROMA é esta: HERODIANO[213] afirma que ANTIÓQUIA e

---

[210] *Sueton. in Jul.* [O Julius deificado.] cap. 41.
[211] *In vita Neronis.* [*Vidas dos 12 Césares*, na vida de Nero, cap. 39.]
[212] *Sueton. Aug.* Cap. 42.
[213] Liv. iv. cap. 5. [Herodiano (século III d.C.), *História do Império na Época de Marco Aurélio* 4.3.7 na edição Loeb.]

ALEXANDRIA eram pouco inferiores a ROMA. Segundo DIODORO da Sicília,[214] uma única rua de ALEXANDRIA, de um portão a outro, tinha cinco milhas de comprimento; e como ALEXANDRIA era muito mais extensa no comprimento que na largura, parece que foi uma cidade de extensão próxima a PARIS;[215] e ROMA poderia ser mais ou menos do tamanho de LONDRES.

---

[214] Lib. xvii [52.]

[215] QUINTUS CURTIUS afirma que as suas muralhas tinham uma circunferência de dez milhas, na época de sua fundação por ALEXANDRE; liv. iv. Cap. 8 [*História de Alexandre* 4.8.] ESTRABÃO, que viajara para ALEXANDRIA, bem como DIODORO da Sicília, diz que tinha no máximo quatro milhas, tendo em alguns casos não mais que uma milha de largura; liv. 17. [1.8] PLÍNIO diz que sua forma lembrava uma batina da MACEDÔNIA, ampliando-se nas extremidades; liv. v. cap. 10. (5.11 na edição Loeb). Apesar dessa dimensão de ALEXANDRIA, que parece bastante moderada, DIODORO da Sicília, falando do percurso feito por ALEXANDRE (que nunca foi superado, como lemos em AMMIANUS MARCELLINUS [(século IV d.C.), *History of Rome from Nerva to Valens*]. Liv. 22. cap. 16.) diz que tal percurso foi μεγεθει διαΦέροντα, *extremamente grande*, ibid. [17.52]. A justificativa que ele aponta para que a cidade superasse todas as outras do mundo (com exceção de ROMA) é que ela continha 300 mil habitantes livres. Ele também menciona a renda dos reis, a saber, 6.000 talentos, como outra circunstância reveladora: uma soma não muito grande aos nossos olhos, mesmo levando em consideração o valor diferente do dinheiro. O que ESTRABÃO diz do país vizinho significa apenas que ele era bem populoso, οἰκούμενα καλῶς. Não seria um exagero afirmar que toda a margem do rio, de GRAVESAND a WINDSOR, constitui uma única cidade? [Gravesand fica a cerca de 25 milhas a leste de Londres, no rio Tâmisa, e Windsor a 20 milhas a oeste.] Isso representa ainda mais do que ESTRABÃO diz do lago MAREOTIS, e do canal para CANOPUS. É lugar-comum na ITÁLIA afirmar que o rei da SARDENHA não tem mais que uma cidade no PIEMONTE; pois na verdade toda a região é uma cidade só AGRIPA, como diz JOSEFO *de bello* JUDAIC. liv. ii. cap. 16 [Flavius Josephus (século I d.C.), *A Guerra Judaica* 2.385 na edição Loeb], para fazer seu público compreender a enorme grandeza de ALEXANDRIA, que ele se empenha em exaltar, descreve o tamanho da cidade tal como foi fundada por ALEXANDRE: uma prova clara de que a maioria dos

Viviam em ALEXANDRIA, na época de DIODORO da Sicília,²¹⁶ 300 mil pessoas livres, compreendendo, acredito, mulheres e crianças.²¹⁷ Mas qual seria o número de escravos? Se tivéssemos qualquer base sólida para pressupor um número igual ao de habitantes livres, ela favoreceria o seguinte cálculo.

Há uma passagem em HERODIANO que é bastante surpreendente. Ele afirma, com convicção, que o palácio do imperador era tão largo quanto o restante da cidade.²¹⁸ Ele se referia à casa dourada de NERO, que na verdade é representada por SUETÔNIO²¹⁹ e PLÍNIO como

---

habitantes morava lá, e que o país vizinho não era mais do que aquilo que se pode esperar de todas as grandes cidades, bem populoso e bem instruído.
²¹⁶ Liv. xvii. [52.]
²¹⁷ Ele diz ἐλεύςεποι ["gente livre" ou "residentes livres"], e não πολῖται, expressão que designa apenas os cidadãos e os homens adultos.
²¹⁸ Liv. iv. Cap. I. πάσης πόλεως. POLIZIANO [a tradução latina de Herodiano por Angelo Poliziano (1454-94), interpreta como "*ædibus majoribus etiam reliqua urbe*" ["com um palácio maior que o resto da cidade"].
²¹⁹ Ele diz (em NERONE, cap. 30) que um pórtico ou *piazza* tinha cerca de 3.000 pés de comprimento; "*tanta laxitas ut porticus triplices milliarias haberet*". [*Vida de Nero* 6.31: "...era tão extenso que tinha uma tripla colunata de uma milha de largura".] Mas ele não pode querer dizer três milhas. Já que a extensão total da casa, do PALATINO ao ESQUILINO, não chegava nem perto disso. Assim quando VOPISC. em AURELIANO menciona um pórtico nos jardins de SALÚSTIO, que ele chama de *porticus milliarensis*, deve-se entender que ele tem mil pés de extensão. [Vopisco, *O Aureliano Deificado*, seç. 49, em *Scriptores Historiae Augustae*.] Da mesma forma HORÁCIO:
    "Nulla decempedis
    Metata privatis opacam
    Porticus excipiebat Arcton."
    Liv. ii ode 15
[Horácio, *Odes* 2.15: "Nenhum cidadão privado tinha um pórtico com as mesmas medidas, que apontava para o norte sombrio" (tradução da edição Loeb por C. E. Bennett)].
Ver também em liv. i satir. 8.
    "Mille pedes in fronte, trecentos cippus in agrum
    Hic dabat."

tendo uma enorme extensão;²²⁰ mas nenhum delírio da imaginação pode nos fazer conceber um palácio com a largura de LONDRES.

Podemos observar que o historiador pode estar se referindo, figuradamente, à extravagância de NERO, e neste caso o uso de semelhante expressão teria muito menos peso; tais exageros retóricos, aliás, se insinuam com muita freqüência no estilo de um autor, mesmo no mais moderado e correto. Mas isso é mencionado por HERODIANO somente quando ele se refere às querelas entre GETA e CARACALA.

O mesmo historiador²²¹ afirma que naquela época havia muita terra não-cultivada, e sem qualquer uso; e ele atribui a PERTINAX, com grande exaltação, a permissão para qualquer homem ocupar essas terras, na ITÁLIA ou em qualquer outra parte, e cultivá-las sem pagar impostos. *Terras não-cultivadas, e sem qualquer uso!* Isso não se ouvia em parte alguma da CRISTANDADE; com exceção de algumas regiões remotas da HUNGRIA. Seguramente, seria algo incompatível com a idéia de um elevado índice populacional da antigüidade, no qual se insiste tanto.

VOPISCO²²² nos informa que, mesmo na ETRÚRIA, havia muita terra fértil não-cultivada, que o imperador AURELIANO pretendia converter em vinhedos, para proporcionar ao povo ROMANO a

---

[Horácio, *Sátiras* I.8.12: Eis aqui um pilar com mil pés de largura e 300 pés de profundidade" (tradução Loeb por H. Rushton Fairclough).]

²²⁰ PLÍNIO, liv. xxvi. cap. 15. "*Bis vidimus urbem totam cingi domibus principum. CAII ac NERONIS.*" [*História Natural* 36.24 na edição Loeb: "Duas vezes vimos a cidade inteira cercada por palácios imperiais, aqueles de Gaio e Nero" (tradução Loeb por D. E. Eichholz).]

²²¹ Liv. ii. cap. 15. [Herodiano, *História do Império* 2.4.6 na edição Loeb.]

²²² Em AURELIANO, cap. 48.

distribuição gratuita de vinho; um expediente muito adequado para despovoar ainda mais a capital e seus territórios vizinhos.

Não se pode deixar de levar em conta o relato de POLÍBIO[223] sobre os grandes rebanhos de suínos que se encontravam na TOSCANA e na LOMBARDIA, bem como na GRÉCIA, e sobre o método de alimentá-los que era então praticado. "Existem grandes rebanhos de suínos", ele diz, "ao longo de toda a ITÁLIA, e existiam mais ainda, principalmente na ETRÚRIA e na GÁLIA CISALPINA. E um rebanho geralmente consiste em mil cabeças, ou mais, de suínos. Quando um desses rebanhos encontra outro, eles se misturam enquanto pastam; e não existe para os pastores outro expediente para separá-los senão irem para áreas diferentes, onde fazem soar o seu chifre; e os animais, estando acostumados àquele sinal, correm imediatamente em direção ao seus respectivos donos. Enquanto na GRÉCIA, se os rebanhos de suínos se misturam nas florestas, aquele que tem a manada maior aproveita a oportunidade para levar todos consigo. E é muito fácil para os ladrões furtarem os suínos extraviados, que se afastaram demais de seu dono em busca de comida."

Podemos concluir, com base nesse relato, que o norte da ITÁLIA, bem como a GRÉCIA, era então muito menos povoado, e menos cultivado, do que no presente? Como poderiam esses vastos rebanhos ser alimentados num país tão cheio de cercados, com uma agricultura tão desenvolvida, com territórios tão divididos pelas fazendas, com tantas plantações de grãos e vinhedos se misturando? Devo confessar que a narrativa de POLÍBIO lembra mais

---
[223] Liv. xii. cap. 2. [Hume opta por uma paráfrase vaga do texto, em vez de sua transcrição exata.]

a economia que se encontra nas colônias AMERICANAS do que a administração de um país EUROPEU.

Nós nos deparamos com uma reflexão na Ética de ARISTÓTELES[224] que parece inexplicável em qualquer circunstância, e que, por ser demasiado favorável ao nosso presente raciocínio, talvez na verdade não prove nada. Esse filósofo, tratando da amizade e observando que só se deve estabelecer esta relação com muito poucos, não devendo se ampliar para uma multidão, ilustra a sua opinião com o seguinte argumento: "Da mesma maneira", ele diz, "que uma cidade não pode subsistir se tiver somente dez habitantes, nem se tiver cem mil; assim se requer uma média no número de nossos amigos; e se você cair num extremo ou outro, estará destruindo a própria essência da amizade." O quê! É impossível que uma cidade contenha cem mil habitantes! ARISTÓTELES nunca viu nem ouviu falar de uma cidade tão populosa? Isso ultrapassa a minha compreensão, devo admitir.

PLÍNIO[225] nos conta que SELÊUCIA, o centro do império GREGO no Oriente, tinha aproximadamente 600 mil habitantes. Segundo ESTRABÃO,[226] CARTAGO continha 700 mil. Os habitantes de PEQUIM não são muito mais numerosos. LONDRES, PARIS e CONSTANTINOPLA também têm um número semelhante de habitantes; e pelo menos as duas últimas cidades não o ultrapassam. De ROMA, ALEXANDRIA e ANTIÓQUIA já falamos. Com base na experiência de épocas passadas e do presen-

---

[224] Liv. ix. cap. 10. A expressão que ele usa é ἄνθρωπος, e não πολίτης; habitante, não cidadão.
[225] Liv. vi. cap. 28. [*História Natural* 6.30 (122) na edição Loeb.]
[226] Liv. xvii. [*Geografia* 17.3.15.]

te, pode-se conjeturar que existe um limite além do qual uma cidade não pode crescer, respeitando-se determinadas proporções. Seja a grandeza de uma cidade baseada no comércio ou no império, parecem existir obstáculos invencíveis, que impedem um crescimento ilimitado. Os centros de vastas monarquias, por introduzirem luxos extravagantes, despesas irregulares, ócio, dependência e falsas idéias sobre hierarquia e superioridade, são impróprios para o comércio. O comércio intenso se controla elevando-se os preços do trabalho e de todos os produtos. Quando uma grande corte se põe a serviço de uma nobreza numerosa, possuidora de vastas fortunas, as pessoas medianamente bem-nascidas permanecem em suas províncias natais, onde podem causar boa impressão com uma renda moderada. E, se os domínios de um estado atingem um tamanho muito grande, surgem necessariamente diversas capitais, nas províncias mais remotas, onde todos os habitantes, com exceção de uns poucos cortesãos, têm acesso à educação, à fortuna e à diversão.[227] LONDRES, ao combinar um comércio intenso com um império mediano, talvez tenha atingido um grau de grandeza que nenhuma cidade jamais será capaz de superar.

Considere DOVER ou CALAIS como um centro: desenhe um círculo de 200 milhas de raio: ele compreenderá LONDRES, PARIS, a HOLANDA, as PROVÍNCIAS UNIDAS e algumas das regiões mais instruídas da FRANÇA e da INGLATERRA. Penso poder afirmar, com segurança, que na antigüidade não havia uma extensão semelhante de território contendo tantas cidades grandes

---

[227] Caso de ALEXANDRIA, ANTIÓQUIA, CARTAGO, ÉFESO, LYON &c. no império ROMANO. Caso de BORDEAUX, TOULOUSE, DIJON, RENNES, ROUEN, AIX &c. na FRANÇA; DUBLIN, EDIMBURGO, YORK, nos domínios BRITÂNICOS.

e populosas, tão cheias de riquezas e de habitantes. Observar, nos dois períodos, quais eram os estados que possuíam mais arte, refinamento, civilidade, além de contar com as melhores políticas, parece ser o melhor método de comparação.

L'ABBÉ DU BOIS[228] observou que a ITÁLIA tem temperaturas mais altas no presente que nos tempos antigos. "Os anais de ROMA nos informam", ele diz, "que no ano 480 *ab U.C.* o inverno foi tão rigoroso que destruiu todas as árvores. O TIBRE congelou em ROMA e o solo ficou coberto de neve durante 40 dias. Quando JUVENAL[229] descreve uma mulher supersticiosa, ele a representa quebrando o gelo do TIBRE, e fazendo suas abluções:

Hybernum fracta glacie descendet in amnem,
Ter matutino Tyberi mergetur.

Ele fala do congelamento do rio como um acontecimento comum. Muitas passagens de HORÁCIO mostram as ruas de ROMA cobertas de neve e gelo. Poderíamos estar mais seguros em relação a este ponto se os antigos conhecessem o uso dos termômetros:

---

[228] Vol. ii. seç. 16 [*Réflexions Critiques sur la Poésie et sur la Peinture* 2.16.298-99; *Reflexões Críticas sobre a Poesia e a Pintura* (Londres, 1748), 2.16.209-10. Hume está traduzindo do texto francês.]

[229] Sat. 6. [*Sátiras* 6.522-27: "No inverno, ela irá pela manhã até o rio, quebrará o gelo e mergulhará três vezes no Tibre." Seguem-se diversas linhas, que são citadas em latim por Dubos, mas são omitidas por Hume, talvez por uma certa delicadeza ou modéstia: "*et ipsis verticibus timidum caput abluet, inde superbi totum regis agrum nuda ac tremibunda cruentis erepet genibus*" ("mergulhando sua cabeça trêmula nas suas águas revoltas, e arrastando-se para fora dali nua e com calafrios, ela rastejará com seus joelhos sangrando e atravessará o campo de Tarquínio, o Orgulhoso", (tradução da edição Loeb por G. G. Ramsay).]

Mesmo assim os seus escritores, sem pretender fazê-lo, nos dão informações suficientes para nos convencer de que os invernos são hoje em dia muito mais moderados em ROMA do que antigamente. No presente o TIBRE não congela mais em ROMA, não mais do que o NILO congela no CAIRO. Hoje os ROMANOS consideram seus invernos muito rigorosos se a neve dura dois dias e se vêem durante 48 horas alguns fiapos de gelo pendurados numa fonte ficam muito impressionados."

A observação desse crítico engenhoso pode ser estendida a outros climas EUROPEUS. Quem descobriria o clima moderado da FRANÇA na descrição do clima da GÁLIA feita por DIODORO da Sicília?[230] "Como se trata de um clima do norte", ele diz, "o frio se manifesta num grau extremo. Nos dias nublados, em vez de chuva caem grandes flocos de neve; e, em dias claros, o frio é tão intenso que rios congelam, formando pontes de sua própria substância, sobre as quais podem passar não somente viajantes isolados, mas grandes tropas, acompanhadas de toda a sua bagagem e de vagões carregados. E, como existem muitos rios na GÁLIA, o RÓDANO, o RENO etc., quase todos eles congelam; e é comum, para prevenir quedas, cobrir o gelo com feno e palha nos lugares de passagem." *Mais frio que um inverno GAULÊS* é uma expressão usada por PETRÔNIO[231] como um provérbio. ARISTÓTELES diz que a GÁLIA tem um clima tão frio que um asno não conseguiria viver ali.[232]

---

[230] Liv. iv. [Hume em parte traduz o texto, em parte o resume.]
[231] [*Satyricon*, seç. 19.]
[232] [De generat. Anim, liv. ii. [*Geração dos Animais* 2.8.]

No norte de CEVENNES, diz ESTRABÃO,²³³ a GÁLIA não produz figos nem olivas. E as videiras que foram plantadas não produzem uvas que cheguem a amadurecer.

OVÍDIO sustenta, com convicção, e com toda a seriedade de sua prosa, que o mar EUXINO congelava todos os invernos, em sua época; e apela aos governantes ROMANOS, que ele nomeia, para que atestem a verdade de sua afirmação.²³⁴ Isso raramente ou nunca acontece no presente, na latitude de TOMI, para onde OVÍDIO fora banido. Todas as queixas do mesmo poeta parecem enfatizar o rigor das estações, o que hoje é raramente percebido em PETERSBURGO ou ESTOCOLMO.

TOURNEFORT, um *provençal*, que viajou pelo mesmo país, observa que não existe clima superior no mundo: e afirma que nada além da melancolia de OVÍDIO poderia provocar nele idéias tão lúgubres sobre aquela região.²³⁵ Mas os fatos mencionados pelo poeta são circunstanciais demais para autorizar semelhante interpretação.

POLÍBIO²³⁶ diz que o clima em ARCÁDIA era muito frio e o ar, úmido.

"A ITÁLIA", diz VARRÃO,²³⁷ tem o clima mais temperado da EUROPA. As regiões do interior (GÁLIA, ALEMANHA e PANÔNIA, seguramente) "têm praticamente um inverno perpétuo."

---

[233] Liv. iv. [1.2.]
[234] *Trist.* liv. iii. Eleg. 9 [*Tristia* 3.10 na edição Loeb.] *De Ponto* [Cartas de Pontos] liv. iv; eleg. 7, 9 e 10.
[235] Ver Tournefort, *Uma Viagem ao Levante*.
[236] Liv. iv. cap. 21.
[237] Liv i. cap. 2. [*Da Agricultura* 1.2.4]

A região norte da ESPANHA, segundo ESTRABÃO,²³⁸ é pobremente povoada, devido ao intenso frio.

Portanto, admitindo que esta observação seja justa, isto é, que a EUROPA está ficando mais quente que antigamente; como podemos comprovar isso? Naturalmente, por meio de nenhum outro método senão o de verificar que a terra é hoje muito mais bem cultivada e que as florestas foram abertas, deixando de formar uma sombra sobre a terra e de impedir que os raios de sol penetrassem no solo. As nossas colônias no norte da AMÉRICA se tornam de clima mais temperado à medida que as florestas são derrubadas;²³⁹ mas, em geral, qualquer um pode observar que o frio ainda é sentido muito mais severamente tanto na AMÉRICA do Sul quando na AMÉRICA do Norte do que em regiões da mesma latitude na EUROPA.

SASERNA, citado por COLUMELA,²⁴⁰ afirmou que a disposição dos céus se alterou antes de sua época e que o ar se tornou muito mais suave e quente; e, portanto, diz ele, em muitos lugares são agora abundantes vinhedos e plantações de oliva, que antigamente, em função do rigor do clima, não podiam vingar. Semelhante mudança, se for real, deve ser reconhecida como um sinal evidente de um cultivo melhor e do maior povoamento dos cam-

---

²³⁸ Livv. ii. [1.2.]
²³⁹ As quentes colônias do sul também se tornaram mais saudáveis. E é notável que, nas histórias ESPANHOLAS da primeira descoberta e conquista desses países, eles são descritos como muito agradáveis, além de bem populosos e instruídos. Nenhum relato de doença ou decadência dos pequenos exércitos de CORTEZ ou PIZARRO.
²⁴⁰ Liv. i cap. I. [*Da Agricultura* I.I.5. Existiram dois Sasernas, pai e filho, que escreveram sobre administração, em latim. Eles são freqüentemente citados por Columela e Varrão.]

pos antes da época de SASERNA;²⁴¹ e, se essa situação persiste até o presente, esta é uma prova de que aquelas vantagens vêm crescendo continuamente ao longo desta parte do mundo.

Lancemos agora nossos olhos sobre todos aqueles países que são o cenário da história antiga e moderna, e comparemos a sua situação no passado e no presente: Não encontraremos, talvez, justificativa para a queixa em relação ao atual vazio e desolação do mundo. O EGITO é representado por MAILLET, a quem devemos os melhores registros sobre o país,²⁴² como extremamente populoso; embora ele avalie que a população total do país tenha diminuído. E reconheço que a SÍRIA e a ÁSIA Menor, bem como a costa de GIBRALTAR, são hoje pouco povoadas, em comparação com sua antiga condição. O despovoamento da GRÉCIA também é evidente. Mas que o país hoje conhecido como TURQUIA, na EUROPA, não possa conter mais habitantes, em geral, que durante o período mais florescente da GRÉCIA é algo duvidoso. Os TRÁCIOS, aparentemente, viviam então como vivem hoje os TÁRTAROS, do pasto e da pilhagem:²⁴³ Os GETAS eram ainda menos civilizados:²⁴⁴ e os ILIRIANOS não eram melhores.²⁴⁵ Estes ocupavam nove décimos daquele país: e embora o governo dos TURCOS não seja favorável à indústria e ao crescimento, ao menos ele preserva a paz e a ordem entre os habitantes; e é preferível àquela condição bárbara e desordenada na qual eles anteriormente viviam.

---

²⁴¹ Ele parece ter vivido na época do jovem AFRICANUS; liv. i cap. I [A citação é provavelmente de Columela, *Da Agricultura* I.I.]
²⁴² Ver Benoit de Maillet (1659-1738), *Description de l'Égypte* (Paris, 1735).
²⁴³ *Xenof. Exp.* (*Ceropédia Expedição de Ciro*) liv. vii. *Polib.* liv iv. cap. 45.
²⁴⁴ *Ovid. passim. &c.* [Em vários trechos das obras de Ovídio.] *Estrabão*, lib. vii.
²⁴⁵ *Polib.* liv. ii. cap. 12.

POLÔNIA e MOSCOU, na EUROPA, não são populosos; mas seguramente o são mais do que a antiga SAMARTIA e a antiga CÍTIA; onde nunca sequer se ouviu falar de qualquer administração ou governo e a pastagem era a única atividade da qual provinha o sustento das pessoas. A mesma observação pode ser estendida à DINAMARCA e à SUÉCIA. Não é fácil avaliar a imensa quantidade de gente que veio do norte e percorreu toda a EUROPA, e não pode haver objeção a esta opinião. Onde uma nação inteira, ou mesmo metade dela, muda seu centro de lugar; é fácil imaginar a multidão prodigiosa que se deve formar; com que coragem desesperada eles devem promover seus ataques; e como o terror que eles espalham nas nações invadidas faz parecer ainda maiores, à sua imaginação, tanto a coragem quanto a quantidade dos invasores. A ESCÓCIA não é nem extensa nem populosa; mas, se metade de seus habitantes precisasse buscar um novo lugar, eles formariam uma colônia tão grande quanto a dos TEUTÕES e CÍMBRIOS; e sacudiriam toda a EUROPA, supondo que esta não estaria em melhores condições de defesa do que anteriormente.

Seguramente a ALEMANHA tem, no presente, dez vezes mais habitantes do que nos tempos antigos, quando não se cultivava o solo, e cada tribo se bastava em meio a uma extensa desolação, como nos informam CÉSAR,[246] TÁCITO[247] e ESTRABÃO.[248] Uma prova de que a divisão em pequenas repúblicas não torna por

---

[246] *De Bello Gallico*, liv. vi. [*A Guerra Gálica* 6.23.]
[247] *De Moribus Germ.* [*Germânia*.]
[248] Liv. vii.
[249] Liv. iii. cap. 47. [*História* 3.14.16 na edição Loeb.]

si só uma nação mais populosa, a menos que ela seja acompanhada por um espírito de paz, ordem e trabalho.

As condições bárbaras da BRETANHA, nos tempos antigos, são bem conhecidas, e a escassez de seus habitantes pode ser atribuída facilmente tanto à sua barbárie quando a uma circunstância mencionada por HERODIANO,[249] a de que toda a BRETANHA era pantanosa, mesmo na época de SEVERO, depois que os ROMANOS já se tinham estabelecido plenamente ali havia mais de um século.

Não é fácil imaginar que os GAULESES eram antigamente muito mais avançados nas atividades econômicas do que seus vizinhos do norte; já que eles viajavam para esta ilha para aprimorar sua educação nos mistérios da religião e da filosofia dos DRUIDAS;[250] não posso, portanto, supor que a GÁLIA tivesse uma população sequer próxima à da FRANÇA no presente.

De fato, se dermos crédito ao testemunho de APIANO e ao de DIODORO DA SICÍLIA, devemos admitir que a GÁLIA tinha uma população incrivelmente numerosa. O primeiro historiador[251] afirma que existiam 400 nações naquele país; o último[252] sustenta que a maior das nações GAULESAS consistia em 200 mil homens, sem contar as mulheres e crianças, e a menor consistia em pelo menos 50 mil. Portanto, calculando com base na média, devemos admitir uma população de cerca de 200 milhões de habitantes, num país que hoje consideramos populoso, mas que não se supõe conter mais de 20 milhões

---

[250] CÉSAR *de Bello Gallico*, liv. xvi. [*A Guerra da Gália*, 6.13-14 na edição Loeb.] ESTRABÃO, liv. vii [2.1] diz que os GAULESES não eram muito mais desenvolvidos que os ALEMÃES.
[251] Celt. pars. I. [Apiano, *História Romana*, liv. 6, "A História da Gália" I.2.]
[252] Liv. v. [24.]

de habitantes.²⁵³ Semelhantes cálculos, portanto, por sua extravagância, perdem qualquer crédito ou autoridade. Podemos observar que a eqüidade de propriedade, à qual pode ser atribuída em parte a grande população da antigüidade, não existia entre os GAULESES.²⁵⁴ Suas guerras internas, antes do tempo de CÉSAR, eram quase perpétuas.²⁵⁵ E ESTRABÃO²⁵⁶ observa que, se toda a GÁLIA era cultivada, ela o era sem qualquer cuidado ou método; o temperamento de seus habitantes os levava menos a esse tipo de atividade do que às armas, pelo menos até que a sujeição a ROMA produzisse a paz entre eles.

CÉSAR²⁵⁷ enumera muito particularmente as grandes forças que foram recrutadas na BÉLGICA para se opor às suas conquistas; e as calcula em torno de 208 mil. Isso não representava o total de homens capazes de portar armas: pois o mesmo historiador nos informa que os BELLOVACI poderiam arregimentar cem mil homens no campo, mas que só recrutaram 60 mil. Portanto, aplicando esta proporção de seis para dez, a soma de soldados em todo o estado da BÉLGICA era de cerca de 350 mil; e o total de habitantes, cerca de um milhão e meio. E como a BÉLGICA tinha um quarto do tamanho da GÁLIA, o país poderia conter seis milhões de habitantes, o que não representa sequer um terço de sua população atual.²⁵⁸ CÉSAR nos informa que os GAULESES não

---

²⁵³ A antiga GÁLIA era mais extensa que a FRANÇA moderna.
²⁵⁴ CÉSAR *de Bello Gallico* liv. vi.
²⁵⁵ *Id. ibid.*
²⁵⁶ Liv. iv [*Geografia* 4.1.2.]
²⁵⁷ *De Bello Gallico*, liv. Ii. [Ver 2.4. O número das forças fornecido na edição Loeb chega a 306 mil.]
²⁵⁸ Com base no relato de CÉSAR, parece que os GAULESES não tinham escravos domésticos, que formassem uma ordem diferente das *Plebes*. Todo o

conheciam a propriedade fixa da terra; os líderes, quando ocorria uma morte em alguma família, faziam uma nova divisão das terras entre os diversos membros da família. Este era o chamado costume de *Tanistry* [antiga lei de sucessão dos celtas], que prevaleceu durante muito tempo na IRLANDA e que contribuiu para manter esse país num estado de miséria, barbárie e desolação.

A antiga HELVÉCIA tinha 250 milhas de comprimento, e 180 de largura, segundo o mesmo autor;[259] e, no entanto, só tinha 360 mil habitantes. Sozinho, o cantão de BERNA tem, no presente, uma população semelhante.

Depois desse cálculo de APIANO e DIODORO DA SICÍLIA, não sei se ousaria afirmar que os HOLANDESES modernos são mais numerosos que os antigos BATAVOS.

A ESPANHA talvez tenha declinado em relação ao que era três séculos atrás; mas, se voltarmos no tempo dois mil anos, e considerarmos as duras, turbulentas e desordenadas condições de vida de seus habitantes, provavelmente ficaremos inclinados a pensar que ela é hoje muito mais populosa. Muitos ESPANHÓIS se mataram, quando foram privados de suas armas pelos ROMANOS.[260]

---

povo comum vivia na verdade uma espécie de escravidão à nobreza, como acontece com o povo da POLÔNIA hoje em dia: E um nobre na GÁLIA às vezes tinha dez mil servos nessa condição. E não podemos duvidar de que os exércitos eram compostos tanto por membros do povo quanto da nobreza. Os guerreiros na HELVÉCIA representavam um quarto da sua população; uma prova clara de que todos os homens adultos portavam armas. Ver CÉSAR *de Bello Gall.* liv. i.

Podemos observar que os números dos relatos de CÉSAR são mais confiáveis que os de qualquer outro autor antigo, por causa da tradução GREGA, que ainda sobrevive, e que pode ser comparada com o original em latim.

[259] *De Bello Gallico*, liv. I [Ver seções 2 e 29.]
[260] *Titi Livii*. Liv. xxxiv. cap. 17.

Segundo sugere PLUTARCO,[261] o roubo e a pilhagem eram considerados honrosos entre os ESPANHÓIS. HÍRTIO[262] apresenta à mesma luz a situação daquele país na época de CÉSAR; e afirma que todo homem era obrigado a viver em castelos e cidades muradas, para sua segurança. Foi somente depois da sua conquista final, sob AUGUSTO, que essas desordens foram reprimidas.[263] O retrato que ESTRABÃO[264] e JUSTINO[265] fazem da ESPANHA é perfeitamente compatível com o que foi mencionado acima. Portanto, isso deve atenuar bastante a nossa idéia em relação à população da antigüidade, sobretudo quando vemos TÚLIO, ao comparar a ITÁLIA, a GÁLIA, a GRÉCIA e a ESPANHA, mencionar o grande número de seus habitantes como a circunstância peculiar que tornava este último país formidável.[266]

---

[261] *In vita Marii*. [Plutarco, *Vidas*, na vida de Caius Marius, seç. 6.]
[262] *De Bello Hisp*. [*A Guerra Espanhola*, seç. 8. Esta obra é com freqüência atribuída a Júlio César e é citada na edição Loeb como sendo de sua autoria, mas é duvidoso que César seja o autor. Foi escrita possivelmente por Hírtio, que foi um dos generais de César.]
[263] *Vell. Paterc.* liv. ii § 90. [Veleio Patérculo, *História Romana* 2.90.]
[264] Liv. iii.
[265] Liv. xliv. [Marcus Junianus Justinus, *História de Filipe*, cap. 44.]
[266] "Nec numero Hispanos, nec robore Gallos, nec calliditate Pœnos, nec artibus Graecos, nec denique hoc ipso hujus gentis, ac terrae domestico nativoque sensu, Italos ipsos ac Lainos – superavimus." *De harusp. resp.* cap. 9. [Cícero, *De Haruspicum Responsis (Discurso sobre a Resposta dos Adivinhos)* 9.19: "Não superamos nem a Espanha em população, nem a Gália em vigor, nem Cartago em versatilidade, nem a Grécia na arte, nem tampouco a Itália na sensibilidade inata característica daquela terra e de seus povos" (tradução da edição Loeb por N. H. Watts).] As desordens na ESPANHA parecem ter sido quase proverbiais: "Nec impacatos a tergo horrebis Iberos." *Virg. Georg.* liv. iii. [Virgílio, *Geórgicas* 3.408: "nunca... deixes de temer... Espanhóis incansáveis em sua retaguarda" (tradução Loeb por H. Rushton Fairclough).] Os IBEROS são aqui claramente considerados, numa figura poética, como ladrões em geral.

A ITÁLIA, contudo, provavelmente decaiu; mas quantas grandes cidades ela ainda contém? VENEZA, GÊNOVA, PAVIA, TURIM, MILÃO, NÁPOLES, FLORENÇA, LIGORNO, que, nos tempos antigos, eram muito pouco consideráveis. Se refletirmos sobre isso, não poderemos levar a discussão tão longe quanto é usual, em relação a esse tema.

Quando os autores ROMANOS se queixam de que a ITÁLIA, que antigamente exportava grãos, tornou-se dependente de todas as províncias para o seu pão diário, eles nunca atribuem essa mudança ao crescimento de seus habitantes, mas à negligência da lavoura e da agricultura.[267] É um efeito natural dessa prática perniciosa de importar grãos, para distribuí-los gratuitamente entre os cidadãos ROMANOS e um meio muito ruim de aumentar o número de habitantes de qualquer país.[268] A *sportula*, de que tanto falam MARCIAL e JUVENAL, constituindo presentes regularmente dados pelos grandes senhores aos seus pequenos clientes, deve ter estimulado a tendência ao ócio, à devassidão e à decadência contínua do povo. A ação das paróquias tem, no presente, as mesmas conseqüências ruins na INGLATERRA.

---

[267] VARRO *de re rustica*, liv. ii, pref. COLUMELLA, pref. SUETON. AUGUST. cap. 42. [Essa passagem mostra a tendência de Hume a não levar em conta o que mais tarde seria chamado de problema da superpopulação. Segundo ele, períodos de escassez, provavelmente, não resultam "do poder superior da população", para usar as palavras de Malthus, mas da negligência na administração e na produção.]

[268] Embora as observações do Abbé du Bos possam ser admitidas, segundo as quais a ITÁLIA é hoje mais quente que em épocas anteriores, pode não ser necessária a conseqüência de que ela é mais populosa ou mais bem cultivada. Se os outros países da EUROPA fossem mais selvagens e cobertos de florestas, os ventos frios que soprariam deles poderiam afetar o clima da ITÁLIA.

Se eu quisesse assinalar um período que eu imaginasse capaz de conter mais habitantes que o presente, nesta parte do mundo, eu ficaria entre a era de TRAJANO e a de ANTONINO;[269] nessa época a maior extensão do império ROMANO era civilizada e cultivada, fundada numa paz profunda, tanto exterior quanto doméstica, e vivendo sob uma política e um governo constantes e estáveis.[270]

---

[269] Trajano foi imperador de 98 a 117 d.C. Titus Antoninus Pius governou como imperador de 138 a 161, e seu genro, Marcus Aurelius Antoninus, de 161 a 180. Edward Gibbon declara: "Os dois Antoninus... governaram o mundo romano por 42 anos, com o mesmo e invariável espírito de sabedoria e virtude. ... Seus reinos, somados, são possivelmente o único período da história no qual a felicidade de um grande povo era o único objetivo do governo." Ver *O Declínio e a Queda do Império Romano*, 1:68.

[270] Os habitantes de MARSELHA não perderam a sua superioridade sobre os GAULESES no comércio e nas atividades mecânicas, até que o domínio ROMANO fez os últimos se dedicarem à agricultura e à vida civil, e não mais às armas. Ver ESTRABÃO, liv. iv. [1.5]. O autor repete, em diversas ocasiões, a observação relativa ao desenvolvimento produzido pelas artes e pela civilidade ROMANAS: E ele vivia numa época em que a mudança era recente, e portanto mais evidente. Da mesma forma, diz PLÍNIO: "Quis enim non, communicato orbe terrarum, majestate ROMANI imperii, profecisse vitam putet, commercio rerum ac societate festae pacis, omniaque etiam, quae occulta antea fuerant, in promiscuo usu facta." Liv. xiv. Prooem. [*História Natural* 14.1.2: "Pois quem não admitiria, agora que se estabeleceu a intercomunicação em todo o mundo pela majestade do Império Romano, que a vida avançou, no comércio de mercadorias e nos acordos que celebram a paz, e que mesmo coisas que antes eram proibidas hoje são consagradas pelo uso geral?" (tradução da edição Loeb por H. Rackham).] "Numine deum electa (falando da ITÁLIA) quae cœlum ipsum clarius faceret, sparsa congregaret imperia, ritusque molliret, & tot populorum discordes, ferasque linguas sermonis commercio contraheret ad colloquia, & humanitatem homini daret; breviterque, uma cunctarum gentium in toto orbe patria fieret;" liv. ii. cap 5. ["...escolhidos pela providência dos deuses para tornarem o próprio paraíso mais glorioso, para unir impérios partidos, para aprimorar os costumes, para promover a conciliação e o diálogo, e a comunidade da linguagem no lugar da diversidade de idiomas estranhos de tantas nações, proporcionando assim a civilização à humanidade e, numa palavra, transformando

Mas dizem que todos os governos fortes, especialmente as monarquias absolutas, são perniciosas para a população e contêm um vício e um veneno secretos, que destroem os efeitos promissores das apa-

---

todo o mundo numa só comunidade de todas as raças" (tradução da edição Loeb por H. Rackham). Esta passagem é encontrada em 3.5.39 na edição Loeb da *História Natural* de Plínio. Nada pode ser mais forte para este propósito que a seguinte passagem de TERTULIANO, que viveu na mesma época de SEVERO: "Certe quidem ipse orbis in promptu est, cultior de die & instructor pristino. Omnia jam pervia, omnia nota, omnia negotiosa. Solitudines famosas retro fundi amœnissimi obliteraverunt, silvas arva domuerunt, feras pecora fugaverunt; arenae seruntur, saxa parguntur, paludes eliquantur, tantae urbes, quantae non casae quondam. Jam nec insulae horrent, nec scopuli terrent; ubique domus, ubique populus, ubique respublica, ubique vita. Summum testimonium frequentiae humanae, onerosis sumus mundo, vix nobis elementa sufficiunt; & necessitates arctiores, et querelae apud omnes, dum jam dos natura non sustinet." De anima, cap. 30. [Tertuliano, 155?-222? d.C.) *De Anima* (Da alma) 30.3-4: "Uma olhada na superfície da Terra nos mostra que ela se está tornando a cada dia mais bem cultivada e mais populosa do que em tempos antigos. Hoje poucos lugares permanecem inacessíveis; poucos, desconhecidos; poucos, fechados ao comércio. Belas fazendas hoje ocupam lugares que antes eram ermos e intransitáveis, as florestas abriram espaço para planícies, o gado ocupou o lugar das feras da floresta, as areias do deserto hoje dão frutos e safras, as rochas foram retiradas, os pântanos foram drenados, e onde não havia mais que uma cabana de um desbravador, hoje se vêem grandes cidades. Ilhas isoladas não assustam mais os marinheiros, nem costas pedregosas. Em toda parte se vêem casas, gente, governos estáveis, e uma conduta ordenada da vida. Sinal da maior sabedoria é a ampla população da terra, mesmo que para ela sejamos um fardo, e que ela dificilmente possa satisfazer todas as nossas necessidades; já que nossas demandas aumentam, bem como as nossas queixas contra a incapacidade da natureza, que são ouvidas por todos." Edwin A. Quain, trad. *Tertulian: Apologetical Works* (Washington: Catholic University of America Press, 1962). The Father of Church Series, vol. 10.] O tom de retórica e declamação que aparece nessa passagem compromete em parte a sua autoridade, sem destruí-la inteiramente. A mesma observação pode se aplicar à seguinte passagem de ARISTIDES, sofista que viveu na mesma época de ADRIANO: "O mundo inteiro", ele diz, dirigindo-se aos ROMANOS, "parece estar desfrutando férias; e a humanidade, deixando de lado a espada que anteriormente portava, agora se dedica à festa e à alegria. As cidades,

rências.²⁷¹ Confirmando isso, há uma passagem citada por PLUTARCO,²⁷² bastante singular, que agora examinaremos.

esquecendo suas antigas animosidades, conservam apenas uma forma de competição, que produz o aprimoramento das artes e dos ornamentos; os teatros se multiplicam por toda parte, além de anfiteatros, pórticos, aquedutos, templos, escolas, academias; e pode-se afirmar com segurança que o mundo decadente renasceu graças ao seu auspicioso império. Não apenas as cidades apresentam sinais de progresso em ornamentos e beleza; mas toda a terra, como um jardim do paraíso, é cultivada e adornada: de forma tal que aquela parcela da humanidade que se encontra fora dos limites de seu império (que são poucos) parecem merecer nossa compaixão e simpatia." [Provavelmente na oração de Aristides *A Roma*.]

É notável que, embora DIODORO da Sicília avalie os habitantes do EGITO, quando da conquista pelos ROMANOS, em apenas três milhões [*Biblioteca de História* I.31.6, quase todos os manuscritos antigos confirmam a informação de Hume relativa a três milhões, mas a edição Loeb adota uma leitura alternativa, fazendo Diodoro concordar com Josefo]; no entanto JOSEFO, *De bello jud*. liv. ii. cap. 16 [2.385 na edição Loeb], diz que os seus habitantes, excluindo aqueles de ALEXANDRIA, somavam sete milhões e meio, durante o reinado de NERO: E ele diz expressamente que baseia seus cálculos nos livros dos administradores ROMANOS que arrecadavam os impostos. ESTRABÃO, liv. xvii [I.12], exalta a política superior dos ROMANOS em relação às finanças do EGITO, se comparada com a de seus antigos monarcas: E não há meta mais importante da administração do que a felicidade do povo. No entanto, lemos em ATENEU (liv. i. cap. 25 [*Banquete dos Eruditos* I.33d na edição Loeb]) que, durante o reinado dos ANTONINOS, a cidade de MARÉIA, perto de ALEXANDRIA, anteriormente uma grande cidade, tinha se transformado num vilarejo. O que não constitui propriamente uma contradição. SUIDAS (AUGUST.) diz que o Imperador AUGUSTUS, tendo recenseado todo o império ROMANO, chegou à soma de 4.101.017 homens (ἄδπες). Aqui seguramente existe um grande erro, ou do autor ou do responsável pela transcrição. Mesmo assim, a frágil autoridade desse texto pode ser suficiente para contrabalançar os relatos exagerados de HERÓDOTO e DIODORO DA SICÍLIA relativos a épocas mais remotas.

²⁷¹ *L'Esprit de Lois*, liv. xxiii. cap. 19. [Montesquieu, *O Espírito das Leis*, liv. 23, "Das Leis e sua Relação com o Número de Habitantes", cap. 19, "Sobre o Despovoamento do Globo".]

²⁷² *De Orac. Defectus* [*A Obsolescência dos Oráculos*, seç. 8. Deve-se observar que a explicação para o silêncio dos oráculos que Hume resume não é relatada por

Esse autor, esforçando-se para justificar o silêncio da maioria dos oráculos, diz que ele pode ser atribuído à atual desolação do mundo, decorrente de antigas guerras e facções; e acrescenta que calamidades comuns caíram com mais força sobre a GRÉCIA que sobre qualquer outro país; de forma que ela mal poderia, no presente, arregimentar três mil guerreiros; um número que, na época das guerras MÉDICAS, era garantido pela cidade de MEGARA, sozinha; os deuses, portanto, que realizam obras de dignidade e importância, suprimiram muitos de seus oráculos, não condescendendo mais em que houvesse tantos intérpretes de sua vontade, em meio a um povo tão diminuto e insignificante.

Devo admitir que esta passagem contém tantas dificuldades que mal sei o que fazer dela. Pode-se observar que PLUTARCO aponta, como causa do declínio da humanidade, não o domínio extensivo dos ROMANOS, mas as antigas guerras e facções dos diversos estados; todos eles aquietados pelas armas ROMANAS. O argumento de PLUTARCO, portanto, é diretamente oposto à inferência que decorre do fato que ele aborda.

POLÍBIO supõe que a GRÉCIA se tornou mais próspera e florescente depois do estabelecimento do jugo ROMANO;[273] e, em-

---

Plutarco em seu próprio nome, mas por um dos participantes do debate, e que explicações alternativas são propostas por outros participantes. Hume toca nesse ponto na nota 278, mais adiante.]

[273] Liv. ii. cap. 62. Pode-se talvez imaginar que POLÍBIO, sendo dependente de ROMA, iria naturalmente exaltar o domínio ROMANO. Mas, em *primeiro lugar*, POLÍBIO, embora se percebam algumas vezes exemplos de sua cautela, não demonstra sintoma algum de bajulação. Segundo, trata-se de uma opinião emitida uma única vez, de passagem, quando na verdade seu objetivo é abordar outro assunto; e admite-se que, havendo qualquer suspeita da insinceridade de

bora esse historiador tenha escrito antes que aqueles conquistadores degenerassem, de líderes a saqueadores da humanidade; ainda assim lemos em TÁCITO[274] que a severidade dos imperadores corrigiu mais tarde a licenciosidade dos governantes e não vemos motivos para crer que a monarquia extensiva é tão destrutiva quanto é freqüentemente representada.

Lemos, em ESTRABÃO,[275] que os ROMANOS, por suas consideração aos GREGOS, preservaram, nesse período, a maioria dos privilégios e liberdades daquela celebrada nação; e mais tarde NERO chegou mesmo a ampliá-los.[276] Como, portanto, podemos imaginar que o jugo ROMANO foi tão oneroso para aquela parte do mundo? A opressão dos pró-cônsules foi demonstrada; e as magistraturas na GRÉCIA foram todas aprovadas, em muitas cidades, pelo voto livre do povo, não havendo necessidade de competidores para servir à corte do imperador. Se um grande número de pessoas foi buscar a fortuna em ROMA, e se elas prosperaram por meio do saber ou da eloqüência, que eram os artigos de seu país nativo, muitas delas retornaram com as fortunas adquiridas, enriquecendo assim as repúblicas da GRÉCIA.

Mas PLUTARCO afirma que o despovoamento geral se fez sentir mais fortemente na GRÉCIA que em qualquer outro país. Como isso é compatível com os privilégios e as vantagens superiores do país?

---

seu autor, essas proposições oblíquas revelam melhor sua verdadeira opinião que as suas assertivas mais formais e diretas.
[274] *Annal.* liv. i. cap. ii.
[275] Liv. viii e ix.
[276] PLUTARCO. *De his qui sero a Numine puniuntur.* [*Sobre os Atrasos da Vingança Divina*, seç. 32.]

Além disso, essa passagem, ao revelar muito, acaba por não revelar nada. *Somente três mil homens capazes de portar armas em toda a* GRÉCIA! Quem pode admitir uma proposição tão estranha, especialmente se considerarmos o grande número de cidades GREGAS, cujos nomes a história ainda conserva e que são mencionadas por autores muito posteriores à época de PLUTARCO? No presente, seguramente existem lá dez vezes mais pessoas, mesmo sem que tenha subsistido qualquer daquelas cidades nas fronteiras da antiga GRÉCIA. O país ainda é razoavelmente cultivado, produzindo um volume aceitável de grãos, útil para o caso de escassez na ESPANHA, ITÁLIA ou no sul da FRANÇA.

Podemos observar que a antiga frugalidade dos GREGOS e a sua eqüidade de propriedade ainda subsistiram durante a época de PLUTARCO; como é citado em LUCIANO.[277] Mas não existe qualquer base para se imaginar que aquele país era dominado por uns poucos senhores, com um grande número de escravos.

É provável, de fato, que a disciplina militar, sendo inteiramente inútil, foi inteiramente negligenciada na GRÉCIA depois do estabelecimento do império ROMANO; e se aquelas repúblicas, anteriormente tão belicosas e ambiciosas, conservaram uma pequena guarda municipal, para prevenir desordens e arruaças internas, esta nada mais tinha para fazer: e estas guardas não alcançavam, talvez, três mil homens, em toda a GRÉCIA. Suponho que, se PLUTARCO tivesse este fato em vista, ele seria aqui culpado de um grosso paralogismo, assinalando causas nada proporcionais aos

---

[277] *De mercede conductis.* [*Sobre os Cargos Assalariados nas Grandes Casas.*]

seus efeitos. Mas chega a ser tão surpreendente que um autor incorresse em erros dessa natureza?[278]

Seja porém qual for a verdade que subsiste nessa passagem de PLUTARCO, tentaremos contrabalançá-la com outra passagem igualmente notável, em DIODORO da Sicília, na qual o historia-

---

[278] Devo confessar que esse discurso de PLUTARCO, relativo ao silêncio dos oráculos, é escrito de uma forma tão estranha e tão diferente de seus outros textos, que qualquer pessoa que tente formar um juízo a seu respeito se sente perdida. Ele é escrito na forma de diálogo, uma forma de composição à qual PLUTARCO recorre raramente. Os personagens que ele introduz apresentam opiniões muito radicais, absurdas e contraditórias, mais próximas dos sistemas visionários ou delirantes de PLATÃO do que da sensatez habitual de PLUTARCO. Também perpassa o texto uma atmosfera de superstição e credulidade que tem muito pouco a ver com o espírito que aparece em outras composições filosóficas desse autor. Pois é notável que, embora PLUTARCO fosse um historiador tão supersticioso quanto HERÓDOTO ou LÍVIO, ainda assim dificilmente se encontra, em toda a antiguidade, um filósofo menos supersticioso, com exceção de CÍCERO e LUCIANO. Devo portanto confessar que uma passagem de PLUTARCO, extraída desse discurso, tem uma autoridade muito menor para mim do que a maioria de suas demais composições.

Existe somente um outro discurso de PLUTARCO suscetível às mesmas objeções, a saber, aquele relativo *àqueles cujo castigo é adiado pela Divindade*. Ele também é escrito na forma de diálogo, contém igualmente opiniões supersticiosas e primitivas, e parece ter sido escrito principalmente para rivalizar com PLATÃO, particularmente com seu último livro *de republica*. [Hume tem em mente o mito de Er, na conclusão do livro 10 da *República* de Platão.]

E não posso deixar de observar aqui que Mons. FONTENELLE, um escritor eminente por sua candura, parece ter se afastado um pouco de sua característica habitual, quando ele se empenha para lançar no ridículo PLUTARCO, por conta de algumas passagens de seu diálogo sobre os oráculos. Os absurdos aqui colocados na boca dos diversos personagens não devem ser atribuídos a PLUTARCO. Ele faz seus personagens refutarem uns aos outros; e. de uma forma geral, ele parece ridicularizar aquelas mesmas opiniões que FONTENELLE atribui a ele, ridicularizando-o. Ver *Histoire des Oracles*. [Originalmente publicado em 1686. A primeira tradução inglesa intitulou-se *The History of Oracles and the Cheats of the Pagan Priests* (Londres, 1688).]

dor, depois de mencionar o exército de NINO, com 1.700.000 homens e 200 mil cavalos, se empenha para dar credibilidade a este cálculo, citando fatos posteriores; e acrescenta que não devemos formar uma idéia da antiga população da humanidade com base no atual vazio e no despovoamento que se espalham por todo o mundo.[279] Dessa forma, um autor que viveu justamente naquele período da antigüidade que é considerado o mais populoso[280] se queixa da desolação que então prevalecia, dando preferência aos tempos antigos, tomando antigas fábulas como fundamento para sua opinião. A tendência a atacar o presente e admirar o passado está fortemente enraizada na natureza humana e exerce influência mesmo sobre aquelas pessoas dotadas da mais profunda capacidade de julgamento e da mais extensa cultura.

---

[279] Liv. ii. [5.4. A edição Loeb cita uma cavalaria de 210 mil.]
[280] Ele foi contemporâneo de CÉSAR e AUGUSTO.

Ensaio XII

Do contrato original

Como nenhum partido, atualmente, pode se sustentar sem associar ao seu sistema político ou prático um sistema de princípios filosófico ou especulativo, verificamos, em conseqüência disso, que cada uma das facções em que esta nação está dividida elaborou um sistema do segundo tipo, a fim de proteger e sustentar o esquema de ação que adotou.[1] Como, em geral, o povo é um construtor extremamente tosco, especial-

---

[1] Tendo analisado previamente as diferenças entre os *Whigs* e os *Tories* (ver "Dos partidos na Grã-Bretanha", Parte I), Hume aborda as suas controvérsias especulativas, práticas e históricas, neste ensaio e nos dois seguintes. Hume sugere que é uma contradição em termos falar daqueles que aderiram a um partido como filósofos. Como a sua própria abordagem é filosófica, ele procura nitidamente evitar ficar de um ou de outro lado, numa atitude meramente partidária. A tarefa do filósofo, tal como a entende Hume, é servir como um mediador entre partes em conflito, promovendo o compromisso e a acomodação. Isto se consegue por meio de uma apreciação equilibrada das controvérsias partidárias, fazendo-se com que cada lado perceba que sua visão não é completamente certa, nem a de seu adversário completamente errada. O compromisso só é possível quando um partido não triunfa sobre o outro. Isso pode ajudar a explicar por que, em alguns momentos, Hume parece ser mais crítico em relação aos *Whigs*, que era o partido mais forte naquele período, que em relação aos *Tories*. Os princípios norteadores de Hume ficam explicitados no início do terceiro ensaio desta série, "Da coalizão de partidos".

mente nesse terreno especulativo e ainda mais especialmente quando é influenciado pelo zelo partidário, é natural imaginar que a sua obra se apresente um pouco informe, apresentando sinais evidentes da violência e da pressa com que foi realizada. Um dos partidos, ao vincular o governo à DIVINDADE, tenta torná-lo tão sagrado e inviolável, que constitui pouco menos que um sacrilégio, por mais tirânico que ele se torne, contestá-lo ou violá-lo no menor detalhe. O outro partido, tornando o governo inteiramente dependente da aprovação do POVO, pressupõe a existência de uma espécie de *contrato original*, por meio do qual os súditos se reservaram tacitamente o direito de resistir ao seu soberano, sempre que se sentirem prejudicados por aquela mesma autoridade que confiaram voluntariamente a ele, para determinados fins. Estes são os princípios especulativos dos dois partidos; estas são também as conseqüências práticas deles derivadas.

Eu me arrisco a afirmar *que ambos os sistemas de princípios especulativos são justos, embora não no sentido que os partidos alegam; e que ambos os esquemas de conseqüências práticas são prudentes, embora não no grau a que cada um dos partidos, em oposição ao outro, tem geralmente procurado levá-los.*

Que a DIVINDADE é o autor último de todo governo não será contestado por ninguém que admita uma providência geral e aceite que todos os acontecimentos do universo são regidos por um plano uniforme, conduzindo a objetivos sábios. Como é impossível para a espécie humana subsistir sem a proteção do governo, ao menos num estado razoável de conforto e segurança, sem dúvida essa instituição foi desejada por aquele Ser bondoso que almeja o bem de todas as suas criaturas. E como, na verdade, ela se tem concretizado universalmente, em todos os países e em todas as épocas, podemos concluir, com segurança ainda maior, que ela foi almejada por aquele Ser onisciente a quem nenhum fato ou acontecimento pode jamais escapar. Mas, como ele a fez aparecer, não por alguma intervenção especial ou milagrosa, mas por seu poder oculto e universal, nenhum soberano tem direito de se considerar seu representante, a não ser no sentido em que é legítimo dizer que todo poder ou força, tendo nele a sua origem, opera por sua delegação. Todas as coisas que efetivamente acontecem fazem parte do plano ou intenção geral da providência, e nesse sentido até mesmo o maior e mais legítimo dos príncipes não tem motivos maiores para alegar alguma santidade especial ou autoridade inviolável do que um magistrado inferior ou até mesmo um usurpador ou ainda um salteador ou um pirata. O mesmo superintendente divino que, com objetivos sábios, delegou autoridade a um TITO ou um TRAJANO também atribuiu poder, com objetivos sem dúvida igualmente sábios, embora ignorados, a um BÓRGIA ou a um ANGRIA.[2] As razões que fizeram surgir o poder soberano em cada estado são as mesmas que nele igualmente estabeleceram to-

---

[2] Titus Flavius Vespasianus foi imperador romano de 79 a 81 d.C. César Bórgia, por meio da influência de seu pai, o Papa Alexandre VI, conquistou e governou o território conhecido como a Romagna, no norte da Itália, de 1501 a 1503. Os cruéis métodos de ação de Bórgia são descritos e aplaudidos por Maquiavel em *O Príncipe*, cap. 7. Tulágio Angria foi o líder, em meados do século XVIII, de uma antiga família de piratas e predadores que operava na costa de Malabar, na Índia, ao sul de Bombaim. Depois do fracasso dos primeiros esforços de eliminá-lo, Angria foi retirado de sua fortaleza na Gheria, em 1756, por tropas européias e indianas, sob o comando de Charles Watson e Robert Clive. Ver Clement Downing, *A Compendious History of the Indian Wars: with an Account of the Rise, Progress, Strength and Forces of Angria the Pyrate* (Londres, 1737); e *An Authentick & Faithful History of that Arch-Pyrate Tulagee Angria* (Londres, 1756).]

das as jurisdições menores e todas as autoridades limitadas. Portanto, não menos que um rei, qualquer policial atua por delegação divina e é portador de um direito sagrado.

Se lembrarmos que a força física de todos os homens é aproximadamente igual, bem como o seu poder e capacidade mental, antes que estes sejam cultivados pela educação, seremos obrigados a reconhecer que somente o consentimento de cada um poderia, inicialmente, levá-los a associar-se e submeter-se a qualquer autoridade. Se remontarmos à primitiva origem do governo nas florestas e nos desertos, observaremos que o povo é a fonte de todo poder e jurisdição; voluntariamente, para o bem da paz e da ordem, os indivíduos renunciaram à sua liberdade natural e respeitaram leis ditadas por seus iguais e companheiros. As condições em que eles se dispuseram à submissão eram expressas, ou tão claras e evidentes que se considerava perfeitamente dispensável exprimi-las. Ora, se é isso que se entende por *contrato original*, é inegável que todo governo se funda, inicialmente, num contrato, e que mesmo as mais antigas e toscas associações humanas foram constituídas essencialmente com base nesse princípio. Seria tolo perguntar em que documentos consta essa carta de nossas liberdades: ela não foi escrita em pergaminho, nem em folhas ou cascas de árvores; ela antecedeu o uso da escrita e de todas as artes civilizadas da vida. Mas nós a percebemos claramente na natureza humana, na igualdade, ou em algo semelhante à igualdade, que verificamos em todos os indivíduos da espécie. Baseada nas frotas e nos exércitos, a força que atualmente prevalece é somente política, e resulta da autoridade, que é uma conseqüência da instituição do governo. A força natural de um homem consiste somente no vigor de seus membros e na firmeza de sua coragem, características que nunca conseguiriam submeter multidões ao domínio de um só indivíduo. Só o consentimento deliberado e a consciência das vantagens decorrentes da paz e da ordem poderiam exercer essa influência.

Contudo, mesmo este consentimento foi, durante muito tempo, imperfeito ao extremo, e portanto não podia sustentar uma administração regular. O líder, que provavelmente conquistara sua influência durante uma guerra, governava mais pela persuasão que pelo mando e, até o momento em que começou a poder usar a força para dominar os adversários e rebeldes, mal se pode dizer que a sociedade tenha atingido o estágio de governo civil. É óbvio que nenhum pacto ou acordo de submissão geral foi celebrado, pois isso estaria muito além da compreensão de selvagens: cada situação em que se estabeleceu a autoridade de um líder deve ter sido especial, originando-se das exigências de circunstâncias particulares. A utilidade evidente que resultou dessa medida fez com que essas situações se tornassem cada vez mais freqüentes, e esta freqüência fez surgir no povo gradualmente uma aquiescência geral — e, se quiserem chamá-la assim, voluntária, e portanto precária.

Mas aqueles filósofos que abraçaram um partido (caso isto não constitua uma contradição em termos) não ficam satisfeitos com essas concessões. Eles não se limitam a afirmar que, em sua infância primitiva, o governo teve origem no consentimento ou antes na aquiescência voluntária do povo; afirmam também que, mesmo hoje, quando atingiu sua maturidade plena, o governo continua tendo esse fundamento único.[3] Segundo eles, todos os homens

---

[3] Hume tem em mente os teóricos *Whigs* em geral, mas especialmente John Locke, que mais tarde é identificado como o mais notório "partidário" da

continuam nascendo iguais e não devem fidelidade a nenhum príncipe ou governo, à qual só os prendem a obrigação e a sanção de uma *promessa*. E, como homem algum renunciaria, sem receber em troca algo equivalente, aos benefícios de sua liberdade natural, para submeter-se à vontade de outro homem, esta promessa deve ser sempre entendida como condicional, sem lhe impor obrigação alguma, e só valendo quando ele receber, de seu soberano, justiça e proteção. Por sua vez, o soberano lhe promete esses benefícios, e, se por acaso deixa de cumprir a promessa, viola, por seu lado, as cláusulas do contrato, libertando desta forma seu súdito de qualquer obrigação de fidelidade. Este é, segundo os filósofos, o fundamento da autoridade de todo e qualquer governo; e esse direito de resistência, da mesma forma, pertence a todo e qualquer súdito.

Mas, se aqueles que defendem essa tese passeassem o seu olhar pelo mundo, nada encontrariam que se aproximasse minimamente de suas idéias, ou que pudesse justificar seu sistema filosófico tão refinado. Ao contrário, encontramos em toda parte príncipes que consideram seus súditos sua propriedade, e afirmam seu direito independente à soberania, fundado na conquista ou na sucessão. Em toda parte encontramos também súditos que reconhecem esse direito de seu príncipe, considerando que já nasceram submetidos à obrigação de obediência e respeito a seus pais. Essas relações são

---

doutrina de que todo governo legal se funda num contrato original e no consentimento do povo. O resumo que Hume faz dessa doutrina se afasta bastante do *Segundo Tratado* de Locke. Hume tenta demonstrar que aquilo que dizem esses "homens de razão" é contrariado pela prática e pela opinião correntes. Para tornar mais forte esse argumento da opinião corrente, Hume precisa rejeitar a tese de que a filosofia moral tem uma base racional ou *a priori*, como o faz na conclusão do ensaio.

sempre concebidas de forma independente de nosso consentimento, da mesma forma na PÉRSIA ou na CHINA, na FRANÇA ou na ESPANHA, e até mesmo na HOLANDA ou na INGLATERRA, e em toda parte onde as doutrinas acima referidas não foram cuidadosamente inculcadas. A obediência e a submissão se tornam uma coisa tão costumeira que os homens, em sua maioria, jamais procuram investigar as suas origens ou causas, tal como ocorre em relação à lei da gravidade, ao atrito ou às leis mais universais da natureza. Ou então, se sentem em algum momento tal curiosidade, logo que se conscientizam de que eles próprios e seus antepassados têm estado sujeitos, já há várias épocas e desde tempos imemoriais, a determinada forma de governo ou a uma determinada família, conformam-se prontamente, reconhecendo a sua obrigação de fidelidade. Na maioria dos países, se lá fôssemos proclamar que as relações políticas se baseiam inteiramente no consentimento voluntário ou numa promessa recíproca, logo o magistrado nos mandaria prender como sediciosos, por enfraquecer os laços de obediência; isso se antes os nossos próprios amigos não nos mandassem internar como loucos, por defender semelhante absurdo. É estranho que um ato de espírito, que supostamente foi realizado por todo indivíduo, desde que ele passou a fazer uso da razão, pois sem ela não poderia ter autoridade alguma; que tal ato, dizia eu, seja a tal ponto ignorado por todos que, em toda a superfície da terra, mal restem dele quaisquer vestígios ou lembranças.

Costuma-se afirmar que o contrato em que se funda o governo é o *contrato original* e portanto ele deve ser considerado antigo demais para ser reconhecido pela geração atual. Se isso faz referência ao acordo por meio do qual os selvagens se associaram pela primeira vez e conjugaram suas forças, ele deve ser admitido como verdadeiro; mas, sendo tão antigo, e estando já obliterado por mil mudanças de governo e de príncipe, não é lícito supor que ele ainda conserve alguma autoridade. Se podemos dizer algo a esse respeito, é forçoso afirmar que qualquer governo legítimo, ao qual os súditos tenham a obrigação de prestar fidelidade, se baseou inicialmente no consentimento e num pacto voluntário. Mas isso implicaria o consentimento, por parte dos pais, em vincular seus descendentes, mesmo até as gerações mais distantes (algo que os autores republicanos jamais admitiriam); além disso, tal fato não é justificado pela história nem pela experiência, em nenhuma época ou país do mundo.

Quase todos os governos que existem hoje ou dos quais existem registros na história se fundaram na usurpação ou na conquista, ou em ambas, sem pretensão alguma de um consentimento legítimo ou de uma submissão deliberada do povo. Quando, no comando de um exército ou de um partido, encontra-se um homem experimentado e corajoso, muitas vezes se lhe torna fácil, empregando algumas vezes a violência e outras vezes a argumentação, impor seu domínio a um povo cem vezes mais numeroso que seus partidários. Ele corta a liberdade de comunicação, para que seus inimigos não possam saber ao certo o seu número ou sua força; corta as possibilidades de lazer, para que não possam se reunir num corpo que lhe seja contrário; é até possível que todos aqueles que foram vítimas de sua usurpação desejem a sua queda; mas a ignorância em que se encontram das intenções uns dos outros os mantém amedrontados, e aí reside a principal causa da segurança do líder. Foi por meio de artifícios assim que se fundaram muitos governos, e a isto se pode resumir todo o *contrato original* de que podem se vangloriar.

A superfície da terra está em constante mudança, devido à transformação de pequenos reinos em grandes impérios, à dissolução de grandes impérios em reinos menores, à criação de colônias, à migração das tribos. Será possível encontrar, em todas essas ocorrências, algo além da força e da violência? Onde estão o comum acordo, a associação voluntária de que tanto se fala?

Mesmo quando uma nação aceita um senhor estrangeiro da maneira mais serena, por meio de um casamento ou testamento, isso não é nada honroso para o povo, pois implica que ele pode ser tratado como um dote ou uma herança, conforme o prazer ou o interesse dos governantes.

Mas, nos casos em que se realiza uma eleição, sem intervenção da força: de que trata esta tão louvada eleição? Ou é um arranjo entre um punhado de homens importantes, que decidem pelos demais e não admitem oposição alguma, ou é o furor de uma multidão que segue um amotinado sedicioso, que talvez não seja conhecido por meia dúzia sequer entre eles, e que deve o lugar que ocupa somente à própria imprudência ou ao capricho momentâneo de seus companheiros.

Pode-se afirmar que essas eleições desordenadas e além do mais esporádicas são portadoras de uma autoridade tão poderosa que faz delas o único fundamento legítimo de todo governo e de toda fidelidade?

Na verdade, nenhuma ocorrência pode ser mais terrível que a dissolução total do governo, que proporciona a liberdade às massas e faz com que a escolha de um novo regime dependa de um número muito mais próximo da totalidade do povo, já que nunca atinge completamente este conjunto. Todo homem inteligente deseja ver, à frente de um exército poderoso e disciplinado, um general capaz de alcançar a vitória rapidamente, constituindo um líder para o seu povo, que é tão incapaz de escolhê-lo. É pequena, portanto, a correspondência entre as noções filosóficas e a realidade dos fatos.

Não devemos permitir que o regime saído da *Revolução* nos iluda, nem nos torne encantados por um fundamento filosófico do governo a ponto de acreditarmos que todos os demais são monstruosos e ilegítimos. Pois mesmo aquele acontecimento esteve longe de corresponder à sutileza das idéias. A única coisa que realmente mudou foi a sucessão e mesmo assim somente na parte monárquica do governo; e foi apenas uma maioria de 700 que determinou essa mudança, em nome de uma massa de dez milhões.[4] É claro que não duvido que a maioria destes dez milhões tenha concordado de bom grado com essa determinação; mas acaso tiveram alguma influência, ainda que mínima, na solução do problema? Acaso a questão não foi, a partir desse momento, considerada, com justiça, resolvida e não passou a ser castigado todo aquele que recusasse a submissão ao novo soberano? De que outra forma o problema poderia ter sido solucionado?

A república de ATENAS é, acredito, a democracia mais ampla de que nos fala a história. Porém, se levarmos devidamente em

---

[4] A transferência da coroa britânica para Guilherme e Mary em 1689 foi aprovada por convenções parlamentares, convocadas por Guilherme, na Inglaterra e na Escócia. Por "maioria de 700", Hume provavelmente se refere ao total de votos dessas convenções que aprovaram a transição e fixaram a ordem da sucessão após as mortes de Guilherme e Mary.

consideração as mulheres, os escravos e os estrangeiros, verificaremos que aquele regime não foi criado, nem nele jamais se votou qualquer lei, pela escolha de mais que a décima parte daqueles que lhe deviam submissão. Isso sem citar as ilhas e colônias que os ATENIENSES consideravam suas, por direito de conquista. E, como é bem sabido que naquela cidade as assembléias populares eram sempre cheias de abusos e desordens, apesar das instituições e leis que as controlavam, como duvidar de que semelhantes assembléias eram muito mais desordenadas se não seguissem a constituição estabelecida, mas se reunissem de forma tumultuada após a dissolução do antigo governo, a fim de dar origem a um novo? Falar de uma escolha em semelhantes circunstâncias não será algo totalmente quimérico?

Os AQUEUS usufruíam da democracia mais livre e mais perfeita de toda a antigüidade, e contudo tiveram que usar a força para convencer algumas cidades a participarem de sua liga, como nos conta POLÍBIO.[5]

HENRIQUE IV[6] e HENRIQUE VII da INGLATERRA não possuíam efetivamente qualquer outra credencial ao trono além da eleição parlamentar; ainda assim jamais o reconheceram, pois isto enfraqueceria a sua autoridade. Algo muito estranho, se pensarmos que o consentimento e as promessas são o fundamento único e verdadeiro de toda autoridade!

É inútil afirmar que todos os governos são ou deveriam ser fundados no consentimento popular, na medida em que as necessidades humanas permitirem. Isso é totalmente favorável à idéia que eu

---

[5] Liv. ii. cap. 38.
[6] Henrique IV foi rei da Inglaterra de 1399 a 1413.

defendo. Afirmo que as questões humanas nunca permitirão esse consentimento e raramente algo que se aproxime dele; e que a conquista ou a usurpação, ou mais simplesmente a força, por meio da dissolução dos antigos governos, estão na origem de quase todos os governos que o mundo já viu nascer. E que, nos raros casos em que aparentemente tal consentimento existiu, este foi em geral tão irregular, tão limitado ou tão contaminado pela fraude e pela violência que não se pode atribuir a ele grande relevância.

Não é minha intenção aqui negar que o consentimento do povo, quando ele ocorre, é um fundamento justo do governo; na verdade, ele é seguramente o melhor e o mais sagrado de todos. Afirmo apenas que ele ocorreu muito raramente, em qualquer grau, e quase nunca em toda a sua plenitude; e que, portanto, é forçoso reconhecer que existem outros fundamentos para o governo.

Se todos os homens tivessem um respeito inflexível pela justiça, que os levasse a se absterem completamente da propriedade alheia, eles teriam ficado para sempre num estado de liberdade absoluta, sem se sujeitar a qualquer magistrado ou instituição política. Mas, com razão, a natureza humana é considerada incapaz de atingir tal estado de perfeição. Mais; se eles fossem dotados de um entendimento tão perfeito que soubessem sempre quais são seus interesses, nunca seria proposta qualquer outra forma de governo que não se baseasse no consentimento e que não fosse plenamente votada por todos os membros da sociedade. Mas tal estado de perfeição também é totalmente inacessível à natureza humana. A razão, a história e a experiência demonstram que todas as sociedades políticas tiveram uma origem muito menos exata e regular; e, se procurássemos o momento em que, nos acontecimentos políticos, o consentimento do povo é muitas vezes desprezado, deveríamos escolher precisamente o momento da instituição de um novo governo. Numa constituição estabelecida, a opinião popular é consultada com freqüência, mas, durante o furor das revoluções, das conquistas e das convulsões políticas, geralmente é a força militar ou a habilidade política que decidem a controvérsia.

Quando se institui um novo governo, independentemente dos meios empregados, o povo geralmente fica insatisfeito com ele e obedece mais por medo e necessidade do que com base em qualquer idéia de fidelidade ou de obrigação moral. O príncipe está atento e vigilante e precisa se precaver contra qualquer início ou sinal de insurreição. O tempo faz desaparecerem gradualmente todas essas dificuldades e habitua o povo a reconhecer como seus príncipes, legítimos ou naturais, os membros daquela mesma família que, originalmente, era considerada de usurpadores ou de conquistadores estrangeiros. E, para justificar esta opinião, não recorrem a nenhuma noção de promessa ou consentimento voluntário, que, como bem se sabe, não foi nesse caso nem esperado nem pedido. A instituição é criada originalmente por meio da violência e a submissão só pode ser atribuída à necessidade. A administração que se segue também é sustentada pelo poder e aceita pelo povo, por uma questão de obrigação e não de escolha. O povo sequer imagina que o seu consentimento confere legitimidade ao príncipe; ele consente de bom grado, por julgar que a longa posse lhe conferiu seu título, independentemente de sua escolha ou preferência.

Pode-se argumentar que o simples fato de continuar vivendo sob o domínio de um príncipe, a quem seria possível abandonar, é um sinal de que cada indivíduo manifesta um consentimento *tácito* à sua autoridade e uma promessa de obediência; mas este consentimento implícito só pode ocorrer se cada indivíduo acreditar que o assunto depende da sua escolha. Mas, se cada um pensar (como geralmente acontece com todos os homens nascidos sob um governo estabelecido) que tem, desde que nasce, deveres de submissão a um determinado príncipe ou a uma determinada forma de governo, será absurdo inferir um consentimento ou uma escolha, que, neste caso, todos negam e repudiam expressamente.

Seria lícito afirmar que um pobre camponês ou artesão tem a possibilidade de abandonar livremente o seu país, quando ele não conhece nem a língua nem os costumes estrangeiros e quando vive o seu dia-a-dia apenas com o que ganha em seu trabalho? Seria o mesmo que dizer que um homem, devido ao fato de permanecer a bordo de um navio, dá o seu livre consentimento à autoridade do capitão, mesmo que tenha sido levado para o navio enquanto dormia e que só possa sair dele atirando-se ao mar e morrendo.

E se o príncipe proíbe seus súditos de abandonar seus domínios – como no tempo de TIBÉRIO, quando um cavaleiro ROMANO foi julgado criminoso por tentar fugir para a PÁRTIA, para escapar da tirania desse imperador?[7] Ou como quando os antigos MOSCOVITAS puniam toda e qualquer viagem com a pena de morte? Se, por acaso, um príncipe observasse que uma onda de emigração para o estrangeiro afetava um grande número de seus súditos, certamente ele a impediria, e com razão e justiça, evitando assim o despovoamento do seu reino. Perderia ele o direito à felicidade de todos os seus súditos em virtude dessa lei tão sensata

---

[7] TÁCITO. Ann. vi. cap. 14.

e razoável? Neste caso não resta dúvida alguma de que os súditos são privados da liberdade de escolha.

Um grupo de indivíduos, que deixasse o seu país natal para morar numa região desabitada qualquer, poderia sonhar com a recuperação de sua liberdade natural; mas logo descobriria que o seu príncipe continuaria a considerá-lo seu súdito, apesar de se encontrarem numa nova colônia. Com essa atitude, ele estaria apenas agindo em conformidade com as idéias mais correntes entre os homens.

O exemplo mais evidente que se pode observar de um consentimento *tácito* dessa natureza é o do estrangeiro que se radica em qualquer país, conhecendo de antemão o príncipe, o governo e as leis a que irá se submeter. Ainda assim a sua fidelidade, embora seja mais voluntária, é muito menos esperada e requisitada que a de um súdito nascido no país; na realidade, o seu príncipe original continua reivindicando-o como súdito. E se, por acaso, não castiga o renegado, quando o captura numa guerra a serviço de seu novo príncipe, sua clemência não se baseia na lei natural, que em todos os países condena o prisioneiro, e sim no consentimento dos príncipes, que acertaram entre si esta indulgência, com o objetivo de evitar represálias.

Se, repentinamente, uma geração inteira de homens saísse de cena para a entrada de outra, como acontece entre os bichos-da-seda e as borboletas, a nova raça, se fosse sensata o bastante para escolher os seus governantes, algo que quase nunca ocorre entre os homens, poderia estabelecer voluntariamente e por meio do consenso geral a sua própria forma de constituição, sem levar em conta as leis ou precedentes que vigoravam no tempo de seus antepassados. Mas a sociedade humana está num movimento constante; a cada instante um homem se retira do mundo, e outro nele ingressa;

torna-se necessário, portanto, a fim de preservar a estabilidade do governo, que os membros da nova raça se submetam à constituição estabelecida, seguindo de perto o caminho traçado pelos seus pais, que por sua vez fizeram o mesmo, seguindo as pegadas de seus pais. É necessário introduzir inovações em todas as instituições humanas, e são felizes aqueles casos em que o gênio esclarecido da época as orienta no sentido da razão, da liberdade e da justiça. Mas a nenhum indivíduo é lícito realizar inovações violentas: estas são perigosas mesmo quando são feitas pelo legislativo; pode-se sempre esperar delas mais mal do que bem; e, se é certo que a história oferece exemplos do contrário, ainda assim estes não podem ser considerados precedentes válidos, pois não passam de uma prova de que, na ciência política, existem poucas regras que não admitem exceções ou que não possam eventualmente ser modificadas pelo acaso. As inovações violentas do reinado de HENRIQUE VIII[8] foram introduzidas por um monarca despótico, sustentado por uma aparência de autoridade legislativa; as do reinado de CHARLES I foram provocadas pelo partidarismo e pelo fanatismo; e tanto estas como aquelas tiveram bons resultados. Mas, durante um longo período, mesmo as primeiras foram fonte de diversas desordens e perigos adicionais; e, se as regras da fidelidade forem extraídas das segundas, a sociedade humana se tornará palco da mais completa anarquia, e todo governo chegará em pouco tempo ao seu fim.

Suponhamos que um usurpador, depois de banir o príncipe legítimo e a família real, imponha o seu jugo a um determinado país

---

[8] Rei da Inglaterra de 1509 a 1547. A maior inovação de Henrique foi a sua ruptura com o Papa e o estabelecimento do rei como único líder supremo na terra da Igreja da Inglaterra, com plenos poderes para reformá-la.

durante dez ou 12 anos, conseguindo manter uma disciplina tão rigorosa em suas tropas e uma ordem tão severa em suas guarnições a ponto de tornar impossível qualquer insurreição ou mesmo um murmúrio sequer contra a sua administração. Pode-se, nesse caso, afirmar que o povo, que no fundo de seus corações repudia essa traição, deu seu consentimento tácito a essa autoridade e lhe prometeu fidelidade, só porque a necessidade o obrigou a viver sob o seu jugo? Suponhamos então que o príncipe legítimo é reconduzido ao trono, graças a um exército que ele recrutou em países estrangeiros: o povo o receberá com alegria e entusiasmo, mostrando claramente que somente com relutância aceitara o jugo do outro. Cabe perguntar agora sobre qual fundamento se baseia o título do príncipe. Evidentemente não é o consentimento popular, pois, embora o povo aceite a sua autoridade de bom grado, jamais julga que foi o seu consentimento que o tornou soberano; e, se deu este consentimento, foi porque já o considerava, por direito de nascimento, seu soberano legítimo. Quanto àquele consentimento tácito que agora pode ser deduzido do fato de viver sob seu domínio, ele nada mais é que aquele mesmo consentimento que anteriormente tinha sido dado ao tirano e usurpador.

Quando afirmamos que todo governo legítimo deriva do consentimento do povo, certamente estamos lhe prestando uma homenagem muito maior do que ele merece, ou espera ou deseja que lhe prestemos. Quando ficou difícil para a república controlar e governar os domínios ROMANOS, o povo de todo o mundo conhecido ficou extremamente grato a AUGUSTO pela autoridade que sobre ele estabeleceu, por meio da violência; mais ainda, chegou a manifestar a intenção de se submeter ao sucessor que ele indicasse em seu testamento. Veio, contudo, a desgraça de nunca existir uma família que fundasse uma sucessão longa e regular, pois a linhagem dos príncipes foi constantemente interrompida tanto por atentados individuais quanto por rebeliões públicas. A cada ocasião em que uma família caía, a guarda *pretoriana* escolhia um novo imperador; as legiões do Oriente escolhiam um segundo; e as da GERMÂNIA, talvez, um terceiro; e a controvérsia só podia ser resolvida pela espada. Se nessa monarquia poderosa a situação do povo era digna de lástima, não era pelo fato de não ser ele a escolher o imperador, já que isso seria impraticável, mas por nunca ter sido governado por uma sucessão de líderes que se seguissem regularmente uns aos outros. Quanto à violência, às guerras e ao derramamento de sangue provocados pela nova escolha, não devem ser censurados, já que eram inevitáveis.

A casa de LANCASTER governou esta ilha durante aproximadamente seis décadas, mas a cada dia os partidários da rosa branca pareciam se multiplicar na INGLATERRA.[9] A presente linhagem já está no governo há ainda mais tempo. Será que desapareceu totalmente qualquer oportunidade de direitos para outra família, embora, na época em que ela foi banida, poucos homens que hoje sobrevivem tivessem já chegado à idade da razão ou pudessem ter consentido o seu domínio ou lhe ter prometido fidelidade e obediência? Seguramente isso constitui um sinal suficiente da atitude geral dos homens, neste aspecto; pois, se condenamos os partidá-

---

[9] Os reis Lancaster da Inglaterra foram Henrique IV, Henrique V e Henrique VI. O seu reinado durou de 1399 a 1461. A casa de Lancaster tinha como emblema e brasão uma rosa vermelha, enquanto a casa de York, sua rival pelo trono, usava uma rosa branca.

DAVID HUME

rios da família destronada, não é somente em função do longo período em que conservaram sua fidelidade imaginária; mas por defenderem uma família que, nós o afirmamos, foi com justiça expulsa, perdendo todo direito à autoridade a partir do instante em que a nova linhagem teve início.

Mas, para apresentarmos uma refutação mais racional, ou ao menos mais filosófica, desse princípio do contrato original ou do consentimento do povo, talvez sejam suficientes as seguintes observações.

Podem-se dividir os deveres *morais* em duas espécies.[10] A *primeira* compreende aqueles deveres aos quais são conduzidos todos os homens por um instinto ou inclinação natural, que exerce a sua influência independentemente de qualquer idéia de obrigação e de qualquer consideração da utilidade pública ou privada. São desta natureza o amor às crianças, a gratidão aos benfeitores e a compaixão pelos infelizes. Ao refletirmos sobre os benefícios de que a sociedade usufrui graças a esses instintos humanos, nós lhe prestamos o justo tributo da aprovação e da estima moral; mas o indivíduo por eles guiado sente o seu poder e a sua influência antes mesmo de qualquer reflexão desta espécie.

---

[10] Essa divisão dos deveres morais é explicada plenamente por Hume no *Tratado da Natureza Humana*, livro 3, e na *Investigação sobre os Princípios da Moral*. Coerentemente, Hume classifica a justiça, a fidelidade a promessas e a obediência ao governo numa categoria diferente daquelas virtudes que nós desempenhamos ou aprovamos por um instinto original da natureza. No *Tratado*, ele apresenta essa divisão como sendo entre virtudes "naturais" e "artificiais", mas se afasta em alguma medida dessa terminologia na *Segunda Investigação* (veja Apêndice 3). Assim, no presente ensaio, a justiça, a fidelidade e a obediência, que foram classificadas como deveres artificiais no *Tratado*, aqui são chamadas de "deveres naturais". Hume argumentará, contra Locke, que não é apropriado fundar a obediência, ou a obrigação de acatar regras, numa obrigação anterior à de manter promessas, já que ambas as obrigações derivam do mesmo fundamento. Este argumento é desenvolvido no livro 3, parte 2, do *Tratado*.

A *segunda* espécie dos deveres morais é a dos que não se fundam em qualquer instinto original natural, resultando inteiramente do sentido do dever, quando se consideram as necessidades da sociedade humana e a impossibilidade de preservá-la se estes deveres não forem observados. Dessa forma, a *justiça*, o respeito pela propriedade alheia, a *lealdade*, o cumprimento das promessas se tornam obrigatórios e exercem autoridade sobre os homens. Porque, sendo evidente que todo homem ama mais a si mesmo do que a qualquer outro indivíduo, ele é levado naturalmente a aumentar sempre que possível as suas posses; e esta sua inclinação só pode ser limitada pela reflexão e pela experiência, graças às quais ele fica conhecendo os efeitos perniciosos do excesso de liberdade e a dissolução completa da sociedade que dele forçosamente decorre. As suas tendências e instintos originais encontram-se aqui limitados e restringidos por um juízo ou observação posterior.

Acontece com o dever político ou civil de *fidelidade* exatamente o mesmo que com os deveres naturais de justiça e lealdade.[11] Os nossos instintos primitivos nos levam a conceder a nós mesmos uma liberdade irrestrita ou a tentar dominar os outros; e somente a reflexão pode nos levar a sacrificar esses fortes impulsos em prol dos interesses da paz e da ordem pública. Basta uma pequena dose de experiência e observação para saber que é impossível preservar a sociedade sem a autoridade dos magistrados; e que esta autoridade seria rapidamente desrespeitada se não se fizesse obedecer da maneira mais severa. A observação desses interesses

---

[11] Esta breve discussão sobre as bases da obediência, ou o dever de obedecer ao governo, deve ser comparada ao tratamento muito mais completo que Hume dedica a esse tópico no *Tratado*, 3.2.8 ("Da fonte da obediência civil").

gerais e evidentes é a fonte de toda submissão e de toda obrigação moral que a ela atribuímos.

Portanto, qual é a necessidade de fazer o dever da *fidelidade* ou obediência aos magistrados se fundar no da *lealdade* ou cumprimento das promessas e de supor que é o consentimento do indivíduo que o faz submeter-se ao governo, quando se observa que a fidelidade e a lealdade se baseiam precisamente no mesmo fundamento, sendo ambas aceitas pelos homens em função dos interesses e necessidades evidentes da sociedade humana? Costuma-se dizer que somos obrigados a obedecer ao nosso soberano porque lhe fizemos uma promessa tácita nesse sentido; mas o que nos obriga a cumprir tal promessa? Deve-se afirmar aqui que o comércio e as relações entre os homens, que proporcionam benefícios tão grandes, não terão qualquer segurança se os homens deixarem de respeitar os seus compromissos. Pode-se dizer, da mesma forma, que seria totalmente impossível viver em sociedade, ou pelo menos numa sociedade civilizada, sem que haja leis, magistrados e juízes que impeçam os abusos dos fortes contra os fracos, dos violentos contra os justos e eqüitativos. Uma vez que a obrigação de fidelidade tem a mesma força e a autoridade que a obrigação de lealdade, nada se ganha reduzindo uma à outra; para fundamentar as duas, bastam os interesses e as necessidades gerais da sociedade.

Se me perguntarem qual é a razão dessa obediência que somos forçados a prestar ao governo, responderei prontamente que *de outro modo a sociedade não poderia existir*. E esta resposta é clara e compreensível para toda a humanidade. Outra resposta seria: *é porque devemos cumprir a palavra empenhada*. Mas ninguém é capaz de compreender ou apreciar esta resposta antes de ser instruído num sistema filosófico; além disso, mesmo quem a adotasse ficaria embaraçado quando lhe perguntasse, *por que somos obrigados a cumprir a palavra empenhada*. E só se pode dar como resposta aquela que, imediatamente e sem qualquer desvio, explica a nossa obrigação de fidelidade.

Mas *a quem essa fidelidade é devida? Quem é o nosso soberano legítimo?* Em geral este é o problema mais difícil de todos, podendo dar origem a discussões infindáveis.[12] Quando se tem a felicidade de poder responder: *"O nosso soberano atual, que herdou em linha direta de antepassados que nos governaram durante muitas gerações"*, esta resposta não admite réplica; mesmo que os historiadores, investigando até a antigüidade mais remota a origem dessa família real, descubram, como acontece freqüentemente, que inicialmente a sua autoridade teve origem na usurpação e na violência. Todos reconhecem que a justiça privada, o respeito à propriedade alheia, é uma virtude muito importante; a razão, porém, nos diz que a propriedade de objetos duradouros como terras ou casas não se sustenta quando se examina cuidadosamente a sua passagem de mão em mão, pois se verifica que em algum momento ele se baseou na fraude e na injustiça. As necessidades da sociedade humana, tanto na vida privada quanto na pública, não permitem uma investigação tão rigorosa; e não existe virtude ou dever moral que não possa ser rejeitado facilmente, se permitirmos que uma filosofia falsa a analise e examine, sob quaisquer aspecto e posição, por meio de regras capciosas da lógica.

Os problemas relacionados com a propriedade privada já encheram vários volumes de direito e filosofia; mesmo sem podermos

---

[12] Ver o *Tratado* de Hume, 3.2.10 ("Da origem da obediência"), que aborda a questão com muito mais profundidade: a quem se deve a submissão, e quem devemos reconhecer como nossos magistrados legais?

contar com os comentadores do texto original, é lícito afirmar que muitas regras ali estabelecidas são incertas, ambíguas e arbitrárias.[13] Uma opinião idêntica se pode formar a respeito da sucessão dos príncipes e das formas de governo. Sem dúvida existem vários casos, sobretudo na infância de qualquer constituição, que de forma alguma podem ser determinados pelas leis da justiça e da eqüidade; e o nosso historiador RAPIN[14] afirma que era dessa natureza a polêmica entre EDUARDO III e FILIPE DE VALOIS, e portanto só podia ser decidida por um apelo ao céu, isto é, pela guerra e pela violência.

Quem poderá me dizer se seria GERMÂNICO ou DRUSO quem deveria ter sucedido a TIBÉRIO, se este tivesse morrido sem

---

[13] Este tópico é discutido em profundidade por Hume no *Tratado*, 3.2.3 ("Das regras que determinam a propriedade").

[14] Ver Paul de Rapin-Thoyras (1661-1725), *Histoire d'Angleterre*. 10 vols. (Haia, 1723-27). Esta era a história padrão da Inglaterra, até a publicação da de Hume. Ela foi escrita por estrangeiros, mas foi rapidamente traduzida para o inglês. Rapin, membro de uma família huguenote, foi à Inglaterra pela primeira vez em 1686, para evitar a perseguição, retornando dois anos depois com o exército de Guilherme de Orange. Ele escreveu a sua história da Inglaterra durante seu exílio na Alemanha. Ao menos inicialmente, Hume considerava a obra de Rapin deficiente, por causa de sua parcialidade em favor do lado *Whig*. A controvérsia à qual Hume se refere envolveu a sucessão ao trono francês. Quando Charles IV da França morreu em 1328, sua esposa estava esperando um filho, que poderia, se fosse menino, sucedê-lo no trono. Enquanto isso, uma assembléia de barões foi convocada a indicar como regente o próximo herdeiro masculino, se a criança fosse uma menina. Um dos reivindicadores era Eduardo III, da Inglaterra, sobrinho e parente masculino mais próximo de Charles IV, que descendia da casa real da França por parte de mãe, mas seu apelo foi rejeitado pelos barões. Philip de Valois, primo do falecido rei, foi escolhido regente e, depois que a rainha viúva deu à luz uma menina, subiu ao trono como Philip VI. Hume discute essa disputa e suas conseqüências na sua análise do reinado de Eduardo na *História da Inglaterra*.

designar nenhum deles como seu sucessor, estando ambos vivos?[15] O direito de adoção deveria ser aceito como equivalente ao direito de sangue, numa nação em que ele tinha o mesmo efeito nas famílias, e já tinha tido aplicação política em dois casos? Deveria GERMÂNICO ser considerado filho mais velho, por ter nascido antes de DRUSO, ou mais novo, por ter sido adotado depois do nascimento de seu irmão? O direito do mais velho deveria ser levado em conta numa nação onde ele não era aplicado à sucessão nas famílias? O império ROMANO dessa época deveria ser considerado hereditário, em função de dois exemplos, ou deveria, mesmo numa época tão distante, ser considerado como sendo do possuidor mais forte ou o do momento, uma vez que se baseava numa usurpação tão recente?

CÔMODO subiu ao trono depois de uma série bastante extensa de imperadores excelentes, que não tinham adquirido o seu título nem por nascimento nem por eleição pública, mas pelo ritual fictício da adoção. Após aquele devasso sanguinário ter sido assassinado por uma conspiração repentinamente tramada entre a sua concubina e o amante desta, que por acaso era na ocasião *prefeito pretoriano*, estes imediatamente discutiram a escolha do novo senhor do gênero humano, para falar no estilo daquela época, dando a sua preferência a PERTINAX. Antes que a morte do tirano viesse a público, o *prefeito* foi procurar secretamente aquele senador, que, ao ver aparecerem os soldados, deduziu que CÔMODO havia ordenado a sua execução. Foi imediatamente proclamado imperador pelo administrador e sua comitiva; entusiasticamente aclamado pela

---

[15] Germanicus (15 a.C – 19 d.C.) foi adotado por seu tio, Tibério, em 4 d.C. Drusus (13? a.C-23 d.C.) era filho de Tibério.

população; relutantemente tido a submissão dos guardas; formalmente reconhecido pelo senado; e passivamente aceito pelas províncias e exércitos do império.

O descontentamento da guarda *pretoriana* irrompeu numa repentina sedição, que resultou no assassinato daquele príncipe excelente; o mundo ficou assim sem senhor e sem governo, e os guardas decidiram colocar formalmente o império à venda. JULIANO, o comprador, foi aclamado pelos soldados, reconhecido pelo senado e tido a submissão do povo, e também teria tido a das províncias, se a cobiça das religiões não tivesse provocado o surgimento de oposição e resistência. PESCÊNIO NEGRO, na SÍRIA, fez-se eleger imperador, obteve o assentimento tumultuado de seu exército e se viu apoiado pelo favor secreto do senado e do povo de ROMA. ALBINO, na GRÃ-BRETANHA, considerou-se com igual direito de apresentar as suas pretensões; mas SEVERO, que governava a PANÔNIA, acabou finalmente sobrepujando a ambos. Hábil político e guerreiro, ele julgava que seu nascimento e dignidade eram baixos demais para a coroa imperial, e por isso, inicialmente, só reconheceu sua intenção de vingar a morte de PERTINAX. Ele avançou como general sobre a ITÁLIA; derrotou JULIANO; e, sem que se possa determinar exatamente o momento do início do apoio de seus soldados, ele foi, por necessidade, reconhecido como imperador pelo senado e pelo povo; e a sua autoridade violenta foi plenamente consolidada pela submissão de NEGRO e ALBINO.[16]

---

[16] HERODIAN, liv. ii. [Cômodo foi imperador de 180 a 192 d.C. O reinado de Pertinax durou apenas três meses (1º de janeiro a 28 de março), no ano 193. A luta entre Lucius Septimius Severus e seus rivais (Dídio Juliano, Pescênio Negro e Clodius Albino) ocorreu de 193 a 197.

Inter hæc Gordianus Caesar (diz CAPITOLINO, referindo-se a outro período) *sublatus a militibus.* Imperator *est appellatus, quia non erat alius in præsenti.*[17] Convém salientar que GORDIANO era um moço de 14 anos de idade.

Na história dos imperadores encontram-se diversos exemplos de natureza semelhante, como foi o caso dos sucessores de ALEXANDRE, e em muitos outros países. E nada pode ser mais lastimável que um governo despótico desse tipo, no qual a sucessão é desarticulada e irregular, tendo que ser resolvida a cada ocasião em que o trono fica vago, seja pela força, seja por meio de eleições. Mesmo num governo livre, isso às vezes é inevitável, mas é muito menos perigoso. Os interesses da liberdade podem com freqüência levar o povo, em sua própria defesa, a alterar a sucessão da coroa. E a constituição, por estar dividida em partes, pode preservar uma suficiente estabilidade ao se apoiar nos membros aristocráticos ou democráticos, ainda que de vez em quando um membro monárquico seja substituído, para ser ajustado aos demais.

Num governo absoluto, quando não existe um príncipe legítimo que possua direito ao trono, é certo que este pode ser considerado pertencente ao primeiro ocupante. Exemplos assim são até demasiado freqüentes, sobretudo nas monarquias orientais. Quando se extingue uma linhagem de príncipes, o testamento ou as

---

[17] Julius Capitolino, *Maximus e Balbinus*, seç. 14, em *Scriptores Historiae Augustae:* "Enquanto isso, César Gordiano foi libertado pelos soldados e tornado Imperador (isto é, Augustus), já que não havia ninguém mais à mão" (tradução da edição Loeb por David Majie). Gordiano, o jovem, foi saudado como imperador pelos pretorianos em 238 d.C., em seguida ao assassinato, naquele ano, de seu tio, ao suicídio de seu avô (ambos imperadores com o nome Gordiano) e aos assassinatos de Balbinus e Pupienus Maximus, que tinham sucedido aos Gordianos como co-imperadores.

disposições do último soberano devem ser considerados um título. Desta forma, o édito de LUÍS XIV, que considerava sucessores os príncipes bastardos, no caso de faltarem príncipes legítimos, teria nesse caso uma certa autoridade.[18] Da mesma maneira, foi o testamento de CARLOS II que decidiu o destino de toda a monarquia ESPANHOLA. A cessão do antigo titular, sobretudo quando se alia à conquista, também é considerada um título válido. A obrigação geral que nos vincula ao governo depende do interesse e das necessidades da sociedade; e esta obrigação é muito forte. Sua atribuição a este ou àquele príncipe ou forma de governo é freqüentemente mais incerta e duvidosa. A posse atual tem autoridade considerável nesses casos, mais até que na propriedade privada,

---

[18] É notável que, no protesto do duque de BOURBON e dos príncipes legítimos contra esta destinação de LUÍS XIV, insiste-se na doutrina do *contrato original*, mesmo naquele governo absoluto. A nação FRANCESA, eles dizem, ao escolher HUGO CAPETO e à sua posteridade para governá-los, prova que, quando a linhagem anterior é interrompida, existe o direito tácito de se escolher uma nova família real; e este direito é violado quando se convocam príncipes bastardos ao trono, sem o consentimento da nação. Mas o conde de BOULAINVILLIERS, que escreveu em defesa dos príncipes bastardos, ridiculariza essa noção de um contrato original, especialmente quando aplicada a HUGO CAPETO; que subiu ao trono, ele diz, pelos mesmos artifícios que sempre foram empregados por todos os conquistadores e usurpadores. Seu título, de fato, foi reconhecido pelos estados depois de ele tomar posse: Mas isso é uma escolha ou um contrato? O conde de BOULAINVILLIERS, podemos observar, era um notório republicano; mas, sendo um homem de cultura, e muito interessado na história, sabia que o povo raramente era consultado naquele tipo de revoluções e novas ordens, e que somente o tempo conferia legitimidade e autoridade àquilo que originalmente, em geral, se obtivera por meio da força e da violência. Ver *État de la France*, vol. III. [Henri de Boulainvilliers (1658-1722), *État de la France* (Estado da França), 3 vols. (Londres, 1727).

devido às desordens que acompanham todas as revoluções e mudanças de governo.

Antes de concluir, observaremos apenas que, embora invocar a opinião geral possa, com justiça, nas ciências especulativas como a metafísica, a filosofia natural ou a astronomia, ser considerado injusto e inconseqüente, ainda assim, em todos os problemas relacionados à moral, bem como à crítica, não existe, a rigor, outro padrão que possa resolver qualquer controvérsia. E nada prova de forma mais clara que uma teoria desse tipo é equivocada do que o fato de ela levar a paradoxos repudiados pelos sentimentos mais comuns dos homens, e pelos usos e opiniões de todas as nações, em todas as épocas. A doutrina que funda todo governo legítimo num *contrato original* ou no consentimento do povo pertence a essa categoria; e o mais conhecido de seus partidários não hesitou em afirmar, em sua defesa, *que a monarquia absoluta é incompatível com a sociedade civil, e portanto em hipótese alguma pode ser uma forma de governo civil;*[19] *e que o poder supremo do estado não pode tirar de nenhum homem, através de impostos ou tributos, qualquer parte de sua propriedade, sem seu próprio consentimento ou o de seus representantes.*[20] É fácil verificar que autoridade pode apresentar qualquer argumentação moral que leve a opiniões tão afastadas dos costumes mais usuais entre os homens, em toda parte menos neste reino.

O único texto da antigüidade que encontrei, no qual a obrigação de obediência ao governo é atribuída a uma promessa, está no

---

[19] Ver LOCKE, Do Governo, cap. vii. §90. [Nesta citação e na seguinte, Hume está parafraseando Locke, em vez de citá-lo com precisão.]
[20] Id. cap. xi. §138, 139, 140.

Críton, de PLATÃO, no trecho em que SÓCRATES se recusa a fugir da prisão, por ter feito a promessa tácita de obedecer às leis.[21] Ele tira assim uma conseqüência *tory* da obediência passiva, partindo do fundamento *whig* do contrato original.

Não é de se esperar que apareçam novas descobertas nesses domínios. Se, até uma época bem recente, raros eram os homens que pensavam que o governo se funda num pacto, é seguro que este, de forma geral, não pode apresentar tal fundamento.

O crime de rebelião entre os antigos era geralmente designado com as expressões νεωτερίζειν, *novas res moliri*.[22]

---

[21] Ver *Críton* 50c e seguintes. Sócrates imagina aqui o que "as leis e a república" diriam da proposta de Críton de que ele fugisse da prisão. Acordo ou promessa é um dos princípios de obrigação aos quais apelam "as leis", no discurso que Sócrates inventa para elas, mas Sócrates não afirma em seu próprio nome que uma promessa de obedecer às leis o obriga a permanecer na prisão.

[22] Os dois termos significam fazer inovações, especialmente reformas políticas.

Ensaio XIII

Da obediência passiva

No ensaio anterior, procuramos refutar os sistemas políticos *especulativos* representados neste país, tanto o sistema religioso de um partido como o sistema filosófico do outro. Passaremos agora a analisar as conseqüências *práticas*, em relação às normas da submissão devida aos soberanos, deduzidas por cada partido.[1]

Uma vez que a obrigação de justiça se baseia inteiramente nos interesses da sociedade, que exigem o respeito recíproco à propriedade, para preservar a paz entre os homens, é evidente que, se por acaso a aplicação da justiça implicar conseqüências altamente per-

---

[1] Obediência passiva é a doutrina segundo a qual não é legal, sejam quais forem as circunstâncias, pegar em armas contra o rei ou aqueles que agem sob a autoridade do rei. Essa doutrina foi defendida, no século XVII, pelo partido da corte, e no século XVIII por um segmento do partido Tory. Hume afirma que essa doutrina não deve ser seguida quando ela ameaça a segurança pública, mas ele a defende como uma regra prática melhor, na maioria das circunstâncias, que a doutrina da resistência do partido Whig. Este ensaio deve ser comparado com a argumentação de Hume sobre o mesmo tópico no *Tratado*, 3.2.9 ("Das regras da obediência civil"), No *Tratado*, a doutrina da obediência passiva é considerada um "absurdo"; mas nesta posterior e mais popular abordagem da matéria, que foi escrita durante ou pouco após o levante Jacobita de 1745, Hume se esforça para não dizer nada que pudesse desacreditar o salutar princípio da obediência à lei.

niciosas, essa virtude deve ser suspensa e substituída pela utilidade pública, nos casos de emergência extraordinária e urgente. A máxima *fiat Justitia ruat Cœlum* ("Que a justiça seja cumprida, mesmo que o universo seja destruído") é aparentemente falsa, pois, sacrificando os fins aos meios, revela uma idéia absurda da subordinação aos deveres. Algum governador hesitará em queimar os subúrbios da sua cidade, caso eles facilitem o avanço do inimigo? Algum general deixará de saquear um país neutro, se assim o exigirem as circunstâncias da guerra e não tinha outra maneira de sustentar o seu exército? Ocorre o mesmo com o dever de fidelidade: e nos ensina o senso comum que, uma vez que o governo nos induz à obediência somente porque ela é favorável à utilidade pública, esse dever terá sempre que se submeter à obrigação primeira e original, nos casos extraordinários em que a obediência resultar de forma evidente na ruína pública. *Salus populi suprema Lex*: "A segurança do povo é a lei suprema."[2] Esta máxima satisfaz aos sentimentos dos homens de todas as épocas; e não existe ninguém tão fanático dos sistemas dos partidos que, lendo a história das insurreições contra um NERO ou um FILIPE II, não deseje o sucesso do empreendimento ou deixe de exaltar aqueles que o executam. Mesmo o nosso arrogante partido monarquista, apesar de sua teoria

---

[2] Locke usa esse lema como epígrafe de seus *Dois Tratados Sobre o Governo Civil*. Compare-se também o texto de Hume com o início do capítulo 30 do *Leviatã*, de Hobbes: "A função do soberano, seja ele um monarca ou uma assembléia, função para a qual lhe foi entregue o poder soberano, consiste, em última instância, em garantir *a segurança do povo*. (...) Mas segurança, aqui, não significa uma mera preservação, mas também a garantia de outras satisfações na vida, a que todo homem tem direito, como o trabalho legal, sem que isso represente qualquer ameaça ou dano à comunidade."

sublime, se vê obrigado, em casos semelhantes, a julgar, sentir e aprovar em conformidade com os outros homens.

Portanto, admitindo-se a resistência em casos extraordinários, o único problema que vale a pena ser discutido pelos bons pensadores é determinar o grau de necessidade capaz de justificar a resistência, tornando-a legítima e recomendável. E devo confessar aqui que sempre darei preferência à opinião daqueles que respeitam muito rigorosamente os laços da fidelidade e consideram a sua infração como um último refúgio, naqueles casos desesperados em que o povo se encontra sob risco iminente de se tornar vítima da violência e da tirania. Porque, além dos malefícios da guerra civil, geralmente provocados pela insurreição, é seguro que o surgimento, em qualquer povo, de uma inclinação para a rebeldia é sempre um dos motivos principais da tirania dos dirigentes, já que estes se vêem forçados a tomar diversas medidas violentas, de que sequer cogitariam se todos tendessem para a submissão e a obediência. Por conta disso, o *tiranicídio* ou assassinato, aprovado por máximas antigas, longe de amedrontar os tiranos e usurpadores, torna-os, ao contrário, dez vezes mais cruéis e impiedosos; por isso, ele foi justamente abolido pelas leis das nações e condenado universalmente como um sistema vil e traiçoeiro de justificar os arruaceiros da sociedade.[3]

Além disso, devemos considerar que, sendo a obediência um dever, é sobretudo nela que se deve insistir, em circunstâncias normais; nada seria mais absurdo que enumerar com preocupações e

---

[3] Essa sentença e a precedente se assemelham bastante ao que Hobbes diz no *Leviathan* sobre as causas do poder opressivo (ver o final do capítulo 18), e sobre os antigos gregos e romanos como fontes da doutrina do tiranicídio (ver capítulo 29).

cuidados excessivos todos os casos em que se pode admitir a resistência. De forma semelhante e embora um filósofo possa admitir com razão, no decorrer de sua argumentação, que é lícito prescindir das regras da justiça em casos de necessidade urgente, o que deveríamos pensar de um pregador ou casuísta que elegesse como principal objeto de estudo a determinação de tais casos, defendendo o direito de resistência com a maior veemência e eloqüência na argumentação? Por acaso não seria preferível que ele se dedicasse à difusão da doutrina geral, em vez de apresentar as exceções particulares que os homens talvez tenham uma tendência excessiva a adotar e exagerar?

Duas razões, contudo, podem ser apresentadas em defesa daquele partido, que tem propagado diligentemente entre nós os princípios da resistência; princípios estes que, somos forçados a reconhecer, geralmente são perniciosos e destrutivos para a sociedade civil. A *primeira* é que os seus adversários levaram a doutrina da obediência a extremos tais, não somente evitando citar as exceções e casos extraordinários (o que seria talvez perdoável), mas chegando até mesmo a negá-las expressamente, que se tornou necessário insistir nessas exceções, em defesa dos direitos da verdade e da liberdade agredidas. A *segunda* e talvez a melhor razão se baseia na natureza da constituição e da forma de governo da INGLATERRA.

É uma característica quase exclusiva da nossa constituição a existência de um magistrado com proeminência e dignidade tão grandes que, apesar de ele ser limitado pelas leis, encontra-se, de certa forma, no que diz respeito à sua própria pessoa, acima das leis, não podendo ser interrogado nem punido por qualquer injúria ou delito que tenha cometido. Somente os seus ministros ou aqueles que agem por sua delegação estão submetidos à justiça; e, enquanto a garantia de sua proteção pessoal leva o príncipe a não impedir o livre curso das leis, preserva-se na verdade uma segurança equivalente, por meio da punição dos transgressores menores, ao mesmo tempo em que se evita a guerra civil, que ocorreria inevitavelmente, se a cada ocasião fosse diretamente atacado. Porém, embora a constituição preste essa saudável homenagem ao príncipe, jamais seria razoável pensar que ela tenha ditado, com esse princípio, a sua própria destruição ou mesmo instituído uma submissão dócil, no caso de ele proteger seus ministros, insistir na injustiça e usurpar para si todo o poder do estado. É verdade que este caso não está previsto pelas leis, já que estas, em circunstâncias normais, não podem lhe propor uma solução, nem dotar um magistrado de uma autoridade superior, com a qual possa punir os excessos do príncipe. Mas um direito sem solução possível seria algo absurdo, e desta forma, para este caso, existe a solução excepcional da resistência, sempre que se chegue à situação extrema de só se poder defender a constituição por esse meio. É evidente, portanto, que a resistência deve se tornar mais freqüente no governo INGLÊS do que em outros, que são mais simples e envolvem um número menor de partes e de movimentos. Quando o rei é um soberano absoluto, ele fica pouco sujeito à tentação de exercer uma tirania desmedida, que poderia provocar uma rebelião justa; mas, quando é um soberano limitado, a sua ambição imprudente, mesmo que ele não tenha vício algum, pode arrastá-lo para uma situação perigosa. Segundo uma opinião corrente, foi este o caso de CHARLES I; e, se nos for permitido dizer a verdade agora que os ódios já se amainaram, foi também o caso de JAMES II. Pois, embora estes não fossem homens de bom caráter, eram homens inofensivos; mas eles interpretaram equivocadamente a natureza da nossa constituição, monopolizando todo o poder legislativo; dessa forma, foi necessário lhes fazer frente com certa veemência; e, no caso do segundo, até mesmo privá-lo, formalmente, da autoridade que ele usara de um modo tão imprudente e irrefletido.

Ensaio XIV

Da coalizão dos partidos

Talvez não seja possível e nem sequer desejável, num governo livre, a abolição de todas as distinções de partido. Os únicos partidos perigosos são aqueles que defendem opiniões opostas a respeito de aspectos essenciais do governo, da sucessão ao trono, ou dos privilégios mais importantes dos diversos membros da constituição, em relação aos quais não há espaço para qualquer compromisso ou acordo. Nesses casos, a controvérsia pode mesmo assumir um caráter tão grave que chega a parecer justificar uma oposição armada às pretensões dos adversários. Teve este caráter a animosidade que se observou durante mais de um século entre os partidos INGLESES; uma animosidade que, por vezes, resultou numa guerra civil, dando origem a revoluções violentas e colocando em risco permanente a paz e a tranqüilidade da nação. Mas como, ultimamente, têm se manifestado sintomas claros de uma vontade universal de abolir as distinções de partido, essa tendência para a coalizão abre perspectivas bastante agradáveis de uma felicidade futura; por isso deve ser cuidadosamente estimulada e promovida por todos aqueles que amam o seu país.

O método mais eficaz de contribuir para esse objetivo tão desejável é evitar toda e qualquer injúria, bem como a excessiva preponderância de um partido sobre outro; é encorajar as opiniões moderadas, encontrar um meio-termo justo em todas as disputas, persuadir cada um de que às vezes o seu adversário pode ter razão e, por fim, preservar um certo equilíbrio entre as críticas e os elogios que dirigirmos aos dois lados. Os dois ensaios precedentes, sobre o *contrato original* e a *obediência passiva*, foram pensados para atingir este fim, em relação às disputas *filosóficas* e *práticas* entre os partidos; e pretenderam mostrar que, nesse tema, nenhum dos lados tem tanta razão quanto se esforça para demonstrar. Tentaremos manter a mesma moderação em relação às disputas históricas entre os partidos, demonstrando que cada um deles tinha argumentos plausíveis a seu favor; que nos dois lados havia homens sagazes, que almejavam o bem de seu país; e que as animosidades que se observaram no passado entre as facções tinham como único fundamento a mesquinhez dos preconceitos ou a paixão do interesse.

O partido popular, que posteriormente recebeu o nome de *Whig*, poderia usar diversos argumentos para justificar aquela oposição à coroa que está na origem da nossa constituição livre atual. Embora fosse preciso reconhecer que se haviam verificado precedentes favoráveis à prerrogativa, ao longo de muitos reinados anteriores ao de CHARLES I, o partido concluiu não existirem mais motivos para continuar se submetendo a uma autoridade tão perigosa. E poderia ter usado a seguinte argumentação: como os direitos da humanidade devem ser considerados eternamente sagrados, nenhuma decisão de uma tirania ou de um poder arbitrário pode ter autoridade suficiente para aboli-los. A liberdade é uma bênção tão inestimável que, sempre que surgir qualquer possibilidade de recuperá-la, a nação não deve temer enfrentar grandes riscos, nem se lamentar diante de um derramamento de sangue ou de uma dilapidação do tesouro. Ainda mais do que todas as outras instituições humanas, o governo está em transformação permanente; os reis aproveitam todas as oportunidades que têm para aumentar as suas prerrogativas; e, se não se aproveitarem também as circunstâncias favoráveis para aumentar e garantir os privilégios do povo, a humanidade estará condenada para sempre a um despotismo universal. O exemplo de todas as nações vizinhas demonstra que já não é seguro confiar à coroa as mesmas prerrogativas que ela exercera anteriormente, em épocas mais rudes e simples. E, embora muitos reinados recentes possam ser invocados como exemplos favoráveis a um poder real de certo modo arbitrário, outros reinados, mais antigos, constituem exemplos de imposição de rigorosas limitações à coroa; e as pretensões do parlamento, a que agora se chama inovações, não constituem senão o restabelecimento dos justos direitos do povo.

Essas concepções, longe de serem desprezíveis, são na verdade nobres e generosas; é ao seu êxito e preponderância que o reino deve a sua liberdade, e talvez também o seu saber, a sua indústria, o seu comércio e o seu poder naval; é principalmente graças a elas que a INGLATERRA se destaca na comunidade das nações, podendo pretender rivalizar com as repúblicas mais livres e ilustres da antigüidade. Porém, como todas essas importantes conseqüências não poderiam ter sido razoavelmente previstas na época do início da disputa, os especialistas desse tempo tinham diversos argumentos a seu favor, por meio dos quais justificavam e defendiam as prerrogativas do príncipe, então vigentes. Tentaremos apresentar o problema tal como ele pode ter se mostrado quando da reunião daquele parlamento, que, por meio da usurpação violenta do poder real, deu origem à guerra civil.

Poderia ter sido dito na época que a única regra de governo que os homens conhecem e reconhecem são o costume e a prática. Como guia, a razão é tão incerta que sempre estará sujeita a dúvidas e controvérsias. Se, em alguma ocasião, ela prevalecesse entre o povo, os homens a tomariam certamente como a única regra de conduta; ainda assim continuariam num estado de natureza isolado e primitivo, sem se submeter ao governo civil, cujas únicas bases são a autoridade e o precedente, e não a pura razão. Romper esses laços seria desfazer todos os vínculos da sociedade civil, deixando a todos a liberdade de seguir seus interesses particulares, por meio dos expedientes ditados pelo apetite, ainda que disfarçado sob a aparência da razão. O próprio espírito de renovação é em si pernicioso, por mais positiva que possa parecer a sua finalidade particular, em alguns momentos; esta verdade é tão evidente que até mesmo o partido popular tem consciência dela, e por isso disfarça a sua usurpação do poder real sob o pretexto plausível de recuperar as antigas liberdades do povo.

Mas, mesmo que aceitemos todas as superstições daquele partido, é incontestável que as atuais prerrogativas da coroa foram estabelecidas desde a ascensão da Casa dos TUDOR ao trono. Esse período, que já abrange 160 anos, pode ser considerado suficiente para dar estabilidade a qualquer constituição. Não teria sido ridículo, no reinado do Imperador ADRIANO, citar a constituição republicana como regra de governo? Ou supor que os antigos direitos do senado, dos cônsules e dos tribunos ainda tinham qualquer validade?[1]

Mas as exigências atuais dos monarcas INGLESES são muito mais razoáveis que as dos imperadores ROMANOS daquela época. A autoridade de AUGUSTO era uma clara usurpação, baseada somente na violência militar, constituindo, na história de ROMA, um período cuja natureza é evidente para qualquer leitor. Mas se efetivamente, como pretendem alguns, HENRIQUE VII ampliou o poder da coroa, ele o fez por meio de procedimentos insensíveis, dos quais o povo não se deu conta e que mal foram percebidos mesmo pelos historiadores e pelos políticos. O novo governo, se é que merece esta designação, constitui uma transição imperceptível a partir do primeiro; foi totalmente enxertado nele; seu título deriva totalmente dessa raiz; e, portanto, deve ser considerado como uma dessas revoluções graduais a que estarão sujeitos os negócios humanos, sempre e em qualquer nação.

A Casa dos TUDOR, e depois dela a Casa dos STUART, exerceu somente as prerrogativas que já tinham sido proclamadas e exercidas pelos PLANTAGENETAS.[2] Não se pode classificar como uma

---

[1] O debate parlamentar que Hume está reconstituindo teve lugar no começo da década de 1640, cerca de 160 anos depois da ascensão de Henrique VII, o primeiro monarca Tudor, em 1485. Adriano foi imperador de 117 a 138 d.C., cerca de 160 anos depois de Otaviano receber o título de Augusto (28 a.C.) e provocar o fim da república romana. O argumento é que parece tão absurdo fazer oposição às prerrogativas da Coroa apelando-se aos antecessores dos Tudor quanto seria usar práticas constitucionais da república romana no tempo de Adriano.

[2] Os reis ingleses da casa de Anjou são conhecidos como os Angevinos ou Plantagenetas. Seu reinado começou com a ascensão de Henrique II, em 1154, e terminou com a abdicação de Ricardo II, em 1399. O reinado da Casa dos Tudor começou com a ascensão de Henrique VII, em 1485, e ter-

inovação qualquer aspecto de sua autoridade. Talvez a única diferença seja que os antigos reis só exerciam esses poderes espaçadamente, pois a oposição de seus barões não permitia que eles fossem transformados em regras fixas de administração. Mas a única conclusão que se pode tirar deste fato é que esses períodos remotos eram mais sediciosos e turbulentos; e que mais tarde, felizmente, a autoridade real, a constituição e as leis passaram a ser predominantes.

Sob que pretexto, o partido popular fala agora em resgatar a antiga constituição? O antigo controle sobre os reis não cabia aos Comuns, e sim aos barões; o povo não tinha autoridade alguma, e sua liberdade era pouca ou nenhuma até o momento em que a coroa, suprimindo aqueles tiranos facciosos, impôs a aplicação das leis e obrigou todos os súditos a respeitarem os direitos, privilégios e propriedades uns dos outros. Se devemos voltar à antiga constituição, bárbara e feudal, que os primeiros a dar o exemplo sejam aqueles cavalheiros que hoje se comportam com tanta insolência em relação ao seu soberano. Que eles façam a corte a um barão vizinho para que os aceite como seus vassalos, e que, submetendo-se a essa escravidão, adquiram alguma proteção pessoal, bem como o poder de exercer a opressão e a rapina sobre os escravos e vilões que são seus inferiores. Esta era a condição dos Comuns, na época de seus antepassados mais remotos.

Mas até quanto devemos voltar, no recurso às antigas constituições e governos? Houve uma constituição ainda mais antiga que aquela que os atuais inovadores gostam de fingir evocar. Naquele

---

minou com a morte de Elizabeth I em 1603. O reinado dos Stuart na Inglaterra começou com a ascensão de James I em 1603 e terminou com a morte de Anne em 1714.

David Hume

tempo, não havia Magna Carta; mesmo os barões tinham poucos privilégios estabelecidos; e algo como a Câmara dos Comuns provavelmente sequer existia.[3]

É ridículo ouvir os Comuns falarem do restabelecimento das antigas instituições, ao mesmo tempo em que, por usurpação, assumem todo o poder do governo. Por acaso não é sabido que, embora os representantes recebessem pagamento de seus constituintes, ser um membro da câmara baixa era sempre considerado um fardo e a isenção desta função um privilégio? Como poderiam nos persuadir de que o poder, a mais cobiçada de todas as aquisições humanas, já que mesmo a reputação, o prazer e a riqueza são menos valorizados, poderia algum dia vir a ser considerado um fardo pelos homens?

Diz-se que as propriedades adquiridas nos últimos tempos pelos Comuns lhes dão direito a mais poder do que o desfrutado pelos seus antepassados. Mas a que se deve atribuir o aumento de suas propriedades, senão ao aumento de sua liberdade e de sua segurança? Eles devem reconhecer que os seus antepassados, no tempo em que o poder da coroa era limitado pelos barões sediciosos, efetivamente gozavam de menos liberdade que aquela que eles próprios alcançaram depois que o soberano passou a dominar; devem gozar esta liberdade com moderação, sem perdê-la por conta de exigências novas e exorbitantes, nem transformá-la em pretexto para intermináveis inovações.

---

[3] A Magna Carta foi aceita pelo rei John, em 1215, diante da insistência dos barões normandos. Ao examiná-la em vários aspectos, Hume observa que a Magna Carta "garantia ou assegurava liberdades e privilégios muito importantes para todas as classes de homens no reino; ao clero, aos barões e ao povo". *História da Inglaterra*, cap. 11 (vol. I, pp. 442-43 na edição Liberty Fund).

A verdadeira regra de governo é a prática estabelecida em cada época. É a que tem mais autoridade, por ser recente; pela mesma razão, é também a mais conhecida. De onde esses tribunos tiraram sua convicção de que os PLANTAGENETAS não praticaram atos de autoridade tão abusivos quanto os TUDOR? Argumentam que os historiadores não fazem referência a isso; mas os historiadores observam um silêncio idêntico em relação aos principais casos em que os TUDOR exerceram suas prerrogativas. Sempre que qualquer poder ou prerrogativa está plena e indubitavelmente estabelecido, o seu exercício é considerado algo natural e portanto escapa facilmente à atenção dos anais da história. Se não dispuséssemos de outros monumentos do Reinado de ELIZABETH, além dos que foram conservados por CAMDEN,[4] embora este seja o nosso historiador mais copioso, judicioso e preciso, as máximas mais importantes de seu governo seriam hoje totalmente ignoradas.

Por acaso não foi o atual governo monárquico, em todos os seus aspectos, autorizado pelos legisladores, reconhecido pelos políticos, aceito ou mesmo adorado com paixão pelo povo em geral, e tudo isso durante um período de pelo menos 160 anos, e até pouco tempo atrás sem que se ouvisse o menor murmúrio de contestação? Seguramente esta aceitação geral, durante tanto tempo, deve ser suficiente para tornar qualquer constituição válida e legítima. Se é verdade, como se pretende, que a origem

---

[4] Ver William Camden (1551-1623), *Annales rerum Anglicarum et Hibernicarum, regnante Elizabetha* (pt. I, 1615, pt. II, 1625); a primeira versão inglesa da obra completa feita pelo mesmo tradutor (R. Norton) apareceu em 1635 como *The Historie of the most renowned and victorious princesse Elizabeth, late Queen of England*.

de todo poder está no povo, temos aqui o seu consentimento, nos termos mais plenos e amplos que se pode desejar ou mesmo imaginar.

Mas o fato de ser esse consentimento que fundamenta o governo não deve levar o povo a pretender que, graças a isso, tem o direito de derrubá-lo ou subvertê-lo quando bem lhe aprouver. Tais exigências sediciosas e arrogantes nunca terminam: o poder da coroa passa a ser abertamente atacado; evidentemente, a nobreza também se encontra ameaçada; em seguida a pequena nobreza a acompanha; depois são os líderes populares, que passam a constituir a pequena nobreza, que ficam expostos ao perigo; e o próprio povo, incapacitado de qualquer governo civil, e sem ser mais contido por qualquer autoridade, se vê obrigado a aceitar, para o bem da paz, uma série de tiranos militares e despóticos, no lugar de seus monarcas legítimos e moderados.

Deve-se recear ainda mais essas conseqüências, na medida em que o atual furor popular, embora seja camuflado por pretensões de liberdade civil, é na verdade estimulado pelo fanatismo da religião; que é o princípio mais cego, mais violento e mais ingovernável de quantos podem influenciar a natureza humana. A violência popular é sempre temível, seja qual for a sua origem; mas dela forçosamente resultam as conseqüências mais funestas, sempre que ela tem origem num princípio que rejeita qualquer controle pela lei, pela razão ou pela autoridade dos homens.

Esses são os argumentos com os quais cada um dos partidos poderia justificar a conduta de seus antecessores durante aquela grande crise.⁵ Tal acontecimento, se é que pode ser aceito como uma razão, mostrou que os argumentos do partido popular eram mais bem fundamentados; contudo, antes disso, de acordo com as máximas estabelecidas dos legisladores e dos políticos, talvez as concepções dos realistas tenham parecido mais sólidas, mais seguras e mais legítimas. Mas é certo que, quanto maior for a moderação com que nos dedicarmos agora a representar os acontecimentos do passado, mais próximos estaremos de alcançar uma plena coalizão dos partidos e uma aceitação total do nosso regime atual. Qualquer regime só tem a ganhar com a moderação; só o facciosismo é capaz de derrubar um poder estabelecido; e um facciosismo exacerbado por parte dos amigos pode fazer surgir um espírito idêntico entre os antagonistas. A transição de uma oposição moderada ao regime à sua completa aceitação se realiza de uma maneira suave e imperceptível.

Há diversos argumentos irrespondíveis que deveriam convencer o partido dos descontentes a concordar totalmente com o atual estado da constituição. Eles agora percebem que o espírito da liberdade civil, embora estivesse inicialmente ligado ao fanatismo religioso, soube livrar-se dessa contaminação e surgir com uma nova face, mais autêntica e atraente, amiga da tolerância e simpática a todos os sentimentos generosos que fazem jus à natureza hu-

---

⁵ Isso conclui a recriação que Hume faz dos argumentos constitucionais que o partido popular e os monarquistas poderiam ter usado na época da eclosão da Guerra Civil. Deve-se enfatizar que, na época em que este ensaio apareceu, no final de 1759 ou no início de 1760, Hume tinha terminado os volumes da *História da Inglaterra* que tratavam dos reinados dos Tudor e dos Stuart. Neste ensaio, como na *História*, ele põe em questão a interpretação *Whig* da constituição, que então predominava.

mana. Podem observar que as exigências populares respeitaram limites apropriados e, depois de restringir os excessos da prerrogativa, souberam ainda assim conservar o respeito devido pela monarquia, pela nobreza e por todas as antigas instituições. Acima de tudo, devem ter consciência de que o próprio princípio que fazia a força de seu partido, e do qual este tirava a sua principal autoridade, agora o abandonou, passando para os seus antagonistas. O plano da liberdade está estabelecido; os seus efeitos positivos foram testados pela experiência; o longo período de tempo que atravessou lhe deu estabilidade; qualquer um que tentasse derrubá-lo, para voltar ao governo anterior, ficaria exposto, por sua vez, além de outras acusações mais graves, a ser condenado por facciosismo e espírito de subversão. Ao pesquisar a história dos acontecimentos do passado, tal indivíduo deveria pensar que esses direitos da coroa já desapareceram há muito, e também que a tirania, a violência e a opressão a que deram muitas vezes origem são males dos quais a liberdade garantida pela constituição agora protege o povo, felizmente. Para a defesa da nossa liberdade e dos nossos privilégios, estas reflexões constituem uma garantia melhor do que negar, contra a evidência mais clara dos fatos, que tais poderes reais tenham um dia existido. Não existe forma mais eficaz de trair uma causa que enfatizar um argumento no ponto errado e, ao se defender uma posição insustentável, permitir que o adversário alcance o êxito e a vitória.

Ensaio XV

Da sucessão protestante

Acredito que se um membro do parlamento, durante o reinado do rei GUILHERME e da rainha ANNE, numa época em que ainda era incerta a consolidação da *Sucessão Protestante*, estivesse refletindo sobre que posição tomar a respeito desta importante questão, e avaliasse com imparcialidade os pontos positivos e negativos de cada lado, deveria levar em consideração os seguintes aspectos.[1]

---

[1] Hume preparou este ensaio ao mesmo tempo em que escrevia "Do contrato original" e "Da obediência passiva", para a edição de 1748 de seus *Ensaios Morais e Políticos*, mas seu amigo Charles Erskine, atendendo a uma vontade de Hume, o suprimiu. Hume explicou numa carta a Erskine que seu ensaio examina a questão das vantagens e desvantagens de cada linha sucessória, "tão imparcial e friamente como se eu tivesse me afastado mil anos do Período presente: Mas algumas pessoas consideram isto extremamente perigoso, & suficiente não apenas para me arruinar para sempre, mas também para causar algumas Conseqüências para todos os meus Amigos, particularmente aqueles a quem estou ligado no presente. Escrevi a Millar dizendo que lhe enviasse as Provas e, por meio desta, deixo que você decida como dispor deste último ensaio da forma que julgar a mais apropriada (Greig, *Letters of David Hume*, 1: 112-13).
    A questão da sucessão era particularmente delicada naquele momento devido ao levante Jacobita de 1745, favorável ao Jovem Pretendente, Príncipe Charles Edward Stuart, em conseqüência da qual muitos escoceses Jacobitas foram executados ou presos. O ensaio de Hume reabre a questão e proporciona aos

Seria fácil verificar o grande benefício resultante da restauração da família STUART, que implicaria uma sucessão segura e sem contestação, livre de um rival que detivesse um título tão valioso quanto o do sangue, o que sempre constitui para a multidão a reivindicação mais forte e mais facilmente compreensível. Será inútil dizer, como muitos fizeram, que o problema dos *governantes*, independentemente do *governo*, é um problema frívolo, que mal merece justificar uma discussão e muito menos um conflito. A grande maioria dos homens não compartilhará esta opinião, e creio ser melhor para a sociedade que seja assim, sendo preservadas as inclinações naturais dos indivíduos. Como a estabilidade de qualquer governo monárquico (que talvez não seja o melhor, mas é e sempre foi o mais comum) poderia ser mantida se os homens não demonstrassem esse respeito apaixonado pelo herdeiro legítimo da família real e, mesmo quando ele revelasse uma fraqueza de entendimento ou estivesse alquebrado pelos anos, não continuassem lhe prestando deferência superior à de que desfrutam os homens de talentos brilhantes, celebrados por grandes conquistas? Sem esta reverência, todos os líderes populares reivindicariam o trono, em cada ocasião que ele ficasse vago, ou mesmo sem que isso acontecesse, e o reino se transformaria num palco de guerras e perturbações permanentes. Neste aspecto, sem dúvida não era muito invejável a situação do império ROMANO, como não o é a situação das nações *Orientais*, que pouca importância atribuem aos títulos

---

Jacobitas argumentos em favor da linhagem Stuart, numa análise imparcial, que também alinha argumentos favoráveis à casa de Hanover. Ele talvez calculasse que a melhor forma de reconciliar os Jacobitas e os seus simpatizantes com a sucessão estabelecida era começar a reconhecer os direitos de cada parte.

David Hume

de seu soberano, podendo sacrificá-lo, a qualquer momento, ao capricho ou à disposição momentânea do populacho ou da soldadesca. É uma sabedoria louca a que se dedica tão cuidadosamente a rebaixar os príncipes, colocando-os no mesmo nível dos homens mais desprezíveis. É verdade que um anatomista encontra as mesmas coisas no maior dos monarcas e no mais insignificante camponês ou jornaleiro, e que o moralista pode mesmo encontrar bem menos. Mas a que levam estas reflexões? Todos nós ainda conservamos aqueles preconceitos relativos ao nascimento e ao sangue e não conseguimos deles nos libertar completamente, nem nos momentos de diversão nem durante as nossas ocupações sérias. Logo ficaríamos entediados com o relato trágico que nos apresentasse as aventuras de marinheiros ou carregadores ou mesmo de indivíduos de classe mais elevada, enquanto aquelas que apresentam reis e príncipes adquirem uma aura de importância e dignidade a nossos olhos. E se, por acaso, algum homem, graças à sua sabedoria superior, pudesse elevar-se totalmente acima desses preconceitos, logo essa mesma sabedoria o levaria a retomá-los, para o bem da sociedade, por compreender que sua prosperidade estaria intimamente ligada a eles. Longe de procurar abrir os olhos do povo quanto a esse aspecto, ele passaria a valorizar o sentimento de reverência em relação aos seus príncipes, que são tão necessários para preservar a adequada subordinação da sociedade. E, mesmo que muitas vezes se sacrifique a vida de 20 mil homens para manter um rei em seu trono ou para impedir que seja violado o direito de sucessão, essa perda não deixa indignado aquele homem, embora talvez cada um daqueles indivíduos mortos tivesse tanto valor quanto o príncipe a quem servia; pois ele leva em consideração as conseqüências da violação do direito hereditário dos reis, conseqüências que podem se fazer sentir durante muitos séculos, ao passo que a perda de alguns milhares de vidas acarreta um prejuízo tão pequeno para um grande país que ela possivelmente não se faz mais sentir depois de poucos anos.

Os benefícios da ascensão da Casa de HANOVER ao trono são de natureza oposta e resultam justamente do fato de ela representar uma violação do direito hereditário, colocando no trono um príncipe que não tem, por nascimento, direito algum a esta honraria. A história desta ilha mostra claramente que, durante cerca de dois séculos, os privilégios do povo têm aumentado regularmente, devido à divisão das terras da Igreja, à alienação das propriedades dos barões, ao progresso do comércio e, acima de tudo, à nossa situação privilegiada, que durante muito tempo representou a garantia de uma segurança suficiente, sem a necessidade de um exército permanente. Pelo contrário, durante este mesmo período, em quase todas as outras nações da EUROPA, a liberdade pública vem conhecendo um declínio constante, pois o povo desenvolveu uma resistência aos abusos da velha milícia feudal e preferiu dotar seus príncipes de exércitos mercenários, os quais facilmente se voltaram contra eles. Não é surpreendente, portanto, que alguns dos soberanos BRITÂNICOS se tenham enganado em relação à natureza da constituição ou ao menos em relação à índole do povo, aceitando todos os precedentes favoráveis que lhes foram deixados por seus antepassados, enquanto desprezavam, ao mesmo tempo, todos os precedentes que lhes eram adversos, por implicarem limitações ao nosso governo. Este equívoco foi estimulado pelo exemplo de todos os príncipes vizinhos: uma vez que estes tinham o mesmo título e as mesmas insígnias de autoridade, exigiam naturalmente os mesmos poderes e prerrogativas. Os discursos e proclamações de JAMES I, e todo o conjunto das ações deste príncipe, bem como de seu filho, mostram claramente que ele considerava o governo INGLÊS uma simples monarquia e sequer cogitava de que uma parcela considerável de seus súditos tinha uma opinião diferente. Essa idéia levou esses monarcas a revelarem as suas intenções sem antes prepararem a força necessária para sustentá-las e também sem aquela reserva e dissimulação habitualmente usadas por aqueles que empreendem qualquer projeto novo ou planejam introduzir inovações em qualquer governo. A lisonja dos cortesãos fortaleceu ainda mais os seus preconceitos; sobretudo os do clero, que, com base em diversas passagens das Escrituras, que aliás foram deturpadas, havia elaborado um sistema coerente de poder confessadamente arbitrário. A única forma possível de destruir rapidamente todas essas reivindicações e pretensões ambiciosas era afastar-se da linha hereditária legítima, escolhendo um príncipe que, sendo inequivocamente escolhido pelo povo e recebendo a coroa sob certas condições, expressas e declaradas, vê a sua autoridade ser estabelecida num mesmo nível que os privilégios do povo. Escolhendo-o dentro da família real, eliminamos todas as esperanças de súditos ambiciosos, que em ocasiões futuras poderiam comprometer o governo com as suas cabalas e pretensões; tornando a coroa hereditária em sua família, eliminamos todos os inconvenientes da monarquia eletiva; por fim, rejeitando o herdeiro legítimo, preservamos todas as nossas limitações constitucionais, tornando o nosso governo sólido e uniforme. O povo respeita a monarquia porque esta o protege e o monarca preserva a liberdade porque já foi por ela instituído. Dessa forma, a nova instituição garante todas as vantagens permitidas pela experiência e pela sabedoria dos homens.

Consideradas separadamente, são estes os benefícios de defender a sucessão da Casa dos STUART e da Casa de HANOVER. Cada uma dessas soluções apresenta também desvantagens, e qualquer patriota imparcial deve considerá-las e examiná-las, a fim de formar um juízo equilibrado sobre a questão.

As desvantagens da sucessão protestante resultam dos domínios estrangeiros que os príncipes de HANOVER possuem, e é lícito pensar que eles nos arrastariam para as intrigas e as guerras do continente, fazendo com que, em certa medida, perdêssemos a vantagem inestimável de estarmos cercados e protegidos pelo mar, que dominamos. As desvantagens de chamar de volta a família deposta decorrem sobretudo da sua religião, que é mais prejudicial para a sociedade que a religião estabelecida entre nós; na verdade é contrária a esta, e impede que qualquer outra comunidade religiosa desfrute de tolerância, paz e segurança.

Acredito que essas vantagens e desvantagens devem ser reconhecidas dos dois lados, por todos aqueles que sejam capazes de um grau mínimo de reflexão ou raciocínio. Nenhum súdito, por mais leal que seja, pode negar que o título duvidoso e os domínios estrangeiros da atual família real constituem um inconveniente. Da mesma forma, nenhum partidário dos STUART deixará de admitir que a reivindicação da hereditariedade, o direito inalienável e a religião Católica Romana constituem desvantagens dessa família. Cabe, portanto, apenas ao filósofo, que não pertence a nenhum desses partidos, avaliar todas as circunstâncias e atribuir a cada uma delas o seu verdadeiro valor e influência. Tal filósofo começará reconhecendo a complexidade infinita de todas as questões políticas; raras vezes a deliberação leva a uma escolha inteiramente boa ou inteiramente má. De qualquer decisão é previsível que resultem as conseqüências mais variadas e complexas, da mesma forma que de qualquer decisão resultam sempre diversas conseqüências imprevistas. Nessa experiência ou tentativa, portanto, os únicos sentimentos que o inspiram são a hesitação, a reserva e a dúvida; ou então, se se permite alguma paixão, o desprezo pela massa ignorante, que é sempre vociferante e dogmática, mesmo em relação às questões mais sutis – em relação às quais ela é totalmente incapaz de agir como juíza, e talvez não tanto pela falta de moderação quanto pela falta de entendimento.

Para dizer algo mais explícito sobre o assunto, espero que as reflexões seguintes demonstrem, se não o entendimento, ao menos a moderação do filósofo.

Julgando somente pelas primeiras aparências, e pela experiência do passado, temos que reconhecer que as vantagens do título parlamentar da Casa de HANOVER são maiores que as do título inquestionável da Casa dos STUART, e que, portanto, os nossos avós mostraram sagacidade ao preferirem aquela a esta. Durante todo o período em que a Casa dos STUART governou a GRÃ-BRETANHA, que somou mais de 80 anos, sem contarmos a interrupção, verificamos que o governo viveu em sobressalto permanente, devido ao conflito entre os privilégios do povo e as prerrogativas da coroa. Quando se depunham as armas, o barulho das discussões recomeçava, e, quando estas silenciavam, a desconfiança continuava a corroer os corações, atirando a nação num abominável estado de perturbação e desordem. Enquanto nós nos ocupávamos com essas dissensões internas, crescia na EUROPA, sem qualquer oposição da nossa parte, e às vezes mesmo com a nossa ajuda, uma potência estrangeira que constitui uma ameaça para a liberdade pública.

Ao longo dos últimos 60 anos, contudo, por se ter estabelecido uma instituição parlamentar, e apesar de todas as facções que possam ter prevalecido tanto no meio do povo como nas assembléias públicas, a força de nossa constituição sempre pendeu para um só lado, preservando-se uma harmonia constante entre os nossos príncipes e nossos parlamentares. Ao lado da paz e da ordem interna, a liberdade pública floresceu quase sem interrupção; o comércio, as manufaturas e a agricultura tiveram um incremento; as artes, as ciências e a filosofia foram cultivadas. Até mesmo os partidos religiosos se viram forçados a deixar de lado o seu rancor recíproco, e a glória da nação se espalhou por toda a EUROPA, em virtude tanto dos progressos nas artes da paz quanto à coragem e às vitórias na guerra. Raramente outra nação poderá se vangloriar de um período tão longo e glorioso; e não existe, em toda a história da humanidade, outro exemplo de tantos milhões de pessoas que se conservaram unidas durante um período tão longo, e de uma maneira tão livre, tão racional e tão adequada à dignidade da natureza humana.

Mas, embora essa experiência recente pareça decidir claramente em favor da instituição atual, outras circunstâncias devem ser levadas em consideração, pois é perigoso basearmos nosso juízo num único exemplo ou acontecimento.

Ocorreram duas revoltas durante o período florescente citado acima, além de diversas conjurações e conspirações. E, se é verdade que nenhuma delas resultou em qualquer acontecimento fatal, devemos pensar que escapamos em virtude sobretudo da estreiteza de espírito dos príncipes que disputavam o nosso governo, em relação à qual temos sido afortunados até agora. Mas temo que as reivindicações da família deposta ainda não se tenham tornado obsoletas; além disso, quem pode assegurar que as suas tentativas futuras não darão origem a desordens maiores?

Os conflitos entre o privilégio e a prerrogativa podem ser facilmente resolvidos por meio de leis, votações, conferências e concessões, sempre que houver um grau razoável de moderação e prudência de um ou de ambos os lados. Mas, entre títulos conflitantes, a questão só pode ser resolvida pela espada, pela devastação e pela guerra civil.

Um príncipe que sobe ao trono com um título questionável nunca ousa dar armas aos seus súditos, o que constitui a única forma de dar inteira segurança ao povo, tanto contra a opressão interna quanto contra a conquista por um inimigo estrangeiro.

Apesar da nossa riqueza e da nossa fama, o último tratado de paz só nos permitiu escapar por pouco de perigos, que resultaram menos da má administração ou fortuna na guerra do que do costume pernicioso de hipotecar nossas finanças, e ao princípio ainda mais pernicioso de nunca pagar nossas dívidas. Provavelmente essas medidas fatais jamais teriam sido adotadas se não fosse para defender um regime pouco firme.

Mas, para nos convencermos de que é preferível um título hereditário a um título parlamentar que não assente em outras razões ou motivos, basta nos transportarmos para a época da restauração, e imaginarmos que ocupamos um lugar naquele parlamento que chamou de volta a família real, pondo um termo às maiores desordens que já se originaram da oposição de interesses entre o príncipe e o povo. O que se pensaria naquela época de alguém que sugerisse afastar CHARLES II para entregar a coroa ao Duque de YORK ou de GLOUCESTER, com o único objetivo de evitar pretensões ambiciosas como as de seu pai e seu avô? Seguramente, esse indivíduo seria considerado um reformador extravagante, dado a soluções perigosas, capaz de brincar com um governo e uma constituição nacional como se fosse um curandeiro lidando com um doente.

A verdade é que o motivo invocado pela nação para afastar os STUART, assim como tantos outros ramos da família real, não foi o seu título hereditário (motivo que a opinião comum teria considerado totalmente absurdo), mas sim a sua religião; e é isto o que nos leva a comparar os pontos negativos, acima citados, de cada família.

Reconheço que, considerando o assunto em geral, seria excessivo desejar que o nosso príncipe não possuísse domínios estrangeiros, para poder dedicar sua atenção exclusivamente ao governo desta ilha. Para não citar alguns reais inconvenientes que podem resultar da propriedade de territórios no continente, é seguro que ela serve de pretexto para calúnias e difamações, pretexto avidamente aproveitado pelo povo, que está sempre disposto a pensar mal de seus superiores. Deve-se admitir, contudo, que HANOVER é talvez o pedaço de terra EUROPÉIA menos inconveniente para um rei da INGLATERRA: fica no coração da ALEMANHA, a certa distância das grandes potências que são nossas rivais naturais; é protegido pelas leis do império, bem como pelas armas de seu próprio soberano; e tem como única função nos ligar mais estreitamente à Casa da ÁUSTRIA, nossa aliada natural.

A convicção religiosa da Casa dos STUART constitui um inconveniente de natureza muito mais profunda, que nos ameaçaria com conseqüências muito mais sombrias. A religião Católica Romana, com seu préstito de padres e frades, é mais dispendiosa que a nossa; é também menos tolerante, mesmo que ela não venha acompanhada de seu natural séquito de inquisidores, fogueiras e patíbulos; e, não lhe bastando separar a função sacerdotal da função real (o que é forçosamente prejudicial para qualquer estado), ainda atribui a primeira a um estrangeiro, cujos interesses são sempre diferentes dos interesses públicos, podendo mesmo lhes ser opostos, em muitos casos.

Mas, mesmo que essa religião trouxesse grandes benefícios para a sociedade, ela é contrária àquela que está estabelecida entre nós e que, como parece provável, continuará dominando o espírito do povo durante muito tempo. E, embora seja de esperar que o progresso da razão mitigue, gradualmente, as acrimônias das disputas religiosas em toda a EUROPA, até aqui o espírito de moderação tem mostrado progressos lentos e tímidos demais para que possa merecer confiança integral.

Dessa forma, no seu conjunto, as vantagens da ascensão ao trono da família STUART, que permite evitar um título contestável, parecem ser equiparáveis às da entronização da família HANOVER, que nos permite evitar as reivindicações da prerrogativa; por outro lado, as desvantagens decorrentes de colocar no trono um Católico Romano são maiores que aquelas que, na solução anterior, resultam da entrega da coroa a um príncipe estrangeiro. Que partido deveria tomar um patriota imparcial, no reinado de GUILHERME e ANNE, entre essas concepções opostas, é algo que muitos poderão considerar difícil de determinar.

Mas a ascensão ao trono da Casa de HANOVER efetivamente aconteceu. Sem intrigas nem cabalas, sem mesmo qualquer solicitação de sua parte, os príncipes dessa família foram escolhidos para subir ao trono por meio de uma decisão unânime do corpo legislativo. E, desde a subida ao trono, os HANOVER têm dado exemplos, em todos os seus atos, de grande moderação, eqüidade e respeito às leis e à constituição. São nossos ministros, nossos parlamentares e somos nós mesmos quem nos temos governado; e se por acaso algum mal nos ocorreu, só podemos nos queixar da má fortuna ou de nós próprios. Que censuras não faríamos às nações se, cansados de uma instituição cujas regras têm sido religiosamente respeitadas, voltássemos a atirar tudo na maior confusão e, com nossa inconstância e temperamento rebelde, nos mostrássemos totalmente indignos de qualquer outra situação senão a escravidão e a submissão mais absolutas?

O maior inconveniente de um título duvidoso é provocar o risco de revoltas e guerras civis. Para evitar este inconveniente, que homem sensato se lançaria diretamente a uma guerra civil e uma revolta? Isso sem mencionar que uma posse tão longa e garantida por tantas leis já deve ter criado, perante a opinião da maior parte da nação, um título para a Casa de HANOVER, independentemente de sua situação atual; portanto, agora não poderíamos mais, mesmo por meio de uma revolução, evitar um título contestável.

Jamais uma revolução feita por forças nacionais será capaz, sem que haja qualquer outra grande necessidade, de abolir as nossas dívidas, que envolvem os interesses de tantas pessoas. E uma revolução feita por forças estrangeiras é uma conquista, uma calamidade com a qual nos ameaça o precário equilíbrio do poder; e é provável que as nossas dissensões civis, mais do que qualquer outra circunstância, venham a nos causar sofrimento.

DAVID HUME

Ensaio XVI

Idéia de uma república perfeita

Não acontece o mesmo com as formas de governo que com as outras invenções humanas, pois no caso destas se pode deixar de lado uma máquina velha, quando se cria outra que oferece maior precisão e conforto; ou realizar experiências sem conseqüências arriscadas, mesmo que seu êxito seja duvidoso. Um governo estabelecido apresenta uma grande vantagem, justamente devido ao fato de estar estabelecido; na sua maioria, os homens são governados pela autoridade, e não pela razão; e jamais reconhecem a autoridade naquilo que não é referendado pela antigüidade. Portanto, um magistrado sensato jamais tentará enveredar por esta questão fazendo experiências que só tenham por base uma pretensa argumentação filosófica, se ele respeitar aquilo que traz as marcas do tempo; e, embora ela possa tentar realizar algumas melhorias para o bem da nação, ainda assim ele adaptará, tanto quanto possível, as suas inovações à antiga estrutura, preservando intactos os pilares e alicerces principais da constituição.

Entre os matemáticos da Europa existia uma grande divergência sobre o modelo de navio mais eficaz para a navegação; e Huygens,[1]

---

[1] Christiaan Huygens (1629-95), matemático, astrônomo, médico e inventor holandês, foi um dos principais homens de ciência de seu século. Graças à

que finalmente resolveu a controvérsia, é considerado com justiça digno da gratidão tanto do mundo da ciência quanto do mundo dos negócios, embora tenha sido Colombo quem descobriu a América, e embora *Sir* Francis Drake[2] tenha dado a volta ao mundo sem aquela invenção. Uma vez que devemos admitir que uma forma de governo pode ser mais perfeita que outra, independentemente dos costumes e do caráter dos indivíduos, por que não deveríamos tentar determinar qual é a mais perfeita de todas, ainda que os governos vulgares, toscos e defeituosos pareçam atender às necessidades da sociedade; e ainda que o estabelecimento de um novo sistema de governo não seja tão simples quanto a construção de um navio segundo um novo modelo? Esta questão é, seguramente, merecedora da curiosidade de todos aqueles dotados de inteligência humana. E talvez, depois que o consenso universal dos indivíduos sábios e prudentes tiver resolvido essa controvérsia, surja no futuro uma ocasião para se passar da teoria à prática, com a dissolução de um velho governo qualquer ou mediante um acordo entre os homens para a formação de um novo governo, em alguma região remota do planeta. De qualquer forma, será vantajoso saber qual é a mais perfeita de todas, para tentarmos aproximar dela qualquer constituição ou forma de governo já existente, por meio

---

influência de Colbert, e com a promessa de um estipêndio generoso, ele foi convidado por Luís XIV, em 1665, a fixar residência na França, onde viveu até 1681. Huygens e outros cientistas se dedicavam a trabalhar em problemas ligados à navegação e à construção naval, como parte de um projeto ambicioso de Colbert para aprimorar a Marinha francesa.

[2] *Sir* Francis Drake (1545-95) realizou sua viagem ao redor do mundo de 1577 a 1580. A rainha Elizabeth I, que tinha fornecido a Drake os meios para a viagem, deu-lhe o título de cavaleiro em 1581.

de modificações e inovações suaves, que não provoquem grandes perturbações na sociedade.

Como pretendo, neste ensaio, apenas reacender esse tema de especulação, apresentarei as minhas opiniões da forma mais sintética possível. Estou seguro de que uma dissertação extensa sobre o assunto não seria facilmente assimilada pelo público, que tende sempre a considerar tais reflexões inúteis ou quiméricas.

Todos os planos de governo que implicam uma grande reforma dos costumes da sociedade são totalmente imaginários. Desta natureza são a *República* de Platão e a *Utopia* de *Sir* Thomas More.[3] A OCEANA é o único modelo aceitável de república que foi até agora apresentado ao público.[4]

---

[3] *Sir* Thomas More (1478-1535) foi durante um período Lorde Chanceler de Henrique VIII, porém mais tarde caiu em desgraça ante o rei por se recusar a prestar qualquer juramento que reconhecesse o direito de Henrique de se divorciar da rainha Catarina e a sua supremacia sobre a Igreja em toda a Inglaterra. More foi condenado por alta traição e falso testemunho, encarcerado e guilhotinado. Na *Utopia*, de More, originalmente publicada em latim em 1516, um marinheiro fictício chamado Rafael Hitlodeu relata os detalhes de uma viagem à ilha de Utopia (literalmente, "não-lugar"). O governo de Utopia se assemelha ao descrito na *República* de Platão, por promover uma vida comunitária e a autoridade dos sábios.

[4] Na discussão que se segue, Hume pressupõe uma familiaridade com algumas das instituições específicas da *República de Oceana*, de Harrington. O modelo de Harrington é uma "república igualitária", isto é, uma que evite aqueles extremos de desigualdade que originam um abismo social entre os ricos e os pobres. A igualdade é garantida na "fundação" da república pela Lei Agrária, e em função das "superestruturas", por meio de seu sistema de rodízio. A Lei Agrária evita a concentração da posse de terras em poucas mãos, por exigir que o proprietário de uma propriedade vasta divida equitativamente a terra entre os seus herdeiros homens, se ele tiver mais de um filho. O sistema de rodízio também se aplica ao governo da república, que apresenta três ordens: o senado,

Mas a OCEANA apresenta defeitos, e os principais parecem ser os seguintes: *Primeiro*, a rotação que propõe é inadequada, pois afasta periodicamente dos serviços públicos mesmo os homens mais eficientes. *Segundo*, a sua lei agrária é inviável na prática; os homens logo descobririam a arte, praticada na ROMA antiga, de ocultar seus bens sob o nome de outras pessoas, até que por fim este abuso se tornaria tão generalizado que até mesmo a aparência de um controle desapareceria. *Terceiro*, a OCEANA não apresenta segurança suficiente para o exercício da liberdade ou para a reparação das ofensas. O senado deve propor e o povo deve consentir; dessa forma, o senado não apenas dispõe do direito de sanção, mas também, o que é muito mais importante, esta sanção antecede o voto popular. Se, na constituição INGLESA, a sanção real funcionasse da mesma maneira, se o Rei tivesse poderes para impedir que qualquer projeto de lei chegasse ao parlamento, ele seria um monarca absoluto. Como cada projeto é precedido pelo voto das duas câmaras, a sanção real tem pouca importância: a única diferença é que a mesma coisa será dita de outra maneira. Quando um projeto popular já passou pelos debates no parlamento, já amadureceu, quando as suas vantagens e desvantagens já foram examinadas e avaliadas, quando ele é, posteriormente, submetido à apreciação

---

que consiste em homens que são eleitos por suas excelentes qualidades (uma "aristocracia natural"), e que debate e propõe a legislação; o povo, representado por uma assembléia popular, que promulga a legislação; e os magistrados, que são eleitos para mandatos de um ou três anos, e cuja função é executar as leis. O senado e a assembléia popular se submetem a um rodízio trienal, ou passam por uma mudança de um terço a cada ano. Os magistrados, cumpridos os seus mandatos, são forçados a respeitar um intervalo igual à duração do período de seu mandato.

DAVID HUME

real, dificilmente um príncipe se arriscará a rejeitar a vontade unânime do povo. Mas, se o rei tivesse o poder de esmagar em sua forma embrionária um projeto que lhe desagradasse (como aconteceu durante um certo período no parlamento ESCOCÊS, por meio da ação dos lordes dos artigos[5]), não existiria qualquer equilíbrio no governo BRITÂNICO e as ofensas jamais seriam reparadas; e é certo que o excesso de poder, em qualquer governo, deve ser atribuído muito menos às leis novas que à negligência em se corrigir os abusos que freqüentemente resultam das leis antigas. MAQUIAVEL diz que muitas vezes os governos se vêem forçados a voltar a seus princípios originais.[6] Parece portanto possível afirmar que, na OCEANA, o senado detém todo o poder legislativo, o que HARRINGTON reconheceria ser uma forma inconveniente de governo, sobretudo depois da abolição da *lei agrária*.

Eis uma forma de governo contra a qual, na teoria, não posso apresentar nenhuma objeção importante.

---

[5] Os Lordes dos Artigos constituíam uma antiga instituição do parlamento escocês, consistindo em um comitê escolhido nos três estados. O rei era capaz de decidir a composição do grupo, por meio de sua influência sobre os bispos, que tinham uma voz determinante na escolha dos demais membros. Como Hume assinala no capítulo 55 da *História da Inglaterra*, nenhuma moção poderia ser apresentada ao parlamento sem o consentimento prévio dos Lordes dos Artigos. Isto conferia ao rei, além do poder de veto às leis que já tinham passado pelo parlamento, o poder de barrá-las, indiretamente, antes mesmo de sua apresentação. Essa última prerrogativa, na opinião de Hume, tinha conseqüências muito mais sérias que a primeira, e "a nação, propriamente falando, não podia gozar de qualquer tipo de liberdade", até que os Lordes dos Artigos tivessem sido abolidos, primeiro em 1641 e por fim em 1690.
[6] Niccolò Machiavelli, *Discorsi sopra la Prima Deca di Tito Livio* (Discursos sobre os primeiros dez livros de Tito Lívio), liv. 3, cap. 1. Os *Discursos*, que foram provavelmente escritos entre 1513 e 1518, foram publicados postumamente em 1531. A primeira tradução inglesa foi publicada em 1636.

A GRÃ-BRETANHA e a IRLANDA (ou qualquer outro território com uma superfície semelhante) são divididas em cem condados, e cada condado em cem freguesias, somando um total de dez mil. Se um país que almeja se transformar numa república tem uma superfície menor, pode-se diminuir o número de condados, mas este não pode ser inferior a 30. Se a superfície for maior, será preferível ampliar as freguesias, ou aumentar o número de freguesias em cada condado, a aumentar o número de condados.

Todos os proprietários rurais do condado que tenham uma renda de 20 libras por ano, bem como todos os proprietários de casas no valor de 500 libras, nas freguesias urbanas, devem se reunir anualmente, na igreja da freguesia, para a eleição de um dos proprietários do condado como o seu *representante*.

Os cem representantes do condado se reúnem na capital do condado dois dias depois da eleição, para elegerem, entre eles, dez *magistrados* e um *senador* do condado. Dessa forma, haverá em todo o estado cem senadores, mil e cem magistrados e dez mil representantes dos condados, pois todos os senadores terão dignidade de magistrados, e todos os magistrados terão dignidade de representantes.

Os senadores, investidos de todo o poder executivo da república, se reúnem na capital: cabe a eles decidir a paz e a guerra, dar ordens aos generais, almirantes e embaixadores; resumindo, eles têm todas as prerrogativas do rei da INGLATERRA, menos a da sanção.

Os representantes se reúnem em seus respectivos condados e detêm o poder legislativo do estado, e todas as decisões são tomadas pela maioria dos condados; havendo empate, caberá ao senado o voto de Minerva.

DAVID HUME

Todas as leis novas devem ser discutidas inicialmente no senado; ainda que uma delas seja rejeitada, se dez senadores insistirem e protestarem, ela deverá ser apresentada à apreciação dos condados. Se lhe aprouver, o senado pode acrescentar à cópia da lei os motivos que o fizeram aprová-la ou rejeitá-la.

Por causa da dificuldade de reunir a íntegra dos representantes dos condados por ocasião de toda e qualquer lei, sobretudo as menos importantes, o senado tem o direito de submeter a lei aos magistrados ou aos representantes dos condados.

Mesmo nos casos em que uma lei foi submetida à sua apreciação, os magistrados podem, se lhes aprouver, convocar os representantes e submeter o assunto à sua decisão.

Seja no caso de a lei ser submetida pelo senado aos magistrados, seja no caso de ela ser submetida aos representantes dos condados, uma cópia da lei e dos motivos do senado deve ser enviada a todos os representantes, até oito dias antes do dia escolhido para a reunião, para que possam deliberar a respeito. E, ainda que a decisão seja submetida pelo senado aos magistrados, se pelo menos cinco representantes solicitarem aos magistrados que reúnam toda a corte dos representantes, para submeter à sua decisão o assunto em questão, eles devem acatar o pedido.

Os magistrados ou os representantes poderão entregar ao senador do condado qualquer lei que pretendam que seja proposta ao senado; e, se pelo menos cinco soldados assim determinarem, a lei, mesmo que seja recusada pelo senado, deve ser submetida aos magistrados ou aos representantes dos condados, tal como foi formulada pelos cinco ou mais condados. Por meio do voto de seus magistrados ou representantes, quaisquer 20 condados podem expulsar qualquer indivíduo de cargos públicos durante o prazo de um ano; se forem 30 condados, o prazo será de três anos.

O senado pode expulsar qualquer um de seus próprios membros, ou um grupo deles, que não poderão ser reeleitos no mesmo ano. O senado não pode expulsar duas vezes no mesmo ano um senador do mesmo condado.

O senado cessante conserva o seu poder durante as três semanas seguintes à eleição anual dos representantes dos condados. Terminado este prazo, todos os senadores se reúnem num conclave, como os cardeais, e por meio de uma operação complicada, como a de VENEZA[7] ou a de MALTA, escolhem os seguintes magistrados: um protetor,

---

[7] O método usual pelo qual o Grande Conselho de Veneza elegia seus magistrados era o seguinte: "Três urnas eram colocadas em frente ao trono ducal, a da direita e a da esquerda contendo, cada uma, um número de esferas equivalente à metade dos membros presentes; todas as esferas eram brancas, com exceção de 30 em cada urna, que eram douradas. Na urna do meio havia 60 esferas, sendo 36 douradas e 24 brancas. Após o anúncio ao Grande Conselho do posto a ser ocupado, os membros sorteavam as esferas das urnas da esquerda e da direita. Aqueles que tiravam esferas brancas reassumiam seus lugares e os 60 com esferas douradas participavam de um novo sorteio, na urna central. Destes 60, os 24 que tirassem esferas brancas reassumiam seus lugares, e os 36 que tirassem as douradas se convertiam em eleitores. Eles então se dividiam em quatro grupos de nove membros. Os grupos se separavam e cada um indicava um candidato para o posto vago, sendo necessários seis votos para a sua nomeação. Os quatro candidatos assim nomeados eram então apresentados ao Grande Conselho e todos os presentes votavam, numa eleição plural. Não se permitia que dois membros da mesma família fossem eleitores da mesma vaga. Se todos os quatro grupos de eleitores concordassem com o mesmo candidato, ele era declarado eleito sem a formalidade de uma nova votação." Ver George B. McClellan, *The Oligarchy of Venice* (Boston, Houghton Mifflin Co., 1904), pp. 159-60. John Adams, que descreve a eleição veneziana em sua *Defesa das Constituições do Governo dos Estados Unidos da América*, vol. I, cap. 2, chama-a de "uma complicada mistura de escolha e acaso". Harrington adotou o modelo veneziano em sua *República de Oceana*.

que representa a dignidade da república e preside o senado; dois secretários de estado; seis conselhos: um conselho de estado, um conselho de religião e cultura, um conselho de comércio, um conselho de leis, um conselho de guerra e um conselho do almirantado, cada um deles constituído por cinco pessoas; juntamente com seis comissários do tesouro e um primeiro comissário. Todos esses precisam ser senadores. O senado também nomeia todos os embaixadores às cortes estrangeiras, que podem ser senadores ou não.

O senado pode conservar um ou todos os conselhos, mas estes devem ser reeleitos todos os anos.

O protetor e os dois secretários têm direito de presença e de voto nas reuniões do conselho de estado. Cabe a este conselho a condução de toda a política exterior. O conselho de estado tem direito de presença e de voto nas reuniões de todos os outros conselhos.

O conselho de religião e cultura fiscaliza as universidades e o clero. O de comércio fiscaliza tudo o que estiver relacionado com o intercâmbio comercial. O de leis fiscaliza todos os abusos da lei cometidos pelos magistrados inferiores e estuda que melhorias podem ser feitas na lei municipal. O de guerra fiscaliza as milícias e a sua disciplina, quartéis, depósitos etc., e quando a república está em guerra decide as ordens a serem dadas aos generais. O conselho do almirantado tem os mesmos poderes em relação à marinha, além da nomeação dos capitães e de todos os oficiais subalternos.

Conselho algum pode dar ordens diretamente, salvo quando este direito lhe for concedido pelo senado. Em todos os outros casos, tudo deve ser comunicado ao senado.

Durante os intervalos entre as sessões do senado qualquer conselho pode convocá-lo para antes da data marcada para a reunião.

Além desses conselhos, existe também a corte dos *competidores*, constituída da maneira seguinte: se um candidato qualquer ao cargo de senador obtiver mais de um terço dos votos dos representantes, o segundo candidato mais votado fica proibido de ocupar qualquer cargo público durante um ano, inclusive o de magistrado ou representante; em compensação, ele ocupa o seu lugar na corte dos competidores. Trata-se, portanto, de uma corte que poderá ser composta de cem membros em algumas ocasiões, ou não ter membro algum, sendo neste caso abolida pelo período de um ano.

A corte dos competidores não tem poder algum no estado, mas apenas o direito de fiscalizar as contas públicas, e de acusar qualquer indivíduo perante o senado. Se ele for absolvido, a corte dos competidores pode, se lhe aprouver, apelar ao povo, seja aos magistrados, seja aos representantes. Após este apelo, os magistrados ou representantes se reúnem numa data marcada pela corte dos competidores e elegem três pessoas de cada condado, desde que nenhuma delas seja um senador. O total de 300 pessoas se reúne na capital e submete o réu a um novo julgamento.

A corte dos competidores tem o direito de propor leis ao senado; caso uma delas seja recusada, pode apelar para o povo, ou seja, para os magistrados ou para os representantes, que a analisam em seus respectivos condados. Todo senador que for expulso do senado por votação da corte ocupará um lugar na corte dos competidores.

O senado detém toda a autoridade judicial da Câmara dos Lordes, ou seja, cabe a ele julgar todos os recursos dos tribunais inferiores. É também o senado que designa o Lorde Chanceler e todos os oficiais de justiça.

Cada condado constitui uma espécie de república autônoma. Os representantes podem elaborar leis secundárias, mas estas só passam a valer três meses após serem votadas. Uma cópia da lei é enviada ao senado e a cada um dos outros condados. O senado ou qualquer condado pode a qualquer momento anular uma lei secundária de outro condado.

Os representantes detêm toda a autoridade dos juízes de paz INGLESES em julgamentos, ordens de prisão &c.

Compete aos magistrados a indicação de todos os oficiais da fazenda em cada condado. Todas as causas relativas à fazenda são julgadas pelos magistrados, em última instância. Eles sancionam as contas de todos os funcionários, mas as suas próprias contas são examinadas e sancionadas no final do ano pelos representantes.

Os magistrados nomeiam os reitores ou ministros de todas as paróquias.

O governo presbiteriano é instituído e o tribunal eclesiástico mais elevado é uma assembléia ou um sínodo, do qual participam todos os presbíteros do condado. Os magistrados têm o direito de tirar qualquer causa desse tribunal, deliberando eles mesmos sobre ela.

Os magistrados têm o direito de levar a juízo, destituir ou suspender qualquer presbítero.

A milícia é organizada segundo o modelo SUÍÇO, que, por ser bem conhecido, dispensa apresentações.[8] Apenas é necessá-

---

[8] Do século XIII em diante, os cantões que constituíam a Confederação suíça foram intimados a usar suas milícias para a defesa mútua, e esse exército de cidadãos foi notavelmente bem-sucedido em conservar a independência do país contra inimigos estrangeiros. Essas milícias eram formadas com base em que todos os homens adultos e fisicamente capazes deviam receber armas e um

rio acrescentar que, anualmente, um exército de 20 mil homens é formado por rotação; este exército é remunerado e acampa durante seis semanas, durante o verão, para familiarizá-lo com a prática do acampamento.

Os magistrados designam todos os coronéis e oficiais de patente inferior, e o senado designa os de patente superior. Em tempo de guerra, o general nomeia o coronel e os oficiais de patente inferior, e ocupa seu posto pelo período de um ano. Terminado este prazo, ele deve ser confirmado pelos magistrados do condado ao qual pertence o seu regimento. Os magistrados podem expulsar qualquer oficial do regimento do condado, e o senado tem o mesmo direito em relação a qualquer oficial em serviço. Se a confirmação da escolha do general não for julgada conveniente pelos magistrados, eles podem nomear outro oficial para ocupar o posto no lugar daquele que rejeitaram.

Em cada condado, todos os crimes são julgados pelos magistrados e por um júri. Mas o senado tem o direito de suspender qualquer julgamento e assumir o comando e a responsabilidade do mesmo.

Qualquer condado pode enviar qualquer indivíduo a julgamento pelo senado, por qualquer crime.

Em casos de emergência extrema, o protetor, os dois secretários, o conselho de estado e outros cinco ou mais membros indicados pelo senado podem ser imbuídos de poderes *ditatoriais* durante um período de seis meses.

---

treinamento militar regular. Para a elaboração do argumento de que uma milícia do modelo suíço constitui o sistema militar mais adequado a uma república, ver Jean-Jacques Rousseau, *Considerações sobre o Governo da Polônia*, cap. 12.

O protetor tem o direito de perdoar qualquer pessoa condenada pelos tribunais inferiores.

Em tempo de guerra, nenhum oficial do exército que esteja no campo de batalha pode ocupar cargos civis de estado.

À capital, que chamaremos LONDRES, podem ser concedidos quatro condados; os representantes de cada condado escolhem um senador e dez magistrados. Portanto, a cidade terá quatro senadores, quarenta e quatro magistrados e quatrocentos representantes. Os magistrados têm a mesma autoridade de que dispõem nos condados. Os representantes também têm a mesma autoridade, mas nunca se reúnem numa assembléia geral: cada representante vota em seu respectivo condado, ou grupo de cem.

Quando uma lei secundária é decretada, o assunto é resolvido pela maioria dos condados ou grupos. No caso de empate, os magistrados têm o voto de Minerva.

Os magistrados escolhem o prefeito, o corregedor, o juiz municipal e os outros funcionários da cidade.

Nenhum representante, magistrado ou senador da república receberá qualquer salário pelo exercício das suas funções. Já o protetor, os secretários, os membros dos conselhos e os embaixadores receberão salários.

O primeiro ano de cada século é destinado à correção de todas as desigualdades que o tempo possa ter gerado no sistema representativo, o que deve ser feito pelo poder legislativo.

A causa dessas normas talvez possa ser explicada pelos seguintes aforismos políticos.

As camadas inferiores do povo e os pequenos proprietários são juízes bons o bastante para quem não estiver muito longe deles em dignidade e posição social; portanto, em suas reuniões de freguesia, é provável que escolham o melhor, ou um dos melhores representantes; mas eles são completamente incompetentes para as reuniões de condado e para eleger os funcionários da república mais elevados. Pois a sua ignorância proporciona aos grandes a oportunidade de ludibriá-los.

Dez mil membros constituem uma base ampla o bastante para qualquer governo livre, mesmo que eles não sejam eleitos anualmente. É verdade que na Polônia os nobres são dez mil, e ainda assim oprimem o povo, mas, como o poder permanece nas mãos das mesmas pessoas e famílias, de certa forma eles constituem uma nação diferente do povo. Além do mais, naquele país os nobres se concentram em algumas poucas famílias.

Todos os governos livres devem ser formados por dois conselhos, um menor e um maior; em outras palavras, pelo senado e pelo povo. Como observa HARRINGTON, ao povo sem o senado faltaria prudência; e ao senado, sem o povo, faltaria honestidade.

Por exemplo, se uma grande assembléia, com mil representantes do povo, fosse autorizada a realizar debates, estes fatalmente acabariam em desordem; mas se nenhuma assembléia for realizada, o senado terá direito à pior espécie de sanção sobre ela, qual seja, a sanção anterior à decisão.

Portanto, este é um inconveniente que, até aqui, nenhum governo solucionou satisfatoriamente, mas que é o mais fácil de se resolver neste mundo. Se o povo realiza debates, tudo é confusão; se não realiza, só pode aprovar, e neste caso é o senado quem decide em seu lugar. Mas, se o povo for dividido em muitos corpos separados, ele poderá realizar debates com segurança, e assim se evitam todos os inconvenientes.

DAVID HUME

Afirma o Cardeal de RETZ que toda assembléia numerosa, seja qual for a sua composição,[9] não passa de um populacho, cujos debates desandam por qualquer pretexto; e a experiência cotidiana o confirma. Basta um membro se lembrar de qualquer absurdo para contá-lo a seu vizinho e assim por diante, até que todos estejam contaminados. Mas se esse grande organismo for dividido, é provável que a razão prevaleça no final, mesmo que todos os membros tenham uma inteligência apenas mediana. Quando se afastam a influência e o exemplo num grupo de pessoas, o bom senso sempre triunfa.

O *senado* deve sempre procurar evitar duas coisas: a combinação e a divisão. A combinação é o inconveniente mais perigoso, contra o qual propomos as soluções seguintes: I. Os senadores dependerão estreitamente do povo, por meio de eleições anuais, mas que não incluam toda uma turba insensata como são os eleitores INGLESES, mas apenas homens de fortuna e educação. 2. A eles será concedido pouco poder; disporão de poucos cargos, já que quase todos estarão distribuídos pelos magistrados dos condados. 3. A corte dos competidores, sendo constituída de homens que são rivais dos senadores e têm interesses muitos semelhantes aos deles, sempre procurará sobrepor-se ao senado.

---

[9] Ver Jean-François-Paul de Gondi, Cardeal de Retz (1614-79), *Mémoires*, in *Oeuvres*, nouvelle éd. (Paris: Hachette, 1870-96), 2:422. Enquanto era assistente de seu tio, o arcebispo de Paris, Gondi foi um dos líderes da Fronda (1648-53), uma revolta contra o governo de Ana da Áustria, regente por seu filho, Luís XIV, e seu ministro, o Cardeal Mazarino. Gondi se tornou cardeal em 1652 e mais tarde passou a se assinar Cardeal de Retz. Suas *Mémoires* foram originalmente publicadas em 1717. Uma tradução inglesa apareceu em 1723.

A divisão do senado será evitada: 1. Pelo número reduzido de seus membros. 2. Como a facção provoca combinações fundadas na separação de interesses, ela será evitada por meio da dependência dos senadores em relação ao povo. 3. O senado terá o poder de expulsar qualquer membro faccioso. Mas, no caso de vir de seu condado outro membro com o mesmo caráter, o senado não poderá expulsá-lo. Nem seria indicado que assim fizesse, pois isso mostraria que esse caráter é próprio daquele povo, e é possível que tenha origem na má condução dos negócios públicos. 4. Num senado escolhido pelo povo de maneira tão regular, pode-se supor que quase todos os membros são capazes de ocupar qualquer cargo público. Seria recomendável, portanto, que o senado tomasse algumas decisões *gerais* em relação à distribuição dos cargos entre seus membros, decisões estas que não seriam aplicadas em ocasiões críticas, quando qualquer senador desse mostras de qualidades extraordinárias ou de uma extraordinária estupidez, mas que seriam suficientes para evitar intrigas e facções, determinando claramente o modo de distribuição dos cargos. Tomemos como exemplo uma decisão segundo a qual ninguém pode ocupar um cargo sem antes ter sido senador durante quatro anos; que ninguém, salvo os embaixadores, pode ocupar um cargo por dois anos seguidos; que ninguém pode ser protetor duas vezes e&. É por meio de regras semelhantes que se governa o senado de Veneza.

Na política externa, o interesse do senado não pode quase nunca ser separado do interesse do povo; deve-se, portanto, dar ao senado um poder absoluto em relação a ela, pois de outra forma não será possível haver sigilo, nem um aperfeiçoamento da política. Além disso, nenhuma aliança pode ser celebrada sem dinheiro, e o senado ainda é bastante dependente. Isso sem mencionar que, sendo o poder legislativo sempre superior ao poder executivo, os magistrados ou os representantes podem intervir sempre que julgarem conveniente.

O principal sustentáculo do governo BRITÂNICO é a oposição dos interesses, mas, embora seja útil de maneira geral, este fato alimenta disputas partidárias intermináveis. No plano apresentado acima, ele faz muito bem, sem fazer mal algum. Os *competidores* não têm o direito de controlar o senado, mas apenas o de acusar e o de apelar para o povo.

Da mesma forma, é preciso evitar a combinação e a divisão entre os mil magistrados. Isso é satisfatoriamente obtido mediante a separação de lugares e de interesses.

E, se isso não bastasse, o fato de dependerem dos dez mil para sua eleição serviria para o mesmo fim.

Mas isso não é tudo, pois os dez mil podem assumir o poder sempre que lhes interessar; e não somente quando lhes interessar, mas também quando isso aprouver a quaisquer cinco de cada cem, o que ocorrerá assim que surgir a primeira suspeita de um interesse separado.

Os dez mil constituem um corpo grande demais, seja para se unirem, seja para se dividirem, salvo quando se reúnem no mesmo local ou caem sob o comando de líderes ambiciosos. Isso sem mencionar a sua eleição anual, pelo conjunto das pessoas de certa posição social.

De um ponto de vista interno, as repúblicas pequenas são os governos mais felizes do mundo, pois nada escapa à vigilância dos governantes; mas elas podem ser subjugadas por qualquer grande força que venha do exterior. Este sistema parece reunir todas as vantagens dos grandes e dos pequenos estados.

Todas as leis dos condados podem ser anuladas tanto pelo senado como por outro condado, pois isso revela uma oposição de interesses, e neste caso nenhuma das partes deve decidir por si mesma. A questão deve ser submetida à apreciação de todos, que decidirão pelo que estiver mais conforme ao interesse geral.

Quanto ao clero e à milícia, as razões dessas normas são evidentes. Se o clero não depender dos magistrados civis e se não existir uma milícia, será inútil pensar que qualquer governo livre poderá ter segurança ou estabilidade.

Em diversos governos, a única remuneração que têm os magistrados inferiores é aquela representada pela satisfação de sua ambição, vaidade ou espírito público. Os salários dos juízes FRANCESES são inferiores aos juros dos valores que pagam por seus cargos. Os burgomestres HOLANDESES auferem pouco mais lucro imediato que os juízes de paz INGLESES ou que os membros da antiga Câmara dos Comuns. A não ser que se suspeite de que isso provocaria uma administração negligente (o que não se deve recear, levando em consideração a ambição natural dos homens), os magistrados devem receber salários condignos. Os senadores têm acesso a tantos cargos honrosos e lucrativos que os seus serviços não precisam ser pagos. E poucos são os serviços que se exigem dos representantes.

Quem reparar na semelhança do plano de governo acima apresentado com a república nas Províncias Unidas, governo sábio e reputado, não poderá duvidar da sua viabilidade. As alterações introduzidas pelo nosso sistema parecem ser todas para melhor, evidentemente. 1. A representação é mais eqüitativa. 2. O poder ilimitado dos burgomestres das cidades, que no estado HOLANDÊS dá origem a uma perfeita aristocracia, é corrigido por uma democracia bem-dosada, confiando-se ao povo a eleição anual dos representantes dos condados. 3. Elimina-se aqui o direito de sanção que todas as províncias têm sobre o conjunto da república HOLANDESA, no que diz respeito às alianças, à paz e à guerra e à cobrança de impostos. 4. No nosso plano, os condados são menos independentes uns dos outros e não constituem corpos tão separados quanto as sete províncias, nas quais a desconfiança e a inveja das províncias e cidades menores em relação às maiores, sobretudo a HOLANDA e AMSTERDAM, têm perturbado com freqüência o governo. 5. Ao senado são conferidos poderes mais amplos, mas de um tipo mais seguro, do que aqueles detidos pelos Estados Gerais, e por conta disso ele pode ser mais eficiente e suas decisões podem ser mais sigilosas do que acontece nos Estados Gerais.

As principais modificações que poderiam ser feitas no governo BRITÂNICO para aproximá-lo de um modelo mais perfeito de monarquia limitada parecem ser as seguintes: *Primeiro*, o plano do parlamento de CROMWELL deve ser restabelecido, de forma a tornar a representação eqüitativa e concedendo apenas aos possuidores de propriedades no valor de pelo menos 200 libras o direito de votar nas eleições dos condados. *Segundo*, sendo a Câmara dos Comuns demasiado poderosa em comparação com uma Câmara dos Lordes fraca, como a atual, os nobres escoceses e os bispos devem ser afastados; o número de membros da Câmara Alta deve ser aumentado para 300 ou 400; seus postos devem ser vitalícios, mas não hereditários; a Câmara deve ter o direito de eleger os seus próprios membros; e nenhum membro da Câmara dos Comuns tem o direito de recusar um posto que lhe seja oferecido. Dessa forma, a Câmara dos Lordes seria inteiramente formada pelos homens de maior reputação, capacidade e interesse da nação, e qualquer líder turbulento da Câmara dos Comuns poderia ser afastado dela e ligado pelo interesse à Câmara dos Lordes. Tal aristocracia constituiria um mecanismo eficaz tanto a favor da monarquia como contra ela. O equilíbrio do nosso governo depende, em certa medida, da capacidade e da conduta do soberano, que atualmente são circunstâncias variáveis e incertas.

Esse plano de monarquia limitada, embora corrigido, parece apresentar ainda três grandes inconvenientes. *Primeiro*, ele não elimina inteiramente, embora possa atenuar, os partidos da *corte* e do *campo*. *Segundo*, o caráter pessoal do rei exercerá ainda uma grande influência sobre o governo. *Terceiro*, a espada está nas mãos de uma única pessoa, que sempre poderá negligenciar a disciplina da milícia como pretexto para manter um exército permanente.

Concluiremos este tema apontando a falsidade da opinião corrente, segundo a qual os grandes estados, como a FRANÇA ou a GRÃ-BRETANHA, jamais poderão se transformar em repúblicas, pois tal forma de governo só pode ser aplicada a cidades ou pequenos territórios. O contrário parece mais provável. Embora a instituição de um governo republicano seja mais difícil num país muito extenso do que numa cidade, depois de consumada esta instituição, torna-se mais fácil conservá-la firme e uniforme no primeiro caso, sem que haja tumultos nem facções. Para as regiões distantes de um grande estado, não é fácil participar de qualquer sistema de governo livre, pois facilmente adquirem estima e reverência por um único indivíduo, que, graças a essa popularidade, pode tomar o poder e, forçando os mais obstinados à submissão, instituir um governo monárquico. Por outro lado, uma cidade aceita facilmente o mesmo sistema de governo: a natural igualdade de propriedade favorece a liberdade, e a proximidade das habitações promove a ajuda mútua entre os cidadãos. Mesmo sob os príncipes absolutos, o governo subordinado das cidades geralmente é republicano, enquanto o dos condados e das províncias é geralmente monárquico. Mas as circunstâncias que favorecem a criação de repúblicas nas cidades são as mesmas que tornam a sua constituição mais incerta e vulnerável. As Democracias são turbulentas. Pois, por mais que o povo seja dividido ou separado em pequenas parcelas por ocasião das eleições, o fato de habitarem perto uns dos outros nas cidades torna sempre considerável a força das correntes populares. As Aristocracias são mais eficientes na manutenção da paz e da ordem, sendo por isso mesmo muito admiradas pelos autores antigos; mas, por outro lado, são excessivamente opressivas e vigilantes. Num país grande que seja governado com perícia magistral, apresentam-se oportunidades de se aperfeiçoar a democracia, desde as camadas mais baixas do povo, que podem ser autorizadas a votar nas primeiras eleições, no plano mais baixo da república, até os mais elevados magistrados, que dirigem toda a vida política. Além disso, as diversas regiões do país são tão distantes umas das outras que se torna muito difícil induzi-las, por meio da intriga, do preconceito ou da paixão, a tomar qualquer medida contrária ao interesse público.

Seria inútil investigar se semelhante governo seria ou não imortal. Concordo com a justiça do poeta quando ele cita o *Homem de sempre*,[10] ao falar sobre os infindáveis projetos da raça humana. Provavelmente, nem o próprio mundo é imortal. Podem surgir pragas de tal modo destruidoras que farão, mesmo de um governo perfeito, uma presa fácil para seus vizinhos. Não se pode afirmar em que medida o entusiasmo e outros movimentos do espírito humano podem levar os homens a negligenciar a ordem e o bem público. Mesmo que as diferenças de interesse sejam eliminadas, o favor e a inimizade pessoais podem fazer surgir facções caprichosas e incontáveis. A ferrugem pode aparecer nas engrenagens mesmo da mais aperfeiçoada máquina política, comprometendo seu funcionamento. Por fim, a prática das grandes conquistas levará qualquer governo livre necessariamente à ruína; e os governos mais perfeitos ainda mais depressa que os imperfeitos; justamente devido às vantagens daqueles sobre estes. E, embora semelhante estado devesse aprovar uma lei fundamental contra as conquistas, ainda assim as repúblicas, como os indivíduos, têm suas ambições, e os interesses imediatos muitas vezes fazem os homens esquecerem a posteridade. A meta de fazer um governo assim florescer durante muitas gerações é um incentivo suficiente para o empenho dos homens. Isso sem pretender atribuir a qualquer obra humana aquela imortalidade que o Todo-Poderoso parece ter recusado às suas próprias criações.

---

[10] O editor não pôde estabelecer a identidade do poeta citado aqui por Hume. O argumento central do poeta parece ser que, embora o homem lute continuamente pela perfeição ou permanência, as suas obras são sempre perecíveis. Este pode ser outro exemplo de como Hume costuma parafrasear vagamente a sua fonte, em vez de citá-la com exatidão. Neste caso, possíveis fontes são Horácio, *Sátiras* 2.8.62, ou Lucrécio, *Da Natureza das Coisas* 2,76 ou 5.1430-31. Hume inclui tanto Horácio quanto Lucrécio em sua lista dos grandes poetas (ver "Da condição média da vida", "Ensaios retirados e não-publicados").

Ensaios retirados & não-publicados

Parte III

Ensaio I

Da escrita de ensaios[1]

A Parcela elegante da Humanidade, que não está imersa na Vida animal, mas emprega seu tempo nas Operações do Espírito, pode ser dividida entre os *eruditos* e os *sociáveis*. Os Eruditos são aqueles que escolheram para si as Operações mais elevadas e mais difíceis do Espírito, que requerem Tempo e Isolamento, e que não podem alcançar a Perfeição sem uma longa Preparação e sem um Trabalho rigoroso. O Mundo dos Sociáveis apresenta uma Disposição sociável e um Gosto pelo Prazer, uma Inclinação aos Exercícios mais fáceis e suaves do Conhecimento, às Reflexões óbvias sobre os Assuntos humanos e os deveres da Vida pública e ainda à Observação dos Defeitos ou Qualidades de Objetos particulares que os cercam. Tais Temas de Reflexão não requerem o Emprego da Solidão, mas sim a Companhia e a Conversação de outros Indivíduos, para que isso se torne um adequado Exercício espiritual: e é esse fator que reúne a Humanidade numa Sociedade, na qual todos apresentam seus Pensamentos e Observações da melhor maneira possível e trocam reciprocamente Informações e Prazeres.

---

[1] Este ensaio apareceu somente em *Ensaios Morais e Políticos*, vol. 2.]

A separação entre o Mundo Erudito e o Mundo Sociável parece ter sido o grande Erro da Época passada, que teve necessariamente uma Influência muito negativa tanto sobre os Livros quanto sobre a Conversação: pois como é possível encontrar Tópicos de Conversação adequados para o Entretenimento de Criaturas racionais, sem ter recorrido alguma vez à História, à Poesia, à Política e, pelo menos, aos princípios mais óbvios da Filosofia? Será que todo o nosso discurso precisa ser uma Série contínua de Mexericos e Observações fúteis? Não deve então o Espírito se elevar, e sim ficar perpetuamente

> Preso e atolado numa Conversa sem fim
> Sobre FULANO que fez isso e BELTRANO que disse aquilo.[2]

Isso faria com o que o Tempo gasto na conversação fosse menos divertido, além de constituir uma Parcela pouco proveitosa de nossas Vidas.

Por outro Lado, o Saber tem sido muito prejudicado pelo fato de estar confinado às Escolas e Celas, isolando-se assim do Mundo e da boa Companhia. Dessa forma, Tudo o que chamamos de *Belles Lettres* se tornou algo totalmente bárbaro, sendo cultivado somente por Homens sem nenhum Gosto pela Vida e pelas boas Maneiras e sem a Liberdade e a Facilidade de Pensamento e Expressão que só podem ser adquiridas através da Conversação. Até mesmo a Filosofia começou a se arruinar

---

[2] A fonte deste dístico não pôde ser localizada pelo editor. Ele pode pertencer ao mesmo autor, ou ao mesmo poema, que Hume cita em "O epicurista", p. 255.

por causa desse Método recluso de Estudo, tornando-se tão quimérica em suas conclusões quanto ininteligível no seu Estilo e na sua Apresentação. E, de fato, o que se poderia esperar de Homens que nunca consultaram a Experiência em qualquer de seus Raciocínios ou que sequer procuraram ter esta Experiência no único lugar onde ela pode ser encontrada, isto é, na Vida Comum e na Conversação?

Observo com grande Prazer que os Homens de Letras de nossa Época perderam, em grande medida, aquela Timidez e aquele Temperamento retraído que os mantinham a uma certa Distância da Humanidade; e, ao mesmo tempo, que os Homens do Mundo estão sentindo Orgulho de aprender nos Livros os mais agradáveis Tópicos de Conversação. É de se esperar que essa aproximação entre o Mundo dos eruditos e o dos sociáveis, que começou de forma tão feliz, seja ainda mais aprimorada, para Proveito mútuo; e, para este Fim, não conheço nada mais vantajoso que estes *Ensaios*, tais como eu apresento para entreter o Público. Dessa forma, não posso deixar de me enxergar como uma espécie de Representante ou Embaixador dos Domínios do Saber nos Domínios da Conversação; e considero como meu Dever permanente promover um bom diálogo entre esses dois Estados, que dependem tanto um do outro. Darei conhecimento aos Eruditos de tudo o que se passa no Mundo da Conversação e oferecerei a este todos os artigos que encontrar em meu País nativo, adequados ao seu Uso e Entretenimento. A Balança desse Comércio não deve ser motivo de Preocupação, nem haverá qualquer dificuldade em torná-la vantajosa para ambos os Lados. Os Materiais desse Comércio devem ser fornecidos principalmente pela Conversação e pela Vida cotidiana: já a sua Manufatura pertence ao Saber.

Como seria uma Negligência imperdoável num Embaixador não prestar seus Tributos ao Soberano do Estado ao qual foi designado para servir; da mesma forma seria imperdoável se eu não me dirigisse, com particular deferência, ao Sexo Frágil, pois as mulheres são as Soberanas do Império da Conversação. Eu me aproximo delas com Reverência, e se meus compatriotas, os Eruditos, não fossem uma Raça tão independente e teimosa de Mortais, extremamente ciosos de sua Liberdade, e tão pouco propensos à Submissão, eu entregaria às suas mãos frágeis a Autoridade soberana sobre a República das Letras. Na prática, a minha Tarefa não vai além de tentar formar uma Liga, ofensiva e defensiva, contra os nossos Inimigos comuns, contra os Inimigos da Razão e da Beleza, contra as pessoas de Cabeças vazias e Corações frios. A partir de agora passemos a persegui-los com o mais severo sentimento de Vingança. Que nada seja concedido a não ser àqueles de Saber sólido e Afeições delicadas. Em relação a esses indivíduos, é de se presumir que seremos sempre inseparáveis.

Falando seriamente, e para deixar a Alusão antes que ela se torne muito surrada, sou da Opinião de que as Mulheres, quero dizer, as Mulheres de Bom Senso e Educação (pois somente a estas me dirijo) são Juízes muito melhores de toda escrita culta do que os Homens com o mesmo Grau de Instrução; e que é inútil temer que elas fiquem aterrorizadas com o Ridículo com que geralmente se tenta menosprezar as Damas, como se apenas o nosso Sexo pudesse se dedicar seriamente aos Livros e ao Estudo. Deixem que este Pavor do Ridículo só tenha como Efeito fazer com que se escondam o Conhecimento dos Tolos, que não o merecem. Estes continuarão insistindo em afetar tolamente uma Superioridade do Sexo Masculino. Mas meus Leitores sensatos podem estar certos de que todos os Homens Sensatos, que conhecem bem o Mundo, demonstram uma grande Deferência pelo Julgamento que as mulheres fazem dos Livros que estão na Base de seu Saber, e depositam uma forte Confiança na sua Delicadeza de Gosto, embora este não seja guiado por regras, confiança maior do que a que depositam em todos os esforços tolos dos Comentadores Pedantes. Numa Nação vizinha, famosa igualmente pelo Bom Gosto e pela Galanteria, as Damas são, de certa maneira, as Soberanas do Mundo *erudito*, bem como do *sociável*. E nenhum Autor educado se aventura a publicar qualquer texto sem a Aprovação de algumas Juízas famosas daquele Sexo. De fato, às vezes o seu Veredicto é motivo de Queixa; observo, em particular, que os Admiradores de *Corneille*, para salvar a Honra do grande Poeta da Ascendência que *Racine* começava a apresentar em relação a ele, sempre diziam que não se deveria esperar que um Homem tão idoso devesse competir, perante aquelas Juízas, com um Rival tão jovem. Mas esta Observação foi considerada injusta, já que a Posteridade parece ter retificado o Veredicto daquele Tribunal; e *Racine*, embora morto, continua sendo o favorito do Sexo Frágil, e também dos melhores Juízes que se encontram entre os Homens.

Existe apenas um Tema sobre o qual eu tendo a discordar do Julgamento das Mulheres: qual seja, os Livros sobre Galanteria e Devoção, aos quais elas dão uma atenção desmedida; e muitas delas parecem dar preferência à intensidade do que à conveniência da Paixão. Cito a Galanteria e a Devoção como constituindo um mesmo Tema, porque, na Realidade, elas se tornam uma coisa só, quando vistas dessa Maneira; e podemos observar que ambas dependem da mesma Compleição. Como o Sexo Frágil apresenta num grau elevado uma Disposição terna e amorosa, as mulheres comprometem o seu Julgamento nessas Ocasiões, tornando-as presas fáceis de indivíduos que não se destacam nem pelo Dom da Expressão, nem pela Natureza dos Sentimentos. Os elegantes Discursos sobre a Religião do Sr. *Addison* não apresentam muitos atrativos, se comparados com os Livros sobre a Devoção mística; e as Tragédias de *Otway* são preteridas em favor da conversa oca do Sr. *Dryden*.[3]

Para que as Damas corrijam o seu distorcido Gosto nesse Particular, elas precisam se acostumar um pouco mais com Livros de todos os Tipos; precisam encorajar os Homens Sensatos e Instruídos a freqüentar a sua Companhia; e, finalmente, precisam lutar sinceramente por aquela União que eu defendi entre os Mundos erudito e sociável. Elas podem, talvez, contar com uma cortesia maior de seus Pretendentes habituais do que dos Homens de Saber; mas não é razoável que elas esperem uma Afeição tão sincera: e espero que elas nunca sejam culpadas de uma Escolha tão equivocada, a ponto de sacrificar a Substância pela Ilusão.

---

[3] As principais tragédias de Thomas Otway (1652-85) são *Don Carlos*, *The Orphan* e *Venice Preserved*. John Dryden (1631-1700), o maior poeta inglês de sua época e um defensor ardoroso da causa *Tory*, era famoso por seus dramas, poesia, crítica e traduções dos antigos. Hume pode ter em mente as peças heróicas de Dryden, que freqüentemente apresentam um caráter extravagante e bombástico.

Dos preconceitos morais[1]

Existe um Grupo de Homens, que recentemente se espalhou entre nós, que se esforçam em serem reconhecidos simplesmente por ridicularizar Tudo aquilo que até aqui parecia sagrado e venerável aos Olhos da Humanidade. A Razão, a Sobriedade, a Honra, a Amizade e o Casamento são alguns dos Temas permanentes de sua Pilhéria: e até mesmo o Espírito público e a Preocupação com o nosso País são tratados como coisas quiméricas e românticas. Se os Esquemas desses anti-Reformistas prevalecessem, todos os Laços da Sociedade precisariam ser desfeitos, abrindo Caminho para a Indulgência de uma Alegria eufórica e licenciosa: A Companhia de bêbados e Pândegos seria preferível à de um Amigo ou Irmão: a Prodigalidade Dissoluta avançaria em detrimento de Tudo o que fosse valioso, nas esferas pública e privada: e os Homens teriam tão pouco Zelo por qualquer coisa além deles mesmos que, por fim, uma livre Constituição do Governo se tornaria algo totalmente impraticável na Humanidade, que degeneraria num Sistema Universal de Fraude e Corrupção.

---

[1] Este ensaio apareceu somente em *Ensaios Morais e Políticos*, vol. 2.

Podemos observar outra Disposição de Espírito, em alguns Pretensos Sábios, que, se não é tão perniciosa quanto a que acabamos de citar, também exerce, contudo, um efeito muito ruim sobre aqueles que a apresentam. Refiro-me a uma grande Busca Filosófica pela Perfeição, que, sob o pretexto de corrigir Preconceitos e Equívocos, ataca os mais estimados Sentimentos do Coração e todos os mais úteis Instintos e Inclinações que podem governar uma Criatura humana. Os *Estóicos* ficaram conhecidos por esta insensatez, entre os Antigos; e eu gostaria que alguns dos Personagens mais veneráveis dos últimos Tempos não os tivessem copiado tão fielmente neste Particular. Os Sentimentos virtuosos e ternos ou Preconceitos, se preferirem, foram gravemente prejudicados por essas Reflexões; enquanto um certo Orgulho ou Desprezo soturnos da Humanidade prevaleceram em seu lugar, sendo considerados sinais de grande Sabedoria; na verdade se tratava da mais egrégia Insensatez de todas. *Statilius*, sendo solicitado por *Brutus* a unir-se a um daqueles nobres grupos que ajudaram a desferir Golpes poderosos pela Liberdade de *Roma*, recusou-se a acompanhá-los, dizendo *Que todos os Homens eram tolos ou loucos e não mereciam que um Homem sábio ocupasse sua mente com eles.*[2]

Meu Leitor culto recordará facilmente aqui a Razão que um antigo Filósofo deu para não se reconciliar com seu Irmão, que solicitava a sua Amizade. Ele era Filósofo demais para pensar que o Laço criado por terem o mesmo Pai implicasse qualquer Influ-

---

[2] Ver em *Vidas* de Plutarco, a vida de Brutus, seç.12. Segundo o relato de Plutarco, Brutus manteve segredo da conspiração contra César de seu amigo Statilius, o Epicurista, porque anteriormente, quando posto indiretamente à prova numa discussão, Statilius respondera da maneira que Hume descreve.

ência sobre um espírito sensato e expressou este Sentimento de uma Maneira tal que não julgo adequado repeti-la aqui.³ Quando um Amigo seu estiver em Aflição, diz *Epicteto*, Você pode demonstrar Solidariedade e lhe trazer Alívio; mas Cuidado para não permitir que qualquer Compaixão afete seu coração a ponto de perturbar aquela Tranqüilidade que constitui a Perfeição da Sabedoria.⁴ Quando *Diógenes* estava Doente, seus Amigos lhe perguntaram o que deveriam fazer com ele após sua Morte. *Por quê?*, ele diz, *Atirem meu corpo no campo.* "O quê!", replicaram. "Atirá-lo aos pássaros e às feras?" *Não: deixem comigo um porrete, para me defender.* "Com que Propósito, perguntam, se você estará privado de todos os Sentidos, nem terá Poder para fazer uso de um porrete?" *Então, se as feras vierem me devorar, por acaso eu sentirei algo?* Desconheço qualquer outra lição deste Filósofo que deixe mais claras tanto a Vivacidade quanto a Força de seu caráter.⁵

---

³ O editor não conseguiu identificar o antigo filósofo nem a fonte da história de Hume.
⁴ Ver Epicteto, *Encheiridion* (Manual), seç. 16: "Se você encontrar alguém chorando de tristeza, seja porque um filho partiu em viagem, ou por ter perdido sua propriedade, tome cuidado para não se deixar levar pela impressão de que o homem está cercado de infortúnios exteriores e mantenha em mente este pensamento: Não é o que aconteceu que aflige este homem (já que não aflige outros), mas o seu julgamento sobre o que aconteceu. Não deixe, contudo, de se solidarizar com ele em suas palavras, e, se a ocasião aparecer, até mesmo compartilhar seus gemidos; mas cuidado para não gemer também no interior de seu ser."
⁵ Diógenes de Sinope (400?-325? a.C.) foi fundador da escola Cínica de filosofia, que buscava a felicidade numa vida austera, devotada à satisfação de poucas necessidades naturais e que desprezava abertamente as coisas convencionalmente consideradas desejáveis. Hume segue aqui o relato dos discursos de Diógenes em Cícero, *Tusculan Disputationes* I.43 (104).

Como são diferentes as Máximas que orientam a conduta de *Eugênio!* Na Juventude, ele se dedicou, com incansável Esforço, ao Estudo da Filosofia; e nada era capaz de afastá-lo dali, exceto quando surgia uma Oportunidade de ajudar os seus Amigos ou de prestar algum serviço a um Homem de Mérito. Quando ele tinha cerca de 30 anos, tomou a decisão de abandonar a Vida livre de Solteiro (na qual ele até então se mostrara disposto a permanecer) por considerar que, sendo ele o último membro do Ramo de uma antiga Família, esta seria extinta se ele morresse sem ter Filhos. Eugênio escolheu então a bela e virtuosa *Emira* como Consorte; após ser o Conforto da sua Vida durante muitos Anos e fazendo com que ele se tornasse Pai de diversas Crianças, ela pagou por fim sua Dívida com a Natureza. Nada poderia ter provocado nele uma Aflição tão severa, mas ele encontrou a Consolação na sua jovem Família, que se aproximou ainda mais dele por conta da morte da Mãe. Uma Filha em particular era a sua Favorita, e a Alegria secreta de seu Espírito; porque seus Traços, sua Aparência, sua Voz evocavam a todo momento a terna Memória de sua Esposa, enchendo seus Olhos de Lágrimas. Ele esconde essa Parcialidade tanto quanto possível; e ninguém exceto seus Amigos mais íntimos sabe disso. Para estes, ele revela toda a sua Ternura; e não é um homem tão afetadamente Filosófico a ponto de dar a isso o Nome de *Fraqueza*. Eles sabem que ele ainda chora no dia do aniversário de *Emira* e que guarda com Ternura as Lembranças de Prazeres do passado; da mesma forma como, quando ela era viva, a data era celebrada com Alegria e Festa. Eles sabem que ele guarda o seu retrato com o máximo Cuidado e que tem um retrato em miniatura que sempre leva junto ao Peito: que ele deixou Ordens, em seu Testamento, para que, seja qual for a Parte do Mundo em que morra, o seu Corpo seja transportado para repousar no mesmo Túmulo da sua Esposa; e para que um Monumento seja erigido sobre eles, celebrando no Epitáfio o seu Amor recíproco e Felicidade, Epitáfio que ele próprio compôs com este Propósito.[6]

Poucos Anos atrás, eu recebi uma Carta de um Amigo, que estava viajando pelo Exterior, e vou transcrevê-la aqui para o Público. Ela dá uma demonstração de um Espírito Filosófico que considero bastante extraordinária, e que pode servir como Exemplo para que não se afaste demais das Máximas de Comportamento e Conduta por conta de uma Busca refinada da Felicidade ou da Perfeição. A história que a carta conta mostra o Acerto dessa atitude.

Paris, 2 de agosto de 1737.

Sir, Sei que você tem mais curiosidade por Relatos sobre Homens que sobre Construções e que está mais ansioso por ser informado sobre a História privada que sobre Transações públicas; Razão pela qual julguei que a seguinte História, que se tornou um Tema

---

[6] O editor não conseguiu localizar qualquer Eugênio, real ou fictício, cuja vida coincida com esses detalhes. Essa história, como a carta que se segue, foi provavelmente inventada por Hume. Assim, Eugênio (literalmente, "nascido com nobreza", "boa alma", "boa inclinação", ou "bom caráter") pode personificar a vida filosófica na qual se acomodam de forma adequada os sentimentos do coração. Joseph Addison usa Eugênio como nome de um dos participantes em seu "Diálogo sobre a Utilidade das Medalhas Antigas" (1721); e Laurence Sterne daria mais tarde o mesmo nome a um personagem de seu romance *Tristram Shandy* (1760-1767).

comum de Conversação nesta Cidade, não constituiria um entretenimento inaceitável para seus olhos.

Uma jovem Dama, de Berço e Fortuna, vendo-se inteiramente no comando de sua existência, persistiu durante um longo período na decisão de levar uma vida de solteira, apesar das inúmeras e vantajosas Propostas que lhe foram feitas. Ela estava determinada a seguir tal resolução, por ter observado muitos Casamentos infelizes à sua volta, e por ter ouvido as constantes Reclamações que suas amigas casadas faziam da Tirania, da Inconstância, do Ciúme ou da Indiferença de seus Maridos. Sendo uma mulher de Espírito forte e dotada de uma Maneira incomum de pensar, ela não encontrou dificuldades para manter-se fiel à Decisão que tomara; e não poderia suspeitar-se capaz de tal Fraqueza que a fizesse ser induzida, por meio de uma Tentação qualquer, a afastar-se dela. Contudo, ela vinha alimentando um forte Desejo de ter um Filho, cuja Educação estava determinada a transformar na principal Preocupação de sua Vida, e ocupar assim o Lugar de todas as outras Paixões às quais tinha renunciado. Ela levou tão Longe a sua Filosofia a ponto de não enxergar uma Contradição entre o seu Desejo e a sua Resolução anterior; e dessa forma começou a procurar, com grande Determinação, entre os seus Conhecidos Masculinos, um cujo caráter e personalidade lhe fossem agradáveis, mas não conseguiu ser satisfeita neste particular. Por fim, estando uma noite no teatro, ela vê, no *Parterre*, um Jovem de Conduta modesta e agradável Compostura; e tem um tal Pressentimento favorável que ela imediatamente alimenta Esperanças de ter encontrado a Pessoa que procurara durante tanto tempo em vão. Ela lhe envia um Criado e solicita a sua Companhia, nos seus Aposentos, na manhã seguinte. O Jovem fica entusiasmado com a Mensagem, a ponto de não conseguir controlar sua Satisfação ao receber uma Proposta de uma Dama de tão grande Beleza, Reputação e Virtude. Portanto, ele ficou muito desapontado quando encontrou uma Mulher que não lhe permitiu qualquer Liberdade; e seu Comportamento cortês o confinava aos limites do Discurso e da Conversação racionais. Ela parecia, porém, disposta a iniciar uma Amizade com ele; e lhe disse que sua Companhia seria sempre aceitável a ela, desde que ele dispusesse de tempo livre. Ele não precisou de muitos Pretextos para renovar suas Visitas, impressionado como estava por seu Charme e Beleza, e na verdade ficaria muito infeliz se fosse privado de sua Companhia. Cada Conversa servia apenas para inflamar ainda mais a sua Paixão, aumentando a Admiração que sentia pela Inteligência e pela Personalidade da mulher e a Alegria por sua própria boa Sorte. Ficava, contudo, preocupado quando pensava na grande Desproporção de Nascimento e Fortuna; e a sua Aflição não era nem um pouco atenuada quando ele refletia sobre a Forma extraordinária como tinham se conhecido. Enquanto isso, nossa heroína Filosófica percebeu que as Qualidades pessoais de seu Amado não desmentiam a sua Fisionomia; então, julgando não haver Motivo algum para esperar mais, ela aproveitou uma Ocasião adequada para informá-lo de sua Intenção. O relacionamento continuou por algum tempo, até que finalmente o seu desejo foi satisfeito e ela se tornou Mãe de um Menino, que seria o Objeto de todos os seus Cuidados e Preocupações futuros. Ela continuaria de bom grado a se relacionar com o Pai; mas, julgando-o um Amante apaixonado demais para que pudesse respeitar as Fronteiras da Amizade, foi obrigada a tomar uma medida Drástica. Ela lhe envia uma carta, na qual inclui um Vale para uma Anuidade de Mil Coroas e expressa, ao mesmo tempo, o desejo de não voltar a vê-lo, e de que ele esquecesse, se possível, todos os Favores e Familiaridades do Passado. Ele ficou estarrecido ao receber a Mensagem; e após tentar, em vão, todos os recursos para dissuadir a Mulher de sua Decisão, decidiu por fim atacá-la em seu *Ponto Fraco*. Ele começa um Processo contra ela no Parlamento de *Paris*; e Reivindica a guarda de seu Filho, que se julga no Direito de educar como lhe parecer adequado, segundo as Normas da Lei em Casos semelhantes. Por sua vez, ela alega que houve um Acordo expresso entre os dois, antes do Intercurso, segundo o qual ele abria mão de qualquer descendência que pudesse resultar de seus Encontros. Ainda não se sabe qual será a decisão do Parlamento sobre este Caso extraordinário, que intriga todos os Advogados, bem como os Filósofos. Assim que chegarem a uma Conclusão, prometo informá-lo, aproveitando a Oportunidade de lhe escrever mais uma vez, como faço agora.

SIR
Seu mais humilde Criado.

Ensaio III

Da estação média na vida[1]

A Moral da Fábula seguinte se revelará facilmente, sem que seja necessário explicá-la. Um Regato encontrou outro, a quem estava longamente unido pela mais estreita Amizade, e dirigiu-se a ele com ruidoso desdém e insolência: "Como é, irmão? Ainda no mesmo estado! Ainda raso e rastejante? Você não se envergonha ao me contemplar, quando pensa que eu estava numa condição igual à sua, e agora me tornei um grande Rio, e em pouco tempo estarei competindo com o *Danúbio* ou o *Reno*, desde que continuem estas chuvas amigáveis que têm favorecido as minhas Margens, mas ignoraram as suas?" É verdade, responde o humilde Regato. "De fato você alcançou uma enorme envergadura. Mas em compensação você também se tornou turbulento e lamacento. Eu estou satisfeito com a minha baixa Condição e a minha Pureza."

Em vez de comentar esta fábula, aproveitarei a ocasião para comparar as diferentes Condições da Vida e para persuadir aqueles meus leitores que se encontram na Condição Média a ficarem satisfeitos com isso, pois ela é a melhor de todas. Na verdade, nela se

---

[1] Este ensaio apareceu somente em *Ensaios Morais e Políticos*, vol. 2.]

encontra a maioria dos homens das classes que, como se supõe, são mais suscetíveis à Filosofia; e, portanto, todos os Discursos da Moralidade devem se dirigir principalmente a eles. Os Grandes estão por demais mergulhados no Prazer; e os Pobres, ocupados demais em satisfazer as Necessidades da Vida para dar ouvidos à calma Voz da Razão. Por ser a mais feliz em muitos aspectos, a Condição Média, especialmente pelo fato de que um homem nela situado pode, com grande serenidade, avaliar a sua própria Felicidade, e desfrutar de um novo Prazer, ao comparar a sua Situação com a das Pessoas acima ou abaixo dele.

A Prece[2] de Agur é suficientemente conhecida. *Duas coisas pedi ao Senhor, que Ele não as negue antes que eu morra. Afastar de mim a Vaidade e as Mentiras; não me conceder a Pobreza nem a Riqueza, alimentar-me com a comida que me for adequada: a fim de que eu não me torne um tolo e O negue, dizendo, Quem é o Senhor? E para que não seja pobre, nem roube, e use o Nome de DEUS em vão.* A Condição média é aqui plenamente recomendada, por proporcionar à Virtude a mais completa *Segurança*; e posso acrescentar que ela também permite à Oportunidade o mais amplo *Exercício*, e torna plena de Qualidade qualquer Ocupação em que se possa engajar. Aqueles que se situam nas Classes mais baixas dos Homens encontram poucas oportunidades de exercer qualquer Virtude, além daquelas da Paciência, da Resignação, da Diligência e da Integridade. Aqueles que alcançaram as condições mais altas encontram pleno Emprego para a sua Generosidade, sua

---

[2] Hume está citando Provérbios 30:7-9, tal como esses versículos aparecem na Versão da Bíblia do Rei James. Outras fontes da época também se referem a esses versículos como "A Prece de Agur". Provérbios 30:1 começa assim: "As palavras de Agur, filho de Jakeh."

Humanidade, sua Afabilidade e sua Caridade. Quando um homem se encontra entre esses dois extremos, ele pode praticar o primeiro grupo de Virtudes com seus *Superiores* e o último com seus *Inferiores*. Toda Qualidade moral à qual a Alma humana é suscetível terá sua chance de ser chamada à Ação. E, dessa maneira, um Homem pode estar muito mais seguro de seu Progresso na Virtude do que se as suas boas Qualidades ficassem adormecidas, e sem encontrar emprego algum.

Mas existe outra virtude que parece ser exercida principalmente entre *Iguais* e, por esse Motivo, é calculada principalmente para a Condição média da Vida. Esta Virtude é a AMIZADE. Acredito que a maioria dos Homens de Temperamento generoso tende a invejar os Poderosos, quando considera as enormes Oportunidades que tais Indivíduos encontram de fazer o Bem aos seus Semelhantes e de adquirir a Amizade e a Estima dos Homens de Mérito. Eles não fazem Esforços em vão, nem se vêem forçados a se associar com pessoas pelas quais não sentem Estima alguma; como as Pessoas das Condições Inferiores, que estão sujeitas a ver recusadas as suas Ofertas de Amizade, mesmo quando eles se sentem mais dispostos a manifestar seus Afetos. Mas, embora os Poderosos tenham mais Facilidade em fazer Amizades, eles não podem estar tão seguros da Sinceridade destas, como os homens das Condições mais baixas; já que os Favores, quando concedidos, podem atrair a Lisonja, em vez de Ternura e Boa Vontade. Já foi observado, com muita justiça, que nós nos associamos mais pelos Serviços que prestamos do que por aqueles que recebemos e que um Homem corre o risco de perder seus Amigos se exigir demais deles. Portanto, eu preferiria ficar no Caminho do meio, para que o Comércio com meus amigos encontrasse um equilíbrio entre as Obrigações prestadas e recebidas. Tenho Orgulho demais para admitir que todas as Obrigações fiquem do meu Lado; e recearia que, se elas ficassem todas do Lado deles, o seu Orgulho também os impedisse de se sentirem à vontade, ou de experimentarem uma verdadeira Satisfação com a minha Companhia.

Podemos observar ainda, sobre a Condição média da Vida, que ela é mais favorável à aquisição de *Sabedoria* e *Habilidade*, bem como de *Virtude*, e que um Homem ali situado tem uma Chance maior de obter Conhecimento tanto dos Homens como das Coisas do que aquele situado numa posição muito elevada. Ele ingressa, com maior familiaridade, na Vida humana: todas as coisas aparecem a seus olhos com suas Cores naturais; ele sente mais Prazer em suas Observações e Conjecturas; e tem, além disso, o Motivo da Ambição para empurrá-lo em suas conquistas; porque ele está ciente de que não alcançará qualquer Distinção ou Eminência no Mundo, senão pelo próprio Trabalho. Mas não posso deixar de lembrar aqui uma Observação, que pode parecer extraordinária, a saber: a de que foi sabiamente ordenado pela Providência que a Condição Média fosse a mais favorável ao aprimoramento de nossas Habilidades naturais, uma vez que efetivamente se requer mais Capacidade para cumprir os deveres desta Condição do que se requer para atuar nas elevadas Esferas da Vida. São mais numerosas as qualidades, e necessário um Gênio mais forte para ser um bom Advogado ou um bom Médico do que para ser um grande Monarca. Tomemos qualquer Linhagem ou Sucessão de Reis, na qual o Nascimento basta para qualificar um homem à Coroa: Os Reis *Ingleses*, por exemplo, que não têm sido considerados os mais brilhantes na

História. Da Conquista à Sucessão da presente Majestade, podemos contar 28 Soberanos, omitindo aqueles que morreram antes da maioridade. Destes, oito foram considerados Príncipes de grande Capacidade, *viz*. O *Conquistador*,[3] *Henrique* II,[4] *Eduardo* I,[5] *Eduardo* III, *Henrique* V[6] e VII, *Elizabeth*[7] e o falecido Rei *Guilherme*. Creio que todos concordarão que, no Curso natural da Humanidade, não existem oito em cada 28 indivíduos que são talhados para a Magistratura ou para os Tribunais. Desde *Charles* VII,[8] dez Monarcas já Reinaram na *França*, omitindo *François* II.[9] Cinco deles foram considerados Príncipes capazes, *viz. Luís* XI,[10] XII e XIV, *François* I[11] e *Henrique* IV. Resumindo, governar bem a Humanidade exige uma grande dose de Virtude, Justiça e Humanismo, mas não uma Capacidade extraordinária. Um certo Papa, cujo nome esqueci, costumava dizer, *Vamos nos distrair, meus amigos, o Mundo governa a si mesmo*. Existem, de fato, alguns Períodos críticos, como aquele em que viveu *Henrique* IV, que exigem o máximo vigor. E qualquer outro sem a Coragem e a Capacidade daquele grande Monarca teria sido esmagado pela Pressão. Mas tais circunstâncias são raras; e mesmo então, a Sorte resolve, pelo menos, Metade dos Problemas.

Já que as Profissões comuns, como o Direito ou a Medicina, requerem capacidade igual ou superior às que são exigidas nas al-

---

[3] Guilherme I, que reinou de 1066 a 1087.
[4] Henrique II, que reinou de 1154 a 1189.
[5] Reinou de 1272 a 1307.
[6] Henrique V, que reinou de 1413 a 1422.
[7] Reinou de 1558 a 1603.
[8] Reinou de 1422 a 1462.
[9] Reinou de 1559 a 1560.
[10] Reinou de 1461 a 1483.
[11] Reinou de 1515 a 1547.

tas Esferas da Vida, é evidente que a sua Alma deve ser feita a partir de uma Forma mais refinada, para brilhar na Filosofia ou na Poesia, ou qualquer outra esfera elevada do Saber. A Coragem e a Decisão são os requisitos principais de um Comandante: a Justiça e o Humanismo, num Homem de Estado: mas o Gênio e a Capacidade são os requisitos de um Erudito. Encontram-se grandes Generais e grandes Políticos em todos os Países e Épocas do Mundo e eles aparecem mesmo, às vezes, entre os povos mais Bárbaros. A *Suécia* estava mergulhada na Ignorância quando produziu *Gustavus Ericson*,[12] e *Gustavus Adolphus*:[13] *Moscou*, quando apareceu o *Czar*:[14] E, talvez, *Cartago*, quando deu origem a *Aníbal*. Mas a *Inglaterra* precisou passar por uma longa gradação de *Spencers*,[15] *Johnsons*,[16] *Wallers*, *Drydens*, até chegar a produzir um *Addison* ou um *Pope*. Um Talento feliz para as Artes e Ciências Humanas é uma espécie de Prodígio entre os Homens. A Natureza precisa fazer uso do maior Gênio de que dispõe em suas Mãos; a Educação e o Exemplo precisam cultivá-lo desde a mais tenra Infância; e o Trabalho também deve agir para elevá-lo a qualquer Grau de Perfeição. Nenhum Homem se surpreende ao ver um *Kouli-Kan*[17] entre os *Persas*: mas um *Homero*, numa Época tão remota, entre os *Gregos*, certamente é motivo do maior Assombro.

---

[12] Gustav Eriksson Vasa, que reinou de 1523 a 1560.
[13] Reinou de 1611 a 1632.
[14] Pedro, o Grande, que reinou de 1689 a 1725.
[15] Edmund Spenser (1552?-99), mais conhecido como *A Fada Rainha*.
[16] Provavelmente o dramaturgo Ben Jonson (1572-1637).
[17] Kouli-Kan era o nome europeu de Nadir Shah, imperador da Pérsia de 1736 a 1747. Nadir, um ladrão famoso, se tornou general do exército real em 1727 e comandou a expulsão do exército afegão que ocupava a Pérsia. Ele usurpou o trono em 1736 e estabeleceu uma nova dinastia. Mais tarde, na mesma década, invadiu e conquistou a Índia.

DAVID HUME

Um Homem não pode demonstrar um Gênio para a Guerra, se não tiver a sorte de ser respeitado pelos seus Comandados; e raramente acontece, em qualquer Estado ou Reino, que um ou vários indivíduos estejam nessa situação. Quantos *Marlboroughs*[18] existiram no Exército confederado, que nunca puderam ir além do Comando de um Regimento? Mas estou convencido de que só houve um *Milton* na *Inglaterra* nestes últimos 300 anos; pois qualquer Homem que tenha Talento para a Poesia pode colocá-lo em prática; e as condições para exercê-la não seriam piores que aquelas conhecidas pelo Poeta divino. Se nenhum Homem fosse autorizado a escrever Versos e sim houvesse uma indicação prévia para os poetas *laureados*, poderíamos esperar que surgisse algum verdadeiro Poeta em dez mil Anos?

Se devêssemos distinguir as Classes dos Homens por seu Gênio e Capacidade, mais que pela sua Virtude e Utilidade Pública, grandes Filósofos seguramente seriam candidatos à primeira Classe, devendo ser colocados no Topo da Espécie humana. Mas este Caráter é tão raro que talvez ainda não tenham surgido mais que dois no Mundo dignos de Reivindicar esse título. Pelo menos *Galileu* e *Newton* me parecem tão acima de todos os demais que não posso admitir que qualquer outro indivíduo pertença à mesma classe que eles.

Grandes Poetas podem aspirar à Segunda Classe; e esta Espécie de Gênio, embora rara, é contudo muito mais freqüente que a primeira. Dos Poetas *gregos* remanescentes, apenas *Homero* parece estar à altura do posto: dos *romanos*, *Virgílio*, *Horácio* e *Lucrécio*: dos *Ingleses*,

---

[18] John Churchill (1650-1722). Primeiro Duque de Marlborough, foi comandante-em-chefe das tropas britânicas e holandesas durante a Guerra da Sucessão Espanhola.

Milton e *Pope*: *Corneille, Racine, Boileau*[19] e *Voltaire* entre os *franceses*: e *Tasso* e *Ariosto* entre os *italianos*.

Grandes Oradores e Historiadores são, talvez, mais raros que grandes Poetas: Mas, como as Oportunidades para exercer os talentos da Eloqüência, ou adquirir o Conhecimento necessário para escrever História, dependem, em alguma medida, da Sorte, não podemos considerar essas Produções do Gênio mais extraordinárias que as primeiras.

Eu deveria agora encerrar esta Digressão e mostrar que a Posição média da Vida é mais favorável à Felicidade, bem como à Virtude e à Sabedoria; mas como os Argumentos que o demonstram parecem bastante óbvios, vou me abster de insistir aqui sobre eles.

---

[19] Nicolas Boileau-Despréaux (1636-1711), poeta e crítico literário.

DAVID HUME

Ensaio IV

Da impudência e da modéstia[1]

Sou da opinião de que as queixas comuns contra a Providência não têm fundamento, sendo as qualidades boas ou más dos homens as causas da sua boa ou má fortuna, muito mais do que geralmente se imagina. Existem, sem dúvida, exemplos do contrário, e estes são bastante numerosos, mas são poucos, em comparação com os exemplos que temos de uma distribuição correta de prosperidade e adversidade: na verdade, isso não poderia ser diferente, levando-se em conta o curso natural dos assuntos humanos. Ser dotado de uma disposição benevolente e amar o próximo resultarão quase infalivelmente em amor e estima; o que é a principal circunstância da vida e facilita toda iniciativa e empreendimento, sem falar na satisfação que é seu efeito imediato. O caso é muito parecido em relação às outras virtudes. A prosperidade está naturalmente, embora não necessariamente, associada à virtude e ao mérito; da mesma forma, a adversidade está ligada ao vício e à insensatez.

Devo, porém, admitir que essa regra aceita uma exceção, em relação a uma qualidade moral; e que a *modéstia* apresenta uma ten-

---

[1] Este ensaio apareceu na primeira edição de *Ensaios Morais e Políticos*, 1741, e nas edições subseqüentes, até e incluindo *Ensaios e Tratados sobre Vários Assuntos*, 1760, a partir da qual foi suprimido.

dência natural a ocultar os talentos de um homem, da mesma forma que a *impudência* tende a expô-los ao máximo, tendo sido o único motivo para muitos homens ascenderem no mundo, apesar de todas as desvantagens de um nascimento pobre e de pequenos méritos. Existem tamanha indolência e incapacidade na maior parte da humanidade, que ela se mostra pronta a aplaudir um homem por conta de qualquer disfarce que ele ousar apresentar; tende também a interpretar seu ar arrogante como prova daquele mérito que ele afirma possuir. Uma segurança razoável parece ser uma companheira natural da virtude; mas poucos homens sabem distingui-la da impudência: pois, por outro lado, como o acanhamento é um resultado natural do vício e da insensatez, ele trouxe muitos prejuízos à modéstia, que na aparência exterior tanto se lhe assemelha.

Como a impudência, embora constitua verdadeiramente um vício, tem os mesmos efeitos sobre a sorte de um homem que uma virtude; assim podemos observar que ela é quase tão difícil de se alcançar, e neste ponto se distingue de todos os outros vícios, que se adquirem com pequenos esforços, e se alimentam continuamente da indulgência. Muitos homens, ao perceberem que a modéstia é extremamente prejudicial à sua fortuna, decidiram ser impudentes, assumindo uma atitude corajosa na aparência: Mas o que se observa é que estas pessoas raramente foram bem-sucedidas nessa tentativa e acabaram se vendo forçadas a retornar à sua primitiva modéstia. Nada impulsiona tanto um homem pelo mundo como uma impudência natural e genuína. A sua falsificação não serve para nada, e não se sustenta por muito tempo. Em qualquer outro campo, um homem pode ser bem-sucedido na simulação, seja qual for a falta que cometa. Mas, quando ele se esforça para parecer impudente sem o ser e a tentativa fracassa, a consciência deste fracasso o faz corar, e infalivelmente o desconcerta.

Se existe algo que pode conferir ao homem modesto mais segurança são algumas vantagens da fortuna, que somente o acaso lhe proporciona. As riquezas, naturalmente, garantem ao indivíduo uma recepção favorável no mundo, dando ao mérito um lustro duplo, quando ele existe; ou ocupando, em grande medida, o lugar do mérito, quando ele é ausente. É maravilhoso observar que ares de superioridade se dão os tolos e os velhacos, desde que tenham muitas posses, em relação a homens de maior mérito, mas que são pobres. Na verdade os homens de mérito não fazem uma oposição muito forte a essa usurpação; ou chegam mesmo a favorecê-la, pela modéstia de seu comportamento. A experiência e o bom senso os tornam tímidos em seu julgamento, fazendo com que examinem cada detalhe com grande rigor: E, por outro lado, a delicadeza dos seus sentimentos faz com que receiem cometer um engano, e percam assim, na prática do mundo, aquela integridade da virtude da qual são tão ciosos. Fazer com que a sabedoria se concilie com a confiança é tão difícil quanto conciliar o vício e a modéstia.

Estas são as reflexões que me ocorreram a respeito desse tema da impudência e da modéstia; eu espero que o leitor não fique desapontado ao vê-las representadas na alegoria que se segue:

JÚPITER, inicialmente, uniu VIRTUDE, SABEDORIA e CONFIANÇA de um lado; e VÍCIO, INSENSATEZ e TIMIDEZ do outro: e, assim ligados, os enviou ao mundo. Mas, embora julgasse tê-los associado da melhor forma e dissesse que *Confiança* era a natural companheira de *Virtude* e que *Vício* merecia acompanhar *Timidez*, não demorou muito até surgirem as primeiras divergências entre eles. *Sabedoria*, que era líder de um grupo, estava acostumada a sempre examinar cuidadosamente qualquer caminho, antes de enveredar por ele; a perguntar aonde ele levava; que perigos, dificuldades e obstáculos possivelmente ou provavelmente surgiriam. Nessas deliberações, ela costumava gastar algum tempo; e esse atraso era muito desagradável para *Confiança*, que estava sempre inclinada a se apressar, sem muita reflexão ou deliberação prévia, avançando pelo primeiro caminho que aparecesse. *Sabedoria* e *Virtude* eram inseparáveis; mas um dia *Confiança*, seguindo sua natureza impetuosa, avançou um trecho considerável em relação aos seus guias e companheiros; e, não sentindo qualquer falta da sua companhia, nunca mais voltou a encontrá-los, nem tampouco voltou a perguntar por eles. Da mesma maneira, a outra sociedade, embora igualmente formada por JÚPITER, também divergiu e se separou. Como *Insensatez* enxergava muito pouco à frente de seus olhos, não tinha critérios para distinguir a adequação de cada caminho, nem meios para dar preferência a um ou a outro; e essa falta de decisão era aumentada por *Timidez*, que, com suas dúvidas e escrúpulos, sempre atrasava a jornada. Isso aborrecia enormemente *Vício*, que não gostava nem de ouvir falar em dificuldades e atrasos e nunca estava satisfeito se não fosse plenamente satisfeito em suas inclinações, fossem elas quais fossem. Ele sabia que *Insensatez*, embora ligada a *Timidez*, seria facilmente governável se estivesse sozinha; e, portanto, como um cavalo bravo que derruba seu cavaleiro, ele se livrou de seu líder sabotando abertamente todos os seus prazeres e prosseguiu sua viagem com *Insensatez*, de quem se tornou inseparável. Dessa forma, *Confiança* e *Timidez* foram privadas de seus respectivos acompanhantes e por algum tempo vagaram sem destino; até que o acaso as levou simultaneamente ao mesmo vilarejo. *Confiança* se dirigiu diretamente para a maior casa, que pertencia a RIQUEZA, a senhora do lugarejo; e, sem se dirigir ao porteiro, entrou imediatamente nos cômodos mais íntimos da casa, onde encontrou *Vício* e *Insensatez* muito bem instalados diante dela. Ela se uniu ao grupo, recomendando-se prontamente à senhora da propriedade; e travou tal familiaridade com *Vício* que logo passou a lhe fazer companhia, ao lado de *Insensatez*. Eles eram convidados freqüentes de *Riqueza* e se tornaram inseparáveis. Enquanto isso, *Timidez*, não ousando se aproximar da casa grande, aceitou um convite de POBREZA, um dos inquilinos; e, entrando na sua cabana, encontrou *Sabedoria* e *Virtude*, que tinham sido expulsas pela proprietária e acabaram parando ali. *Virtude* ficou com pena dela, e *Sabedoria* achou que ela podia melhorar, por seu temperamento: de forma que a admitiram em sua sociedade. E, realmente, as novas companhias alteraram em pouco tempo os seus hábitos e ela se tornou mais amigável e sociável, sendo agora conhecida pelo nome de *Modéstia*. Como as más companhias têm um efeito maior do que as boas, *Confiança*, embora mais refratária ao conselho e ao exemplo, deixou-se degenerar pela companhia de *Vício* e *Insensatez*, passando a se chamar IMPUDÊNCIA. A humanidade, que vira essas sociedades tais como JÚPITER as tinha criado, e ignorando essas deserções recíprocas, é desde então vítima de estranhos equívocos; e sempre que vê *Impudência*, julga ter encontrado *Virtude* e *Sabedoria*; e sempre que encontra *Modéstia*, chama seus acompanhantes de *Vício* e *Insensatez*.

Ensaio V

Do amor e do casamento[1]

Não sei onde se baseia o fato de que as mulheres tendem a levar a mal tudo o que se diz para descrédito do estado conjugal; e que elas sempre interpretem uma sátira do matrimônio como uma sátira dirigida contra elas próprias. Será que elas entendem que são as partes principais envolvidas no matrimônio, e que, se houvesse um retrocesso em relação à prática do casamento no mundo, elas seriam as grandes prejudicadas? Será que elas percebem que as desventuras e os fracassos do estado conjugal se devem mais ao seu sexo que ao nosso? Não espero que elas confessem ser este o caso, nem que atribuam aos seus adversários, os homens, uma vantagem tal que os leve a suspeitar disso.

Sempre pensei em aquiescer àquele estado de espírito do sexo frágil descrito acima, e em escrever um panegírico sobre o casamento: Mas, ao tentar colher materiais à minha volta, eles pareceram ser de uma natureza tão variada que, ao concluir minhas reflexões, percebi que estava mais inclinado a escrever uma sátira, que seria incluída nas páginas opostas às do panegírico: E receio que,

---

[1] Este ensaio apareceu na primeira edição de *Ensaios Morais e Políticos*, 1741, e nas edições subseqüentes, até e incluindo *Ensaios e Tratados sobre Vários Assuntos*, 1760, a partir da qual foi suprimido.

como, na maioria das ocasiões, a sátira contém uma dose maior de verdade que o panegírico, eu acabaria prestando um desserviço à causa feminina com esse expediente; já que sei que elas jamais esperarão que eu distorça os fatos, pois devo ser mais amigo da verdade do que até mesmo delas, quando os interesses de uma e outras forem incompatíveis.

Revelarei agora às mulheres qual é o principal motivo de queixa entre os homens sobre o estado conjugal; e que, se elas se dispuserem a nos satisfazer neste particular, todas as outras diferenças serão acomodadas facilmente. Se não estou enganado, é o gosto das mulheres pela dominação a base maior do conflito; embora, provavelmente, elas também achem que existe tal propensão em nós, que é justamente o que nos leva a insistir tanto nesse ponto. Seja como for, nenhuma paixão parece ter influência mais forte nos espíritos femininos do que a paixão pelo poder; a história oferece um exemplo notável da forma como esta paixão prevalece sobre outra, que é a única talvez que lhe pode servir de contrapeso. Dizem que todas as mulheres na CÍTIA certa vez conspiraram contra os homens, mantendo o segredo tão bem guardado que puderam executar seus desígnios antes de levantar suspeitas.[2] Um dia elas surpreenderam todos os homens da cidade bêbados ou adormecidos; acorrentaram-nos rapidamente; e, tendo convocado um conselho solene de todo o seu sexo, iniciaram um debate sobre

---

[2] A fábula de Hume sobre as mulheres da Cítia não pôde ser localizada pelo editor em qualquer fonte, antiga ou moderna. Para um relato das lendas associadas aos habitantes da Cítia, e sua influência literária, ver James William Johnson, "The Scythian: His Rise and Fall", *Journal of the History of Ideas*, 20 (janeiro, 1959, pp. 250-257).

de que maneira poderiam tirar melhor proveito daquela situação, para evitar que caíssem de novo na escravidão. Matar todos os homens não pareceu agradável a qualquer integrante da assembléia, apesar das injúrias anteriormente recebidas deles; e, mais tarde, elas próprias viram nesta sua indulgência um grande mérito. Concordou-se, por fim, em arrancar os olhos de todos os representantes do sexo masculino e portanto elas renunciariam, em todas as épocas futuras, à vaidade que baseavam na própria beleza, como o preço para assegurarem sua autoridade. Elas pensaram: não será mais possível nos vestirmos bem e nos exibirmos; mas ao menos estaremos livres da escravidão. Não ouviremos mais suspiros ternos; mas em compensação tampouco ouviremos ordens imperiosas. O amor deve nos abandonar para sempre; mas ele levará consigo a nossa submissão.

Já que as mulheres estavam determinadas a mutilar os homens, privando-os de um dos seus sentidos, para torná-los humildes e dependentes, algumas consideraram uma circunstância infeliz que o sentido da audição não servisse ao seu propósito, pois que as mulheres teriam preferido suprimi-lo à visão. E acredito ser um consenso entre as pessoas instruídas que, no estado conjugal, não é um inconveniente tão grande perder a audição quanto perder a visão. Seja como for, o anedotário nos conta que algumas das mulheres de CÍTIA pouparam secretamente os olhos de seus maridos, presumindo, suponho, que elas poderiam governá-los igualmente bem por meio daquele sentido. Mas esses homens eram tão incorrigíveis e intratáveis que as suas esposas foram todas obrigadas, em poucos anos, à medida que decaíam a sua juventude e beleza, a imitar o exemplo das suas irmãs; o que não foi difícil de fazer, num estado onde o sexo feminino já tinha conquistado a superioridade absoluta.

Desconheço se as nossas damas ESCOCESAS herdaram algo de seu temperamento dessas ancestrais de CÍTIA; mas devo confessar que, freqüentemente, já me surpreendi ao ver uma mulher muito satisfeita ao conseguir um tolo como marido, já que ela poderia governá-lo e controlá-lo com menos esforço; e não pude deixar de pensar em seus sentimentos a este respeito, ainda mais bárbaros que aqueles das mulheres de CÍTIA acima mencionados; porque os olhos do entendimento são mais valiosos que os olhos do corpo.

Mas, para ser justo, e para repartir a culpa mais eqüitativamente, receio que seja uma falta do nosso sexo se as mulheres gostam tanto de mandar; pois, se não abusássemos de nossa autoridade, elas jamais sequer pensariam que vale a pena disputar o poder. Sabemos que são os tiranos que produzem os rebeldes; e a história nos mostra que os rebeldes, quando prevalecem, tendem, por sua vez, a se tornar tiranos. Por essa razão, eu desejaria que não houvesse pretensões ao poder de lado algum; mas que tudo fosse, ao contrário, conduzido em perfeito equilíbrio, como ocorre entre dois membros diferentes de um mesmo corpo. E, para induzir as duas partes a adotar esses sentimentos amistosos, eu recorrerei ao exemplo do relato de PLATÃO sobre a origem do amor e do casamento.[3]

---

[3] Ver Platão, *Banquete*, 189c-193d. A história que Hume relata é contada no diálogo pelo poeta cômico Aristófanes, que dedica um de sete discursos (incluindo o discurso de Alcibíades) ao amor. Hume muda alguns detalhes cruciais. Os andróginos (macho-fêmea) eram apenas um dos três sexos originais. Havia, além deles, os machos compostos e as fêmeas compostas. Como relata

A humanidade, segundo esse imaginativo filósofo, não estava originalmente dividida em machos e fêmeas, como no presente; mas cada indivíduo era uma combinação dos dois sexos, sendo em si mesmo marido e mulher, fundidos numa mesma criatura. Esta união era seguramente muito firme, e as partes estavam muito bem ajustadas uma à outra, de forma a existir uma harmonia perfeita entre o macho e a fêmea, obrigados como eram a ser companheiros inseparáveis. E tão grandes eram a harmonia e a felicidade que resultavam daí que os ANDRÓGINOS (era assim que PLATÃO os chamava) ou HOMENS-MULHERES se tornaram insolentes, por conta de sua prosperidade, e se rebelaram contra os Deuses. Para puni-los por essa atitude temerária, JÚPITER não pôde maquinar expediente melhor que separar a parte macho da parte fêmea, dividindo o composto original e perfeito em dois seres separados e imperfeitos. Daí a origem dos homens e das mulheres como criaturas distintas. Mas, apesar dessa divisão, é tão viva a nossa lembrança da felicidade de que gozávamos naquele estado primal, que nunca encontraremos paz na situação atual; por isso, cada uma das duas metades está continuamente buscando, em toda a espécie, a sua outra metade, da qual foi separada: e, quando elas se encontram, gozam novamente a maior das alegrias e o maior encantamento. Mas acontece com freqüência de elas se enganarem neste particular: que elas julguem ser sua metade alguém que não

---

Hume, o amor heterossexual nasce da divisão dos andróginos em machos e fêmeas, realizada por Zeus. Os dois sexos anseiam pela união com seus antigos parceiros. Hume se cala, contudo, sobre o amor homossexual, que resulta da divisão dos outros indivíduos em fêmea-fêmea e macho-macho. Enquanto Hume escreve a favor do amor e do casamento heterossexuais, Aristófanes os deprecia, defendendo por sua vez a homossexualidade masculina.

lhes corresponde de forma alguma; e que as partes não se unam nem se fundam uma à outra, como costuma acontecer após as fraturas. Neste caso, a união logo se dissolve, e cada parte fica novamente livre para retomar sua caçada, lançando-se ao encontro de todas as pessoas que encontra, tentando e errando, sem descansar, até alcançar a harmonia perfeita com outra criatura, o que recompensará por fim os seus esforços.

Se eu me dispusesse a levar adiante esta ficção de PLATÃO, que aborda o amor mútuo entre os sexos de uma forma tão agradável, eu o faria por meio da seguinte alegoria.

Quando JÚPITER separou o macho da fêmea, subjugando o seu orgulho e ambição através desta operação tão severa, ele posteriormente se arrependeu da crueldade de tal vingança e se viu tomado de compaixão pelos pobres mortais, tornados incapazes de qualquer tranqüilidade ou repouso. Surgiram tamanhos desejos, ansiedades e necessidades que eles passaram a amaldiçoar sua criação, e a julgar a própria existência um castigo. Em vão eles recorreram a diversos tipos de ocupação e entretenimento. Em vão buscaram diversos prazeres dos sentidos, bem como diversos refinamentos da razão. Nada podia preencher aquele vazio que eles sentiam em seus corações, nem compensar a perda de seus parceiros, de quem foram dolorosamente separados. Para remediar essa desordem e proporcionar ao menos algum conforto para a raça humana em meio a uma situação desesperada, JÚPITER enviou AMOR e HIMENEU para reunir as metades separadas da espécie, fundindo-as novamente, da melhor forma possível. Essas duas divindades encontraram na humanidade uma disposição tão grande para retornar ao seu estado primal que elas realizaram seu trabalho com maravilhoso sucesso, durante algum tempo; ao menos até que, por causa de diversos acidentes infelizes, surgiu uma desavença entre elas. O principal conselheiro e favorito de HIMENEU era ZELO, que enchia continuamente a cabeça de seu patrão com perspectivas do futuro; um lar, família, crianças, criados; de forma que pouco mais que isso era levado em consideração em todos os pares que *eles* formavam. Por outro lado, *Amor* escolhera o PRAZER como seu favorito, e ele era um conselheiro tão pernicioso quanto o outro, pois nunca deixava *Amor* olhar além da gratificação imediata e momentânea, ou da satisfação de uma inclinação dominante. Em pouco tempo, esses dois favoritos se tornaram inimigos inconciliáveis, cuja principal ocupação era sabotar um ao outro em todos os seus empreendimentos. Mal *Amor* fundia duas metades separadas, que ele voltara a cimentar para formar uma sólida união, *Zelo* se insinuava, trazendo consigo HIMENEU, para dissolver a união produzida por *Amor*, e unir cada metade a outra diferente, que ele próprio escolhera. Para se vingar, *Prazer* ataca um par já reunido por HIMENEU; e, pedindo ajuda a *Amor*, eles conspiram para formar por laços secretos novos pares, sem o conhecimento de HIMENEU. Não demorou muito para que os efeitos perniciosos dessa disputa fossem notados; e chegaram tantas queixas ao trono de JÚPITER que ele foi obrigado a convocar as partes litigiosas diante de si, para que justificassem a sua conduta. Depois de ouvir os argumentos dos dois lados, ele ordenou uma reconciliação imediata entre *Amor* e HIMENEU, como o único expediente capaz de trazer a felicidade à humanidade: e, para estar seguro de que essa reconciliação seria duradoura, determinou com severidade que nunca mais unissem quaisquer metades sem consultar previamente seus favoritos *Zelo* e *Prazer*, para obter o consentimento de ambos à união. Até hoje, quando essa ordem é observada estritamente, o *Andrógino* é perfeitamente restaurado e a espécie humana goza da mesma felicidade de que desfrutava em seu estado primal. A costura que une os dois seres mal se percebe; e ambos se combinam para formar uma criatura perfeita e feliz.

Ensaio VI

Do estudo da história[1]

Não existe nada que eu recomendaria com mais convicção às minhas leitoras do que o estudo da história, por ser a ocupação, entre todas as outras, mais adequada não somente ao seu sexo como à sua educação, muito mais instrutiva do que os seus livros de entretenimento habituais e muito mais divertida do que aquelas composições sérias que geralmente se encontram em seus armários. Entre outras verdades importantes, que elas podem aprender com a história, as leitoras podem se informar sobre duas em particular, cujo conhecimento contribuirá bastante para sua serenidade e repouso; *Que* o nosso sexo, bem como o delas, está longe de ser constituído por criaturas tão perfeitas como elas podem imaginar; e *Que* o Amor não é a única paixão que governa o mundo masculino, pois ele é freqüentemente sobrepujado pela avareza, pela ambição, pela vaidade e por mil outras paixões. Levando em conta esses dois particulares, se são mal-intencionados os representantes do sexo masculino que recomendam os romances e novelas ao sexo frágil eu não sei; mas devo

---

[1] Este ensaio apareceu na primeira edição de *Ensaios Morais e Políticos*, 1741, e nas edições subseqüentes, até e incluindo *Ensaios e Tratados sobre Vários Assuntos*, 1760, a partir da qual foi suprimido.

confessar que sinto alguma tristeza ao vê-las com tanta aversão pela realidade dos fatos e com tamanho apetite pela ilusão. Lembro que, numa ocasião, fui solicitado por uma jovem beleza, por quem eu nutria alguma paixão, a lhe enviar novelas e romances para a sua diversão durante a sua estada no campo; mas eu não era egoísta a ponto de tirar proveito das possibilidades que tal leitura poderia me proporcionar e estava mesmo decidido a não fazer um mau uso de armas envenenadas contra ela. Por isso, eu lhe enviei as Vidas de PLUTARCO, assegurando-lhe, ao mesmo tempo, que não existia uma palavra sequer de verdade naquele livro, do começo ao fim. Ela o leu com muita atenção, até chegar às vidas de ALEXANDRE e CÉSAR, cujos nomes ela ouvira por acidente; e então me devolveu o livro, reprovando-me muito por enganá-la.

Na verdade, podem alegar que o sexo frágil não demonstra tal aversão pela história, tal como representei aqui; desde que se trate de uma história *secreta* e contenha alguma transação memorável, de forma a excitar a sua curiosidade. Mas como eu não considero que a verdade, que é a base da história, tenha qualquer parentesco com essas anedotas, não posso admitir que isso seja uma prova de sua paixão por aquele estudo. Por mais que essa paixão possa existir, não vejo por que a mesma curiosidade não possa ser direcionada de uma forma mais adequada, levando-as a se interessar pelos relatos daqueles que viveram em épocas passadas, bem como de seus contemporâneos. Que importância tem para CLEORA se FÚLVIA mantém ou não um comércio secreto de *Amor* com FILANDRO? Não tem ela igual razão para ficar satisfeita, quando lhe informam (e isto é sussurrado entre os historiadores) que a mulher de CATÃO armara uma intriga com CÉSAR e convencera seu filho, MARCUS BRUTUS, de que o amava como marido, embora na verdade ele fosse seu amante? E não são os amores de MESSALINA e JÚLIA temas narrativos tão interessantes quanto qualquer intriga que esta cidade tenha produzido nos últimos anos?[2]

Mas não sei de onde se tirou a idéia de que eu fui de algum modo contaminado por uma sorte de implicância contra as mulheres: A menos, talvez, que isto proceda do mesmo motivo que faz alguém que, sendo o companheiro favorito de uma mulher, é também objeto de pilhérias e brincadeiras, ainda que bem-intencionadas. De qualquer forma, é agradável nos dirigirmos a alguém que nos é agradável; e presumir, ao mesmo tempo, que nada será levado a mal por alguém que esteja seguro da boa opinião e dos afetos de qualquer um presente. Passarei agora a abordar meu tema mais seriamente, e apontarei as muitas vantagens que resultam do estudo da história; mostrarei também como este é adequado a todas as pessoas, mas particularmente àquelas que se privam de estudos mais rigorosos, pela fragilidade de sua natureza ou pela fra-

---

[2] A meia-irmã de Catão, Servília, foi durante um período amante de Júlio César. Isso provocou rumores de que César era o verdadeiro pai de Brutus. Valéria Messalina, aos 14 anos de idade casou-se com seu primo Claudius, então com 48 anos, pouco antes de ele se tornar imperador. Ela era famosa pela sua devassidão sexual e chegou ao ponto de celebrar um casamento com Gaius Silius, quando o imperador estava ausente de Roma. Messalina e Silius foram executados em 48 d.C., por ordem de Narciso, secretário particular de Claudius.

Júlia, a única filha do imperador Augusto, casou-se com Tibério em 11 a.C. Antes de 2 a.C., seu pai, tomando conhecimento de sua conduta adúltera, enviou-a para o exílio, onde ela morreu em 14 d.C. Contudo, Hume também pode estar se referindo a Júlia irmã de Calígula, que foi banida em 39 d.C. por adultério com seu cunhado. Depois que ela foi devolvida por Claudius, Messalina a acusou de cometer adultério com Sêneca. Ela foi banida mais uma vez e pouco depois executada.

queza de sua educação. As vantagens encontradas na história parecem se dividir em três tipos: ela entretém a imaginação, desenvolve a compreensão e fortalece a virtude.

Será que existe, a rigor, um entretenimento mais agradável ao espírito do que ser transportado às mais remotas épocas do mundo e observar a sociedade humana em sua infância, fazendo os primeiros e débeis ensaios em direção às artes e ciências? Do que ver a política dos governos, e a civilidade da conversação se refinarem pouco a pouco, e tudo o que é ornamental à vida humana avançar rumo à sua perfeição? Observar a ascensão, o progresso, o declínio e a extinção final dos impérios mais poderosos; As virtudes, que contribuíram para a sua grandeza, e os vícios, que provocaram a sua ruína? Resumindo, ver toda a raça humana, desde o início dos tempos, passar como numa retrospectiva diante de nossos olhos; aparecendo em suas cores verdadeiras, sem qualquer daqueles disfarces que, durante o seu tempo de vida, comprometeram o julgamento de tantas pessoas: Pode-se imaginar espetáculo mais magnífico, mais variado, mais interessante? Que diversão, tanto dos sentidos quanto da imaginação, se lhe pode comparar? Aqueles passatempos triviais, que absorvem tanto do nosso tempo, podem ser considerados mais satisfatórios e mais dignos de atrair a nossa atenção? Quão pervertido deve estar um gosto capaz de fazer uma escolha de prazeres tão equivocada!

Mas a história desenvolve o conhecimento, além de constituir uma diversão agradável; e uma grande parte daquilo que geralmente chamamos de *Erudição* e que temos em tão alta conta não é senão uma familiaridade com os fatos históricos. Um conhecimento extenso desse tipo pertence aos homens das letras; mas devo julgar uma ignorância imperdoável das pessoas, seja qual for seu sexo ou condição social, que não conheçam a história de seu próprio país, além da história da GRÉCIA antiga e de ROMA. Uma mulher pode se comportar com boas maneiras, e **até mesmo** demonstrar alguma vivacidade e inteligência; mas quando o seu espírito é tão pouco estimulado, é impossível que sua conversação possa proporcionar qualquer entretenimento a homens sensatos e reflexivos.

Devo acrescentar que a história não é somente uma região valiosa do conhecimento, mas abre as portas para muitas outras regiões, além de fornecer material para a maioria das ciências. E, de fato, se considerarmos a brevidade da vida humana, e o nosso limitado saber mesmo no que se refere ao nosso próprio tempo, devemos estar cientes de que seríamos eternas crianças no conhecimento, se não fosse por essa invenção, que amplia a nossa experiência a todas as épocas passadas, e rumo às nações mais distantes; e que contribui significativamente para o progresso do nosso saber, como se toda a história se tivesse passado efetivamente sob a nossa observação. De um homem familiarizado com a história pode-se dizer que, de certa forma, ele viveu desde o princípio do mundo e fez contínuas adições ao seu estoque de conhecimento a cada século.

Também existe outra vantagem naquela experiência adquirida por meio da história, acima do que é aprendido com a experiência do mundo, que é a de nos tornar familiarizados com os negócios humanos, sem diminuirmos em qualquer grau os nossos mais delicados sentimentos da virtude. E, para ser franco, eu não conheço qualquer estudo ou ocupação que possa exceder a história neste particular. Os poetas podem pintar a virtude com as cores mais encantadoras; mas, como eles se dedicam inteiramente às paixões, freqüentemente se tornam defensores do vício. Até mesmo os filósofos estão sujeitos a se confundir, nas sutilezas de suas especulações; e temos visto alguns deles chegarem ao ponto de negar a realidade de todas as distinções morais. Mas julgo ser uma observação digna da atenção dos pensadores especulativos que os historiadores têm sido, quase sem exceção, os verdadeiros amigos da virtude e sempre a representaram em cores adequadas, por mais que tenham errado em seus julgamentos de indivíduos particulares. O próprio MAQUIAVEL demonstra um autêntico sentimento de virtude em sua história de FLORENÇA. Quando ele fala como um *Político*, em seus raciocínios gerais, ele considera o envenenamento, o assassinato e o perjúrio como meios lícitos do exercício do poder; mas, quando fala como um *Historiador*, em suas narrativas particulares, ele demonstra uma indignação tão intensa contra o vício e uma aprovação tão vigorosa da virtude, em muitas passagens, que eu não hesitaria em aplicar a ele aquela observação de HORÁCIO: Que, se você perturbar a natureza, ainda que com grande indignação, ela sempre se voltará contra você.[3] Esta atitude dos historiadores a favor da virtude não é difícil de demonstrar. Quando um homem de negócios ingressa na vida e na ação, ele está mais inclinado a considerar as personalidades dos homens em relação aos seus próprios interesses do que pelas suas características em si; e o seu julgamento é, a todo momento, comprometido pela violência de suas paixões. Quando um filósofo contempla

---

[3] Horácio, *Epístolas* I.10.24-25: "*Naturam expelles furca, tamen usque recurret, et mala perrumpet furtim fastidia victrix*": "Você pode expulsar a Natureza com um forcado, mas ela voltará depressa, e, antes que você perceba, rebentará em triunfo contra seu tolo desprezo" (tradução da edição Loeb por H. Rushton Fairclough).

personalidades e costumes sem sair de seu gabinete, a visão abstrata geral dos objetos que desenvolve deixa a sua mente tão fria e apática que não sobre espaço para os sentimentos da natureza agirem; e ele mal percebe a diferença entre o vício e a virtude. A história mantém um justo equilíbrio entre esses dois extremos, abordando sempre os objetos de um ponto de vista adequado. Os autores de história, bem como os leitores, estão suficientemente interessados nos personagens e acontecimentos para terem um vívido sentimento de vergonha ou satisfação; e, ao mesmo tempo, eles não têm um interesse ou preocupação particular qualquer que corrompa o seu julgamento.

Veræ voces tum demum pectore ab imo
Eliciuntur.
LUCRÉCIO.[4]

---

[4] Lucrécio, *Da Natureza das Coisas* 3.57-58: "...só então as palavras verdadeiras vêm do fundo do coração" (tradução da edição Loeb por Martin Ferguson Smith). O contexto dessas palavras é a observação do poeta de podermos discernir melhor quem uma pessoa é num período de adversidade, quando ela se encontra em perigo ou sob ameaça.

Da avareza[1]

É fácil observar que os autores cômicos exageram as características de seus personagens, retratando-os, como janotas ou covardes, com traços mais fortes do que se pode encontrar na natureza. Este tipo de pintura moral, para o palco, foi freqüentemente comparado à pintura de tetos e cúpulas, onde as cores são sobrecarregadas e cada detalhe é desenhado com excessiva grandeza, além da natural. As figuras parecem monstruosas e desproporcionais quando vistas de muito perto; mas se tornam naturais e regulares, se olhadas a distância, do ponto de vista para o qual elas foram intencionalmente concebidas. Por um motivo semelhante, quando os personagens são exibidos em representações teatrais, a necessidade de transmitir uma impressão de realidade os transforma, de alguma maneira. E, para compensar a sua frieza e falta de interesse, é muitas vezes necessário reforçar a sua substância, pela força do colorido. Assim ocorre na vida cotidiana: quando um homem se permite afastar alguma vez da verdade em suas narrativas, ele nunca mais poderá se restringir aos limites da probabilidade; ao

---

[1] Este ensaio apareceu na primeira edição de *Ensaios Morais e Políticos*, 1741, e nas edições subseqüentes, até e incluindo a de *Ensaios e Tratados sobre Vários Assuntos* (1768), a partir da qual foi omitido.

contrário, acrescentará ainda novas circunstâncias, que tornem a sua história mais maravilhosa, satisfazendo assim à sua imaginação. Dois homens usando ternos de tarlatana se tornaram onze, antes que *Sir* JOHN FALSTAFF chegasse ao fim da sua história.[2]

Existe apenas um vício que se pode encontrar na vida com traços tão fortes e um colorido tão intenso quanto aquele empregado por qualquer satirista ou poeta cômico; é a AVAREZA. Todos os dias encontramos homens de imensa fortuna, sem herdeiros e à beira da cova, que recusam a si mesmos satisfazer as necessidades mais básicas da vida e continuam acumulando riquezas sobre riquezas, sofrendo todas as reais pressões da mais extrema pobreza. Um velho usurário, diz a história, já em seus últimos estertores, foi presenteado pelo padre com um crucifixo para venerar. Ele abre seus olhos antes de expirar, avalia o crucifixo e lamenta, *Estas jóias não são verdadeiras; só posso penhorá-las em troca de dez pistolas*. Trata-se provavelmente da invenção de algum autor de epigramas; mas qualquer pessoa, com base em sua própria experiência, é capaz de lembrar exemplos quase tão impressionantes da perseverança na avareza. É conhecido o relato sobre um miserável famoso desta cidade que, encontrando-se perto da morte, convocou alguns magistrados e os presenteou com uma promissória de cem libras, a serem gastas depois de sua morte; soma esta que deveria ser usada com fins caritativos; mas, assim que eles se foram, ele ordenou que eles voltassem e lhes ofereceu dinheiro vivo, desde que lhe dessem um desconto de cinco libras. Outro avarento famoso, no norte, pretendendo enganar seus herdeiros, ameaçava deixar sua fortuna para

---

[2] Shakespeare, primeira parte de *Henrique IV*, Ato 2, cena 9.

a construção de um hospital, protelando dia após dia a assinatura de seu testamento; e acredita-se que, se não tivesse sido pago para assiná-lo, ele teria morrido sem testamento. Resumindo, nenhum dos mais furiosos excessos do amor e da ambição pode ser comparado, em qualquer aspecto, aos extremos da avareza.

A melhor desculpa que pode ser dada para a avareza é a de que ela geralmente prevalece em homens velhos ou em homens de temperamento frio, nos quais todas as outras afeições estão extintas; e, como o espírito é incapaz de ficar sem qualquer paixão ou objetivo, encontra satisfação, ao menos, nessa prática monstruosa, que combina com a frieza e a inatividade de seu temperamento. Ao mesmo tempo, parece extraordinário que uma paixão tão gelada e sem espírito seja capaz de levar um homem mais longe que o calor da juventude e do prazer: Mas, se examinarmos a questão com mais cuidado, observaremos que é essa mesma circunstância que torna mais fácil a explicação do problema. Quando o temperamento é quente e cheio de vigor, ele naturalmente enevereda por diversos caminhos, produzindo paixões inferiores para contrabalançar, em alguma medida, sua inclinação predominante. É impossível para uma pessoa com tal temperamento, por mais que esteja empenhada numa única meta, privar-se de todo senso de vergonha, ou de toda preocupação com os sentimentos da humanidade. Seus amigos exercem necessariamente alguma influência sobre ele: e outras considerações também têm seu peso. Tudo isso serve para contê-lo dentro de alguns limites. Mas não é de se estranhar que o homem avarento, que é, por sua frieza de temperamento, indiferente à reputação, à amizade ou ao prazer, seja levado tão longe por sua inclinação predominante e manifeste esta sua paixão de formas tão surpreendentes.

De acordo com isso, não encontramos vício tão incurável quanto a avareza: e, embora mal tenha existido um moralista ou filósofo, do princípio do mundo até hoje, que não tenha atacado este vício, dificilmente encontraremos um único exemplo de uma pessoa que dele tenha sido curada. Por esta razão, tendo a apoiar mais aqueles que atacam a avareza com sabedoria e humor do que aqueles que a tratam de uma forma séria. Já que são tão poucas as esperanças de fazer bem às pessoas infectadas por esse vício, que ao menos se entretenha o restante da humanidade, ao expô-lo de uma maneira divertida: até porque não existe outra diversão que eles pareçam dispostos a compartilhar.

Entre as fábulas de *Monsieur de la* MOTTE,[3] existe uma sobre a avareza que me parece ser mais natural e fluente que a maioria das fábulas desse engenhoso autor. Um avarento, conta ele, ao morrer, e devidamente sepultado, chegou às margens do rio ESTIGE, esperando ser transportado de barca ao lado de outros fantasmas. CARONTE se aproxima para cobrar a tarifa e se surpreende ao ver o avarento, em vez de pagá-la, atirar-se no rio, nadando até o outro lado, indiferente a todo clamor e oposição que pudessem se voltar contra ele. Todo o inferno estava em alvoroço; e cada juiz estava refletindo sobre uma punição adequada a um crime de conseqüências tão graves para as finanças do inferno. Deveria ele ser acorrentado à rocha com PROMETEU? Ou tremer abaixo do precipício ao lado das DANAIDES? Ou assistir a SÍSIFO empurrando sua pedra? Não, diz MINOS, nada disso. Devemos inventar

---

[3] Antoine Houdar de la Motte (1672-1731), "L'Avare et Minos" ("O avarento e Minos"), in *Oeuvres* (Paris, 1754) 9:97-100; Genebra: Slatkine Reprints, 1970), 2: 441-42.

uma punição mais severa. Deixe-o voltar à terra, para ver o uso que seus herdeiros estão fazendo de suas riquezas.

Espero que não seja interpretado como um desejo de me colocar à altura daquele celebrado autor, se eu prosseguir com uma fábula de minha própria lavra, destinada a expor o mesmo vício da avareza. A inspiração foi retirada destas linhas do Sr. POPE:

> *Condenados às minas, um igual destino acontece*
> *Ao escravo que as cava e ao escravo que nelas se esconde.*[4]

Nossa velha mãe Terra, em certa ocasião, fez uma acusação contra a AVAREZA nas cortes do Senhor, por sua perversidade e influência maligna, por tentar continuamente induzir, persuadir e traiçoeiramente seduzir os filhos da queixosa a cometerem o detestável crime do parricídio, retalhando seu corpo e saqueando as suas entranhas em busca de um tesouro oculto. A acusação era muito longa e verborrágica; portanto vamos omitir uma grande parte das repetições e termos sinônimos, para não cansar demais os nossos leitores com nossa história. A AVAREZA, sendo chamada diante de JÚPITER para responder à acusação, não tinha muito a dizer em sua própria defesa. A injustiça foi claramente provada contra ela. Os fatos eram efetivamente notórios, e a injúria tinha sido repetida com freqüência. Portanto, quando a queixosa exigiu justiça, JÚPITER prontamente assinou uma sentença ao seu favor; e decretou, para este propósito, que, uma vez que a

---

[4] Alexander Pope, *Epístolas a Diversas Pessoas*, Epístola III. A Allen Lord Bathurst. "Do uso das riquezas" (linhas 109-110).

dama *Avareza*, a ré, tinha ofendido gravemente a dama *Terra*, a queixosa, ordenava-se pela presente que ela devolvesse o tesouro que tomara em grave delito da triste queixosa, ao saquear suas entranhas, e, da mesma maneira que antes, abrisse suas entranhas e lhe restituísse tudo, sem diminuição ou retenção de qualquer espécie. Desta sentença decorre que, diz JÚPITER à sua audiência, em todas as épocas futuras, os culpados de *Avareza* deverão enterrar e esconder suas riquezas, devolvendo assim à Terra o que dela foi roubado.

David Hume

Ensaio VIII

Um perfil de Sir Robert Walpole[1]

Nunca houve um homem cujas ações e personalidade tenham sido mais aberta e honestamente investigadas que aquelas do presente ministro, que, tendo governa-

---

[1] Este ensaio apareceu pela primeira vez em janeiro de 1742, em *Ensaios Morais e Políticos*, vol. 2. Nesse período, a situação de Walpole como primeiro-ministro do rei era delicada, já que o seu partido tinha conseguido apenas uma pequena maioria na eleição geral de 1741 e o ministério estava sob ataque cerrado por conta de sua conduta nos assuntos exteriores. Ele foi forçado a se demitir no começo de fevereiro de 1742, retirando-se para a Câmara dos Lordes como Conde de Orford. Na Advertência àquele volume de *Ensaios Morais e Políticos*, Hume escreve: "O Perfil de *Sir* ROBERT WALPOLE foi escrito alguns meses atrás, quando o grande HOMEM estava no Zênite de seu Poder. Devo confessar que, no presente, quando ele parece estar à beira do Declínio, eu me inclino a pensar mais favoravelmente sobre ele e a suspeitar que a Antipatia que todo *Britânico* autêntico sente pelos Ministros de Estado me inspirou algum preconceito contra ele. O LEITOR imparcial, se existir algum; ou a Posteridade, se tal Bagatela puder alcançá-la, estarão mais qualificados para corrigir os meus Erros neste Particular." Nas edições dos *Ensaios* de Hume que apareceram entre 1748 e 1768, o ensaio sobre Walpole, que morrera em 1745, apareceu como uma nota de rodapé no final do ensaio "Que a política pode ser reduzida a uma ciência", suprimida em 1770. Hume começava assim a nota de rodapé: "Qual era a nossa opinião de autor sobre o famoso ministro aqui citado pode ser depreendida daquele ensaio, publicado em edições precedentes, com o título de Um perfil de Sir ROBERT WALPOLE, que transcrevo a seguir." No final da nota, Hume acrescentou: "O autor fica feliz ao perceber que, após o fim das

do uma nação livre e instruída por um período tão longo e em meio a uma oposição tão poderosa, poderia montar uma enorme biblioteca com o que foi escrito a favor ou contra ele, já que foi tema de mais da metade do papel gasto em nossa nação nestes últimos 20 anos. Pela honra de nosso país, eu gostaria que todo perfil deste homem fosse feito com *juízo* e *imparcialidade*, para que tivesse algum crédito na posteridade e mostrasse que a nossa liberdade foi, ao menos uma vez, empregada com um propósito positivo. Só tenho medo de falhar na qualidade do meu julgamento: Mas se tiver que ser assim, esta não será mais que uma página jogada fora, depois de cem mil outras, sobre o mesmo tema, já terem perecido e se tornado inúteis. Enquanto isso, adularei a mim mesmo com a agradável ilusão de que o perfil seguinte será adotado por historiadores do futuro.

Sir ROBERT WALPOLE, primeiro-ministro da GRÃ-BRETANHA, é um homem de habilidade e não um gênio; de boa natureza, e não um virtuoso; constante, e não magnânimo; moderado, e não eqüitativo.[2] Suas virtudes, em alguns exemplos, estão longe daqueles vícios que usualmente acompanham tais virtudes: ele é um amigo generoso, sem ser um inimigo amargo. Os seus vícios, em outros casos, não são compensados por aquelas

---

animosidades e das calúnias, praticamente a nação inteira retornou aos sentimentos moderados que nutria por esse grande homem, se é que não chegaram a se tornar favoráveis a ele, numa transição muito natural, de um extremo a outro. O autor não se oporia àqueles sentimentos humanitários em relação aos mortos; mas ele não pode deixar de observar que não ter pago uma parcela maior de nossa dívida pública foi, como é apontado neste perfil, o grande, e talvez o único grande erro em sua administração."

[2] *Moderado no exercício do poder, não eqüitativo em ocupá-lo.*

virtudes que normalmente os acompanham; o seu espírito empreendedor não é associado à frugalidade. O caráter privado do homem é melhor que o público; suas virtudes são mais numerosas que seus vícios; sua fortuna é maior que a sua fama. Com tantas boas qualidades, ele atraiu o ódio público; com tanta capacidade, ele não conseguiu evitar o ridículo. Ele seria estimado na mais alta conta se nunca tivesse ocupado um posto tão elevado; porque estaria mais qualificado para o segundo que para o primeiro escalão, em qualquer governo. A sua administração foi mais vantajosa para a sua família que para o povo, foi mais positiva para este período que para a posteridade, e foi mais perniciosa por seus maus precedentes que por seus reais malefícios. Durante a sua gestão, o comércio floresceu, a liberdade declinou e a educação ficou arruinada. Como homem, eu gosto dele; como erudito, eu o odeio; como um BRITÂNICO, desejo serenamente a sua queda. E, se eu fosse um membro do parlamento, eu votaria a favor de removê-lo de ST. JAMES; mas ficaria feliz se ele se retirasse para HOUGHTON HALL,[3] para passar o resto de seus dias com conforto e prazer.

---

[3] A mansão de Walpole em Norfolk.

Ensaio IX

Do suicídio[1]

Uma das vantagens consideráveis da filosofia reside no antídoto eficaz que ela oferece contra a superstição e a falsa religião. Todos os demais remédios contra esta

---

[1] Os ensaios "Do suicídio" e "Da imortalidade da alma" foram enviados por Hume ao seu editor, Andrew Millar, provavelmente no final de 1755, para serem incluídos num volume intitulado *Cinco Dissertações*. Também seriam incluídos no volume "A história natural da religião", "Das paixões" e "Da tragédia". O volume foi impresso por Millar, e diversos exemplares distribuídos antecipadamente. Mas, diante da perspectiva da condenação eclesiástica e mesmo, talvez, de uma perseguição oficial, Hume decidiu, atendendo aos apelos de seus amigos, que não seria prudente levar adiante a publicação dos ensaios sobre o suicídio e a imortalidade. Os dois ensaios foram, portanto, eliminados por Millar, e um novo ensaio, "Do padrão do gosto", foi acrescentado ao volume, que apareceu em 1757 com o título *Quatro Dissertações*. Apesar das precauções de Hume, críticos clericais, como o Dr. William Warburton, souberam da existência dos ensaios suprimidos e fizeram alusões a eles. Os ensaios chegaram a ser publicados numa tradução francesa, em 1770, aparentemente sem o conhecimento de Hume. Pouco antes de sua morte, Hume acrescentou um codicilo ao seu testamento, expressando o desejo de que William Strahan publicasse os seus "Diálogos sobre a religião natural" dentro de um prazo de dois anos após a morte do filósofo, aos quais Strahan poderia "acrescentar, se julgar conveniente, os dois Ensaios anteriormente impressos mas não publicados" (in J. Y. T. Greig, ed., *The Letters of David Hume*, Oxford: Clarendon Press, 1932, 2:453). "Do suicídio" e "Da imortalidade da alma" foram publicados em 1777, mas provavelmente não por Strahan, com o título *Dois Ensaios*. Nem

doença contagiosa são inúteis, ou, no mínimo, incertos. O simples bom senso e os costumes do mundo, que bastam para atender à maior parte dos propósitos da vida, são aqui considerados ineficazes. A história, bem como a experiência cotidiana, oferece exemplos de homens que, apesar de dotados das mais elevadas capacidades para os afazeres e os negócios, submeteram suas vidas à escravidão da mais grosseira superstição. Até mesmo a jovialidade e a delicadeza de temperamento, que funcionam como um bálsamo para tantos outros ferimentos, não oferecem remédio algum contra um veneno tão virulento; é o que podemos observar, em particular, no belo sexo, que, ainda que geralmente dotado de ricos presentes da natureza, vê muitos de seus prazeres serem arruinados por esse intruso inoportuno. Contudo, quando uma filosofia sólida toma conta do

---

o nome do autor nem o do editor aparecem na folha de rosto. Os detalhes que cercam essa supressão e a publicação subseqüente desses dois ensaios são discutidas com profundidade por Green e Grose nos prefácios à sua edição dos *Ensaios Morais, Políticos e Literários* (New Edition; Londres: Longmans, Green, and Co., 1889), pp. 60-72, e por Mossner em *A Vida de David Hume* (Edimburgo: Nelson, 1954), pp. 319-35.

O presente texto de "Do suicídio" é publicado, sob permissão, com base em uma prova da versão não-publicada, de 1755, do ensaio de propriedade da Biblioteca Nacional da Escócia. Essa prova contém 20 correções feitas à mão pelo próprio Hume. A edição póstuma do ensaio, de 1777, não contém essas correções, e parte de uma versão impressa anterior, na divisão dos parágrafos, na pontuação, no uso das maiúsculas e, eventualmente, no vocabulário. A versão de 1755 de "Do suicídio" não estava à disposição de Green e Grose. Eles seguem a edição de 1777, mas introduzem diversas alterações por sua própria conta. Como não podemos determinar a extensão em que a edição de 1777 reflete a vontade de Hume, a versão corrigida, de 1755, de "Do suicídio" foi a nossa escolha. O editor é grato aos curadores da Biblioteca Nacional da Escócia por fornecerem uma fotocópia da versão corrigida, de 1755, de "Do suicídio" e "Da imortalidade da alma", e por darem a permissão para republicar esses ensaios.

espírito, a superstição é eficientemente banida, e podemos afirmar com segurança que o seu triunfo sobre este inimigo é mais completo do que sobre a maior parte dos vícios e imperfeições inerentes à natureza humana. O amor e a ira, a ambição e a avareza têm suas raízes no temperamento e nas disposições que a mais sólida razão raramente é capaz de corrigir por completo; mas a superstição, sendo fundada numa falsa opinião, deve se desvanecer imediatamente, assim que a verdadeira filosofia tiver inspirado sentimentos mais justos em relação aos poderes superiores. O combate aqui é semelhante ao que existe entre a doença e a medicina, e nada pode impedir esta última de ser eficaz, a não ser que ela seja falsa e adulterada.

Seria supérfluo enaltecer aqui os méritos da filosofia, comentando a perniciosa tendência ao vício da mente humana da qual ela fornece a cura. O homem supersticioso, diz *Túlio*,[2] é miserável em qualquer circunstância, e em todos os momentos da vida; até mesmo o próprio sono, que dissipa todas as preocupações dos outros infelizes mortais, constitui motivo para novos terrores para ele; quando examina os seus sonhos, descobre naquelas visões noturnas presságios de calamidades futuras. Posso acrescentar que, embora somente a morte possa pôr um termo definitivo à sua desgraça, o homem supersticioso não ousa fugir para este refúgio e, levado por um vão temor de ofender o seu criador, prolonga uma existência miserável, usando o poder do qual aquele ser beneficente o dotou. Os presentes de Deus e da Natureza nos são arrebatados por esta cruel inimiga, e, ainda que um único passo bastasse

---

[2] *De Divin.* liv. ii. [Cícero, *Da Adivinhação* 2.72 (150).]

para nos afastar das regiões da dor e da aflição, as ameaças da superstição ainda nos amarrariam a uma existência odiosa, de cuja miséria ela própria constitui a principal causa.

Observa-se que aqueles que, devido às calamidades da vida, foram obrigados à necessidade de empregar este remédio fatal, mas que o cuidado inoportuno de seus amigos salvou desse tipo de morte que propuseram a si próprios, dizem que dificilmente ousariam fazer outra tentativa ou apelariam uma segunda vez a essa resolução, a fim de executar seu propósito. Tão grande é o nosso medo da morte que, quando ela se apresenta sob alguma forma diferente daquela que nos esforçáramos para acomodar na nossa imaginação, ela adquire um novo terror, superando toda a nossa frágil coragem. E não é surpreendente que, quando à ameaça da superstição se soma esta timidez natural, os homens se vejam completamente privados de qualquer poder sobre suas vidas, ainda que a maioria dos prazeres e divertimentos, aos quais somos induzidos por uma forte inclinação, nos seja arrancada por esta desumana tirana. Vamos tentar aqui restituir aos homens a sua liberdade original, examinando todos os argumentos habitualmente apresentados contra o suicídio e mostrar que este ato, como já acreditavam todos os filósofos antigos, pode ser libertado de qualquer imputação de culpa ou censura.

Se o Suicídio é um crime, então ele deve constituir uma transgressão de nosso dever para com Deus ou para com o próximo ou para conosco mesmos.

Para demonstrar que o Suicídio não representa uma transgressão de nosso dever para com Deus talvez sejam suficientes as seguintes considerações. Para governar o mundo material, o criador todo-poderoso fixou leis gerais e imutáveis, segundo as quais todos os corpos, desde o maior dos planetas à mais diminuta partícula da matéria, são mantidos em sua esfera e função próprias. Para governar o mundo animal, ele dotou todas as criaturas vivas de faculdades físicas e mentais; com sentidos, paixões, apetites, memória e juízo; pelas quais eles são impelidos ou acomodados ao curso de vida a que se destinam. Estes dois princípios distintos do mundo material e do mundo animal interferem continuamente um no outro e se refreiam ou se auxiliam mutuamente em suas operações próprias. As faculdades dos homens ou dos demais animais são limitadas e orientadas conforme a natureza e as características dos corpos circundantes; e as alterações e ações destes corpos são incessantemente modificadas pela intervenção de todos os demais animais. Os rios impedem o deslocamento dos homens sobre a superfície da terra; mas quando, adequadamente conduzidos, emprestam a sua força para o movimento de máquinas, servem para o uso dos homens. Embora os respectivos campos de ação dos poderes materiais e animais não possam ser considerados inteiramente separados, não resulta daí nenhuma desarmonia ou desordem na criação; pelo contrário, dessa mistura, da união e do contraste dos diversos poderes de corpos inanimados e de criaturas vivas, surgem aquela simpatia, harmonia e proporção que fornecem o mais seguro argumento a favor da sabedoria suprema.

A providência da divindade não se revela imediatamente em cada operação, mas governa todas as coisas através de leis gerais e imutáveis, que foram estabelecidas desde o início dos tempos. De certa forma, todos os acontecimentos podem ser considerados uma ação do todo-poderoso: já que todos têm sua origem naqueles poderes com os quais ele dotou suas criaturas. A providência divina não é mais responsável pela ruína de uma casa que cai sob o efeito de seu próprio peso do que por uma casa destruída pelas mãos do homem; pois as faculdades humanas não são menos sua obra do que o são as leis do movimento e da gravitação. O jogo das paixões, os imperativos do juízo, a obediência dos membros do corpo, tudo isso é produzido pela operação de Deus; e por meio destes princípios, tanto dos animados quanto dos inanimados, ele estabeleceu o governo do universo.

Todo acontecimento é igualmente importante aos olhos daquele ser infinito, que num relance contempla as mais distantes regiões do espaço e as épocas mais remotas do tempo. Não existe nenhum acontecimento, por mais importante que seja para nós, que ele tenha subtraído às leis gerais que governam o universo ou para o qual ele tenha, em particular, reservado a sua própria ação ou operação imediata. A ruína dos estados e dos impérios depende dos mais irrisórios caprichos ou das mais frágeis paixões dos indivíduos; e as vidas dos homens são abreviadas ou prolongadas pelas mais ínfimas alterações no clima ou em sua alimentação, pelo tempo bom ou pela tempestade. A natureza segue sempre seu curso e suas operações; e, se as leis gerais são violadas pela vontade particular de Deus, isto ocorre de um modo que escapa totalmente à observação humana. Do mesmo modo que, por um lado, os elementos e as outras partes inanimadas da criação continuam a agir sem levar em conta os interesses e as situações particulares dos homens, assim os homens ficam entregues ao seu próprio juízo e discernimento em seus confrontos com a matéria, podendo empregar as faculdades das quais foram dotados, a fim de garantir o seu bem-estar, a sua felicidade ou a sua conservação.

Portanto, qual é o sentido de afirmar que um homem que, cansado da vida, vítima do sofrimento e da desgraça, triunfe corajosamente de todos os temores naturais da morte e se liberte de todo este cenário cruel; que este homem, dizia, seja objeto da indignação de seu criador por ter abusado do favor da providência divina e perturbado a ordem do universo? Podemos afirmar que o Todo-Poderoso reservou para si mesmo, de uma maneira particular, o direito de dispor da vida humana e que não submeteu este acontecimento, juntamente com os demais, às leis gerais pelas quais o universo é governado? Isso é inteiramente falso. As vidas dos homens dependem das mesmas leis que a vida de todos os outros animais; e estas estão sujeitas às leis gerais da matéria e do movimento. A queda de uma torre ou o consumo de um veneno destruirão igualmente um homem ou a mais insignificante criatura; uma inundação assola sem distinção todas as coisas que caem sob sua fúria. Portanto, uma vez que a vida humana depende sempre das leis gerais da matéria e do movimento, podemos afirmar que um homem que dispõe de sua vida é criminoso, por ser totalmente criminoso, em todos os casos, transgredir os limites dessas leis ou perturbar sua operação? Mas isso parece absurdo. Todos os animais confiam em sua própria prudência e em sua própria habilidade em sua conduta no mundo e têm completa autoridade, na medida do alcance de suas faculdades, para alterar todas as operações da natureza. Sem o exercício dessa autoridade, eles não poderiam subsistir sequer um momento. Cada ação, cada movimento de um homem, instaura uma nova ordem entre determinadas partes da matéria e desvia de seu curso habitual as leis gerais do movimento. Portanto, se somarmos todas essas conseqüências, observaremos *que* a vida humana depende das leis gerais da matéria e do movimento, e *que* não constitui nenhum abuso do domínio da providência desviar ou alterar estas leis gerais. Como resultado necessário, cada indivíduo não poderia dispor livremente de sua própria vida? E não poderia usar igualmente este poder do qual foi dotado pela natureza?

Para refutar a evidência desta conclusão, deveríamos mostrar alguma razão pela qual este caso particular seria uma exceção. Seria talvez porque a vida humana tem uma importância tão grande que se considera uma presunção por parte da sabedoria humana dispor dela? Mas a vida de um homem não tem maior importância para o universo do que a vida de uma ostra. E, ainda que tivesse uma importância tão grande, a verdade é que a ordem da natureza a submeteu à prudência humana, obrigando-nos a tomar decisões a seu respeito a cada momento.

Se dispor da vida humana fosse algo reservado apenas à autoridade do todo-poderoso, e se fosse considerada uma violação da lei o homem dispor de sua própria vida, seria tão criminoso agir para a preservação da vida quanto para sua destruição. Pois, se eu evito que uma pedra caia na minha cabeça, também estou perturbando o curso da natureza e invadindo o domínio particular do todo-poderoso, prolongando minha vida além do período que, pelas leis gerais da matéria e do movimento, ele tinha me atribuído.

Um cabelo, uma mosca, um inseto é capaz de destruir este ser poderoso, cuja vida tem tanta importância. É um absurdo supor que a prudência humana tenha o direito de dispor do que depende de causas tão insignificantes?

Não seria um crime desviar o *Nilo* ou o *Danúbio* de seu curso, se eu fosse capaz de realizar tal propósito. O que há de criminoso, então, em desviar algumas gotas de sangue de seus canais naturais!

Pode-se imaginar que me queixo da providência ou que amaldiçoo minha criação por dispor da minha vida e colocar um termo numa existência que, se se prolongasse, me tornaria miserável? Longe de mim tais sentimentos. Estou apenas convencido de uma questão de fato, cuja possibilidade é inegável, a saber, que a vida humana pode ser infeliz, e que, se a minha existência se prolongasse mais, tornar-se-ia indesejável. Mas eu agradeço à providência, tanto pelo bem que já desfrutei quanto pelo poder do qual ela me dotou para escapar dos males que me ameaçam.[3] Lamentar-se contra a providência serve apenas para aqueles que acreditam, tolamente, não ter semelhante poder, e que se deve prolongar uma vida odiosa, por mais repleta de dores e de doenças, de opróbrio e de pobreza que ela seja.

Não se afirma que, quando sofro um mal, ainda que seja devido à maldade de meus inimigos, devo resignar-me à providência, e que as ações humanas são desígnios do todo-poderoso tanto quanto o são as dos seres inanimados? Portanto, quando eu caio sob a ação de minha própria espada, recebo igualmente minha morte das mãos de Deus, da mesma maneira como se sua causa imediata tivesse sido um leão, um precipício, ou uma febre.

A submissão à providência, que se exige diante de qualquer calamidade a que estamos sujeitos, não exclui a habilidade e a capacidade humanas, se por meio destas posso evitar ou escapar dela. E por que não posso empregar um remédio tanto quanto posso empregar outro qualquer?

Se a minha vida não me pertencesse, seria um crime de minha parte pô-la em risco, ou mesmo dispor dela; e nenhum homem que, por glória ou amizade, fosse conduzido aos maiores perigos

---

[3] *Agamus Deo gratias, quod nemo in vita teneri potest.* Sêneca, *Epist* xii. [Sêneca, *Epístolas*, no. 12: "Da velhice", seç. 10: "E agradeçamos a Deus que nenhum homem possa viver indefinidamente" (tradução da edição Loeb por Richard M. Gummere.]

poderia merecer o título de *Herói*, da mesma forma que um outro que põe termo à sua vida por motivos idênticos ou semelhantes mereceria o epíteto de *Miserável* ou *Desgraçado*.

Não existe ser algum que tenha um poder ou faculdade que não receba de seu criador nem que, por mais irregulares que sejam suas ações, seja capaz de perturbar o plano da providência ou de colocar em desordem o universo. Suas operações são obras divinas, da mesma forma que a cadeia de acontecimentos que ele supostamente perturba. E podemos concluir que o princípio que o move, seja ele qual for, é por isso mesmo aquele que conta com mais favor da divindade. Seja tal ser animado ou inanimado, racional ou irracional, ocorre sempre o mesmo; o seu poder ainda deriva do criador supremo, e está igualmente compreendido na ordem de sua providência. Quando o horror do sofrimento prevalece sobre o amor à vida; quando um ato voluntário antecipa os efeitos de causas cegas, é apenas em conseqüência de poderes e de princípios que Deus implantou em suas criaturas. A providência divina permanece intacta, e bem longe do alcance das injúrias humanas.

É ímpio, diz a velha superstição *romana*,[4] desviar os rios de seus cursos ou interferir nas prerrogativas da natureza. É ímpio, diz a superstição *francesa*, vacinar-se contra a varíola ou intrometer-se nos assuntos da providência, produzindo voluntariamente enfermidades ou doenças. É ímpio, diz a moderna superstição *européia*, pôr fim à própria vida e revoltar-se dessa maneira contra o nosso criador. E por que não seria ímpio, pergunto, construir casas, cultivar

---

[4] *Tacit. Ann.* liv. i. [Ver Tácito, *Anais*, I.79 para o debate no senado romano sobre a necessidade de alterações nos afluentes do Tibre. Tácito observa que, seja qual

a terra, ou navegar nos oceanos? Em todas estas ações nós empregamos nossas faculdades intelectuais e físicas para provocar alguma alteração no curso da natureza; e em nenhuma delas fazemos nada demais. Todas as ações são, portanto, igualmente inocentes ou igualmente criminosas.

Mas a providência o pôs como a uma sentinela, numa posição privilegiada; e quando você deserta sem ser chamado, será igualmente acusado de rebelião contra o seu soberano todo-poderoso, por ter provocado o seu desagrado. Pergunto, por que se conclui que a providência me colocou nesta posição? De minha parte, observo que devo meu nascimento a uma longa cadeia de causas, das quais muitas dependem de ações voluntárias dos homens. *Mas foi a providência que guiou todas estas causas, e nada acontece no universo sem o seu consentimento e a sua cooperação.* Se é assim, então tampouco a minha morte, ainda que voluntária, acontece sem o seu consentimento; e, todas as vezes que a dor ou a aflição ultrapassarem a minha capacidade de suportá-las, a ponto de eu ser levado a dar cabo da vida, posso concluir que estou sendo chamado a deixar meu lugar, nos termos mais claros e explícitos possíveis.

Certamente, foi a providência que me colocou agora neste aposento, mas eu não posso deixá-lo quando julgar conveniente sem ser exposto à acusação de ter abandonado meu lugar ou posição? Quando morrer, os princípios dos quais eu sou composto continuarão desempenhando o seu papel no universo e serão tão úteis nesta grande fábrica quanto o eram quando constituíam esta criatura individual que sou eu. Do ponto de vista da totalidade, não

---

for o fator determinante – os protestos das colônias, as dificuldades do trabalho, ou uma relutância supersticiosa em alterar o curso atribuído aos rios pela natureza –, a moção de Piso, de que "nada fosse mudado", foi aprovada.

existirá diferença maior do que se, em vez de estar em meu aposento, eu estivesse ao ar livre. Uma das mudanças pode ser para mim mais importante que a outra, mas não para o universo.

É uma espécie de blasfêmia imaginar que qualquer ser criado possa perturbar a ordem do mundo ou invadir os assuntos da providência! Isso pressupõe que aquele ser possui poderes e faculdades que não recebeu de seu criador e que não são subordinados nem ao seu governo, nem à sua autoridade. Um homem pode perturbar a ordem social, sem dúvida, e com isso provocar o desagrado do todo-poderoso; mas o governo do mundo está totalmente fora de seu alcance e de sua violência. E como podemos saber se o todo-poderoso está descontente com as ações que perturbam a sociedade? Pelos princípios que implantou na natureza humana e que nos despertam um sentimento de remorso se nós mesmos formos culpados por tais ações e um sentimento de censura e de desaprovação se as observarmos nos outros. Examinemos agora, segundo o método proposto, se o Suicídio pertence a esta espécie de ação e se ele constitui uma infração ao nosso dever para com o *próximo* e para com a sociedade.

Um homem que se retira da vida não causa prejuízo algum à sociedade; ele deixa somente de lhe fazer o bem, o que, se é um dano, é um dano da menor importância.

Todas as nossas obrigações de fazer o bem à sociedade parecem implicar alguma reciprocidade. Eu recebo benefícios da sociedade e, portanto, devo promover seus interesses; mas, quando me retiro completamente da sociedade, podem essas obrigações permanecer?

Mas admitindo-se que a nossa obrigação de fazer o bem à sociedade seja perpétua, ela certamente tem limites. Eu não sou obrigado a lhe fazer um pequeno bem à custa de um grande mal para mim mesmo; por que deveria, então, prolongar uma existência miserável, em troca de algumas vantagens frívolas que a coletividade pode talvez receber de mim? Se, levando em conta a minha idade e as minhas enfermidades, eu tenho o direito de me demitir de um cargo e empregar todo o meu tempo no combate contra esses males, para aliviar ao máximo as misérias que o futuro reserva à minha existência, por que não posso cortar de uma vez estas misérias com uma ação que não é mais prejudicial à sociedade?

Mas suponhamos que não esteja mais em meu poder servir ao interesse da sociedade, suponhamos que eu me tornei um fardo para ela. Suponhamos que a minha vida impede alguma outra pessoa de ser muito mais útil à sociedade. Nesse caso a minha renúncia à vida deverá ser então não somente inocente, mas também louvável. E a maior parte das pessoas que tentaram abandonar a existência está numa situação semelhante a essa. Aqueles que têm saúde, poder e autoridade dispõem em geral de melhores razões para estar de bem com o mundo.

Um homem está engajado numa conspiração para servir ao interesse público; ele é preso como suspeito; é ameaçado de tortura; e, consciente de sua própria fraqueza, sabe que o segredo lhe será arrancado. Poderia tal homem servir melhor ao interesse público do que dando um fim rápido à sua miserável vida? Este foi o caso do famoso e bravo *Strozzi* de *Florença*.[5]

---

[5] Filippo Strozzi (1489-1538), próspero banqueiro florentino, apoiou, durante a maior parte de sua vida, os Médici, em Florença e na corte papal, em Roma. Foi lembrado, pelas gerações posteriores, por sua oposição aos duques de Médici em Florença, Alessandro e Cosimo. Filippo se tornou um líder dos exilados florentinos depois que ele e seus filhos foram banidos de Florença por Alessandro em 1533.

Mais uma vez, suponhamos que um malfeitor seja condenado, com justiça, a uma morte humilhante. Podemos imaginar alguma razão pela qual ele não possa antecipar o seu castigo e salvar-se assim de toda angústia de pensar em sua terrível aproximação? Com isso ele não estará violando os desígnios da providência mais do que o magistrado que ordenou a sua execução; e sua morte voluntária é igualmente vantajosa para a sociedade, na medida em que a livra de um membro pernicioso.

Ninguém que reconheça que a idade, as doenças ou a má fortuna podem tornar a vida um fardo, e ser até piores que a aniquilação, pode duvidar de que o Suicídio é muitas vezes compatível com o interesse e com o dever para conosco mesmos. Acredito que nenhum homem já ameaçou tirar a própria vida enquanto ela era digna de ser vivida. Pois tal é o nosso horror natural à morte que motivos fúteis nunca nos farão aceitá-la, e, ainda que possa acontecer de a saúde de um homem ou de a fortuna de um indivíduo não parecer exigir este remédio, podemos pelo menos estar segu-

---

Depois do assassinato de Alessandro, em 1537, Filippo comandou um exército de exilados rumo a Florença, que foi enfrentado e derrotado pelos soldados leais ao sucessor de Alessandro, Cosimo. Filippo foi capturado e submetido a tortura, num esforço vão para forçá-lo a incriminar outros nomes. Em dezembro de 1538, depois de 17 meses de prisão, ele se matou. Filippo, um erudito clássico de algum valor, tomou como modelo o suicídio de Catão, o Jovem. Deixou um epitáfio, que dizia, num trecho: "A liberdade, portanto, percebendo que junto com ele todas as suas esperanças tinham morrido, se rendeu e amaldiçoou a luz do dia, pedindo para ser enterrada na mesma tumba. Assim, ó Estranho, derrame lágrimas copiosas se a república florentina significar alguma coisa para você, pois Florença nunca verá novamente um cidadão tão nobre (...) cujo princípio máximo era: quando se morre pela pátria, toda morte é doce." Citado por Melissa Meriam Bullard, *Filippo Strozzi and the Medici* (Cambridge: Cambridge University Press, 1980) pp. 176-177.

ros de que qualquer um que, sem uma razão aparente, tenha recorrido ao Suicídio foi afligido de maneira incurável por uma angústia tão sombria e miserável que é como se tivessem caído sobre as suas costas todas as desgraças do mundo.

Se considerarmos o Suicídio um crime, só a covardia poderá nos levar a cometê-lo. Se não o considerarmos um crime, a sabedoria e a coragem, juntas, nos levarão a nos libertarmos de uma vez da existência, quando ela se tornar um fardo. A única maneira pela qual poderíamos ser úteis à sociedade seria dando um exemplo que, se fosse imitado, preservaria para todos a oportunidade de felicidade, libertando-os de qualquer risco de uma vida miserável.[6]

---

[6] Seria fácil demonstrar que o Suicídio é permitido pelas leis cristãs como o era pelas dos pagãos. Não existe nenhum texto da escritura que o proíba. Esta grande e infalível regra da fé e da prática que deve controlar toda filosofia e todo raciocínio humano deixou-nos sobre este ponto a nossa liberdade natural. A submissão à providência é, na verdade, recomendada na escritura, mas isso implica apenas uma submissão aos males que são inevitáveis, e não aos que a sabedoria e a coragem podem trazer um remédio. O mandamento *Não matarás* visa claramente a excluir somente a morte do outro, sobre a vida de quem não temos nenhuma autoridade. Que este preceito, como a maior parte dos preceitos da escritura, deva ser alterado pela razão e pelo senso comum torna-se evidente pela prática dos magistrados, que punem com a morte os criminosos, apesar da letra da lei. Mas, mesmo se este mandamento fosse expressamente dirigido contra o Suicídio, não teria agora nenhuma autoridade, pois toda a lei de *Moisés* foi abolida, na medida em que ela não é estabelecida pela lei natural. E nós já tentamos provar que essa lei não proíbe o suicídio. Em todo caso, os *cristãos* e os *pagãos* estão exatamente na mesma condição; *Catão* e *Brutus*, *Arria* e *Portia* agiram heroicamente; os que atualmente imitam seu exemplo devem receber os mesmos elogios da posteridade. *Plínio* considera o poder de se Suicidar como uma vantagem que os homens possuem sobre a própria divindade. *Deus non sibi potest mortem consciscere, si velit quod homini dedit optimum in tantis vitae poenis.* Liv. ii., cap. 7. [Plínio, *História Natural*, 2.25.27 na edição Loeb: "Mesmo que queira, Deus não pode cometer suicídio, a dádiva suprema que ele concedeu ao homem em meio a tantos infortúnios da vida" (tradução da edição Loeb por H. Rackham).

Ensaio X

Da imortalidade da alma[1]

Pela mera luz da razão, parece difícil provar a Imortalidade da Alma. Os argumentos a favor geralmente derivam de tópicos *metafísicos, morais* ou *físicos*. Mas, na realidade, foi o evangelho, e somente o evangelho, que trouxe à luz a questão da vida e da imortalidade.

I. Os argumentos metafísicos se fundam na suposição de que a alma é imaterial e que é impossível que o pensamento integre uma substância material.

Mas os próprios metafísicos nos ensinam que a noção de substância é altamente confusa e imperfeita e que só podemos enten-

---

[1] Para um relato da história deste ensaio, ver "Do suicídio" p. 799. O presente texto de "A imortalidade da alma" é publicado, sob permissão, com base numa cópia da prova da versão não-publicada deste ensaio, de 1755, propriedade da Biblioteca Nacional da Escócia. Essa prova tem 20 correções à mão feitas pelo próprio Hume. A edição póstuma do ensaio, de 1777, não contém essas correções, partindo da versão anterior impressa, na divisão dos parágrafos, na pontuação, no uso das maiúsculas e, eventualmente, no vocabulário. Green e Grose imprimiram a sua versão de "A imortalidade da alma" a partir de provas da versão de 1755, que já foram propriedade da Biblioteca dos Advogados em Edimburgo, mas que estão hoje perdidas. A cópia da prova usada por Green e Grose não continha as correções que aparecem naquela utilizada na presente edição. Além disso, Green e Grose se baseiam, em aspectos importantes, numa versão impressa em 1755 ou no início de 1756.

der qualquer substância como um agregado de qualidades particulares, inerentes a algo desconhecido. Portanto, no fundo, a matéria e o espírito são igualmente desconhecidos; e não podemos determinar que qualidades são inerentes a uma e a outro.

Eles também nos ensinam que nada pode ser decidido *a priori* em relação a qualquer causa ou efeito; e, como a experiência é a única fonte nos nossos juízos dessa natureza, nós não podemos saber, com base em qualquer outro princípio, se a matéria, por sua estrutura ou organização, não pode ser a causa do pensamento. Raciocínios abstratos não podem resolver qualquer questão de fato ou existência.[2]

Mas, admitindo-se que uma substância espiritual se encontre dispersa por todo o universo, como o fogo etéreo dos *Estóicos*, e que ela seja a única substância inerente ao pensamento; teremos razões para concluir, por *analogia*, que a natureza usa esta substância da mesma maneira como usa a outra, a matéria. Ou seja, ela a emprega como uma espécie de massa ou argila; modifica-a segundo uma variedade de formas e existências; dissolve cada modificação depois de um determinado período; e da mesma substância erige uma nova forma. Assim como a mesma substância material pode compor, sucessivamente, o corpo de todos os animais, a mesma substância espiritual pode compor os seus espíritos: Suas consciências, ou aqueles sistemas de pensamento que eles formaram durante a vida, podem ser continuamente dissolvidas pela morte; e nada delas subsiste na nova

---

[2] Essas observações sobre o caráter fictício do conceito de substância e sobre a impossibilidade de resolver questões de fato ou de existência através do raciocínio abstrato são desenvolvidas por Hume no *Tratado da Natureza Humana*.

modificação. Mesmo aqueles que defendem com mais convicção a mortalidade da alma nunca negaram a imortalidade da sua substância. Portanto, uma substância imaterial, como a alma, da mesma forma que uma material, pode perder a sua memória ou consciência, o que parece ser demonstrado, em parte, pela experiência.

Raciocinando a partir do curso normal da natureza e sem supor qualquer *nova* interferência da causa suprema, o que sempre deve ser excluído da filosofia, pode-se dizer que aquilo que é incorruptível também deve ser, necessariamente, ingenerável. Portanto, se a alma é imortal, ela necessariamente já existia antes do nosso nascimento: e, se o estado anterior de sua existência não nos dizia respeito, tampouco nos dirá respeito o estado seguinte.

Sem dúvida os animais sentem, pensam, amam, odeiam, desejam e até raciocinam, embora de uma forma menos perfeita que o homem. As suas almas também são, por isso, imateriais e imortais?

II. Consideremos agora os argumentos *morais*, principalmente aqueles argumentos derivados da justiça de Deus, que supostamente está interessado na punição dos viciosos e na recompensa aos virtuosos.

Mas esses argumentos se fundam na suposição de que Deus tem atributos além dos que ele usou neste universo, e somente com estes estamos familiarizados. De onde inferimos a existência desses outros atributos?

Para nós é muito seguro afirmar que, o que quer que saibamos sobre o que a divindade efetivamente fez, foi o melhor; mas é muito perigoso afirmar que ele sempre faz o que parece melhor para nós. Em quantos exemplos este raciocínio falharia, em relação ao mundo presente?

Mas, se está claro que existe qualquer propósito na natureza, podemos afirmar que o objetivo e a intenção da criação do homem, até onde podemos julgar pela razão natural, se limitam à vida presente. Com base na estrutura original e inerente de seu espírito e de suas paixões, em que medida deve o homem se preocupar com o que virá adiante? Não se pode comparar, mesmo por uma questão de segurança ou eficácia, a dificuldade de persuasão de uma idéia tão vaga com a de qualquer questão de fato que ocorra na vida cotidiana, por mais duvidosa que esta seja.

Aparecem, na verdade, em alguns temperamentos, terrores inenarráveis em relação ao futuro: mas estes desapareceriam rapidamente, se não fossem artificialmente alimentados por determinados preceitos e pela educação. E em relação àqueles que os alimentam: qual é a sua motivação? Tão-somente ganhar um sustento, e adquirir poder e riqueza neste mundo. O próprio zelo e empenho que demonstram são, portanto, argumentos contra eles.

Que crueldade, que iniqüidade, que injustiça da natureza confinar assim todo o nosso saber, bem como todas as nossas preocupações, à vida presente, quando existe outro cenário nos aguardando, de conseqüências infinitamente maiores! Deveria esta ilusão bárbara vitimar um ser bondoso e prudente?

Observe-se com que exata proporção as tarefas a serem executadas e a capacidade de execução se ajustam, em toda a natureza. Se a razão dá ao homem uma grande superioridade em relação aos outros animais, as suas necessidades se multiplicam na mesma proporção. Todo o seu tempo, toda a sua capacidade, atividade, coragem e paixão encontram suficiente necessidade de emprego, quando se confrontam com as misérias de sua condição atual. E freqüentemente, ou quase sempre, mesmo tudo isso não basta para o esforço que se lhes exige.

Possivelmente, sequer um par de sapatos já foi feito com o mais elevado grau de perfeição que este artigo é capaz de alcançar. Nem por isso deixa de ser necessário, e no mínimo muito útil, que existam políticos e moralistas, bem como geômetras, historiadores, poetas e filósofos na humanidade.

Os poderes dos homens não são superiores às suas vontades, se considerarmos apenas esta vida, não mais do que são os das raposas e lebres, comparadas às *suas* vontades e aos *seus* períodos de existência. A inferência da paridade da razão é portanto óbvia.

Na teoria da mortalidade da alma, a inferioridade da capacidade da mulher é facilmente demonstrada: A sua vida doméstica não requer grandes faculdades do corpo e do espírito. Esta circunstância desaparece e se torna absolutamente insignificante na teoria religiosa: Um e outro sexo têm uma tarefa semelhante a cumprir: Os seus poderes da razão e da vontade também deveriam ser iguais, e um e outro deveriam ser infinitamente maiores que no presente.

Como todo efeito implica uma causa, e esta outra causa, até alcançarmos a primeira causa de todas, que é a *Divindade*; tudo o que acontece é ordenado por ela; e nada pode ser objeto de sua punição ou vingança.

Mas com base em que regra são distribuídas as punições e as recompensas? Qual é o padrão divino de mérito e demérito? Devemos supor que os sentimentos humanos desempenham um papel na divindade? Por mais ousada que seja esta hipótese, não conhecemos qualquer outro sentimento que lhe possamos atribuir.

Conforme os sentimentos humanos, a sensatez, a coragem, as boas maneiras, a diligência, a prudência, o gênio &c. são partes essenciais do mérito pessoal. Devemos então erigir um monumento para os poetas e os heróis, como aqueles da mitologia antiga?³ Por que confinar todas as recompensas a uma única espécie de virtude?

A punição, sem qualquer finalidade ou propósito adequado, é incompatível com os *nossos* conceitos de bondade e justiça; e nenhuma meta pode ser atingida por meio dela, numa visão abrangente das coisas.

A punição, segundo as *nossas* concepções, deve ser em alguma medida proporcional à ofensa. Por que, então, existe a punição eterna para as ofensas passageiras de uma criatura tão frágil como o homem? Pode alguém aprovar a exagerada ira de *Alexandre*, que pretendia exterminar uma nação inteira só porque o seu cavalo favorito, *Bucéfalo*, tinha sido roubado?⁴

O paraíso e o inferno pressupõem duas espécies distintas de homens, os bons e os maus. Mas a maior parte da humanidade oscila continuamente entre a virtude e o vício.

Se alguém saísse pelo mundo com a intenção de dar uma saborosa sopa aos justos e duras bordoadas nos perversos, freqüentemente

---

³ Homero fala do Plano Elíseo e Hesíodo, das Ilhas dos Abençoados, como lugares para onde são transportados aqueles especialmente favorecidos pelos deuses, isentos da morte. Autores posteriores descrevem o Elíseo como a casa no Hades dos mortos abençoados.

⁴ Quint. Curtius, liv. vi. cap 5. [Esta seção da *História de Alexandre* descreve a derrota de Alexandre no Mardi e a destruição das suas fortificações. A sua ira foi despertada pela captura de Bucéfalo.

este indivíduo ficaria embaraçado ao ter que tomar uma decisão e concluiria que os méritos e deméritos da maioria dos homens e mulheres dificilmente se encontram em grande desequilíbrio.

Pressupor critérios para recompensa e castigo diferentes dos humanos é que confunde tudo. De onde concluímos que existe algo como a distinção moral, senão de nossos próprios sentimentos?

Que homem que nunca se tenha deparado com uma provocação pessoal (ou que homem de boa natureza, que já se tenha deparado com uma) poderia castigar um crime, com base apenas no sentido da culpa, e isto até mesmo no caso das punições mais comuns, básicas ou mesmo frívolas? Além das reflexões sobre a necessidade e o interesse público, existe algo que endureça o coração dos juízes e dos jurados, tornando-os imunes aos sentimentos da humanidade?

Pela lei romana, aqueles que eram culpados de parricídio e tinham confessado seu crime eram postos dentro de um saco com um macaco, um cachorro e uma serpente, e o saco era amarrado e atirado ao rio: mas uma morte simples era a punição para aqueles que negavam a sua culpa, quando esta estivesse plenamente provada. Um criminoso foi julgado diante de *Augusto*, e condenado com toda a convicção: Mas o imperador, humanitário, quando se desenrolava o último interrogatório, conseguiu persuadir o miserável a negar a sua culpa. *Seguramente*, disse o príncipe, *você não matou o seu pai.*[5] Esta indulgência confirma as nossas idéias naturais sobre o que é CERTO, mesmo em relação ao maior de todos os criminosos, posto que ela evitou um sofrimento considerável. Até o mais intolerante dos padres iria naturalmente,

---

[5] Sueton. August. cap. 3.

sem maior reflexão, aprová-la; uma vez que o crime não era de heresia ou infidelidade. E, já que estes crimes que ferem o clero em seus interesses e vantagens *temporais*, talvez o mesmo padre não fosse tão indulgente em relação a eles.

A principal fonte das idéias morais é a reflexão sobre os interesses da sociedade humana. Deveriam estes interesses, tão pequenos, tão frívolos, ser castigados com punições eternas e infinitas? A danação de um homem representa um mal infinitamente maior no universo do que a subversão de um milhão de reinos.

A natureza fez com que a infância do homem fosse peculiarmente frágil e vulnerável; como se fosse seu propósito impor um período de provação a cada indivíduo. Por isso, metade da humanidade morre antes de se converter em criaturas racionais.

III. Os argumentos *físicos* da analogia com a natureza são fortes para a defesa da mortalidade da alma; e estes são, a rigor, os únicos argumentos filosóficos que deveriam ser admitidos em relação a esta questão, ou a qualquer questão de fato.

Quando dois objetos quaisquer se encontram muito fortemente unidos, todas as alterações efetuadas num deles provocam alterações semelhantes no outro; deveríamos concluir, por todas as regras de analogia, que, quando as mudanças produzidas no primeiro são tão intensas que provocam a sua dissolução total, decorre daí igualmente a total dissolução do segundo.

O sono, que produz um efeito muito pequeno no corpo, é visto como uma aniquilação temporária; ou, ao menos, como uma grande confusão da alma.

A fraqueza do corpo e do espírito, na infância do ser humano, é exatamente proporcional; bem como o seu vigor, na vida adulta; o seu compreensível desequilíbrio, na doença; e a gradual decadência que geralmente ocorre na idade avançada. O passo seguinte parece inevitável: a dissolução comum do corpo e do espírito, na morte.

Os últimos sintomas que o espírito manifesta são a desordem, a fraqueza, a insensibilidade, a estupidez; são justamente os precursores de sua aniquilação. O progresso gradual das mesmas causas, provocando os mesmos efeitos, acaba por extingui-lo completamente.

Com base na analogia usual da natureza, nenhuma forma pode persistir quando é transferida para uma condição de vida muito diferente da original, na qual estava inserida. As árvores sucumbem na água; os peixes, no ar; os animais, dentro da terra. Mesmo uma pequena diferença climática é freqüentemente fatal. Que razão haveria, então, para se imaginar que uma alteração imensa, como a que se estabelece na alma pela dissolução do corpo e de todos os seus órgãos de pensamento e sensação, pode ser efetuada sem a dissolução total do conjunto?

Entre a alma e o corpo, tudo existe em comum. Os órgãos de um são também os órgãos do outro. Portanto, a existência de um é necessariamente dependente da existência do outro.

Admite-se que as almas dos animais são mortais; mas elas guardam uma semelhança tão grande com as almas dos homens que a analogia entre uma e outra constitui um argumento muito forte em favor da mortalidade. Os seus corpos não poderiam ser mais semelhantes em seu funcionamento; e ninguém pode rejeitar os argumentos que resultam da anatomia comparada. A *Metempsicose* é, portanto, o único sistema desse tipo ao qual a filosofia pode dar um mínimo de atenção.[6]

Nada neste mundo é perpétuo. Todo ser, por mais sólido na aparência, está num processo de fluxo e mudança contínuos. O próprio mundo exibe sintomas de fragilidade e dissolução: por analogia, seria contraditório, portanto, imaginar que uma única forma, aparentemente a mais frágil de todas, e sujeita às maiores desordens em função das causas mais superficiais, seja imortal e indissolúvel. Como parece insolente esta teoria! Como são superficiais e, podemos dizer, temerários os seus fundamentos!

Como dispor do número infinito de existências póstumas também constitui um problema embaraçoso para a teoria religiosa. Somos livres para acreditar que todo planeta, em todo sistema solar, é povoado por seres mortais e inteligentes: pelo menos é o que podemos supor. Para toda essa imensa população, portanto, um novo universo deve ser criado a cada geração, além das fronteiras do universo atual; a não ser que o nosso universo seja tão prodigiosamente amplo que possa suportar este influxo contínuo de seres. Deveriam suposições tão audazes ser admitidas por qualquer filosofia; e com base apenas numa hipótese muito falha?

Quando se pergunta *se Agamenon, Tersites, Aníbal, Nero* e todos os palhaços estúpidos que já existiram *na Itália, na Cíntia, na Báctria* ou *na Guiné* e continuam vivos: pode algum homem acreditar que um

---

[6] A doutrina da metempsicose, ou reencarnação, sustenta que a alma de um ser humano ou animal transmigra no momento da morte ou imediatamente após a morte para uma nova forma corpórea, da mesma espécie ou de outra. Esta doutrina está associada especialmente ao filósofo Pitágoras e a diversas religiões orientais.

escrutínio da natureza fornecerá argumentos suficientemente fortes para responder afirmativamente a uma questão tão estranha? A necessidade de argumentos, e não de uma simples revelação, estabelece com segurança a resposta negativa.

Quanto facilius, diz Plínio,[7] *certiusque sibi quemque credere, ac specimen securitatis antigenitali sumere experime*nto. A nossa insensibilidade, em relação à composição do corpo vivo, parece sugerir à razão natural um estado semelhante, após a sua dissolução.

Se o nosso horror à aniquilação fosse uma paixão original e não um efeito de nosso amor pela felicidade em geral, ele demonstraria ainda mais claramente a mortalidade da alma. Pois, como a natureza não faz nada em vão, ela nunca nos dotaria de um horror contra um evento impossível. A natureza pode nos dotar de um horror contra um evento inevitável, ainda que o nosso empenho, como no caso em questão, possa afastar razoavelmente este horror. A morte é, no final das contas, inevitável; e a espécie humana não poderia ser preservada se a natureza não nos tivesse inspirado a aversão contra ela.

Deve-se suspeitar de todas as doutrinas que são favorecidas pelas nossas paixões. E as esperanças e os medos que originam estas doutrinas são em geral bastante óbvios.

Constitui uma vantagem infinita em qualquer controvérsia defender a negativa. Se a questão está fora da experiência do curso

---

[7] Lib. vii. cap. 55. [*História Natural* 7.55 na edição Loeb: "...como seria mais fácil e seguro para cada um confiar em si e para nós basear a idéia da tranqüilidade futura de nossa experiência pré-natal!" (tradução da edição Loeb por H. Rackham). *Futurae* é acrescentado ao texto latino por Rackham. O contexto é a argumentação de Plínio de que nem a alma nem o corpo apresentam qualquer sensação após a morte, da mesma forma como não a apresentavam antes do nascimento.

normal da natureza, essa circunstância é sempre ou quase sempre decisiva. Por meio de que argumentos ou analogias podemos demonstrar qualquer estado de existência que ninguém jamais viu e que sequer se parece com algum estado conhecido? Quem depositará sua confiança numa filosofia tão ilusória a ponto de admitir, com base unicamente em seus postulados, a realidade de um cenário tão maravilhoso? Seria necessária uma nova espécie de lógica para se atingir esse propósito; e novas faculdades da mente, que nos capacitassem a compreender tal lógica.

Nenhuma outra questão poderia lançar luzes mais claras sobre os deveres infinitos da humanidade em relação à revelação divina; pois julgamos que só através desta se pode verificar essa grande e importante verdade.

Índice Remissivo

A
Abidus, 592
Addison, Joseph, 26, 198n6, 323n1, 373, 750, 755n6, 764
Adorni, Facção, 157, 157n2
Adriano, 654n270, 700, 701, 701n1
Areopagitas, 214, 214n12
África, 227n5, 505, 558n1, 582, 585, 589n71, 600, 607, 612
Agamenon, 395, 396n14, 824
Agátocles, 596, 597n91
Agelau de Naupacto, 503
Agesilaus, 117
Agrigento, 607, 607n118, 612
Agripa, 11
Agur, 760, 760n2
Aidós (Levar outros homens em consideração), 42
Aix-la-Chapelle, Tratado de, 507, 509n16
Alcibíades, 502, 502n6, 521n2
Alcibíades I (Platão), 776n3
Alcorão, 370
Alemanha (Tácito), 582n56
Alexandre, o Grande, 115-16, 116n3, 169n1, 218n17, 299n5, 351n18, 502n7
Alexandre VI, 160n6, 663n2
Alexandria, 489, 515, 617, 636, 636n215, 637, 640, 641n227, 655n270
Alma, imortalidade da, 815-26
América, 51, 440, 475, 565n7, 645, 654, 722
América Central, 448n9
América do Sul, 448n9, 645
Amores (Ovídio), 556n12
Amsterdam, 199, 199n8, 201, 439n4, 454, 491, 739
Anabatistas, 183, 183n5
Anacarsis, 439
Anais (Tácito), 114n10, 436n3, 437n3, 571n20, 808n4

Andria (Terêncio), 391n14
Andróginos, 776n3, 777
Andros, 391n10, 515
Angevinos, 701n2
Angria, Tulágio, 663, 663n2
Aníbal, 227n5, 427n6, 503, 503n9, 504, 504n10, 764, 824
Antígono, 502, 502n7
Antióquia, 504, 505n11, 617, 635, 640-41
Antióquio, 118n14, 627n190
Antipater, o Cirinaico, 603, 603n102, 604n104, 627
Antonino, 653, 655n270
Antuérpia, 199, 199n8, 201
Apeles, 362
Apiano, 488, 551, 580, 601, 611n123, 614, 648, 650; *História Romana*, 488n24, 580n50, 648n251
Aquéia, 504
Aquéia, Liga, 627
Aquiles, 370, 395, 396n14
Aratus, 503, 592n75
Arbuthnot, John, 488
Arcádia, 327, 500n4, 597n91, 625
Argos, 596, 597n91, 617n143
Arieus, 118n14
Ariosto, Ludovico, 199, 199n7, 374, 766
Aristágoras, 618
Aristides, o Pintor, 362

Aristides, Publius Aelius, 629n200, 654n270
Aristófanes, 312n2, 776n3; *Os Cavalheiros*, 573n29
Aristóteles, 11, 388, 388n8, 623n173, 643; *Ética*, 640; *Física*, 42; *Política*, 350n17, 573
Armênios, 340
Arminianos, 170, 170n3
Arquimedes, 219, 219n19, 335n3
Arria, 813n6
Arriano, 118, 242n17, 605; *Expedição de Alexandre*, 117n14, 521
Ars Poetica (Horácio), 250n36
Artabazus, 118n14
Artaxerxes, 117n14, 352, 427n6
Atália (Racine), 395n13
Átalo, 504, 505n11, 583
Ataraxia (Busca da imperturbabilidade), 33
Atenas, 201, 210, 214n12, 305, 312, 339, 339n6, 347, 376, 404, 469, 486, 499, 500n3, 501, 501n5, 521, 552, 572, 574, 594, 598, 600, 603n102, 605-06, 617n143, 618, 621, 622-23, 624n176, 629, 635; *Ver também* Grécia
Ateneu, 581, 617; *O Banquete dos Eruditos*, 617n146, 655n270
Ático, 572
Atos e Ditos Memoráveis (Maximus), 630n201

Augusto, 237, 321, 329, 347, 405, 522,
616, 629n200, 633, 633n204,
634n209, 651, 660n280, 677,
701, 783n2, 701In1,
Aureliano, 632n204, 637n219
Aurélio Victor, 638
Áustria, 506-07, 718
Autotormentado, O
(Terêncio), 246n31

B
Babilônia, 117n14, 617, 626
Baco, 156, 260
Bacon, Francis, 110n5, 156,
156n1, 191, 191In1, 200, 260n5,
346, 414, 415n9
Balanço da Suíça (Stanyan), 487-88,
488n23
Balbino, Décio Célio, 633n204
Banquete dos Eruditos, O (Ateneu),
617n146, 655n270
Banquete (Xenofonte), 250, 598n94
Barco dos Desejos (Luciano), 624n176
Bartoli, Pietro Santi, 630n202
Batávia, 453
Bayle, Pierre: *Dicionário Histórico e Crítico*, 24
Beattie, James: *On the Nature of Truth in Opposition to Sophistry and Scepticism*, 12
Bélgica, 649; *Ver também* Flandres
Bellovaci, 649

Bentivoglio, Guido, 348, 348n14
Berkeley, George, 346n11
Berna, 487, 650
Berneville, Marie Catherine Jumelle
de, 317n6
Bianchi, Facção, 157, 157n2
Bitínia, 467, 505n11
Bizâncio, 515
Boccaccio, Giovanni, 305;
Decameron, 396n16
Boileau-Despréaux, Nicolas, 766,
766n19
Bolingbroke, Visconde de, 221;
Dissertação sobre os Partidos, 124n21,
144n1
Bordeaux, 641n227
Bórgia, Família, 663
Borgonha, 419
Boulainvilliers, Henri de: *État de la France*, 687n18
Bourbon, Casa dos, 196, 510,
510n18
Brahe, Tycho, 331, 331In1
Bretanha, 51, 342, 347, 347n13,
479, 648
Breve Exame da Situação da Irlanda
(Swift), 472n5
Bristol, 73, 632n204
Britânicos, 175, 313
Brutus (Cícero), 212n8
Brutus, Decimus, 551, 551In13, 602
Brutus, Lucius Junius, 338, 338n5

Brutus, Marcus Junius, 126, 126n23, 783
Bucéfalo, 820, 820n4
Bunyan, John, 373, 373n5
Busiris, 525, 525n9

C

Cada Homem com Seu Humor (Jonson), 253n39
Cádiz, 441, 441n6
Cairo, 643
Calais, 641
Calígula, 204, 204n15, 567n16, 783n2
Calvinistas, 170n3, 183n5
Calvino, João, 182
Camden, William, 704, 704n4
Camilo, 405, 405n7, 581n52
Camisards, 183, 183n5
Canopus, 636n215
Capadócia, 570
Capeto, Hugo, 687n18
Capitolino, Julius, 686
Caracala, 633n204, 638
Carlisle, Primeiro Conde de (Charles Howard): *Relato de Três Embaixadas*, 249n34
Carlos II (da Espanha), 225n2, 687
Carmides, 598
Caronte, 31, 792
Cartago, 121n16, 201, 227n5, 407n8, 436, 451, 503n9, 504n11, 505, 514, 604, 605n106, 640, 641n227, 651n266, 764
Cartas a Ático (Cícero), 515n2, 606n114
Cartas de Pontus (Ovídio), 99n4
Cartas Persas (Montaigne), 560n4
Cartas (Plínio, o Jovem), 467n6, 630n201
Castellani, Facção, 159n4
Catão, o Velho, 126, 244, 423-24, 574, 577-78, 594, 782, 783n2
Catão, o Jovem, 812
Catilina, 203, 203n13, 217, 301, 423, 602
Catolicismo, 186n10, 199n8
Catulo, 243n20, 328
Cavalheiros, Os (Aristófanes) 573n29
Célio, Marco, 208
Ceres, 156, 156n1
Cervantes, Miguel de, 323-24, 331; *Don Quixote*, 378
Céticos, 21-22
Cevennes, 644
Champagne, 416
Charles I, 77-78, 153n4, 171n5, 552n14, 676
Charles II, 147n1, 173, 173n8, 243n21
Charles IV, 683n14
Charles V, 225, 225n1
Charles VII, 763
Charles VIII, 424

Charron, Pierre: *De la Sagesse*, 22
China, 185, 236, 413, 450, 475, 583, 667
Chipre, 515
Cibber, Colley, 210, 210n5
Cícero Marco Túlio, 22, 43, 73, 113-14, 142, 208, 211, 213, 216-17, 220, 242n17, 244, 347, 358, 364, 389, 406n8, 515, 552, 594n79, 602, 606, 611n123, 617, 634; *Brutus*, 212n8; *Cartas a Ático*, 515, 606n114; *Contra Verres*, 113n6; 211n7, 606n115; *Da Adivinhação*, 801; *Discurso do Adivinho*, 651; *Discurso em Defesa de Marco Célio*, 567n15; *Discurso em prol de Milo*, 203, 203n14; *Dos Fins do Bem e do Mal*, 244n24, 303n10; *Polêmicas Tusculanas*, 244n23, 753n5; *Segundo Discurso contra Verres*, 359n3
Címbria, 647
Cimon, 619n154
Cina (Corneille), 121n18
Cincinatus, 630n201
Cipião, o Africano, 227n5
Circássia, 582
Clarendon, Primeiro Conde de (Edward Hyde), 364; *The True Historical Narrative of the rebellion and Civil Wars in England*, 364n7
Claudius, 164n9, 565n8, 783n2
Clearcus, 118n14
Cleomenes, 503
Cleora, 782
Clísias (Maquiavel), 391n11
Clodius Albino, 552, 685, 685n16
A Collection of Treatises relating to the National Debts and Funds (Hutcheson), 536n14
Colombo, Cristóvão, 448n9, 722
Colonesi, Facção, 157
Columela, 566, 578-79, 609, 645, 645n240, 652n267; *Da Agricultura*, 466n5, 570n19, 608, 646n241
Cômodo, 684, 685n16
Condé, Príncipe de (Luís II de Bourbon), 233n9
Confúcio, 185, 185n9, 236
Congreve, William, 326, 326n4
Considerações sobre o Governo da Polônia (Rousseau), 732n8
Constantino, 517, 517n7
Constantinopla, 158n3, 317, 581, 640
Constituição dos Atenienses, A (Xenofonte), 619n156
Constituição dos Lacedemonianos, A (Xenofonte), 626n187
Contra Ctésifon (Ésquino), 596n88, 606n113
Contra Timarco (Ésquino), 620n159
Contra Verres (Cícero), 113n6, 211n7, 606n115

Cós, 515
Copérnico, Nicolau, 289, 289n1, 291, 331In1
Corinto, 597n91, 623n173
Corneille, Pierre, 252, 326, 749, 766; *Polieucto*, 395n13; *Cina*, 121In18
Cornélio Nepos, 427n6, 572n24
Córsega, 115, 115n12
Cortez, Hernando, 645n239
Cossacos, 511
Costa da Barbária, 646
Cotys, 117n14
Cowley, Abraham, 328, 328n9
Crassus, Marcus Licinius, 122n18, 149n2
Cravates, 511
Crítias, 546n6
Críton (Platão), 627n192, 689n21
Cromwell, Oliver, 153n4, 183n6, 552n14, 739
Crotona, 612
Ctésifon, 545, 545n3, 596n88, 606n113
Curius, Manius, 581n52, 589
Curtius, Quintus, 521n4, 636n215, 820n4; *História de Alexandre o Grande da Macedônia*, 351In18

D

Da Adivinhação (Cícero), 801n2
Da Administração do Estado (Xenofonte), 577n37
Da Agricultura (Columela), 466n5, 570n19, 608n120, 646n241
Da Agricultura (Varrão), 570n19, 578n45
Da Arquitetura (Vitruvius), 629n200
Dânades, As, 792
Danúbio, Rio, 759, 806
Da Providência (Sêneca), 572n22
Dario I, 117n14, 352n20
Dario II, 116n13
Datames, 427, 427n6
Davidson, Donald, 44
Decameron (Boccaccio), 396n16
De la Motte, Antoine Houdar, 792, 792n3
De la Sagesse (Charron), 22
De la Vega, Garcilaso, 465
De Retóricos Ilustres (Suetônio), 566n13
Décima Legião, 349, 349n16
Deístas, 185, 185n8
Demétrio Falereu, 617
Demétrio I (da Macedônia), 624
Demétrio Poliorcetes, 592
Demóstenes, 209, 209n2, 210, 210n3, 211, 218, 220, 486, 486n16, 500n4, 544, 544n1, 544n2, 545, 545n3, 545n4, 546n6, 567, 573, 586, 599n96, 605, 611In123, 619-22, 623n176; discursos, 217
Derbyshire, 477n11
Descartes, René, 23, 235n10, 235n12, 341In8, 388
Descrição da Grécia (Pausânias), 627n191

Diálogo dos Mortos (Luciano), 44,
  51, 85
Diálogos (Luciano), 200
Diálogo sobre a Oratória
  (Tácito), 347n12
Diálogos Relativos à Religião Natural
  (Hume), 47
Dicionário Histórico e Crítico (Bayle), 24
Dijon, 641n227
Diké (Justiça), 42
Dinamarca, 249n34, 331, 647
Diodoro da Sicília, 117n14, 217n16,
  350, 596n88, 596n91, 605n106,
  607, 611n123, 612-14, 616,
  618n150, 636n215, 636-37,
  643, 648, 650, 655n270, 659
Diógenes de Sinope, 753, 753n5
Diógenes Laércio, 612n127
Dion, 615
Dion Cassius: *História Romana*, 465n4
Dionísio de Halicarnasso, 321,
  321n8, 619n154, 629
Dionísio de Siracusa, 404, 588, 595,
  595n85, 615
Discours sur la Nature de l'Églogue
  (Fontenelle), 326n7
Discurso do Adivinho
  (Cícero), 651n266
Discurso em Defesa de Marco Célio
  (Cícero), 567n15
Discurso em Prol de Milo (Cícero) 203,
  203n14

Discursos (Lísias), 220n20
Discursos Políticos (Hume), 49
Dissertação sobre os Partidos
  (Bolingbroke), 124n21, 144n1
Domiciano, 114, 114n9, 204,
  294n15, 299, 299n5
Don Quixote (Cervantes), 378
Donatus, Aelius, 577n40
Do Ódio (Sêneca), 583n57
Dorianos, 349-50
*Dos Cargos Assalariados nas Grandes
  Casas* (Luciano) 248n33
Do Sublime (Longinus), 211n6
Dover, 641
Drake, *Sir* Francis, 722, 722n2
Dresden, 199, 199n8
Druidas, 164n9, 648
Drusus, 684n15
Dryden, John, 750, 750n3
Du Tot: *Reflexões Políticas sobre as
  Finanças e o Comércio da França*, 442n7
Dublin, 438, 641n227
Dubos, Jean-Baptiste, 356n1,
  476n10

E

Ecbatana, 521
Ecléticos, 237
Éclogas (Virgílio), 261n6
Edimburgo, 49, 71n1, 72, 74, 76,
  79-81, 83-84, 87, 483-84,
  641n277

Eduardo I, 763
Eduardo III, 763, 683n14
Educação de Ciro, A (Xenofonte), 117n4, 499n1
Éfeso, 641n227, 596n91
Egito, 117n14, 129, 437n3, 465, 558n1, 570, 581, 613, 646, 655n270
Elizabeth I, 79, 103, 702n2, 722n2
Ellman, Richard: *James Joyce*, 20n14
Eneida (Virgílio), 219n19
Ensaio Político sobre o Comércio (Melon), 402n2, 443n7, 523n8, 530n12
Ensaios (Montaigne), 22
Ensaio sobre o Homem (Pope), 197n4, 301n8
Epaminondas, 500, 500n3n4
Epicteto, 300
Epicuristas, 237
Epicuro, 388, 388n9
Epigramas (Marcial), 572n22, 580n52
Epístolas (Horácio), 200n9, 324n3, 786n3
Epístolas (Sêneca), 630n201, 807n3
Epístolas a Diversas Pessoas (Pope), 793n4
Epitome de História Romana (Florus), 581n53
Epoché (Suspensão cética do juízo), 33
Escócia, 83, 153n4, 171n5, 182n3, 184, 343, 476, 476n10, 483-84, 528n11, 569, 629, 647, 670n4, 800n1
Esculápio, 156, 156n1
Espanha, 331, 336, 415, 491n26, 581, 585, 600, 651; comércio, 474, 478, 498; costumes, 343, 667; dinheiro e juros, 465; governo, 102; população, 562n5, 645, 650; produção, 658
Esparta, 404, 406, 482, 482n14, 500, 500n3, 500n4, 503, 588, 597n91, 600, 622, 622n171, 625-26, 626n187
Espifridates, 117n14
Espírito das Leis (Montaigne), O, 560n4, 655n271
Ésquino, 486n16, 546, 586; *Contra Timarco*, 620n159; *Contra Ctésifon*, 596n88, 606n113
Estrabão, 522n6, 572, 577n38, 612, 616-17, 636n216, 640, 644-45, 647, 648n14, 649, 651, 653n270, 657; *Geografia*, 337n4, 570n18
Estocolmo, 644
Estóicos, 237, 300n6, 752, 816
État de la France (Boulainvilliers), 687n18
Ética (Aristóteles), 640
Etolianos, 246, 627
Etrúria, 638-39
Eubéia, 606

Euclides, 291, 291n2
Eugênio, 754, 755n6
Eumenes, 583
Eunus, 581
Eurípides, 312, 312n2
Europa, 183n4, 184, 196, 201, 203-04, 235, 235n12, 237, 242, 248n33, 251, 317, 336n4, 340, 344n10, 352, 436n2, 440, 444-45, 448, 448n9, 449, 451, 465, 467, 475, 475n8, 477, 485, 489, 491, 497, 506n13, 507-08, 508n16, 509, 510n18, 541, 561, 561n4, 564, 587-88, 604, 607-08, 615, 644-45, 646, 647, 652n268, 712, 715-16, 719, 721
Euxino, Mar, 644
Expedição de Alexandre (Arriano), 117n14, 521

F

Fabius Cunctator, 227n5
Fábula das Abelhas (Mandeville), *A*, 434n10
Falstaff, Sir John, 790
Fasti (Ovídio), 226n3
Fébidas, 596n91
Fedro, 243n20
Fénelon, François de, 369, 369n2, 370
Fiale, 597n91
Filandro, 782
Filateto, 244
Filásia, 597n91

Filipe II da Espanha, 204, 225, 225n2
Filipe II da Macedônia, 218, 218n17, 244, 245, 304n17, 500n4
Filipe III, 225, 225n2
Filipe IV, 225, 225n2, 318
Filipe V da Macedônia, 245, 245n26, 487, 487n19, 503n9, 504, 522, 586
Filisto, 615
Física (Aristóteles), 42
Flamínio, Tito, 245
Flandres, 336, 348n14, 491, 491n26, 607
Fleury, André, 196, 196n2
Florença, 149, 149n3, 157, 157n2, 198, 201, 305, 652, 786, 811n5
Florus, 581; *Epítome de História Romana*, 581n53
Fogelin, Robert: opinião sobre "O Cético" de Hume, 35
Fontenelle, Bernard de, 303, 326, 327, 357; *Discours sur la Nature de l'Églogue*, 326n7; *História dos Oráculos*, 659n278; *Pluralidade dos Mundos*, 100n5; *Reflexões sobre a Poética*, 357n2
Forbes, Duncan, 36
Foucher, 22-23
França, 73, 336n4, 349, 414, 425n5, 491n26, 507n14, 508,

649n253; agricultura, 442, 469, 658; animosidade da Grã-Bretanha, 478; artesãos, 607; caráter nacional, 340, 641; clima, 643; comércio, 201, 498, 514; costumes, 204, 329, 343, 352, 667; crédito, 537; dinheiro e juros, 443n7, 467, 488, 539; governo, 740; liberdade, 102, 199; população, 115, 402n2, 415, 633n204, 648; produção, 474; produção mineral, 481; relações exteriores, 507, 515; religião, 102, 183, 186

Francos, 342

Frankfurt, 507

Frederico II, Rei da Prússia, 508n16

Fregosi, Facção, 157n2

Fúlvia, 782

G

Gália, 114, 164n9, 347n13, 522, 551, 600, 639, 643-44, 648-49, 650n258, 651; *Ver também* França

Galileu, Galilei, 199, 199n7, 765

Gasconianos, 340

Gassendi, 22-23, 23n20, 25

Gee, Joshua, 471, 471n4

Gela, 597n91

Gênova, 115n12, 119, 120n15, 157, 201, 481, 485, 491, 514, 652

Geografia (Estrabão), 337n4, 570n18

George II, 508n16

Geórgicas (Virgílio), 417n11, 651n266

Germanicus, 684n15

Gertruytenberg, Tratado de, 507

Geta, 572, 638

Getas, 646

Gibelinos, 158n4, 159, 160

Glasgow, 484

Godos, 207

Goodman, Nelson, 44

Gordiano, 686, 686n17

Gorgias Leontinus, 217

Grã-Bretanha, 436, 471n4, 685, 715; agricultura, 494; caráter nacional, 507; comércio, 498; composição política, 73n1, 101n1; constituição, 169; dinheiro e juros, 457, 472, 473; divisão territorial, 726; governo, 132, 133, 153, 740; liberdade, 104; partidos, 123n19, 124, 134; população, 433; religião, 477; taxas, 530, 535

Gracos, Os, 580, 601

Gravesend, 636n215

Grécia Antiga, 210n3, 347, 504, 594; agricultura, 608; artes e ciências, 218; balanceamento do poder, 499, 501; costumes, 656; dinheiro e juros, 584n60; divisão territorial, 234, 237; 234;

eloqüência, 208; finanças, 487, 585; governo, 600; pecuária, 639; política, 657; população, 588, 597, 623, 629; relações exteriores, 592

Grécia Moderna, 646, 658

Guelfos, 157n2, 159, 160n6

Guerra Civil, A (Lucano), 581n52

Guerra com Catilina (Salústio), 203n13, 428n8, 595n82

Guerra Espanhola, A (Júlio César), 336n4, 651n262

Guerra Gálica, A (Júlio César), 336n4, 349n16, 648n250

Guicciardini, Francesco: *Storia d'Itália*, 425n4

Guienne, 478

Guilherme I, 763n3

Guilherme III, 125n22, 133n2

Gustavus Adolphus, 764

Gustavus Ericsson Vasa, 169, 764

H

Hamburgo, 199, 199n8, 201

Hampden, John, 552, 552n14

Hanover, 718

Hanover, Casa de, 126n22, 710n1, 712, 714-15, 719-20

Hardouin, Jean, 632n204

Harrington, James, 147, 200, 725, 734; *República de Oceana*, 130n1, 147n1, 723n4, 728n7

Helênica (Xenofonte), 117n14, 625n180

Helesponto, 613

Heliogábalo, 610

Heloisa e Abelardo (Pope), 320n7

Helotes, 404, 577, 622

Helvécia, 650, 650n258

Henrique II da Inglaterra, 701n2, 763

Henrique III da França, 108

Henrique IV da França, 103, 108, 108n3, 225, 542n19, 763

Henrique IV da Inglaterra, 671, 671n6, 678n9

Henrique IV, Parte I (Shakespeare), 790n2

Henrique V, 678n9, 763

Henrique VI, 678n9

Henrique VII, 435n1, 435, 485-87, 671, 701, 701n1, 701n2, 763

Henrique VIII, 245n28, 676, 676n8, 723n3

Heptarquia, 476, 476n9

Heracléia, Batalha de, 427n7

Herípidas, 600

Herodiano, 635, 637-38, 648; *História do Império na Época de Marco Aurélio*, 635, 638n221

Heródoto, 605, 613, 618, 628, 655n270, 659n278; *História*, 117n14

Hertford, Duque de, 52

Hesíodo, 576, 820n3; *Os Trabalhos e os Dias*, 576n36
Hiero, 196n3, 505, 505n12
Himeneu, 778-79
Hipérides, 545
Hírtio, 594, 651, 651n262
História Augusta (Lampridius), 610n122
História da Guerra do Peloponeso (Tucídides), 305n15
História da Inglaterra (Hume), 16n10, 20, 48
História da Inglaterra (Rapin), 683n14
História da Itália (Guicciardini), 425n4
História de Alexandre o Grande da Macedônia (Curtius), 351n18
História de Florença (Maquiavel), 120n15, 786
História de Roma, A (Marcellinus), 536n215
História de Roma (Lívio), 121n16, 159n4, 342n9, 404n3, 405n7, 549n12
História do Ceticismo de Erasmo a Espinosa (Popkin), 23n19
História do Império Romano na Época de Marco Aurélio (Herodiano), 635n213, 638n221
História dos Oráculos (Fontenelle), 659n278
História Filípica (Justino), 628, 628n196
História (Heródoto), 117n14
História Natural (Plínio, o Velho), 248n33, 487n21, 579n46, 580n52, 631n204, 638n220, 813n6, 825n7
História Romana (Apiano), 488n24, 580n50, 648n251
História Romana (Dion Cassius), 465n4
História Romana (Veleio), 487n20, 651n265
Histórias, As (Tácito), 103n2, 229n8
Histórias (Políbio), 115n11, 145n1, 244n25, 625n183, 627n190
Histórias (Salústio), 243, 634n207
Holanda, 101, 102, 125n22, 170, 197n4, 199n8, 201, 226, 242, 343, 349n15, 436, 481, 491n26, 497, 514, 515n3, 587n61, 641, 667, 739
Homero, 227, 251, 346, 369, 369n2, 370, 373n4, 376, 393, 396n14, 764, 765, 820n3
Horácio, 200, 227, 243, 250, 253, 324, 390, 642, 742, 765, 786; *Ars Poetica*, 250n36; *Epístolas*, 200n9, 324n3, 786n3; *Odes*, 392n12, 637n219; *Sátiras*, 243, 572n23, 638, 742n10
Hortensius, Nicolaus, 114n7, 634n208
Houghton Hall, 797
Huet, 22

Huguenotes, 108n3
Hume, David: "desordem" no sumário do *Ensaios*, 29; acompanha o Duque de Hertford a Paris, 52; analisa a filosofia moral, 19; apreço pelos ensaios, 53; comparação com a obra de Montaigne, 33; concorre à catedra na Universidade de Edimburgo, 16; defensor do sistema inglês do século XVIII, 14; definição de *self*, 32; diálogo imaginário com Caronte, 31, 44; *Diálogos Relativos à Religião Natural*, 47; *Discursos Políticos*, 49; e a "falsa filosofia", 25; estágio no Colégio dos Jesuítas de La Fleche, 24; filosofia ancorada na vida comum, 43; fracasso editorial do *Tratados*, 25; *História da Inglaterra*, 16n10, 20, 48; inspira-se em Bayle, 24; *Investigação acerca do Entendimento Humano*, 47; júbilo com o sucesso do *Ensaios*, 26; representado no quadro de Reynolds, 13; secretário da embaixada inglesa na França, 52; *Tratado sobre a Natureza Humana*, 15, 15n9, 17, 47
Hungria, 508, 511, 638
Hussardos, 511
Hutcheson, Archibald: *A Collection of Treatises relating to the National Debts and Funds*, 536n14
Hutcheson, Francis, 42
Huygens, Christiaan, 721, 721n1

I

Idílios (Teócrito), 613n128
Ilirianos, 646
Independentes, 182, 182n2, 185
Índia, 299n5, 413, 454, 467, 474-75, 764n17
Índias, 562n5
Índias Ocidentais, 441n6, 448, 448n9, 449, 465, 475, 572n23
Índias Orientais, 491, 526n10
Índias Orientais, Bônus das, 526
Inglaterra: *Ver* Grã-Bretanha
Investigação acerca do Entendimento Humano (Hume), 47
Ionianos, 349-50
Ipsus, 502, 502n7
Irlanda, 78, 80, 115, 153n4, 331, 472, 515, 569, 650, 726
Isócrates, 573, 596, 598, 600; *Panegírico*, 573n27
Itália, 75, 114n10, 115, 121, 159, 160n5, 195, 345, 347, 350, 352, 396n15, 405, 415, 424, 451, 467, 477, 492, 498, 503n9, 504, 551n13, 559n2, 566, 570, 578, 580, 581n52, 582, 585, 589n71, 592, 600, 607-08, 614,

614n133, 616, 629, 629n200, 635, 636n215, 638-39, 642, 644, 651, 651n266, 652, 652n268, 653n270, 658, 663, 685, 709n1, 824

J

Jacobitas, 528n11, 709n1
Jamaica, 344n10, 453
James III, 125n21n22
James Joyce (Ellman), 20n14
Jansenistas, 186, 186n10
Jerusalém Libertada (Tasso), 261n7
Jesuítas, 186, 340, 340n6
Jesus Cristo, 396
Johnson, Samuel: crítico de Hume, 16
Jonson, Ben, 584n60, 764n16; *Cada Homem com seu Humor*, 253n39; *Volpone*, 253
Josefo, Flávio, 636n215
Joyce, James, 36
Judeus, 164n9, 340, 522
Júlia, 783, 783n2
Juliano, Didius, 685, 685n16
Julianus, Flavius Claudius, 614n136
Júlio César, 126n23, 149n2, 522, 522n7, 551n13, 560, 783n2; *A Guerra Gálica*, 336n4, 349n16, 648n250; *A Guerra Espanhola*, 336n4, 651
Juno, 396
Júpiter, 396, 769-71, 777-79, 793-94

Justiniano, 251, 251n37, 575n33
Justino, Marco Juliano, 651; *História Filípica*, 628, 628n196
Juvenal, 243, 243n22, 248n33, 347, 629, 642, 652; *Sátiras*, 347n13, 579n48

K

Kouli-Kan, 764, 764n17

L

Lacedemônios, 337n4, 350, 352, 499, 521, 596n91, 606, 628
Lacônia, 622, 629
La Henriade (Voltaire), 103n3
Lampridius, Aelius: *História Augusta*, 610n122
Lancaster, Casa de, 678, 678n9
Languedoc, 478, 528
Languedocianos, 340
Latitudinários, 185
Leptino, 547
Lesbos, 515
Leuctra, 500, 500n3n4
Líbios, 597n91
Libitina, 635
Lícia, 515
Licurgo, 482, 482n14, 622n170
Ligorno, 652
Lipsius, Justus, 576n35
Lisboa, 490
Lísias, 220, 593n78, 594, 595, 598,

605, 613, 617n143, 620;
Discursos, 220n20

Lituânia, 511

Lívio, 405; 592n74, 659n278;
História de Roma, 121n16, 159n4, 342n9, 404n3, 405n7, 549n12

Locke, John, 192n2, 200, 513n1, 538n16, 555n16, 665n3, 679n10, 688, 688n19, 692n2;
Investigações sobre o Entendimento Humano, 63, 63n4

Lombarda, Escola, 199

Lombardia, 639

Londres, 14n7, 26, 49, 74, 76-78, 83-84, 125n21, 201, 209-10, 214n11, 339n6, 340n6, 376, 395, 438, 454, 476, 477n11, 524, 528, 560n3, 569-70, 619, 636, 636n215, 638, 640-41, 733

Longino, 198, 198n5, 216n14; *Do Sublime*, 211n6

Louvestein, Facção, 170

Lucano: *A Guerra Civil*, 581n52

Luciano, 250n35, 304, 309n17, 584n60, 658, 659n278;
Diálogos, 250; *Diálogo dos Mortos*, 44, 51, 85; *Dos Cargos Assalariados nas Grandes Casas*, 248n33; *Menipos*, 304n14; *O Barco dos Desejos*, 624n176; *Saturnália*, 248

Lucrécio, 243, 259, 325, 326, 742, 765, 787; *Da Natureza das Coisas* 243n20, 259n4, 742n10, 787n4

Luís XII, 160n5n6

Luís XIII, 225n2

Luís XIV, 133n2, 183n5, 225, 225n2, 722n1

Luís XV, 196n2

Lyon, 641

M

Macedônia, 487, 500, 503, 628, 636n215

Madrasta Ambiciosa (Rowe), *A*, 365

Madri, 317

Magna Carta, 703, 703n3

Maillet, Benoit de, 581, 581n55, 646, 646n242

Malta, 728

Mandeville, Bernard de: *Fábula das Abelhas*, *A*, 434n10

Mantinea, 625

Maquiavel, Nicolau, 115, 117, 117n14, 195, 391, 725; *Clísias*, 391n11; *História de Florença*, 120n15, 786; *O Príncipe*, 116n3, 196n1, 663n2

Maratona, 117n14, 211

Marcellinus, Ammianus: *A História de Roma*, 636n215

Marcial, 328, 328n8, 652; *Epigramas*, 572n22, 580n52

Marco Antônio, 114, 122n18, 551, 551n13, 587, 602

Marco Aurélio, 635n213, 638n221
Maréia, 655n270
Mareotis, Lago, 636n215
Maria Teresa, Rainha da Hungria, 508n16
Marlborough, Duque de (John Churchill), 765, 765n18
Marrocos, 160, 160n7, 498
Marselha, 602, 604, 653n270
Massinissa, 504-05
Maximiliano I, 160n6, 444
Maximus, Marcus Claudius Pupienus, 633n204, 686n17
Maximus, Valerius: *Atos e Ditos Memoráveis*, 630n201
Mazarin, Cardeal, 425n5, 537n15, 735n9
Medas, 117n14, 499
Médici, Família, 149, 149n3, 811n5
Megabizio, 117n14
Megabyzus, Neto de Megabízio, 117n14
Megara, 597n91, 656
Melon, Jean-François: *Essai politique sur le commerce*, 402n2, 443n7, 523n8, 530n12
Mémoires (Cardeal de Retz), 735n9
Menandro, 333n2
Menipos (Luciano), 304n14
Messalina, 783, 783n2
Metafísica, 43, 241, 688
Metempsicose, 824, 824n6

Michelangelo, Buonaroti, 199, 199n7
Mídias, 599n96
Mifridates, 118n14
Milão, 160, 160n5, 652
Mileto, 515
Milo, 203
Milton, John, 200, 200n12, 346, 373, 765, 766
Mingrélia, 582
Minos, 792
Modos e Meios (Xenofonte), 206n16, 577n39, 619n153
Moisés, 813n5
Molière (Jean-Baptiste Poquelin), 252n38
Molinistas, 186, 186n10
Montaigne, Michel de, 15, 21n16, 22, 23n19, 28-29, 29n26, 43, 158n3, 309n17, 559n2; *Cartas Persas*, 560n4; *Ensaios*, 22, 29n27; inaugurador do ceticismo no século XVI, 27; *O Espírito das Leis*, 560n4, 655n271
Moralia (Plutarco), 301n7, 302n9, 303n13, 469n1, 522n7, 545n4, 584n59, 595n85, 651n261, 752n2
More, *Sir* Thomas, 723, 723n3
Moscou, 348, 647, 764; *Ver também* Rússia
Mossner, Ernest: biógrafo de Hume, 17, 27
Mouros, 160

N

Nabis, 596
Nadir Shah, Imperador da Pérsia, 764n17
Nápoles, 428, 614n133, 652
Natureza das Coisas, Da (Lucrécio), 243n20, 259n4, 742n10, 787n4
Negros, 160, 344n10, 352, 581, 620
Neri, Facção, 157, 157n2
Newton, Isaac, 16n10, 18, 25, 110n5, 235, 235n12, 765
Nícias, 577, 621
Nicolloti, Facção, 159n4
Nicômaco, 595n83
Niger, Pescennius, 685, 685n16
Nilo, Rio, 643, 806
Nínive, 617
Normandia, 479
Nova África, 428n8

O

Observações sobre as Províncias Unidas da Holanda (Temple), 349n15
Obsolescência dos Oráculos, A (Plutarco), 656n272
Oceana, República de, 723, 724, 725
Odes (Horácio), 392n12, 637n219
Oeuvres (Voltaire), 14n7
Ogilby, John, 373, 373n4
Olimpiodoro, 633n204

On the Nature of Truth in Opposition to Sophistry and Scepticism (Beattie), 12
Orange, Casa de, 170, 170n3
Orange, Guilherme de, 125n22, 683n14
Oropus, 606
Orsini, Facção, 157
Os Trabalhos e os Dias (Hesíodo), 576n36
Otaviano, *Ver* Augusto
Otelo (Shakespeare), 253n39
Otway, Thomas, 750, 750n3
Ovídio, 226, 243, 365, 390, 423, 566, 644, 646n244; *Amores*, 566n12; *Cartas de Pontus*, 99n4; *Fasti*, 226n3

P

Países Baixos, *Ver* Holanda
Panegírico (Isócrates), 573n27
Panfília, 515
Panônia, 644, 685
Papiriana, Tribo, 159n9
Paris, 14n7, 79-80, 327, 376, 395, 528, 560n3, 584, 619, 636, 640-41, 646, 735, 755, 758, 792
Paris-Duverney, Joseph, 443n7
Parnaso, 214, 214n9
Parnell, Thomas, 328, 328n10
Pausanias, 627; *Descrição da Grécia*, 627n191

Pávia, 652
Pedro I, Czar da Rússia, 229n7
Peloponeso, 486, 500n3n4, 627-28
Peloponeso, Guerra do, 487, 499, 623
Pequim, 640
Pérgamo, 505n11, 583
Péricles, 222n21, 547n8, 619n154
Péricles (Shakespeare), 253n39
Persas, 116, 117n14, 197, 314, 345, 351-52, 499, 560, 561n4, 764
Perseu, 487, 487n19, 522, 627n190
Pérsia, 117n14, 351, 598n93, 667, 764n17
Pertinax, 638, 684-85, 685n16
Petalismo, 501, 501n5
Petersburgo, 644
Petrarca, Francesco, 396, 396n15
Petrônio, Gaius, 423, 643; *Satyricon*, 423n2, 572n22
Phormio (Terêncio), 577n40
Picardy, Regimento de, 349, 349n16
Piemonte, 636n215
Pilos, 628
Píndaro, 623n173
Pirro, 21n17, 427, 427n7
Pitágoras, 824n6
Pitagóricos, 237
Pizarro, Francisco, 645n239
Place-de-Vendome, 425n5
Plantagenetas, 701, 701n2, 704
Platão, 11, 13, 388, 521, 617, 659n278, 776, 777-78; *Alcibíades I*, 776n3; *Crito*, 627n192, 689; *República*, 196n3, 723; *Banquete*, 776; *Timeu*, 12
Platéia, 211
Platônicos, 237
Plauto, 250, 250n36, 619; *Stichus*, 619n158
Plínio, o Jovem, 630; *Cartas*, 467n6, 630n201
Plínio, o Velho, 362, 487, 631, 640, 825; *História Natural*, 248n33, 487n21, 579n46, 580n52, 631n204, 638n220, 813n6, 825n7
Pluralidade dos Mundos (Fontenelle), 100n5
Plutarco, 245, 303, 309, 339, 521, 545, 574, 580, 582, 584, 588, 592, 611, 626n187, 651, 655-58, 659, 659n278, 782; *A Obsolescência dos Oráculos*, 656n272; *Moralia*, 301n7, 302n9, 303n13, 469n1, 522n7, 545n4, 584n59, 595n85, 651n261, 752n2; *Simpósios*, 352n19; *Sobre os Atrasos da Vingança Divina*, 657n276; *Vidas*, 245n26, 246n29, 427n7, 482n14, 566n9, 616n140, 617n144, 622n170
Poema sobre o Desastre de Lisboa (Voltaire), 13
Poésies Diverses (Rousseau), 242n16

Polanyi, Karl, 37
Polêmicas Tusculanas (Cícero), 244n23, 753n5
Poliana, Tribo, 159n4
Políbio, 115, 244, 407n8, 451, 486, 503, 503n8, 505, 505n12, 587, 613-14, 621, 626-27, 639, 644, 656, 656n273, 671; *Histórias*, 115n11, 145n2, 244n25, 625n183, 627n190
Polieucto (Corneille), 395n13
Politiano, Angelus, 637n218
Política (Aristóteles), 350n17
Polônia, 429, 475, 650n258, 734
Pompeu, Gnaeus, 122n18, 126n23, 522n7, 581
Pontus, 623, 623n176
Pope, Alexander, 210, 325-26, 764, 766, 793; *Ensaio sobre o Homem*, 107n1, 301n8; *Epístolas a Diversas Pessoas*, 793n4; *Heloísa a Abelardo*, 320n7
Popkin, Richard, 16n10; e o ceticismo moderno, 23; *História do Ceticismo de Erasmo a Espinosa*, 23n19
Portia, 813n6
Portugal, 453; comércio, 474, 478
Prasini, Facção, 158, 158n3
Presbiterianos, 173, 182, 182n3
Príncipe, O (Maquiavel), 116n3, 196n1, 663n2
Project d'une Dime Royale (Vauban), 479n12

Prometeu, 792
Prúsias, 504, 505n11
Prússia, 508, 508n16
Ptolomeu, 289, 289n1, 291, 488, 613, 613n128
Públio Victor, 626n186, 633n204

Q

Quacres, 182n1, 185
Queronéia, 500, 500n4, 545
Quine, Willard, 11, 12, 18, 44; comenta os problemas e dilemas humeanos, 18
Quintiliano, 211, 211n6, 329, 329n11, 347
Quios, 515, 622

R

Racine, Jean, 326, 326n6, 749, 766; *Atália*, 395n13
Rafael Sanzio, 11, 12, 199, 199n7
Rapin, Paul de, 683; *História da Inglaterra*, 683n14
Reflexões Políticas sobre as Finanças e o Comércio da França (Du Tot), 442n7
Reflexões sobre a Poética (Fontenelle), 357n2
Relatório de Três Embaixadas (Carlisle), 249n34
Rennes, 641n227
Reno, Rio, 643, 759
República de Oceana (Harrington), 130n1, 147n1, 723n4, 728n7

República (Platão), *A*, 196n3, 723
Retz, Cardeal de (Jean-François-Paul de Gondi), 735; *Mémoires*, 735n9
Reynolds, *Sir* Joshua, 12
Richelieu, Cardeal (Jean du Plessis), 225, 225n2
Rochester, Segundo Conde de (John Wilmot), 243, 243n21
Ródano, Rio, 587n67, 625n179, 643
Rodes, 504, 514-15, 602, 604, 624
Roma Antiga, 114, 149n2, 244, 347, 376, 405, 437n3602, 503n9, 656n273, 685; artes e ciências, 218, 253, 428; comércio, 404, 428; corrupção, 113; costumes, 164n9, 321, 552, 567n16, 577, 579, 584n60, 634, 785; cultura, 198; dimensão territorial, 560n3, 626, 629; 631n204, 636, 636n215; dinheiro e juros, 466, 487, 606; eloquência, 208; escravidão, 104, 565, 566, 614n133, 635; finanças, 522, 610; guerra com Cartago, 505; governo, 129, 550; mortalidade, 635; população, 629; ruína, 119; salteadores, 203
Roma Moderna: dinheiro e juros, 465; facções, 157
Rômulo, 156, 156n1
Rotterdam, 632n204
Rouen, 641n227
Rousseau, Jean-Baptiste: *Considerações sobre o Governo da Polônia*, 732n8; *Poésies Diverses*, 242n16
Rowe, Nicholas, 365n8; *Madrasta Ambiciosa*, *A*, 365
Rubens, Petrus Paulus, 199, 199n8
Rufus, Guilherme, Rei da Inglaterra, 299, 299n5
Rússia: artes e ciências, 348; caráter nacional, 647
Ryswick, Tratado de, 507

S

Salomão, 315, 315n4
Salústio, 203, 428, 595, 637n219; *A Conjuração de Catilina*, 203n13, 428n8, 595n82; *Histórias*, 243, 634n207
Sardenha, Rei da, 636n215
Sarracenos, 348
Saserna, 645, 645n240, 646
Sátiras (Horácio), 243n19, 572n23, 638n219
Sátiras (Juvenal), 347n13, 579n48
Saturnália (Luciano), 248n33
Satyricon (Petrônio), 423n2, 572n22
Segundo Discurso contra Verres (Cícero), 359n3
Sejano, 196
Selêucia, 640
Selinonte, 588

Sêneca, Lucius Anaeus, o Filósofo, 300, 309n17, 329, 329n11, 423, 567, 783n2; *Da Providência*, 572n22; *Do Ódio*, 583; *Epístolas*, 630n201, 807n3

Servília, 424

Sérvio Túlio, 604

Seutes, 586

Severus, Lucius Septimus, 685n16

Sexto Empírico, 21, 21n15, 28, 583n58

Sforza, Família, 160, 160n6

Shaftesbury, Terceiro Conde de (Anthony Ashley Cooper), 198n6, 246n32, 547, 548n11

Shakespeare, William, 361; *Henrique IV,* Parte I, 790n2; *Otelo*, 253n39; *Péricles*, 253n39

Siagra, 612

Sibaritas, 612

Sicília, 114n7, 350, 404-05, 505, 570, 570n18, 581, 588, 615, 616

Sicofantas, 469, 594

Sídon, 515

Simpósio (Platão), 776n3

Simpósios (Plutarco), 352n19

Siracusa, 201, 405, 501, 501n5, 505, 588, 597, 617, 625

Síria, 570, 627n190, 646, 685

Sísifo, 792

Smirna, 515

Smith, Adam, 32n29

Sobre as Finalidade do Bem e do Mal (Cícero), 244n24, 303n10

Sobre os Atrasos da Vingança Divina (Plutarco) 657n276

Sócrates, 689, 689n21

Sófocles, 326, 326n5

Sólon, 583, 603

Sorbière, 22

Spencer, Edmund, 764n15

Sprat, Thomas, 200, 200n11

St. George, Banco de, 119, 120n15

St. James, 339, 797

St. James, Palácio de, 340n6

Stanyan, Abraham: *Uma Análise da Suíça*, 487-88, 488n23

Steele, Richard, 26

Stichus (Plauto), 619n158

Strahan, William, 32n29, 44

Strozzi, Filippo, 811, 811n5

Stuart, Casa dos, 48n4, 79, 340n6, 715

Suécia, 169, 170, 249n34, 352, 647, 764

Suetônio, 635, 637; *Dos Retóricos Ilustres*, 566n13; *Vidas dos Césares*, 114n9, 299n5

Suíça, 331, 437n3, 488, 587, 608

Suidas, 222n21, 655n270

Sunium, 606

Susa, 521, 521n4

Swift, Jonathan, 243n20, 471, 490, 490n25, 602n100; *Breve Exame* da *Situação da Irlanda*, 472n5; *Viagens de Gulliver, As*, 200n10

T

Tácito, 103, 114, 142, 390, 508n15, 540, 540n18, 591, 647, 657, 674n7; *Alemanha*, 582n56; *Anais*, 114n10, 436n3, 437n3, 571n20, 808n4; *As Histórias*, 103n2, 229n8; *Diálogo sobre a Oratória*, 347n12

Tanistria (Antiga lei de sucessão dos celtas), 650

Tartária, 582

Tártaros, 236n13, 344n10, 349, 423, 423n1, 511, 592, 646

Tasso, Torquato, 199, 199n100, 766; *Jerusalém Libertada*, 261n7

Tebas (Egito), 617

Tebas (Grécia), 339, 500, 500n3, 547, 597n91, 624, 624n179

Temple, *Sir* William, 200, 200n11; *Observações sobre as Províncias Unidas da Holanda*, 349n15

Tenerife, 373, 373n6

Teócrito: *Idílios*, 613n128

Terêncio, 326, 328, 389, 391; *Andria*, 391In10; *Autotormento*, 246n31; *Phormio*, 577n40

Tersites, 824

Tertuliano, 654n270

Teseu, 156, 156n1

Tessalianos, 627

The History of the Sevarities of Sevarambi (Vairasse), 312n3

Theorica y practica de comercio y de marina (Ustariz), 562n5

Tibério, 196n2, 204n15, 684n15, 783n2

Tibre, Rio, 109n4, 631n204, 808n4

Tigranes, Família, 117n14

Timarco, 620, 620n159

Timeu (Platão), 12

Timoleonte, 588, 588n70

Tiro, 201, 253, 514-15, 604

Tissafernes, 502, 502n6

Tito, Flaminino, 245

Tito, Lívio, 405, 508n15, 663

Tomi, 644

Tonquin, 312

Tories, 77, 125n21, 174-76, 185-86, 661n1

Toscana, 580n52, 639, 641n133

Toulouse, 641n227

Tournefort, Joseph Pitton, 316-17, 644; *Viagem ao Levante*, 316n5, 644n235

Trácia, 570, 586

Trácios, 588, 646

Trajano, 194, 194n3, 251, 467, 653, 653n269, 663

Tratado da Natureza Humana (Locke), 63, 63n4

Tratado de Metafísica (Voltaire), 13

Tratado sobre a Natureza Humana (Hume), 15, 15n9, 17, 47
Trivulzio, Gian Giacomo, 160, 160n6
Tróia, 346
Tucídides, 305, 404n4, 486n15, 499, 595, 606, 611, 617-20, 622, 623, 628; *História da Guerra do Peloponeso*, 305n15
Tudor, Casa dos, 48n4, 700-01, 701In1n2, 706n5
Túlia, 347, 347n13
Túlio, 191, 651; *Ver* Cícero
Turcos, 314, 317, 341, 345, 348-49, 423n1, 646
Turim, 75, 652

U

Ulisses, 369n2, 370
Ustariz, Don Geronimo de: *Theorica y practica de comercio y de marina*, 562n5
Utica, 594
Utrecht, Tratado de, 507

V

Vairasse, Denis: *The History of the Sevarites of Sevarambi*, 312n3
Varrão, 578, 579, 644, 645n240, 652n267; *Da Agricultura*, 570n19, 578n45
Vauban, Seigneur de (Sébastien Le Prestre), 478; *Project d'une dixme royale*, 479n12

Veleio Patérculo: *História Romana*, 487n20, 651n265
Veneti, Facção, 158, 158n3
Veneza, 102, 120n15, 201, 253, 445n8, 491, 514, 652, 728, 736; facções de, 159n4
Verdadeira História da Rebelião e das Guerras Civis na Inglaterra (Clarendon), 364n7
Verres, Gaius, 113n6, 114, 114n7, 217, 359, 364, 606
Vespasiano, 347, 522, 540n18
Viagem ao Levante (Tournefort), 316n5, 644n235
Viagens de Gulliver (Swift), *As*, 200n10
Vidas dos Césares (Suetônio), 114n9, 299n5
Vidas (Plutarco), 245n26, 246n29, 427n7, 482n14, 566n9, 616n140, 617n144, 622n170
Virgílio, 73, 251, 291, 326-27, 373n4, 389, 765; *Éclogas*, 261n6; *Eneida*, 219n19; *Geórgicas*, 417n11, 651n266
Vitruvius: *Da Arquitetura*, 629n200
Volpone (Jonson), 253
Voltaire (François Marie Arouet), 13n5, 103, 766; inspira-se em Bayle, 24; *La Henriade*, 103n3; *Oeuvres*, 14n7; *Poema sobre o Desastre de Lisboa*, 13; representado no quadro de Reynolds, 13; *Tratado de Metafísica*, 13

Vopisco, Afranicus, 638, 566n13, 632n204, 637n219
Vossius, Isaak, 559n2, 560n3, 619n154, 632n204

W

Waller, Edmund, 218, 218n18, 253
Walpole, *Sir* Robert, 123n20, 525n9, 795, 795n144, 796
Wapping, 339
Whigs, 77, 78, 125n21, 176, 185-86, 525n9, 661n1, 665n3
Windsor, 636n215
Wittgenstein, Ludwig, 44
Wolsey, Thomas, Cardeal, 245, 245n28

X

Xantianos, 592n74
Xenofonte, 117n14, 196n3, 206, 499, 577, 586, 608-09, 611n123, 619, 621, 625-26; *A Constituição dos Atenienses*, 619n156; *A Constituição dos Lacedemônios*, 626n187; *Anábase (A Expedição de Ciro)*, 586; *Banquete*, 250, 598n94; *Ciropédia* (A Educação de Ciro),117n4, 499n1; *Da Administração do Estado*, 577n37; *Helênicas*, 117n14, 625n180; *Modos e Meios*, 206n16, 577n39, 619n153
Xerxes, 117n14, 256, 256n2, 613

Y

York, 641n227
York, Casa de, 678n9
Yorkshire, 404, 476, 528, 628

Z

Zopyrus, filho de Megabízio, 117n14
Zopyrus, bisneto de Megabízio, 117n14

markgraph
Rua Aguiar Moreira, 386 - Bonsucesso
Tel.: (21) 3868-5802   Fax: (21) 270-9656
e-mail: markgraph@domain.com.br
Rio de Janeiro - RJ